国台
GUOTAI
唐国强
著名表演艺术家
国台品牌形象代言人
国台国标
2019年酿造
國台
建议零售价
699元/瓶
国台国标酒
真实年份 品质诚信
茅台镇第二大酿酒企业
贵州国台数智酒业集团股份有限公司

浙江五芳斋实业股份有限公司

第一篇 103岁的年轻人

浙江五芳斋实业股份有限公司主要从事以糯米食品为主导的食品研发、生产和销售。公司在传承民族饮食文化的基础上不断创新，对明清两代极具盛名的“嘉湖细点”的制作工艺进行现代化改造，目前已形成以粽子为主导，集月饼、汤圆、糕点、蛋制品、其他米制品等食品为一体的产品群，拥有黑龙江优质稻米基地和江西高山箬叶基地，在嘉兴、成都建立了两大食品生产配送基地，并建立起覆盖全国的商贸、连锁门店、电商的全渠道营销网络。五芳斋致力于传统食品的科技创新，设有食品研究所和浙江省博士后工作站，是《粽子》国际标准主导起草者以及《粽子》行业标准的制定者。

“五芳斋”始于1921年，公司的粽子制作方法源于百年传承的传统工艺，其制作技艺于2011年被文化部收录进第三批国家级非物质文化遗产名录。五芳斋是全国首批“中华老字号”企业，2004年被国家商标局认定为中国驰名商标，曾荣获“农业产业化国家重点龙头企业”、“原产地标记产品——嘉兴粽子(五芳斋)”、“国家电子商务示范企业”、“中国餐饮百强企业”、“餐饮业质量安全提升工程示范单位”、“全国主食加工业示范企业”、“全国食品制造业纳税百强”、“浙江省绿色企业”、“浙江省十大特色农产品品牌”等国家级、省级荣誉称号。2022年8月，五芳斋在A股主板上市。

一直以来，公司在保留“五芳斋”粽子系列产品“糯而不烂、肥而不腻、肉嫩味香、咸甜适中”特点的同时，注重粽子传统制作工艺的传承和生产技术的改进与现代化升级，既保证了产品的品质和食品安全，又满足了生产效率和规模化、标准化的要求。

具有百年历史的五芳斋，未来将继续秉承“和商”的经营理念以及“和谐、诚信、卓越、创新”的价值观，以“守护和创新中华美食”为使命，努力发展成为以糯米食品为核心的中华节令食品领导品牌。

作为全国首批“中华老字号”，五芳斋成功上榜“2024年中国国货消费品牌500强”、“2023年度餐饮品牌力百强”、“2023年老字号品牌创新奖”、“受消费者喜爱的老字号品牌奖”等多个荣誉称号，显示出较强的市场力、创新力、认知度、美誉度和客户忠诚度。作为最会玩的老字号品牌，五芳斋在产品创新升级的同时紧跟时代潮流，以用户思维做营销，不断进行品牌传播的突破创新。从单一性到整合性，从广度到深度，五芳斋在传播上洞察年轻人需求的基础，在传播中以趣味化内容，充分调动年轻人的认同感和参与感，对渠道、类型进行分类圈层种草。

近年来，品牌联名款产品市场逐年火爆，五芳斋也不断拓宽合作品牌。五芳斋曾与迪士尼、泸州老窖、小罐茶、王老吉、西麦、盒马等品牌联名，与抖音、腾讯等平台合作推出超品日等。2024年五芳斋又成功携手跨界合作胡庆余堂、德寿宫、格力高、好欢螺、八马茶业等品牌，拉进了与年轻消费者的距离，紧盯新消费群体，通过极具创意的广告内容赋予品牌更加多元化的内涵价值，凸显品牌文化的同时主动创造和引领话题，促进品牌营销。

第二篇 守味

民国初年，有一批浙江兰溪人来到嘉兴，他们在冬天经营弹棉花生意，春夏时节挑了粽子担走街串巷地叫卖粽子。民国十年（1921年），张锦泉在张家弄6号开了首家“五芳斋粽子店”。数年后又有两个嘉兴人在同一弄里开了两家“五芳斋”粽子店，三店分别以“荣记”、“合记”、“庆记”为号，并在粽子的选料、工艺等方面展开激烈竞争，使粽子技艺日趋成熟，并形成了鲜明的特色——“糯而不糊，肥而不腻，香糯可口，咸甜适中”，成为名扬江南的“粽子大王”。1956年，三家店合并为一家“嘉兴五芳斋粽子店”，并一直传承至今。

在中央电视台纪录片频道经常播放一段视频：一位工人双手上下翻飞，转瞬之间一枚粽子成形了，出神入化的手法，再配上“手工制作呵护着传统食物的生命力”，完美地诠释了“匠心”。这段视频就出自当年风靡大江南北的《舌尖上的中国》，而所拍摄的就是五芳斋的生产车间。

在传承与发展中，五芳斋对传统制粽技艺在选料、配料、调味、包扎、蒸煮等多道工序上精益求精，不断突破创新，延续百年匠心工艺。此外，五芳斋通过各种粽艺表演以及文化交流活动，将匠心技艺传播到香港、澳门、台湾、日本、新加坡、美国、澳大利亚、加拿大等地。

第三篇 创新

面对市场，五芳斋一直积极寻找客户消费需求的变化，顺应时代的浪潮，对产品进行持续不断的革新。目前粽子产品库内有储备不同品种规格的产品超过400种。2019年，五芳斋转型升级步入新阶段，开始着力打造以糯米食品为核心的中华节令食品领导品牌。

五芳斋在传承民族饮食文化的基础上不断创新，对明清两代极具盛名的、开创江南点心流派并闻名华夏的“嘉湖细点”的制作工艺进行现代化改造，既保留了“五芳斋”粽子系列产品的特点，又满足了生产效率和规模化、标准化的要求。

在供应链环节，五芳斋积极拓展食品上下游产业，在黑龙江宝清建立了五芳斋稻米基地；在江西靖安建立了野生箬叶基地；在嘉兴、成都建立了生产基地，构成五芳斋食品制造和物流配送的两大中心，拥有从生产、加工、仓储、物流配送完整的产业链。

在生产环节，五芳斋持续推动生产线的自动化与智能化升级。目前五芳斋拥有真空粽数智化示范产线，该工艺荣获2021年全国商业科技进步奖。2022年度，公司真空粽“二合一工艺”历时四年研发测试取得新突破，真空粽生产线已于2022年度实现自动化升级，其生产工艺具备人机协作优点，能够通过突破性的数智化集成技术革新，更大程度把优质产品推向市场。

为了更好满足消费者多样化、差异化、健康化的需求，五芳斋创立了食品研究所创新研发中心围绕市场和目标消费者，持续在粽类、烘焙、速冻面米制品和餐饮连锁产品等领域不断创新，推出一系列营养、安全、美味、健康、时尚的食品。

此外，在渠道方面，五芳斋经过多年的经营和发展，已建立起覆盖全国的商贸、连锁门店、电商的全渠道营销网络，渠道优势为公司在市场中赢得了更多的市场份额。

作为中国的老字号，五芳斋在产品技艺上延续着匠心品质，在与国际文化接轨中也舒展着创新羽翼，投入更多研发和设计力量。五芳斋与江南大学等高校合作，成立专门的研发中心，通过从口感到包装的改良，打造真正具有品质感和精致度的传统食品，让糯香飘得更远，更持久。

广东无尽食品有限公司

企业介绍

广东无尽食品有限公司成立于2005年，是一家追求美味自造，专注于传统卤工艺并不断创新的休闲肉类食品公司。公司拥有现代化、标准化的自建工厂，并配置先进的专业化生产线，年产值超10亿元。无尽食品首创焗卤锁鲜工艺，将潮汕卤味与盐焗完美结合，由此曾接受中央电视台《家乡至味》栏目采访并播出，公司的禽类制品和蛋制 品被消费者誉为“忘不掉的美味”。公司自有品牌“无尽潮焗”畅销全国，并与沃尔玛、永辉、大润发、711、罗森等知名大型系统门店强强联合，为广大消费者提供优质、安全、可靠的食品。

技术及生产优势

无尽食品自有研发团队，人员从业经验超过三十年，从产品研发到定型按照标准化流程操作。工厂生产面积8万+平方米，配套多条先进的生产线以及各类专业生产设备，产品从解冻、卤制、焗制、烘烤、挑选、真空、灭菌、检验、运输全过程都严格执行ISO国际质量管理体系标准生产管理，为消费者提供健康、安全、美味的鸡肉休闲食品。

公司荣誉

广东高新技术企业、广东省农业龙头企业、国家物流业项目广东无尽农产品冷链物流中心、食品安全管理体系认证、BRC食品安全认证、HACCP体系认证、中国食品工业科学技术进步奖等等。

产品简介 Product Introduction

用美味 愉悦心情

核心产品--无尽潮焗经典系列：

首创厚卤轻焗工艺，厚卤入味、轻焗少盐，释放肉之自然清香，形成Q弹、肉质嫩、骨脆留香的美妙口感。

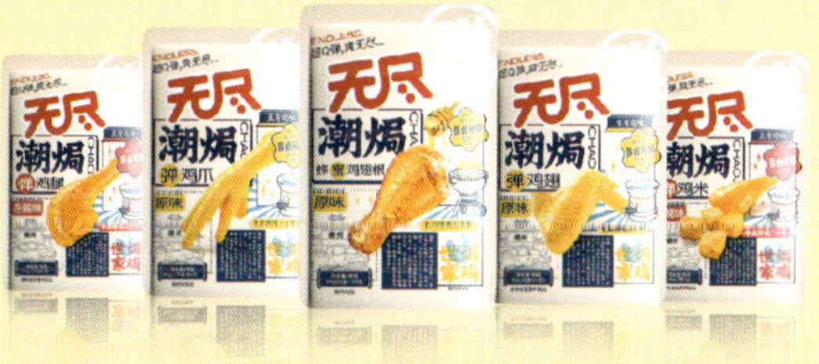

爆款产品--无尽潮焗鸡汤焗蛋系列：

首创厚卤轻焗之法，经过多道工序
精心密制，鸡汤充分渗透
蛋白Q弹嫩滑、蛋黄绵密鲜香

明星产品--无尽潮焗工夫鸭掌系列：

甄选优质食材，先卤后焗，
使之皮糯肉嫩，Q弹脆爽，
色香味俱全，好吃又健康

地址：广东省饶平县钱东镇上浮山村　电话：0768-8732588　传真：0768-8732586　邮编：515726　网址：www.gdwujin.com

太湖金鹰
Taihu lake golden eagle

苏州市金鹰机械设备有限公司

中国巧克力成套生产设备领导者

——我们正在为中国巧克力设备产业树立典范

企业核心价值观：勤劳朴实、专一专注、学习创新。
愿景：打造全球最具竞争力的巧克力设备供应商。
品牌理念：品牌源自品质、品质源自创新。
管理理念：以人为本、诚信经营。
社会责任理念：发展自我、合作共赢、兼善天下。

苏州市金鹰机械设备有限公司成立于1994年，太湖金鹰品牌始创于2004年，经过将近30年的励精图治，今日金鹰已由最初的单一生产巧克力设备公司发展成为一家集研发、设计、生产、销售、售后服务于一体的专业制造巧克力成套设备的企业及中国巧克力设备行业最具创新精神的产品和服务供应商。

多年来，金鹰公司已在巧克力研磨、搅拌、精炼、保温、涂层、冷却、调温、浇注成型、裱花等方面使用了创新和引领前端的技术，并取得多项认证及专利。年产处理巧克力浆料设备12万吨。冷却隧道年产5公里。

金鹰凭借对全球巧克力设备市场需求的独到见解并结合自身资源优势，我们拥有自己的实验室和多年累积的产品经验，为全球客户提供产品多样化的选择，帮助客户量身定做，改进特殊设备，不仅拓宽了产品厚度，更彰显出极具优势的研发能力。公司创立的太湖金鹰品牌不仅填补了巧克力设备国产品牌的空白，另外对中国巧克力设备行业来说也具有里程牌式的意义。

2003年通过ISO9001-2000国际质量管理体系认证。

2004年“太湖金鹰”牌系列产品荣获“苏州市名牌产品”称号。

2006年5月巧克力成套生产设备获得“欧盟ＣＥ”产品认证。

2013年中糖委授予我公司“中国巧克力(苏州)研发中心”，本中心专业为客户设计、研发新产品，深受客户的青睐。

2013年公司科技项目“苏州市智能化巧克力机械设备工程技术研究中心”获得苏州市吴中区2013年度科技创新政策奖励。

公司生产基地位于苏州市吴中区临湖镇麦尔逊巧克力产业园，建筑面积48000M2。公司总部及巧克力研发中心位于苏州市临湖镇---麦尔逊巧克力产业园内。

公司成立至今所生产的巧克力成套生产设备畅销全国各地，远销美国、加拿大、英国、俄罗斯、意大利、西班牙、比利时、土耳其、以色列、东南亚、中东、澳大利亚、马来西亚、印度尼西亚等100多个国家和地区，深受用户广泛赞誉。

随着我国改革开放的进一步深入，人民生活水平的不断提高，巧克力产业迎来新的发展机遇，我们借着这股东风，乘势而上，在“打造全球最具竞争力的巧克力设备供应商”这一目标指导下，本着“质量第一、效率第一、信誉第一、客户第一、服务第一”经营宗旨，服务全球客户。

金鹰无与伦比，是您值得信赖的合作伙伴！

中国食品工业年鉴

CHINA FOOD INDUSTRY YEARBOOK

2024

（总第36部）

沈 篪　主编

《中国食品工业年鉴》编辑委员会　编

吉林科学技术出版社
JiLin Science & Technology Publishing House

图书在版编目（CIP）数据

中国食品工业年鉴．2024 / 《中国食品工业年鉴》编辑委员会编．-- 长春 ： 吉林科学技术出版社， 2025.2．-- ISBN 978-7-5744-2000-7

Ⅰ．F426.82-54

中国国家版本馆 CIP 数据核字第 2025EB9348 号

中国食品工业年鉴 2024（总第 36 部）

CHINA FOOD INDUSTRY YEARBOOK

编　《中国食品工业年鉴》编辑委员会
出 版 人　宛　霞
责任编辑　张延明
封面设计　李志伟
幅面尺寸　889 mm×1194 mm
开　　本　16
字　　数　671 千字
印　　张　27
印　　数　1-5000 册
版　　次　2025年4月第1版
印　　次　2025年4月第1次印刷

出　　版　吉林科学技术出版社
发　　行　吉林科学技术出版社
地　　址　长春市福祉大路5788号出版大厦A座
邮　　编　130118
发行部电话/传真　0431-81629529　81629530　81629531
81629532　81629533　81629534
储运部电话　0431-86059116
编辑部电话　0431-81629380
印　　刷　吉林省吉广国际广告股份有限公司

书　　号　ISBN 978-7-5744-2000-7
定　　价　680.00 元

如有印装质量问题　可寄出版社调换

《中国食品工业年鉴（2024）》编辑委员会

编　委

特约撰稿人

中国粮食行业协会	赵　奕	总工程师
中国糖业协会	闫卫民	理事长
中国肉类协会	高　观	副会长
中国食品工业协会豆制品专业委员会	吴月芳	秘书长
中国焙烤食品糖制品工业协会	张九魁	理事长
中国食品工业协会糖果专业委员会	张京玉	秘书长
中国乳制品工业协会	刘美菊	副理事长
中国罐头工业协会	晁　曦	秘书长
中国调味品协会	白　燕	常务副会长兼秘书长
中国生物发酵产业协会	王　洁	副理事长兼秘书长
中国生物发酵产业协会氨基酸分会	关　丹	副理事长兼秘书长
中国生物发酵产业协会有机酸分会	冯志合	理事长
中国生物发酵产业协会淀粉糖分会	吴　丹	副主任
中国生物发酵产业协会酶制剂分会	王　晋	副理事长兼秘书长
中国生物发酵产业协会酵母分会	卢　涛	副理事长兼秘书长
中国生物发酵产业协会酵素分会	周海龙	副理事长
中国保健协会	费洪涛	副秘书长
中国盐业协会	宋占京	副理事长
中国食品添加剂和配料协会	杜　鉴	秘书长
中国饮料工业协会	张金泽	理事长
中国茶叶流通协会	梅　宇	秘书长

编辑说明

一、《中国食品工业年鉴》(以下简称《年鉴》)是一部全面反映上一年度全国食品工业发展情况纪年性、资料性、权威大型年刊。《年鉴(2024)》系统收录了全国食品行业各专业和31个省(自治区、直辖市)2023年食品工业经济运行情况的综述,《年鉴》是由中国食品工业协会主管和主办的。《年鉴(2024)》为总第36部,包括;【概况】、【运行特点】、【市场分析】、【面临问题】、【趋势判断】、【科技创新】、【名优企业和产品】【大事记】、【政策建议】、【经济数据】、【主要工作】等内容。

二、为保持《年鉴》的连续性,《中国食品工业年鉴(2024)》的结构体例和以前《年鉴》的结构体例基本上一致。行业篇按照《国民经济行业分类》(GB/T4754—2017)所规定的分类名称和顺序进行排列记述,原则上按中类名称记述,少数特殊类有所合并或以小类名称来记述;地方篇按照东部(10个)、中部(6个)、西部(12个)、东北部(3个)顺序进行排列记述。

三、本部《年鉴》均未包括香港、澳门特别行政区和台湾地区的综述和数据。《年鉴》中的统计数字,以国家统计局提供的数据为准;《年鉴》中的"同比"表示"与上(去、2022)年同期相比"。

五、本部《年鉴》的组稿、编纂、出版等工作,得到了中央政府有关部门、中国食品行业各专业协会、地方经信委、地方食品工业协会等单位的大力支持和帮助,谨此表示衷心的谢意!

中国食品工业年鉴编辑部

目 录

特 刊

砥砺奋进 再铸辉煌（中国食品工业年鉴编辑部 郑宣东）…… 3
庆祝《中国食品工业年鉴》创刊40周年（陕西省食品协会）…… 4
祝贺《中国食品工业年鉴》创刊四十周年（贵州省食品工业协会 蔡邦红 尚 杰）…… 5
祝贺《中国食品工业年鉴》创刊40周年（天津市食品工业协会 李建中）…… 6
祝贺《中国食品工业年鉴》创刊40周年（山东省食品工业协会）…… 8
祝贺《中国食品工业年鉴》创刊40周年（福建省食品行业协会 林玉明）…… 9
庆祝《中国食品工业年鉴》创刊40周年（中国肉类协会 高 观）…… 10
祝贺《中国食品工业年鉴》创刊40周年（山西省食品工业协会）…… 11
贺信（江苏省食品行业协会）…… 12
为中国食品工业年鉴四十周年创刊祝福（河北省食品工业协会 吴龙妹）…… 13
祝贺《中国食品工业年鉴》创刊40周年（广西食品工业协会）…… 14
贺信（浙江省食品工业协会 安圣康）…… 15
热烈祝贺《中国食品工业年鉴》创刊40周年（云南省食品行业协会）…… 16

第一部分 综合篇

1.1 2023年全国食品工业经济运行情况 …… 20
1.2 新质生产力之我所见 …… 26
1.3 对2023年中国食品工业品牌的解读 …… 28
1.6 预制食品产业 …… 31

第二部分　行业篇

2.1　粮油加工业 …… 34

【a. 概况】 …… 34

【b. 主要经济指标】 …… 34

【c. 行业发展分析】 …… 35

【d. 行业面临的问题】 …… 38

【e. 发展趋势】 …… 38

【f. 政策建议】 …… 39

2.2　制糖行业 …… 40

【a. 概况】 …… 40

【b. 市场】 …… 41

【c. 行业运行特征】 …… 42

【d. 行业趋势】 …… 42

【e. 进出口】 …… 45

【f. 行业大事记】 …… 46

2.3　肉类及蛋品加工行业 …… 50

【a. 概况】 …… 50

【b. 主要经济指标】 …… 50

【c. 行业发展分析】 …… 51

【d. 主要问题】 …… 54

【e. 发展趋势】 …… 55

【f. 政策建议】 …… 56

2.4　水产品加工业 …… 57

【a. 概况】 …… 57

【b. 行业发展分析】 …… 58

【c. 行业面临问题分析】 …… 59

【d. 产业政策】 …… 59

2.5　大豆食品行业 …… 60

【a. 概况】 …… 60

【b. 规模企业（全国前五十强）】 …… 64

【c. 部分重点品类】 …… 65

【d. 提高居民大豆及其制品消费量的意义】 …… 68

【e. 产业政策建议】 …… 69

2.6 焙烤食品糖制品工业 …… 71
【a. 概况】 …… 71
【b. 经济运行情况分析】 …… 72
【c. 行业发展趋势】 …… 72
【d. 月饼行业】 …… 74
【e. 标准化工作】 …… 74
【f. 行业展会】 …… 75
【g. 技能竞赛及职业能力培训评价工作】 …… 76
2.7 罐头食品制造业 …… 78
【a. 概况】 …… 78
【b. 行业发展分析】 …… 78
【c. 行业面临的问题】 …… 83
【d. 发展趋势】 …… 84
【e. 政策建议】 …… 84
2.8 乳制品工业 …… 86
【a. 概况】 …… 86
【b. 行业运行分析】 …… 86
2.9 营养与保健食品制造业 …… 92
【a. 概况】 …… 92
【b. 行业发展分析】 …… 96
【c. 面临的问题】 …… 100
【d. 发展趋势】 …… 101
【e. 政策建议】 …… 101
2.10 生物发酵工业 …… 103
【a. 概况】 …… 103
【b. 行业分析】 …… 103
【c. 面临问题】 …… 106
【d. 发展趋势】 …… 106
【e. 主要工作】 …… 107
2.11 调味品行业 …… 110
【a. 概况】 …… 110
【b. 宏观经济形势与消费态势】 …… 110
【c. 行业百强数据】 …… 110
【d. 市场挑战与机遇】 …… 111
2.12 盐 业 …… 114
【a. 概况】 …… 114
【b. 市场分析】 …… 120

【c. 主要工作】…… 120
【d. 大事记】…… 125

2.13 食品添加剂和配料工业 …… 135
【a. 概况】…… 135
【b. 主要产品】…… 135
【c. 面临的问题】…… 137
【d. 主要工作】…… 137

2.14 饮料行业 …… 140
【a. 概况】…… 140
【b. 质量安全】…… 140
【c. 产业政策】…… 141
【d. 标准化工作】…… 141
【e. 科技进步】…… 141
【f. 节能减排】…… 142
【g. 大事记】…… 142

2.15 精制茶加工业 …… 143
【a. 概况】…… 143
【b. 运行情况】…… 143
【c. 内销情况】…… 149
【d. 外销情况】…… 154
【e. 相关建议】…… 159

第三部分 地方篇

3.1 北京市 …… 162
【a. 概况】…… 162
【b. 食品安全】…… 164
【c. 协会工作】…… 167

3.2 天津市 …… 170
【a. 概况】…… 170
【b. 主要经济指标】…… 170
【c. 行业分析】…… 170

3.3 河北省 …… 172
【a. 概况】 …… 172
【b. 大事记】 …… 174
【c. 科技创新】 …… 177
【d. 展会】 …… 181
【e. 人才队伍建设】 …… 181
【f. 政府服务】 …… 182
【g. 党支部活动】 …… 183
【h. 优势企业】 …… 184
【i. 企业家】 …… 186
3.4 上海市 …… 190
【a. 概况】 …… 190
【b. 运行情况特点】 …… 190
【c. 食品安全】 …… 194
【d. 协会工作】 …… 194
【e. 主要经济指标】 …… 195
3.5 江苏省 …… 198
【a. 概况】 …… 198
【b. 主要工作】 …… 199
【c. 长三角名优食品】 …… 204
【d. 主要经济数据】 …… 207
3.6 浙江省 …… 209
【a. 概况】 …… 209
【b. 大事记】 …… 210
【c. 政策、法规】 …… 212
【d. 主要经济指标】 …… 212
【e. 主要产品产量】 …… 213
【f.2023 年名优产品】 …… 213
【g. 科技进步和科研成果】 …… 217
3.7 福建省 …… 218
【a. 概况】 …… 218
【b. 科技创新】 …… 220
【c. 企业品牌建设】 …… 220
【d. 协会主要工作】 …… 220
3.8 山东省 …… 222
【a. 概况】 …… 222
【b. 运行特点】 …… 222

【c. 主要经济指标】…… 223
【d. 产业发展动力持续增强】…… 224
【e. 产业拉动作用】…… 225
【f. 存在的主要问题】…… 226
【g. 协会大事记】…… 228

3.9 广东省…… 235
【a. 概况】…… 235
【b. 经济指标】…… 235
【c. 重点行业】…… 237
【d. 重点企业】…… 239
【e. 行业党建】…… 243
【f. 食品安全】…… 243
【g. 诚信建设】…… 244
【h. 落实“三品”行动】…… 245
【i 食品科技】…… 251
【j. 标准建设】…… 255
【k. 人才培养】…… 255
【l. 大事记】…… 256
【m. 专题资料】…… 257
【n. 法规标准】…… 259

3.10 海南省…… 263
【a. 概况】…… 263
【b. 主要食品工业企业】…… 263
【c. 重点项目】…… 264
【d. 其他工业】…… 264

3.11 山西省…… 265
【a. 概况】…… 265
【b. 重点行业运行情况】…… 265
【c. 主要经济指标】…… 266
【d. 大记事】…… 267
【e. 重点企业】…… 268
【f. 协会工作】…… 269
【g. 标准发布】…… 270
【h. 中国食品工业协会科学技术奖获奖名单】…… 270

3.12 安徽省…… 272
【a. 概况】…… 272
【b. 协会主要工作】…… 272

3.13 江西省 …… 278
【a. 概况】…… 278
【b. 大事记】…… 278
【c. 技术创新】…… 279
【d. 人才建设】…… 281
【e. 品牌建设】…… 283
【f. 政策法规】…… 285
【g. 协会工作】…… 286
【h. 党建工作】…… 288
【i. 经济指标】…… 288
3.14 河南省 …… 289
【a. 概况】…… 289
【b. 行业分析】…… 289
【c. 发展建议】…… 293
3.15 湖北省 …… 294
【a. 概况】…… 294
【b. “三品”战略】…… 294
【c. 重大项目技改和创新发展特色】…… 294
【d. 发展趋势】…… 295
【e. 协会主要工作】…… 296
3.16 湖南省 …… 299
【a. 概况】…… 299
【b. 运行特点】…… 299
【c. 主要工作】…… 302
3.17 内蒙古自治区 …… 303
【a. 概况】…… 303
【b. 主要产品产量】…… 303
3.18 广西壮族自治区 …… 305
【a. 概况】…… 305
【b. 行业分析】…… 305
【c. 存在的问题】…… 306
3.19 重庆市 …… 308
【a. 概况】…… 308
【b. 食品工业动态】…… 308
【c. 发展中存在的问题和困难】…… 311
【d. 重庆市第七批食品行业“重庆老字号”】…… 312
【e. 中华老字号】…… 314

【f.2023 年重庆市专精特新中小食品企业名单】…… 314
【g. 行业大事记】…… 316
【h. 标准制定】…… 318
【i.2024 年发展目标】…… 318

3.20 四川省 …… 319
【a. 概况】…… 319
【b. 行业重点工作】…… 319

3.21 贵州省 …… 321
【a. 概况】…… 321
【b. 行业分析】…… 322
【c. 高质量发展】…… 322
【d. 发展新质生产力】…… 323
【e. 食品行业大事记】…… 323

3.22 云南省 …… 325
【a. 概况】…… 325
【b. 行业运行】…… 325
【c. 重大事件】…… 327

3.23 西藏自治区 …… 328
【a. 概况】…… 328
【b. 重点工作】…… 328

3.24 陕西省 …… 330
【a. 概 况】…… 330
【b. 主要产品产量】…… 330
【c. 主要经济指标】…… 330
【d. 大事记】…… 331
【e. 发展建议】…… 331
【f. 目标任务】…… 337

3.25 甘肃省 …… 338
【a. 概况】…… 338
【b. 运行情况】…… 338

3.26 青海省 …… 341
【a. 概况】…… 341
【b. 经济指标】…… 342
【c. 大事记】…… 343
【d. 名优企业及产品】…… 344

3.27 宁夏回族自治区 345
【a. 概况】 345
【b. 主要产业】 345
3.28 新疆维吾尔自治区 347
【a. 概况】 347
【b. 主要产品产量】 347
【c. 行业效益】 347
3.29 辽宁省 348
【a. 概况】 348
【b. 运行特点】 348
【c. 重点产业集群】 350
【d. 企业品牌价值】 353
【e. 科技创新】 354
【f. 数字化、智能化、绿色化转型升级】 355
【g. 协会工作】 355
3.30 吉林省 357
【a. 概况】 357
【b. 存在的主要问题】 357
【c. 协会主要工作】 357
3.31 黑龙江省 358
【a. 概况】 358
【b. 主要工作】 358
【c. 专班主要工作】 359

第四部分 数据篇

4.1 2023 年食品工业各省（自治区、直辖市）排名 362
4.2 2023 年食品工业分行业主要经济指标 363
4.3 外商及港澳规上食品企业主要经济指标 364
4.4 按工业行业分工业生产者出厂价格指数 365
4.5 按国际贸易标准分类分进出口商品金额（2023 年） 366
4.6 按行业分规模以上工业企业主要指标（2023 年） 367

4.7 按商品类章分进出口商品金额（2023 年）……368
4.8 城镇居民人均主要食品消费量……369
4.9 出口主要货物数量和金额（2023 年）……370
4.10 畜产品产量……371
4.11 分地区城镇居民家庭人均主要食品消费量（2023 年）……374
4.12 分地区城镇居民人均消费支出构成（2023 年）……376
4.13 分地区工业产品产量……378
4.14 分地区居民家庭人均主要食品消费量（2023 年）……380
4.15 分地区居民人均消费支出构成（2023 年）……382
4.16 分地区居民消费价格分类指数（2023 年）……384
4.17 分地区农村居民家庭人均主要食品消费量（2023 年）……387
4.18 分地区农村居民人均消费支出构成（2023 年）……389
4.19 分地区商品零售价格分类指数（2023 年）……391
4.20 工业产品产量……393
4.21 进口主要货物数量和金额（2023 年）……394
4.22 居民消费价格分类指数（2023 年）……396
4.23 农产品生产者价格指数……398
4.24 农村居民人均主要食品消费量……399
4.25 全国居民人均主要食品消费量……400
4.26 商品零售价格分类指数（2023 年）……401
4.27 水产品产量……403
4.28 主要农产品产量……406

第五部分 附 录

5.1 产业和行业……410
5.2 地方农副产品（食品）介绍……411

特 刊

热烈祝贺《中国食品工业年鉴》四十周年

王文哲 2024年8月

王文哲原轻工业部副部长、中国食品工业协会原会长。

砥砺奋进　再铸辉煌
——庆祝中国食品工业年鉴创刊40周年

艰难方显勇毅，磨砺始得玉成，
沧海横流驰奔，彰示英雄本色。

1981年10月29日，经国务院红头文件（国发〔1981〕66号）的批准，成立了中国食品工业协会。1984年12月，由中国食品工业协会主管主办的、中国食品工业历史上第一部行业历史文献—《中国食品工业年鉴》（1984版）正式出版发行了，之后连续出版发行至今，已经过去40年了。《中国食品工业年鉴》是中国食品工业行史上唯一一部全面反映中国年度食品工业发展情况、涉及三大系统（轻工业、商业和农业），由29个以中国命名的行业协会（学会）和由31个省（自治区、直辖市）地方食协、地方工信厅、地方统计局相关处室共同完成纪年性、权威性食品工业的历史参考材料，《中国食品工业年鉴》各部年鉴都被国家图书馆收藏。

40年风雨兼程，40年壮丽诗篇。有一代又一代中国食品工业年鉴编辑（撰稿）人前仆后继，其中，有一些年鉴编辑（撰稿）人已经离开了我们，但是，他们的巨作和英雄的名字将永远载入在行业的文献上，他们生前始终不忘给后来者留下具有参考、实用、丰富和权威历史资料的初心，所以，他们的初心是高尚的；他们的使命是神圣的；他们的工作虽然艰辛，但是是光荣的；他们的成就是辉煌的；他们的事业是伟大的。

在中国食协的关心指导下，在国家有关政府部门、地方政府及行业各相关组织的大力支持配合下，中国食品工业年鉴编辑人在艰难探索中，埋头苦干，辛勤工作，砥砺奋进，谋求发展，为了能够与时俱进，不断丰富年鉴的全面性、可读性、专业性，在呕心沥血的编纂《中国食品工业年鉴》过程中，有过稿件难组的苦痛，也有过出版发行的欢欣，《中国食品工业年鉴》是一部充满了智慧和艰辛的行业史书。

习近平总书记说过，“路虽远，行则将至；事虽难，做则必成”。

回顾40年编纂如林《中国食品工业年鉴》的历史，我们没有因虚度年华而感到悔恨，也没有因碌碌无为而感到羞耻，因为，我们做的事业是功在当代，利在千秋。

在此我代表中国食品工业年鉴编辑部谨向《中国食品工业年鉴》的开拓者和建设者致敬，向40年以来，关心、支持《中国食品工业年鉴》工作的所有编委、撰稿人和朋友们致谢。

中国食品工业年鉴编辑部
郑宣东
2024年1月6日

庆祝《中国食品工业年鉴》创刊40周年

《中国食品工业年鉴》编辑部：

《中国食品工业年鉴》于今年创刊40周年，陕西省食品协会荣幸的借喜庆年之际，热烈祝贺《年鉴》华丽荣光的40年华诞。

统计是国民经济和社会发展的重要基础性工作。统计数据是党和政府科学决策的重要依据，统计工作是宏观调控和管理的重要工具，它客观反映了经济社会发展的规律，维护着政府统计的公信力，体现了社会实体的自身利益，强化了权力运行的制约和监督。

《年鉴》作为中国食品工业资料性、纪年性、权威性载体大型年刊，40年风雨兼程、拼搏登攀，真实映照了中国食品工业由小到大、从弱变强、不断发展壮大的极其壮丽光辉的历史征程。由此，我们特别衷心地致敬中国食协与《年鉴》编辑部全体同仁，致谢你们高度的政治责任心和求真务实的高水平贡献。

洪范八政，食为国首。2024年是全面建设社会主义现代化国家的攻坚年。面对新机遇新挑战，陕西食协期望在中食协指导下，与大家齐心合力，全面贯彻中央经济工作会议精神，坚定不移落实新发展理念，坚持稳中求进向好，确保发展预期目标实现。

征程劲风雨雪，尽有奋蹄登攀。热切希望全国行业同仁和社会各界朋友，携手共进、守正创新，支持《年鉴》高质量运作，共同开创中国食品工业更加美好灿烂的明天！

陕西省食品协会

2024年2月16日

祝贺《中国食品工业年鉴》创刊四十周年

值此《中国食品工业年鉴》创刊四十周年之际，我们谨代表贵州省食品工业协会及全省食品工业同仁，向《中国食品工业年鉴》编委会及所有参与《年鉴》编辑的各位同志，表达最诚挚的敬意。“华夏食志 史往鉴来”，四十来《中国食品工业年鉴》在历届编委会领导和各位参与编辑同仁的砥砺前行下，用精彩的华章，记录了华夏食品行业的辉煌，见证了华夏食品行业的发展。年鉴是历史的载体，有现在必然有未来，在当今融媒体时代，《中国食品工业年鉴》以其真实性、系统性、科学性和权威性，承担起了行业历史自信的重任。《中国食品工业年鉴》始终掌握新时代新征程党和国家事业发展的历史主动，《年鉴》以其既有的连续性，整体性，为了解和研究行业的历史和发展，乃至服务当今为社会的政治、经济、科学等起到重要的作用。今天，我们迈步在中华民族伟大复兴的中国梦征程上，我们更要担当起增强历史自信的使命与责任。我们将积极配合致力于《中国食品工业年鉴》的编撰工作，令其生命不衰，

增强锚定既定奋斗目标、意气风发走向未来的勇气和力量，共创华夏食品工业的新未来。

贵州省食品工业协会会长　蔡邦红
贵州省食品工业协会秘书长　尚　杰
2024 年 2 月 16 日

祝贺《中国食品工业年鉴》创刊40周年

《中国食品工业年鉴》编辑委员会编辑部各级领导你们好！

在《中国食品工业年鉴》创刊40周年之际，我谨向中国食品工业协会以及《中国食品工业年鉴》编辑委员会编辑部各位领导及各位同仁，表示最热烈的祝贺和最诚挚的敬意。

祝贺你们四十年来，在采集和编纂《中国食品工业年鉴》的工作中，所取得的巨大成绩，感谢你们为推动我国食品工业持续发展和创新发展，所做出的艰辛努力和辛劳的付出。

《中国食品工业年鉴》是中国食品工业上唯一的一部全面反映每个年度中国食品工业发展情况的巨著。

《中国食品工业年鉴》涉及全国三大系统（轻工业、商业和农业），并由全国29个行业协会（学会）和31个省（自治区、直辖市）地方食协、地方经信委、地方统计局、地方工信厅等相关处室共同完成的纪年性、权威性食品工业历史参考史册，其各年度《年鉴》均被国家图书馆收藏，可见《中国食品工业年鉴》其自身的收藏价值和收藏的重要性。

在呕心沥血编纂《中国食品工业年鉴》的过程中，你们有过稿件难组的苦恼，也有过出版发行的喜悦。可以说《年鉴》是一部充满智慧和艰辛的行业史书，将载入历史史册。

改革开放四十年来，《中国食品工业年鉴》作为我国当代食品工业专业性的刊物，具备了纪年性、参考性、实用性、丰富性、权威性的特质，形成了自己独特的编辑风格，承担起崇高的社会责任，成效卓著贡献巨大。《中国食品工业年鉴》必将载入我国当代食品工业发展的辉煌历程和宏伟史册。

从创刊到今天的四十年间，《中国食品工业年鉴》伴随着社会前进的步伐，一步步走向成熟，并结出累累硕果。其社会的知名度和影响力，都是有目共睹，我为你们感到骄傲。

《中国食品工业年鉴》主编，不仅要有较高的思想素质，也必须具备较高的业务水平，这是办好刊物的根本保证。

正是因为你们有了德才兼备的主编，才保证了《年鉴》的顺利完成，才能带出一支精通业务的编辑队伍。你们的刊物能有如此大的社会影响力，历届主编和编辑人员功不可没。

你们编纂《中国食品工业年鉴》的初心，就是为给后人留下丰富的、可参考使用、权威的历史资料；你们的使命就是，记载我国食品行业全面发展的历程，使其再创辉煌。

《中国食品工业年鉴》在编委会主任、主编沈箎会长和编委会第一副主任、第一副主编马勇副会长的关心指导下，在国家有关政府部委、地方政府以及行业各相关组织和各位同仁的大力支持下，在《中国食品工业年鉴》编辑部郑宣东主任以及编辑人员埋头苦干、辛勤工作、砥砺奋进、与时俱进，谋求发展的艰难探索中，不断总结经验，努力提高编辑水平，丰富了年鉴的全面性、可读性，提升了年鉴的专业性和权威性，正是因为你们的不懈努力，才取得今天的胜果。

40年风雨兼程，40年华丽篇章。一代又一代《中国食品工业年鉴》撰稿人和编辑人员前仆后继，你们的巨作将永远载入食品行业的文献上，你们的初心是高尚的，你们的使命是神圣的，你们的事业是伟大的，你们的成就是辉煌的。

回顾40年编纂《中国食品工业年鉴》的历史，你们没有因虚度年华而感到悔恨，也没有因碌碌无为而感到羞耻，因为，你们所做的编辑事业是"功在当代，利在千秋"。

在《中国食品工业年鉴》创刊40岁华诞之际，笔者撰写此文，以示祝贺。同时，谨向《中国食品工业年鉴》的开拓者和建设者们致敬，向40年来关心和支持《中国食品工业年鉴》工作的全国各省市所有编委、撰稿人和朋友们致敬。

天津市食品工业协会办公室原主任

李建中　敬贺

2024年2月16日

祝贺《中国食品工业年鉴》创刊 40 周年

《中国食品工业年鉴》编辑部：

《中国食品工业年鉴》伴随着中国食品工业走过了 40 年的风雨历程，为增强食品行业信息交流，增进省际感情友谊，推动全国食品工业稳定、持续、健康发展做出了应有的贡献。值此《中国食品工业年鉴》创刊 40 周年之际，山东作为连续 37 年营收排名第一位的全国食品工业大省，山东省食品工业协会向贵部表示热烈的祝贺和最诚挚的敬意！

《中国食品工业年鉴》是中国食品工业行史上唯一一部全面反映年度中国食品工业发展情况的行业巨著，是全国食品行业乃至世界食品行业交流的重要载体，记载着行业发展的详实信息和数据，承载着行业发展史的重大责任和使命，传载着行业发展的信息文化和文明，是新中国成立以来食品行业信息量最大、系统性最好、实用性最强、专业性最高、实践性最广的行业刊物，在全国食品领域享有崇高的地位，具有很强的品牌影响力，为行业科学规划、结构调整优化、学科研究提供了基础性依据。

《中国食品工业年鉴》经过几代人的辛勤工作和艰苦努力，已成为中国工业史上的重要组成部分，已成为全国食品领域的品牌刊物，为全国工业经济发展做出了较大成就。希望《中国食品工业年鉴》编辑部，为推进《中国食品工业年鉴》的高质量发展再谱华章，为建设中国式现代化再立新功、再创辉煌创！

山东省食品工业协会

2024 年 2 月 18

祝贺《中国食品工业年鉴》创刊40周年

采撷编纂心手牵，
众志成城谱年鉴，
披肝沥胆四十载，
不负家国食为天。

福建省食品行业协会党支部书记荣誉会长
林玉明　敬贺
2024年2月18日

庆祝《中国食品工业年鉴》创刊40周年

到2024年底，《中国食品工业年鉴》已经创办整整40周年了。这是一件值得庆祝的事情。

第一、1984年《中国食品工业年鉴》的正式出版发行，标志着自新中国成立以来，经过30余年的艰苦奋斗，我们已经初步建成了可以满足城乡居民食品消费需求的工业生产体系。以肉禽蛋的生产供应为例，1954年1月中央财政经济委员会批准成立中国食品公司，作为商业部直属大型国营商业企业，主要负责经营猪牛羊禽（蛋品）的收购、屠宰、加工和销售。从1955年至1984年，商业部中国食品公司系统已经建成了遍布全国城乡的畜禽收购、屠宰加工、冷藏销售经营体系。正是在这样的基础上，通过整合轻工业、农业等其他部门的食品工业生产体系，国务院批准成立中国食品工业协会，并开始编辑出版全面反映食品工业行业发展情况的《年鉴》。

第二、从1984年至2024年《中国食品工业年鉴》的连续出版发行，反映了中国食品工业40年来在改革开放中成长的艰辛历程。在肉禽蛋行业，随着对原有计划经济体制下商业部国营体系改革的深入推进，民营经济、中外合资、外商独资、股份制企业等多种经济形式日益活跃、蓬勃发展，畜禽收购、屠宰加工、冷藏销售的整个供应链体系发生了极为深刻的变化。《中国食品工业年鉴》通过纪年方式，反映了全国29个行业协会（学会）和31个省（自治区、直辖市）地方食协等部门各个食品行业40年来在社会主义现代化建设过程中发展变化的情况，历史文献资料极为珍贵，对于探索今后中国食品工业发展之路具有非常重要的借鉴意义。

第三、《中国食品工业年鉴》创办40周年，标志着已经进入“不惑之年”了。在经历了40年的风风雨雨之后，中国食品工业的一代又一代从业者已经有了自己明确的判断力，尽管国际国内形势错综复杂，不确定性因素增多，但我们不会被各种表象所迷惑，能够明白事物发展的本质与道理，能够了解自己的优势和不足，坚定不移地把中国食品工业的事情办好，继续把《中国食品工业年鉴》出版发行好。未来10年，一定会有一批新的编委和撰稿人，承担起《中国食品工业年鉴》的使命，发扬光荣传统，克服缺点不足，将这项伟大的事业继续推向前进。

值此《中国食品工业年鉴》创办40周年之际，我作为中国肉类协会的特约撰稿人，写了以上这些话，表示衷心的祝贺。祝贺我们共同成长的经历，祝贺我们辛勤工作的成果，祝贺我们更加美好的未来！

中国肉类协会　高观

2024年2月18日

祝贺《中国食品工业年鉴》创刊40周年

《中国食品工业年鉴》编辑委员会及编辑部：

值此《中国食品工业年鉴》创刊40周年之际，山西省食品工业协会特向中国食品工业协会、《中国食 品工业年鉴》编辑委员会及编辑部各位领导、同仁，表示诚挚敬意和热烈 祝贺！

食品工业是与民生联系最密切的工业行业。食品工业的 高质量发展，对满足人民日益增长的美好生活需要发挥着重要作用。

《中国食品工业年鉴》是一部中国食品工业资料性、纪年性的工具书，真实记录了四十多年来中国食品工业的发展变迁，以及续写光辉的历史征程。

《中国食品工业年鉴》从创刊至今的四十年间，一步一个脚印脚踏实地往前走，四十年沧桑巨变、披荆斩棘，取得了巨大成就。累累硕果离不开编辑委员会及编辑部风雨历程、不辱使命的辛劳付出，这一模范群体不仅为推动我国食品工业高质量、可持续发展做出了巨大贡献，也为全行业做出了榜样。兔辞胜岁，龙耀中华。新的一年，我们坚信，在中国食协的领导下，各地方食协将继往开来、同心协力、再创辉煌！山西省食品工业协会也将一如既往配合中国食协各项工作，为中国食品工业高质量发展贡献力量！

山西省食品工业协会

2024年2月19日

贺 信

《中国食品工业年鉴》编辑委员会：

在《中国食品工业年鉴》创刊40周年之际，江苏省食品行业协会向中国食品工业协会以及《中国食品工业年鉴》编辑委员会表示热烈的祝贺！谨向40年来关心和支持《中国食品工业年鉴》工作的全国各省市所有编委、撰稿人和朋友们致以崇高的敬意！

食品工业是与民生联系最密切的工业行业。食品工业的高质量发展，对满足人民日益增长的美好生活需要发挥着重要作用。《中国食品工业年鉴》是全面地、系统地反映我国食品行业的发展历程、主要业绩和基本经验，汇集有关文献和资料的大型工具书。40年风雨兼程、拼搏登攀，真实映照了中国食品工业由小到大、从弱变强、不断发展壮大的极其壮丽光辉的历史征程。

我们相信，在中国食协的领导下，《中国食品工业年鉴》一定能继往开来、再创辉煌。江苏省食品行业协会将一如既往地支持中国食协的各项工作，为《中国食品工业年鉴》编辑尽一份力，尽一份责，在中国式现代化建设新征途上，为推动我

国食品工业高质量发展、可持续发展做出新的贡献。

江苏省食品行业协会

2024年2月20日

为中国食品工业年鉴四十周年创刊祝福

中国食品工业年鉴迎来四十周年创刊纪念日，这是我们每个人值得祝福的时刻，同时对中国食品工业年鉴编辑部的各位领导和同仁表示最诚挚的谢意！记录人民美好生活的中国食品工业年鉴以骄人的成绩向祖国交上一份满意的答卷。从生活物资紧缺、食品凭票供应的年代到现在食品的多样性，食品琳琅满目；从家庭作坊式加工到机械化生产流水线到现在的全自动化、标准化、智能化发展；从满足基本生活需求到食品的安全、营养、方便、健康，食品工业发展的辉煌历程以中国食品工业年鉴载入了史册。以史为鉴，食品工业的每一步发展向后人展示了其艰难历程与人民获得的幸福感，食品工业发展的亲历者为之骄傲，为之自豪。我们还须不懈努力，把食品工业更加辉煌的历史在笔下熠熠生辉，为后人展示光彩。在中国食品工业年鉴创刊四十周年之际，我们满怀深深的敬意为她祝福，以更大的情怀为她撰写食品工业更加辉煌的历史，让食品工业的辉煌历史成为国人骄傲，让食品工业灿烂的历史为后人铭记，让我们踏着食品工业历史的印记迈向更加辉煌的未来！

祝福，中国食品工业年鉴创刊四十周年！

河北省食品工业协会
吴龙妹
2024 年 2 月 22 日

祝贺《中国食品工业年鉴》创刊40周年

《中国食品工业年鉴》编辑委员会编辑部：

在《中国食品工业年鉴》创刊40周年之际，广西食品工业协会谨向贵刊表示衷心的祝贺，并借此机会向贵刊编委会领导及成员、作者和读者致以崇高的敬意和亲切的问候！

40年风雨兼程，不忘来路艰辛方知所往

《中国食品工业年鉴》是中国食品工业纪年性、资料性的大型工具书，以其丰富的内容和详实的数据记载和见证着我国食品工业走过了创业、探索、发展、改革、创新的奋斗历程，在我国食品工业发展各个历史时期发挥了十分重要的作用，赢得了行业及社会各方的赞誉。创刊40年来，《中国食品工业年鉴》一直以“凝聚力量，影响行业，服务企业，创造价值”为重要使命，始终坚持正确政治方向，牢牢把握正确舆论导向，全面展示中国食品工业发展建设的壮阔历程，热情讴歌食品工业开拓者拼搏奋斗的生动实践，传递国内国际要闻，广泛开展学术争鸣，促进技术改革创新，引导企业做大，团结行业做强，讲述了无数个同舟共济、无私奉献、拼搏进取的生动故事，为推动我国食品工业高质量发展凝聚了奋进力量、营造了向上氛围、作出了重要贡献。

40年理想光辉，不畏前路漫漫方有作为

山再高，往上攀总能登顶；路再长，走下去定能到达。这四十年来，《中国食品工业年鉴》编辑部始终与党心相连手相牵，与食品工业发展同呼吸共命运，为增进民生福祉同成长共奋斗，正是这一步一个脚印、一棒接一棒的工匠精神为食品工业发展的每一次蜕变创造了宝贵经验和精神财富。40年星火汇聚，追求理想之光生生不息，照亮着中国食品工业以“大食物观”为目标，立足新发展阶段，贯彻新发展理念，构建新发展格局，走现代化产业发展之路。

铁肩担重任，妙笔著文章。希望《中国食品工业年鉴》以创刊40周年为新起点，守正创新、接续奋斗，秉持实事求是、精耕细作的工作作风，善作善成、脚踏实地，不断迈出更加凸显时代主旋律、中国食业品质形象的坚实步履，未来继续贡献智慧和力量，在实干中再续中国食业发展新篇章，进一步擦亮《中国食品工业年鉴》的“金字招牌”，为中国食品工业的改革开放和现代化建设事业作出新的更大贡献！

旧岁已展千重锦，新年更进百尺杆。衷心祝愿《中国食品工业年鉴》秉持宗旨、坚守初心，抓好内涵建设，越办越出彩。广西食品工业协会也将一如既往地支持中食协各项工作，凝聚社会各界达成重视、支持、使用《中国食品工业年鉴》的共识，为推进中国食品工业现代化进程贡献地方行业协会力量。

广西食品工业协会

2024年3月6日

贺 信

《中国食品工业年鉴》编辑部：

今年,《中国食品工业年鉴》将于今年迎来创刊40周年，浙江省食品协会在此向贵刊致以热烈的祝贺和真诚的敬意。

中华文化五千年源远流长，记史历来为各个时期所重视。从太史公司马迁“究天人之际，通古今之变”到唐太宗李世民“以史为鉴，可以知兴替”，再到“唐宋八大家”之一曾巩“史者，所以明夫治天下之道也”，再到清代著名诗人龚自珍“欲知大道，必先为史”，直至今天党和国家历代领导人均在不同情况下强调了历史的重要意义。

《中国食品工业年鉴》的历史，也是一部中国食品工业改革开放以来的发展史。《年鉴》作为中国食品工业资料性、纪年性、权威性载体大型年刊，自创立以来，连续详细记录了从20世纪80年代到如今全国及各主要省份的食品工业发展变化，记录了全国各主要食品行业大类的历史变迁，记录了全国及各主要省份食品行业的重大事件，见证了中国食品工业和中国经济的发展。

浙江省食品工业协会是《中国食品工业年鉴》的最初参与编纂单位之一，人员虽几经更替，但协会这一工作始终曾经间断。个人已连续十多年完成《中国食品工业－浙江篇》的编写，在编写过程中，通过整理分析行业运行状况和行业大事件梳理等，更好地呈现了浙江食品工业行业的发展。同时，个人也深感责任重大，每次完稿均几经校对，唯恐有纰漏之处。

2024年是中华人民共和国成立75周年，也是全面实现“十四五”规划的关键之年，面对新机遇和挑战，浙江省食品工业协会将在中食协指导下，与大家共同努力，全面贯彻中央经济工作会议精神，坚定不移贯彻新发展理念，为实现中国食品工业的高质量发展献力。

最后，再次向中国食品工业协会与《中国食品工业年鉴》编辑部全体同仁致以崇高的敬意，同时，期待你们在以后书写新的历史篇章！

浙江省食品工业协会

安圣康

2024年3月7日

热烈祝贺《中国食品工业年鉴》创刊 40 周年

《中国食品工业年鉴》编辑委员会编辑部：

在《中国食品工业年鉴》创刊 40 周年之际，云南省食品行业协会向中国食品工业协会以及《中国食品工业年鉴》编辑委员会编辑部各位领导及各位同仁，表示热烈的祝贺和最诚挚的敬意。

食品工业是与民生联系最密切的工业行业。食品工业的高质量发展，对满足人民日益增长的美好生活需要发挥着重要作用。《中国食品工业年鉴》是中国食品工业纪年性、资料性的大型工具书，这四十年来《中国食品工业年鉴》编辑部为年鉴编写付出了诸多努力和汗水，如今取得了如此巨大的成绩，离不开大家辛苦的付出，感谢你们为推动我国食品工业高质量发展、可持续发展做出的巨大贡献。

《中国食品工业年鉴》从创刊到今天的四十年里，一步一个脚印脚踏实地往前走，四十年的风雨兼程，如今已硕果累累。

乍暖还寒，春意已浓，新的一年又开始了，今各地食品行业协会都面临着新的挑战与机遇，但我们相信在中食协的指导下能继往开来、同心协力、再创辉煌。云南省食品行业协会也会一如既往地支持中食协各项工作，希望中国食品工业越来越好，最后在此诚挚地祝愿全国食品行业的同仁们、社会各界朋友们，事业蒸蒸日上、身体健康、万事大吉！

云南省食品行业协会

2024 年 2 月 19 日

同贺的行业组织：

北京市食品协会
天津市食品工业协会
河北省食品工业协会
上海市食品协会
江苏省食品工业协会
浙江省食品工业协会
福建省食品工业协会
山东省食品工业协会
广东省食品药品行业协会
海南省工业和信息化厅消费品处
山西省食品工业协会
安徽省经济和信息化厅盐业与食品处
江西省食品工业协会
河南省统计局工业处
湖北省食品工业协会
湖南省食品行业联合会
内蒙古自治区统计局
广西壮族自治区食品工业协会
重庆市食品工业协会
四川省食品饮料产业协会
何斌副秘书长
贵州省食品工业协会
云南省食品行业协会
西藏自治区工信厅
陕西省食品工业协会
甘肃省工业和信息化厅消费品处
青海省食品工业协会
宁夏回族自治区工信厅消费品处
新疆尔自治区工信厅
李运德处
辽宁省新材料工程中心
吉林省食品工业协会
黑龙江食品工业协会
中国粮食行业协会
中国糖业协会
中国肉类协会
中国食品工业协会豆制品专业委员会
中国焙烤食品糖制品工业协会
中国食品工业协会糖果专业委员会
中国食品工业协会冷冻冷藏食品专业委员会
中国乳制品工业协会
中国罐头工业协会
中国调味品协会
中国生物发酵产业协会
中国生物发酵产业协会氨基酸分会、有机酸分会、淀粉糖分会、酶制剂分会、酵母分会、酵素分会
中国保健协会
中国盐业协会
中国食品添加剂和配料协会
中国酒业协会
中国饮料工业协会
中国茶叶流通协会
中国养蜂学会

第一部分

综合篇

1.1　2023 年全国食品工业经济运行情况

中国食品工业协会行业信息部

2023 年是经历三年新冠疫情防控阶段后经济恢复发展的一年。我们顶住外部压力、克服内部困难，全面深化改革开放，加大宏观调控力度，国内需求逐步改善，工业生产稳步回升。全年食品工业（含农副食品加工业、食品制造业、酒饮料和精制茶制造业）以占全国工业 4.8% 的资产，创造了 6.7% 的营业收入，完成了 8.0% 的利润总额。从主要经济指标的增长速度来看，同比有所回落。食品工业发展从高速增长，规模快速扩张发生变化，从量的累积走向质的优化。

一、发展状况

（一）生产温和增长

2023 年，全国规模以上食品工业（不含烟草制品业）增加值同比实际增长 1.2%，增速同比收窄 1.7 个百分点，比全部工业低 3.4 个百分点。全年食品工业完成工业增加值占全国工业增加值的比重为 5.9%。

分阶段看，一季度增速 0.1%，上半年 0.5%，前三季度 0.8%，全年 1.2%，呈逐步走高态势。全年最高点在 9 月份 3.1%，第 4 季度开始逐月放缓（图 1）。

分大类行业来看，农副食品加工业全年同比增长 0.2%，比上半年加快 1 个百分点；食品制造业同比增长 3.3%，加快 0.6 个百分点；酒、饮料和精制茶制造业同比增长 0.8%，加快 0.6 个百分点。

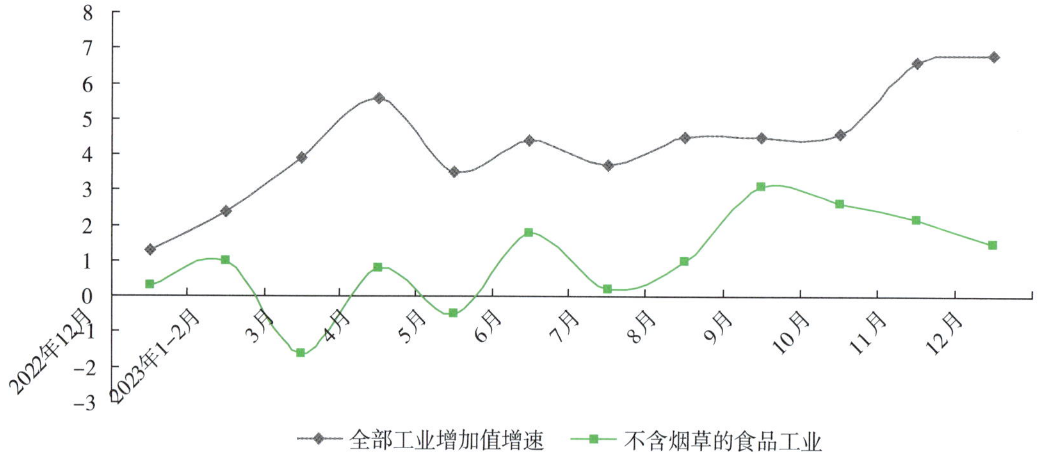

图 1　规模以上食品工业增加值同比增长速度（%）

表 1　2023 年食品工业主要产品产量

（万吨、万千升）

产品名称	产量	同比增长（%）
精制食用植物油	4897.0	5.9
成品糖	1270.6	-13.2
鲜、冷藏肉	3923.5	15.3
乳制品	3054.6	3.1
白酒（折 65 度，商品量）	449.2	-2.8
啤酒	3555.5	0.3
葡萄酒	14.3	3.0
饮料	17499.8	4.1

（二）食品消费价格低位运行

2023 年，全国居民消费价格同比上涨 0.2%，其中，食品价格同比下降 0.3%。分月看，食品价格同比前高后低，影响了 CPI 同样的走势。6 月份食品价格达到全年的峰值后就一路下滑，后面几个月都是下降，这主要还是受猪肉价格的影响。

12 月份，食品价格下降 3.7%，降幅比上月收窄 0.5 个百分点，影响 CPI 下降约 0.7 个百分点。其中，猪肉价格下降 26.1%，降幅收窄 5.7 个百分点，影响 CPI 下降约 0.4 个百分点，是带动 CPI 同比下降的主要因素；鸡蛋、牛羊肉、食用油和禽肉类价格降幅在 1.7%—8.4% 之间。

食品出厂价格全年同比上涨 0.2%，分月看，也是前高后低的走势。

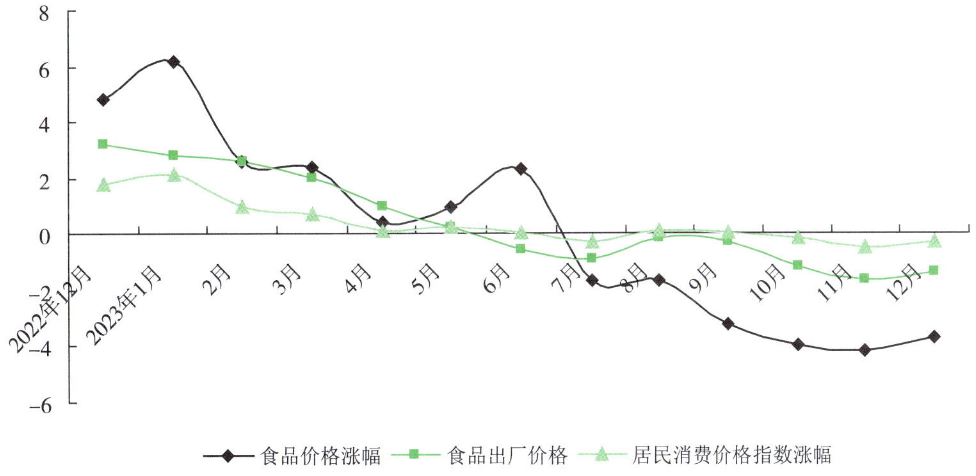

图 2　食品消费价格和食品出厂价格指数走势（%）

（三）经济效益增长速度放缓

2023 年，4 万家规模以上食品工业企业实现利润总额 6168.0 亿元，同比增长 2.3%，增速同比放缓了 7.3 百分点，较 1—11 月份加快 1.6 个百分点，高出全部工业 4.6 个百分点。利润总额占全部工业比重 8.0%。

分行业看，农副食品加工业利润同比下降 11.0%，食品制造业利润同比增长 4.2%，酒、饮料和精制茶制造业同比增长 8.5%，分别比 1-11 月份提高 0.8、2.0 和 2.4 个百分点。从小类行业来看，61 个小类行业中 39 个利润增长，比例达 6 成以上。从企业的亏损数量比例看，占 2 成多。

规模以上食品工业企业实现营业收入 9.0 万亿元，同比增长 2.5%，增速同比放缓 3.1 个百分点，高出全部工业 1.4 个百分点；发生营业成本 7.6 万亿元，同比增长 1.8%；营业收入利润率为 6.8%，同比低了 0.2 个百分点；资产负债率 54.1%，上年是 52.8%。

表 2 2023 年食品工业经济效益指标

亿元

行业名称	营业收入	同比增长（%）	利润总额	同比增长（%）	企业单位数（个）
食品工业总计	90052.4	2.5	6168.0	2.3	40667
农副食品加工业	54038.6	1.1	1391.2	–11.0	25005
食品制造业	20497.6	2.5	1666.8	4.2	9774
酒、饮料和精制茶制造业	15516.2	7.4	3110.0	8.5	5888

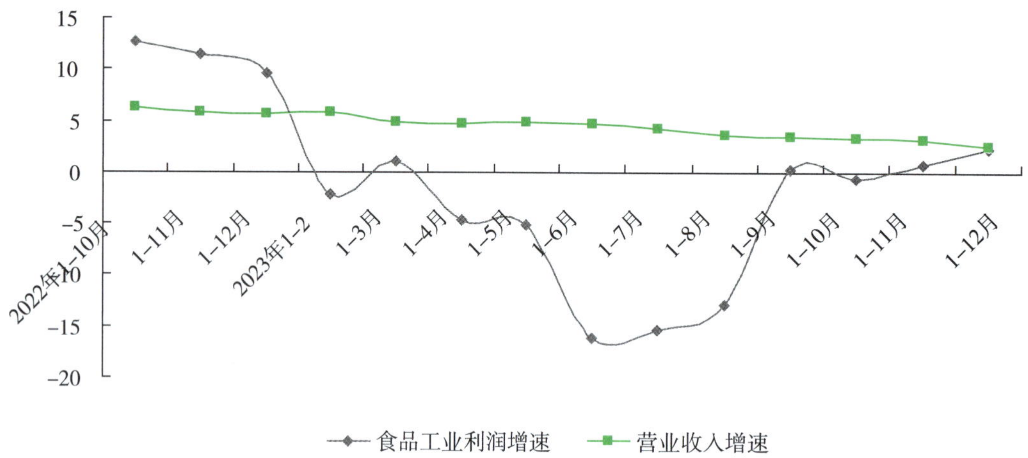

图 3 食品工业（不含烟草）各月累计营业收入和利润总额同比增速

（四）进出口情况

海关统计数据显示，2023 年，我国进出口食品 2.0 万亿人民币，同比增长 6.0%。其中，出口 5382.3 亿元，同比增长 5.9%；进口 14629.8 亿元，同比增长 6.1%；进出口增长水平同比均有回落，贸易逆差 9247.5 亿元。

就进出口产品种类看，食用水产品、蔬菜及食用菌和干鲜瓜果及坚果为主要出口食品；粮食、大豆、肉类（包括杂碎）是主要进口食品（表 3）。

表 3 2023 年食品主要进出口商品统计表

出口				进口			
产品	价值（亿元）	同比增长（%）	占比（%）	产品	价值（亿元）	同比增长（%）	占比（%）
食用水产品	1393.8	–7.2	25.9	粮食	5780.5	6.6	39.5
蔬菜及食用菌	940.0	13.7	17.5	其中大豆	4198.9	4.8	28.7
干鲜瓜果及坚果	404.0	14.1	7.5	肉类（包括杂碎）	1933.2	–8.8	13.2
罐头	311.2	9.6	5.8	粮食中谷物及谷物粉	1458.0	12.3	10.0
酒类及饮料	269.1	25	5.0	食用水产品	1362.2	5	9.3
肉类（包括杂碎）	133.9	2.8	2.5	干鲜瓜果及坚果	1238.7	18.8	8.5
粮食	124.5	0.1	2.3	食用油	911.4	14.6	6.2
茶叶	122.3	–11.7	2.3	乳品	847.2	–8.5	5.8

二、产业地位与构成

（一）产业地位

2023年，规模以上食品工业企业数量占全国规模以上工业企业数量的8.4%，资产占4.8%，营业收入占6.7%，利润总额占8.0%。经测算，2023年，食品工业完成工业增加值占全国工业增加值的比重达到5.9%，对全国工业增长贡献率1.5%，这几个指标比上年均有所下降。在全部工业中，食品工业营业收入居第五（表4），利润占比居第四。

表4 2023年食品工业营业收入及其地位与其他行业的比较

行业	营业收入/亿元	占比/%
总计	1334390.8	100.0
煤炭开采和洗选业	34958.7	2.6
石油和天然气开采业	11857.9	0.9
黑色金属矿采选业	4723.5	0.4
有色金属矿采选业	3491.8	0.3
非金属矿采选业	3621.2	0.3
开采辅助活动	2604.5	0.2
其他采矿业	17.5	0.0
食品工业	90052.4	6.7
烟草制品业	13333	1.0
纺织业	22879.1	1.7
纺织服装、服饰业	12104.7	0.9
皮革、毛皮、羽毛及其制品和制鞋业	7986.1	0.6
木材加工和木、竹、藤、棕、草制品业	8624.6	0.6
家具制造业	6555.7	0.5
造纸和纸制品业	13926.2	1.0
印刷和记录媒介复制业	6576.9	0.5
文教、工美、体育和娱乐用品制造业	12683.8	1.0
石油加工、炼焦和核燃料加工业	60744.7	4.6
化学原料和化学制品制造业	87925.8	6.6
医药制造业	25205.7	1.9
化学纤维制造业	10975.3	0.8
橡胶和塑料制品业	28218.1	2.1
非金属矿物制品业	55756	4.2
黑色金属冶炼和压延加工业	83352.4	6.2
有色金属冶炼和压延加工业	75585.9	5.7
金属制品业	45442.6	3.4
通用设备制造业	47072.2	3.5
专用设备制造业	36745.1	2.8
汽车制造业	100975.8	7.6
铁路、船舶、航空航天和其他运输设备制造业	13661.1	1.0
电气机械和器材制造业	110059.9	8.2
计算机、通信和其他电子设备制造业	151067.8	11.3
仪器仪表制造业	10112.2	0.8
其他制造业	1944.7	0.1
废弃资源综合利用业	11726.3	0.9
金属制品、机械和设备修理业	2078.5	0.2
电力、热力生产和供应业	97718.3	7.3
燃气生产和供应业	17321.2	1.3
水的生产和供应业	4704	0.4

（二）基本构成

从大类行业看，2023年，农副食品加工业营业收入和利润分别占整个食品工业营业收入和利润的60.0%、22.6%。食品制造业分别占22.8%、27.0%，酒、饮料和精制茶制造业分别占整个食品工业的17.2%、50.4%。同比营业收入占比变化不大，从利润占比来看，酒、饮料和精制茶制造业占比继续扩大，农副食品加工业占比继续下降，食品制造业变化不大。

从发展速度层面看，2023年，农副食品加工业，食品制造业，酒、饮料和精制茶制造业，营业收入的同比增速分别为1.1%、2.5%、7.4%；3个行业利润的同比增速分别为–11%、4.2%、8.5%，同比均有所下降。

（三）区域分布

从食品工业区域分布来看，近几年，营业收入经常进入前10的省有山东、四川、广东、河南、福建、湖北、江苏、湖南、河北、浙江、安徽等，以中部和东部地区为主。2021、2022年山东省营业收入为各省（自治区、直辖市）最高。2021年山东省营业收入达10189.1亿元，同比增长16.4%，2022年11852.5亿元，同比增长10.5%，均高于同期全国平均水平。

从历史发展来看，我国中东部地区食品工业相对比较发达，优势明显。随着经济的发展，国家促进区域经济协调发展政策不断推出。2023年，工业和信息化部、国家发展改革委等11个部门出台了《关于培育传统优势食品产区和地方特色食品产业的指导意见》。各地特别是一些中西部地区，把食品工业作为发展地区经济的重要抓手，充分利用独有的农产品原料优势和劳动力优势，发展特色食品加工产业，培育形成经济发展新动能，打造形成优势产业集群。

三、行业发展面临主要问题

这些年外部环境发生了很大变化，尤其以中美关系为主线，开展贸易战、金融战、科技战等，使得中国经济面临前所未有的压力。传导到食品工业，经济运行中出现了行业增速放缓、效益下滑、企业经营困难等现象。

从企业供应链来看，原料、包装材料采购价格上涨幅度过高、过快。豆油、棕榈油、面粉、白糖等原料，PET、纸箱、金属罐等包材，以及交通物流费用上涨幅度较大，有些甚至是翻倍增长。原料、包材、物流成本上涨了，但为维护稳定，食品销售价格上调空间极为有限，企业利润下降，亏损面扩大。企业对目前市场的形容是“滞涨”，消费增长停滞，原料价格上涨。由于，企业运营成本大幅增长，利润空间缩小，很多企业出现了招工难。不少年轻人宁肯送外卖也不愿意到工厂工作。

从地方营商环境来看，地方营商环境从松到紧，从原来“放水养鱼”，到现在对企业“盯”得很紧。企业家的冲劲儿、干劲儿、发展信心与几年前相比明显下降。食品工业95%以上的企业是民营企业，有些地区百分比更高，当前最重要、最紧迫的问题是通过出台针对性强的政策，让企业有信心、有预期，敢于放开手脚做好企业。

从金融投资来看，食品工业是传统产业也是重要的民生产业，但普遍存在中小食品企业融资难、融资成本高的问题，亟待加大引导和吸引社会资本投向食品工业的力度，加快研究出台或调整完善相关政策供给，鼓励创新食品工业产业金融服务模式，提高社会资本进入食品工业的积极性。

从区域食品产业发展来看，近两年来，各地都把农食产业作为乡村产业振兴的主要抓手，但很多地方并没有对本地资源禀赋、区位条件、产业适配性以及市场进行深入研究，盲目强力抓招商引资，产业、企业和产品同质化状况堪忧。

从食品监管政策来看，不少企业反映，目前的监管办法是一家企业一张食品生产许可证，两次抽检不合格就吊销生产许可证。而大部分食品生产企业都是多品类生产，一个品类或一个批次出现问题，整个许可证即被吊销，对企业影响很大。另外，目前我国对新食品原料的审批相对慎重，存在周期较长、获批品种偏少的问题，不利于食品产品的创新。

从供给侧来看，食品产业结构性改革矛盾仍然较为突出，产业格局总体上仍偏小、弱、散。主要表现为，一是同质化产能过剩，产业园区重复建设情况突出；二是精深加工程度不高，产业链条短，高品质食品有效供给滞后市场需求；三是高端配料和高端装备自主创新力不足，食品产业关键高端装备和安全快检装备仍然依赖进口；四是产业链融合不深入，大量食品产业停留在“简单制造”状态；五是标准体系滞后，现行食品标准体系存在部分标准滞后、国内标准与国际标准不接轨、标准配套协调性较差。

从流通渠道来看，传统渠道销量大幅下降及新渠道、新业态给食品企业发展带来新挑战，目前进入渠道创新和多元化发展阶段。作为食品销售主通路的商超渠道销量不断下降，线上电商流量成本增加，以及新兴业态普遍以价格杠杆作为主要促销手段，给食品企业的销售带来了新的挑战。

2024年，面临的外部环境依然复杂严峻，国内有效需求不足、部分行业产能过剩、社会预期偏弱、风险隐患依然较多。我们要按照中央经济工作会议精神，坚持稳中求进、以进促稳、先立后破，加快构建新发展格局，统筹扩大内需和深化供给侧结构性改革，统筹高质量发展和高水平安全，持续推动食品工业经济实现质的有效提升和量的合理增长。

1.2 新质生产力之我所见

国务院发展研究中心原副主任　刘世锦

新质生产力，按照我的理解，就是利用新技术全方位提升全要素生产率。高质量发展并非只是口号和抽象的概念，而是有具体内容的，从经济工作的角度而言，也是有相关指标要求的，最重要的一点就是提高全要素生产率，当然也包括劳动生产率。

那怎么来提升？数字技术和新的绿色技术，为我们提升全要素生产率开辟了日益增多的新赛道。数字技术，特别是人工智能最新的发展，在很多方面超出想象。在绿色转型方面，中国提出“双碳”目标以来发生的最大变化，就是一大批低碳绿色新产业的快速增长。

过去我们讲环境保护、绿色转型的时候，很多人是有顾虑的。他们认为这和经济增长会产生矛盾，要搞环保和绿色转型，经济增长速度就可能下降。出现这种现象，原因就是在原有技术体系之内做文章，那的确有可能影响经济增长。但如果换个思路，立足于创新，用一套新的技术来解决绿色转型的问题，结果就会不一样。比如与传统的发电方式相比，光伏发电的碳排放是大幅下降的，经过十多年的努力后，光伏发电的成本已经接近甚至低于传统的燃煤发电成本，这在经济上就是具有竞争力的。所以，利用新技术驱动相关产业，也就体现出新质生产力和经济增长的关系不是矛盾的，而是相互支撑的。

当前，我国消费市场中部分居民不敢消费的原因有多方面，还是存在后顾之忧，比如担心现在把钱花了，今后没有收入了怎么办，为此会选择预防性储蓄。这说明我们的社保体系还没有完全跟上，但更重要的是居民手头的收入还不够多，如果居民收入不能持续增加，他们不会有足够的底气来消费。有一种认知，以为居民不愿意消费是一个主观认识问题。这是把问题理解错了。关键是要给居民收入增长创造条件，让他们没有后顾之忧。只要收入能够不断增长，消费潜力就会源源不断释放出来。

近年来，在居民的消费结构中，尤其是低收入群体，他们的生存型消费即衣食住行需求基本上满足了，包括贫困地区居民的吃饭穿衣、居住保障等问题基本上解决了。扩大消费的重点应该放在发展型消费上面。

无论生存型消费还是发展型消费，最后都要落在提升收入上，根本的途径是推动改革开放，进一步提升要素的市场化流动，提高城市化水平和质量。让更多农村人口进入城市、融入城市。中国下一步有可能迎来新一轮城镇化浪潮，就是在已有核心城市周边地区拓展都市圈，让大量中小城镇发展起来。概括来讲，解决当前的消费问题，我认为重点是发展型消费；从社会人群来说，重点是农民工，特别是进城农民工；从方法来说，要推动新一轮的城镇化浪潮。

当前，我们强调要推动有效投资和精准投资，以优化投资结构并提高投资效率。您认为应该如何引导社会资本更多投向创新驱动和民生领过去我们的投资主要靠三驾马车——基建、房地产、制造业，但近两三年来出现了新的趋势：一方面房地产投资的高峰期已经过去，近两年下降的幅度比较大，目前依然处在负增长阶段；另一方面基建投资也遇到了瓶颈，地方上普遍反映一是缺钱，二是缺少好的项目。

我认为下一步基建投资仍然会继续推进，但重点是要和都市圈的建设结合起来，这样投资效率才会比较高。而制造业投资要转向数字技术和绿色转型相关领域，要带动生产率提升，比如投向一些未来产业。

除此之外，我想特别强调服务业投资。服务业投资近几年增长速度很快，这和发展型消费是相配套的。

近两三年，在整个投资比重的排序里，房地产持续下滑，下一步要重视、强化服务业投资。（RCEP）等多边机制，推动外贸结构多出口一直是中国经济重要的增长动能，中国的出口不能放松，不论是量和质，都要提升。我们经常讲的一句话，要发展实体经济，以制造业为本，稳定制造业的比重。不过一定要搞清楚，从全球范围而言，要让中国制造业保持竞争力，一定意味着制造业的市场除了国内以外，还要有相当一部分市场是面向海外。所以，我们要保持比较高的制造业比重，就一定要提升制造业的竞争力，尤其是通过数字化或绿色化转型，提升它在全球范围内的竞争力。我们还可以采取一些更加主动的措施。比如开放通常讲究对等，而在有些情况下，看准了我们可以单边率先开放，先走一步带动对方，发挥引领作用。从国家利益的角度来说，目前，我们很多产品和服务在国际上具有相当强的竞争力，推动竞争、推动开放，对国家发展是有好处的，对全球化的进程以及全球经济的繁荣和社会进步也是有好处的。

1.3　对 2023 年中国食品工业品牌的解读

中国食品工业协会

2023 年，中国食品工业实现了营业收入 9.0 万亿元，同比增长 2.5%；实现了利润总额 6168.0 亿元，同比增长 2.3%。从增速来看，2023 年，食品工业的营业收入和利润总额的增速均高于 2022 年的水平，反映了食品工业在疫情防控和经济恢复的背景下，逐步恢复了生产经营活力，提高了效益水平。从细分行业来看，食品制造业的增速最高，食品制造业在满足人民群众基本需求的同时，不断创新产品结构和品质，既提升了市场竞争力，又在产品创新和品牌建设上表现更加积极。

一、中国食品消费市场的影响因素

中国是全球最大的消费市场之一，内需前景广阔。5G 技术、智能终端、移动互联网、大数据、人工智能、物联网等领域取得的快速进展，提高了以食品产业为代表的新消费品牌的生产、营销、分销和运输效率。

近年来，越来越多的消费者愿意把钱花在本土品牌与产品上，民族品牌意识崛起。人们期待通过支持民族品牌强化全球不确定环境下的主体认同感、归属感和成就感。大量宣扬民族情结的食品品牌均取得了不俗的业绩表现。我国政府在国家和地方层面提供大量政策支持民族品牌与创新，国家先后出台了大量涉及消费、创新、民族品牌等多方面的利好政策和重大战略，促进消费需求持续增长，加快消费升级，拉动经济消费，保障产业发展。

目前，Z 世代（指 11 岁至 26 岁人群）是重要的新兴消费群体，他们是移动互联网原住民，占据了网络话语和流量的重要部分。Z 世代出生并成长在经济相对健康时期的快速发展时期，生活富裕、更加自信，也更愿意表达自己。他们更关心情感需求、外观和个性化，不仅选择品牌，还选择品牌所带来的形象，品牌是他们表达自我和塑造个人形象的工具。正因如此，Z 世代和年轻的千禧一代助推了新食品品牌的崛起。

二、食品品牌的五大新动向

“新消费品、新媒体、新理念、新产品、新供应链”是 2023 年中国食品产业品牌价值创新的关键词，更是引领未来最重要的趋势。新供应链是通过利用最新技术和数字化，瞄准系统化竞争优势的社会价值网络。以 2023 年度食品产业最火爆的预制菜为例，但凡“雷声大雨点小”的行业进入者，无一不是跌倒在不能完成新的供应链所要求的“更高效、更灵活、更能满足消费者需求的综合网络”这一客观要求上。

时下，新媒体发展几乎彻底改变了中国消费品行业。社交媒体、短视频、直播等吸引着大量消费者。新食品消费品牌经过新媒体与消费者频繁的互动，在电子商务平台和其他数字渠道中，建立了超乎传统消费领域的超值品牌影响力与知名度。

成功的食品品牌在为特定消费群体提供定制化、个性化、差异化产品方面投入了大量资源，结果显示这是新的品牌价值生存和发展壮大的重要方式。成功的食品品牌理念创新必不可少，这体现在对人口结构、生活情景、情绪价值、消费习惯等多因素的洞见。2023 年，中国食品行业中表现优异的新老势力在“怀旧情结”“社交偏好”“网红促进”“低价定制”“病毒式传播”“私域流量”“极简风格”“视觉植入”“接触点管理”“复合式体验空间”“碎片化的媒体”“全渠道购物”等理念下创造了巨量的品牌价值。

三、“新食代”趋势的展望

未来，中国食品品牌仅靠线上或线下的成功并不足以满足消费者的需求。具有一致体验的全渠道营销和分销将真正使那些具备创新意识的新食品品牌从竞争中脱颖而出。进入后疫情时代，食品品牌新食代将有以下趋势：

（一）不确定性中持续增长的消费释放

由于，疫情三年所导致人们在经济、生活和心理方面的压力，正伴随着后疫情时代的来临而开始逐步释放被压抑的需求，而这部分需求很大比例反映在对食品的需求与对品牌的追捧上，这也是食品消费引擎的重要动力。

（二）人们选择产品时对健康和养生表现出强烈诉求

传统上的“民以食为天，食以安为先”正迅速向营养与健康价值升级，食品安全成为入门门槛，而不再构成市场优秀品牌的核心价值。中国健康信息平台丁香医生所发布的“国民健康洞察年度报告”显示，超过 93% 的受访者认为个人健康是生活中最重要的事情，而食品消费则是最直接保障健康的生活必需品与首选品。

（三）人们健康的生活方式与生活习惯正飞速演进

运动、保健品、健康饮食以及良好的健康习惯可能是健康产业的最大增长领域。在中国，有超过 57.8% 的消费者将健康的生活方式视为追求健康的首要任务。益普索 IPSOS 的调研显示，到 2025 年，将有超过 83% 的中国消费者将把均衡饮食视为生活中最重要的健康习惯之一，越来越多的年轻群体在这方面的意愿更加强烈。

（四）人们对顶级保健食品与餐饮品牌表现出强劲预期

在国内，燕窝、阿胶等中国传统保健食品受到热捧。例如“6・18”购物节期间，小仙炖销售额突破 2.45 亿元，同比增长 463%。“双 11”期间，该品牌的 GMV（商品交易总额）超过了 4.65 亿元，击败 Swisse 夺得天猫健康品类第一名。小仙炖也是第一个通过直播方式进入亿级俱乐部的餐饮直播品牌。无独有偶，王饱饱等本土品牌正在占领早餐麦片市场，击败了桂格和卡乐比等外国品牌。五谷磨房、元气森林和代餐制造商 WonderLab 均业绩不俗。这背后是大量食品品牌纷纷加入健康潮流的共同选择。

（五）数字时代食品品牌的巨大潜力被释放

疫情期间，催生了人们基于数字平台消费的生活习惯，食品电子商务和饮食送货服务在人们的生活中发挥了关键作用。领先的线上服务平台与新生的线上服务功能充斥了整个社会生活的各个领域，未来，食品行业拥抱数字时代将成为品牌竞争新高地。

（六）食品企业共享员工趋势的快速成熟

疫情期间，许多企业开始利用共享员工的战略来应对线下实体门店经营的挑战。例如海底捞、西贝、盒马鲜生以及许多其他餐饮或零售公司都进行了成功的尝试，并且在疫情后成为一项重要的企业成长战略，并趋于常规化。

除此之外，预制食品、植物性食品，宠物食品，食品行业中的并购与跨行业进入的资本投资等都将成为食品行业新的突破点，总之，中国食品工业正处于一个不确定性时代，行至转型与价值提升的关键节点。未来，科技创新突破、品质品牌的高质量发展，将助推中国食品工业构建起创新、开放、包容，兼具信息交互、贸易往来、价值共建，融产学研采于一体的生态价值圈。

1.4 预制食品产业

中国食品工业年鉴编辑部

在消费升级、产业升级、技术升级的时代背景下，预制食品产业从幕后走向台前，站上风口，备受关注，一场新的“厨房革命”和“餐桌革命”正在到来。目前，全国预制食品市场潮流涌动，商机频现，迎来新一轮发展热潮，食品工业企业也群雄逐鹿，掀起预制食品生产和研发热潮。

目前，在中国的预制食品有一点名堂的已经发展到七千多家了，发展预制食品产业已成为全国各地助力农产品深加工，减少资源浪费，培育经济增长点的重要抓手。据了解，山东省、安徽省、广东省、福建省、河北省、河南省、重庆市、浙江省、江西省、天津市、四川省、陕西、西藏自治区均出台了预制食品产业的扶持政策，虽然具备发展预制食品产业条件的地方和生产预制食品产业的企业都很多，但是，此产业仍处于有品类无品牌的阶段，这说明中国的一窝蜂生产又来了，但是，也表明预制食品产业是一个不可抗拒的产业，一定会迅猛发展起来的。当然，还是要由乱到治，逐步规范化。预制食品产业的发展给军用食品产业的发展提供了很好的条件。在现在不打仗的备战时期，解放军饮食的主要形式就是预制食品，要把适合于解放军部队用的预制食品形成一个产业。

在中国的预制食品产业发展的一个重要环节是原料供应，这是要有相当规模的企业才能做到的。预制食品是餐饮行业发展出来的，现在要把它产业化、工业化。预制食品产业有很大的发展空间，这里包括军用食品产业的发展，所以，发展预制食品产业，不仅仅是为了解放军，也是为了广大的老百姓。要形成融合的格局，需要多方面的努力。在中国做任何事情，没有政府相关部门的主导是不会成功的。

预制食品的生产，推动食品行业加快创新发展。食品龙头企业要发挥引领作用，以市场为导向，创新研发具有地方特色的预制食品，增加适销对路的预制食品品种，满足各类群体对预制食品的需求，提升预制食品企业的市场竞争力。确保预制食品的质量和安全。行业数据显示，中国预制食品市场从 2000 年开始加快发展，2022 年市场容量达到 4200 亿元规模，近几年来，一直保持两位数的年复合增长率，目前，在经济发展和各路资本踊跃加持下，预制食品市场将进入高速发展新阶段，有望达到万亿元级规模。

预制食品符合现代餐饮发展趋势，具有即食即热即烹、方便快捷、易贮存等特点，既满足 C 端便捷化消费需求，又解决 B 端后厨房应用痛点，是食品工业发展和市场需求拉动的必然结果。

为了促进预制食品健康发展，先要着重分析

了预制食品行业痛点和难点：

首先，从产业发展角度，预制食品在发展过程中面临着行业标准规范不完善、供应链不健全、原材料标准化程度低等问题。

其次，从企业生产角度看，做预制食品意味着从研发、生产到工业化流通产品，企业会面临着品牌定位、产品设计、技术研发、自动化生产线、标准化流程等一系列问题。

从消费者角度，预制食品存在口味复原度低、认为食材不新鲜、容易诱发食品安全隐患、包装形式单一等问题，与消费者的健康饮食要求还存在差距。

从销售市场看，由于存在恶意竞争，预制食品出现价格战，产品同质化等问题。会议达成共识，不能追求预制食品廉价，不能让廉价预制食品毁了一道道中餐名菜。抑制市场价格战势在必行。下游餐饮业拥抱预制菜，使用预制菜，尽快形成餐饮与食品加工的联动。

预制食品发展趋势：

一是认为前景广阔，但目前行业仍处于不断洗牌时期，需要探索出适合的发展方向，形成新的领头企业和全国性品牌，将成为产业破局的关键。

二是从工艺技术和饮食习惯来看，通过“标准化”“工业化”“规模化”生产出来的预制食品，如何在“烟火气”的家常菜中蹚出一条发展之路，占领大众消费者的餐桌，需要行业正确引导市场消费理念。

三是从产品定位来看，企业应走出去，多交流，多思考，进而确定产品竞争力和差异化，考虑如何从B端和C端双轮驱动切入预制食品市场。

当前，预制食品市场显现出巨大潜力，新的机遇和挑战并存，科学准确分析预制食品工业发展形势，引导龙头食品工业企业提高预制食品的品质，增加预制食品种类，树立预制食品领军品牌，承担社会重任，做大做强预制食品市场，时不我待，引领潮流正当时。

第二部分

行业篇

2.1 粮油加工业

2023年是全面贯彻落实党的二十大精神的开局之年，全国粮食系统在以习近平同志为核心的党中央坚强领导下，坚持以习近平新时代中国特色社会主义思想为指导，深入贯彻党的二十大和二十届二中全会精神，坚持稳中求进工作总基调，统筹发展和安全，坚决扛稳保障粮食安全重任，推动粮食收购平稳有序、市场供应充足、产业提质增效，节粮减损有力有效，粮食安全保障能力不断提升，粮食安全立法取得重大成果，为经济回升向好和高质量发展提供了有力支撑。

【a. 概况】

2023年，中央发出了第20个指导“三农”工作的一号文件，聚焦全面推进乡村振兴，强调坚决守牢确保国家粮食安全、防止发生规模性返贫等底线，扎实推进乡村发展、乡村建设、乡村治理等重点工作，明确提出实施新一轮千亿斤粮食产能提升行动，全方位夯实粮食安全根基。2023年12月29日，全国人大常委会表决通过了《中华人民共和国粮食安全保障法》，自2024年6月1日起施行，《粮食流通管理条例》已修订实施，粮食安全保障的制度体系进一步完善。国家粮食和物资储备局统筹抓好市场化收购和政策性收购，引导多元主体积极入市，2023年，收购量保持在4亿吨以上，加大粮食宏观调控力度，认真组织政策性粮食销售，适时开展中央和地方储备轮换；深入推进优质粮食工程，加快粮食产业高质量发展，2023年全国粮食企业实现工业总产值4.16万亿元，同比增长3.6%；大力推进仓储设施建设、绿色储粮技术应用，截至2023年末，全国粮食标准仓房完好仓容超7亿吨，全国实现低温准低温储粮仓容2亿吨、气调储粮仓容5500万吨；国有粮库储粮周期内综合损失率控制在1%的合理范围内。

2023年，中国粮食行业协会深入推进放心粮油工程，增加绿色优质粮油产品供给，认定放心粮油企业387家，其中加工企业334家，仓储企业20家，销售店18家，配送中心7家，主食厨房4家，批发市场4家，这些企业在全行业的食品安全工作中发挥了很好的示范引领作用。

【b. 主要经济指标】

据2023年度中国粮食行业协会重点粮油企业专项调查数据显示，小麦粉加工典型企业销售收入、产品产量、利润合计依次为1504.51亿元、889.11亿斤、88.91亿元；大米加工典型企业销售收入、产品产量、利润合计依次为782.58亿元、234.38亿斤、74.95亿元；食用油加工典型企业销售收入、产品产量、利润合计依次为3548.87亿元、423.65亿斤、97.82亿元；挂面加工典型企业销售收入、产品产量、利润合计依次为115.48亿元、46.84亿斤、75.07亿元；菜籽油加工典型企业销售收入、产品产量、利润合计依次为614.92亿元、63.78亿斤、82.11亿元；棕榈油加工典型企业销售收入、产品产量、利润合计依次为359.93亿元、36.94亿斤、29.91亿元；花生油加工典型企业销售收入、产品产量、利润合计依次为476.32亿元、36.13亿斤、81.05亿元；油茶籽油加工典型企业销售收入、产品产量、利润合计依次为35.48亿元、1.11亿斤、3.88亿元；杂粮加工典型企业销售收入、产品产量、利润合计依次为41.05亿元、12.06亿斤、4.63亿元；主食品加工典型企业销售收入、产品产量、利润合计依次为33.31亿元、9.83亿斤、15.29亿元。2023年，中国粮食行业协会认定的334家放心粮油加工企业销售收入、产品产量、利润合计依次为2234.42亿元，330.74亿斤，42.83亿元。

据国家统计局对31个省（自治区、直辖市）的抽样调查和农业生产经营单位的全面统计，2023年全国粮食播种面积、单位面积产量、总产量数据如下：

1. 全国粮食播种面积118969千公顷，同比增加636千公顷，同比增长0.5%。其中，谷物播种面积99926千公顷，同比增加658千公顷，同比增长0.7%。

2. 全国粮食单位面积产量5845公斤/公顷，同比增加43.6公斤/公顷，同比增长0.8%。其中，谷物单位面积产量6419公斤/公顷，同比增加40.0公斤/公顷，同比增长0.6%。

3. 全国粮食总产量13908亿斤，同比增加178亿斤，同比增长1.3%。其中，谷物产量12829亿斤，同比增加164亿斤，同增长1.3%。

【c. 行业发展分析】

1. 价格

2023年，中央财政持续加大对“三农”的投入力度，继续在稻谷主产区和小麦主产区实行最低收购价政策。2023年生产的早籼稻、中晚籼稻和粳稻最低收购价格分别为每50公斤126元、129元和131元，早籼稻同比上涨2元，中晚籼稻、粳稻同比持平；2023年生产的小麦（三等）最低收购价为每50公斤117元，同比上涨2元。

据国家粮食交易中心数据，2023年，共发布27次最低收购价稻谷交易结果。总计划稻谷交易433.28亿斤，实际成交68.17亿斤，总成交比率为15.73%，最高价2.63元/斤，最低价1.20元/斤，均价为1.29元/斤。2023年，共发布最低收购价和国家临时存储小麦共计15次，总计划小麦交易36.19亿斤，实际成交33.35亿斤，总成交比率为92.17%，最高价1.60元/斤，最低价1.04元/斤，均价为1.10元/斤。

2. 市场

2023年，我国粮食生产实现“二十连丰”，总产量连续9年保持在1.3万亿斤以上，人均粮食占有量超过490公斤，高于人均400公斤的国际粮食安全标准线，优质水稻、专用小麦供给增加，大豆扩种成效明显，自给率水平进一步提高，我国粮食库存消费比远高于联合国粮农组织提出的17%～18%的安全水平。饲料粮和工业用粮消费持续增加，粮食生产环境资源约束趋紧，粮食供需中长期将处于紧平衡态势，利用国际粮源适当弥补紧缺品种产需缺口、改善品种结构，对粮食保供稳价具有重要作用。2023年，我国粮食和食用油进口数量同比均有所增长，全年我国累计进口粮食16196.4万吨，同比增长11.7%；累计进口食用植物油981万吨，同比增长51.4%。国家粮食和物资储备局数据显示，截至2023年12月31日，全年主产区各类粮企共收购小麦、玉米、粳稻、中晚籼稻、早籼稻、大豆及油菜籽17917万吨，同比增长2.16%。

3. 投资

提升产业链供应链韧性和安全水平是近年来行业投资发力的重点。中粮集团作为粮食行业的“领头羊”，聚焦主业，加速打造中国自己的国际大粮商，2023年中粮福临门公司引入战略投资210亿元，这标志着我国向打造世界一流大粮商的目标又迈进了关键性的一大步。中储粮集团“十四五”进一步提升仓储能力，启动最大规模建仓工程，计划增加储备仓容3000万吨，2021年在建和2022年启动的仓储设施建设项目187

个，建仓规模1730万吨。

4. 区域分布

粮食产量居前的省份为黑龙江省、河南省、山东省、吉林省和安徽省，五省粮食产量为5681.02亿斤，占全国的40.85 %，占比同比下降0.34个百分点。五省中黑龙江省、山东省、吉林省和安徽省四省处于正增长，河南省为负增长。全国粮食产量处于正增长的省（自治区、直辖市）有27个，负增长的省（自治区、直辖市）4个。其中，新疆维吾尔自治区同比增长幅度最大，同比增长16.86%，河南省同比下降幅度最大，为2.43%；粮食播种面积居前的省（自治区、直辖市）为黑龙江、河南、山东、安徽和内蒙古，五省（自治区）播种面积为48235.5千公顷，占全国的40.54%，占比同比下降0.10%。五省（自治区）均处于正增长。全国播种面积处于正增长的省（自治区、直辖市）有25个，负增长的省（自治区、直辖市）6个。其中，北京市同比增长幅度最大，同比增长16.69%，重庆市下降幅度最大，同比下降1.02%；粮食单位面积产量居前的省（自治区、直辖市）为上海市、新疆维吾尔自治区、吉林省、辽宁省和江苏省，平均值为7363.78公斤/公顷，比全国平均值每公顷多产1518.48公斤，同比上涨1.75%。全国粮食单位面积产量处于正增长的省（自治区、直辖市）有24个，负增长的省（自治区、直辖市）有7个。其中，青海省同比增长幅度最大，同比增长7.84%，北京市下降幅度最大，同比下降9.65%。全国粮食产量、粮食播种面积、粮食单位面积产量及各省（自治区、直辖市）情况见表1、表2、表3。

表1　2023年全国粮食产量前五位省份情况

地区	产量（亿斤）	同比增长（%）	占全国比例（%）
全国合计	13908	1.3	100.0
黑龙江	1557.64	0.3	11.2

续表

地区	产量（亿斤）	同比增长（%）	占全国比例（%）
河南	1324.86	−2.4	9.5
山东	1131.06	2.0	8.1
吉林	837.3	2.6	6.0
安徽	830.16	1.2	6.0

资料来源：国家统计局。

表2　2023年全国粮食播种面积前五位省（自治区）情况

地区	播种面积（千公顷）	同比增长（%）	占全国比例（%）
全国合计	118968.5	0.5	100
黑龙江	14743.1	0.4	12.4
河南	10785.3	0.1	9.1
山东	8387.9	0.2	7.1
安徽	7334.5	0.3	6.2
内蒙古	6984.7	0.5	5.9

资料来源：国家统计局。

表3　2023年全国粮食单位面积产量前五位省（自治区、直辖市）情况

地区	单位面积产量（公斤/公顷）	同比增长（%）	较全国平均（%）
全国平均	5845.3	0.8	100.0
上海	8010.1	2.9	34.1
新疆	7502.1	0.7	28.4
吉林	7186.4	1.9	21.6
辽宁	7163.5	2.7	20.2
江苏	6956.8	0.5	19.3

资料来源：国家统计局。

5. 行业集中度

随着粮食市场化程度不断提升，受国内外经济形势影响，粮食行业竞争激烈。面粉行业近年来呈现规模化、专业化、集团化发展趋势，大型龙头面粉企业通过兼并、新建面粉厂，规模越来越大，效益越来越明显，面粉消费量整体平稳，食品工业粉、专用粉占比不断增加，民用粉中的

蒸煮通用类产品逐步细化。食用油行业头部企业优势明显，在成本效率、产品研发、品牌塑造方面领跑市场，食用油原料价格整体呈现震荡下行态势，高性价比和健康营养的食用油成为市场主流。大米加工行业门槛较低，企业数量多，行业开机率普遍不高，规模化的品牌企业较少，产品同质化严重，产品结构单一，副产品综合利用水平低，产业模式过度集中于产业链低端。

6. 进出口情况

据海关总署统计数据，2023 年，全国共进口粮食 3239.2 亿斤，金额 57805295 万元，同比增长 11.7% 和同比增长 6.6%。具体进口情况见表 4。

表 4 2023 年全国粮食进口情况

商品名称	进口量（亿斤）	同比增长（%）	进口额（万元）	同比增长（%）
粮食合计	3239.2	11.7	57805295	6.6
小麦	242	21.5	3082456	20.5
大麦	226.4	96.6	2648586	95.6
玉米	542.6	31.6	6336855	35.6
谷物及大米	52.6	–57.5	1007321	–42.9
高粱	104.2	–48.6	1289325	–47.7
大豆	1988.2	11.4	41988536	4.8

数据来源：海关总署。

其中，大豆一般贸易 1897.14 亿斤，金额 40130785 万元；加工贸易 36.30 亿斤，金额 749557 万元；保税物流 37.41 亿斤，金额 794988 万元；其他 17.33 亿斤，金额 313206 万元。

7. 重点行业

2023 年，全国主要粮油品种价格走势分化运行，玉米、小麦、大豆价格整体较上年走低，稻米价格涨幅明显。据 2023 年度中国粮食行业协会重点粮油企业专项调查显示，小麦粉加工头部企业优势明显，行业产量前 5 名，五得利面粉集团有限公司、益海嘉里金龙鱼食品集团股份有限公司、中粮粮谷控股有限公司、河北金沙河面业集团有限责任公司、滨州中裕食品有限公司产量合计约占全国 33.35%。食用油加工业集约化程度最高，行业产量前 5 名，益海嘉里金龙鱼食品集团股份有限公司、中粮油脂专业化公司、山东鲁花集团有限公司、九三粮油工业集团有限公司、江苏金洲粮油集团产量合计约占全国 56.75%。大米加工业相对分散，行业产量前 5 名，益海嘉里金龙鱼食品集团股份有限公司、中粮粮谷控股有限公司、湖北国宝桥米有限公司、湖北禾丰粮油集团有限公司、湖北省粮油集团有限公司产量合计约占全国 3.73%。

8.“三品”战略实施情况

（1）增品种

新一轮千亿斤粮食产能提升行动，加强农田设施建设，推进农业科技创新，夯实国家粮食安全基础支撑。中粮集团以全产业链为依托，加强品种品质品牌建设，打造农业综合服务平台，推动订单农业、智慧农业、农业金融等创新发展，引导种植结构优化，中粮优质稻谷、小麦、油料收购量超过 300 万吨；

（2）提品质

深入推进优质粮食工程，加速推进粮食产业提质增效，优化完善供需结构。如黑龙江、吉林、辽宁、内蒙古等主产区通过培育壮大粮食加工企业，建设粮食加工产业集群，把粮食资源优势转化为产业优势、经济优势，逐渐形成粮食兴、产业旺、经济强的良性循环；

（3）创品牌

加强品牌建设是促进粮食产业振兴，实现高质量发展的重要途径。各地根据市场供求变化，立足自身资源禀赋和产业发展实际，增强粮油产品核心竞争力，多年来，培育了 2000 多个好粮油产品，区域公用品牌、企业品牌和产品品牌协同发展势头良好，把“好粮食”变成“好产品”。

9. 绿色制造、智能制造

绿色制造和智能制造是新质生产力的重要内容，推广应用粮食精深加工、绿色储粮、节粮减损等新技术新装备，是推动粮油产业高端化、智能化、绿色化发展的有效途径。中粮集团明确定位粮食生产加工高耗能环节，靶向攻关节粮减损、低温储粮等绿色低碳技术，打造绿色标杆，组织重点企业试点建设碳排放在线监测系统，开展绿色低碳技术示范应用，共打造 103 家绿色工厂、4 家零碳工厂。益海嘉里建立起水稻循环经济模式，将“一粒米”用到极致，米糠炼油，稻壳做燃料，稻壳灰还能制轮胎，不仅减少了资源浪费和环境污染，还走出了一条可持续发展的新“稻”路。

10. 包装与装备

我国粮机装备制造业迅猛发展，自主研发能力和制造水平不断提升，部分产品达到国际先进水平。随着“一带一路”倡议的实施，粮机装备企业走出去的步伐逐渐加快，国际化程度越来越高。例如智能扦样设备效率提高 3 倍有余，在收购高峰期时可以大幅缩短售粮农民排队等待的时间。

11. 发展新亮点、新增长点

2023 年，我国粮食产量再创历史新高，及时启动最低收购价执行预案，积极应对灾害天气等突发情况，守住农民“种粮卖得出”底线，提高农民售粮满意度。机械通风、环流熏蒸、粮情测控、谷物冷却“四合一”储粮技术已成为国有粮库的标配，我国粮食仓储更加绿色、环保、节能，在确保粮食数量安全的同时，粮食储存保质保鲜水平进一步提升，仓储条件总体上保持世界较先进水平。初步建成粮食购销和储备数字化监管体系，达到了粮食购销和储备全过程实时动态监管的预期目标，截至 2023 年底，中央储备粮、最低收购价粮实现信息化全覆盖，省市县三级储备粮信息化覆盖率达到 95%。实现了人机协同“大数据”管粮，为粮食购销和储备监管提供了“千里眼”和“透视眼”，形成了对涉粮违法违规行为的震慑力。

【d. 行业面临的问题】

1. 政策与市场

2023 年，全球粮食产量有所提升，市场供应整体情况有所改善。但受极端气候、地缘政治冲突和全球经济恢复迟缓等因素叠加影响，全球粮食供应链依然面临威胁，厄尔尼诺现象持续扰动全球主要农业地区。联合国粮食及农业组织发布的数据显示，2023 年全球粮食价格指数比上一年平均水平下降 15.4%，反映出全球市场整体供应充足。2023 年 12 月，粮农组织食品价格指数平均为 118.5 点，环比下降 1.5%，同比下降 10.1%。从国内看，各地区各部门严格落实耕地保护和粮食安全责任，持续加大对粮食生产的支持力度，有力克服黄淮罕见“烂场雨”、华北、东北局部地区严重洪涝、西北局部地区干旱等不利因素影响，全年粮食产量再创历史新高。随着粮食收储制度改革不断深入，粮食收购逐步由政策性收购为主转向市场化收购为主。粮食企业资金周转量大、周期性强，对信贷的需求和依赖程度较高。大多数民营企业特别是中小微企业大多底子薄，有效资产少，资信等级不高，市场化收购粮食融资难、融资贵明显。

2. 科技创新

建设农业强国，利器在科技；粮食稳产增产，根本出路也在科技。全行业科研经费投入占比稳步提升，企业发明专利、实用新型专利、高级技人和教授级高级工程师数量持续增加，自主创新、人才培养已经成为引领行业的新风尚。要进一步完善粮食科技创新体系，提高科技水平，争取基础研究、应用研究取得突破性进展，促进产学研融合更加紧密，努力解决一批制约发展的关键问题，加快粮食科技成果转化，不断放大技术转移成效。

【e. 发展趋势】

粮食事关国计民生，粮食安全是国之大者，是治国理政之基。要学深悟透习近平总书记关于保障国家粮食安全的重要论述精神，增强忧患意识，强化底线思维，把思想和行动统一到党中央对保障国家粮食安全的分析判断和总体部署上来。全面落实总体国家安全观和国家粮食安全战略，坚持稳中求进、以进促稳、先立后破，坚持高质量发展和高水平安全良性互动，积极探索构建粮食全产业链经营模式，推动粮食产业链上的“产购储加销”各个环节升级，不断增强国家储备实力，增加市场上优质粮油产品的供给，全面提升储备管理水平，加强科技创新和信息化应用，深入推进改革和法治，着力构建更高层次、更高质量、更有效率、更可持续的国家粮食安全保障体系。

【f. 政策建议】

1. 打造“银企命运共同体”

建议金融机构持续加大粮食领域信贷投放力度，对国有和民营在贷款发放方面一视同仁，研究探索贴息办法，扩大贷款目录。重点支持米面油行业典型企业直贷融资，增加中国好粮油、放心粮油企业授信额度。开展仓单质押业务，通过供应链金融信贷模式支持优质核心企业的上下游企业参与市场化收购。

2. 切实发挥桥梁纽带作用

建议政府部门重点加强平台系统建设，充分发挥银企合作桥梁纽带作用，定期召开政银企对接会，为金融机构与中小微企业架起“信息金桥”。重点培育区域龙头企业，加大政策支持力度，以龙头企业为抓手，探索多层次、多渠道产业经营主体和金融机构合作的联动机制，引导助推龙头企业对接资本市场发展壮大。

赵　奕　韩兆轩　张　杰

2.2 制糖行业

【a. 概况】

我国有 13 个省（区）产糖，集中在西南部、北部和西北部的省（区）。其中，甘蔗糖产区主要分布在广西、云南、广东、海南及其他省（区）；甜菜糖产区主要分布在内蒙古、新疆、黑龙江及其他省（区）。2022/23 年制糖期（以下简称“本制糖期”）全国食糖总产量中甘蔗糖占 87.96%，甜菜糖占 12.04%。

2022/23 年制糖期全国主产糖省（区）食糖产量比例见图 1。

我国的食糖生产销售年度为 10 月 1 日至翌年的 9 月 30 日，开榨时间由北向南各不相同。甜菜糖厂一般在 9 月底或 10 月初开机生产；甘蔗糖厂一般 11 月中或 12 月初开榨。

本制糖期从 2022 年 9 月 17 日呼伦贝尔晟通糖业科技有限公司正式开机生产，至 2023 年 5 月 12 日云南南华勐堆糖厂停机，历时 238 天，比上制糖期少生产 71 天。全国开工制糖生产企业（集团）49 家，开工糖厂 177 家，比上制糖期少开工 2 家。其中，甘蔗糖生产企业（集团）42 家，制糖厂 148 家；甜菜糖生产企业（集团）7 家，制糖厂 29 家；原糖加工企业（集团）29 家。

本制糖期食糖产量前十位的制糖企业（集团）产糖量占全国食糖总产量的 80.7%。

本制糖期全国共生产食糖 897.37 万吨。其中，优级和一级白砂糖 770.58 万吨，精制糖 60.03 万吨，绵白糖 34.61 万吨，赤砂糖和红糖 22.72 万吨，原糖及其他 9.43 万吨。食糖品种比例见图 2。

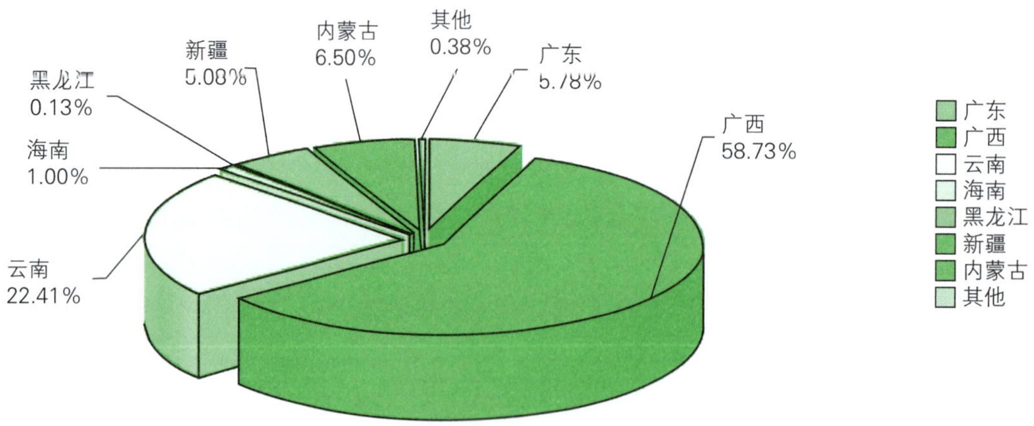

图 1　2022/23 年制糖期全国主产糖省（区）食糖产量比例

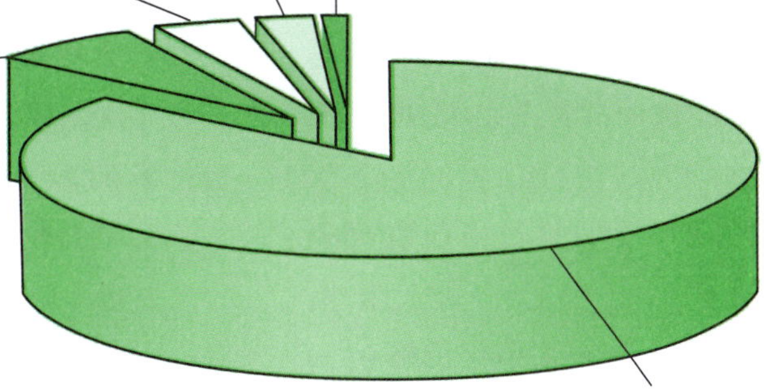

图 2　2022/23 年制糖期食糖品种比例

本制糖期全国糖料种植面积 1925.79 万亩，比上制糖期增长 1.63%。其中，甘蔗种植面积 1652.39 万亩，比上制糖期减少 1.82%；甜菜种植面积 273.4 万亩，比上制糖期增长 29.01%。甘蔗品种以桂糖系列、桂柳系列和粤糖系列为主。以上系列种植面积占甘蔗总种植面积的 80.03%，其他约占 19.97%；甜菜种子 99% 依赖进口，仍以德国 KWS 系列、比利时安地系列、瑞士先正达系列等为主。2022/23 年制糖期食糖产量、播种面积、开工糖厂数见表 1。

表 1　2022/23 年制糖期全国糖料播种面积、食糖产量基本情况

单位：万吨、万亩、间

企业名称	糖料播种面积（万亩）	产糖量（万吨）	开工糖厂数（间）
全国累计	1925.79	897.37	177
甘蔗糖合计	1652.39	789.35	148
广东	111.57	51.84	19
其中：湛江	107.00	46.04	16
广西	1120.00	527.03	73
云南	394.68	201.10	50
海南	25.33	8.98	5
其他	0.81	0.40	1
甜菜糖合计	273.40	108.02	29
黑龙江	4.05	1.14	1
新疆	84.35	45.58	14
内蒙古	180.00	58.30	12
其他	5.00	3.00	2

本制糖期甘蔗平均收购价格（地头价，不含运输及企业对农民各种补贴费用等，下同）为 512 元 / 吨，比上制糖期上调 6 元 / 吨，甜菜平均收购价格为 555 元 / 吨，比上制糖期上调 14 元 / 吨。

本制糖期全国制糖行业主要技术指标：甘蔗平均单产 3.76 吨 / 亩，甜菜平均单产 3.13 吨 / 亩；甘蔗平均含糖分 14.4%，甜菜平均含糖分 15.37%；甘蔗平均产糖率 12.69%，甜菜平均产糖率 12.62%。

【b. 市场】

1. 国内食糖市场

本制糖期全国共生产食糖 897.37 万吨，比上制糖期减少 59 万吨，减幅 6.15%。其中，甘蔗糖产量 789.35 万吨，比上制糖期减少 81 万吨，减幅 9.25%；甜菜糖产量 108.02 万吨，比上制糖期增加 22 万吨，增幅 25.1%。

本制糖期全国食糖消费量 1535 万吨，年人均食糖消费量为 10.87 公斤。食糖消费结构基本稳定，食糖消费总量中民用消费占比 45.9%，工业消费占比 54.1%。

本制糖期中国糖业协会食糖价格指数 6560 元 / 吨，比上制糖期回升 658 元 / 吨，升幅 11.14%；制糖工业企业累计平均销售价格 6270 元 / 吨，比上制糖期回升 516 元 / 吨，升幅 8.96%。

本制糖期全国制糖行业销售收入（含综合利用产品销售收入）696 亿元，利润 33.85 亿元，财政税收 35.1 亿元，糖农收入 371 亿元。

2. 国际食糖市场综述

2022/23 年制糖期（以下简称“本制糖期”），国际食糖价格大幅上涨，创 12 年新高。本制糖期初，美国纽约原糖期货价格低开后先扬后抑，在 2022 年 10 月末见制糖期最低，再震荡上涨并于 2023 年 3 月中旬快速大幅拉升，4 月下旬后步入高位区间宽幅震荡，在 9 月中旬刷新 12 年新高，最终报收于 26.24 美分 / 磅，比上个制糖期末上涨 41.08%，波动区间 16.23~27.62 美分 / 磅。印度食糖产量及其出口量低于市场预期，国际食糖产消由预期过剩转为缺口，加之炒作厄尔尼诺异常天气对全球食糖产量和物流不利影响以及印度新年度禁止食糖出口传闻，市场获得上涨动能。但是，巴西创纪录食糖产量和美元强势，市场上涨空间受到抑制。

【c. 行业运行特征】

1. 食糖产量减少

全国糖料种植面积 1926 万亩；加工糖料 7076 万吨；食糖产量 897 万吨，比上制糖期减少 59 万吨。

2. 食糖进口量减少

食糖进口 388 万吨，比上制糖期减少 145 万吨。

3. 食糖消费量基本持平

全国食糖消费量 1535 万吨，比上制糖期减少 15 万吨；年人均食糖消费量 10.87 公斤。

4. 食糖销售价格回升

全国制糖企业（集团）成品白糖累计平均销售价格 6270 元 / 吨，比上制糖期回升 516 元 / 吨。

5. 糖料收购价上调，农民收入基本稳定

甘蔗平均收购价上调 6 元 / 吨，甜菜 14 元 / 吨。农民收入基本稳定。

6. 财政税收增加，企业利润增长

财政税收 35.1 亿元，同比增加 11.65 亿元；企业实现利润 33.85 亿，同比增加 23.34 亿元。

【d. 行业趋势】

展望 2023/24 年制糖期（以下简称“新制糖期”），市场普遍预期全球食糖产量基本稳定，食糖消费保持增长，且高于产量，食糖产消缺口有所扩大。例如，路易达孚（Louis Dreyfus）预期全球食糖产消缺口 300 万吨，缺口扩大 100 万吨，其中，全球食糖产量基本持平至 1.88 亿吨，食糖消费量增加 100 万吨至 1.91 亿吨。英国 Czarnikow 公司预期全球食糖产消缺口 320 万吨，缺口扩大 60 万吨，其中，全球食糖产量增加 150 万吨至 1.756 亿吨，食糖消费量增加 220 万吨至 1.787 亿吨。国际糖业组织（ISO）预期全球食糖产消缺口 212 万吨左右，而上年度过剩约 49 万吨，其中，全球食糖产量减少 1.2% 至 1.75 亿吨，食糖消费量增加 0.3% 至 1.77 亿吨。因此，单从食糖自身的供求基本面预期判断，新制糖期国际食糖市场走势趋强。但是，作为大宗农产品，未来天气以及以印度为代表的食糖出口政策等是重要因素，食糖供求平衡存在变数，同时由于兼具能源属性和金融属性，自然受到国际能源市场和金融市场波动影响。食糖市场反映食糖供求基本面，也促进食糖生产和消费调整，刺激食糖供求再平衡。世界主要产糖国食糖产量和消费量见表 2、表 3。

表 2 世界主要产糖国食糖产量统计表 单位：万吨（原糖值）

国家（地区）	2019/20	2020/21	2021/22	2022/23	2023/24*
总产量	16656	18011	18058	17728	18788
其中：甘蔗糖	12587	14282	14248	13927	15007
甜菜糖	4069	3729	3810	3801	3781
阿根廷	175	183	170	167	169
澳大利亚	429	434	412	420	440
白俄罗斯	74	52	53	58	60
巴西	3030	4205	3545	3805	4201
中国	1040	1060	960	900	1000
哥伦比亚	235	224	230	230	235
古巴	120	85	48	40	41
多米尼加	59	61	63	60	53
厄瓜多尔	53	54	56	53	53
埃及	274	278	286	276	279
埃斯瓦蒂尼	67	69	62	63	65
欧盟	1704	1522	1650	1490	1548
危地马拉	276	257	258	256	258
印度	2890	3376	3688	3200	3600
印度尼西亚	225	213	230	240	260
伊朗	101	154	160	155	160
日本	83	82	81	81	81
肯尼亚	60	71	70	79	65
墨西哥	560	606	656	571	625
尼加拉瓜	79	76	80	75	80
巴基斯坦	534	651	756	686	711
秘鲁	120	120	126	132	130
菲律宾	215	214	180	183	190
俄罗斯	780	563	600	718	634
南非	230	211	191	199	217
泰国	829	759	1016	1104	1120
土耳其	275	310	265	300	300
乌克兰	164	124	145	133	151
英国	119	99	103	104	105
美国	739	838	831	842	837
其他国家	1119	1066	1092	1108	1121

数据来源：美国农业部（USDA）

* 预估值

表 3　世界主要食糖消费国食糖消费量统计表

单位：万吨（原糖值）

国家（地区）	2019/20	2020/21	2021/22	2022/23	2023/24*
总消费量	17125	17150	17366	17601	18005
阿尔及利亚	212	194	189	168	190
阿根廷	149	151	147	148	145
澳大利亚	80	85	85	85	90
孟加拉国	248	242	277	243	268
巴西	1065	1015	950	950	954
加拿大	127	140	136	148	157
中国	1540	1550	1480	1550	1560
哥伦比亚	186	185	187	188	189
埃及	325	334	343	332	340
欧盟	1700	1670	1700	1700	1700
危地马拉	92	94	96	96	97
印度	2700	2800	2900	2950	3100
印度尼西亚	736	745	760	780	790
伊朗	218	282	261	255	259
伊拉克	120	112	119	129	136
日本	197	188	183	187	191
肯尼亚	114	116	110	115	116
韩国	162	161	169	169	174
马来西亚	188	182	168	179	200
墨西哥	435	417	434	433	441
摩洛哥	129	131	120	117	125
尼日利亚	162	161	160	162	160
巴基斯坦	554	575	600	615	630
秘鲁	133	139	140	147	144
菲律宾	230	228	230	200	220
俄罗斯	682	580	635	650	645
沙特阿拉伯	99	110	96	102	117
南非	152	167	171	175	178
苏丹	196	159	173	179	184
泰国	236	235	300	310	321
土耳其	300	291	302	340	340
乌克兰	125	120	115	96	102
阿拉伯联合酋长国	71	95	70	80	88
英国	176	162	175	177	149
美国	1111	1103	1131	1150	1150

续表

国家（地区）	2019/20	2020/21	2021/22	2022/23	2023/24*
越南	206	207	227	244	253
也门	76	91	54	74	85
其他国家	1895	1933	1975	1979	2016

数据来源：美国农业部（USDA）

*预估值

【e. 进出口】

本制糖期国内外食糖价差持续倒挂，我国食糖进口同比减少，出口同比增加。累计进口食糖 388 万吨，同比减少 27.18%；累计出口食糖 18.48 万吨，同比增长 16.67%。统计数据见图 3。

单位：万吨

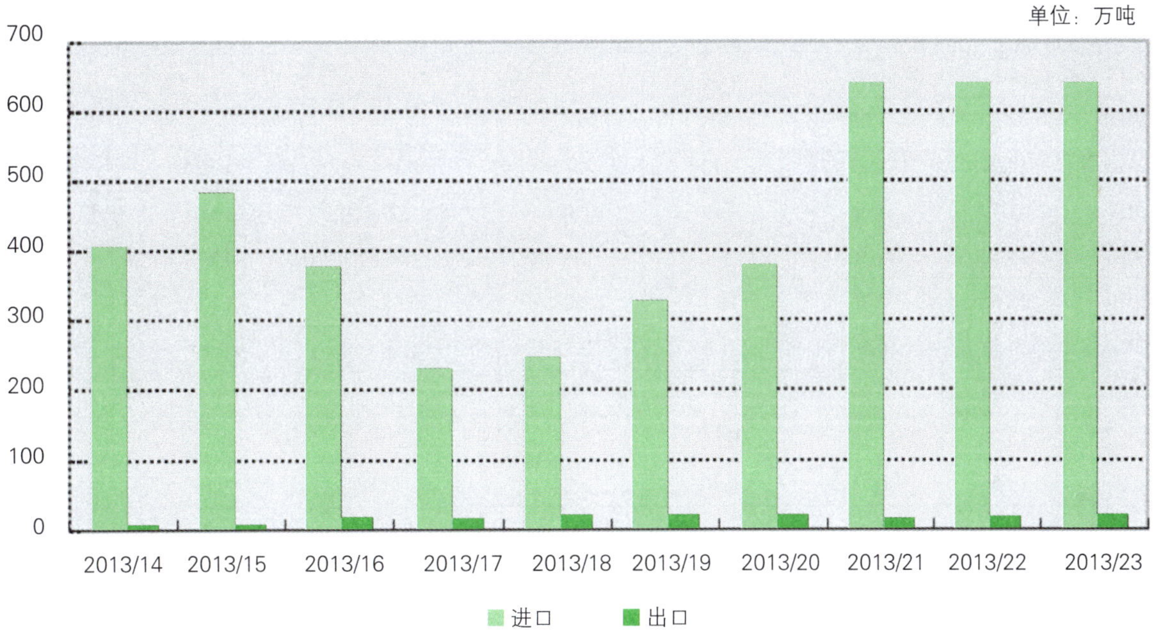

图 3　2013/14 ～ 2022/23 年制糖期食糖进出口量

我国食糖进出口贸易情况分别见表 4、表 5。

表 4　2014 ～ 2023 年全国食糖进口与贸易方式统计表

单位：万吨

年度	合计	一般贸易	来料加工	进料加工	保税监管场所进出境货物	特殊监管区域物流货物	其他
2014	348.58	266.33	1.24	13.94	66.93		0.14
2015	484.59	265.71	0.9	13.93	185.14	18.88	0.03
2016	306.19	219.43	1.21	13.67	61.91	9.96	0.01
2017	229.05	124.47	1.31	15.3	77.68	10.28	0.01
2018	279.54	183.65	1.81	18.18	59.66	16.24	

续表

年度	合计	一般贸易	来料加工	进料加工	保税监管场所进出境货物	特殊监管区域物流货物	其他
2019	339.01	209.69	1.35	18.13	94.72	15.12	
2020	527.29	312.37	0.72	21.32	169.47	23.41	
2021	566.62	300.16	0.71	25.28	230.4	10.07	
2022	527.45	308.72	1.13	35.30	165.01	17.29	
2023*	211.31	113.03	0.2	31.08	57.89	9.11	

注：2023 年统计数字截至 9 月底

表 5　2014 ～ 2023 年全国食糖出口与贸易方式统计表

年度	合计	一般贸易	来料加工	进料加工	保税监管场所进出境货物	特殊监管区域物流货物	其他
2014	4.62	1.39	1.09	2			0.14
2015	7.5	1.09	1.09	1.7	0.28	3.32	0.02
2016	14.91	1.17	1.12	2.12	0.16	10.34	
2017	15.79	0.9	1.19	2.01	1.65	10.03	0.01
2018	19.57	0.9	1.6	1.83	1.51	13.73	
2019	18.56	0.76	1.21	2.08	0.65	13.85	0.01
2020	14.74	0.66	1.13	2.25	1.36	9.34	
2021	12.18	0.99	0.99	3.1		7.1	
2022	18.02	1.14	0.84	3.53	0.29	12.2	0.02
2023*	13.54	0.54	0.46	2.24	0.37	9.92	0.01

注：2023 年度统计数字截至 9 月底

【f. 行业大事记】

2022 年 12 月 28 日，经国务院批准，国务院关税税则委员会发布公告，2023 年将调整部分商品的进出口关税。其中，根据国内产业发展和供需情况变化，在我国加入世界贸易组织承诺范围内，提高部分商品进出口关税。对甘蔗收获机等取消进口暂定税率（6%），恢复实施最惠国税率（8%）。

12 月 31 日，根据《中华人民共和国进出口关税条例》及相关规定，国务院关税税则委员会公布《中华人民共和国进出口税则（2023）》，自 2023 年 1 月 1 日起实施。根据《中华人民共和国加入世界贸易组织议定书》及相关规定，对小麦、玉米、大米、食糖、羊毛、毛条、棉花、化肥继续实施关税配额管理。

2023 年 2 月 13 日，新华社受权发布 2023 年中央一号文件《中共中央 国务院关于做好 2023 年全面推进乡村振兴重点工作的意见》（以下简称《意见》）。《意见》全文共九个部分，包括：抓紧抓好粮食和重要农产品稳产保供、加强农业基础设施建设、强化农业科技和装备支撑、巩固拓展脱贫攻坚成果、推动乡村产业高质量发展、拓宽农民增收致富渠道、扎实推进宜居宜业和美乡村建设、健全党组织领导的乡村治理体系、强化政策保障和体制机制创新。《意见》指出，要统筹做好粮食和重要农产品调控。强化储备和购销领域监管。继续实施糖料蔗良种良法技术推广补助政策。

3月15日，中国糖业协会六届四次理事长工作（扩大）会议在海口市召开。会议审议了秘书处工作报告，通报了全国食糖产销形势，研讨了行业当前及后期面临的问题及对策，并就下一步重点工作进行部署。会议表决通过了《关于通过中国糖业协会秘书处工作报告的决议》《关于变更中国糖业协会监事的决定》《关于召开中国糖业协会六届七次常务理事暨六届四次理事扩大会议的决定》《关于变更中国糖业协会副理事长人选的决定》。

3月22日，广西壮族自治区糖业发展办公室印发《2023年全区糖业工作要点》（以下简称《要点》）。《要点》指出要全力稳定糖料蔗种植面积，扎实推动糖业降本增效和全产业链优化升级，促进糖业高质量发展取得新成效。具体内容：一要加快提升糖料蔗生产能力；二要加快推进制糖企业提质增效；三要加快推动全产业链优化升级；四要加快完善糖业服务体系；五要深入推进新时代党的建设新的伟大工程。

4月21日，郑州商品交易所（下称“郑商所”）发布《2023年开展“保险+期货”试点工作的通知》。2023年郑商所将围绕新型农业经营主体，开展“新农提升计划”专项项目，服务对象为家庭农场或农民合作社成员，家庭农场须在农业部门相关名录系统，合作社须为国家级合作社，项目品种包括糖料蔗和甜菜，项目险种为基于“保险+期货”模式的价格险，全国范围内均可申请。

5月15日，世界卫生组织（WHO）官网发布了一项关于非糖甜味剂的新指南，建议不要使用非糖甜味剂来控制体重，或以此降低非传染性疾病的风险。证据表明，使用非糖甜味剂对减少成人或儿童体脂没有任何长期益处；长期使用非糖甜味剂可能会产生成人患2型糖尿病、心血管疾病和死亡率的风险增加。常见的非糖甜味剂包括安赛蜜、阿斯巴甜、安美、甜蜜素、纽甜、糖精、三氯蔗糖、甜菊糖和甜菊糖衍生物。

6月8日，中国糖业协会六届七次常务理事会暨六届四次理事扩大会在四川省成都市召开。大会听取了秘书处工作报告，主产糖省（区）糖业协会通报了本制糖期行业运行和新制糖期糖料种植情况，分析了当前形势和面临的问题，并对国家宏观调控提出意见建议。大会审议并表决通过了《关于通过中国糖业协会秘书处工作报告的决议》《关于发布绩效同业对标十周年及2021/22年制糖期绩效同业对标活动成效显著企业名单决定》《关于变更中国糖业协会副理事长人选的决定》《关于变更中国糖业协会监事的决定》《关于成立红糖、冰糖专业委员会决议》。

6月8日至9日，全国糖业绩效同业对标工作十周年暨糖业转型升级总结大会在四川省成都市召开。会议听取了广西、云南省糖业协会关于本省（区）绩效对标经验及提高甘蔗种植水平的建议，发布了《全国糖业绩效同业对标十周年成果》《糖业转型升级行动计划（2018—2022）》总结报告。

6月12日，农业农村部发布《中华人民共和国农业农村部公告第678号》，依据《中华人民共和国种子法》《非主要农作物品种登记办法》，决定对22种农作物530个品种予以登记，对9种农作物145个品种予以变更登记。其中，由广东省科学院南繁种业研究所申请的粤引8号甘蔗品种予以登记，由德国斯特儒博迪思有限公司、北京金色谷雨种业科技有限公司、北京科沃施农业技术有限公司分别申请的9个甜菜品种予以登记。

6月28日，《中国糖史》入选“十四五”国家重点出版物出版规划名单。《中国糖史》最终稿已全部完成并进入出版阶段，将有助于食糖宣传工作，科学识糖，推动糖业高质量发展。

6月30日至7月2日，2023年中国—东盟糖业博览会（以下简称“糖博会”）在南宁召开。以“汇聚一‘糖’、共享甜蜜”为主题，为糖业发展搭建集产销对接、营销体系构建、权威信息发布与交流、品牌宣传与推广、投资贸易与合作、技术进步与产品创新、研究成果转换与应用于一体的综合服务平台。糖博会期间，举办了系列论坛、名企交流对接会、食糖科普活动等，有效促进了产业上下游、业内外交流对接。

7 月 14 日，国际癌症研究机构（IARC）、世界卫生组织（WHO）和联合国粮农组织食品添加剂联合专家委员会（JECFA）联合发布阿斯巴甜危害与风险评估报告称，基于阿斯巴甜具有人类致癌性的“有限证据”，将其归类为“可能致癌物”（IARC 2B 类），并重申建议的日容许摄入量为每公斤体重 40 毫克以内。

8 月 7 日，广西区糖业发展办公室、广西区农业农村厅和广西区财政厅联合印发《广西深化糖料蔗良种良法技术推广工作实施方案的通知》。《广西深化糖料蔗良种良法技术推广工作实施方案》的总体目标是在全区范围内，深化糖料蔗良种良法推广，实现新植蔗脱毒、健康种苗全覆盖，力争 2023 年通过商品化方式供应脱毒种苗能力达到 20% 左右，糖料蔗平均蔗糖分达到 14% 以上，平均单产达到 6 吨 / 亩以上，糖料蔗宿根周期进一步延长。机械化生产得到有效推广，2023 年全区糖料蔗综合机械化率达到 70%，收获机械化率达到 32%，其中，联合收获机械化率达到 4%。

8 月 14 日，云南省财政厅指出，今年上半年，云南省通过争取中央资金、年初预算安排等途径，共安排 9.77 亿元用于支持种业振兴。其中，统筹安排中央和省级资金 9.2 亿元，支持糖料蔗和橡胶良种良法技术推广。紧扣云南省农业现代化三年行动方案，原省级打造“绿色食品牌”专项资金转型为高原特色农业现代化发展专项资金，通过以奖代补、财政贴息等方式，继续对包括种业在内的项目予以重点支持。

8 月 22 日至 24 日，第 35 届全国糖业质量工作会议在银川召开。大会分别作了质量安全监督抽查工作报告、2022/2023 年食糖酒精产品生产与流通领域监督抽查分析工作报告、糖业标准化工作报告、专家课题报告等，会议还对 2022/23 年制糖期全国食糖、酒精产品进行质量评比，并对获奖企业进行表彰，推进了糖业质量提升和技术进步。

9 月 21 日至 22 日，由中国糖业协会主办的“2023 全国糖料高质量发展生产经验交流会”在内蒙古呼伦贝尔市召开。会议以“政企协同、科技赋能”为主题，研究进一步发挥糖业对乡村振兴的积极作用，探讨稳定我国糖料种植面积，筑牢糖业发展根基，推动糖料高质量发展的思路。

9 月 27 日，北京华商储备商品交易所有限责任公司公开竞卖食糖。竞卖品种为白砂糖，竞卖数量为 12.67 万吨。本次竞卖分两场进行，第一场竞卖的是旧榨季生产的 2.67 万吨白砂糖，竞卖底价为 6500 元 / 吨；第二场竞卖的是 2023 年生产的 10 万吨白砂糖，竞卖底价为 7300 元 / 吨。

表 2　世界主要产糖国食糖产量统计表　　单位：万吨（原糖值）

国家（地区）	2019/20	2020/21	2021/22	2022/23	2023/24*
总产量	16656	18011	18058	17728	18788
其中：甘蔗糖	12587	14282	14248	13927	15007
甜菜糖	4069	3729	3810	3801	3781
阿根廷	175	183	170	167	169
澳大利亚	429	434	412	420	440
白俄罗斯	74	52	53	58	60
巴西	3030	4205	3545	3805	4201

续表

国家（地区）	2019/20	2020/21	2021/22	2022/23	2023/24*
中国	1040	1060	960	900	1000
哥伦比亚	235	224	230	230	235
古巴	120	85	48	40	41
多米尼加	59	61	63	60	53
厄瓜多尔	53	54	56	53	53
埃及	274	278	286	276	279
埃斯瓦蒂尼	67	69	62	63	65
欧盟	1704	1522	1650	1490	1548
危地马拉	276	257	258	256	258
印度	2890	3376	3688	3200	3600
印度尼西亚	225	213	230	240	260
伊朗	101	154	160	155	160
日本	83	82	81	81	81
肯尼亚	60	71	70	79	65
墨西哥	560	606	656	571	625
尼加拉瓜	79	76	80	75	80
巴基斯坦	534	651	756	686	711
秘鲁	120	120	126	132	130
菲律宾	215	214	180	183	190
俄罗斯	780	563	600	718	634
南非	230	211	191	199	217
泰国	829	759	1016	1104	1120
土耳其	275	310	265	300	300
乌克兰	164	124	145	133	151
英国	119	99	103	104	105
美国	739	838	831	842	837
其他国家	1119	1066	1092	1108	1121

白　喆　王让梅

2.3　肉类及蛋品加工行业

【a. 概况】

2023 年，我国肉禽蛋总产量突破 13000 万吨，达到历史最高纪录，城乡供应充足，市场价格走低，肉类进口下降，出口有所回升。肉禽蛋品加工行业规模以上企业数量、资产规模、营业收入都有不同程度扩大，但各行业利润有增有减，行业亏损企业数量和亏损总额都在增加，对供给侧结构性改革需求迫切。

【b. 主要经济指标】

1. 肉禽蛋产量突破 13000 万吨

2023 年，全国猪牛羊禽肉产量 9641 万吨，同比增加 414 万吨，同比增长 4.5%。其中，猪肉产量 5794 万吨，同比增加 253 万吨，同比增长 4.6%；比 2019 年的 4255 万吨增加 1539 万吨，增长 36%。牛肉产量 753 万吨，同比增加 34 万吨，同比增长 4.8%；比 2019 年的 667 万吨增加 86 万吨，增长 12.9%。羊肉产量 531 万吨，同比增加 7 万吨，同比增长 1.3%；比 2019 年的 488 万吨增加 43 万吨，增长 8.8%。禽肉产量 2563 万吨，同比增加 120 万吨，同比增长 4.9%；比 2019 年的 2239 万吨增加了 324 万吨，增长 14.5%。禽蛋产量 3563 万吨，同比增加 107 万吨，同比增长 3.1%；比 2019 年的 3309 万吨增加 254 万吨，增长 7.6%。肉禽蛋总产量 13204 万吨，达到历史最高纪录。

2. 产业集中度明显提升

2023 年，全国肉禽蛋品加工行业规模以上企业 4687 家，比 2019 年增加了 984 家，增长 26.5%。其中，规模以上屠宰及肉类加工企业 4482 家，比 2019 年的 3503 家增加 979 家，增长 27.9%；规模以上蛋品加工企业 205 家，比 2019 年的 200 家增加了 5 家，增幅 2.5%。肉禽蛋行业产业集中度近 5 年来有了明显提升。

3. 投资与就业稳定增长

2023 年，全国肉禽蛋品加工行业规模以上企业资产 7361.5 亿元，同比增加 246.8 亿元，同比增长 3.5%；平均用工人数 82.4 万人，同比增加 1.8 万人，同比增长 2.3%。肉禽蛋行业投资与就业呈稳定增长态势。

其中，规模以上屠宰及肉类加工企业资产总计 7191 亿元，同比增加 227.7 亿元，同比增长 3.3%；平均用工人数 80.8 万人，同比增加 1.8 万人，同增长 2.3%。

规模以上蛋品加工企业资产 170.5 亿元，同比增长 12.6%；平均用工人数 1.6 万人，同比持平。

4. 营收与利润发展不平衡

2023 年，全国肉禽蛋品加工行业规模以上企业营业收入 12296 亿元，同比增加 594.9 亿元，同比增长 4.9%；利润总额 275.5 亿元，同比减少 7.4 亿元，同比下降 2.6%。

其中，规模以上屠宰及肉类加工企业营业收入 12107.6 亿元，同比增长 4.98%；实现利润 269.5 亿元，同比下降 3.3%。

规模以上蛋品加工企业营业收入 189.4 亿元，同比增长 6.2%；实现利润 6 亿元，比上年增长 36.3%。

【c. 行业发展分析】

1. 产品供应充足，市场价格走低

2023 年，我国战胜了非洲猪瘟和新冠肺炎“双疫情”的冲击，全面恢复了肉禽蛋生产、贸易和供应，全国肉类市场供应总量达到 10336 万吨，比 2019 年的 8254 万吨增加了 2082 万吨，增长 25.2%。全国人均肉类消费量 73 公斤，比 2019 年增加了 13 公斤；人均蛋品消费 25.3 公斤，比 2019 年增加了 1.7 公斤。

2023 年，由于肉禽蛋产品供应充足，各大类产品市场价格均呈下降走势。从 2023 年 12 月第 4 周全国集贸市场价格看，猪肉为每公斤 24.71 元，同比下降 25.1%；牛肉每公斤 81.20 元，同比下降 8%；羊肉每公斤 77.35 元，同比下降 7.2%；鸡肉每公斤 23.87 元，同比下降 4.5%；鸡蛋每公斤 11.13 元，同比下降 10.5%。

2023 年，由于肉禽蛋产品供应充足、价格下行，肉类进口减少，出口增加，进出口额明显下降。据海关总署统计数据，全国肉类进口 738.2 万吨，同比下降 0.3%；进口金额 275.3 亿美元，同比下降 13.2%。全国出口肉类 42.58 万吨，同比增加 5.8%；出口额 18.9 亿美元，同比下降 3.2%。

2. 屠宰加工扩大，利润有增有减

随着畜禽养殖规模的扩大，屠宰和肉禽蛋品加工业的企业数量、资产规模、营业收入都有不同程度的增加。但从盈利水平看，各行业差别较大，很不平衡——牲畜屠宰业利润大幅减少；禽类屠宰业利润大幅增加；肉制品及副产品加工业利润保持稳定增长态势。

（1）牲畜屠宰业

2023 年，全国规模以上牲畜屠宰企业 1544 家，比 2019 年的 1175 家增加 369 家，增长 31.4%。其企业资产 2654.9 亿元，同比增加 54.9 亿元，同比增长 2.1%；比 2019 年的 2004.5 亿元增加 650.4 亿元，增长 32.4%。其营业收入 4672.5 亿元，同比增加 106 亿元，同比增长 2.3%；比 2019 年的 3475.8 亿元增加了 1196.7 亿元，增长 34.4%。其利润总额 46.7 亿元，同比减少 28.4 亿元，同比下降 37.8%。

（2）禽类屠宰业

2023 年，全国规模以上禽类屠宰企业 773 家，比 2019 年的 603 家增加了 170 家，增长 28.2%。其企业资产 1652.4 亿元，同比增加了 42.7 亿元，同比增长 2.6%；比 2019 年的 1292.7 亿元增加了 359.7 亿元，增长 27.8%。其营业收入 3665.5 亿元，同比增加 373.3 亿元，同比增长 11.3%；比 2019 年的 3475.8 亿元增加 189.7 亿元，增长 5.45%。其利润总额 23.9 亿元，同比增加 10.6 亿元，同比增长 79.7%。

（3）肉制品及副产品加工业

2023 年，全国规模以上肉制品及副产品加工企业 2165 家，比 2019 年的 1725 家增加了 440 家，增长 25.5%。其企业资产 2883.7 亿元，同比增加 130.1 亿元，增长 4.7%；比 2019 年的 2597.6 亿元增加了 286.1 亿元，增长 11%。其营业收入 3769.5 亿元，同比增加 94.6 亿元，增幅 2.6%；比 2019 年的 4060.8 亿元减少 291 亿元，下降 7.2%。其利润总额 198.9 亿元，同比增加 8.8 亿元，同比增长 4.6%。

作为例证，可参考以下两个加工行业的数据：一是肉、禽类罐头制造业。2023 年，全国规模以上肉、禽类罐头制造企业 83 家，其企业资产 152.3 亿元，同比增加 1.6 亿元，同比增长 1.1%；其营业收入 228.2 亿元，同比增加了 12.5 亿元，同比增长 5.8%；其利润总额 13.2 亿元，同比增加 2.9 亿元，同比增长 28.1%。二是蛋品加工业。2023 年，全国规模以上蛋品加工企业 205 家，其企业资产 170.5 亿元，同比增加 19.1 亿元，同比增长 12.6%；其营业收入 189.4 亿元，同比增加 11 亿元，6.2%；其利润总额 6 亿元，同比增加 1.6 亿元，同比增长 36.3%。这些数据都表明，肉禽蛋类产品的精深加工可以获得较好

的经济效益。

3. 供需结构变化，产业结构调整

（1）生猪产能恢复，带来猪肉占比回升

2023 年，猪肉、禽肉、牛肉、羊肉在肉类总产量中所占的比重为 60.1:26.6:7.8:5.5。和 2019 年相比，猪肉占比增加了 4.5 个百分点；禽肉占比下降了 2.7 个百分点；牛肉占比下降了 0.9 个百分点；羊肉占比下降了 0.9 个百分点。数据表明，猪肉产能的恢复对其他肉类市场供应结构的影响是很大的。

（2）猪禽肉进口减少，牛羊肉和猪杂碎进口增加

2023 年，全国进口猪肉 155 万吨、禽产品 130 万吨，同比分别下降 11.8%、1.4%；进口牛肉 274 万吨、猪杂碎 110 万吨、羊肉 43 万吨，同比依次增加长 1.9%、5.6%、21.2%。牛肉进口量稳居首位，占比达 37%；羊肉进口量占比升至 5.9%；牛羊肉合计占比达 42.9%。2023 年猪肉、猪杂碎、禽产品进口量占比依次接近 21%、18%、15%，合计为 54%。

（3）肉类自给率提高，出口恢复增长

2023 年，全国肉类供应总量中国产肉占比 93%，进口肉占比 7%。相比于 2019 年，国产肉占比提高了 0.5 个百分点。从肉类出口的情况看，全国肉类出口恢复至 42.58 万吨，比 2019 年的 12.33 万吨增加了 30.25 万吨，增长了 2.45 倍。禽产品出口占中国肉类出口总量的 73%，肠衣占比近 19%，猪肉占比 6.3%。

（4）产业结构调整，走向各不相同

从 2023 年行业整体来看，自 2019 年以来全国牲畜屠宰业规上企业数量、资产规模、营业收入占比均在增长，只有利润占比下降。禽类屠宰业规上企业数量占比保持稳定，其资产规模、营业收入和利润总额在行业内占比均有所提升。肉制品及副产品加工业规上企业数量、资产规模、营业收入五年间在行业内占比均有所下降，但利润总额在行业内占比已提升至 70% 以上，充分显示出精深加工对于增收增效的重要意义。

我国屠宰及肉类加工行业结构变化一览表

行业	企业数量（个）		资产规模（亿元）		营业收入（亿元）		利润总额（亿元）	
	2019	2023	2019	2023	2019	2023	2022	2023
牲畜屠宰业	1175	1544	2004.5	2654.9	3475.8	4672.5	75.1	46.7
%	33.5	34.4	34	36.9	34.2	38.6	26.9	17.3
禽类屠宰业	603	773	1292.7	1652.4	2632.6	3665.5	13.3	23.9
%	17.2	17.2	21.9	22.9	25.9	30.3	4.8	8.8
肉制品及副产品加工业	1725	2165	2597.6	2883.7	4060.8	3769.5	190.1	198.9
%	49.2	48.3	44	40.1	39.9	31.1	68.2	73.8
合计	3503	4482	5894.8	7191.1	10169.2	12107.6	278.5	269.5
	100	100	100	100	100	100	100	100

4. 包装升级提速，装备创新突破

（1）包装

自2020年新冠疫情发生以来，我国肉类食品包装升级速度明显加快。热收缩包装、气调包装和贴体包装三种代表性的包装方式得到大面积推广使用，在各大中型肉类企业中应用较多，所包装的鲜肉也通过电商、商超或农贸市场走进千家万户。

①热收缩包装

采用高阻隔型热收缩袋包装冷却肉，保质期可达60天以上；在冷冻条件下可以实现18个月以上的保质期。中国肉类协会包装分会组织制定的《肉类食品用热收缩包装膜、袋》团体标准引领和指导冷却肉、冷冻肉的包装升级。

②真空贴体包装

在各类高附加值肉类食品领域获得快速发展，以高档牛排、高档火腿肉、海鲜食品等为代表的贴体包装产品在盒马鲜生线下超市和各大电商快速推广开来。

③气调包装

以MAP气调方式保持产品的新鲜和风味，特别适合于高端冷却肉和卤制品领域，气调包装一般适用于冷链物流产品，对全过程温度和卫生要求较高，保质期在15天内。中国肉类协会包装分会组织制定的《肉与肉制品气调包装技术规范》团体标准发布之后，进一步推动了气调包装在精细分割的高端冷鲜肉、肉糜、肉馅等中的广泛应用；在肉制品行业也有越来越多的厂家采用气调锁鲜包装。

随着进口肉的迅速增加，相应带来重新分割、包装业务的增长。除了在包装方式上采用更科学、更有利于保质保鲜的包装方式外，也更注重包装的设计和消费者体验，在包装中增加具有更强便利性功能如更便于打开、更便于重复封口、更便于加热调理、更便于回收等。

（2）装备

2019年以来，受非洲猪瘟疫情影响，国家制定了生猪屠宰业向生猪产区有序转移、尽量靠近养殖区的政策。这带来各生猪产区购置生猪屠宰加工设备、建立新厂的商机。为了推动畜禽屠宰产业升级，国家还开始研究将畜禽屠宰加工设备纳入农机补贴的政策，进一步加大了屠宰加工企业采用先进机械装备的动力。2023年，各地畜禽屠宰加工设备、解冻设备技术、分割设备技术、精细切割等初加工设备的应用需求加大，以及车间消毒杀菌设备和工装清洗卫生设备的需求都有进一步提升。众多家禽屠宰新建、扩建项目的加速建设和投产，增加了对家禽成套屠宰线设备的需求，自动分割生产线和在线分级系统都在加速自主研制开发中。

2023年，中西式灌制类肉制品加工机械，从原料解冻设备到绞肉、搅拌、斩拌、乳化、灌装、蒸煮（熏蒸）、杀菌、冷却，一直到包装、储运设备，在与科研院校及用户合作中都取得了新的进展。通过深入理解不同肉制品的理化指标、物理特性和工艺区别，从设备材料、卫生安全、构件精度、节能降耗等各个方面提高性能，提升单机数字化、信息化技术融合性和上下游联机通用性，进一步提高成套自动化能力和标准化水平。

以酱卤肉制品为代表的传统中式肉制品工业化生产机械装备技术取得了新突破。针对批量化、连续化、自动化生产设备的开发要求，以及各种配料浓度的实时监测、数据采集和精确传递，确保配料自动投料系统及时精准地实施补充，保障产品风味、感官等一致性，连续自动化酱卤肉制品成套生产线研发工作取得了创新的成果。

国内包装设备企业持续加大研发投入，陆续开发出功能优良、性价比高的包装设备。2023年国产贴体包装、气调包装和收缩包装设备得到大量推广，部分企业还实现了产品出口，将中国制造的设备销售到发达国家和地区。包装设备与前道生产设备的集成化也得到提高，包装设备正更多地参与到智能制造中来。

【d. 主要问题】

2023 年，全国肉禽蛋品加工行业的主要问题是亏损企业数量增加，亏损额明显加大。据国家统计局相关数据，2023 年，全国屠宰及肉类加工业规模以上企业中，共有亏损企业 1250 个，同比增加 11 个，同比增长 0.8%；亏损企业亏损额 137.8 亿元，同比增加 25.6 亿元，同比增长 22.8%。通过对相关统计数据的分析，2023 年，肉禽蛋加工业总的发展状态是减亏增效；亏损增加主要是源自畜禽屠宰业。

1. 畜禽屠宰行业亏损情况

2023 年，在全国屠宰及肉类加工业规模以上企业中，牲畜屠宰业的亏损企业为 497 个，同比增加了 49 个，同比增长 10.9%，占全行业亏损企业总数的 39.7%。禽类屠宰业的亏损企业 266 个，同比增加了 10 个，同比增长 3.9%，占全行业亏损企业总数的 21.3%。两项合计，畜禽屠宰行业的亏损企业数量占屠宰及肉类加工业亏损企业总数的 61%。

从亏损企业亏损额看，2023 年，牲畜屠宰业为 60.6 亿元，同比增加 24.2 亿元，同比增长 66.5%，占全行业的 43.9%。禽类屠宰业为 41.7 亿元，同比减少 0.6 亿元，同比下降 1.4%，占全行业的 30.4%。两项合计，畜禽屠宰行业亏损企业亏损额占全行业的 74.3%。

应该看到，2023 年畜禽屠宰业规模以上企业数量为 2317 家，其中亏损企业 763 家（牲畜屠宰业亏损企业 497 家、禽类屠宰业亏损企业 266 家），占比 32.9%，已接近三分之一。如何改变畜禽屠宰行业的大面积亏损状态，是行业主管部门必须抓紧研究解决的问题。

2. 肉制品及副产品加工行业亏损情况

2023 年，在全国屠宰及肉类加工业规模以上企业中，肉制品及副产品加工业的亏损企业为 487 个，同比减少了 48 个，同比下降 9%，占全行业亏损企业总数的 38.9%。其亏损额为 35.4 亿元，同比增加了 1.9 亿元，同比增长 5.6%，占全行业亏损企业亏损额的 25.7%。

作为参照，可以了解以下两个相关加工行业减亏的数据：一是肉、禽类罐头制造业。2023 年，全国规模以上肉、禽类罐头制造业有亏损企业 13 家，同比减少了 1 家；其亏损企业亏损额由上年的 1.4 亿元降至 2023 年的 0.5 亿元，下降 64.3%。二是蛋品加工业。2023 年，全国规模以上蛋品加工业有亏损企业 32 家，比上年的 35 家减少了 3 家，降幅 8.6%；其亏损企业亏损额为 0.7 亿元，同比减少了 0.3 亿元，同比下降 30%。这些数据表明，2023 年，我国肉禽蛋品精深加工的发展，是经济恢复向好的重要标志。虽然目前肉制品及副产品加工业亏损企业亏损额同比增加了近 2 亿元，但亏损企业数量减少 48 个，仍然是一个很显著的成绩。

应该看到，2023 年，全国肉制品及副产品加工业规模以上企业数量为 2165 家，其中，亏损企业 487 家，占比 22.5%，已超过五分之一。如何改变我国肉制品及副产品加工业亏损额增加的现状，需要引起行业主管部门的充分重视。

总的来看，2023 年，全行业规模以上亏损企业数量有 1250 个，占行业规模以上 4482 家企业总数的 27.9%，超过四分之一。这是当前制约我国肉类加工产业高质量发展的一大障碍和难点。分析全行业亏损企业数量增加、亏损额加大的主要原因有四：

（1）营业成本增加

2023 年，全国屠宰及肉类加工业规模以上企业营业成本 11279.1 亿元，同比增加 526 亿元，同比增长 4.9%，与营收同比增长持平。其中，牲畜屠宰业营业成本 4420.4 亿元，同比增加 97.5 亿元，同比增长 2.2%，比营收增幅低 0.1 个百分点；禽类屠宰业营业成本 3533.3 亿元，同比增加 354 亿元，同比增长 11.1%，比营收增幅低 0.2 个百分点；肉制品及副产品加工业营业成本 3325.4 亿元，同比增加 74.5 亿元，同比增长

2.3%，比营收增幅低 0.3 个百分点。

（2）企业存货增加

2023 年，全国屠宰及肉类加工业规模以上企业存货 1049.6 亿元，同比增加 54.2 亿元，同比增长 5.4%。其中，牲畜屠宰业存货 388.4 亿元，同比增加 33.3 亿元，同比增长 9.4%；禽类屠宰业存货 200.3 亿元，同比减少 29.3 亿元，同比下降 12.8%；肉制品及副产品加工业存货 460.9 亿元，同比增长 50.2 亿元，增幅 12.2%。

（3）应收账款增加

2023 年，全国屠宰及肉类加工业规模以上企业应收票据及应收账款 721.5 亿元，同比增加 58.5 亿元，同比增长 8.8%。其中，牲畜屠宰业 233.8 亿元，同比增加 22.2 亿元，同比增长 10.5%；禽类屠宰业 141.5 亿元，同比增加 12.7 亿元，同比增长 9.8%；肉制品及副产品加工业 346.1 亿元，同比增加 23.5 亿元，同比增长 7.3%。

（4）企业负债增加

2023 年，全国屠宰及肉类加工业规模以上企业负债 4406.3 亿元，同比增加 246.5 亿元，同比增长 5.9%。其中，牲畜屠宰业 1584.8 亿元，同比增加 89.7 亿元，同比增长 6%；禽类屠宰业 1161.4 亿元，同比增加 31.6 亿元，同比增长 2.8%；肉制品及副产品加工业 1660.2 亿元，同比增加 125.3 亿元，同比增长 8.2%。

由于，肉禽蛋产品供应充足、价格低位运行，企业营业收入增幅不大。企业营业成本、存货、应收账款和负债增加等困难，都在一定程度上反映出当前我国有效需求不足、供需结构不适配等方面的问题。有效需求不足是三年疫情后经济逐步恢复正常状态中的阶段性现象。供需适配度低是市场运行过程中的结构性现象。随着相关政策的出台和落实，有效需求不足问题会得到逐步缓解，居民消费价格有望企稳回升；随着供给侧改革的推进，产品供需适配度有望得到提升。

【e. 发展趋势】

1. 肉禽蛋产业将努力实现量的稳定增长和质的有效提升

据《中国农业展望报告（2024—2033）》预测，随着生猪产能的优化调整，牛羊肉基础生产能力的稳定，肉类生产将实现稳定发展，肉类产品供应保障能力增强。2033 年我国肉类消费总量将达到 10253 万吨，年均增长 0.3%；肉类总产量将达到 9764 万吨，年均增长 0.4%。由于，国内产量增长，预计肉类进口量呈下降态势，2033 年肉类进口量 584 万吨，年均减少 1.4%。其中，猪肉产量预计到 2033 年为 5386 万吨，年均减少 0.3%；猪肉消费量降至 5479 万吨，年均减少 0.5%；猪肉进口量 107 万吨。按照高质量发展的指导方针，肉类产品的质量安全保障水平将稳步提升，以适应消费升级的需求。

2. 肉禽蛋产业将努力实现结构升级和绿色转型

按照“十四五”规划的要求，目前已启动了《猪屠宰成套设备配置要求》《牛羊屠宰成套设备配置要求》《禽屠宰成套设备配置要求》三项团标的制定工作，旨在适应未来 5 至 10 年肉类产业现代化建设的需求。中国肉类协会已发起建设的服务于肉类产业数字化改造的数普肉链云工业互联网平台公司，目前已对 500 多家企业的需求进行调研和梳理，提供了数字化解决方案或智能制造系统解决方案。在产业绿色转型方面，为实现碳达峰、碳中和目标，全国 20 多个省、市、县已经进行了实地调研，并已签约启动了 5 个畜光一体化牛羊产业园区建设项目。通过组织召开肉类冷链物流产业发展论坛暨绿色低碳提质增效技术对接会，组织实施绿色低碳技术服务之旅，将深入企业提供降本增效的绿色低碳技术精准服务。中国肉类协会与世界自然基金会联合推动的肉类可持续发展项目，已经在推进《肉类产业绿色贸易规范》团体标准的实施，并确定了首批肉类绿色贸易示范企业，带动肉类供应链的绿色转型。

3. 肉类产业将推进全产业链协同和品牌战略实施

为使肉类供应更好适应个性化差异化品质化消费需求，需要通过加强全产业链的信息共享和业务协作，不断推动一二三产业融合和经营模式、组织方式创新。“十四五”期间，中国肉类协会与中国畜牧业协会、中国农业科学院北京畜牧兽医研究所合作开展“好牛好肉品牌培优”行动，与京东集团、中农优食供应链管理有限公司共同搭建的中国肉类协会京东自营示范店，都是为了通过全产业链协同培育行业优质品牌，提高产业竞争力。未来 5 至 10 年间，中国肉类产业的品牌集中度将有明显提升。

4. 肉类产业将优化区域布局和加强风险防控

按照农业农村部 2023 年发布的《畜禽屠宰“严规范 促提升 保安全”三年行动方案》，未来的一项重点工作是加快推进畜禽屠宰区域布局的进一步优化，屠宰产能向养殖主产区集聚，有序压减落后产能，提高屠宰与养殖产能的匹配度，特别是提高牛羊禽屠宰的集中度。在实施非洲猪瘟分区防控方案的基础上，加强各大区域统筹规划布局，推进重大动物疫病联防联控，减少活畜禽长距离调运，努力实现大区内猪肉供求基本平衡，提升就近保供能力，有效控制动物疫病风险和市场供应风险。

【f. 政策建议】

1. 加快淘汰落后产能，提高优质肉禽蛋产品供应的比重

通过制定和组织实施优质肉禽蛋产品标准，淘汰落后的畜禽屠宰和肉禽蛋加工设备和生产工艺，加快设备更新和产业升级，提升全行业的生产加工技术水平和管理水平。

2. 鼓励科技创新和管理创新，提高产业综合经济效益

通过支持建立肉禽蛋联合加工厂，推广先进技术应用，加快科技成果转化，对生猪、肉牛、肉羊、家禽等生物资源开展精深加工和综合利用，提升资源有效利用率和企业经济效益。

3. 促进产业链供应链协同，降低产业运行成本

通过供应链金融政策，支持产业化龙头企业+专业合作社+养殖场户发展肉禽蛋一体化经营，加快一二三产业融合，改变种植养殖分离、养殖屠宰分离、屠宰加工分离的状态，提高产业协同力。

4. 推动产业绿色转型，实现可持续发展

通过推广“绿色种养–循环农业”试点经验，解决肉禽蛋源头食品安全风险问题；通过发展“绿色制造”，解决加工环节资源能源浪费问题；通过“绿色包装”和“绿色物流”，解决物流成本高、肉品损耗大问题。

5. 实施高水平对外开放，增强肉禽蛋产品进出口调节能力

通过支持产业转型升级，提高我国肉禽蛋加工产品市场竞争力，建立主要依靠进出口调节国内供需平衡的机制，解决供需不平衡、价格不稳定、企业效益低的问题。

6. 建立“社会共治”平台，提高行业治理现代化水平

肉禽蛋产业链条长，主管部门多，分布区域广，建议更多发挥行业协会的作用，配合政府部门做好食品安全、质量提升、环境治理等公共管理与服务方面的工作，解决管理成本高、管理效率低的问题。

中国肉类协会

2.4 水产品加工业

【a. 概况】

2023年，各级渔业主管部门坚决贯彻落实党的二十大，党的二十届一中、二中全会精神，锚定实现渔业现代化目标，按照党中央、国务院决策部署和部党组工作要求，加强生产指导，紧抓稳产保供，推进产业发展，促进渔民增收，渔业经济总体保持良好发展态势，为“菜篮子”产品稳定供给和农业农村经济发展作出积极贡献。总的看，全年水产品产量稳步增长，市场成交量额双增，价格涨跌互现，水产品出口额同比下降，进口额同比较快增长，贸易逆差持续，渔民收入稳步增长，休闲渔业快速复苏。

1. 全社会渔业经济总产值

2023年，按当年价格计算，全社会渔业经济总产值32669.96亿元，其中，渔业产值15957.35亿元，渔业工业和建筑业产值7018.84亿元，渔业流通和服务业产值9693.76亿元，三个产业产值的比例为48.8∶21.5∶29.7，如图1所示。渔业流通和服务业产值中，休闲渔业产值923.47亿元，同比增长8.98%。

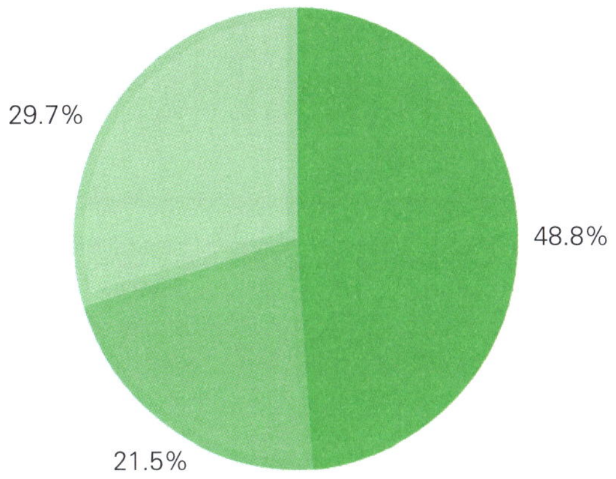

图1 2023年渔业经济总产值构成

2. 水产品产量及人均占有量

2023年，全国水产品总产量7116.17万吨，同比增长3.64%。其中，养殖产量5809.61万吨，同比增长4.39%，捕捞产量1306.56万吨，同比增长0.47%，养殖产品与捕捞产品的产量比例为81.6∶18.4，如表1、表2所示；海水产品产量3585.32万吨，同比增长3.64%，淡水产品产量3530.85万吨，同比增长3.65%，海水产品与淡水产品的产量比例为50.4∶49.6。

表1 2023年全国水产养殖产量

单位：万吨

指标	养殖产量	海水养殖		淡水养殖	
		产量	同比增长（%）	产量	同比增长（%）
全国总计	5809.61	2395.60	5.27	3414.01	3.78
鱼类	2977.30	205.71	6.83	2771.59	2.25
甲壳类	738.35	205.51	5.26	532.84	8.83
贝类	1665.90	1646.06	4.87	19.84	4.58
藻类	288.31	287.19	5.82	1.11	11.14
其他	139.75	51.12	8.96	88.63	27.12

表 2　2023 年国内捕捞产量

单位：万吨

指标	国内捕捞产量	海洋捕捞		淡水捕捞	
		产量	同比增长（%）	产量	同比增长（%）
全国总计	1074.33	957.49	0.70	116.84	0.19
鱼类	736.84	646.00	0.64	90.85	1.13
甲壳类	202.54	190.46	1.02	12.08	–2.21
贝类	48.00	35.32	–2.68	12.68	–3.67
藻类	2.20	2.20	13.31		
头足类	59.36	59.36	0.35		
其他	25.39	24.16	4.72	1.23	–2.81

2023 年，远洋渔业产量 232.23 万吨，同比下降 0.32%，占水产品总产量的 3.26%。

2023 年，全国水产品人均占有量 50.48 千克（全国人口数为 140967 万人），比上年增加 1.85 千克、增长 3.80%。

3. 水产品进出口贸易

据海关总署统计，2023 年，我国水产品进出口总量 1056.05 万吨，同比增长 3.20%，进出口总额 442.37 亿美元，同比下降 5.35%。其中，出口量 379.82 万吨、出口额 204.63 亿美元，同比分别增长 0.94% 和下降 11.15%；进口量 676.23 万吨、进口额 237.74 亿美元，同比分别增长 4.52% 和 0.28%。贸易逆差 33.11 亿美元，比上年同期扩大 26.36 亿美元。

4. 水产品加工

2023 年，全国水产加工企业 9433 个，水产冷库 9143 座。水产加工品总量 2199.46 万吨，同比增长 2.41%。其中，海水加工产品 1713.12 万吨，同比增长 0.23%；淡水加工产品 486.35 万吨，同比增长 10.87%。用于加工的水产品总量 2623.71 万吨，同比增长 2.64%。其中，用于加工的海水产品 1982.69 万吨，同比增长 0.32%；用于加工的淡水产品 641.02 万吨，同比增长 10.56%。

【b. 行业发展分析】

1. 国际形势复杂严峻程度前所未有

2023 年，以美国为代表的西方国家多层面、各角度蓄意抹黑我国渔业，从非法捕捞、强制劳动到野生动物保护，拿着各种冠冕堂皇的理由，对我国正常渔业生产和水产品加工横加指责，动辄以限制贸易等为要挟，已经严重损害了我国渔业生产、加工者的利益，近期美国一些民间机构甚至新疆工人在山东水产品加工企业打工抹黑成中国强迫维吾尔族人加工世界鱼类，将我国对口帮扶乡村振兴的措施硬生生改写成强迫劳动和种族歧视，并已经表现出拟以此为由限制我水产品出口的倾向，加上核污染水排海事件日本政府可能做出的后续措施等，我国水产品出口贸易面临的已经不仅仅是单纯经济层面的困难，各种曾经想象不到的“黑天鹅”已经成为困扰我国水产品出口贸易发展的最大限制性因素，并将进一步影响到国内市场的稳定。

2. 极端天气增多，气象灾害风险增大

2023 年，我国天气呈现明显异常特征，5 月份黄淮海地区遭遇了多年不遇的“烂场雨”；入汛以来，北方多地出现破纪录高温，西北部地区（内蒙古、青海、甘肃及宁夏）发生干旱，局部地区旱情严重；7—8 月台风“杜苏芮”“卡努”造成华北、黄淮和东北等地区暴发了史上较强洪涝灾害，9 月初台风“海葵”从福建省登陆，广东、福建两省洪涝灾情严重。截至 9 月 6 日，福建省农作物受灾面积 9949.71 公顷、直接经济损失 50.54 亿元。高温干旱导致养殖水体蒸发、水质变坏，水生动物生长缓慢、体质差、易发病；洪涝灾害导致池塘堤坝等养殖设施损毁，养殖水体水位上升、水温剧烈变化及溶氧度下降，养殖产品外逸或死亡，给养殖生产和水产品质量安全带来严重威胁。据农业农村部统计，2023 年，由于渔业灾情造成水产品产量损失 41.74 万吨，受灾养殖面积 224.67 千公顷，直接经济损失 78.49 亿元。

【c. 行业面临问题分析】

1. 进口食用水产品冲击国内消费市场

2013 年，我国水产品贸易总量同比增长 25.88%，水产品净进口量由 21.13 万吨扩至 273.68 万吨。一般贸易中，食用水产品净进口量 2022 年为 10.35 万吨，2023 年 1—7 月达到 139.63 万吨，呈扩大趋势。进口食用水产品以南美白对虾、三文鱼、鳕鱼及鲽鱼等品种为主，并以高品质、低价格冲击国内消费市场。以南美白对虾为例，5 月 11 日，厄瓜多尔与我国签订了自由贸易协定，其南美白对虾进口关税大幅下降、进口价格随之下跌。据青岛中道食材供应链有限公司反映，冻南美白对虾 8 月底进口价格约 20—22 元 / 斤。受进口冲击，国内海、淡水南美白对虾塘边平均价格分别由 4 月底的 23.4 元 / 斤、25.2 元 / 斤跌至 10 月底的 11.7 元 / 斤、12.6 元 / 斤（养殖重点品种监测数据），养殖户亏损严重，并因高成本逐渐丧失了国内市场竞争力。

2. 水产品贸易不确定性增加

逆全球化、中美贸易摩擦、地缘冲突以及其他突发事件增加了水产品贸易的不确定性，并在一定程度上重塑贸易格局。中美贸易摩擦之前，美国是我国最大的水产品贸易国。2022 年，日本已经成为我国第一大水产品贸易国，我国与日本贸易总额 41.75 亿美元，占总贸易额的 9.16%。日本核废水事件发生后，我国宣布自 2023 年 8 月 24 日起全面禁止进口日本水产品。此前，我国是日本最大的进口国家，我国金枪鱼主要也从日本进口。水产品贸易禁令实施后，水产品贸易格局将进一步演变，我国自俄罗斯进口快速增加。

【d. 产业政策】

2023 年 4 月，习近平总书记在广东考察调研了国家 863 计划种业基地，特别指出了深远海养殖和渔业“种子工程”这两项当前水产行业发展的重点任务。工业部、农业农村部等 8 部委联合印发《关于加快推进深远海养殖发展的意见》，提出要坚持市场主导、科学布局、科技引领、绿色生态、安全发展原则大力发展深远海养殖。农业农村部完成了第一次全国水产养殖种质资源普查，为未来的水产种业振兴和研发适宜市场需求的新品种及产品奠定了坚实基础。国家海洋渔业生物种质建设项目于 2023 年通过国家验收。

高宏泉

2.5 大豆食品行业

【a. 概况】

1. 国产大豆的生产量

国家统计局:2023 年，我国大豆产量 2084 万吨（2023 年度进口大豆 10111 万吨，自给率 20.6%），2022 年，我国大豆产量为 2028 万吨，同比增长 2.76%；

2012—2023 年历年国产大豆产量、进口量如下图：

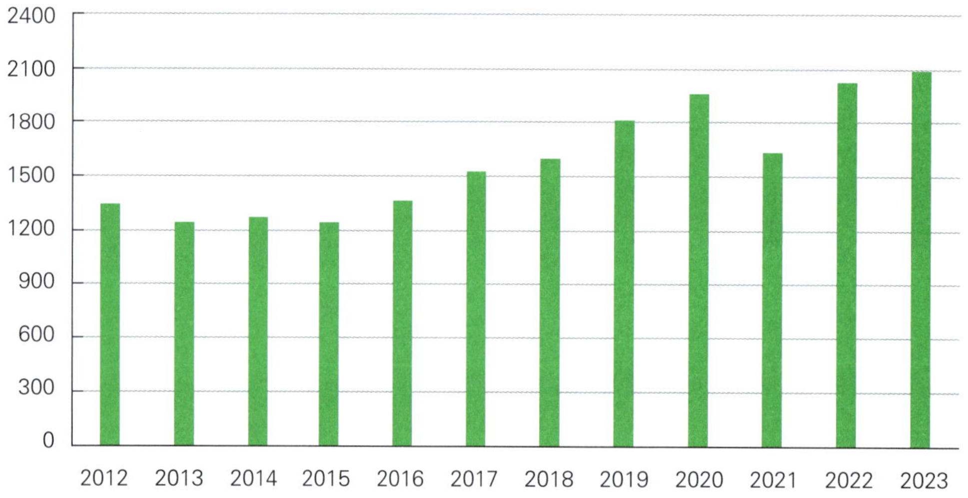

图　2012—2023 年历年国产大豆产量（万吨）

图　2012—2023 年历年我国进口大豆量（万吨）

2. 我国食品大豆消费（不包括港澳台）

根据《农业转基因生物安全管理条例》第二十一条规定：单位和个人从事农业转基因生物生产、加工的，应当由国务院农业行政主管部门或者省、自治区、直辖市人民政府农业行政主管部门批准，需要办理准入许可。目前，还没有大豆食品加工企业办理该许可。因此，我国用于食品的大豆均为非转基因大豆，货源来自国产大豆和进口非转基因大豆。

据海关总署统计：2023 年，我国进口非转基因大豆约 170 万吨（俄罗斯 69.4、乌克兰 6.7、美国 50.3 加拿大 19.1、贝宁 20.9），同比（169 万吨）基本持平；

国产大豆主要以国内销售为主，出口量不大，2023 年，我国出口大豆 6.58 万吨（韩国 4 万吨 /2022 年 8 万吨，日本 1 万吨 /2022 年 1.6），2022 年出口 11.4 万吨。

我会数据统计综合评估，2023 年用于食品工业的大豆量约 1595 万吨，同比增长 4.25%。其中，大豆直接用于豆制品加工量，约为 1010 万吨，同比增长 6.31%；大豆用于加工大豆蛋白约 250 万吨（除出口外，30% ～ 35% 用于豆制品，65% ～ 70% 用于肉制品、保健品、饮料、婴幼儿奶粉等），同比基本持平；大豆用于酱油生产约 100 万吨，同比基本持平；大豆用于直接购买食用（包括家庭自制豆浆等），约为 230 万吨。

2012 年以来，我国可以用于食品加工的大豆供给量及我国大豆食品消费量如下图：

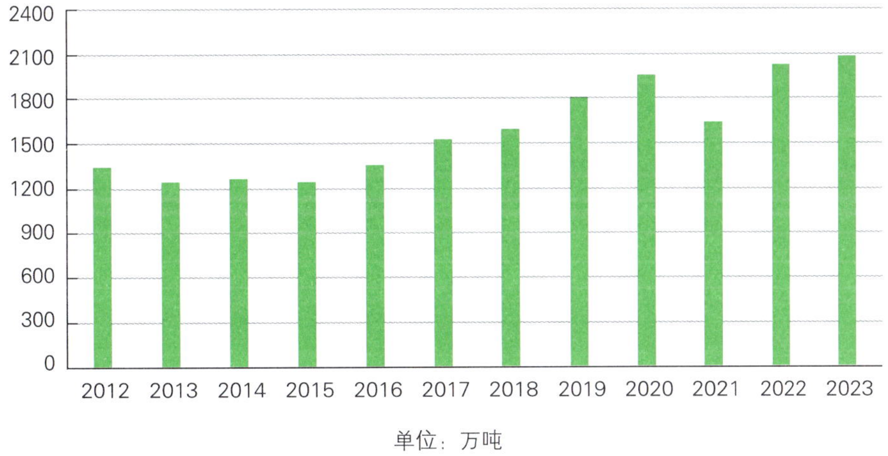

图　2012—2023 我国大豆产量

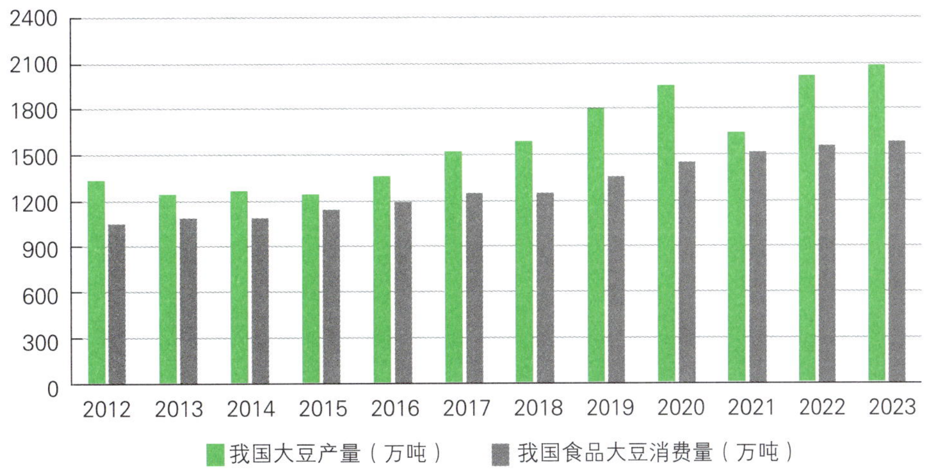

图　2009—2023 我国食品大豆消费情况（不包括港澳台）

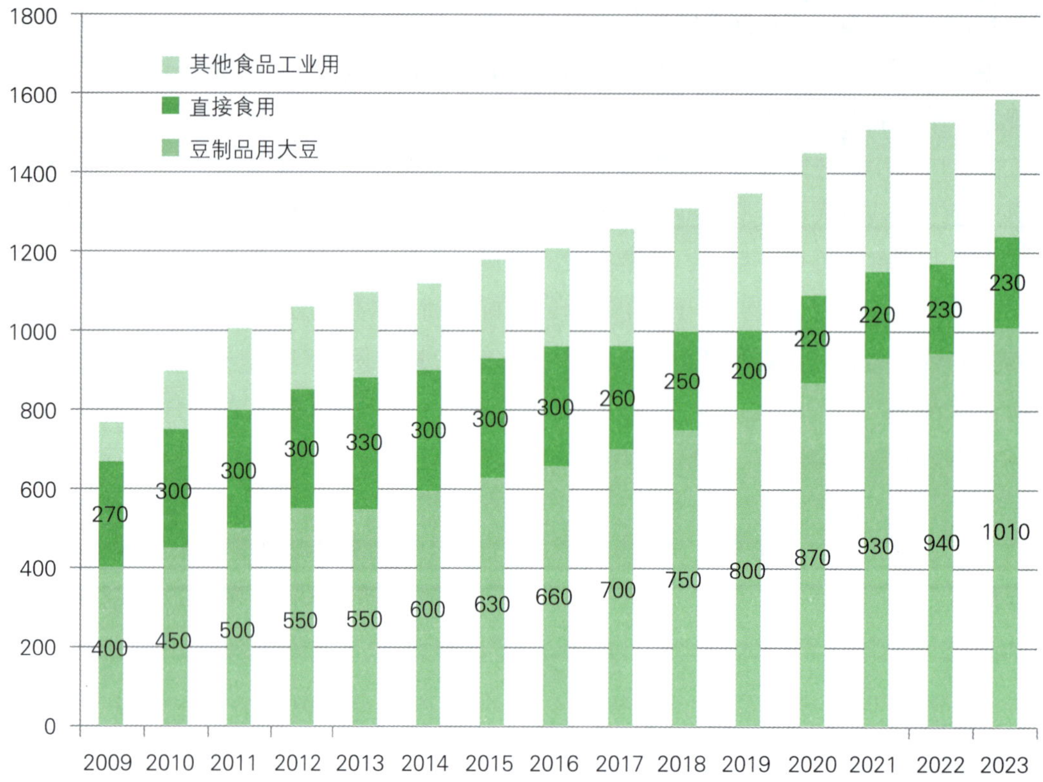

我国非转基因大豆用量约 1900 万吨，除了食品领域外，非转压榨及其他（150 万吨左右）、种子及芽豆（150 万吨左右），如下图。

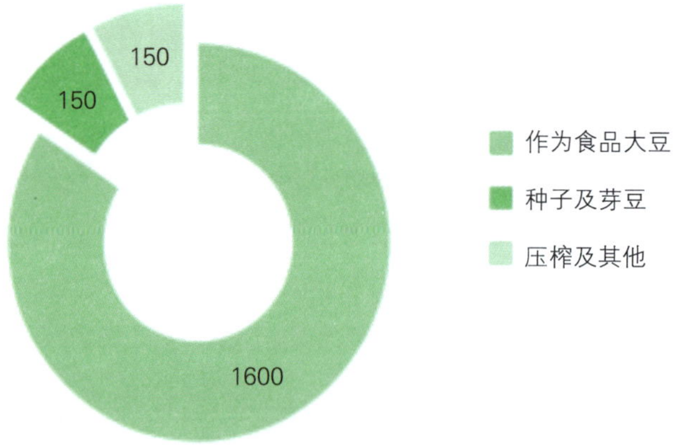

图　2023 年我国非转大豆的使用情况

我国食品大豆消费主要基于居民人口，呈现各省分布的状态，我国各省大豆生产与食品大豆消费量图（不包括港澳台地区）如下：

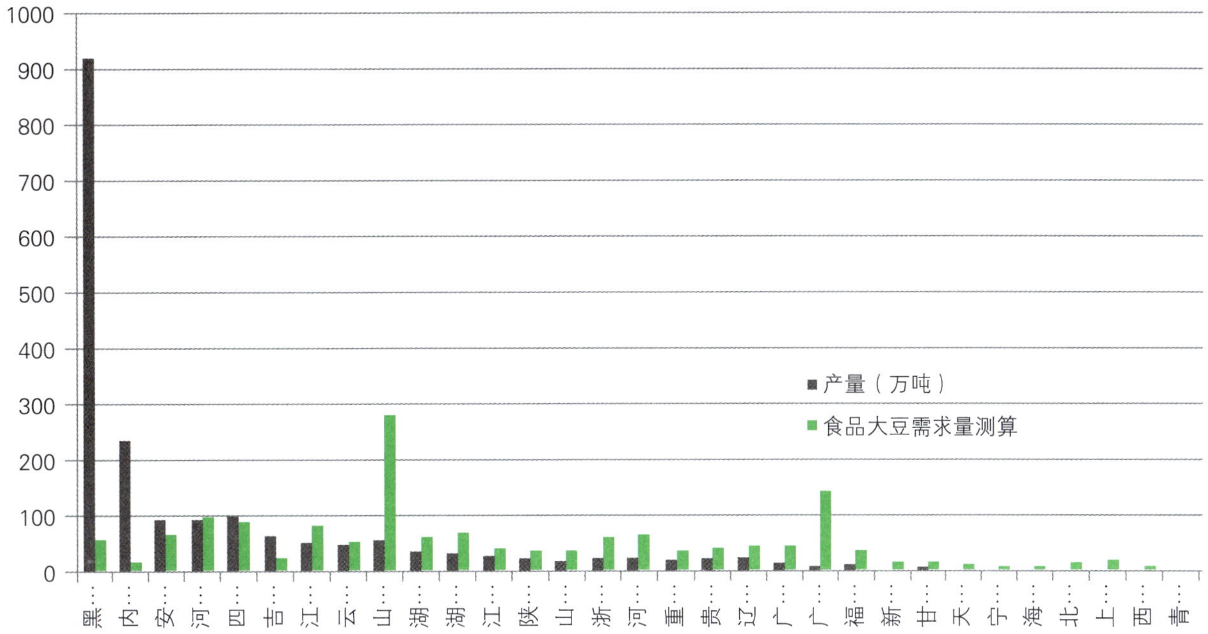

3. 我国的大豆食品有哪些?

据我会统计，近10年来，我国用于食品的大豆量每年以4%～6%平稳增长。

我国大豆制品具有丰富的产品体系，有14大类，并随着消费人群的细分，品种越来越多，几乎涉及消费的各个场景和各个领域。以消费场景分，有早餐豆制品、菜肴类豆制品、休闲零食类豆制品等等；按品类划分包括豆浆类

豆制品产品体系表

（中国豆制品专业委员会 编制）

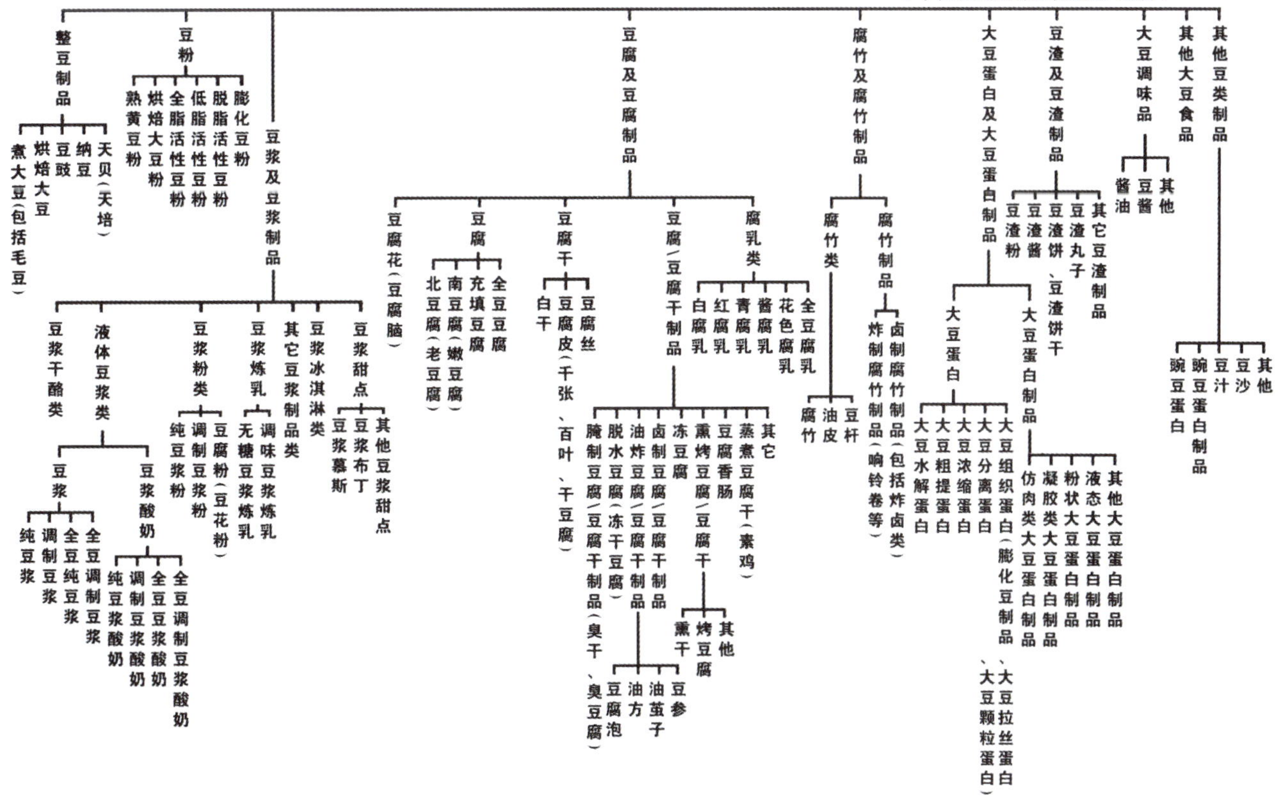

等液态产品、以豆腐系列为代表的生鲜类豆制品、以各种口味的豆腐干等为代表的休闲类豆制品、以能量棒、大豆纤维饼干为代表的代餐食品，以腐竹、腐皮为代表的干燥制品、以冻豆腐、千页豆腐等为代表的速冻豆制品、以大豆冰激凌等为代表的冷饮豆制品、以毛豆、豆芽为代表的蔬菜、以豆浆粉为代表冲调代餐食品等等。

【b. 规模企业（全国前五十强）】

2023 年，据我会的统计，其中，豆制品行业前 50 强规模企业，销售额及投豆量同比均有增长，其中，投豆量为 191.95 万吨，同比增长 3.61%；销售额为 368.19 亿元，同比增长 5.65%；缴税额同比增长 8.52%；税后利润下降 1.61%。

2012—2023 年 50 强企业销售额及投豆量情况如下表：

年份	销售额（亿）	同比增长 %	投豆量（万吨）	同比增长 %	备注
2012	155.58	17.9	106	0	
2013	161.03	3.5	106.4	0	
2014	157.03	–2.48	96.02	–9.76	
2015	167.94	6.95	100.44	4.6	
2016	185.86	10.65	120.43	19.91	
2017	202.05	8.71	150.59	25.04	
2018	233.71	15.63	157.86	4.83	
2019	265.9	13.77	174.04	10.25	
2020	290.4	9.23	180.31	4.04	
2021	327.3	12.7	185.09	2.65	
2022	348.5	6.44	185.27	0.1	
2023	368.19	5.65	191.95	3.61	

2012—2023 年 50 强企业销售收入变化趋势如下图：

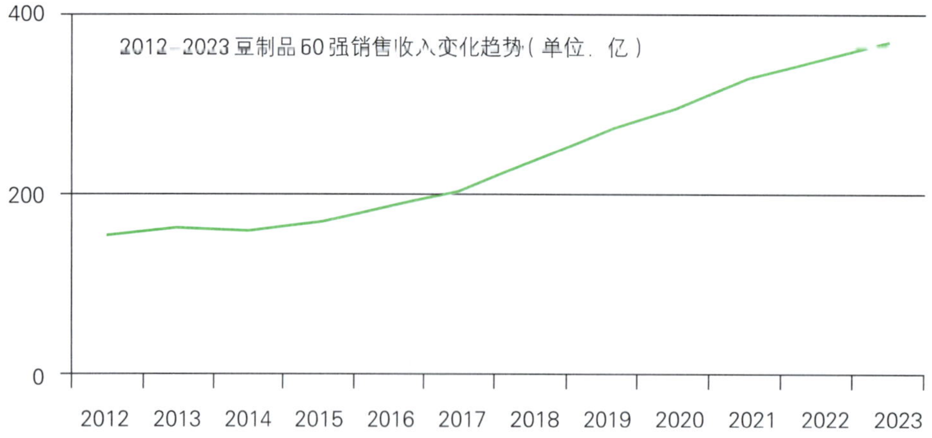

2012—2023 年 50 强企业大豆使用量变化趋势如下图：

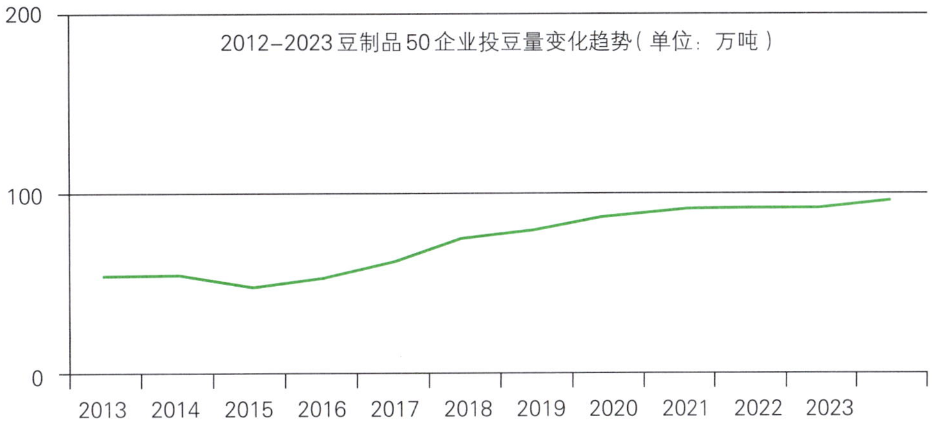

【c. 部分重点品类】

1. 豆腐等生鲜类大豆食品

2023 年 ,50 强规模企业用于豆腐等生鲜豆制品的投豆量为 73.18 万吨，同比增长 7.84%。

2013—2022 规模企业豆腐等生鲜类产量变化趋势如下图：

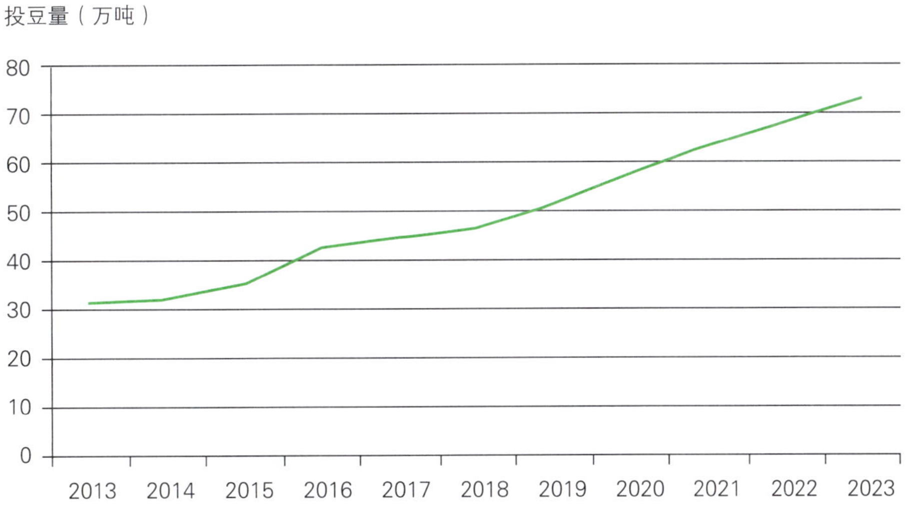

• 近年来，消费者对新鲜食品的需求不断增长，促进短保生鲜豆制品消费的持续增长，尤其是规模企业生鲜类产品的增长速度要高于行业平均水平，说明生鲜类产品出现向规模企业集中的趋势。

• 规模企业开始重视市场消费渠道、消费场景的变化研究，并针对不同的渠道 / 赛道（家庭厨房、餐饮、团餐、预制菜等），研发创新适销对路的产品。

• 由于疫情及贸易战对产业格局的影响逐渐显现，国内经济、产业变革中造成就业等形势压力较大，国家为了扩大就业，对个体小微企业的政策支持有所倾斜（尤其是食品产业方面对于个体小微企业的扶持）等大环境，当前，对生鲜豆制品个体加工及小微企业较有利。

• 当前生鲜类市场竞争，主要还是价格，说明：一是，消费者对于生鲜产品的品牌认知度不高，行业品牌化发展还远远不够，品牌豆制品未来的发展空间很大；二是，产品同质化，缺乏高品质的特色产品；三是，生鲜产品创新的潜力空间还很大，亟待进一步挖掘。

2. 豆浆类产品

2023 年，规模企业豆浆类产品的产量为：50.05 万吨，同比增长 9.18%。其中，豆浆粉的销售量为 38.0 万吨，同比增长 10.14%；液态豆浆行业的销售量为 136.4 万吨，同比增长 7.1%。

2014—2023 年规模企业豆浆类产品产量的变化趋势如下图：

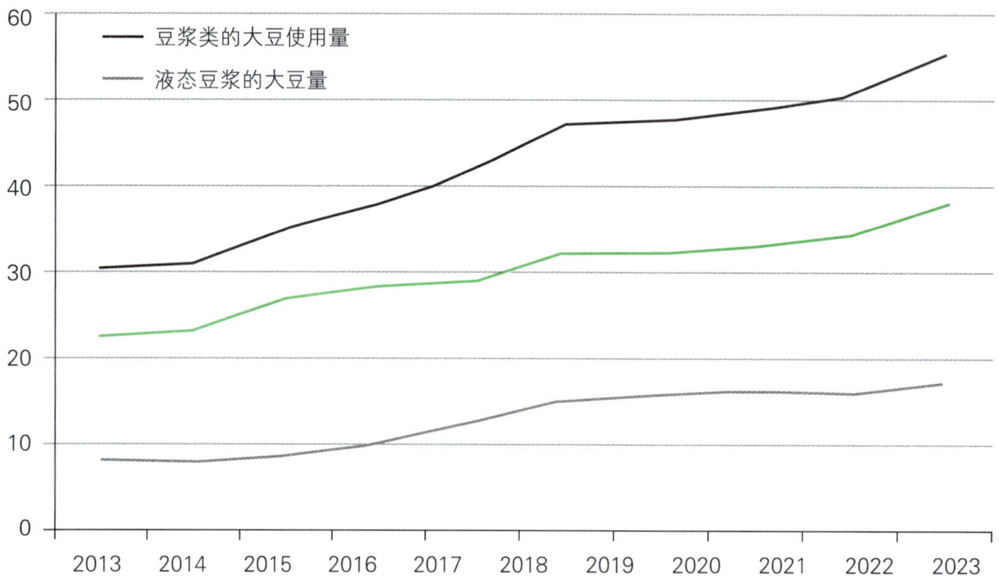

疫情后餐饮行业开始恢复，餐饮业豆浆消费量增加，再加上各种线上渠道推广，2023 年实现了不错的增长，尤其是豆浆粉实现了两位数的增长。

（1）液态豆浆（豆奶）

• 低温液态豆浆产品，还处在区域性品牌培育期，低温品牌产品的市场才刚刚开始启动，总体消费量还较小。有一些区域性的品牌豆制品企业对该品类产品的市场投入处于保守，但从市场的反馈来看，潜力可期。

• 资本更关注高温灭（杀）菌类的液态豆浆类产品，比如豆本豆、维他奶、伊利、六点半等，从企业的业绩报告看，市场也给予了不错的回报。

• 随着消费的逐步升级，消费者对产品的高品质的要求越来越强烈，企业开始不仅注重产品风味、品种、包装等的多样性创新，更注重产品的内在品质。由此对于豆浆（豆乳）生产工艺中的基础性研究，尤其对于豆浆基料的品质保持、自然风味的保持研究、杀（灭）菌方式和杀（灭）菌的关键工艺参数还需要不断深入探索研究。

• 未来企业在豆浆（豆乳）方面的创新，还应该放眼于豆浆制品（可参照乳制品）的新产品研发和品质提升。

（2）豆浆粉（固态）

• 餐饮渠道的恢复、线上渠道的扩展，让规模豆浆粉企业，在 2023 年总体实现了较好的增长。

• 线上渠道对于豆浆粉产品销售、品牌拓展越来越重要，原来的寡头竞争的格局开始有所动摇，新品牌、新产品开始活跃，但同质化现象还是比较严重，市场尤其是价格竞争激烈，企业应引起注意。

• 豆浆粉未来实现量的突破，需要在终端的消费渠道、应用领域进行创新和突破。

• 纯豆浆粉、高蛋白型（蛋白含量 30% 以上）

的产品已经克服了技术难点，并成为消费者追逐健康理念的俱佳选择，市场上这类产品成为众多品牌的拳头产品，纯豆浆粉成了企业实现不错的增长的重要品类。

• 以豆浆粉为主要原料配以其他植物原料的创新产品不断涌现。

3. 豆腐干等休闲类大豆食品

2023 年，规模企业用于豆腐干及休闲类大豆食品的产量为 41.65，产量同比增长 5.57%。

2014—2023 年规模企业豆腐干等休闲品产量的变化趋势如下图：

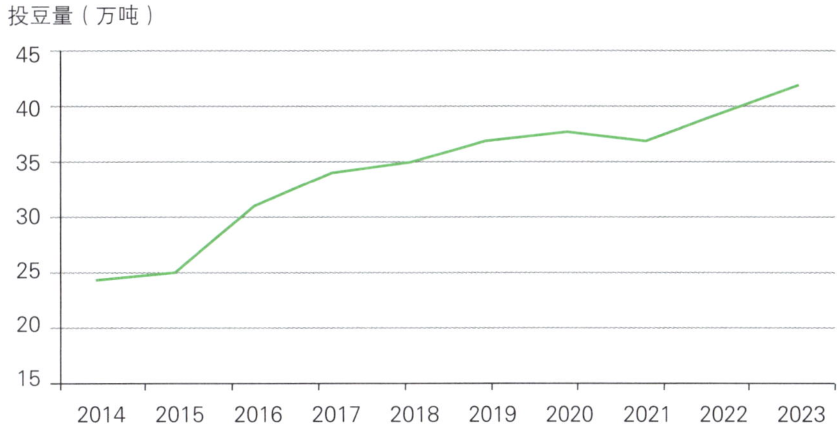

• 2023 年，50 强规模企业中休闲豆制品销售 41.65 万吨（以大豆计），比上年增长 5.57%；

• 2023 年，旅游消费开始回暖，有利于休闲豆制品的市场；

• 伴随着线上渠道的丰富和多样化，企业还通过不断拓展线上渠道，也实现了较好的增长；

• 当前休闲类食品的市场活跃度高，竞争激烈，受此影响，休闲豆制品企业在产品创新、渠道创新、拓展方面积极投入；

• 未来在消费者心理及行为上需要更多投入研究，尤其需要在包材上、口味上、产品形式上、辅料及配料应用上还有进一步创新提升的空间。

4. 其他类产品

（1）腐竹 / 腐皮

腐竹（腐皮）产品的销售渠道主要以餐饮业、家庭消费为主。近两年，餐饮消费受疫情影响较大，腐竹（腐皮）类产品在餐饮渠道的销量下滑明显，但，企业通过不断创新产品（比如响铃卷等）更好满足家庭消费的多样化，与 2022 年比，2023 年 50 强企业的腐竹销售量增长 22.8%；

餐饮行业是腐竹 / 腐皮类产品重要的销售渠道，随着火锅店等连锁餐饮行业恢复和繁荣，腐竹 / 腐皮的销量还将持续上升；

腐竹 / 腐皮产品在深加工应用领域，也将随着当前健康消费理念和健康产品的创新开始不断拓展；

腐竹 / 腐皮作为加工原料的应用领域很广，进一步创新挖掘空间很大。

（2）腐乳、豆豉等发酵类

2023 年，50 强企业中，腐乳豆豉的产量 7.9 万吨，同比下降 2.88%。腐乳、豆豉作为经过发酵的豆制品，其风味、营养健康方面具有潜在优势，消费、应用领域，除了直接佐餐、调味外，还可以应用到休闲、零食，还可以作为配料运用到各个领域。

（3）大豆蛋白制品

50 强企业中，2023 年，食品工业用大豆蛋白（大豆蛋白粉、大豆组织蛋白）的消费量同比减少，而国内大豆蛋白制品（即食素肉 / 大豆植物肉）的消费量同比增长 11.53%。

• 我国用于加工大豆蛋白的大豆量约 260 万吨，年大豆蛋白的产量大约为 130 万吨，其中大豆分离蛋白约 40 万吨，其余大豆蛋白（组织蛋白、浓缩蛋白、普通蛋白）约 90 万吨。

• 环境和健康概念引发植物肉板块持续发酵，吸引国内资本界对大豆及植物性食品的关注和投资意向。资本流入明显，植物肉产品的开发创新意识强烈，产品质量、风味有了较大提升。

• 大豆蛋白作为植物蛋白中最优质的完全蛋白，应用领域广，除了直接加工成豆制品外，还可以在肉制品、水产制品、面包糕点等各种面制品、奶制品、仿生制品等领域应用，应用前景广。

• 未来大豆蛋白制品需要进一步细分品类（仿肉类大豆蛋白制品、凝胶类大豆蛋白制品、冲调类大豆蛋白制品、其他大豆蛋白制品等）有助于产品的创新和渠道定位。

【d. 提高居民大豆及其制品消费量的意义】

在我国大豆是重要的豆类作物中主要的品种。

其一，大豆中含有蛋白质（35% 以上）（其必需氨基酸、消化率可以和鸡蛋蛋白媲美），加工成大豆食品，直接食用，作为居民膳食结构中优质蛋白质的直接来源，因此，大豆可以是粮食作物（大豆食品被称为副食品）。

其二，大豆中含有丰富的油脂（约 20%），大豆油是植物油脂中重要的品类，可以是油料作物，榨油的豆粕含有丰富的蛋白质，是组成动物饲料中优质的蛋白原料。

因此可以说，大豆是人和供人食用的动物共同优质蛋白的来源。大豆（粮食作物）和大豆（油料（饲料）作物）形成了竞争关系。

虽然，随着生活水平改善，并受西方饮食文化影响，饮食结构发生偏向动物肉类变化；国际贸易环境的变化，政府部门的对国内生产大豆的政策也会在粮食和油料间侧重有所变化。但是中华民族农耕文明的饮食习惯彻底改变是非常难的，短时间几乎不可能。所以，一直以来，我国对于大豆的定位，依然是以油料和食用（蛋白粮食）两种形式存在，这与西方将大豆定位仅为油料作物是不同的。

习近平总书记重要指示，国务院专题会议部署要求：提高居民大豆及其制品消费，促进大豆产业高质量发展，切实保障国民营养健康和国家粮食安全。

• 提高居民大豆及其制品消费有利于调整平衡我国居民饮食结构、健康膳食的好处。现在居民食物结构中动物性肉类摄入出现了过剩，需要增加大豆蛋白食品比例量来进行膳食平衡，调整饮食结构，保障健康。科学证明，豆制品是唯一可以与肉、蛋、奶媲美并可以互相替代的健康优质的植物蛋白食品。

• 提高居民大豆及其制品消费有利于增加我国国产大豆的消费，促进国产大豆健康发展，降低我国大豆对外依存度，提高粮食安全系数，还可以节约土地资源。我国大豆分粮食和压榨（饲料）两个用途。粮食用途主要是豆制品加工（90% 是国产大豆）；压榨（饲料）用途主要为油脂和饲料，其大豆 98% 以上来自进口，完全依赖进口，所以大豆压榨的供应安全风险高。按照转化率科学测算，消费者每直接消费 1 克大豆及其制品，将减少 3 克肉类的消费，每个单位的动物蛋白需要 3 个单位饲料转化。以此推出，居民食品大豆消费量每增加 100 万吨，就会减少 900 万吨饲料、300 万吨进口大豆压榨量。可见，提高居民大豆及其制品的消费量，不仅可有效降低我国大豆对外依存度，还将大大节约土地资源。

2012—2023 我国大豆使用情况、国产大豆产量、进口大豆产量、大豆自给率情况如下表：

	2012	2013	2014	2015	2016	2017	2018	2019	2020	2021	2022	2023
国产大豆产量（万吨）	1343.59	1240.71	1268.57	1236.74	1359.55	1528.25	1596.71	1809.18	1960.18	1640	2028	2084
进口大豆量（万吨）	5838	6338	7140.31	8169.19	8391	9553	8804	8851.28	10031.45	9647	9108	9940.9
大豆使用量	7181.59	7578.71	8408.88	9405.93	9750.55	11081.25	10400.71	10660.46	11991.63	11287	11136	12024.9
自给率（%）	18.71	16.37	15.09	13.15	13.94	13.79	15.35	16.97	16.35	14.53	18.21	17.33

增加食品大豆消费量，与大豆增产、自给率的关系，见下表：

大豆增产（万吨）	大豆产量（万吨）	食品大豆消费量增加（万吨）	食品大豆消费量（万吨）	肉类消费量减少（万吨）	进口量（万吨）	饲用玉米量（万吨）	压榨量（万吨）	自给率%	饲用玉米减少（万吨）	节约饲用玉米，土地转化为大豆生产（万吨）	大豆生产需要土地（亿亩）	大豆增产需要挤出土地（亿亩）
	2028		1530		9108	19200（★）	8762	18.2		0	1.54	
1000	3038	0	1530	0	8108	19200	8762	27.26	0	0	2.3	0.76
1000	3038	500	2030	1500	6608	16700	7262	31.5	3000	1000	2.3	0
2000	4038	1000	2530	3000	5108	13200	5762	44.2	6000	2000	3.06	0
2000	4038	0	1530	0	7108	19200	8760	39.23	0	0	3.06	1.52

注：肉料比：1：3；饲料中玉米添加量55%。豆粕添加量24%；大豆玉米产量比：1：3；2022年大豆种植面积1.54亿亩，产量2028万吨

★来源北京市粮食储备局网站2022年数据，其中食品大豆消费量2022年数据来自中国食协豆制品专委会

可见，增加大豆食品消费量，不仅有利于我国在现有土地资源的基础上实现大豆增产，减少大豆进口量，同时还有利于加快我国大豆自给率提高，还将大大减少玉米使用量，节约土地资源。

【e. 产业政策建议】

1. 原料方面

（1）建设国产大豆品种及其加工适应性、种植面积数据库，每年向市场发布国产大豆品质报告，通过市场化选择引导促进大豆育种、种植向有利于市场的高质量方向发展。

（2）培育专业化的原料收储贸易服务团队。

（3）农业农村部门加强转基因混杂流入食品领域的监管，助力优质国产大豆产销畅通。

（4）科学分析和预测当前市场对转基因应用到食品领域的反应，慎重推进生物育种产业化应用。保障我国国产大豆产业链安全。

①国务院各部门严格贯彻落实《农业转基因生物安全管理条例》，并根据《农业转基因生物安全管理条例》所规定的职责，制定部门规章。按照《农业转基因生物安全管埋条例》第八条规定，国务院农业行政主管部门应尽快商国务院有关部门制定、调整并公布出台“实施标识管理的农业转基因生物目录”，目录内容应包含以下内容：1. 大豆 2. 玉米 3. 油菜 4. 棉花 5. 苜蓿草 6. 番木瓜，且包括由上述产品作为原料生产的产品；同时还要出台界定转基因产品的阈值。在监管方面，农业部门和市场监管部门根据相应的职责分工，制定相应的标识办法并履行相应的监管职责。

②按照《农业转基因生物安全管理条例》第二十一条规定，单位和个人从事农业转基因生物

生产、加工的，应当由国务院农业行政主管部门或者省、自治区、直辖市人民政府农业行政主管部门批准。具体办法由国务院农业行政主管部门制定。因此建议：农业农村部在制定相关转基因加工许可办法时考虑豆制品行业的消费者现状，尽量将豆制品加工许可进行限制或排除在外。

③转基因大豆种植试点地区，应按照《2023年中央一号文件》要求，规范种植管理，并建议将我国转基因大豆从种植到加工进行闭环管理。

2. 生产加工环节

解决豆制品行业不公平现状，尤其是要将豆制品提升至肉奶同等地位。

（1）给予豆制品行业9%增值税税率，与肉类、乳类行业保持同等地位。

（2）将生鲜豆制品列入鲜活农产品目录。

（3）将生鲜豆制品列入地方政府负责制的菜篮子生活必需品目录。

3. 膳食指导、科普推广方面

（1）以科学膳食研究结论为基础，调整居民膳食指南中大豆及其制品的摄入量。还原大豆等豆制品在居民饮食结构中的比例为第一步35克，第二步到50克（这与世界权威期刊《柳叶刀》《1990—2017年195个国家的膳食风险对健康的影响：2017年全球疾病负担研究的系统分析》提出的60克接近）；其次，在膳食指南的膳食宝塔中将奶及奶制品300-500克/天，修订为奶、奶制品及豆浆（豆乳/豆奶）300-500克/天，同时将大豆及其制品移到与动物性食品放一层，更加清晰定位豆制品与动物性蛋白肉奶的膳食平衡和替代互补。

（2）在教育部联合卫健委等四部委印发的《营养与健康学校建设指南》、卫健委出版《中国学龄儿童膳食指南》的基础上，开展豆制品食育教育，将豆制品等健康食品知识传递给消费者，培养孩子从小养成良好的科学健康饮食习惯。逐步加大学校学生餐中豆腐、豆浆（豆奶）等豆制品比例。

（3）科普宣传方面，除了由行业组织设定专门的豆制品消费月（日），结合全民营养宣传周推广豆制品消费。通过编制和推广诸如“早晚两杯奶，一杯豆奶，一杯牛奶”“餐餐食豆，健康驾到”“早上七点喝豆浆（豆奶）”等公益宣传，时时提醒健康消费、科学饮食，培养良好的大豆及其制品健康饮食习惯。

①行业层面

要积极推动制定5年、10年产业发展规划，促进产业高质量发展速度；进一步完善产业链标准体系；引导加工适应性强的原料大豆专用品种发展；利用新时代新消费环境下不断涌现的新业态新需求，促进豆制品新产品创新；利用新材料、新技术、新工艺促进大豆制品加工制造技术的迭代升级；利用网络数字化等技术促进豆制品企业的质量管理提升和产品市场渗透；利用新媒体进一步深入对消费者的科普宣传，引导消费习惯。

②企业层面

要通过市场研究，发现新消费业态，挖掘新型消费群体，开发新品类，创新新产品；加强生活轨迹研究，投入更多消费场景提醒和渠道建设，让消费者能够更多地见到、更方便地买到，豆奶等豆类制品产品；提高生产装备自动化程度、改进工艺技术水平保障、提升产品质量，提高产出效率。

吴月芳

2.6 焙烤食品糖制品工业

【a. 概况】

2023 年是全面贯彻党的二十大精神的开局之年，是三年新冠疫情防控转段后经济恢复发展的一年，中国经济步入了复苏发展的新征程。我国焙烤食品糖制品行业（包含糕点面包、饼干、糖果巧克力、蜜饯、方便面、其他方便食品制造和冷冻饮品，下同）原物料价格波动相较疫情期间有所减弱，但油脂、糖、包材等主要大宗原物料成本以及人工、物流等成本始终维持在高位运行。受弱复苏大环境的影响，消费者的消费意愿和消费信心均显不足，行业企业受供需两端挤压，利润率依然处于下行区间，企业增长压力普遍较大。行业企业在本年度积极适应市场变化，改进管理经营思路和发展模式，开创了稳步复苏、创新发展的新局面。

根据国家统计局统计数据，截至 2023 年底，我国焙烤食品糖制品行业共有 3059 家企业营业收入达到规模以上水平，同比增加 162 家，实现营业收入约 5260 亿元，同比增长 3.78%。其中，糕点面包、饼干、其他方便食品制造业营业收入增长幅度高于行业整体水平，但方便面、蜜饯、冷冻饮品等三个子行业营业收入同比下降。得益于国际国内供应链恢复，以及防疫和综合物流仓储成本相较 2022 年水平的显著下降，我国焙烤食品糖制品行业规模以上企业实现利润总额约 353 亿元，在 2022 年较低基数水平之上大幅增长超过 30%，行业内各细分领域利润情况相比 2022 年均有较为明显的改善（见表 1）。但是，受国际政治经济环境不确定性增强、国内需求复苏缓慢、社会预期偏弱等因素的综合影响，2023 年我国焙烤食品糖制品行业发展整体呈现高开低走的承压态势。

表 1　焙烤食品糖制品行业 2023 年经济运行情况

行业		焙烤糖制品	糕点面包	饼干	糖果巧克力	蜜饯	方便面	其他方便食品制造	冷冻饮品
企业数	累计	3059	1128	645	395	228	109	410	144
	同期	2897	1055	623	374	240	107	369	129
营业收入（亿元）	累计	5259.17	1184.77	1209.28	1046.81	264.66	787.18	525.57	240.90
	同比增长 %	3.78	6.81	5.39	3.77	-6.21	-1.35	11.79	-4.49
利润总额（亿元）	累计	353.18	60.88	111.21	88.19	13.26	49.99	15.51	14.15
	同比增长 %	30.61	29.56	27.51	12.59	12.21	38.68	567.09	6.04
出口交货值（亿元）	累计	174.18	9.59	33.02	88.68	25.17	8.91	8.08	0.71
	同比增长 %	1.61	9.77	13.46	-6.42	-1.96	15.52	78.93	-21.47

数据来源：国家统计局规模以上企业数据统计（即年主营业务收入 2000 万元及以上工业法人企业）。

【b. 经济运行情况分析】

回顾 2020 年新冠疫情暴发至 2023 年我国疫情防控政策成功转段后这四年来我国焙烤食品糖制品行业的运行情况，总体来看，2023 年处于“后疫情时代”的起步阶段，行业复苏迹象显著，企业运营压力得到较大缓解，但无论是营业收入还是利润总额，尚未恢复到疫情之前的水平。行业整体将呈现营业收入保持个位数增长，利润逐步恢复的趋势（见表 2）。

表 2　2019—2023 年焙烤食品糖制品行业运行趋势分析

行业		2019 年	2020 年	2021 年	2022 年	2023 年
企业数	累计	2708	2637	2714	2897	3059
	同期	2987	2708	2637	2714	2897
营业收入（亿元）	累计	5568.58	5327.10	5564.86	5817.04	5259.17
	同比增长 %	3.92	–3.94	4.73	2.49	3.78
利润总额（亿元）	累计	465.09	448.93	378.08	332.16	353.18
	同比增长 %	1.62	–4.53	–14.74	–12.55	30.61
出口交货值（亿元）	累计	195.98	135.23	173.68	187.69	174.18
	同比增长 %	12.61	–32.00	29.51	8.04	1.61

数据来源：国家统计局规模以上企业数据统计（即年主营业务收入 2000 万元及以上工业法人企业）。

【c. 行业发展趋势】

焙烤食品糖制品工业作为我国食品工业的重要组成部分，在部分主食替代、节令性食品消费方面有着不可替代的作用，与人民群众的幸福感和获得感紧密关联。近年来，随着我国食品产业的稳步发展和主流消费群体圈层化的加速演进，锚定某个细分赛道进行产品创新与差异化竞争，正在食品供给端得到越来越多的关注，新产品、新品类发展机会不断涌现。

1.“三品”工作成果和品牌消费趋势

“大健康”概念食品加速发展，都市快节奏的工作生活节律、亚健康和慢性疾病人群的持续扩大，使得消费者对饮食健康的关注越来越高。三年的新冠疫情在客观上促使消费者在购买决策时更加关注食品的营养健康，食养等“大健康”概念的食品。部分行业企业洞察消费多元需求，推出许多健康概念食品，取得了良好的市场反馈。

以月饼为主要代表的传统中式糕点生产企业，充分挖掘地方特色食材资源和文化资源，开发出了鲜花饼、芋泥饼、芡实糕、薏米糕、板栗饼等一系列在消费市场中快速增长的糕点产品。坚果、抹茶、茯苓、桑葚、五黑、山药、艾草、桂花、奶酪等食材得到广泛关注和应用，结合茶饮、咖啡等消费场景，在满足消费者基本消费诉求的基础上，更好地迎合了消费者尝鲜、健康、愉悦、情怀等深层次的消费诉求。

在饼干和膨化食品领域，主打新风味、新功能、新原料的产品大量涌现，共同推动传统饼干和膨化食品创新，其中，清新时令、高纤、减脂、减糖、益生菌等“低负担、益健康”概念的产品在消费市场赢得较好的口碑。莎布雷、法丽兹、巴比熊等众多新锐品牌，在一定程度上带动了整个行业的提质升级。江西江中食疗科技有限公司在经典款“江中猴菇”饼干的基础上，加大创新研发力度，推出山楂鸡内金莲子山药软糖、猴姑米稀养胃米糊、原味人参小米红枣养胃米糊、猴头菇无糖低 GI 饼干等一系列主打“药食同源”概念的产品，受到众多重视养生、重视低龄儿童饮食健康消费人群的喜爱。

2. 标准引领，“绿色发展”迈出坚实步伐

2022年，GB 23350-2021《限制商品过度包装 食品和化妆品》强制性国家标准第1号修改单以及《关于遏制“天价”月饼 促进行业健康发展的公告》正式发布。2022年8月5日中国焙烤食品糖制品工业协会（以下简称中焙糖协）发布了《月饼质量安全诚信倡议书》，中秋前夕，与中国消费者协会联合对月饼过度包装进行消费监督。2023年，第1号修改单迎来全面实施的首个年度，中焙糖协积极配合工信部、国家市场监管总局等有关部门，先后多次组织召开限制商品过度包装标准宣贯会以及骨干企业专题座谈会。2023年3·15国际消费者权益保护日前夕，中焙糖协联合中国消费者协会发布《厉行节约经营者有义务 反对浪费消费者有责任》倡议；5月18日，协会发布《粽子行业“质量安全、绿色低碳”发展倡议书》；8月17日，协会举办中国月饼文化节等系列活动，引导生产企业认真贯彻落实新标准和公告要求，敦促行业自律，使月饼、粽子等产品回归食品属性，实施简约包装、低碳运行的长期可持续发展战略。2023年端午、中秋期间节令性食品消费市场风貌焕然一新，粽子、月饼“包装瘦身，内涵升级”效果持续巩固，相关产品回归食品属性、回归传统文化本源的趋势进一步夯实，得到了国家相关部委的肯定和赞赏。

3. 自动化、智能化发展稳步推进

新时代以来，新一轮科技革命加速重构全球食品产业结构和创新版图，我国焙烤食品行业发展迎来数字化转型发展的新机遇。亿滋（Mondelēz）北京工厂为实现亿滋国际和北京市的可持续发展目标，同时满足亿滋的发展需要，并应对劳动力成本同比上涨6%所带来的运营成本压力，部署了38个第四次工业革命用例，其中包括使用人工智能驱动的面团生产熄灯车间，以及通过机器学习优化燃气消耗，2023年底，亿滋中国北京工厂被达沃斯世界经济论坛评为“灯塔工厂”，成为继和路雪太仓工厂和亿滋苏州工厂之后，中国焙烤食品糖制品行业的第三家“灯塔工厂”。受益于技术改造和数字化转型，亿滋北京工厂2023年度营业收入增长了28%，劳动生产率提高了53%，同时减少了24%的温室气体排放和29%的食物浪费。

4. 预制 / 冷冻烘焙产品占比进一步提升

在焙烤食品行业企业综合运营成本不断抬升、行业利润不断受到挤压的背景下，行业企业持续在“降本增效”方面做功课，特别是以连锁门店经营模式为主的企业，预制 / 冷冻烘焙产品在降低人工成本、实现标准化经营、降低门店租金规模方面有着较好的优势。伴随着疫情期间预制食品的流行，包括预制面包、预制糕点、冷冻蛋糕甜点等在内的预制烘焙产品在焙烤食品行业中的占比稳步提升，并不断向超市便利店、餐饮连锁、咖啡茶饮等渠道渗透。预制 / 冷冻烘焙技术由来已久，但在我国起步较晚，目前尚处于发展初期，具有巨大的发展潜力。

5. 焙烤职业技能人才在国际赛场再获佳绩

在国家政策大力支持和行业不懈努力推进下，近年来我国焙烤食品行业技能人才培养和竞赛体系不断完善，技能人才成长路径逐步清晰，高技能人才在国际重要赛事中屡创佳绩。2023年10月，在德国iba世界面包师大赛决赛赛场上，经由中焙糖协和王森教育集团联合主办的“南顺杯·德国iba世界面包师大赛中国区选拔赛”遴选而出，代表中国出战的选手林业强和冯英杰凭借优秀的赛场表现和作品呈现，从墨西哥、韩国、智利、意大利、秘鲁、希腊、法国、德国、日本、巴西、冰岛等12支参赛队伍中脱颖而出，夺得冠军，并同时斩获最佳面包奖和最佳丹麦奖。时隔五年在世界面包师大赛中卫冕成功，既是两位年轻的参赛选手扎实技术实力的充分展现，也是近年来我国焙烤技能竞赛组织和竞技培训水平取得长足发展的生动写照。

【d. 月饼行业】

2023 年，国民经济和社会活动在“后疫情时代”逐步恢复，但糕点面包行业利润在下半年受大环境影响有所收窄。综合来看，我国糕点面包行业累计 1128 家企业达到规模以上水平，实现营业收入约 1185 亿元，同比增长 6.8%，利润总额约 61 亿元，同比增长近 30%。

2023 年中秋节（9 月 29 日）与国庆假期同期，中秋月饼市场出现较为显著的销售期短，市场集中，短期量大的常态化特征，线上销售预热较早，相比线下市场出现较快增长。本年度是 GB23350-2021《限制商品过度包装要求食品和化妆品》第 1 号修改单以及国家发改委等四部委联合发布的《关于遏制“天价”月饼、促进行业健康发展的公告》（2022 年第 5 号）实施的第二年，中焙糖协积极配合工信部和国家市场监管总局持续加大相关标准法规宣贯力度，各月饼和包装企业严格贯标达标，更多融入绿色简约、循环可持续理念的包装设计、定价更趋合理的各邦式传统月饼成为市场主流，市场面貌焕然一新。

为维护广大消费者的合法权益，进一步规范和促进行业的发展，中焙糖协在中秋节前各企业月饼生产高峰时段组织对即将上市的月饼产品进行了行业抽检工作，并委托国家食品质量检验中心进行检验，同时组织有关行业专家进行了感官评定。抽检结果在 8 月 17 日上午 2023 年（第二十九届）中国月饼文化节开幕式上向社会公布。报告显示，截至 2023 年 8 月 10 日，本年度共抽检了 129 家企业生产的 166 种月饼，经初步检验，产品合格率为 99.2%，今年月饼整体情况相比往年均要好得多，产品工艺更加具有特色，馅料更加丰满，月饼行业的食品安全意识在逐步提高，产品质量总体较好。另外，检验中心依据 GB 23350-2021《限制商品过度包装要求 食品和化妆品》第 1 号修改单要求，对礼盒包装的月饼进行随机抽检，20 余家产品包装空隙率均≤ 30%，所抽产品全部合格。

【e. 标准化工作】

1. 食品安全国家标准

（1）2023 年 2 月 10 日至 3 月 20 日，《果冻》第 1 号修改单（食标秘发〔2023〕2 号）向社会公开征求意见。技术法规委员会组织起草组汇总处理意见，并将修改完善后的材料上传至系统。

（2）征集并提交 GB 14880《食品营养强化剂使用标准》意见和建议，重点关注无糖糖果部分的营养强化问题并参加意见处理会。

（3）补充完善 GB 7099《糕点、面包》标准材料，上报食品安全国家标准审评委员会秘书处。

2. 国家标准

（1）中焙糖协作为起草单位参与《月饼质量通则》《冰淇淋质量通则》《糕点术语》《加工食品 术语 / 分类》等标准的修订，参加研讨会并积极反馈意见；5 月份参加《月饼质量通则》牵头起草单位组织的广式五仁月饼及橄榄仁调研；此外，与冰淇淋企业多次沟通标准修订有关问题，并持续跟进标准修订进度。

（2）参与《巧克力及巧克力制品、代可可脂巧克力及代可可脂巧克力制品》《蜜饯 山楂制品》等国家推荐性标准的修订，参加研讨会并积极反馈建议。

3. 行业标准

（1）组织《冷冻饮品 冰棍 / 雪泥 / 食用冰 / 甜味冰》《蛋类芯饼》《软冰淇淋》《冰淇淋筒》《速冻汤圆》《速冻春卷》《年糕》《咸鸭蛋黄》《焙烤食品绿色工厂评价要求》等 12 项标准修订工作，2 月份将修改完善后的报批稿及相关文件报全国食品工业标准化技术委员会，按行业标准复核人意见修改后，形成纸质材料及相关文件报中国轻工业联合会。

（2）组织《植脂奶油》修订工作，2 月 28 日，协会在北京工大建国饭店组织召开了行业标准修订第三次标准研讨会，会议讨论确定了标准名称修改为《植脂奶油、混脂奶油》，并规定了其相对应的理化指标；4 月 26 日，因部分起草单位对理化指标有不同意见，起草组召开线上会议进行再次讨论；6 月，《植脂奶油、混脂奶油》征求意见材料提交全国食品工业标准化技术委员会公开征求意见；6 月 8 日至 7 月 8 日，全国食品工业标准化技术委员会就《植脂奶油、混脂奶油》向标委会委员征求意见（食标（便）2023008 号）；8 月，起草组完成反馈意见处理，提交标委会审查；11 月，提交行业标准延期申请。

（3）参与《速冻面米食品》《冷冻食品术语分类》等行标修订工作。

（4）提交《绿豆糕》《锅巴》《非氢化植物奶油》等标准立项材料并进行立项答辩；8 月 31 日，在鹰潭召开《绿豆糕》启动会暨第一次研讨会，20 余位起草单位代表参会并讨论了标准文本。

（5）提交《腌渍青梅》《全谷物食品》《蛋白布丁》等行业标准立项材料。

4. 团体标准

（1）2023 年 4 月，有关生产企业提交《桃酥》团体标准立项申请书，经秘书处调查与研究讨论后，6 月份在协会网站进行《桃酥》团体标准立项公示。8 月 31 日，在鹰潭召开《桃酥》启动会暨第一次研讨会，29 名专家与企业代表出席本次会议，与会专家就桃酥的定义、产品的分类、理化指标等关键性内容进行讨论，并确定标准草稿；10 月，起草组讨论确定标准征求意见稿。9 月 7 日，在铜仁召开《焙烤食品用抹茶》团体标准启动会暨第一次研讨会；10 月，起草组讨论确定标准征求意见稿。11 月 2 日至 12 月 2 日，《桃酥》《焙烤食品用抹茶》团体标准公开征求意见。《桃酥》《焙烤食品用抹茶》拟于 2024 年 1 月份召开审查会。

（2）完成《食用油脂制品术语和分类》团体标准草稿及起草组内部讨论。

5. 标准相关工作

（1）受市场监管总局标准技术司、工信部消费品工业司委托，中焙糖协于 3 月 17 日召开《第 1 号修改单》粽子骨干企业座谈会，15 家粽子骨干企业参加了会议。15 家粽子骨干企业分别介绍了 2023 年粽子产品的包装设计执行第 1 号修改单情况，主要是内部如何控制包装空隙率、包装成本情况；同时也反映了包装空隙率在检验过程中遇到的一些问题，如因为粽子不规则导致盒子变形，执法部门尺寸测量问题，希望技术管理司发布尺寸（手动法）测量规范，统一包装尺寸的测量手法。会后，技术法规委员会收集相关企业问题，并形成文字材料反馈至标准技术司。

（2）参加风险评估中心组织的游离糖和饱和脂肪数据征集研讨会，承担焙烤食品、糖果巧克力、冷冻饮品等产品的数据征集工作，并将有关数据反馈至风险评估中心。

（3）参加风险评估中心组织的《糖醇类食品添加剂管理》研讨会；参加风险评估中心组织的《食品添加剂 100 问》研讨会，并修改完善承担食品类别食品添加剂有关问题；参加风险评估中心组织召开的新食品原料和食品添加剂新品种风险评估研讨会等。

（4）跟进《限制商品过度包装要求 食品和化妆品》（GB 23350—2021）国家标准及第 1 号修改单问答制定及第 2 号修改单修订，并积极提出修改建议。参与执法稽查局组织的《限制商品过度包装执法指引》编写，主要负责标准部分解释内容，参加组织召开的线上、无锡、昆明讨论会和审查会。

（5）数据征集和调研相关工作：协助《糕点生产许可审查细则》《饼干生产许可审查细则》修订承担单位，完成企业生产情况调研，并反馈相关意见和建议。

【f. 行业展会】

1.“第 25 届中国国际焙烤展览会”于 2023 年 5 月 22 日至 25 日在上海国家会展中心举办，展览总面积 28 万平方米，吸引了来自全球近 30 个国家和地区的 2000 多家展商参展，专业观众近38万人次现场观展。同期举办的活动有2023第4届中国甜品锦标赛，2023MBA咖啡师冠军赛，2023“三元食品杯”中国比萨精英挑战赛，2023中华食尚茶饮大赛等。此外，协会邀请了俄罗斯面包师协会、日本面包糕点加工机械制造协会、韩国制菓协会、马来西亚焙烤食品糖制品工业公会、越南焙烤协会、菲华面包糕饼同业公会、台北市糕饼商业同业公会等60余位同仁到上海参观第25届中国国际焙烤展览会，俄罗斯面包师协会主席阿列克谢、韩国制菓协会会长马玉千、越南焙烤协会理事长高肇力、菲华面包糕饼同业公会会长甄山国、台北市糕饼商业同业公会理事长周正训、日本面包糕点加工机械工业协会专务理事田中利政、马来西亚焙烤食品糖制品工业公会高级顾问连才胜先生出席了展会开幕式。

2. “第25届中国冰淇淋及冷冻食品产业博览会”于9月22日至24日在天津梅江会展中心成功举办。本次展会展出面积4.5万平方米，国内外参展商500多家企业，来自国内外的专业观众超过8万人次现场观展。展会的成功举办，为中国冰淇淋及冷冻食品行业更好地推动国内大循环提振了信心，为产业高质量发展持续赋能。展会同期举办的活动有2023年中国冷冻饮品发展高峰论坛暨行业年会、2023年全国冷冻饮品行业优秀品牌企业及特色产品展示活动、2023年中国冷冻饮品产业创新及发展论文征集活动等。

3. “第8届焙烤秋季展&第6届家庭烘焙展览会”于10月12日至14日在上海国家会展中心举办，展览总面积5.4万平方米，吸引了来自全球17个国家和地区的584家展商参展，专业观众来自51个国家和地区超过5万人次现场观展。展会同期举办的活动有2023第3届中国焙烤行业峰会，第二十四届全国焙烤职业技能竞赛、“金城杯”首届全国特色糕点团体赛、“海融杯”第十三届全国职业技术院校在校生创意西点技术大赛、第五届“安琪酵母杯”全国青年烘焙师创意面包大赛等。

【g. 技能竞赛及职业能力培训评价工作】

1. 组织开展2023年全国行业职业技能竞赛——第二十四届全国焙烤职业技能竞赛。本届大赛由中国轻工业联合会、中国焙烤食品糖制品工业协会、中国就业培训技术指导中心、中国财贸轻纺烟草工会联合举办，维益食品（苏州）有限公司、安琪酵母股份有限公司、顺南食品（惠州）有限公司、上海亿成食品科技有限公司冠名赞助。大赛设全国月饼技能比赛、全国西式糕点技能比赛、全国面包技能比赛、全国糕点装饰师技能比赛四个项目，选拔赛在北京、上海、广东、黑龙江、辽宁、陕西、山西、河南、江苏、四川、江西、福建、海南、安徽、内蒙古、山东、湖南、广西等十八个分赛区举行，总计2000多名选手参加预选赛，来自21个省市的125名优秀选手晋级总决赛。2023年10月12日至13日，2023年全国行业职业技能竞赛——第二十四届全国焙烤职业技能竞赛全国总决赛在上海国家会展中心成功举办。中国轻工业联合会张崇和会长出席开幕式并宣布大赛开幕。比赛经过两天紧张有序、公开公正的进行，共产生了十二名金奖选手，将由组委会报请人力资源和社会保障部授予“全国技术能手”表彰奖项。另外，每个个人赛项目综合评分排名在第4至第8名的共计20名选手获得本届赛事的银奖，排名第9至第15名的共计28名选手获得铜奖，组委会对每名获奖选手均授予了相应的荣誉和物质奖励。

2. 组织开展“金城杯”首届全国特色糕点团体赛。为推动焙烤食品行业高质量发展，促进中式糕点技术交流，展示中式糕点创新成果，中焙糖协于10月11–14日在上海举办首届全国特色糕点团体赛，大赛由上海金城制冷设备有限公司冠名赞助。经过资格初审、现场布展、评委评分等环节后，最终来自24家企业的38个参赛产品获得了金奖。

3. 组织开展“海融杯”第十三届全国职业技术院校在校生创意西点技术大赛。由中焙糖协主办，上海海融食品科技股份有限公司冠名赞助的“海融杯”第十三届全国职业技术院校在校生创意西点技术大赛于10月13日在第25届中国国际焙烤展现场举行。本次大赛在初赛阶段，共收到来自全国58所职业院校的163件作品。经过为期两个月的作品征集和行业专家初选后，共有55所院校的100件作品入围大赛决赛。经过评委的认真评选，共有80名选手获得大赛金、银、铜奖。

4. 组织开展第五届“安琪酵母杯”全国青年烘焙师创意面包大赛。由中焙糖协主办，中焙糖协面包师分会协办，安琪酵母股份有限公司冠名承办的第五届“安琪酵母杯”全国青年烘焙师创意面包大赛于10月11日至13日在上海虹桥国家会展中心举办。本届比赛吸引了来自广东、福建、湖北、山东等地的三十多家职业院校的四十多名青年烘焙师报名。最终，10位青年烘焙师通过海选入围决赛。决赛制作产品为传统餐包及特色餐包、布里欧修辫子包、无糖无油面包、牛角与丹麦4类面包及1组艺术面包。比赛时长达8个半小时，对选手的能力、耐力、意志力都是一次挑战。经过激烈的角逐，来自山东省城市服务技师学院的孙子桓和东莞市技师学院的黄荣浪摘得金奖。全国青年烘焙师创意面包大赛始创于2017年。赛事旨在激发我国青年烘焙师学习烘焙技术的热情，提供交流学习和提升技艺的平台，促进我国焙烤职业教育的发展。

5. 组队参加2023年iba世界面包师大赛，代表中国出战的选手林业强和冯英杰凭借出色发挥帮助中国队蝉联该项世界大赛的冠军。

6. 举办食品加工技术类专业骨干教师培训班。为提升全国职业院校食品加工技术类骨干教师对世界技能大赛烘焙项目以及其他国际赛事的了解和认知，让更多职业院校骨干教师熟悉烘焙项目相关技术文件和比赛流程、掌握烘焙项目竞赛品种制作、提升烘焙理论和实操水平，由中焙糖协、全国食品工业职业教育教学指导委员会联合主办，安琪酵母股份有限公司承办的全国高职院校食品加工技术类专业骨干教师培训班于7、8月分别在四川省成都市和湖北省宜昌市举办。通过本次培训，加深了职业院校教师对世界技能大赛等国际性赛事烘焙、糖艺西点项目的了解，熟悉了项目技术文件和比赛流程，提高了职业院校骨干教师的理论和实操水平。

7. 组织参与轻工职业能力等级评价第二期督导员培训会。2023年全国轻工行业职业能力评价工作会议暨第二期督导员培训会于7月13日在郑州召开，中国轻工业联合会相关部室，轻工业职业能力评价中心，各评价总站、直属基地，轻工行指委、食品行指委等单位的负责人以及督导员培训学员等600余人参加大会。会上，中焙糖协获得2022年度轻工业职业能力评价工作先进单位，张新奇同志获得“2022年度轻工职业能力评价工作优秀个人”称号。

8. 继续开展职业技能等级评价工作。轻工焙烤职业技能等级评价是我协会职业技能工作委员会的重点工作之一，协会始终以“做大做强做优做响”为目标，以企业、技能人才实用好用为基础，推动该项工作稳步开展。2023年度，中焙糖协总站通过职业技能培训考评、全国焙烤职业技能竞赛等多种渠道共开展焙烤食品糖制品行业四级（中级工）、三级（高级工）、二级（技师）、一级（高级技师）评价工作99批次，发放轻工职业能力等级评价证书4354人次。

职业技能竞赛是快出人才的重要手段，而职业能力评价工作则是一项细水长流、久久为功的技能人才培养方式。中焙糖协于2003年开始进行职业能力评价工作，发展到现在已成为一项针对人才培养的日常工作。自2021年以来，在中国轻工业联合会的指导下，协会整合行业资源，创新合作模式，不断拓宽评价渠道，着重联合职业院校、行业培训机构、行业上市公司、骨干企业等，共授牌8个评价基地，获得评价资质的基地超过20个，目前培训总人数超过7000人。

中国烘焙食品糖制品工业协会

2.7 罐头食品制造业

【a. 概况】

罐头食品制造业作为我国历史悠久的食品产业，长期以来在保障内需供应、推动出口创汇、助力“三农”发展、满足健康消费需求以及稳定与扩大就业等方面扮演着至关重要的角色。发展罐头食品产业不仅有助于巩固脱贫攻坚成果，促进农业农村实现提质增效，增加农民收入，而且是满足人民群众对美好生活向往的重要途径，具有深刻的现实意义和长远的积极影响。2023 年，地缘政治冲突超预期使得全球通胀上行压力变大，国内外需求疲软，经济复苏乏力及市场风险偏高，导致盈利环境发生超预期波动。在此大环境下，我国罐头产业一方面深耕传统领域，在稳固现有市场基础上不断进行市场延伸，另一方面积极创新，调整产业结构，提升产品附加值，以数字化为手段提高生产效率节约生产成本，坚持高质量发展路径，加快发展新质生产力，展现行业韧性。2023 年，我国罐头行业规模以上企业数量 687 家，累计完成产量 655.81 万吨，同比增长 4.19%，完成营业收入 966.48 亿元，同比增长 3.14%，累计实现利润总额 70.09 亿元，同比增长 41.51%。

【b. 行业发展分析】

1. 价格

在成本方面，2023 年，由于桃、番茄罐头加工需求量提升，导致原料价格攀升，成本出现增加，另外金枪鱼、猪肉原料价格相较以往有所恢复，较利好于成本，我国出口各类罐头累计平均价格为 2100.49 美元 / 吨，同比下降 3.98%（图 1）。

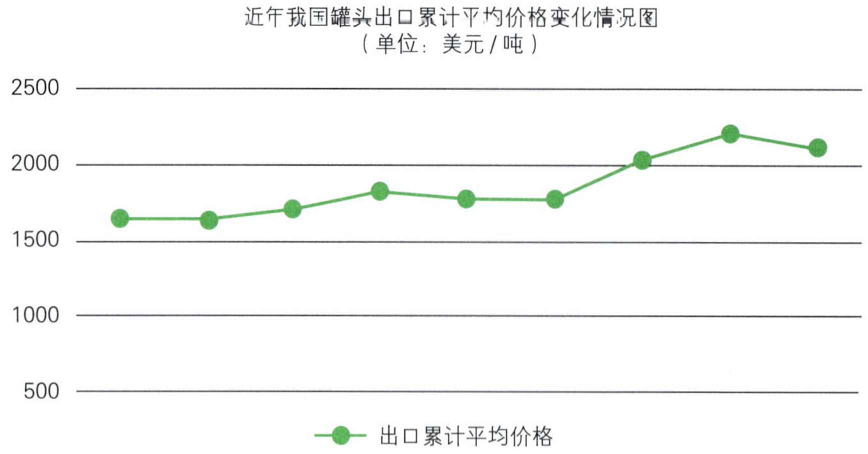

图 1　2015—2023 年我国罐头出口累计平均价格变化情况图

资料来源：海关总署

2. 市场

我国罐头分国内、国外两个市场。在国外市场，我国作为国际上最大的罐头生产和贸易国，产品在国际上具有重要地位。2023年随着国际经济大环境下行压力偏大，出口罐头市场亦受到一定影响，大部分出口产品出口总量出现萎缩，总体出口增长的原因主要在于大宗产品如番茄酱等国际市场需求依然居高不下，带动我国罐头总体出口量、额增长。在国内方面，随着疫情政策的放宽，之前囤积罐头避免疫情损失的现象有所缓解，总体市场略微有所放缓。生产企业积极调整产品内容物创新及包装，适应消费新需求。

3. 投资

2023年，全国规模以上罐头食品制造企业资产总计835.13亿元，同比增长4.64%，负债合计455.21亿元，同比下降0.99%，资产负债率54.51%，流动资产合计527.07亿元，同比增长6.46%。

4. 区域分布

我国罐头行业区域集中度较高，其中，福建省罐头产量150.18万吨，同比下降1.86%，仍位居全国各省市之首；其次为新疆维吾尔自治区罐头产量101.43万吨，同比增长21.36%，第三为山东省，罐头产量56.72万吨，同比增长6.39%，其他依次为湖南、浙江（图2）。

2023年，由于罐头产品的主要原料在未经加工时不便于贮存、运输，因此我国罐头企业分布主要与当地原料及市场优势有关，总体较以往变化不大。例如，我国水产品类罐头的产区以福建、山东、辽宁、浙江、广东等沿海地区为主产区；柑橘罐头以浙江、湖南、湖北、安徽等地为主产区；肉类罐头以四川、上海、重庆、福建为主产区；黄、白桃罐头以山东、河北、浙江和安徽为主产区；蘑菇、芦笋罐头以福建、山东、河南为主产区；番茄酱以新疆、内蒙古、甘肃为主产区；竹笋罐头以浙江、福建、江西、广东为主产区；粥类罐头主产区是浙江、福建和河北等地。

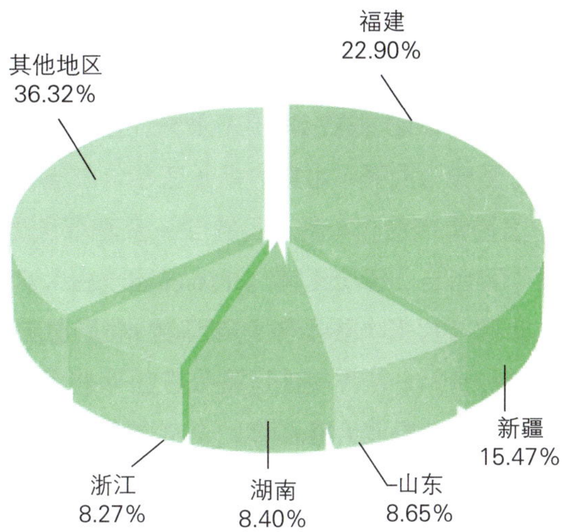

图2 2023年我国罐头行业产量地区分布

5. 行业集中度

2023年，罐头行业稳中向好，企业营收增加，规模以上企业同比增长30家。我国罐头行业目前以中小企业为主体，其进入门槛相对较低，这导致了行业集中度的不足。在这种情况下，产能过剩、低价竞争和追随者现象的问题较为突出，对行业健康发展构成了一定挑战。同时，罐头产业还受到加工原料供应的波动、产品季产年销的特性、库存压力的积累、人工劳动力成本上升及产品附加值低等多重因素的制约，这使得行业难以形成较高的规模效益。

近年来，随着政策的引导，越来越多的企业开始意识到转型升级的重要性，积极淘汰落后产能，拓展多元化渠道，不断完善产品矩阵，加快推进原料端供应链的布局，通过技术创新和产业升级来提高生产效率和产品质量。同时，由于某些品种的产能过剩现象较为突出，行业内的兼并和重组现象也逐渐增多，这有助于提升行业的整体竞争力。我国罐头行业的集中度正在逐年提高，新质生产力正在不断积聚，为行业的可持续发展奠定了坚实基础。

6. 进出口

（1）出口

2023年，海关总署数据显示，我国罐头出口总量为335.27万吨，同比上涨7.59%，出口总金额为70.42亿美元，同比增长3.31%。2023年，国外需求总体依然旺盛，出口量增加，虽然原材料成本上涨，但因人民币汇率下降，海运价格趋于稳定，较为利好于出口。

（2）进口

2023年，我国进口罐头产品总量为16.02万吨，同比增长13.65%，累计进口额4.01亿美元，同比上涨6.70%，我国进口罐头产品累计平均价格为2500.35美元/吨，同比下降6.12%。我国每年进口罐头数量很少，近年来，总体趋势在于进口产品价格总体呈下降趋势，主要原因在于随着国内罐头产品质量的提升，国外高端罐头在国内市场竞争优势不再明显，随之价格有所下降。

7. 重点行业

罐头产品按原料分为肉禽类罐头、水产类罐头、果蔬类罐头和其他类罐头，其他类罐头主要包括粥类、汤类、调味类以及婴幼儿辅食类等罐头产品。主要罐头产品情况如下所述。

（1）粥类罐头

粥类罐头是我国罐头品种中总量最大的单品，且行业集中度较高。根据国民饮食习惯，产品基本全部内销。企业在食品科学、智能制造、质量安全和产品创新上的不断投入，使得企业生产技术进步显著，粥类罐头生产线的自动化和智能化程度高，品种增多，不受季节限制，产量较大，规模效益明显。2023年，粥类罐头行业总体发展平稳，在健康便捷餐饮趋势的引导下，粥类罐头企业积极拓宽产品种类，增加产品附加值，满足消费需求，开发加入昂贵原材料的粥罐头，市场产品多样化较为突出。

（2）番茄酱罐头

美国、意大利和中国是世界上最主要的番茄酱罐头生产国。中国2023年番茄原料总加工量是800万吨，同比上涨29%。受番茄成本、生产制造成本以及国外价格上涨的影响，番茄酱价格继续上涨。在市场方面，国际市场对番茄酱的需求依然居高不下，产品价格节节攀升，行业产量逐年提高。当前，我国加工番茄产量约占全球产量的18%，中国番茄酱贸易量占全球1/3，我国番茄酱罐头依然以国际市场为主，约80%产量用于出口，成本相对全球较低，导致出口竞争力上升。海关总署数据显示，2023年，出口番茄酱罐头产品共计127.52万吨，同比增长30.53%，出口额14.11亿美元，同比上涨53.07%。其中，大桶番茄酱（＞5kg）出口量为72.81万吨，同比增长9.68%，累计平均单价1184.87美元/吨，同比上涨25.45%；小包装番茄酱（≤5kg）出口量51.27万吨，同比增长79.71%，累计平均单价1006.39美元/吨，同比上涨6.87%。

在科技推动下，我国加工番茄亩产逐年增加，大型企业持续推动产销研一体化，重点在种子研发、田间管理等方面。国内食品行业创新迭出，在市场的引导下，番茄制品正在快速扩展其应用场景，包括火锅、快餐、即食餐、西餐、饮料等领域。

（3）桃罐头

2023年，我国桃罐头原料价格总体有所提升，据协会统计，加工用的黄桃价格比近三年的平均价格高出12%，主要原因在于上一年度年底，随着疫情政策的放松，消费者普遍认为食用桃罐头对患者具有生理和心理的双重安慰，导致2022年底至2023年上半年国内桃罐头市场销量大增，从而2023年企业生产桃罐头积极性大幅提升，市场上抢原料现象较以往更为突显，但至下半年市场有所缓解。我国桃罐头近四分之一用于出口。从国际市场看，我国桃罐头加工竞争对手主要是希腊、西班牙、南非等国家。2023年，我国桃罐头出口15.25万吨，同比下降7.08%，出口额1.98亿美元，同比降低10.66%，累计平均价格为1301.22美元/吨，同比下降3.86%。2023年，总体来说，国内市场销售价格同比高，企业营业利润增加，但企业库存增加，至下半年产品价格下滑。

（4）柑橘罐头

我国是世界上主要的柑橘罐头生产国和出口国，国际市场占有率一直保持在 70% 以上。近年来，柑橘罐头在国内市场发展较好，销售规模稳中有升。企业一直重视柑橘罐头的连续化、智能化、机械化生产，这有助于控制产品生产成本，降低人工成本，提高产品质量，保证企业效益。在产品方面，柑橘罐头产品在包装、口感方面不断改善，在稳定既有消费群体的条件下，努力开发新品及扩展新的消费群体。

2023 年，我国柑橘罐头出口量为 23.50 万吨，同比下降 14.66%，出口额为 3.24 亿美元，同比下降 14.19%，累计平均价格 1377.68 美元 / 吨。2023 年，国际市场对柑橘罐头需求有所放缓，主要原因在于上一年国外经销商囤积货物，库存至今尚未完全消化。

（5）食用菌罐头

我国食用菌罐头主要包括双孢菇、香菇、草菇、平菇、金针菇、牛肝菌等罐头产品，其中双孢菇罐头产量最高。食用菌罐头生产主要集中在河南、福建、山东等省份。2023 年，我国食用菌及制品累计出口 28.42 万吨，同比下降 3.41%；出口额为 14.64 亿美元，同比下降 8.11%。出口市场方面，2023 年，我国食用菌及制品出口额排名前十的国家 / 地区分别为中国香港、马来西亚、俄罗斯、菲律宾、韩国、日本、越南、新加坡、加拿大、白俄罗斯，合计占我国该产品出口额的 62.84%。“一带一路”和中欧班列的推广使得我国食用菌罐头在亚欧出口国家数量大幅增加，但部分国际市场受到反倾销、贸易壁垒及同行恶意竞争的影响，各国家出口量有所分散，但国内市场随着餐饮对食用菌罐头的需求增加，市场看好。

（6）猪肉类罐头

我国猪肉类罐头以午餐肉、清蒸猪肉等罐头为主，以供应餐饮业为主，部分进行零售。2023 年，我国因国际红肉价格大幅下跌，以及生猪市场供给过剩、猪价低迷等多重因素影响，企业经营成本有所下降，产品利润与原料价格息息相关。2023 年，我国共出口猪肉类罐头 2.21 万吨，同比下降 6.67%，出口额为 0.81 亿美元，同比下降 10.30%，产品累计平均价格为 3666.50 美元 / 吨，同比下降 3.90%。我国猪肉类罐头出口以东南亚国家和中国香港地区为主。疫情后国内消费者对猪肉类罐头消费有所改观，同时我国猪肉类罐头消费在餐饮业中应用比重日渐增高，在此基础上，企业通过改进创新，打造符合新生代饮食偏好的产品，带动猪肉类罐头零售市场向上发展。

（7）金枪鱼类罐头

2023 年，金枪鱼罐头国际市场需求依然供不应求，但部分金枪鱼原料限制进口，而我国远洋捕捞能力有限，不能满足国内金枪鱼罐头加工企业对原料的需求，且人力成本逐年上升。2023 年，我国金枪鱼罐头（含金枪鱼鱼柳）共出口 13.94 万吨，同比上涨 6.94%，出口额为 8.32 亿美元，同比增长 5.64%，产品累计平均价格为 5971.09 美元 / 吨，同比微降 1.22%。近年来部分国内消费者注重低脂低热量高蛋白及干净肉类饮食，在方便快捷的餐食中对金枪鱼类罐头的接受度越来越高，使得该类产品在国内消费中增长较快。

（8）鲭鱼类罐头

2023 年，我国鲭鱼罐头出口总量为 11.00 万吨，同比上涨 21.14%，出口额为 2.46 亿美元，同比增长 12.40%，产品累计平均价格为 2236.89 美元 / 吨，同比下降 7.22%。2023 年我国较 2022 年度鲭鱼出口增长较为明显，主要在于国际市场库存消化，2023 年，出口提升进行补充，但产品价格有所下滑。

（9）宠物罐头

2023 年，宠物罐头仍保持了增长态势，逆周期属性凸显。国内企业生产分为自有品牌业务生产模式或贴牌代加工生产模式。国内生产企业主要集中在河北和山东，产品质量各有优劣。从出口方面来讲，自2019年1月1日起美国开始对从中国进口的宠物食品加征25%的关税，使得当年宠物食品出口美国市场规模有所回落，进而致使宠物食品出口规模增速下降，即使是2023年影响也尚未消除。在欧洲市场方面，随着对中国宠物食品的认可度逐渐提高，出口量也逐渐提升。2023年，我国宠物罐头出口量为3.11万吨，同比上涨20.16%，出口额为5.86亿美元，同比上涨16.49%，产品累计平均价格为1885.32美元/吨，同比微降3.05%。

8.“三品”战略实施情况

2023年，罐头企业持续践行“三品”专项行动，积极取得一定成果。

（1）增品种

2023年，罐头行业企业立足国内外市场消费需求，深入分析，积极研发新产品，完善产品矩阵。以市场需求出发，根据不同地区客户消费习惯，调整风味及原材料，积极满足消费者各项需求。随着预制菜肴罐头市场的快速发展，以及国家有关政策支持，罐头企业自行研发，或与传统餐饮企业或商超联合开发预制菜产品，如“美龄粥”罐头、“燕窝粥”罐头、“咔嚓一下”就吃菜罐头、“淮扬一桌菜”系列等，丰富产品种类。另外针对民众对梨罐头需求明显的情况下，开发炖梨罐头来满足市场。

（2）提品质

2023年，罐头行业努力提升产品品质，促进行业高质量发展。从源头把握原料质量，推进原料端供应链的布局，扩大产业链协同优势，同时不断进行设备优化，做好过程管控，推进数字化转型升级，提高智能制造程度，提升产品品质。

（3）创品牌

2023年，罐头行业企业积极从各个方面发力，提升企业品牌价值。企业积极参加国内外有影响力的展会，增强客户对公司企业形象和品牌的记忆和认可，进而提高品牌的整体市场影响力。企业不断拉近产品、品牌与消费者的距离，一方面，拓展多元化渠道以触达更多尤其是一二线城市的消费者，提高品牌曝光度，例如品牌营销跨界，以品牌活化放大声量。另一方面，通过电商等线上渠道，注重线下线上互动，提升品牌流量与产品销售的互动转化，多维度的进行产品和品牌宣传，增强品牌辨识度，加深消费者对品牌的认知。

9.绿色制造、智能制造

2023年，能源、人工成本等方面成本上涨仍较为明显，人工短缺问题较为严重，罐头行业对节能等方面愈加重视，进行转型升级，加大绿色制造、智能制造推进力度，优化加工工艺、杀菌工艺等，积极响应绿色可持续发展，打造环境友好型加工行业。

例如，因人工成本过高、人才短缺等问题，罐头行业普遍都在寻求用数控、自动化系统替代人工，不仅符合绿色制造的理念要求，而且也迎合了智能制造的大势所趋。有部分实罐企业的智能化改造涵盖了采购、生产、检验、销售、财务和仓储等各个环节，如在新车间建设尽可能采用环保材料，具有低污染、可回收等特性，有助于降低产品制造过程中的环境污染。在清洗原料环节，使用合适的清洗机后，能节约清洗原料的人工成本和时间成本、水资源等。清洗机能采用自动化清洗技术，以高效、连续的方式清洗果蔬，清洗过程中，能控制水流的强度和温度。

在生产环节，国内装备制造企业不断研发新型设备，可用于提高生产效率。但因仿制速度较快，知识产权难以得到有效保护，国外企业通常优先使用到最新设备。国内实罐企业通过引入智能化设备，配合ERP等信息化工具进行数据化生产管理，收集和分析生产过程中的数据，实现生产过程的优化和管理，实现生产过程的自动化和智能化。

10.包装与装备

（1）包装

罐头产品由于其独特的杀菌工艺，对产品包

装要求较高，包装材料的升级也体现着罐头行业的进步。当前罐头产品包装主要分为硬（马口铁、玻璃、铝等）和软（高阻隔塑料、铝箔、纸塑铝复合等）两种包装形式。2023 年，罐头行业在金属包装方面延续以往节能的材料减薄趋势，同时在包装上以客户需求为源头，企业提供包装上的创新设计，研发了不同的覆膜铁罐型，甚至有单一材质的新材料。

（3）装备

罐头装备主要包括空罐、实罐和包装设备三大部分，始终伴随罐头产业发展和进步，发挥着举足轻重的作用。引入先进的自动化设备和智能技术，对生产线进行智能化改造，可以提高生产效率，减少人力成本，同时保证产品质量的稳定性。例如，引入机器人进行包装、码垛等作业，使用物联网技术对设备进行远程监控和维护。实现供应链的数字化管理，优化库存管理，提高物流效率，降低运营成本。

11. 发展新亮点、新增长点

（1）小罐型包装产品逐渐成为趋势

罐头产品由于其特殊加工工艺，产品未添加防腐剂，开罐后会快速腐败，尤其鱼类罐头开罐后会快速生成组胺对健康造成不良影响。因此罐头在开罐后应尽快食用完毕。但以往罐头包装较大，内容物较多，部分人群在单独食用中不能一次食用完毕，从而造成食物、经济双浪费，影响消费体验。针对此类现象，罐头企业为迎合市场，杜绝浪费，同时在国家有关政策的引导下，推出“一人份”包装罐头产品，缩小罐头包装规格，极大程度减少食物浪费，也为消费者节省了消费成本。产品一经推出，迎合了当前消费降级一些现象需求，受到市场追捧。

（2）传统菜肴类罐头和功能型罐头增长较为明显

近年来部分企业借助成熟的罐头工艺，与传统食品相结合，使部分传统中国菜肴工业化，带动菜肴类罐头产品更具多样化。2023 年多家罐头企业推出了预制菜肴类罐头的创新产品。另外功能性罐头食品逐渐进入消费者视野，以科技创新对罐头产品中注入其他元素，满足消费健康需求，例如低 GI 粥类罐头产品等。

【c. 行业面临的问题】

1. 出口市场研究与沟通不足

国内罐头食品厂商主要依赖代工生产，缺乏自主品牌的建设和营销。由于，长期专注于代工生产，厂商往往对国际市场的消费趋势、消费者偏好、竞争格局等了解不足，难以根据市场需求调整产品策略和生产规划。这可能导致产品过剩或不足，影响企业的盈利能力和市场竞争力。并且，目前中国罐头食品企业在国际市场信息的共享和沟通方面存在不足。这使得企业难以从其他企业那里获取有价值的市场信息和经验，限制了其国际市场拓展的能力。

2. 内销潜力挖掘不够

罐头食品市场认知度仍然不高，认知误区影响了消费者对罐头食品的接受度和购买意愿，限制了内销市场的拓展。罐头食品企业长期以来更注重国际市场，对国内市场的产品研发和市场定位投入较少，导致产品与国内消费者口味和需求不完全匹配。罐头食品在国内市场的产品种类相对较少，缺乏创新和差异化，不能满足消费者多样化的需求。目前，罐头食品行业的市场竞争激烈，价格战频发。一些企业为了争夺市场份额，往往采取低价策略，导致产品质量和品牌形象受损。这种恶性竞争不仅损害了企业的利益，也影响了消费者对罐头食品的信任和购买意愿。

3. 行业入行门槛低，产业竞争无序

由于罐头行业的技术含量相对较低，新企业进入市场所需的资本投入较小，这导致在市场过热时，大量小型罐头厂快速涌现。然而，这些新进入的企业往往缺乏创新能力和品牌优势，产品同质化严重，难以形成差异化竞争。同时，由于消费者对罐头品牌的忠诚度较低，没有形成固定的消费偏好，这也使得新进入企业的产品差别化壁垒较低。这些因素共同导致了罐头行业的竞争无序，价格战频发，难以形成健康的市场秩序。另一方面，正因为罐头食品行业的市场集中度较低，缺乏具有主导地位的龙头企业，这导致企业之间的竞争十分激烈，难以形成有效的价格壁垒和合作机制。同时，由于国内罐头产品一直以出口为主，企业在国内市场开发不足，也缺乏投入资源提升技术创新能力和管理创新能力的远见，这些都限制了行业的发展空间。在监管方面，市场法规尚不完善，执法力度不够严格，不正当竞争未能及时受到有效查处。大多数罐头食品企业没有自己的原料生产基地，原料主要通过向农户采购获得。这种模式在原料品质、数量和农药监管方面难以控制，影响了罐头食品的质量和安全。

【d. 发展趋势】

1. 数字化生产比例将持续提升

为了应对市场竞争加剧、成本压力增加、产品同质化严重等挑战，在政策推动下，许多罐头加工企业开始寻求数字化转型，以期通过技术创新和管理升级来提高生产效率、优化供应链管理，提升竞争力和可持续发展能力。在数字化生产技术的应用过程中，企业逐步加强技术培训和人才引进，提高员工的技术水平和应用能力。此外，企业推进与供应商、客户等各方面的沟通和协作，形成紧密的产业链合作关系，共同推动罐头生产行业的数字化转型和升级。

2. 国内罐头消费日益增长

罐头企业正逐渐重视品牌建设和市场推广，通过新的营销手段如直播带货等方式，在年轻消费者中培养品牌忠诚度。企业也在努力纠正消费者对罐头食品的认识误区，提升品牌形象。随着居民生活水平的日益提高和消费观念的转变，罐头食品凭借其方便、卫生和易储存的特性，正逐渐赢得国内消费者的青睐。为进一步扩大国内市场需求，罐头企业正积极研发新品种，致力于提升产品的品质和口感。鉴于消费者对健康饮食的日益重视，越来越多的罐头产品开始注重食材的天然、有机属性，力求为消费者提供更多富含营养、均衡搭配的选择，从而满足消费者对营养的全面追求。同时，罐头形态也在不断创新，从传统的罐装、听装向塑料包装、袋装、纸包装等多样化发展。

3. 绿色、健康消费凸显

绿色、健康的罐头产品因其符合现代消费者对健康饮食的追求而日益受到青睐。生产企业需要不断加强技术研发和创新，提高产品的质量和营养价值，提供多样化的绿色、健康产品，以满足市场需求。同时，政府和相关机构的支持和监管也对这一趋势的发展起到了积极的推动作用。随着消费者对健康和环保意识的进一步提升，绿色、健康罐头产品市场将继续保持快速增长的态势。

【e. 政策建议】

1. 加强国际市场支持力度

政府有关部门在加强中国罐头企业国际市场对接方面，应当积极采取措施，全面强化法规、标准、信息支持力度，以助力本国企业更好地融入全球市场，提升国际竞争力。制定和修订与国际贸易相关的法律法规，确保企业在国际市场上的合法权益得到保护。加强反倾销、反补贴等贸易救济措施的立法，帮助企业应对不公平的国际竞争。制定与国际接轨的产品标准和质量认证体系，提高中国产品的国际竞争力。加强与国际市场的联系和沟通，收集和分析国际市场信息，定期发布行业报告，为企业决策提供参考。

2. 支持数字化转型

政府可以通过政策引导与扶持、加强数字化基础设施建设、加强人才培养与引进以及加强行业协作与监管等措施，推动罐头企业进行数字化转型。地方政府设立数字化转型专项资金用于企业关键环节的投入，制定税收优惠政策，与金融机构合作提供低息或无息贷款。加快信息通信网络建设，引导和支持企业建设数据中心建设，支持云计算和大数据平台建设。加强数字化人才培养，引进数字化人才。

3. 促进绿色发展与可持续发展

政府应引导罐头食品行业关注绿色发展和可持续发展，推动企业在生产过程中采用环保材料、节能技术，减少对环境的影响。同时，应鼓励企业通过引进先进技术、改进生产工艺、提升产品附加值，发展循环经济，提高资源利用效率，推动罐头食品行业的转型升级。

中国罐头工业协会

2.8 乳制品工业

【a. 概况】

2023年，原料乳产量继续快速增长，全年牛奶产量达4197万吨，同比增长6.7%；但乳制品消费未能有效提升，乳制品原料富余情况持续，原料乳价格持续走低，奶牛养殖行业效益继续处于较差状态。同期，乳制品加工企业继续将收购的多余原料乳加工暂存乳粉以分担缓解上游养殖企业压力，虽然增加自身资金压力和经营压力，但保证了国内行业的基本稳定。

【b. 行业运行分析】

1. 主要生产经济指标

据国家统计局月报数据，2023年，全国规模以上乳制品产量3054.6万吨，同比增长3.1%（上年为2.0%）。

2023年，全国规模以上乳制品企业营业收入达4620亿元，同比增长2.6%；利润总额394亿元，同比增长12.2%；销售收入利润率为8.5%（上年为8.2%）；行业亏损额与利润总额的比值为1∶10（去年同期1∶15）。

2. 价格

（1）原料价格

2023年，奶源供给持续较快增长，乳制品消费增长乏力，国内生乳阶段性过剩，生乳价格持续走低。

据农业农村部对内蒙古、河北等10个奶牛主产省（自治区）[河北、山西、内蒙古、辽宁、黑龙江、山东、河南、陕西、宁夏、新疆]生乳平均价格的调查数据，2023年，全国奶牛主产省（自治区）生乳平均价格为4.16元/kg，同比下降7.7%；其中，1月生乳平均价格为4.11元/kg，5月为3.88元/kg，12月为3.67元/kg，12月平均价格环比下降0.8%，同比下降10.9%。见图1。

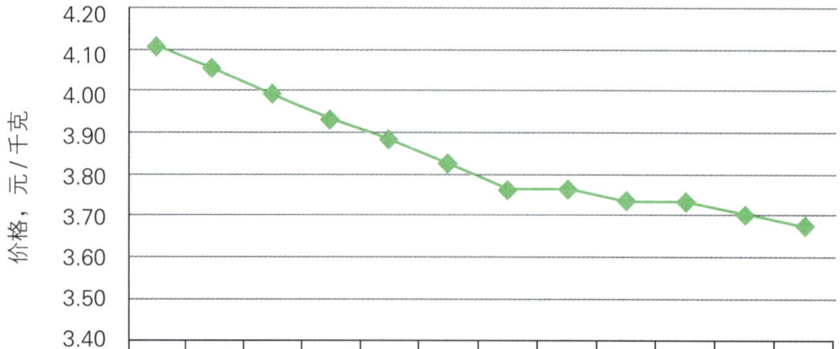

	1月	2月	3月	4月	5月	6月	7月	8月	9月	10月	11月	12月
价格	4.11	4.05	3.99	3.93	3.88	3.82	3.76	3.76	3.73	3.73	3.70	3.67

图1 2023年全国奶牛主产省（自治区）生乳平均价格变化情况

资料来源：农业农村部监测数据。

（2）乳制品零售价格

2023年，乳制品销售面临较大压力，行业竞争加剧，全年乳制品消费平均价格小幅增长。根据国家统计局的统计数据，2023年12月，乳制品价格环比涨0.1%，同比跌0.9%；全年乳制品平均价格同比涨0.4%，略高于同期食品全年平均价格0.3%的增长。

3. 市场

2023年，全国乳制品消费量基本同比持平。乳制品产成品存货占销售收入比例为2.7%，同比略有下降。

4. 投资

全年乳制品生产投资趋于保守，但仍保持小幅度增长。2023年，全国乳制品企业资产总计超过5600亿元，同比增长2.5%，增速同比大幅下降。

5. 区域分布

2023年，乳制品产量居前的省（自治区）分别是内蒙古、河北、山东、宁夏和黑龙江，五省（自治区）乳制品总产量超过1500万吨，占全国的51%。五省（自治区）中，除黑龙江外，均保持增长。31个省（自治区、直辖市）中，乳制品产量处于正增长的有17个（上年13个），负增长的有14个（上年18个）；有9个省（自治区）乳制品产量超过100万吨，分别为内蒙古、河北、山东、宁夏、黑龙江、江苏、河南、湖北和安徽，其中增长的有7个，增幅最大的是内蒙古，同比增长13.3%，下降的有2个，降幅最大的是黑龙江，同比下降12.7%。液体乳产量前五位的省（自治区）是内蒙古、河北、宁夏、山东和江苏，五省（自治区）液体乳总产量超过1450万吨，占全国的51%。有9个省（自治区）液体乳产量超过100万吨，分别是内蒙古、河北、宁夏、山东、江苏、黑龙江、河南、湖北和安徽。其中增长的有7个，增幅最大的是内蒙古，同比增长12.7%，下降的有2个，降幅最大的是黑龙江，同比下降16.4%。乳粉产量前五位的省（自治区）是黑龙江、河北、陕西、内蒙古和山东，五省（自治区）合计生产乳粉近68万吨，占全国的78%。有13个省（自治区）乳粉产量超过1万吨，其中增长的有8个，辽宁同比增幅最大，同比增长202%，同比下降的有5个，内蒙古降幅最大，同比下降32%。

6. 进出口

据海关总署统计数据，2023年，全国共进口各种乳制品309.40万吨，货值126.87亿美元，同比分别下降9.94%和12.56%，进口乳制品总货值与国内乳制品工业销售收入的比值为1∶5.14（上年1∶5.04）。从数量上看，乳粉、乳清类产品、液体乳、稀奶油、零售婴幼儿食品、乳糖、干酪类产品、奶油和无水奶油进口量较多。2023年乳制品进口情况见表1。

表1 2023年全国乳制品进口情况

商品名称	数量/万吨	同比增长/%	金额/亿美元	同比增长/%
进口合计	309.40	–9.94	126.87	–12.56
液体乳1	54.94	–23.89	5.58	–16.18
稀奶油	26.45	3.59	10.33	7.42
乳粉2	77.71	–24.89	29.23	–33.96
炼乳	1.70	–29.69	0.39	–18.73
发酵乳	2.13	–9.87	0.48	–0.87
乳清类产品	66.31	9.37	8.64	–10.62
奶油和无水奶油	13.06	–8.66	8.25	–11.25
干酪类产品	17.82	22.55	9.68	25.93

续表

商品名称	数量 / 万吨	同比增长 /%	金额 / 亿美元	同比增长 /%
乳糖	17.96	40.23	2.03	11.36
零售婴幼儿食品	23.79	–15.11	42.95	–5.32
酪蛋白	4.22	14.63	5.51	15.28
白蛋白	3.32	–8.15	3.82	–23.60

注：1. 液体乳数据不包括发酵乳、稀奶油。

2. 乳粉数据不包括婴幼儿配方乳粉。

资料来源：海关总署。

从进口来源看，新西兰仍然是我国最大的乳制品进口来源地，其次是美国、德国、澳大利亚和荷兰，我国分别从这些国家进口了 119.22 万吨、49.12 万吨、33.43 万吨、19.83 万吨和 19.21 万吨的乳制品，五国合计占到总进口量的 77.83%，占比同比增加 0.52 个百分点（图 2）。

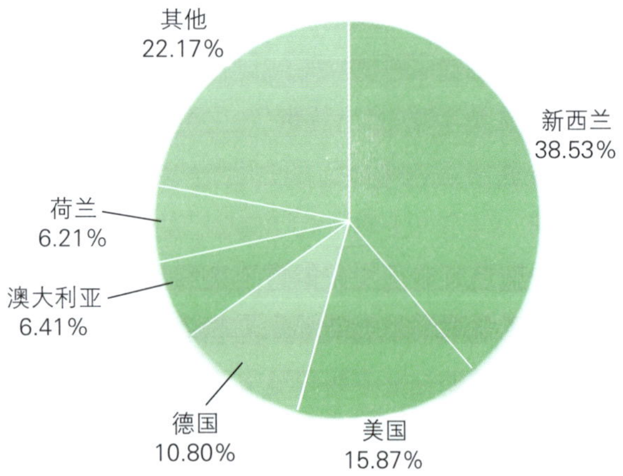

图 2　2023 年乳制品进口来源情况

资料来源：海关总署。

其中，液体乳主要来源于德国、新西兰、澳大利亚、波兰和比利时，进口量分别为 21.69 万吨、18.09 万 t、6.58 万吨、5.08 万吨和 1.11 万吨，五国合计占液体乳总进口量的 95.61%，占比同比增加 1.18 个百分点（图 3）。

稀奶油主要来源于新西兰、法国、英国、爱尔兰和比利时，进口量分别为 14.74 万吨、4.42 万吨、1.60 万吨、1.20 万吨和 1.13 万吨，五国合计占稀奶油总进口量的 87.36%，占比同比减少 0.82 个百分点（图 4）。

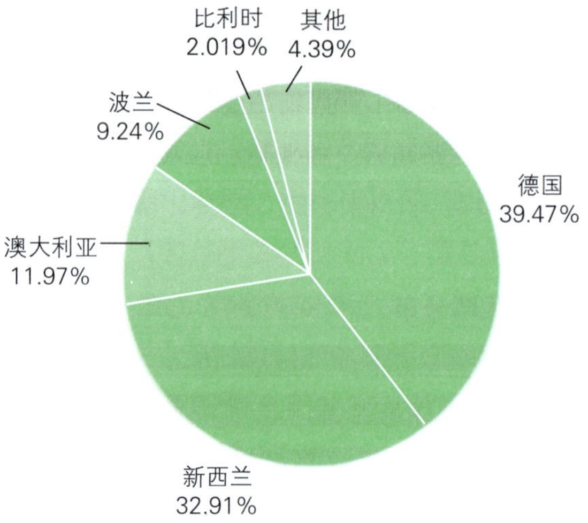

图 3　2023 年液体乳进口来源情况

注：2021 年以前液体乳进出口数据包括稀奶油，2021 年及以后不再包括稀奶油。

资料来源：海关总署。

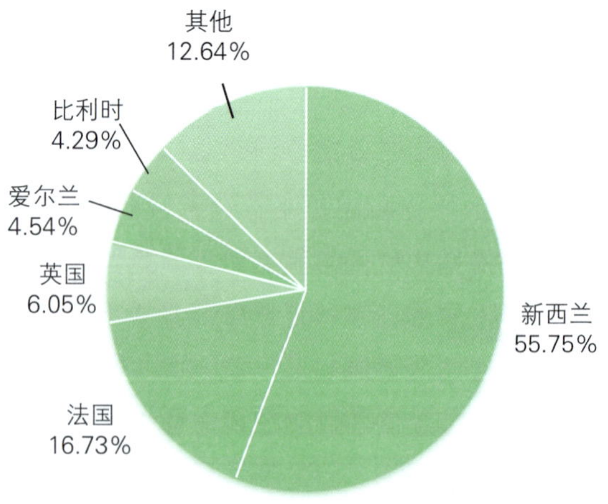

图 4　2023 年稀奶油进口来源情况

资料来源：海关总署。

乳粉主要来源于新西兰、澳大利亚、白俄罗斯、美国和法国，进口量分别为 53.71 万吨、8.54 万吨、2.75 万吨、2.22 万吨和 1.92 万吨，五国合计占乳粉总进口量的 88.97%，占比同比减少 0.45 个百分点（图 5）。

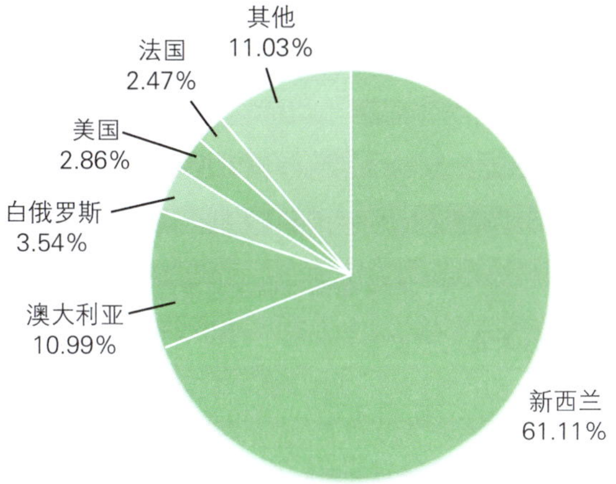

图 5　2023 年乳粉进口来源情况

资料来源：海关总署。

乳清类产品主要来自美国、白俄罗斯、波兰、荷兰和法国，进口量分别为 30.71 万吨、6.51 万吨、5.60 万吨、4.94 万吨和 3.69 万吨，五国合计占乳清类产品总进口量的 77.59%，占比同比增加 0.55 个百分点（图 6）。

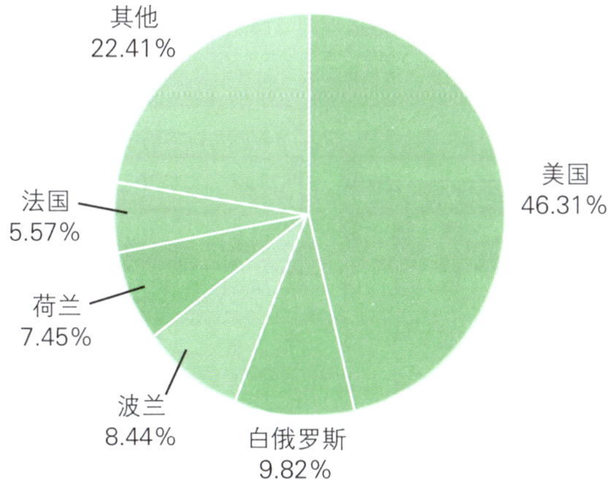

图 6　2023 年乳清类产品进口来源情况

资料来源：海关总署。

零售婴幼儿食品主要来自荷兰、新西兰、法国、爱尔兰和德国，分别进口 9.98 万吨、5.74 万吨、3.16 万吨、1.89 万吨和 1.48 万吨，五国合计占零售婴幼儿食品进口量的 93.52%，占比同比增加 3.91 百分点（图 7）。

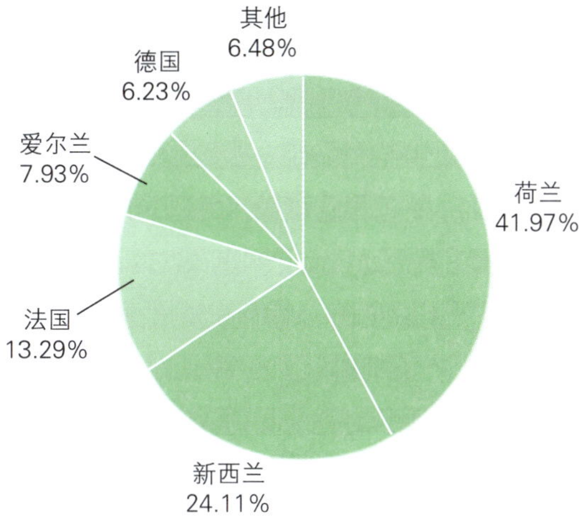

图 7　2023 年零售婴幼儿食品进口来源情况

资料来源：海关总署。

干酪主要来自新西兰、澳大利亚、美国、丹麦和意大利，进口量分别为 10.68 万吨、2.09 万吨、1.16 万吨、0.93 万吨和 0.85 万吨，五国合计占干酪总进口量的 88.16%，占比同比增加 1.55 个百分点（图 8）。

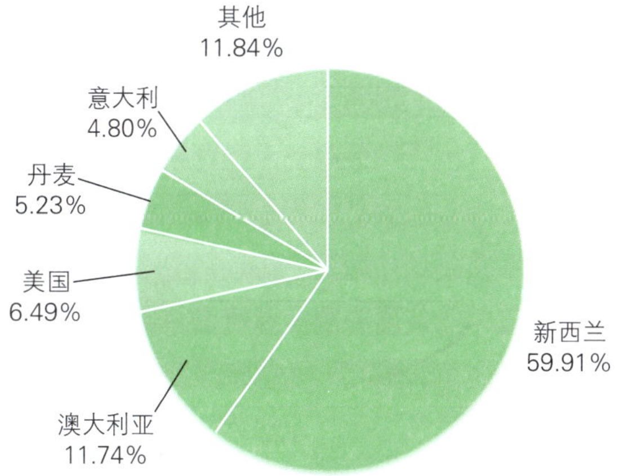

图 8　2023 年干酪类产品进口来源情况

资料来源：海关总署。

乳糖主要来自美国、德国、澳大利亚、新西兰和荷兰，进口量分别为 13.61 万吨、1.89 万吨、0.59 万吨、0.51 万吨和 0.35 万吨，五国合计占乳糖总进口量的 94.36%，占比同比增加 1.86 个百分点（图 9）。

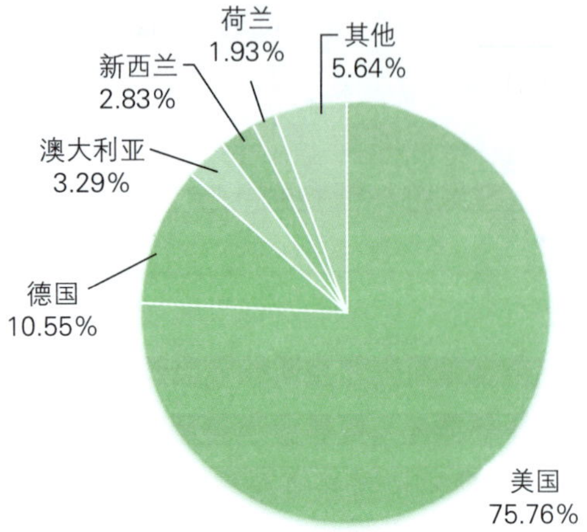

图 9 2023 年乳糖进口来源情况

资料来源：海关总署。

奶油和无水奶油主要来自新西兰、法国、荷兰、比利时和德国，进口量分别为 11.42 万吨、0.55 万吨、0.36 万吨、0.30 万吨和 0.13 万吨，五国合计占奶油和无水奶油总进口量的 97.75%，占比同比增加 1.30 个百分点（图 10）。

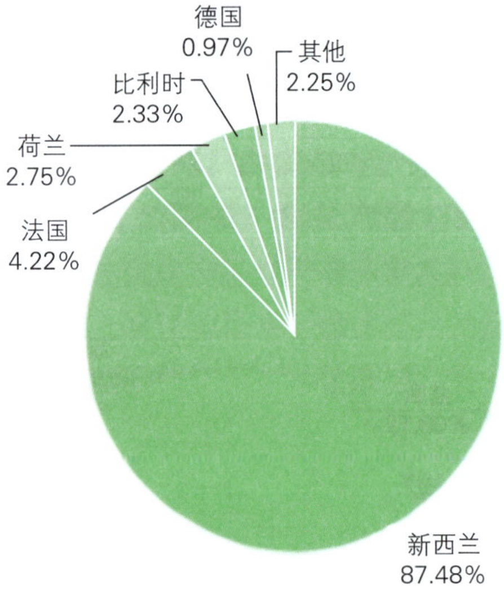

图 10 2023 年奶油和无水奶油进口来源情况

资料来源：海关总署。

酪蛋白主要来自新西兰、爱尔兰、荷兰、法国和德国，分别进口 2.57 万吨、0.41 万吨、0.40 万吨、0.34 万吨和 0.14 万吨，五国合计占酪蛋白总进口量的 91.50%，占比同比加减少 1.44 个百分点（图 11）。

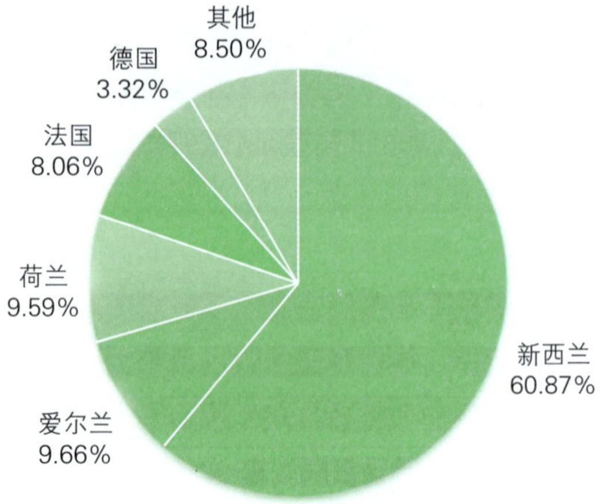

图 11 2023 年酪蛋白进口来源情况

资料来源：海关总署。

2023 年，乳制品进口价格情况见表 2。

表 2 2023 年乳制品进口价格情况

商品名称	12 月平均价格 /（美元 / 吨）	同比增长 /%	2023 年平均价格 /（美元 /t）	同比增长 /%
液体乳 1	1000	1.28	1016	10.12
稀奶油	3651	–8.45	3905	3.70
乳粉 2	3453	–16.93	3762	–12.09
炼乳	2150	–0.67	2276	15.59
发酵乳	2778	44.94	2262	10.08
乳清类产品	1042	–34.44	1302	–18.20
奶油和无水奶油	6020	–14.26	6315	–2.84
干酪类产品	5118	–9.92	5431	2.71
乳糖	961	–39.74	1130	–20.73
零售婴幼儿食品	20304	27.86	18052	11.34
酪蛋白	9323	–31.65	13046	0.57
白蛋白	11414	–24.61	11514	–16.73

注：1. 液体乳数据不包括发酵乳、稀奶油。
2. 乳粉数据不包括婴幼儿配方乳粉。
资料来源：海关总署。

2023 年，我国乳制品出口获得较快增长。全年乳制品出口 6.07 万 t，货值 2.83 亿美元，同比分别增长 29.79% 和 34.41%。其中，液体乳、乳粉、发酵乳、零售婴幼儿食品、炼乳是出口的主要产品。2023 年乳制品出口情况见表 3。

表 3　2023 年全国乳制品出口情况

商品名称	数量 / 万吨	同比增长 /%	金额 / 亿美元	同比增长 /%
出口合计	6.07	29.79	2.83	34.41
液体乳 1	2.55	6.61	0.23	0.19
稀奶油	0.00	43.41	0.00	41.37
乳粉 2	1.38	227.84	0.52	183.87
炼乳	0.27	3.89	0.05	–8.80
发酵乳	0.68	9.80	0.14	11.26
乳清类产品	0.05	–21.66	0.01	–17.37
奶油和无水奶油	0.21	–2.13	0.09	–0.05
干酪类产品	0.04	298.52	0.03	132.40
乳糖	0.15	103.75	0.05	77.11
零售婴幼儿食品	0.64	31.73	1.62	26.80
酪蛋白	0.03	–35.75	0.04	–32.52
白蛋白	0.08	–19.60	0.05	47.35

注：1. 液体乳数据不包括发酵乳、稀奶油。
2. 乳粉数据不包括婴幼儿配方乳粉。
资料来源：海关总署。

我国乳制品出口主要是为中国香港和中国澳门地区提供产品，2023 年，共向中国香港和中国澳门地区出口乳制品 3.82 万吨，同比增长 9.07%，占出口总量的 62.85%，占比同比下降 11.95 个百分点，说明我国出口更加多元化。

2023 年，我国乳制品进出口数量逆差 303.33 万吨，同比下降 10.51%，金额逆差 124.04 亿美元，同比减少 13.32%。

7. 产品质量

2023 年，根据国家市场监督管理总局发布的数据，抽检乳制品 109698 批次，不合格 146 批次，合格率 99.87%；抽检婴幼儿配方食品 8453 批次，不合格 6 批次，合格率 99.93%；乳制品和婴幼儿配方食品的抽检合格率在国家监督抽检的 34 类食品中继续保持前列，产品质量稳定向好。

2023 年，中国乳制品工业协会继续开展“主流品牌婴幼儿配方乳粉质量大赛”活动，有 28 家企业 29 个品牌参加，涵盖了市场主流品牌，质量大赛每月进行一次，共历时 11 个月，抽检 318 批次，样品 988 个，检测指标共有 72 项。检测项目除了标准规定的项目外，还特别增加了：氯酸盐、高氯酸盐、消毒剂残留、氟苯尼考、香兰素、乙基香兰素等项目。判定原则是依据食品安全国家标准、产品明示指标、营养成分表的要求从严判定。经检验，所有样品抽检项目均合格，31 个品牌检测结果合格率为 100%，充分证明了国产主流品牌的婴幼儿配方乳粉质量稳定优秀。

8. 主要上市公司研发情况

2023 年，行业企业在较大的经营压力情况下，继续在研发上发力。根据伊利、蒙牛、光明、飞鹤、三元、新希望、妙可蓝多、皇氏、燕塘、天润、熊猫、阳光、贝因美、麦趣尔等 14 家上市乳制品企业年报数据，这 14 家公司 2023 年研发投入共 24.8 亿元，占其营业收入的 0.82%，专利申请数 711 项，专利授权数 659 项。企业从健康、功能性、特色乳、绿色有机等方面发力，丰富产品品种、提升产品品质、打造产品品牌。

9. 国家乳业技术创新中心正式投入实体化运营

2023 年 12 月，科技部于 2022 年 1 月 15 日批准建设的国家乳业技术创新中心正式投入实体化运营。截至实体化运营时，国家乳业技术创新中心已经吸纳行业企业、高校和科研机构等 102 家成员单位，汇聚了 10 多位两院院士和 100 多位高级行业专家、20 多位海外专家、1000 多位核心科研人员和超过 5000 人的全产业链创新队伍，组建了规模庞大的乳业智库。

中国乳制品工业协会

2.9 营养与保健食品制造业

【a. 概况】

2023 年是新冠疫情放开管控后的第一年，但企业依然受到疫情一定程度的影响。根据中国保健协会对 396 家保健食品生产企业进行抽样调查，2023 年新冠疫情放开管控后对公司保健食品业务的影响程度（图 1），认为影响很大的企业占比为 26.3%，影响较大的企业占比为 50.1%，影响较小的企业占比为 18.4%，没有受到影响的企业仅为 5.1%。

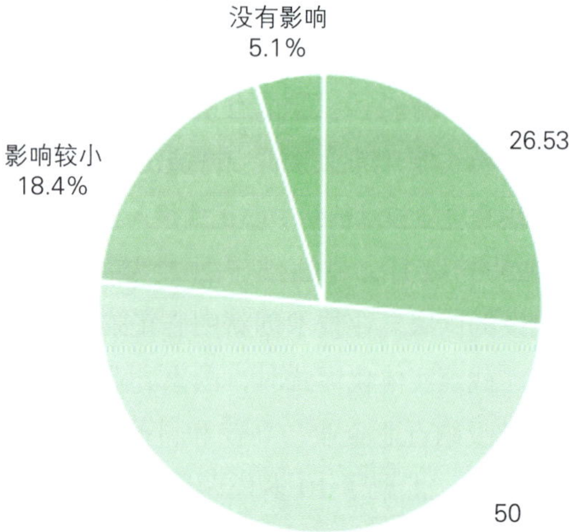

图 1　2023 年新冠疫情放开管控后对公司保健食品业务的影响程度

根据中国保健协会的调查分析，2022 年，我国保健食品销售额为 5000 亿元，2023 年保健食品销售额为 5250 亿元，同比增长 5%。在中国保健协会抽样调查的 396 家保健食品生产经营企业中，规模达到 1000 万元以上的企业数量达到 72.9%，其中 1 亿元以上的企业数量达到 22.1%。被抽样调查的保健食品生产经营企业中，只生产或经营注册制保健食品的企业数量占比为 26.1%，只生产或经营备案制保健食品的企业数量占比为 26.3%，两者均生产或经营的企业数量占比为 47.5%。从单一生产或经营某一种类型的保健食品企业数量来看，分析原因可能是自 2020 年起共批准了 10 种保健食品原料，且经历疫情人们对增强免疫力的产品需求增大，备案制保健食品较注册制保健食品的行政审批成本和企业市场准入成本有效降低，企业高质量发展的内生动力有效提升。

根据国家市场监督管理总局特殊食品信息查询平台数据显示，2023 年是自 2018 年以后近 5 年以来保健食品获批产品数量最多的一年。据中国保健协会统计，2023 年保健食品注册产品总数为 789 件，备案产品总数为 3648 件，其中国产保健食品备案产品有 3612 件，进口保健食品备案产品有 36 件。

1. 国产注册保健食品

由于，国家市场监督管理总局食品审评中心以“待领取信息”和“邮寄详情单”形式公布的内容有限，且国家市场监督管理总局的特殊食品信息查询平台存在更新周期，本部分分析以国家市场监督管理总局特殊食品信息查询平台的 2023 年新注册的产品为依据。从图 2 可知，国产注册保健食品申报剂型种类繁多，但新批准的产品剂型仍然以传统的胶囊、片剂、软胶囊等剂型为主，这三种剂型占比之和达到74%。

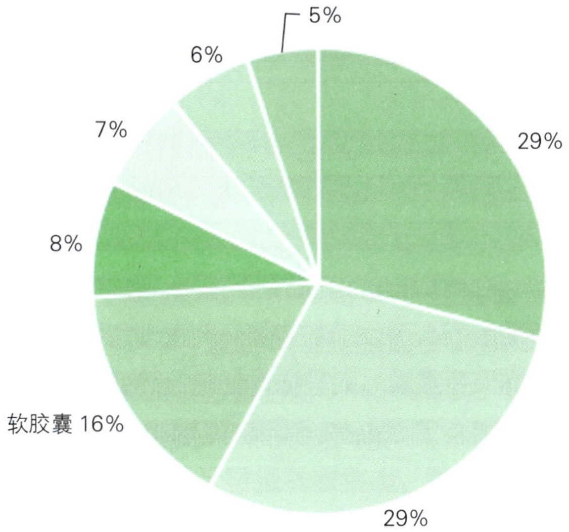

图2 2023年国产注册保健食品申报剂型

资料来源：国家市场监督管理总局

2023年8月15日，国家市场监督管理总局、国家卫生健康委员会、国家中医药局三部门联合发布《允许保健食品声称的保健功能目录 非营养素补充剂（2023年版）》及配套文件的公告，删除了“改善生长发育”“促进泌乳”“改善皮肤油分”3种保健功能，将保健食品可申报的功能由27种减少为24种，并调整了保健功能声称。

在申报的保健食品功能方面，大部分保健食品申报的为单一功能，有48件产品具有两种保健功能声称。在2023年所申报的保健食品功能中，共有19种功能的产品进行了申报。其中，增强免疫力（有助于增强免疫力）的产品申报数量最多，高达300件，占总申报数量的39%左右；增加骨密度（有助于改善骨密度）和缓解体力疲劳的保健功能申报数量紧随其后，分别为151件和104件，分别占比20%和14%，两者数量较2022年均有所增加，但与增强免疫力的产品占比相比仍有一定的差距。

2. 进口注册保健食品

2023年暂无进口保健食品获得批准。

3. 国产备案的保健食品

2023年国产保健食品备案产品共3612件。从备案产品的种类来看，国产备案的保健食品可分为功能类产品和营养素补充剂的产品。功能类产品主要以辅酶Q10、破壁灵芝孢子粉、鱼油、褪黑素、螺旋藻、大豆分离蛋白和乳清蛋白为原料，共有1316件；营养素补充剂的产品共有2296件。从国产备案的功能类保健食品申报原料情况（图3）可以看出，以破壁灵芝孢子粉为

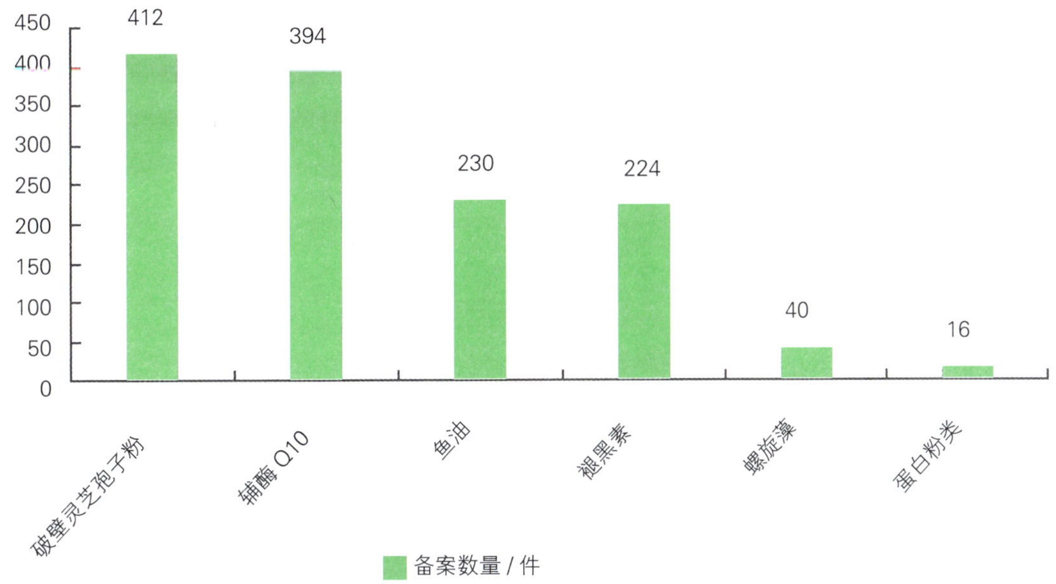

图3 2023年国产备案的功能类保健食品申报原料情况

注：以褪黑素为原料的产品统计，包含褪黑素 + 维生素 B_6 的产品

原料的产品最多，共 412 件，占功能类备案产品总数的 31%；其次为以辅酶 Q10 为原料的产品，共 394 件，占功能类备案产品总数的 30%；以蛋白粉（大豆分离蛋白和 / 或乳清蛋白）为原料的产品备案数量最少，共 16 件，仅占功能类备案产品总数的 1%。

营养素补充剂的产品，按照补充营养素的种类数量，可分为补充单一营养素的产品、补充两种营养素的产品以及补充多种营养素的产品。从国产备案的营养素补充剂保健食品情况（图 4）可以看出，补充单一营养素的产品最多，共 966 件，达到营养素补充剂产品总数的 42%，其次为补充多种营养素的产品，共 755 件，达到营养素补充剂产品总数的 33%。

从 2023 年单一营养素补充剂产品备案最热门的五种营养素统计情况（图 5）可以看出，在补充单一营养素的产品中，通过统计分析显示，补充维生素 C 的产品最多，共 409 件；其次是补充硒的产品和补充维生素 E 的产品，分别为 130 件和 106 件。

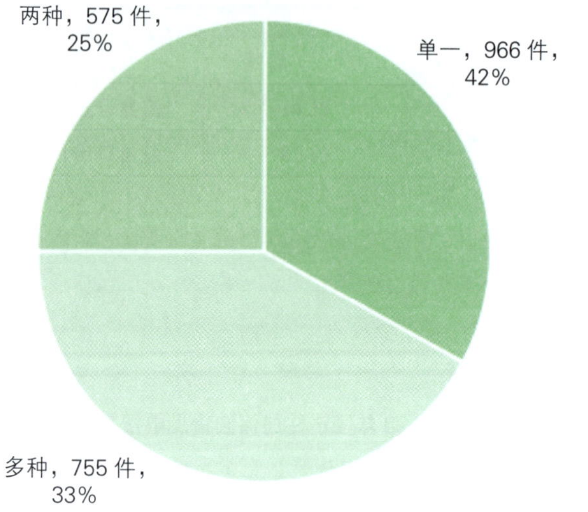

图 4　2023 年国产备案的营养素补充剂保健食品情况

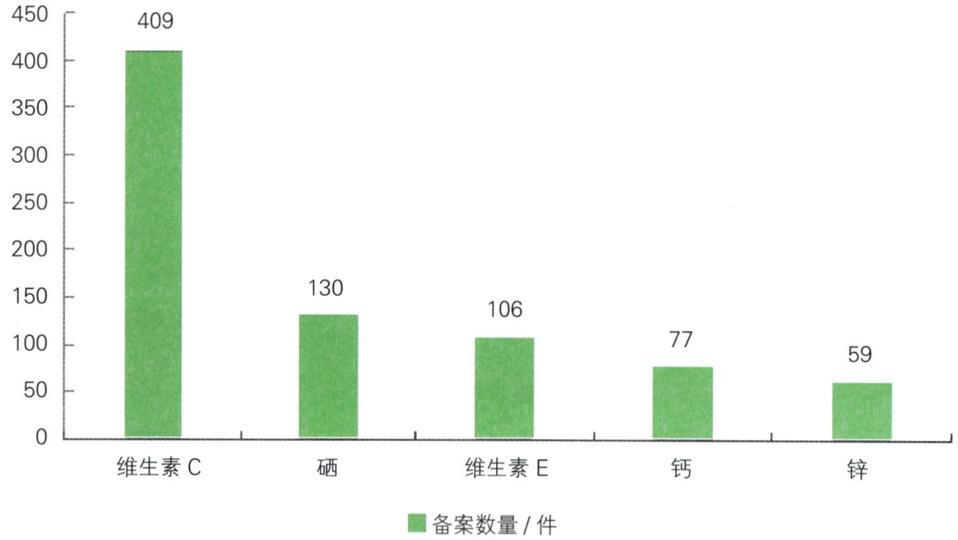

图 5　2023 年国产备案的保健食品中补充单一营养素产品排名前五的营养素种类

从排名前十位的补充两种营养素的产品统计情况（图 6）可以看出，在补充两种营养素的产品中，以补充钙 + 维生素 D 的产品最多，共 234 件；其次为补充维生素 A+ 维生素 D 的产品，共 44 件；补充铁 + 叶酸的产品排在第三位，共 42 件。

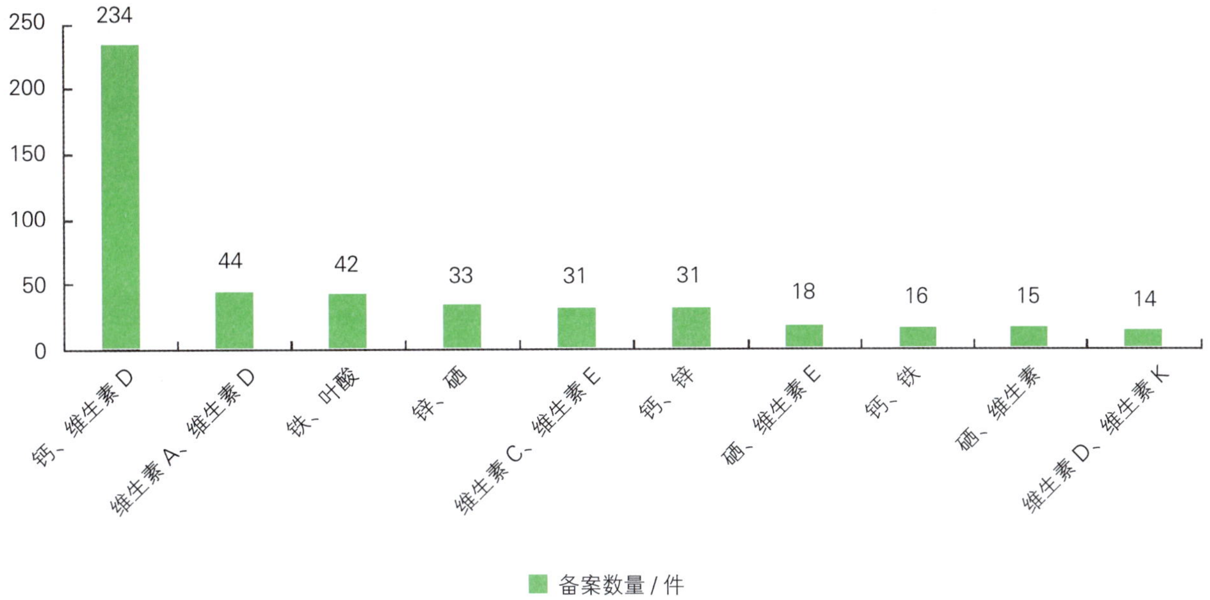

图 6　2023 年国产备案的保健食品中补充两种营养素产品排名前十的营养素种类

从所有国产备案的营养素补充剂类保健食品剂型申报情况（图 7）可以看出，片剂产品（包含口服片、咀嚼片、泡腾片、含片）最多，共 1363 件，占总数的 60%；其次是软胶囊产品，共 466 件，占总数的 20%；凝胶糖果产品排在第三位，共 159 件，占总数的 7%。

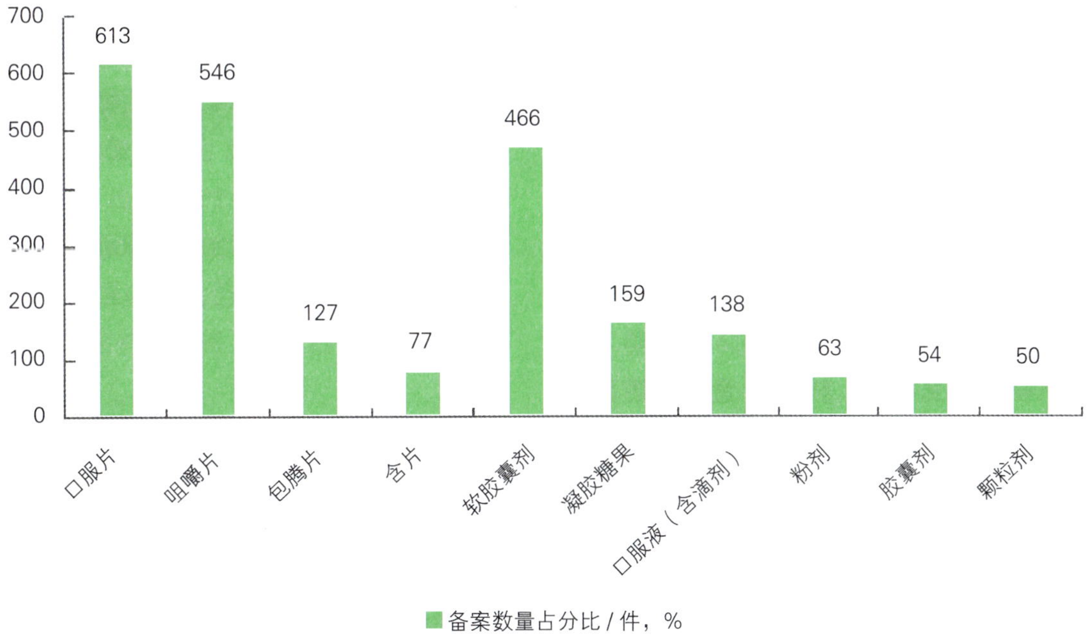

图 7　2023 年国产备案的保健食品剂型申报情况

4. 进口备案的保健食品

2023 年，国家市场监督管理总局食品审评中心共发布了 36 件进口备案的保健食品信息，同比进口备案数量明显增加（图 8）。

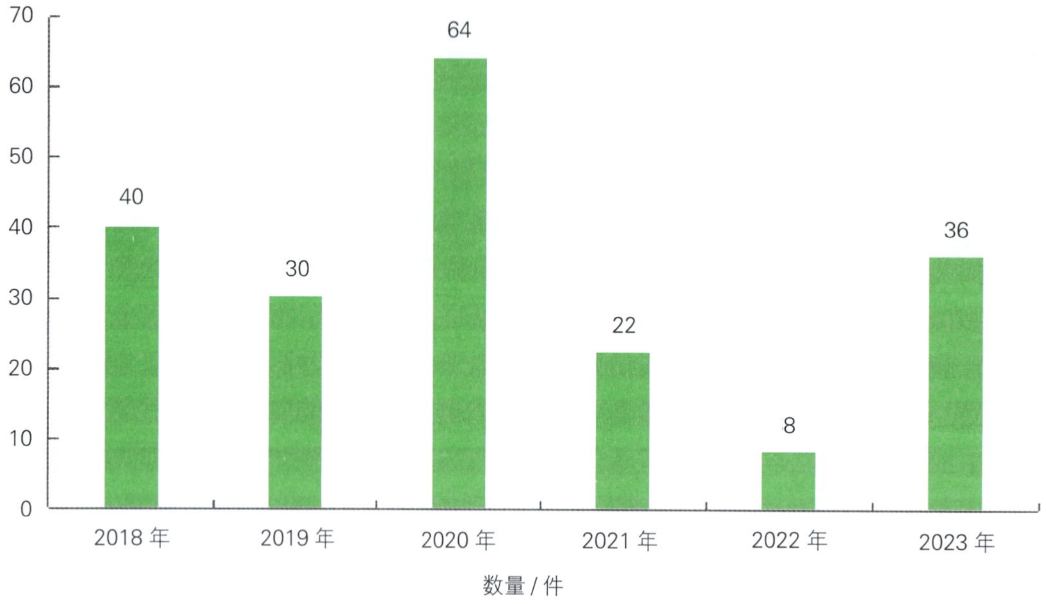

图 8　2018 年—2023 年期间进口保健食品备案产品数量统计

进口备案的保健食品分别来自 6 个国家或地区，包括美国、澳大利亚、新西兰、英国、韩国和中国台湾，其中美国最多（共 14 件产品），澳大利亚居于第二位（共 8 件产品）。进口备案的保健食品均属于营养素补充剂产品，备案剂型包括口服片、咀嚼片、胶囊剂、软胶囊剂、滴剂和颗粒剂。其中，片剂的产品备案数量最多，共 27 件，占总量的 75%；软胶囊的备案产品数量和胶囊的备案产品数量各 3 件；滴剂和颗粒剂的备案产品数量分别为 2 件和 1 件（图 9）。

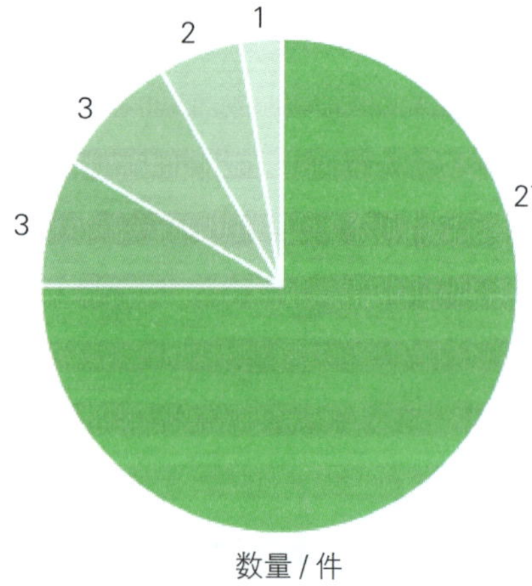

图 9　2023 年进口保健食品备案剂型申报情况

【b. 行业发展分析】

1. 研发投入

中国保健协会调查了 396 家保健食品企业，根据 2023 年度保健食品公司在研究与开发投入资金结果（图 10）可知，投资金额在 5000 万

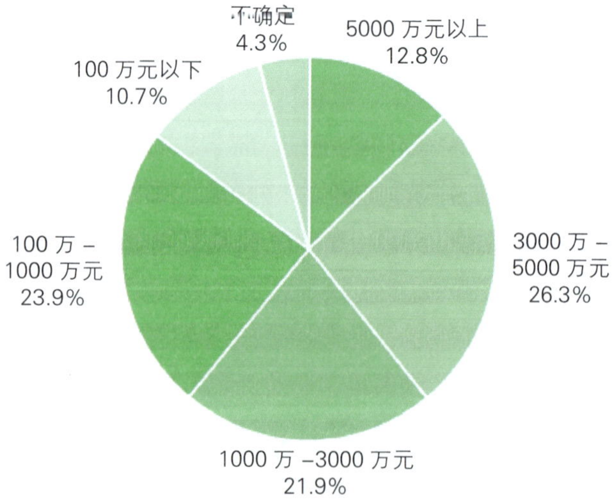

图 10　2023 年保健食品企业研究与开发（R&D）投入资金

元以上的企业数量占 12.8%，投资金额在 3000 万～5000 万元的企业数量占 26.3%，投资金额在 1000 万～3000 万元的企业数量占到 21.9%，投资金额在 100 万～1000 万元的企业数量占到 23.9%，投资金额在 100 万元以下的企业数量占 10.7%，不确定的企业数量占 4.3%。

其中，同比的研发投入力度类似，大部分公司在增强免疫力的注册制保健食品中投入的研发力度最大，其次为补充维生素矿物质类的备案制保健食品，此外还有一部分企业专注于改善睡眠、缓解视觉疲劳、控制体内脂肪等注册制保健食品的研发。综合来看，随着民众健康意识的提升，健康产业正在向多元化、细分化转变，消费者会选择购买相关保健食品来满足自身需求。

2. 区域分布

从 2023 年国产保健食品注册（包括新注册 / 延续注册 / 变更注册 / 技术转让）的企业所在地看（图 11），保健食品各地区（省、自治区、直辖市）的注册主力军集中在东南沿海省份。各个省份中获得批件数最多的为北京市，共 181 件，占保健食品注册总量的 24%；广东省、山东省、浙江省、上海市分别有 99 件、54 件、53 件、47 件保健食品获得注册批准文号。

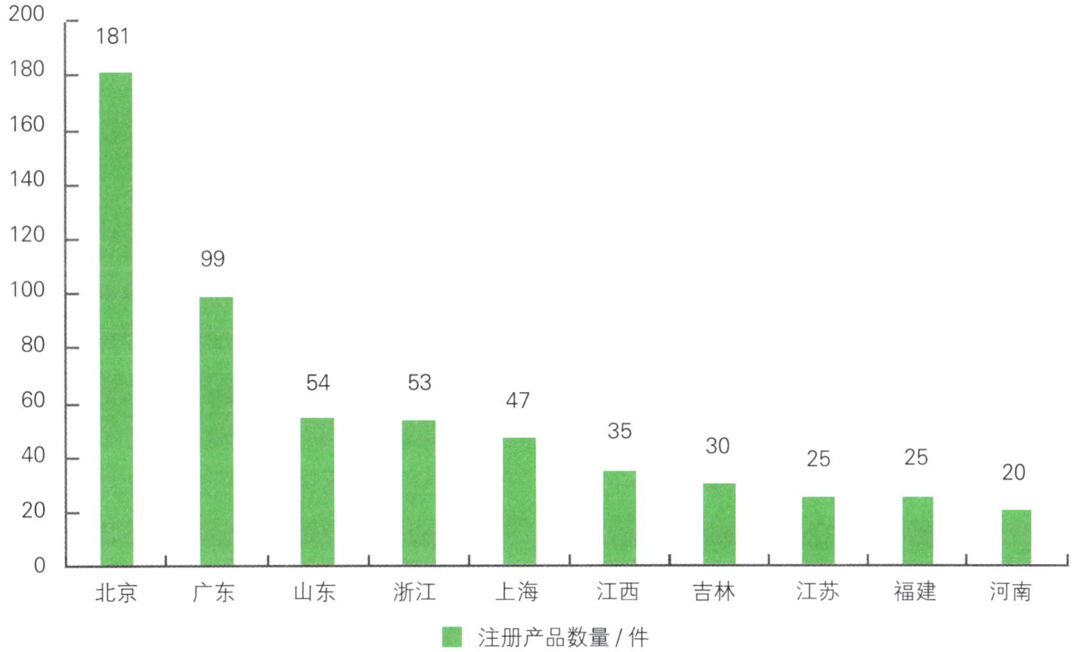

图 11　2023 年我国国产保健食品注册前十省份区域分布

从 2023 年保健食品备案企业所在地看，备案产品的产地来自 26 个省份。其中，山东省以 990 件备案产品数量位居第一位，占国产备案产品总数的 27%；安徽省以 638 件备案产品数量排名第二位，占国产备案产品总数的 17%；广东省以 340 件备案产品数量排名第三，占国产备案产品总数的 9%。排名前十的省份的备案产品数量及占比分析见图 12 所示。

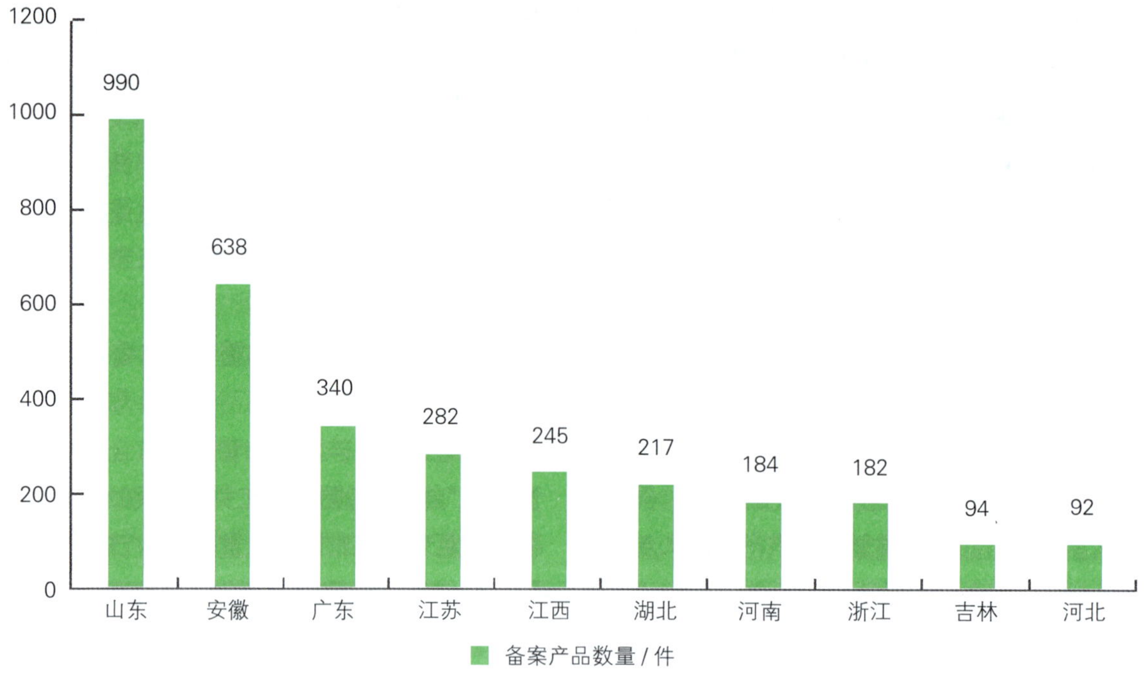

图 12　2023 年我国国产保健食品备案前十省份区域分布

3. 进出口

根据海关总署数据统计，2023 年我国营养保健食品进出口总额为 107.6 亿美元，进口金额和出口金额实现了逆势增长，其中进口额为 67.4 亿美元，同比增长 13.8%，出口额为 40.2 亿美元，同比增长 25.5%。

（1）**进口**

从进口市场看，美国、澳大利亚和德国、印度尼西亚和中国香港是前五大进口来源国，市场集中度高，前五大市场的市场份额占据了整个进口金额的 74.2%，进口金额分别为 12.2 亿美元、9.9 亿美元、7.4 亿美元、5.2 亿美元和 3.5 亿美元，其中美国占比 18.1%，澳大利亚占比 15%，德国占比 11%。一些市场涨幅明显，如中国香港同比增长了 96.1%，新西兰同比增长了 63%。此外欧洲一些国家如意大利、法国、挪威、瑞典、俄罗斯，均呈现增长态势。但日本、马来西亚的进口金额同比有所降低。

美国作为中国营养保健食品的第一大进口来源国，多年来一直保持同比增长的状态，但 2023 年首次出现微降情况，同比降低了 0.5%。且其进口份额占比呈现逐渐降低状态，从 2014 年的占比 26.1% 到 2023 的占比 18.1%，占比情况下降明显。澳大利亚作为中国营养保健食品第二大来源国，在 2021 年出口中国市场下滑后，在 2022 年及 2023 年保持了良好的增长态势，其中 2023 年同比增长了 21.3%。

（2）**出口**

从出口市场看，2022 年中国香港、美国及马来西亚为出口的前三大市场，其中中国香港超过美国，成为第一大出口市场，出口金额为 7.3 亿美元，延续了 2022 年的增长态势，同比增长 82.3%，占比 18.1%。美国作为重要的出口市场，2023 年的出口金额为 4.6 亿美元，金额有所降低，同比降低了 13.2%，占比也降低到 11.4%。我国向马来西亚的出口金额为 2.8 亿美元，保持了 2022 年快速增长的态势，同比增长了 103.2%。营养保健食品的出口市场集中度较高，前十大市场占据了 62.1% 的市场。此外，智利是值得注意的出口市场，2022 年及 2023 年均有较大幅度的增长，分别为 254.7% 和 244.2%。

4. 基本监管情况

（1）相关法规标准

2023 年，国家相关部门共发布了 7 项保健食品相关的重点法规（表 1）和 4 项保健食品相关征求意见稿（表 2），保健食品相关法规进一步得到完善。

2023 年 6 月 2 日，国家市场监督管理总局、国家卫生健康委员会、国家中医药管理局三部门联合发布《保健食品原料目录 营养素补充剂（2023 年版）》《允许保健食品声称的保健功能目录 营养素补充剂（2023 年版）》和《保健食品原料目录 大豆分离蛋白》《保健食品原料目录 乳清蛋白》的公告。《保健食品原料目录 营养素补充剂（2023 年版）》与 2020 年版相比，增加“钙、铁、维生素 K”等营养素类别下的化合物及标准依据，如“酪蛋白磷酸肽 + 钙”“氯化高铁血红素”“维生素 K2（合成法）”；新增营养素“二十二碳六烯酸（DHA）”。《允许保健食品声称的保健功能目录 营养素补充剂（2023 年版）》较 2020 年版相比，新增“β – 胡萝卜素”类别。以及制定新增保健食品原料目录大豆分离蛋白和乳清蛋白，功效为增强免疫力，动物蛋白过敏者、肾功能不全者慎用。

2023 年 8 月 13 日，国家市场监督管理总局发布《保健食品新功能及产品技术评价实施细则（试行）》的公告，从“总则”“新功能研究”“材料接收”“技术评价”“上市后评价”“附则”等 6 个方面进行了详细论述，鼓励引导企业、高校、科研机构等社会力量开展功能创新和产品研发。规定新功能研究应当充分开展新功能评价方法研究和方法学论证，在提出新功能建议前，应当通过符合要求的至少 1 家食品检验机构或临床试验机构验证评价。

2023 年 9 月 27 日，国家市场监督管理总局发布《保健食品原料 大豆分离蛋白 乳清蛋白备案产品剂型及技术要求》的公告，对蛋白质类产品备案时的配方配伍、注册转备案情形、每日用量、人群等细化了要求。

2023 年 12 月 7 日，国家卫生健康委员会发布了《食品安全国家标准 保健食品良好生产规范》（征求意见稿）。征求意见稿通用要求依据《食品安全国家标准 食品生产通用卫生规范》（GB 14881-2013）的相关规定为基础，拟新增食品安全管理、产品召回与追溯及附录 A“保健食品不同类别产品作业区划分指南”的要求，划分不同剂型 / 形态的保健食品的清洁作业区。此次标准的更新完善，将更加规范保健食品生产过程所有环节的质量管理。

2023 年 12 月 18 日，国家市场监督管理总局会同国家卫生健康委员会、国家中医药管理局发布了《关于发布人参等 3 种保健食品原料目录的公告》，自 2024 年 5 月 1 日起施行。本次公告将人参、西洋参、灵芝 3 种原料纳入保健食品备案原料目录，规定其原料名称和品种来源与现行中国药典相同品种项下内容保持一致，这也是首次将我国传统中药类原料的保健食品纳入备案管理。

2023 年 12 月 27 日，国家市场监督管理总局发布了《在产在售“双无”保健食品集中换证审查要点》（征求意见稿）。征求意见稿拟规定，在过渡期内，省级市场监管部门继续按照现行规定发放生产许可，持有效生产许可的“双无”产品集中换证，由生产许可核发地省级市场监管部门出具换证意见，同时说明了详细的换证程序以及具体要求。

表 1 国家食品监管部门发布的保健食品相关法规

法规名称	发布机构	发布日期	实施日期
关于发布《保健食品原料目录 营养素补充剂（2023 年版）》《允许保健食品声称的保健功能目录 营养素补充剂（2023 年版）》和《保健食品原料目录 大豆分离蛋白》《保健食品原料目录 乳清蛋白》的公告	国家市场监督管理总局	2023-06-02	2023-10-01

续表

法规名称	发布机构	发布日期	实施日期
《保健食品新功能及产品技术评价实施细则（试行）》	国家市场监督管理总局	2023-08-13	2023-08-13
关于发布《允许保健食品声称的保健功能目录 非营养素补充剂（2023年版）》及配套文件的公告	国家市场监督管理总局	2023-08-15	2023-08-15
《保健食品原料 大豆分离蛋白 乳清蛋白备案产品剂型及技术要求》	国家市场监督管理总局	2023-09-27	2023-10-01
《网络销售特殊食品安全合规指南》	国家市场监督管理总局	2023-10-13	2023-10-13
《保健食品标志规范标注指南》	国家市场监督管理总局	2023-12-12	2023-12-12
关于发布人参等3种保健食品原料目录的公告	国家市场监督管理总局	2023-12-18	2024-05-01

表2 国家食品监管部门发布的保健食品相关草案

法规名称	发布机构	发布日期	截止日期
《药品、医疗器械、保健食品、特殊医学用途配方食品广告审查管理办法》（征求意见稿）	国家市场监督管理总局	2023-05-29	2023-06-28
关于筹建《保健食品中辅酶Q10的测定》等十四项国家标准起草工作组的通知	全国特殊食品标准化技术委员会	2023-10-09	2023-10-23
《食品安全国家标准 保健食品良好生产规范》（征求意见稿）	国家卫生健康委员会	2023-12-07	2024-02-10
《在产在售“双无”保健食品集中换证审查要点》（征求意见稿）	国家市场监督管理总局	2023-12-07	2024-01-26

（2）国家食品监管机构监管执行情况

根据国家市场监督管理总局2023年食品抽检不合格情况，共搜集统计到4批次保健食品不合格信息，另外还包含1批次假冒标榜保健食品的产品。

按照不同功能类别对4批次保健食品不合格信息进行对比分析，对功能类别统计，一共涉及3类保健功能宣称，分别是调节血压、调节血脂及免疫调节。

按照不合格项目对4批次保健食品不合格信息进行分析，不合格类别集中在营养成分和理化指标上，营养成分不合格项目分别为维生素A、维生素B12、维生素E、免疫球蛋白检验不合格，理化指标不合格项目为总黄酮不合格。

总体来说，2023年保健食品抽检依然存在少数不合格的情况，不合格原因集中反映在营养成分和理化指标不合格上。另外，在抽检数据分析中发现，个别企业为了谋取经济利益，存在以普通食品假冒伪劣保健食品销售的情况。

【c. 面临的问题】

1. 市场状况

国民健康在经济社会发展中居于优先地位，食品营养与健康产业对实施健康中国战略具有重大作用。当前，我国食品工业的发展已取得了长足进步，但随着生活方式、饮食营养、个性化营养健康食品消费等方面的变化，对营养健康食品提出了新的需求。2023年是新冠疫情放开管控后的第一年，随着疫情带来的影响，我国居民的营养健康意识有了大幅提升，国民对于自身身体素质的提升非常迫切，对于营养保健食品的需求越来越大，这对于保健食品企业来说既是机遇又是挑战。为确保保健食品行业能够健康有序发展，目前亟待解决一些行业内存在的共性问题。

2. 生产经营中存在的问题

（1）*研发力度不足*

保健食品产业是我国具有发展潜力的朝阳产业，但与国际领先企业相比，大部分国内保健食品企业在产品研发方面存在着人力和资本投入少、研发力度不足、缺乏合力等问题，导致生产企业的核心竞争力难以形成，造成了产品单一、消费者忠诚度低等问题，直接影响了保健品行业的进一步发展。

（2）*普通食品冒充保健食品进行虚假宣传*

通过国家市场监督管理总局发布的违法案例来看，普通食品冒充保健品，宣传具有特定保健功能，甚至治病治疗作用的情形尤为突出，已成为违法广告宣传的重灾区。该行为严重打击了保健食品行业、伤害了保健食品市场，也严重误导了消费者。

（3）*现有监管制度限制了保健食品创新*

目前，我国对保健食品的严格监管在确保产品安全性和市场规范发展的同时，一定程度上限制了保健食品创新。例如保健食品注册产品的审批流程繁琐、现场核查不及时等，都造成了保健食品注册产品的申报注册时间长、注册申报难度大，一定程度上影响了企业申报保健食品的积极性，限制了保健食品创新。

【d. 发展趋势】

1. 健康环保、安全可靠的保健食品越来越受到重视

随着环保意识的增强和对产品安全的关注，健康环保在保健食品市场上逐渐兴起。消费者越来越注重产品的原材料、生产过程和环境影响等方面，对无污染、无激素、无添加剂的保健食品更感兴趣。经历三年疫情，国民健康意识全面觉醒，消费者对健康和保健的认知不断提高，更倾向于选择具有科学依据、安全可靠的保健食品，健康和品质成为消费者关注的重点。

2. 全家营养成新赛道

近年来，人们更加追求健康、有质量的生活。并且，随着“健康中国”建设的推进，我国营养健康各项工作取得积极进展和明显成效。从各个年龄段来看，年轻消费者开始常态化养生，中年群体愈发注重疾病预防及营养调理，银发一族更关注健康风险管控，健康成了全家人的“刚需”。

3. 线上渠道成为销售主阵地

过去，保健食品的销售依赖于直销、药店等线下渠道。但得益于近年来不断完善的信息获取渠道和新兴媒介的快速发展，以及购买群体的年轻化，我国保健食品市场逐渐向线上销售渠道而转变。已开始呈现电商与药店渠道保持正增长，而直销和商超的市场份额则在逐渐萎缩的趋势。

【e. 政策建议】

1. 加快保健食品注册审批速度

保健食品审批速度缓慢，影响了企业研发的积极性，保健食品行业在市场扩容的现状下，急需注入新的血液、新的活力、新的产品。建议尽快审批处理多年积累的已申报未审批的保健食品，同时加快注册审批速度，以满足保健食品行业发展需要。

2. 建议对药食同源保健食品实行“负面清单”管理

在增强文化自信，传承好祖国优秀的药食文化和思想内涵同时，建议明确列出不能作为药食同源保健食品的负面清单，加强药食同源保健食品的文献、临床及社会应用状况的调查分析和评估。完善药食同源保健食品相关的法律法规体系，建立符合中国特色的管理体系。

3. 继续完善保健食品政策体系

建议政府提供更多产业政策，可考虑设立税

收优惠等政策，支持保健食品创新型等产品的上市，增加企业开展创新活动的动力。可优化现有的注册、备案审批程序和流程，对于保健食品证书持有人名称地址变化、产品名称改变、减少保健功能声称等不涉及产品质量安全的变更事项实施简易变更。

中国保健协会

2.10 生物发酵工业

【a. 概况】

2023 年，原辅材料、运输成本等压力有所缓解，需求逐步复苏，但国际政策及贸易摩擦给行业造成一定冲击。有机酸和酵素产量和产值均有不同程度的下滑；氨基酸、淀粉糖、多元醇、酶制剂、酵母、功能发酵制品均实现了产量、产值稳定增长。

根据中国生物发酵产业协会统计，2023 年，生物发酵行业主要行业产品产量约 3300 万吨，同比增长约 4.5%；总产值约 2800 亿元，同比下降约 1.5%。2023 年，生物发酵产业主要产品进口量约 150 万吨，同比增长约 9.6%；进口额约 18 亿美元，同比下降约 18.7%；出口量约 740 万吨，同比增长约 12.7%；出口额约 91 亿美元，同比下降约 14.2%。

【b. 行业分析】

1. 氨基酸行业

2023 年，我国氨基酸总产量约 780 万吨，同比增长约 10.1%，工业总产值约 700 亿元，同比增长约 2.9%。2023 年，氨基酸产品总进口量约 1.4 万吨，同比下降约 12.2%；进口额约 1 亿美元，同比下降约 4.4%；出口量约 228 万吨，同比增长约 4.1%；出口额约 35 亿美元，同比下降约 15.5%。

国内市场基本稳定，原辅材料价格有所下降，氨基酸产品国内销售价格整体下降。近几年，我国氨基酸产品的进口量呈现稳步下降的趋势，虽然进口产品总量有所下降，但部分产品的价格一直呈现增长的趋势，我国高品质氨基酸仍有提升空间。我国氨基酸产品出口一直保持稳定增长的态势，但增长幅度随国际贸易环境的变化受到了较大影响，各企业仍在努力开拓世界其他中小国家的应用市场。出口氨基酸仍以大宗饲料级氨基酸、谷氨酸盐类产品为主，与去年相比出口量增幅大幅度下降，出口额则由增幅变为降幅。谷氨酸钠（味精）、赖氨酸盐及脂、胱氨酸等出口地区均以亚洲和欧洲国家为主。

2023 年，氨基酸行业依然呈现以饲料级氨基酸产品为主，高附加值医药级、食品级、日化级等氨基酸产品为辅的格局，未来亦不会有大的格局变动。为了降低产品成本，各企业在菌种改造、生产技术水平提升、综合利用等方面均开展了深入研究工作，未来将会有突破性进展，各产品仍有降低成本的空间。随着国家产业政策贯彻落实及企业对政策法规深入认识，氨基酸行业未来会有更多的发展空间和发展方向。目前赖氨酸类产品已经超越谷氨酸类产品成为我国第一大氨基酸产品；三支链氨基酸产品价格不断下降，用量不断增加；其他氨基酸产品的应用研发和相关标准有待完善，且价格较高，应用市场还需深度开发。

2. 有机酸行业

2023 年，有机酸总产量约 270 万吨，同比下降约 1.1%，产值约 190 亿元，同比下降约 28.1%。其中，柠檬酸产量约 180 万吨，同比基本持平；葡萄糖酸产量约 50 万吨，同比下降约 9.1%；乳酸产量约35万吨，同比增长约6.1%；衣康酸产量约5万吨，同比基本持平。2023年，有机酸主要产品出口量约180万吨，同比下降约0.7%，出口额约15.6亿美元，同比下降约44.2%。2023年，有机酸类主要产品的出口额和出口价格都呈现不同程度的下降，其中，降幅最大的为柠檬酸，出口额和出口价格均下降约50%。2023年，国外柠檬酸类产品生产全面恢复，国内此类产品出口情况不佳。有机酸产品除乳酸外其他产品的进口量均较小，乳酸进口量约增长43.1%，达到2.3万吨左右，但进口价格降低约19.3%。乳酸产品进口以聚合级乳酸为主，2023年国内乳酸产量约35万吨，出口约8.7万吨，国内乳酸在大多数应用领域已经实现了完全替代，国内高品质聚合级乳酸还需继续努力。

柠檬酸行业企业加大绿色化、数字化和智能制造技术改造；乳酸产品作为聚乳酸的主要原料，前些年新建、扩建较快，产品制造成本有待进一步降低，产品使用性能有待进一步提升，近期国内聚乳酸产量增长较快；葡萄糖酸钠市场需求偏弱，价格持续走低；葡萄糖酸内酯上半年市场需求较低迷，价格和去年同期比较有5%左右的下滑；尽管葡萄糖酸类产品出口量实现正增长，但是出口额呈现下滑的趋势。

3. 淀粉糖行业

2023年，淀粉糖产量约1450万吨，同比增长约3.2%，总产值550亿元，同比增长约2.8%。淀粉糖产品种类丰富，液体糖以果葡糖浆、麦芽糖浆和葡萄糖浆为主。果葡糖浆主要应用于汽水饮料，饮料行业需求占总需求约80%，果汁饮料、乳饮料、茶饮料的替代比例有所增长；麦芽糖浆需求以啤酒、糖果、冷饮、肉类行业为主，冷饮、糕点行业受行业发展及产品替代等因素影响，需求量快速增长。固体糖以结晶葡萄糖、麦芽糊精为主。膳食纤维产品（抗性糊精和聚葡萄糖）高利润类产品销售额增长较快，益生元类部分产品也有一定提升。国际市场方面，北美和欧洲减糖意识趋于普及，淀粉糖产品市场需求增速放缓；南美和亚洲减糖意识逐渐增强，未来有较大的市场需求增长潜力。

2023年，淀粉糖产品出口量约227万吨，同比增长约33%，出口额约18亿美元，同比增长约17%。葡萄糖及糖浆（果糖＜20%）仍是淀粉糖出口中量最大的产品，出口量同比增长约29%，出口额同比增长约16%，出口均价下滑。果糖及果糖浆（果糖＞50%，转化糖除外）出口量同比增长约81%，主要原因是东南亚、印尼 等国家陆续取消对果糖进口税，国际市场需求量增加，促使我国大量出口。糊精及其他改性淀粉出口量增长，同比增长约17%，出口额同比增长约10%。其他固体糖及未加香料或着色剂的糖浆产品出口量同比增长约22%，出口均价降低。化学纯果糖出口量涨幅明显，同比增长约326%，主要是国内阿洛酮糖生产能力增加，果糖需求增加。2023年，淀粉糖产品进口量约54万吨，同比下降约16%，进口额约6亿美元，同比下降约8%。2023年，我国果糖及果糖浆（果糖＞50%，转化糖除外）进口国共21个，同比减少6个国家。其中，前三位国家变化不大，进口量占总进口量约81%，进口国别集中度明显上升。2023年，我国果糖及果糖浆（果糖＞50%，转化糖除外）出口国共71个，同比增加了19个国家。前十位国家的出口量占总出口量的约98%，出口国集中度低于2022年。

4. 多元醇行业

2023年，多元醇相关产品出口量约73万吨，同比增长约29%，出口额约13亿美元，同比下降约6%。2023年，多元醇相关产品进口量约87万吨，同比增长约36%，进口额约7亿美元，同比下降约27%。2023年，我国山梨醇（29054400条目下的山梨醇）出口国总数106个，同比增加了14个，泰国仍是最大的出口国。出口国前十五位的总和占了全年出口量的约78%，集中度低于2022年，主要仍是以我国邻近的国家为主。

多元醇产品行业产量平稳。出口量有较快增长，出口额小幅下降。国内山梨醇产量略微降低，企业利润下降；木糖醇价格出现下滑；赤藓糖醇价格同比有较大降幅。从长远来看，随着消费者健康意识提升，“低糖、无糖”产品认可度仍会逐步提高，未来3–5年赤藓糖醇仍有新的市场机遇。

5. 酶制剂行业

2023年，酶制剂产品出口量约为10万吨，同比下降约5%，出口额约5亿美元，同比增长约0.7%。我国企业出口额约占20%，碱性蛋白酶和碱性脂肪酶的出口还是以国外酶制剂企业为主。出口价格同比均有不同程度的下降，除了碱性蛋白酶，其余产品出口价格远低于进口价格。碱性脂肪酶和其他出口的酶种相比，进口额同比降低，说明此类酶国产化程度提高。

全行业营业收入同比基本持平。企业通过提高自主创新能力、提升产品质量、调整产品结构、降低生产成本等方式，实现了平稳发展。国产大宗酶制剂在性能和价格方面具有竞争优势，饲用酶制剂将为《饲用豆粕减量替代三年行动方案》做出更大贡献，饲用酶制剂的需求增量有望进一步提升。其他工业酶，如洗涤酶、造纸酶、纺织酶，受国家绿色、低碳发展趋势的倡导以及国家重点科技专项的支持，国产化比例显著提高。

6. 酵母行业

2023年，酵母总产量约51万吨，同比增长约5.2%，工业总产值约109亿元，同比增长约5.8%。酵母类产品进口呈现增长趋势，进口量约2516吨，同比增长约26%；进口额约2361万美元，同比增长约14%。酵母类产品出口量增长幅度较大，出口量约19万吨，同比增长约30%；出口额约5亿美元，同比增长约33%。

2023年，全球酵母总产能约为210万吨，国际酵母市场规模约350亿元，乐斯福、安琪酵母、英联马利位列行业前三位。酵母行业产能主要集中在欧美，超过总产能一半。国内酵母行业市场情况基本稳定，年初市场出现短期的反弹需求，酵母客户所在零售餐饮等行业整体疲软，导致行业增幅回落。另外受强势美元和全球经济复苏疲软影响，海外市场需求不旺，导致国内酵母出口业务遇到一定阻力。

7. 功能发酵制品

功能发酵制品行业呈现约2%的小幅度增长。母乳低聚糖一直都是备受行业关注的产品，目前，1个乳糖-N-新四糖和3个2'-岩藻糖基乳糖获批。其中，获批的2'-岩藻糖基乳糖均为发酵法生产。国外巨头占据了大部分母乳低聚糖市场，如巴斯夫、菲仕兰、杜邦、帝斯曼和Jennewein等。国内企业也看准了母乳低聚糖领域的巨大商机，已纷纷开始入局。多不饱和脂肪酸产品中，DHA和ARA由于国内“新国标”实施带来的增量及全球市场的广阔空间，ARA和DHA产品销量均保持增长态势。多糖类产品中，市场规模持续增长，企业加大对微生物多糖领域的投入，受国内外需求及产品价格居高等因素，目前有一些公司正在策划建设微生物多糖项目。多肽类产品中，目前国内蛋白粉、益生菌补充剂、胶原蛋白、保健维生素及骨健康市场增速较快，发展空间大，未来几年，蛋白肽行业等营养健康产业细分行业仍将呈现发展速度大幅增长的态势。

8. 酵素

酵素行业国内市场环境整体平稳。目前，酵素行业在科研院校和企业的共同努力下，在菌种筛选、微生物代谢、产品生理活性机理等方面研究工作进一步系统化，并取得一定的成果，产品安全性与功能性评价工作有序开展，酵素标准体系在逐步完善，标准制修订工作在稳步推进。继陕西乐丽鑫生物科技有限公司2021年10月28日获得陕西省首张酵素生产许可证后，江西仁仁健康微生态科技有限公司于2023年11月27日获得了江西省首张酵素生产许可证。

9. 益生制品

随着公众对肠道健康和免疫系统的关注度增加，益生菌逐渐成为更广泛人群的健康选择，益生菌行业仍保持高速增长，市场规模在未来几年内将继续保持增长趋势。国内益生菌通过提高供给能力和加强品牌建设，有望在市场竞争中取得更大的份额。后生元是近年来兴起的一类新型益生制品，与益生菌相比，后生元具有安全、稳定、无需考虑胃肠液的干扰作用、对生产储存条件要求宽松等优点，可应用于食品、日化、护肤、养殖等多个领域，当前越来越多益生制品行业龙头企业关注和布局后生元产品，如国外 ADM、帝斯曼、嘉吉、杜邦、诺维信，国内科拓生物、微康益生菌、华润江中、锦旗生物、均瑶集团等。

10. 生物资源提取

近年来，随着人们健康意识的提高，对天然绿色的追求逐渐成为新风潮，在一定程度上推动了生物资源提取行业的发展。我国生物资源提取行业属于外向型产业，以出口为主。生物资源提取产品种类丰富，应用领域广泛，生产企业较多，但大多企业规模较小，行业集中度分散。近年来，随着国家政策支持和科技进步，提取物应用领域的不断开拓，企业规模也在不断扩大，部分企业已具备一定的市场知名度和研发实力。

11. 生物材料

生物材料包含了生物基材料和生物可降解材料等。生物基材料主要有聚乳酸、聚己二酸对苯二甲酸丁二醇共聚酯、聚羟基脂肪酸、聚谷氨酸四种。但受技术水平限制，聚羟基脂肪酸产能未达万吨级以上。聚乳酸生产技术不断得到突破，产业化项目密集上马。聚谷氨酸目前国内已经有三家公司生产，由于聚谷氨酸主要用于包括水处理、药品、化妆品、食品以及土壤和植物调节剂等领域，产品应用范围广，将会有较大发展。丁二酸是重要的碳四平台化合物，是聚丁二酸丁二醇酯等的基础原料，也是美国能源部 2004 年公布的 12 种重要生物炼制产品之一，目前国内已实现产业化。国内聚羟基脂肪酸、生物基戊二胺规模化工厂正在建设中。

【c. 面临问题】

1. 政策与市场

（1）合成生物技术成果在生物发酵行业的快速应用，使传统产品在菌种、工艺技术方面得到全面提升，产品市场竞争力明显增强，新技术、新产品成果需要快速进入消费市场，急需国家制定更加合理的工业用和食品生物制造产品市场准入管理办法，支撑扩大内需战略实施，做好不同群体的消费需求供给。

（2）生物发酵行业企业在激烈的市场竞争中，面临着由单一生产制造商向生产制造 + 服务的转型，对企业从技术、产品应用场景、质量检测评价以及服务等团队建设提出更高要求，需要更多资金投入来支撑实现转型目标。

2. 科技创新

（1）要实现生物发酵产业高质量发展，开发育种新技术和新方法，选育具有自主知识产权的菌株、底盘细胞任重道远。

（2）生物发酵产业坚持创新引领，加快数字化、绿色化、智能化发展，新质生产力经济形态尚有短板要攻克。还需要国家在高质量发展政策性支持方面对生物经济的基础工程生物制造给予持续支持。

【d. 发展趋势】

1. 通过补短板锻长板，推动产业创新发展

高端氨基酸、核苷及其衍生物、生物基材料、酶制剂等战略性技术攻关加快，为打破高端产品“卡脖子”问题提供技术支撑。大力培育以企业为主导的科技创新平台，发挥国家实验室、全国重点实验室等创新载体作用，加强基础共性技术供给。鼓励龙头企业牵头组建创新联合体，集聚产学研用资源，体系化推进重点领域技术攻关。推动跨领域技术交叉融合创新，加快颠覆性技术突破，打造原创技术策源地。

2. 通过巩固传统优势，推进转型升级

传统优势产业要持续巩固领先地位，以关键设备和重点项目为突破口，集中力量开发高端装备，实现关键装备国产化、核心装备智能化。加快建设现代化产业体系，不断向高端化、智能化、绿色化转型升级，提升话语权和竞争力。

3. 通过铸新板，打造产业竞争新优势

通过聚焦前沿技术，在生物技术、功能食品技术、智能化场景技术等领域，构建引领型、原创型技术先发优势，抢占未来产业发展制高点。面向消费趋势，突出头部企业创新引领作用，主动以新产品、新技术、新工艺改变价值分配格局。要紧盯市场需求，加强应用创新，以创新升级形成竞争新优势。

4. 通过加强标准引领与专利保护，保障产业健康发展

结合未来产业发展需求，统筹布局未来产业标准化发展路线，加快重点标准研制。针对重点标准适时开展宣贯和培训，引导企业对标达标，加速未来产业标准应用推广。促进标准、专利与技术协同发展，引导企业将自主知识产权与技术标准相融合。完善关键领域自主知识产权建设及储备机制，深化国际国内知识产权组织协作，构建未来产业高质量专利遴选、评价及推广体系。

【e. 主要工作】

2023 年是全面贯彻落实党的二十大精神的开局之年，是实施“十四五”规划承上启下的关键之年。协会在中国轻工业联合会的指导下，坚持以习近平新时代中国特色社会主义思想为指导，坚持稳中求进工作总基调，完整、准确、全面贯彻新发展理念，加快构建新发展格局，着力推动高质量发展各项工作落实。

1. 坚持围绕产业、服务企业，充分发挥协会职能

为了加强行业技术交流、拓宽应用领域、推动产业健康有序发展，协会聚焦发展热点、技术革新、产品创新及存在问题，召开 1 次“中国生物发酵产业大会暨生物发酵营养健康产业高峰论坛”及专业学术交流 36 场。为了更好地展示行业上下游产品、推广行业品牌、加强上下游交流与合作，举办 2 场国际生物发酵产品与技术装备展览会，举办 1 场酵素与健康产品博览会。为了提升行业专业技术人才的水平，及时宣贯国家相关政策法规，推动行业合法合规发展，举办 2 次培训工作和 1 场大赛。为了加深产学研的合作，提供交流平台，加快成果转化，举办 2 场重点项目推介会，推介科技成果 20 项，11 家大学和研究院所参加了成果展示。为了扩展发展领域，保障行业健康发展，为国家出谋划策，新成立 2 个分会。为了推动产业集群的建设及影响力，持续推动中国禹城功能糖城、中国柠檬酸特色产业基地、中国酵素城的建设工作。为了解决政策法规标准限制产业发展问题，完成 38 种氨基酸产品新营养强化剂公告工作，组织实施高端氨基酸的生产技术攻关及产业化应用、核苷及其衍生品重点产品、工艺“一条龙”应用示范、食用酵素安全性与功能性评价、工业酶制剂评价技术研究与标准化行业共性课题。

2. 坚持扛牢责任、服务政府，全面保障产业发展

（1）向全国人大代表提出“关于落实国家生物经济发展新布局，设立生物制造先行区议案”加强生物制造创新能力建设，引领生物制造高质量发展。

（2）为贯彻落实《“十四五”生物经济发展规划》，协会应邀参加由国家部委组织召开的“生物制造产业发展座谈会”并提交了“关于加速推进我国生物制造产业发展的建议”。

（3）协助国家部委开展“加快我国生物制造发展有关情况研究”，组织 30 多位专家参加此项研究。参与撰写研究报告，阐述我国生物制造取得的成就，深入分析面临的问题，提出“十四五”

生物制造发展方向和重点工作建议，并对2030年跻身全球生物制造强国行列进行展望；协助国家部委开展“生物制造标准梳理”工作，进一步明确生物制造标准重点工作；受国家部委委托组织开展“生物制造‘卡脖子’短板弱项梳理”工作，并编撰产业链图谱报告；协助国家部委完成支撑生物制造政策文件制定工作和生物制造重点企业调研。

（4）为了解决氨基酸营养强化剂身份属性问题，2023年初，向相关政协委员递交《关于加快解决氨基酸营养强化剂原料合法使用，确保人民生命健康安全》的意见和建议，并作为政协提案。提案后，再次得到卫健委、市场总局、风评中心的高度重视，先后召开了多次沟通协调会。《关于特殊膳食用食品中氨基酸管理的公告》（2023年第11号）已于12月1日发布，解决了氨基酸营养强化剂属性及检测方法缺失，无法获得生产许可证的问题。12月8日武汉远大弘元股份有限公司成为我国首家获得符合《关于特殊膳食用食品中氨基酸管理的公告》氨基酸营养强化剂生产许可的企业。

3. 坚持创新驱动、科技强国，加快产业转型升级

组织推荐3家企业申报“第二十四届中国专利奖”，均获优秀奖。组织推荐9家企业申报“2023年度中国轻工业联合会科学技术奖励”，协会推荐的科技进步奖2项一等奖、1项三等奖。组织“2022年度中国轻工业企业竞争力、生物发酵行业骨干企业竞争力、食品行业企业竞争力、轻工业装备制造行业企业竞争力评价”推荐工作，16家企业申报轻工业二百强，7家企业申报食品五十强，16家企业申报生物发酵行业十强，4家企业申报品牌、1家企业申报装备五十强，最终阜丰、梅花等12家企业入选轻工二百强企业，安琪、伊品等6家入选食品五十强。组织推荐12家企业申报“2022年度中国轻工业企业科技竞争力评价”，7家企业入选“轻工业科技百强”。组织参加“2022年度全国轻工行业质量管理创新提升活动”，推荐优秀质量管理者1位，质量管理小组1个，质量信得过班组1个；组织参加“第八届中国工业大奖申报企业（项目）”，推荐2家企业和2个项目。

4. 坚持标准化战略、构建标准化体系，全面推动产业高质量发展

（1）开展标准立项工作。面向会员单位征集国家标准、行业标准、团体标准立项建议，提出国家标准立项建议11项、行业标准立项建议33项、团体标准2项；

（2）开展已立项的18项国家标准、2项团体标准的制定工作；

（3）完成1项国家标准和17项行业标准的报批、6项团体的审查报批工作，其中12项行业标准由工信部2023年第38号公告发布实施；

（4）组织推荐“生物发酵领域标准化工作先进集体”，2家企业荣获“2021—2022年度全国轻工行业标准化工作先进集体”称号。

5. 坚持生态优先、智能发展，行业绿色制造水平持续提高

（1）发布了《温室气体排放核算与报告要求（生物发酵行业）》和《生物发酵产业节能环保标杆企业评价规范》2项团体标准；

（2）《生物发酵行业智能制造第1部分：控制系统》《生物发酵行业智能制造第2部分：智能生物反应器》行业标准已完成社会公开征求意见，待发布；

（3）向工业和信息化部推荐燃料乙醇节能蒸馏工艺技术、低压法蒸馏生产无水乙醇节能技术、溶剂萃取法提取柠檬酸清洁生产技术、自动吞沫成套设备、气动取样阀5项节能降碳技术。

6. 解决行业共性问题，推动行业健康发展

我国虽然是氨基酸生产大国，但生产的氨基酸产品绝大多数应用于食品、饲料等领域。当前国内细胞培养用高端氨基酸产品基本依靠进口，受制于国外企业的高技术壁垒和垄断。高端氨基酸产品种类繁多且技术壁垒较高，其制造工艺主要被日本、德国、美国企业所垄断。为解决国内细胞培养产业链的原料供应瓶颈问题，协会组织氨基酸领域技术研发＋氨基酸生产制造＋产品分离提纯装备制造企业＋细胞培养基制造企业＋疫苗和生物制药企业联合攻关，启动“高端氨基酸的生产技术攻关及产业化应用项目”，实现培养基用氨基酸产品的国产替代，提升产业链供应链韧性和安全。

按照工信厅联规函〔2023〕193号要求，申报2023年重点推进机构及应用示范方向。12月6日，工业和信息化部办公厅、国务院国资委办公厅《关于印发2023年度重点产品、工艺“一条龙”应用示范方向和推进机构名单的通知》中将“核苷及其衍生品”列入应用示范方向，中国生物发酵产业协会为推进机构。作为核酸产业的基础性原料，核苷及其衍生品可用于mRNA疫苗、小核酸药物、核苷类药物、基因合成以及食品等多个领域。本项目的推进将打破国外垄断、实现进口替代，形成多主体共同参与的链式发展的产业联盟模式，形成技术、产品、应用的“一条龙”对接。

关　丹

2.11 调味品行业

【a. 概况】

调味品不仅关乎民众的生活品质与健康追求，更是消费产业发展与地方经济特色构建的重要支撑。过去两年，调味品行业遭遇了多重挑战。全球经济不确定性增加，人口结构转型，特别是老龄化趋势加剧与年轻人口增长放缓，直接影响了消费群体的构成与消费习惯的变化。此外，行业内供过于求的矛盾逐渐凸显，同质化竞争日益激烈，而消费者对于产品品质的要求却在不断提升，这些因素共同构成了调味品行业转型升级的迫切需求。

面对这一系列挑战，调味品品牌企业展现出高度的商业敏锐性与战略定力。它们深入分析人口结构变化、居民收入水平与消费心理等关键要素，精准定位市场需求，加快产品创新步伐，致力于开发符合当代消费者健康理念与多元化口味偏好的高品质调味品。同时，企业还积极优化销售体系，强化品牌建设与市场推广，以专业、高效的服务赢得消费者信任，为行业的可持续发展奠定坚实基础。

【b. 宏观经济形势与消费态势】

近年来，全球经济局势复杂多变，中国经济发展也步入关键阶段。中国 GDP 增长在全球主要经济体中位列前茅，彰显出强大的经济韧性与发展动力。

就当前消费者信心层面，不同消费群体之间的信心与情绪出现明显分化，进而影响其消费支出、预期及品类结构。根据麦肯锡的调研数据，城市 Z 世代、一线富裕银发族、三线富裕中老年对宏观经济的信心明显更为乐观，展现出积极的消费观；而财产性收入受到较大影响的一、二线的新中产，以及收入未得到有效提升的农村中老年差异明显。

从当前消费需求来看，自 2024 年 9 月底政策支持经济以来，社零总额增速有底部小幅回升的迹象，可为 2025 年传递出消费需求向好的预期。根据国家统计局的数据，网上零售总额占社会零售总额的比例连年提升，2024 年上半年同比持平。这表明消费者对线上购物的依赖程度不断提高，传统的百货商超在 2024 年均面临较大压力。

【c. 行业百强数据】

1. 百强企业总体分析

2023 年中国调味品著名品牌企业 100 强数据显示：入围的百强企业生产总量为 1700 多万吨；销售收入为 1400 多亿元，产销同比均增长。其中，产量端一改去年同比下降的表现，呈现出较为积极的增产态势。

具体来看，在100家调味品企业中，近70%企业的产量和销售收入均同比正增长，其余企业表现不一。

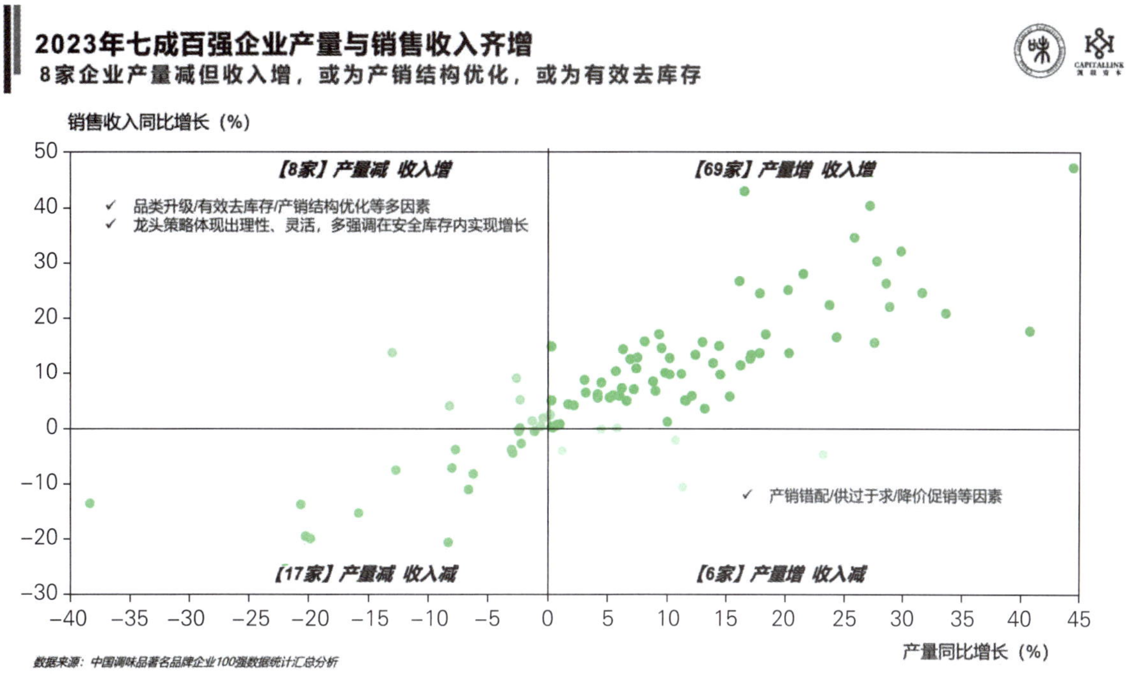

目前行业仍呈现出“一超多强”之态。头部企业领先竞争优势稳如磐石，但是处于激烈竞争漩涡的中腰部企业之间。

2. 百强企业品类分析

从百强企业的品类布局来看，只有不到一半的企业只经营单一品类，其余企业为多品类经营。调味品作为民生相关的必需品，大多数品类实现了较为稳健的增长，酱油、复合调味料、味精等8大品类2023年销售收入和产量的同比增速均为正。

调味品不同品类的单位产量收入也存在显著差异。其中，复合调味料、鸡精（粉）、火锅调料、香辛料、酱腌菜、芝麻油的单位产量收入较高；而食用盐的单位产量收入相对较低。

从2019年到2023年，各品类的集中度和规模发生了不同程度的变化和调整。食用盐、蚝油、味精等成熟赛道的集中度仍保持较高水平；食醋、火锅调料、酱腌菜、蚝油品类集中度提升。复合调味料变动最为明显，品类百强CR3数值显著下降、百强收入规模显著上升。复合调味料赛道持续扩容，资本与其他行业纷纷布局，品类竞争加剧。

3. 百强企业上市数据分析

目前国内上市的调味品代表企业共20家，其中安琪酵母、天味食品、千禾味业、仲景食品、安记食品、日辰股份、独凤轩、佳隆食品8家公司的产量与收入同比增速及2019—2023年复合增长率均为正。多家头部上市公司产量与收入复合增速为正。

4. 百强企业出口数据分析

2023年百强企业中进行出口的企业数量和出口总量增加，但出口总金额同比下降。其中出口企业数量2023年增长至近百家，百强企业的出口总量2023年增长10%，但出口总额降低。

【d. 市场挑战与机遇】

自2022年下半年以来，调味品市场出现供需矛盾，当前进入充满挑战与机遇的新时期。

1. 调味品市场面临的挑战

（1）调味品市场竞争加剧、产品出厂价持续走低

竞争加剧、加速出清成为2023年调味品行业的普遍现象，这也导致调味品的产品出厂价指数持续走低。

2023年，调味品存续企业数量同比下降4.6%。2023年新注册企业数量同比下降2.5%；但注销吊销量降幅进一步扩大，主要由流通企业注销量增加导致。

（2）企业经营逆水行舟、增收不增利

根据20家调味品上市公司的财务数据发现，80%的调味品上市公司2023年的营收CAGR>净利润CAGR。仅看2023年的业绩表现，呈现出典型的“增收不增利”现象。

但根据2024年前三季度的业绩数据来看，调味品上市公司的财务表现已有所回暖，以海天味业为首的上市公司营收和利润都实现同比增加。

（3）传统经销商经营压力激增，开始寻求新出路

在消费者口味与消费意识变化速度加快的背景下，经销商经营模式从贸易差价为主向服务能力渠道转变，优化产品结构帮助经销商更好适应市场趋势、满足消费者多元化需求。此外，部分经销商创立并运营自有品牌，以提升利润边际，与竞争对手形成品牌差异化、吸引特定的消费群体、提升市场影响力。还有一些经销商积极入驻抖音、快手、视频号等线上渠道，打破线下销售的地理边界，触达更广泛的潜在客户群，降低营销成本，搭建私域流量，助力实现销售增长和收入的多元化。

（4）资本市场减速波及调味品企业，上市公司积极探索市值管理

相较于硬科技公司，消费企业往往能够更迅速地产生现金流，并维持较为稳定的利润水平，展现出更强的生存能力和并购潜力。2023年，调味品行业的企业开始聚焦于通过并购和战略合作的方式，积极寻求行业内的整合。

虽然当前调味品市场面临诸多压力与挑战，但是其作为刚需型消费品的本质并不会改变，市场正从高速发展迈向高质量发展，长期将保持稳中有升的态势。

2. 调味品市场面临的机遇

（1）调味品仍然具有吸引力，市场信心仍在

根据企查查数据，2023年调味品制造企业新增注册量呈现同比增长趋势，这表明市场对调味品行业的信心依然强劲。此外，多领域的跨界入局和营销合作也显示出调味品市场仍然具备吸引力。这些跨界合作不仅提升了品牌自身的市场影响力，也为调味品行业注入新的活力。

（2）调味品成本扰动效应减弱，经营周转率提升

根据国家统计局数据，自2023年下半年以来，调味品的上游原材料价格指数逐渐恢复平稳，成本端对调味品企业的扰动效应有所减弱，有助于降低调味品企业的营业成本，改善毛利率水平。此外，多数调味品上市公司2023年的存货周转率、应收账款周转率的复合增速均有所提升，表明企业库存管理和资金利用效率显著提高，现金流状况改善，经营效率和财务健康度均有所提升。

（3）消费者对个性化和健康化需求催生新的细分市场

随着消费者对个性化和健康化需求的日益重视，推动了调味品行业向更加细分和多元化的方向发展。近年来，围绕调味品产品形态的创新络绎不绝，不仅满足了消费者对低盐、健康饮食的需求，还通过创新的产品形态引领市场潮流。此外，围绕特定场景和用途进行创新的调味品也在持续涌现。

（4）调味品在线上渠道的布局持续推进

随着消费者购物习惯的转变，调味品企业在线上渠道的布局持续推进，表明调味品企业不仅在传统渠道保持稳定，还在积极拓展线上市场，以满足消费者日益增长的线上购物需求。通过线上渠道的持续发力，调味品行业正逐步实现全渠道覆盖，进一步巩固其市场地位。

（5）餐饮连锁化率提升，推动风味解决方案商的快速发展

随着餐饮连锁化率的不断提升，风味解决方案商迎来了快速发展的机遇。数据显示，中国餐饮连锁化率从 2019 年的 13% 持续上升至 2023 年的 21%，显著推动了定制餐调复合调味料和预制菜调料包等产品的市场需求。这些变化既反映了餐饮行业对标准化和高效化的追求，也为风味解决方案商提供了广阔的发展空间。

（6）新质生产力的深度应用提升企业内在竞争力

近年来，调味品企业积极加强智能化和信息化的大规模应用，不仅在生产制造环节实现了高度自动化和智能化，还在供应链管理、渠道供应和营销销售等多个方面取得了显著成效。此外，调味品上市公司持续增加研发投入，推动产品与科技研发，提升产品的科技含量，不仅有助于企业有效地控制和减少经营与管理成本，也有助于增强企业核心竞争力，实现长期稳定的发展。

（7）出海体系化和规模化拓展国内企业的市场空间

随着“一带一路”倡议的深入推进，中国调味品企业的出海趋势日益明显。根据中国调味品协会大数据信息中心的数据显示，中国调味品企业的出口额自 2021 年至 2023 年复合增速保持两位数增长，显示出强劲的海外市场需求。

当前的调味品企业以原料端的供应商出口为主，围绕品牌端的出海策略还处在探索过程中，众多调味品品牌尝试通过设立进出口业务专业平台和加强与国际分销商的合作，扩大出海市场的覆盖范围。

2024 年 7 月，国务院发文倡导促进服务消费高质量发展，挖掘基础型消费潜力和培育壮大新型消费。调味品企业既要继续秉持创新驱动和品质至上的原则，积极把握消费需求，深化产品创新和优化服务体验，以适应市场变化、实现可持续发展；也应加强与产业链上下游的合作，共同构建一个更加高效、绿色、智能的产业生态，为国民经济的高质量发展贡献力量。

中国调味品协会

2.12 盐 业

【a. 概况】

2023 年是中国盐行业全面贯彻落实党的二十大精神的开局之年，面对复杂严峻的国际环境和艰巨繁重的国内改革发展任务，一年来，全国盐行业坚持以习近平新时代中国特色社会主义思想为指导，全面贯彻落实党的二十大和中央经济工作会议精神，坚持稳中求进工作总基调，全面贯彻新发展理念，加快构建新发展格局，积极推进盐产业经济发展，保持行业经济平稳运行。

2023 年，全国原盐产能 12425 万吨，其中，海盐产能 3440 万吨，占 27.69%；井矿盐产能 7205 万吨，占 57.99%；湖盐产能 1780 万吨，占 14.33%。

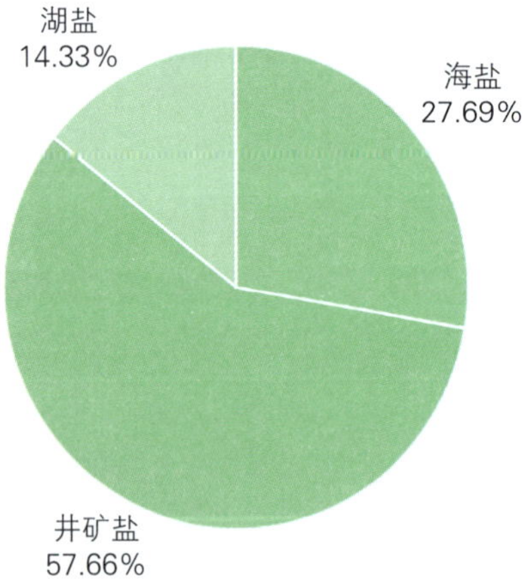

2023 年原盐产能分盐种比例（%）

据不完全统计，2023 年，全国制盐企业上报盐田面积 722.05 平方公里，同比下降 3.28%；可开采盐湖面积 412.25 平方公里，同比增长 0.32%；井矿盐生产装置约 70 套，同比保持不变。

2023 年原盐生产面积及装置情况

省份	盐田、设备（km^2 套）	同比增长（%）
盐田面积	722.05	–3.28%
盐湖面积	412.25	0.32%
生产装置	70	0

2023 年，全国原盐累计产量 10330 万吨，其中，海盐产量 2399 万吨，占 23.22%；井矿盐产量 6151 万吨，占 59.55%；湖盐产量 1780 万吨，占 17.23%。

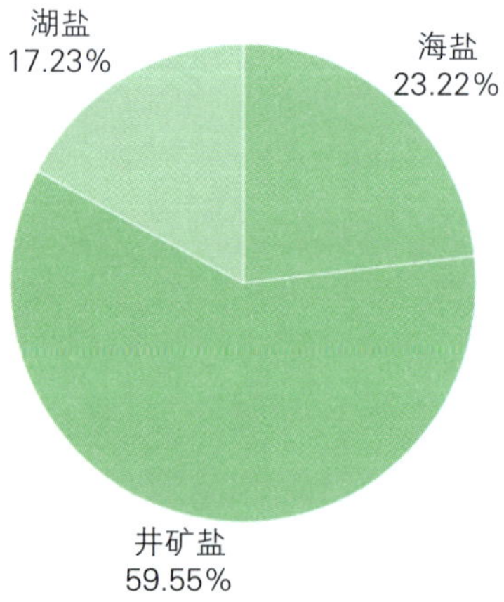

2023 年原盐产量分盐种比例（%）情况

原盐产量前五位的省份是山东、江苏、青海、河南、湖北，五省总计产量占全国盐产量的 62.35%。其中，山东省产量约占 24.69%；江苏省产量约占 15.81%，青海省产量约占 10.65%，河南省产量约占 5.81%，湖北省产量约占 4.36%。

2023 年原盐产量前五位省份情况

省份	2023 年产量（万吨）	占比（%）
山东	2660	24.69%
江苏	1603	15.81%
青海	1071	10.65%
河南	587	5.81%
湖北	520	4.36%

据不完全统计，2023 年，全国食盐定点生产企业食盐产量 1248 万吨，同比增长 5.7%。食盐产量排前五位的省份是江苏、湖北、四川、山东、江西，五省食盐产量总计占全国食盐产量的 62.10%。

2023 年食盐产量前五位省份情况

省份	2023 年产量（万吨）	占比（%）
江苏	189	15.14%
湖北	160	12.82%
四川	148	11.86%
山东	148	11.86%
江西	130	10.42%

2023 年，全国原盐消费量 11971 万吨，同比增长约 0.4%。其中，工业盐消费量 10490 万吨，占 87.6%；食盐消费量 1325 万吨，占 11.1%；出口盐 156 万吨，占 1.3%。

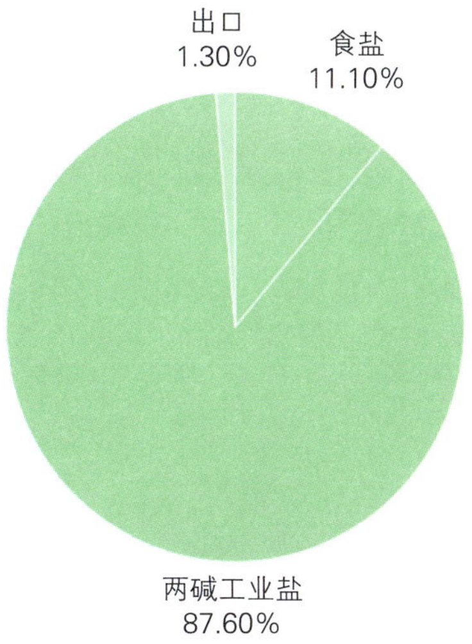

2023 年原盐消费情况（%）

2023 年全国原盐消费情况

省份	2023 年消费量（万吨）	占比（%）
合计	11971	100%
工业用盐	10490	87.60%
食用盐	1325	11.10%
出口	156	1.30%

据不完全统计，2023 年，全国食盐定点生产企业食盐销量 1325 万吨，同比增长 8.2%。食盐销量排前五位的省份是江苏、山东、四川、湖北、江西，占全国食盐销量的 58.57%。

2023 年食盐销量前五位省份情况

省份	2023 年销量（万吨）	占比（%）
江苏	209	15.77%
山东	150	11.32%
四川	148	11.17%
湖北	145	10.94%
江西	124	9.36%

按品种分，2023 年，全国食盐定点生产企业普通食用盐销量 899.29 万吨，占比 68.61%，低钠食用盐销量 11.46 万吨，占比 0.86%，风味食用盐销量 11.52 万吨，占比 0.12%，特殊工艺食用盐销量 0.33 万吨，占比 0.02%，食品加工用盐 402.50 万吨，占比 30.38%。

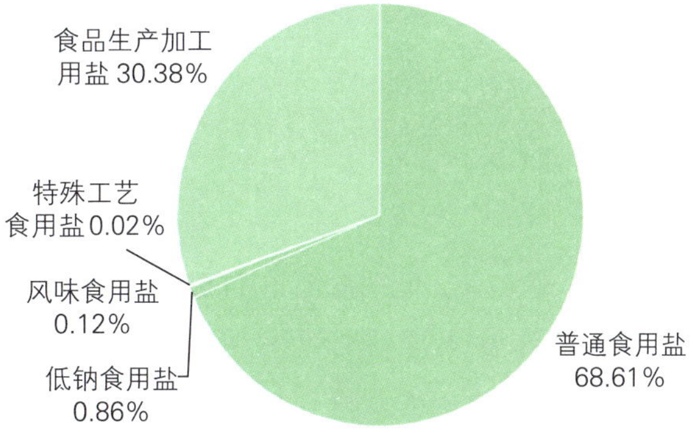

2023 年生产企业食盐品种分类情况（%）

按是否加碘分，2023 年，全国食盐定点生产企业加碘盐销量 656.18 万吨，同比增加 6.57%，占食盐总销量的 49.5%；其中，小包装加碘食盐销量 439.33 万吨，同比增长 6.66%，占小包装食盐销量的 80.60%。

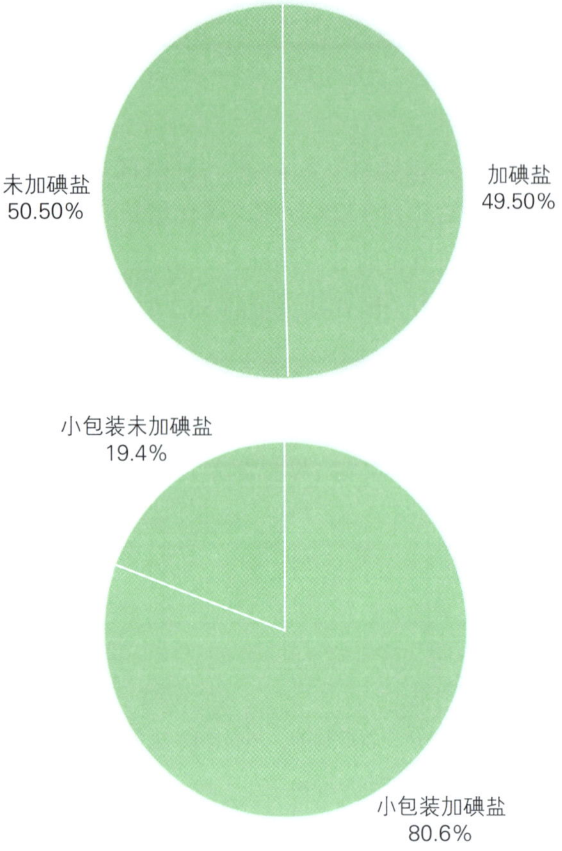

2023 年生产企业加碘食盐销量情况（%）

种类	销量（万吨）	同比增长（%）
加碘盐	656.18	6.57%
小包装碘盐	439.33	6.66%

据不完全统计，2023 年，全国省级食盐定点批发企业（省盐业集团）食盐销量 968.11 万吨，同比增长 8.91%。其中，普通食盐销量 546.65 万吨，占比 53.47%，低钠盐销量 11.28 万吨，占比 1.17%，风味食用盐约 9.88 万吨，占比 1.02%，特殊工艺食用盐 0.76 万吨，占比 0.08%，食品加工用盐 399.53 万吨，占比 41.27%。

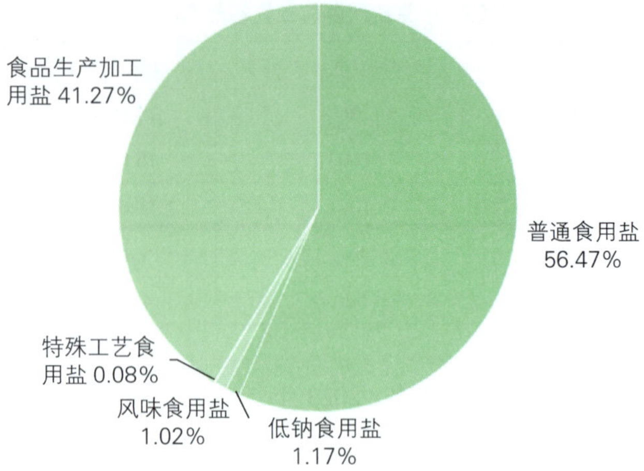

2023 年批发企业食盐品种分类情况（%）

按是否加碘分，2023 年，全国省级食盐定点批发企业加碘盐销量 473.65 万吨，占食盐总销量的 49.21%；其中，小包装加碘食盐销量 327.83 万吨，占小包装食盐销量的 84.86%。

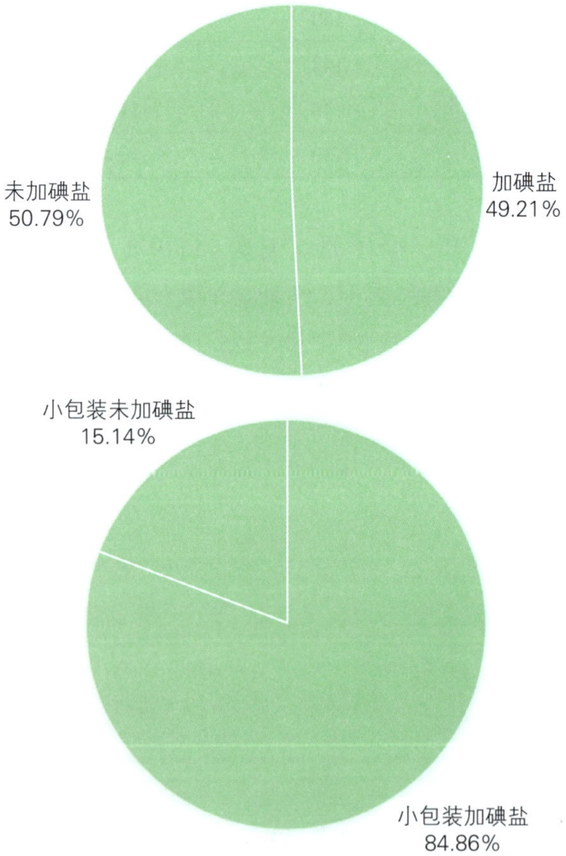

2023 年加碘食盐销量情况（%）

国家海关统计数据显示，2023 年，全国进口工业盐 908.52 万吨，同比减少 3.61%。

2023 年工业盐进出口情况

月份	数量（万吨）	同比增长（%）
累计进口工业盐	908.52	–3.16
累计出口工业盐	74.97	5.09

从进口国家看，印度进口工业盐量占比 64.47%，澳大利亚进口工业盐量占比 23.62%，墨西哥进口工业盐量占比 11.46%。2023 年，进口工业盐平均单价 44.71 美元 / 吨，同比下降 15.02%。

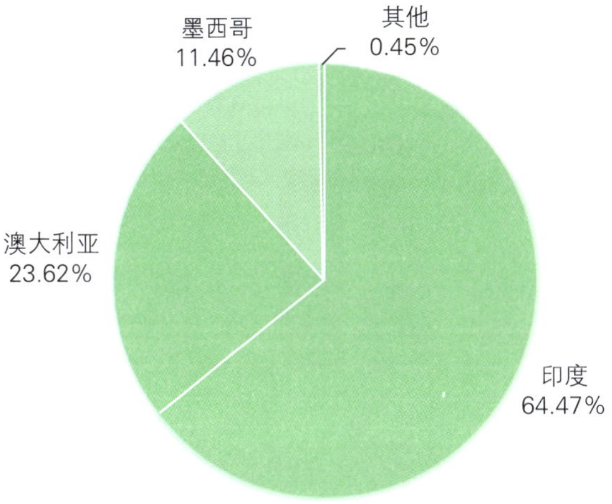

2023 年进口工业盐国家情况

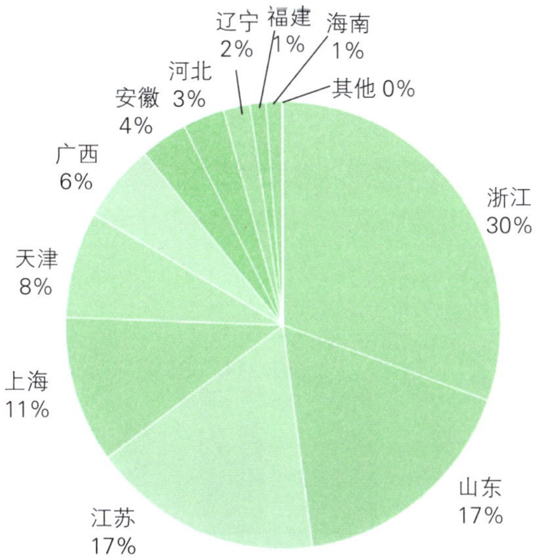

2023 年进口工业盐注册地情况

从进口注册地看，浙江省进口工业盐量最多。占比 30.49%，其他省（市）进口量由多到少依次为山东省、江苏省、上海市、天津市、广西壮族自治区、安徽省等。

国家海关统计数据显示，2023 年，全国出口工业盐 74.97 万吨，同比增长 5.09%。从出口国家看，出口至日本的工业盐量占比 48.38%，出口至韩国的工业盐量占比 34.96%，出口至越南的工业盐量占比 3.53%。2023 年，出口工业盐平均单价 71.23 美元 / 吨，同比下降 16.83%。

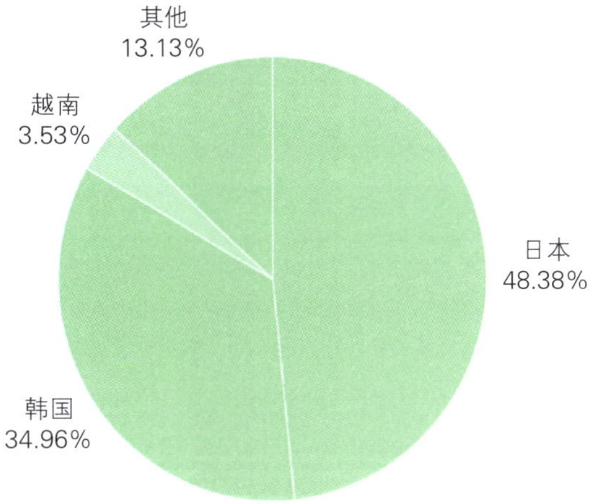

2023 年出口工业盐国家情况

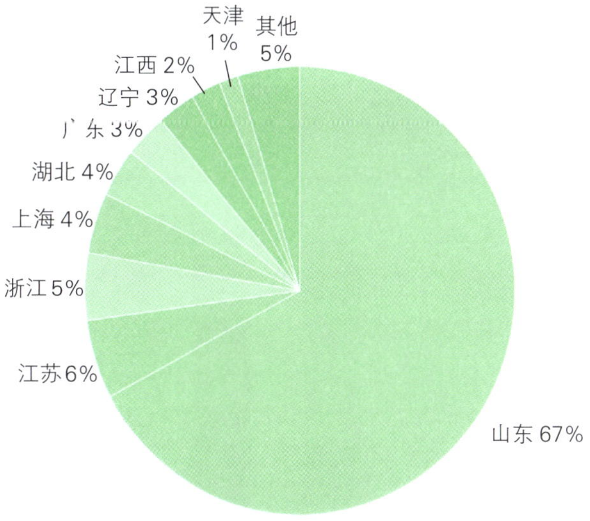

2023 年出口工业盐注册地情况

从出口注册地看，山东省出口工业盐量最多，占比 67.23%，其他省（市）出口量由多到少依次为江苏省、浙江省、上海市、湖北省、广东省等。

2023 年，全国进口食用盐 14.55 万吨，同比增长 43.21%。从进口国家看，澳大利亚进口食用盐量最多，占比 89.97%，俄罗斯进口食盐占比 8.80%，全国进口食用盐平均单价 105.38 美元 / 吨，同比下降 3.36%。

2023 年，全国出口食用盐总量 81.15 万吨，同比增长 26.66%。从出口国家看，出口至韩国的食用盐最多，占比 42.01%，其他贸易国依次为：越南、菲律宾、马来西亚。2023 年，全国出口食用盐平均单价 82.92 美元 / 吨，同比下降 18.66%。

2023 年食盐进出口情况

月份	数量（万吨）	同比增长（%）
累计进口食盐	14.55	43.21
累计出口食盐	81.15	26.66

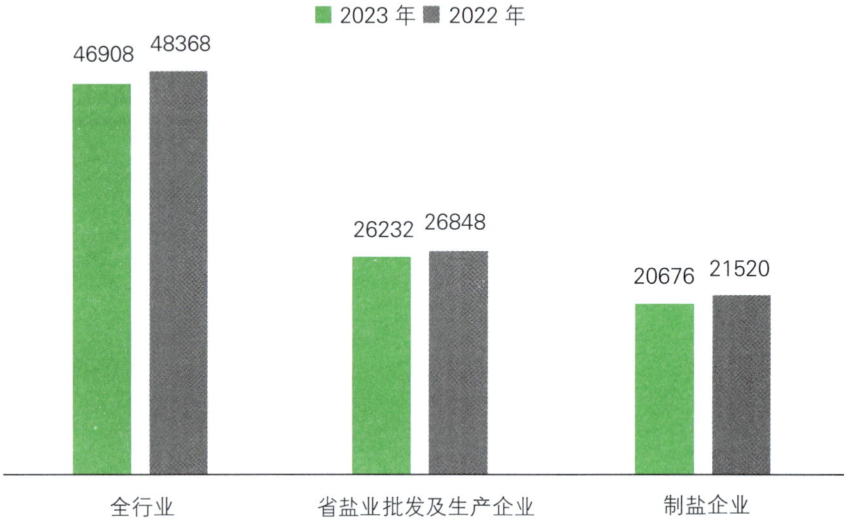

2023 年在岗职工情况（亿元）

据不完全统计，2023 年，全国盐业在岗职工 46908 人，同比下降 3.02%；其中，各省盐业批发企业（盐业集团）及下属生产企业在岗职工 26232 人，其他制盐生产企业在岗职工 20676 人。

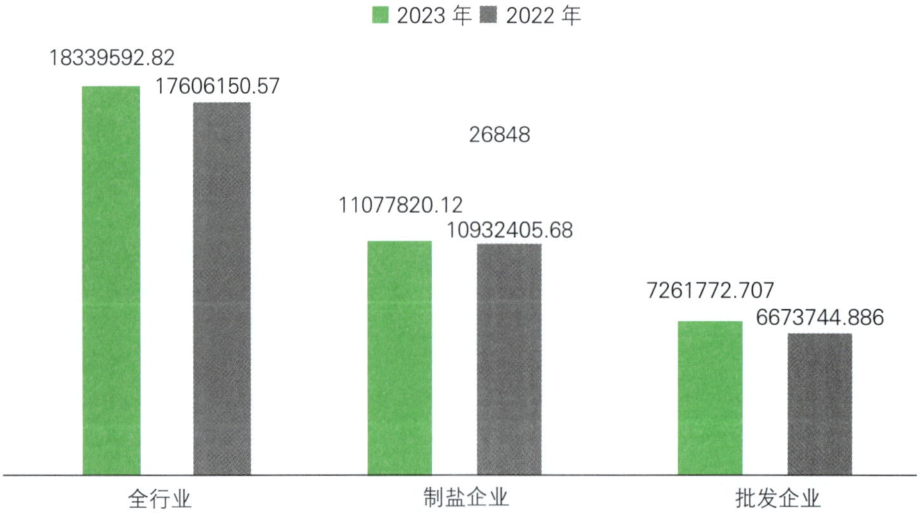

2023 年盐业资产情况（万元）

据不完全统计，2023 年，全国盐业资产总额 1833.96 亿元，同比增长 4.17%。其中，制盐企业资产总额 1107.78 亿元，批发企业资产总额 726.18 亿元。

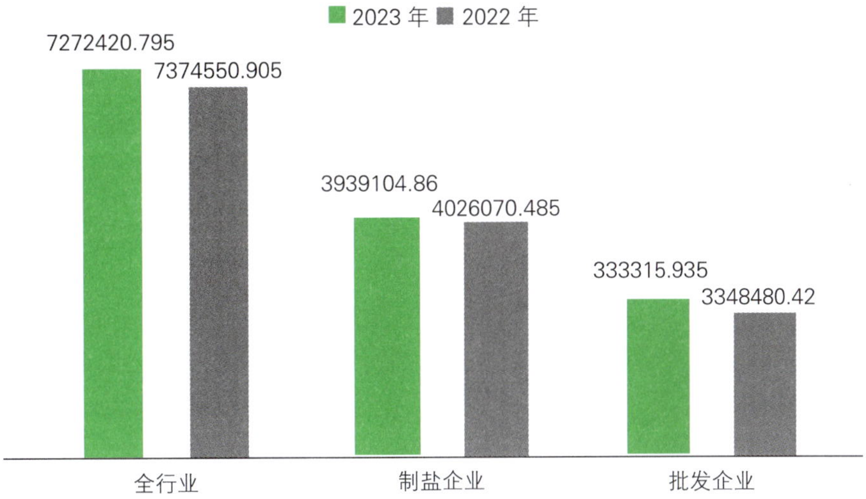

2023 年盐业销售收入情况（万元）

据不完全统计，2023 年，全国盐行业销售收入 727.24 亿元，同比下降 1.39%。其中，制盐企业销售收入 393.91 亿元，批发企业销售收入 333.33 亿元。

据不完全统计，2023 年，盐行业涉盐业务收入 519.71 亿元，非盐业务收入 207.53 亿元，其中，制盐企业非盐业务主要包括两碱化工产品销售、其他化工能源产品销售，以及房屋租赁等；批发企业非盐业务主要包括房屋租赁、其他消费品销售，以及其他化工产品销售等。

据不完全统计，2023 年，全国盐业利润总额 79.02 亿元，同比下降 3.96%。其中，制盐企业利润总额 39.80 亿元，批发企业利润总额 39.23 亿元。

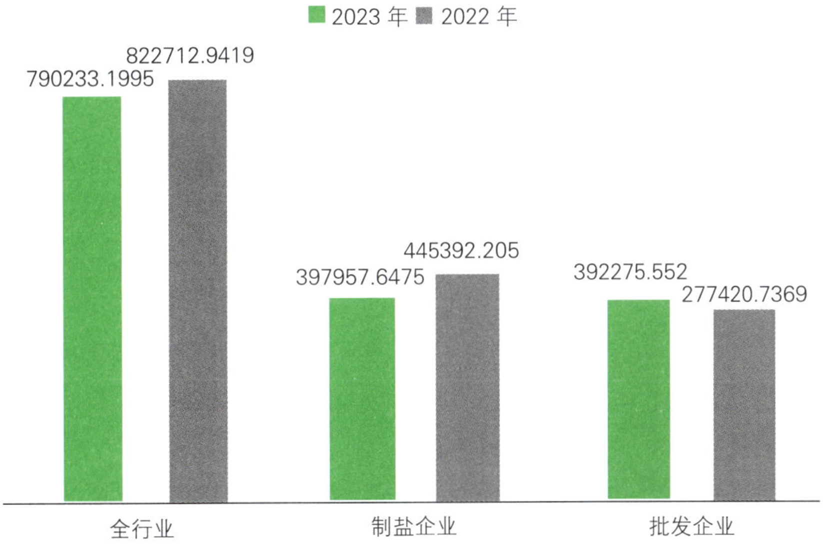

2023 年盐业利润情况（亿元）

（注：以上数据均来自盐行业制盐企业、批发企业、相关盐业协会、盐业信息中心等）

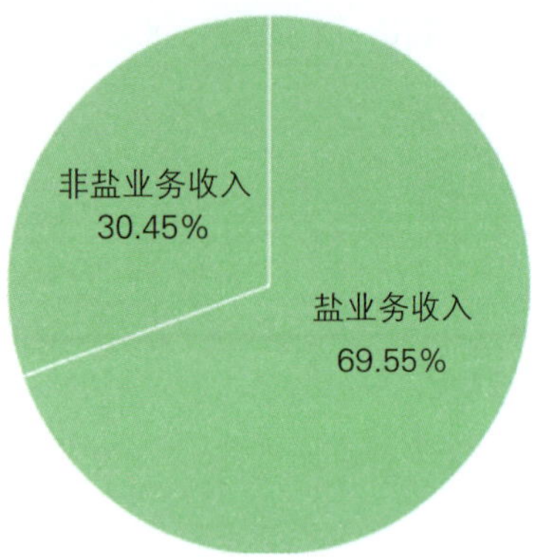

2023 年非盐销售收入情况（万元）

【b. 市场分析】

1. 年度原盐市场分析

原盐市场方面，2023 年上半年，受到下游两碱市场需求影响，工业盐需求减少，出厂价格有所下降。进入三季度随着煤炭运力等成本提升，企业生产成本增加，以及下游化工市场好转等因素影响，工业盐需求出现明显回升，尤其进入四季度，受食用盐需求旺盛、两碱装置开工增加及部分区域原盐供应减少等因素支撑，工业盐市场有所上调。

2. 年度食盐市场分析

从整个食盐市场来看，中国食盐产量、销量同比均有增加。受日本核污水排海事件导致的抢盐风波影响，第三季度开始，食盐市场需求大幅增加，全国食盐产销量均出现增长，各类食盐、食品加工用盐产品均出现供不应求现象，消费者、零售端、相关食盐经营者购买需求较强，食盐定点生产企业开工率明显提升，尽管食盐市场产销两旺，但行业落实社会责任的要求，食盐批发价格和零售价格没有上调，行业效益未见明显提高。

【c. 主要工作】

1. 党建工作

中盐协会党支部坚持党建引领，在中轻联合会、总社党委的领导下，全体同志自觉按照标准规范言行，在工作中充分发挥了先锋模范作用。组织召开党员领导干部民主生活会开展批评与自我批评，按照个人自评、党员互评、民主测评的程序，紧贴党员思想实际进行民主评议和组织评定，达到了解决问题、触动思想，增进团结、促进工作的目的。党支部将学习宣传贯彻党的二十大精神作为首要政治任务，以自学方式运用《党的二十大报告辅导读本》《党的二十大报告学习辅导百问》《二十大党章修正案学习问答》等辅导材料进行学习。同年，按照《中国轻工联党委“党建双创活动”方案》的要求，坚持结合行业组织特点，推动协会党建工作质量和水平不断提升。严格落实中央八项规定和《中国共产党廉洁自律准则》，以及中轻联党委、纪委党风廉政要求，扎实开展党风廉政建设和警示教育活动。

2. 食盐市场保障

全行业认真贯彻落实党中央、国务院决策部署，在“8·24”抢盐风波中，盐业企业认真履行社会责任，加班加点生产，不计报酬保供，全力应对抢盐风潮，彰显了盐行业的责任担当。6 月，日本宣布 8 月 24 日将日本福岛核污水排海的消息受到全世界的关注，8 月 23 至 24 日，部分地区居民担心食盐质量受到核废水影响出现零星抢盐现象，24 日，日本宣布核废水正式排海后，抢盐现象从中国沿海地区迅速蔓延到内陆各省全国，至 26 日，国内大部分地区均有不同程度的食盐抢购情况发生，并到达高峰。中盐协会就应对工作按照工信部消费品工业司的指示，于 8 月 25 日接受央视 13 综合新闻频道采访。并于 8 月 28 日赴发改委当面就行业平息抢盐情况向发改委产业司汇报，并根据发改委要求提供了行业情况、食盐产销情况、行业改革情况等。此外，为及时掌握行业平息抢盐情况，中盐协会自 8 月 24 日至 9 月 1 日，组织部分企业每日上报食盐产销情况及食盐库存情况，以简报形式报相关部门参考；在抢盐风波基本平息后，继续安排各有关单位提供抢盐的总结，并进行汇总上报相关部门。

3. 改革创新

盐业企业积极实施混合所有制改革，企业间的产销联合有了进一步的推动，兼并重组成为行业发展的方向；“三品”战略持续推进，越来越多的新产品逐步推出，更多的新品种让消费者有了更多选择，一批具有影响力的品牌逐渐被消费者熟知；数字化转型战略助推行业转型发展正在加快，行业发展新动能逐步增强；行业积极探索和推动碳达峰碳中和，资源综合利用项目，盐穴储油、储气技术稳步推进；企业在坚持做好主业基础上，拓展和创新多元化经营取得效果，行业做优做强取得新成绩。

4. 修订发布《食盐定点企业规范条件》

《食盐定点生产企业和食盐定点批发企业规范条件》《食盐定点生产企业和食盐定点批发企业规范条件管理办法》（以下简称《规范条件》）是落实国务院《盐业体制改革方案》的重要举措，是食盐定点企业证书资质申请和审核的重要依据。随着形势变化，《规范条件》已不适应国家改革和行业的发展的需要。为做好2023年食盐定点企业证书的换发工作，工业和信息化部自2022年开始，就着手对现行的《规范条件》进行重新修订，中盐协会全程参与，密切配合工信部消费品司开展《规范条件》修订研究。2023年，就征求意见稿组织行业进行了广泛的调研，系统征求了企业意见，在针对行业某些暂时无法解决的问题，如原料盐来源、商标的授权方面，提出了行业建议，解决了实际问题。同时，按照政府政策文件发布的流程，配合准备各种需要的材料初步修改，确保文件顺利发布。此外，按照工信部的要求建设的“食盐专营系统”也同步上线，确保了食盐定点证书的顺利换发。

5.《规范条件》宣贯

为了配合新修订的《规范条件》的顺利实施，方便盐业主管部门和食盐定点企业准确理解《规范条件》中的政策要求，受工业和信息化部消费品工业司委托，中盐协会会通过多种方式做好《规范条件》的宣贯工作：一是于今年9月14日，在江苏省南京市组织召开全国食盐定点企业证书审核和换发工作交流会；二是按照工信部要求，编写《规范条件》实施指南并于10月初正式发布。

6. 长三角工业废盐资源化利用产业联盟成立

9月4日，由江苏省盐业协会牵头发起的长三角工业废盐资源化利用产业联盟筹备推进会在南京召开，省内部分知名高校及科研院所、行业协会、头部企业的专家学者、领导嘉宾围绕联盟成立及工业废盐资源化综合利用等进行了深入探讨。

会上公布了前期开展的全省工业废盐调研情况、联盟成立筹备进展情况，重点解读了联盟成立方案、章程及江苏省“无废城市”“无废园区”等文件精神。与会专家围绕联盟名称、成立方案、联盟章程及筹备组成立事宜、近期筹备重点工作等进行了讨论，结合各自研究领域提出了针对性强、便于操作的工作推进意见和建议，并就联盟的工作职能、组织架构、发展方向等进行了深入探讨，达到了集思广益、博采众长的效果。与会代表就会议讨论的一致意见初步确定了联盟名称，同时依托与会单位正式成立了联盟筹备组，明确了近期各单位工作分工。

7. 建设全国首个海上风电与海洋牧场融合发展研究试验项目

2023年，山东莱州海上风电和海洋牧场融合发展研究试验项目补贴规模300MW，争取财政补贴资金2.4亿元，占全省的27.3%。莱州海上风电和海洋牧场融合发展研究试验项目规划装机容量300兆瓦，位于土山镇北部芙蓉岛西侧国家级海洋牧场示范海域，由中广核新能源与山东诚源集团共同投资建设，是全国首个海上风电与海洋牧场融合发展研究试验项目，也是国家发改委、国家能源局批复确定的新能源领域增量混合所有制改革重点项目。项目将进行“深水网箱+海上风电”“深远海养殖+休闲海钓”及海洋牧场、深远海养殖渔场与海上风电融合发展模式的试点，通过立体式开发达到海域使用的最大限度，实现集中集约用海，为山东省乃至全国打造“蓝色能源 + 海上粮仓”模式的典范。

8. 食盐电子追溯工作

为实现食盐定点企业证书换发审核要求，2023 年 3 月全国平台开通了《食盐定点生产企业追溯信息上传全国平台的情况报告》下载功能，企业可自行选择起止时间生成该企业食盐产品追溯情况报告；为服务行业需要，全国平台继续食盐定点生产企业免费提供追溯码申请下载服务，2023 年为企业生成产品追溯码共计 76.1 亿枚；同时，全国平台不断完善且优化服务功能，以服务企业实现食盐产品电子追溯及消费者查询。6 月，全国平台增加投入升级了数据库，保证追溯信息备份数据的安全和稳定性；8 月，全国平台对食盐追溯码扫码展示页面进行了更新升级；另外，全国平台优化了索引查询，提高平台运行效率，开发了省级二级服务平台基础功能，实现各省级主管部门对食盐企业信息的查询，同时实现一二级码关联率查询，为提高企业一二级码关联率实现产品防窜货功能做准备。截至 2023 年 11 月 30 日，共计 117 家食盐定点生产企业接入全国食盐电子防伪追溯服务平台（简称全国平台），并上传生产的食盐产品电子追溯信息。2023 年前三季度，上传至全国平台的追溯数据量已达 35.23 亿条，总计数据量 71.6 亿条。

9. 协调碘酸钾供应

碘酸钾是生产加碘食盐的重要原料，自 2022 年起食盐生产企业开始反映享有补贴价碘酸钾供应不足，影响企业原有生产和销售流程。中盐协会就通过各种方式向工业和信息化部、发改委、财政部、卫生健康委等各部门汇报，同时，与中国地病协会和国药集团进行协调，尽量满足急需的食盐生产企业供应需求。6 月 28 日，财政部资产管理司国有资本管理处会同工业和信息化部消费品工业司食品处组织召开食盐用碘酸钾供应座谈会，就食盐用碘酸钾供应出现问题及下一步工作进行了讨论，财政部同意延续原有的工作机制，按照现行方式管理，落实国家财政对原碘采购资金补贴，并同意牵头制定原碘补贴项目资金的管理办法。

10. 舆论应对与行业宣传

为向社会澄清海盐产品安全性事实、号召行业企业稳定食盐供应，平息抢盐风波，8 月 26 日中盐协会率先向全国盐业企业发出了倡议书，正确宣传本单位产品，加以正面引导，呼吁广大盐业企业要从大局出发，共同维护好中国的食盐市场秩序，履行好食盐专营制度赋予的社会责任，确保食盐的质量安全和供应安全，保护公民的身体健康。会网站和公众号上发布了《关于我国食盐质量安全和供应安全的说明》，转发了 8 月 24 日生态环境部相关负责人就日本启动福岛核污染水答记者问的官方信息。

11. 协调调整产业结构项目

2022 年，国家发改委公布的征求新版《产业结构调整指导目录》的意见时，根据江苏省盐业集团、连云港工业投资集团、江苏银宝控股集团向协会反映，中盐协会曾向发改委提出删除“利用矿盐卤水、油气田水且采用平锅、滩晒制盐的生产工艺与装置”列入淘汰类的规定。该条的提出是为解决江苏等地井矿盐区开发初期，禁止个体作坊和个人私自抽取盐井中的卤水用平锅熬盐，严重扰乱盐业市场的问题；如今已经在地方政府的支持下，通过技术改造，已经实现管道输送井矿盐卤水滩晒制盐规模化生产，如针对目前情况再将矿卤滩晒项目列入淘汰类，显然既不符合实际，也不利于行业发展。经过详细的调研和研究，中盐协会形成了《关于产业结构调整指导目录（2019 年版本）》修订意见的函》向发改委、工信部反映；2023 年 8 月，根据江苏盐业协会的意见，中盐协会联系国家发改委产业司，希望能够就此问题进行沟通，并于 17 日轻纺处专题会议，会后再次修改材料并提交。

12. 行业信用体系建设

2023 年，协会在前期工作基础上，继续开展信用评价工作：一是继续和第三方专业评价机构北京国富泰信用管理有限公司依据评定标准共同推进信用等级评价工作，从基础素质、财务能力、竞争力状况、履约状况、守法守规及履行社会责任情况等六个方面，对盐业企业信用状况作出全面评价，全年共评价 891 家企业。其中食盐定点生产企业 113 家，省级食盐批发企业 28 家，市级食盐批发企业 213 家，县级食盐批发企业 537 家；根据信用等级评价结果，AAA 级企业 315 家、AA 级企业 218 家、A 级企业 358 家。为企业提供 1630 余次信用管理咨询。二是注重发挥省级盐业协会作用，全面推进信用体系建设。2023 年以来，协会面对信用体系建设涉及面广、企业数量多的特点，认真分析，制定方案，依靠社会各界力量，先后与 9 个省的盐业协会研究开展市县批发企业信用评价工作，省级盐业协会对此项工作非常重视，目前已全部按照标准要求完成了相关工作。

13. 行业标准化工作

2023 年，中盐协会联合全国盐业标准化技术委员会，启动制定了《盐产品分类及命名》《制盐生产固废（盐泥）中碳酸钙、氢氧化镁含量的测定》等 3 项国家标准和《制盐工业能效等级标准》《食盐安全信息追溯体系规范》《岩盐水溶开采规范》等 7 项行业标准。此外，为满足盐行业市场的创新需要，培育和完善盐行业标准体系，快速制定盐行业需求标准，由协会提出，经八届三次理事会审议批准成立了中国盐业协会团体标准技术委员会（简称团标委）。9 月 14 日，团标委在南京召开第一次工作会议，确定团标委委员，明确工作方向，提出团标制定意见和建议。团标委办公室完成起草《中国盐业协会团体标准管理办法》和《中国盐业协会团体标准制修订工作程序》，为团体标准的申报立项和发布实施做好准备工作。

14. 食盐及包装标签抽查

中盐协会持续开展食盐质量和标签标识抽查工作，组织国家盐产品检测中心和中国轻工业井矿盐检测中心，通过超市购买、食盐生产企业抽样、网络平台购买等多种途径对食盐实物质量和标签标识进行市场抽查，以协助企业加强产品的质量管理，做好服务工作。2023

年对全国 30 个省、自治区、直辖市食盐定点生产企业（含多品种盐公司）和流通市场食用盐产品（含多品种盐）的实物质量和标签标识进行抽查监测，共抽查食盐样品 633 批次，其中生产领域抽查 221 批次，涉及 115 家食盐定点生产企业（含多品种盐公司），流通市场（含 6 个电商平台）抽样 412 批次。经检测，产品实物质量合格率 99.53%，比 2022 年度提高 1.27%；标签标识合格率为 84.79%；比 2022 年度提高 3.78%。其中食盐实物质量不合格项目主要为按照国家绿色食品标准生产的食盐碘含量不合格，氯化钠、硫酸根未达到 NY/T 1040—2021《绿色食品 食用盐》中含量的标准要求。标签标识不合格项目主要是包装上专用名称、产品说明强调的内容、定量标示填写的内容、营养成分表内容未按照《食品安全国家标准 预包装食品标签通则》（GB 7718—2011）和《食品安全国家标准 预包装食品营养标签通则》（GB 28050—2011）两个标准进行准确标注。

15. 首个食用碘盐预防碘缺乏病文物展

5 月 15 日，中国首个食用碘盐预防碘缺乏病文物展“寓医于盐——食用碘盐预防碘缺乏病文物展”在自贡市盐业历史博物馆开展。

据了解，本次文物展展期为三个月，由中国盐业协会指导，市盐业历史博物馆、中国轻工业企业管理协会博物馆专业委员会、中国文物学会盐业文物专业委员会、江苏省盐业协会淮盐文化传承创新委员会等联合主办。本次展览展出的文物包括相关文件、书籍、宣传画、照片、碘盐包装袋、碘盐罐等，共 216 件套，主要由盐史文物收藏家穆家良、张萍夫妇提供。这些文物从补碘缘由、辉煌历程、面临挑战三个方面将食用碘盐预防碘缺乏病文物与科普知识相结合，多方位展示了新中国成立以来我国在防治碘缺乏病工作中取得的辉煌成就。

16. 筹备盐业展览会

为促进企业转型升级，实现高质量发展，展示改革后行业整体形象，2023年年初开始，协会筹划举办盐业展会，经过认真研究和多次商量协调，确定由中国盐业协会和轻工业展览中心共同主办，北京振轻科技产业有限公司和信致（北京）会展有限公司承办，展会的名称为："2024中国盐业全产业链博览会（2024CSIE）"，将于2024年5月10日至12日在烟台举办，以"追求健康生活，共'盐'美好未来"为主题，围绕创新、高效、安全、低碳，搭建盐产业上下游全产业链展示、交流、商贸平台，旨在提升盐产业链供应链现代化水平，促进产业融合和经贸合作，助力盐行业高质量发展，以满足人民日益增长的美好生活需要。

17. 推进各区域盐业企业交流

2023年，盐及盐化市场需求不旺，工业盐受下游两碱化工影响，价格一度下滑。中盐协会及相关专业委员会先后组织召开了八次盐业企业工作交流会，于会上通报全行业的产销情况，分析了当前盐业市场的供需关系。帮助制盐企业正确把握市场发展趋势，维护工业盐市场稳定，保持盐行业持续健康发展。

18. 行业培训

为贯彻国家"十四五"规划，提升盐业企业相关负责人管理水平，引领盐行业高质量发展，中盐协会组织行业开展了多次培训。4月在广东省江门市与中国轻工业企业管理协会共同举办了全国盐业企业家高级研修班，来自广东、天津、河北、黑龙江、辽宁、内蒙古、山东、江苏、云南、浙江、湖南、陕西等地50余名中高层管理人员参加研修。7月在昆明举办由云南省工业和信息化厅、云南省盐业有限公司支持、中盐协会主办的全国食盐电子防伪追溯体系建设现场交流培训会工业和信息化部消费品工业司、云南省工业和信息化厅主管领导，以及来自吉林、黑龙江、山西、上海、广东、四川等10余个省市行业主管部门相关领导，80余家食盐定点企业和10余家食盐企业服务商等相关代表共计150余人参加了此次交流培训会。9月，为学习交流新修订的《食盐定点企业规范条件》和《食盐定点企业规范管理法》的宣贯培训，中盐协会在南京举办新修订的《食盐定点企业规范条件》和《食盐定点企业规范条件管理办法》宣贯培训会，来自全国各省市级盐业主管部门、食盐定点企业的代表共500余人参加此次培训宣贯。

19. 主题教育调研活动

按照《中轻联党委关于开展学习贯彻习近平新时代中国特色社会主义思想主题教育的工作方案》的要求，中盐协会制定了主题教育工作方案和工作计划，将主题教育与学习党的二十大结合起来，将主题教育与大兴调查研究工作结合起来。围绕盐行业发展情况，梳理出制约盐行业高质量发展四个方面的问题开展调查研究：（1）制盐行业，能耗水平偏高的问题。（2）创新人才普遍缺乏的问题。（3）数字化转型相对滞后的问题。（4）食盐市场普遍存在食盐产品的相互压价、低价倾销的问题。上半年，协会共安排了15次调研活动。同年，中盐协会完成上报中轻联两个调研报告：1、井矿盐企业节能降碳情况的调研报告；2、井矿盐和海盐企业人才队伍建设情况调研报告。还将主题学习与协会干部队伍教育整顿结合起来，要求全体同志做到更加自觉深刻领悟"两个确立"的决定性意义，增强"四个意识"、坚定"四个自信"、做到"两个维护"。

20. 强化内部建设

为借鉴同行经验，中盐协会先后走访了中国糖业协会、中国陶瓷工业协会、中国缝纫机械协会等单位，学习他们自主办会、服务为本、治理规范的先进经验。组织召开协会工作会，研究探讨新形势下协会的工作，理清协会建设思路，并在此基础上，制定出中长期工作规划和目标。

2023年，在前期制订制度的基础上，又修订、制定了5项制度，对没建立的制度进行建立。同年，积极吸纳与行业相关的企业单位、上下游企业共12家企业加入协会，壮大协会的凝聚力和会员覆盖广度。

21. 行业统计和运行分析

经过几年的努力，中盐协会统计队伍不断完善渠道建设，已形成日常统计人员30名，年度统计队伍100多人，基本能够保证日常数据信息收集。完善行业统计报表体系，制定了“兼顾及时性和全面性”，“统筹重点企业和行业整体”的原则。在季度统计数据的收集上，强调即时性，发挥行业龙头企业（集团）作用；产量统一按全年口径，重点省份尤其是山东、江苏、青海的产量根据具体情况调研。年度行业数据重视全面性和覆盖面，通过分类和逐步调整，明确了各阶段数据收集目标。加强行业经济运行分析工作，在收集数据的基础上，加强了对数据的分析研究，改变以往“重数据、轻分析”的情况，要让数据充分发挥其价值，对政策的制定和企业发展起到参考作用。2023年起，每个季度发布季度盐业运行简报，主要反映当季盐业市场情况，从原盐产销情况，市场价格、食盐产销情况，以及下游两碱行业产量市场情况进行分析汇总；年度盐业市场经济运行分析报告，从盐业产销情况、下游行情、营收状况，未来发展做了全面分析。此外，中盐协会通过各种行业座谈会、下游两碱论坛发布行业情况。

22. 新版网站的维护与运行

中盐协会通过协会官网第一时间发布国家主管部门的各类涉及盐业的文件、法律法规信息，搜集行业内会员单位，特别是重点盐业集团的工作信息，及时在网站上进行发布，与大型盐业集团、重点盐业企业等保持着密切的信息互动合作。同时，结合协会工作开展情况和行业内稿件收集情况，及时更新文章、及时发布通知公告、及时配合行业宣传重点和国家时政要闻宣传重点开展宣传工作。自2022年12月24日至今，网站共发布信息864篇，2023年共设置了三次网站专题和三次协会活动推送，其中单篇文章点击量最高3000余。

23. 宣传工作

中盐协会利用微信公众号传播快、更便捷的特点，及时发布行业要闻，第一时间推送协会活动的报道，发布协会组织的各类工作、会议活动等，配合网站等栏目做好重要通知的下载链接设置；对于行业内企业的重点工作成绩、大事要闻等，比如抗疫保供、品牌营销、党建引领等，协会根据企业的投稿情况也及时安排文章的转发。2023年“5·15碘缺乏病日宣传日”活动、“8·24食盐抢购风波”、9月食盐定点企业规范条件和管理办法工作交流会和实施指南手册征订、3月江门高级研修班培训、云南食盐追溯体系培训等协会主导、组织的行业重大活动都通过官方微信号及时发出报道信息。2023年发布文章共260篇，单篇平均点击量3000以上，转发量最高万余次。

24. 编写行业刊物

2023年，继续开展《中国盐业年鉴2022》的编写工作，4年初召开审稿委员会工作会议，完成了《中国盐业年鉴2022》稿件二次审核修订工作，经过上年12月至本年6月的数次修改和编排，交付企业完成终稿确认和修改。同年7月6日，以文件形式启动2023年编写工作，9月30日是本年度的截稿期。2023年，继续理顺了《会员通讯》《井矿盐信息》《盐业科技·经济信息》三份刊物完成了整合事宜，进行栏目分工组稿、审稿的分工合作。在原有6个栏目基础上，整合后增加5个，现共有11个栏目，每期紧跟当月主题、紧扣行业大事要闻，相关国内外行业发展、企业发展的重点内容，严选优质文章60余篇，每期编辑文字4万余字，每期32页。

【d. 大事记】

1月，广州公司连获2022年广东省“创新型中小企业”及“专精特新中小企业”两项认定。

1月17日，中国盐业协会发布《关于表彰2022年食用盐检测技能考核获奖人员的通报》（中盐协〔2023〕3号），对2022年盐业检测人员食用盐检测技能考核工作的结果向行业通报。此次共有61家企业94名检测人员参加了考核，共评选出一等奖1名、二等奖2名，三等奖8名。

1月17日，2022年新增84家食盐定点生产企业接入全国食盐电子防伪追溯服务平台，累计接入116家，占食盐定点生产企业总数的89%。

2月2日，鲁盐集团在济南召开2023年市场研讨暨优质客户答谢会。

2月9日，河南省盐业协会第六届会员代表大会暨六届一次理事会议在河南省郑州市召开。中国盐业协会党支部书记、执行理事长王小青应邀在线参加会议并致辞。

2月10日，天津长芦汉沽盐场举办“海韵盐魂 人间滋味——天津长芦汉沽盐场高质量发展专题展研讨会”。

2月10日，《内蒙古盐业志》篇目大纲研讨会在呼和浩特市召开。

2月10日，在河南省平顶山市平煤集团联合盐化公司组织召开全国井矿盐制盐企业座谈会，来自14个省39家制盐企业共100余人参加此次会议。

2月16日至17日，中国盐业协会党支部书记、执行理事长王小青先后与来访的四川省经济和信息化厅盐业处处长朱华，广东省盐业集团党委副书记、总经理黄祥清，山东鲁银投资集团股份有限公司党委书记、董事长杨耀东、总经理赵希玉，河南省盐业集团党委书记、董事长邱清龙、总经理赵玉祥等领导就共同关心的工作进行了深入交流。

2月17日，中盐协会召开党组织生活会和民主评议党员。中国轻工业联合会纪委委员、中国缝制机械协会理事长、党支部书记杨晓京同志到会指导。

2月22日至23日，中盐协会党支部书记、执行理事长王小青一行到江苏省盐业集团有限责任公司调研，与集团党委书记、董事长章朝阳，党委副书记、总经理王海青座谈交流。

2月23日，中盐协会组织部分碘标专业管理委员会副主任对食盐标志定点生产企业—江苏标码新材料科技有限公司所属生产基地—泰安市正泰激光印务有限公司进行实地验收检查，经现场审核认为该企业符合QB/T 2827-2023《食盐标码标志技术条件》、QB/T 2828-2023《食盐标码标志生产企业管理规范》的相关标准要求。

2月24日，江苏省盐业协会会员大会暨第四届六次理事会在淮安召开，同期举办了江苏盐行业高质量发展论坛。

2月24日，江苏省盐业协会在淮安举办了《江苏盐行业发展报告（2022）》发布会。

2月28日，陕西省盐业协会在西安举行《陕西省食盐管理条例》培训会。

2月28日，四川省盐业总公司在成都举办“川晶”新品暨畅销品发布会。中国盐业协会党支部书记、执行理事长王小青出席发布会并致辞。

2月27日至3月2日，中国盐业协会党支部书记、执行理事长王小青一行到四川省盐业企业等有关单位调研。

3月8日，中盐协会组织中国防伪行业协会及部分碘标专业管理委员会副主任对食盐标志定点生产企业—北京三友防伪商标印刷有限公司进行实地验收检查，经现场审核认为该企业符合QB/T 2827-2023《食盐标码标志技术条件》、QB/T 2828-2023《食盐标码标志生产企业管理规范》的相关标准要求。

3月9日，中盐协会组织中国防伪行业协会及部分食盐标志使用单位对食盐标志定点基膜生产企业—河南唯真防伪科技有限公司、食盐标志定点生产企业—江苏标码新材料科技有限公司所属生产基地—河南省卫群科技发展有限公司进行实地验收检查，经现场审核认为上述2家企业符合 QB/T 2827-2023《食盐标码标志技术条件》、QB/T 2828-2023《食盐标码标志生产企业管理规范》的相关标准要求。

3 月 3 日，国家疾控局卫生免疫司组织召开《食盐加碘消除碘缺乏危害管理条例》（以下简称《条例》）修订工作会，来自工业和信息化部、国家发展和改革委员会、财政部、国家市场监管总局、国家卫生健康委、疾控局相关司局等部委，以及中国疾控中心地病中心、营养与健康所、中盐协会等 9 家单位 20 位代表、专家参加会议，会议就《条例》（送审稿）进行了讨论。

3 月 9 日，中盐协会副理事长宋占京受邀参加中国纯碱工业协会组织召开的纯碱及上下游行业座谈会，来自 7 个相关上下游行业协会 9 人参加此次会议，会上各协会情况分别介绍了 2022 年本行业情况，并对 2023 年行业发展进行了预测。

3 月 13 日，上海证券交易所第 8 次上市审核委员会审议结果，江西省盐业集团顺利过会。

3 月 15 日，中盐协会组织部分碘标专业管理委员会副主任对食盐标志定点生产企业—福建泉州太平洋镭射标有限公司进行实地验收检查，经现场审核认为该企业符合 QB/T 2827-2023《食盐标码标志技术条件》、QB/T 2828-2023《食盐标码标志生产企业管理规范》的相关标准要求。

3 月 16 日，为进一步做好食盐专营管理工作，工业和信息化部消费品工业司就修改后的《食盐定点生产企业和食盐定点批发企业规范条件》和《食盐定点生产企业和食盐定点批发企业规范管理办法》公开征求意见，意见征集截至 2023 年 3 月 29 日。

3 月 22 日，中盐协会组织中国防伪行业协会及部分碘标专业管理委员会副主任对食盐标志定点生产企业—江苏银河激光科技有限公司进行实地验收检查，经现场审核认为该企业符合 QB/T 2827-2023《食盐标码标志技术条件》、QB/T 2828-2023《食盐标码标志生产企业管理规范》的相关标准要求。

3 月 23 日，中盐协会组织中国防伪行业协会及部分碘标专业管理委员会副主任对食盐标志定点生产企业—江苏标码新材料科技有限公司进行实地验收检查，经现场审核认为该企业符合 QB/T 2827-2023《食盐标码标志技术条件》、QB/T 2828-2023《食盐标码标志生产企业管理规范》的相关标准要求。

3 月 28 日至 30 日，中国盐业协会党支部书记、执行理事长王小青一行到辽宁省调研，并与食盐定点企业座谈。辽宁省工信厅轻工处二级调研员刘元训陪同并主持会议。

3 月 31 日至 4 月 2 日，第二十二届中国绿色食品博览会、第十五届中国国际有机食品博览会在安徽合肥滨湖国际会展中心举办，云南能源投资股份有限公司全资子公司云南省盐业有限公司“普洱盐·原生岩盐”、肥城制盐“鲁祥”牌绿色食品精制盐凭借其绿色生态健康理念及质量管理创新优势，荣获本届博览会金奖。

4 月 7 日，中盐协会组织部分碘标专业管理委员会副主任对食盐标志定点生产企业—四川永安激光制品有限公司进行实地验收检查，经现场审核认为该企业符合 QB/T 2827-2023《食盐标码标志技术条件》、QB/T 2828-2023《食盐标码标志生产企业管理规范》的相关标准要求。

4 月 10 日，江西省盐业集团有限公司在上海证券交易所主板上市。

4 月 13 日，中国盐业协会党支部书记、执行理事长王小青与来访的汇泰集团董事长张荣强一行座谈。双方就当前盐业市场情况、行业发展、产业政策，以及企业生产经营情况进行了深入的交流。

4 月 17 日，中国盐业协会党支部书记、执行理事长王小青与来访的江苏银宝控股集团党委书记、董事长杨建文一行交流工作。

4 月 17 日，中盐协会《关于商请妥善处理山东鲁晶制盐科技有限公司山西分公司涉盐案的函》（中盐协〔2023〕18 号）主送至沁水县市场监督管理局，报送至山西省高级人民法院、工信部消费品司，请予参考并妥善处理山东鲁晶制盐科技有限公司山西分公司涉盐案。

4月18日至19日，中国轻工业联合会在京召开了第十三届中国轻工业信息化大会。会上，中国轻工业联合会对被审定为2022年度中国轻工业数字化转型创新成果的70家企业进行了表彰。其中，江苏省银宝盐业有限公司食用盐生产全过程数字化节能管控系统获得一等奖，湖北省葛店开发区晨光实业有限公司基于工业互联网标识的防伪追溯服务平台、云南省盐业有限公司食盐追溯平台系统建立赋能食盐安全生命周期管理、广东省广盐集团股份有限公司食安云商一站式安全健康食材交易综合服务管理平台、青海省盐业股份有限公司食用盐企业创新数字化营销体系构建获得二等奖。

4月18日，中盐协会《关于中国国药集团停止供应补贴价格原碘将影响碘盐价格和供应有关情况的报告》（中盐协〔2023〕20号）主送发改委办公厅、工信部消费品司，请予协调补贴价格原碘供应事宜。

4月18日，中盐协会《关于请协调处理恶意制造恐慌影响盐行业健康发展视频的函》（中盐协〔2023〕19号）主送工信部消费品司，请予协调国家网信办予以干预处置，确保食盐专营市场的健康发展。

4月20日至21日，中盐协会、中国轻工业企业管理协会在广东省江门市联合举办“学习贯彻党的二十大精神 提升盐业企业中高层管理人员能力”高级研修班。

4月24日，国家疾控局等十部委发出《关于开展2023年防治碘缺乏病日活动的通知》

4月24日，中盐协会组织部分碘标专业管理委员会副主任对食盐标志定点生产企业—中盐宁夏金科达印务有限公司进行实地验收检查，经现场审核认为该企业符合QB/T 2827-2023《食盐标码标志技术条件》、QB/T 2828-2023《食盐标码标志生产企业管理规范》的相关标准要求。

4月25日，中盐协会组织部分碘标专业管理委员会副主任对食盐标志定点生产企业—湖北省葛店开发区晨光实业有限公司进行实地验收检查，经现场审核认为该企业符合QB/T 2827-2023《食盐标码标志技术条件》、QB/T 2828-2023《食盐标码标志生产企业管理规范》的相关标准要求。

4月26日，中盐协会组织部分碘标专业管理委员会副主任对食盐标志定点生产企业—湖南晶鑫科技股份有限公司进行实地验收检查，经现场审核认为该企业符合QB/T 2827-2023《食盐标码标志技术条件》、QB/T 2828-2023《食盐标码标志生产企业管理规范》的相关标准要求。

4月26日，由中国轻工业企业管理协会组织召开的“中国轻工业博物馆高质量发展大会暨博物馆馆长交流会”在苏州市召开，会议发布中国轻工业博物馆竞争力评价报告，公布首批轻工业博物馆竞争力评价结果。经专家组现场考察和评审，山西河东池盐博物馆淮盐文化博物馆获评首批轻工业五星级博物馆；江苏盐税博物馆获评轻工业四星级博物馆；上海市“沧海盐田”盐文化博物馆获评轻工业三星级博物馆。

4月27日，中盐协会组织部分碘标专业管理委员会副主任对食盐标志定点生产企业—江西盐业包装有限公司进行实地验收检查，经现场审核认为该企业符合QB/T 2827-2023《食盐标码标志技术条件》、QB/T 2828-2023《食盐标码标志生产企业管理规范》的相关标准要求。

4月25日至27日，中国盐业协会在乌鲁木齐召开湖盐产区企业座谈会。参加此次会议的有湖盐企业10家，井矿盐企业3家，共计38名代表。

4月28日，中盐协会井矿盐工作委员会在湖北省应城市召开了湘鄂赣地区部分井矿盐制盐企业研讨会，参会企业就“井矿盐（工业盐）价格预测模型”展开了研讨和交流。

5月4日，中盐协会发出《关于组织申报2023年度中国请公开工业联合会科技技术奖励的通知》。

5 月 4 日，中盐协会发出《关于开展全国第 30 个“防治碘缺乏病日”系列宣传活动的倡议》。

5 月 7 日，2021 版食盐标志防伪技术荣获中国防伪行业协会“2023 年防伪溯源保护品牌十大优秀案例第一名”。

5 月 9 日，中盐协会发出《关于认真做好近三年产销情况统计表填报工作的通知》。

5 月 11 日，中盐协会发出“5·15”食盐标志宣传页各食盐定点生产企业，配合“5·15”宣传日活动。

5 月 12 日，国家疾控局委托中国疾病预防控制中心地方病控制中心在福建省召开碘缺乏病防治专家研讨会，围绕中国碘缺乏病和水源性高碘防治工作亟待解决的问题，商讨防治策略和措施。中国盐业协会作为协办单位参加此次会议，并协调组织全体代表会后赴莆田盐场有限公司和莆田市晶秀轻化有限公司进行参观交流。

2023 年 5 月 15 日是全国第 30 个“防治碘缺乏病日”。为使公众更好地了解持续科学补碘对保护健康的重要意义，引导公众树立科学补碘的正确理念，主动落实预防碘缺乏病防治措施，国家疾控局聘请邓亚萍女士作为全国防治碘缺乏病宣传大使，开展了防治碘缺乏病公益宣传活动，并制作了宣传片，通过中盐协会官网等渠道向社会宣传。

5 月 15 日，是中国第 30 个“防治碘缺乏病日”，今年的主题为“科学补碘三十年，利国利民保健康”。当天上午，“寓医于盐——食用碘盐预防碘缺乏病文物展”在自贡市盐业历史博物馆开展。展览将一直持续到 7 月 15 日，这也是中国首个食用碘盐预防碘缺乏病文物展。

5 月 16 日，全国盐业标准化技术委员会秘书处在江苏金坛组织召开国家标准《盐产品分类及命名》和《制盐工业能效限定值及能效等级标准》行业标准编制启动会。

5 月 16 日至 17 日，中盐协会在重庆市召开 2023 年度盐行业统计暨经济运行分析会。来自部分省、市盐业主管部门、省级盐业协会，重点盐业企业（集团）共 121 名代表参加会议。

5 月 24 日，中盐协会党支部书记、执行理事长王小青、全国盐行业信用体系办公室主任刘元才、井矿盐工作委员会主任徐长泉到湖南轻盐集团调研，就企业生产经营情况和问题及食盐定点企业产销合作等进行了座谈交流。

5 月 25 日至 5 月 26 日，中盐协会党支部书记、执行理事长王小青、盐行业信用体系办公室主任刘元才、井矿盐工作委员会主任徐长泉到湖北孝感广盐华源制盐有限公司、湖北长舟盐化有限公司、湖北盐业集团有限公司，就企业当前生产经营情况和存在的突出问题以及就如何促进食盐定点企业加强产销合作等进行了座谈交流。

5 月底，中盐协会发布 2022 年度食盐实物质量（标签标识）抽查监测情况通报，并将检测报告邮寄给相关食盐定点生产企业。

6 月 1 日，中盐协会在四川成都组织召开“以主题教育为动力，推动盐行业高质量发展”四川盐业企业调研座谈会。和邦顺城、南充顺城、久大蓬莱、联峰盐化、驰宇盐品等部分食盐定点生产企业参加座谈。

6 月 1 日，中盐协会在成都组织召开食盐标志定点生产企业验收工作总结会。四川省盐业总公司、食盐标志定点生产企业、食盐标志膜材生产企业等 20 多名代表参加了会议。

6 月 2 日，由四川省盐业学校牵头组建的四川盐化职业教育集团第二届理事会暨校企合作签约仪在自贡市举行。

6 月 8 日，中盐协会井矿盐工作委员会在昆明组织召开西南地区部分井矿盐企业座谈会，云南、四川、重庆等地的 12 家井矿盐企业参会。

6 月 15 日，山东省工业和信息化厅发布通知，公布了 2023 年“山东制造·齐鲁精品”名单，鲁盐集团“鲁晶”牌生态海盐成功入选。

6 月 16 日，中盐协会在泰安召开部分井矿盐制盐企业座谈交流会。会上通报了盐行业经济运行情况，企业就产销情况进行了交流座谈。

6月19日至20日，中盐协会邀请追溯和信息技术相关专家赴四川久大蓬莱盐化有限公司调研食盐追溯系统建设情况，交流食盐定点生产企业追溯系统建设和使用经验。

6月28日，湖南省轻工盐业集团有限公司控股子公司湖南美特新材料科技有限公司二十周年庆典之际，举行了锂离子电池正极材料智能生产线项目开工典礼和钠电正极产品发布会。

6月26日至28日，国家轻工业井矿盐质量监督检测中心在山东青岛召开第二十三次全国井矿盐区质量标准检测工作会议暨有关标准培训会，来自14个省、自治区、直辖市的盐业主管部门、食盐定点生产、批发企业、设备厂家近70名代表参加了会议。

6月29日至30日，山东省盐业协会第四届会员大会暨四届一次理事会在济南召开。

7月1日，A股上市公司雪天盐业（600929，SH）旗下全资子公司湖南雪天进出口公司贸易有限公司（以下简称雪天进出口公司）正式挂牌。

7月3日，甘肃省发展和改革委员会、甘肃省粮食和物资储备局、甘肃省财政厅联合印发《甘肃省食盐储备管理办法》。

7月12日，国家市场监督管理总局公布《食品经营许可和备案管理办法》（国家市场监督管理总局令第78号，以下简称《办法》），以及相关政策解读。《办法》自2023年12月1日起施行。

7月13日，国务院国资委发布了2022年度国有企业品牌建设经典案例和优秀品牌故事名单，中盐集团《“盐值”不将就，低钠更健康》入选国务院国资委2022年度中央企业优秀品牌故事。7月13日，由云南省工业和信息化厅、云南省盐业有限公司大力支持，中盐协会主办的全国食盐电子防伪追溯体系建设现场交流培训会在昆明成功举办。

7月18日，四川省盐业集团有限责任公司揭牌仪式在顺城大厦举行。

7月17日，央视《消费主张》导演组在莆田市委宣传部、涵江区委宣传部等有关人员的陪同下，前往“盐神”“北宋平民将军”陈应功纪念馆，参观了解莆田海盐文化。

7月18日，以“为世界盐业贡献淮盐力量”为主题的“中国质量万里行——淮盐行暨淮盐质量品牌大会”在淮安举行。会上，苏盐集团发布了全新制作的质量品牌宣传片《淮盐出 天下咸》，以充满盐韵的笔触与画面，诠释了淮盐传承千年、至真至纯的匠心品质，展现了淮盐恢宏致远、薪火相传的历史脉络。

7月18日，中盐协会参加了江苏省盐业协会在泰州组织的2023年全省盐行业统计工作暨业务培训会。来自江苏省有关单位领导、重点盐业生产经营企业及产业链下游盐化工企业等共76名代表参加会议。

7月19日至21日，由中盐协会、消费日报社、中盐协会井矿盐工作委员会9人组成的联合调研组到山东、江苏调研。

7月21日，工业和信息化部印发《关于开展2023年度绿色制造名单推荐工作的通知》（工信厅节函〔2023〕202号），组织开展2023年度绿色制造名单推荐工作。本年度绿色制造名单推荐包括绿色工厂、绿色工业园区、绿色供应链管理企业，满足申报条件的企业或园区按照自愿的原则，选择具备相应能力的第三方机构对照相关标准进行评价。省级工业和信息化主管部门按照“优中选优、宁缺毋滥”的原则，在第三方机构评价结果基础上遴选推荐，推荐的企业或园区原则上应纳入省级绿色制造名单。

7月24日，中盐集团所属中盐京津冀盐业有限公司与沧盐集团在石家庄市正式签订《中盐沧州食盐生产项目协议书》。中盐方面决定拟通过控股并购方式在河北成立中盐沧州食盐有限公司，并投资建设中盐沧州食盐产业基地项目。

7月28日，工业和信息化部印发《关于开

展2023年度绿色制造名单推荐工作的通知》（工信厅节函〔2023〕202号），组织开展2023年度绿色制造名单推荐工作。本年度绿色制造名单推荐包括绿色工厂、绿色工业园区、绿色供应链管理企业，满足申报条件的企业或园区按照自愿的原则，选择具备相应能力的第三方机构对照相关标准进行评价。

8月4日，大连盐业有限公司“桔子树”海盐高铁冠名列车首发仪式在哈尔滨西站圆满举行。

8月4日至7日，以秉承“一脉传承，创意未来”为主题的第十四届海峡两岸（厦门）文化产业博览交易会在厦门国际会展中心举行，山腰盐场海洋科技文创园作为参展代表，携最具有代表性的非遗药盐雕、海盐健康刮痧器、海盐热敷包等各类海盐产品参展。

8月8日至10日，中盐协会党支部书记、执行理事长王小青一行到江苏、安徽调研，了解盐业企业上半年生产经营情况，听取对中盐协会工作的意见和建议，重点就食盐定点企业产销合作等行业普遍关切的问题与有关单位的主要领导进行座谈交流。

8月9日，《国企》杂志公布2023年度“国企党建品牌建设优秀案例”名单，浙盐集团“微盐大义促发展”案例成功入选。

8月9日，湖南省轻盐集团下属子公司九二盐业举行智慧工厂项目建设开工仪式。

8月10日，中盐协会建设运维的全国食盐电子防伪追溯服务平台发布食盐产品追溯码扫码升级公告，升级后的食盐追溯码扫码界面更加简洁、大方，凸显全国平台权威和食盐定点企业生产资格，展示产品关键信息。

8月17日至21日，以“深化亚欧合作”为主题的2023年中国亚欧商品贸易博览会于在乌鲁木齐会展中心举办，交旅投资集团旗下新疆盐湖制盐有限责任公司携全品类产品参展商博会。

8月18日，内蒙古蒙盐盐业集团有限公司携手内蒙古自治区供销合作社联合社签订战略合作框架协议。

8月18日，中盐协会在杭州组织召开《食盐小包装制作技术规范》行业标准修订研讨会。杭州市标准化研究院、中国盐业股份有限公司、浙江省盐业集团有限公司、广东、江西、湖北、宁夏等省级包装企业共计20多名代表参加了会议。代表对7月在行业内部开展的定向意见征集反馈的49条意见，逐条进行了讨论，并形成一致意见。

8月25日，央视总台央视记者专访了中国盐业协会。协会党支部书记、执行理事长王小青表示，中国食盐储备充足，产能稳定，完全可以保障食盐供应，广大群众不需要囤盐。

8月25日，中盐协会发布《关于我国食盐质量安全和供应安全的说明》。

8月25日，中盐协会发布《关于加强食盐品控和行业自律 保障全国食盐质量安全和供应安全的倡议书》。

8月29日，中国盐业协会在京组织召开全国海盐食盐定点生产企业座谈会，就日本核污染水排海事件引发国内部分地区居民抢盐现象以及涉及海盐企业生产和销售的有关问题，交流了情况，提出了意见和建议。

8月31日，中盐协会执行理事长王小青受邀出席陕西省盐业协会第三次会员大会。

9月1日，由国家市场监督管理总局等主办的第五届中国质量大会在四川省成都市举行，“淮盐”品牌精彩亮相首次举办的“质量之光——中国质量管理与质量创新成果展”。

9月4日，由江苏省盐业协会牵头发起的长三角工业废盐资源化利用产业联盟筹备推进会在宁召开，省内部分知名高校及科研院所、行业协会、头部企业的专家学者、领导嘉宾齐聚一堂，围绕联盟成立及工业废盐资源化综合利用等进行了深入探讨。

9月4日，由江苏省盐业协会牵头发起的长三角工业废盐资源化利用产业联盟筹备推进会在南京召开，省内部分知名高校及科研院所、行业协会、头部企业的专家学者、领导嘉宾围绕联盟成立及工业废盐资源化综合利用等进行了深入探讨。

9月11日，中盐协会通过网站公开征求《食盐小包装制作技术规范（征求稿）》行业标准意见，为期一个月。

9月14日，为学习交流新修订的《食盐定点企业规范条件》（以下简称《规范条件》）和《食盐定点企业规范管理法》（以下简称《管理办法》），确保食盐定点企业证书审核和换发工作顺利开展，中国盐业协会（以下简称中盐协会）在江苏省南京市举办全国食盐定点企业证书审核和换发工作交流会。

9月14日，中国盐业协会团体标准技术委员会第一次工作会议在江苏南京召开，会议介绍了团标委成立的背景和意义，宣布了团标委委员组成名单及各委员职务，并为参会委员颁发了委员证书。

9月15日，泉州市泉港区科学技术协会发布《关于命名"泉港区科普教育基地"的通知》，山腰盐场海洋科技文博园经过层层筛选和评审，成功入选"泉港区科普教育基地"。

9月21日，江苏省盐行业"建功'十四五'，奋进新征程"首届职工职业技能（化验）大赛在淮安隆重举行。全省盐行业各有关单位领导、大赛裁判组成员及参赛选手100多人参加大赛开幕式。

9月22日，中国盐业协会党支部书记、执行理事长王小青会见了来访的力拓集团（RIO TINTO）公司全球销售和营销经理Ankiit Miittal、大中华区市场经理何苗。

9月25日至26日，中盐协会党支部书记、执行理事长王小青一行到烟台市盐粮集团有限公司调研，就企业生产经营情况、关注的重点难点问题等听取了情况汇报。

9月28日，工信部发布公告《食盐定点企业规范条件》《食盐定点企业规范管理办法》（2023年第20号公告）。

9月28日，全国盐业标准化委员会发布《关于征求行业标准〈食盐中pH值的测定（征求意见稿）意见的函〉》，向标委会委员和有管单位征集意见。

10月16日至19日，江苏苏盐集团张兴储气库项目一期（一阶段）注气排卤顺利完成72小时试运行，一注一排连通井原创技术工程化应用取得重大成果，连通井盐穴储气成为现实，实现了由传统岩盐加工企业向能源服务企业的成功转型。

10月19日，中盐协会副秘书长李叶萌参加湘鄂赣片区产销座谈会。

10月26日至27日，中盐协会副秘书长李叶萌参加了中国氯碱工业协会组织的"第十一届国际氯碱论坛"。

10月22日至30日，中盐协会科学技术工作委员会主任赵建国、副秘书长张君参加上海市定点生产企业和批发企业换证审核工作，共审核4家食盐定点企业（共7张定点生产/批发证）。

10月24日，中盐协会发布《关于推荐申报2023年度轻工业专利成果评价工作的通知》，组织会员申报中国轻工业企业管理协会2023年度轻工业专利成果评价。

10月31日，浙盐集团出资1亿元参与白象食品股权投资项目，构建股权关系纽带，推动双方产业合作。

11月2日，中盐协会在山东省济南组织召开全国盐业协会工作座谈会。来自山东、江苏、广东、重庆、河北、陕西、内蒙古等15个省、市、自治区的盐业协会代表参加会议。

11月3日，中盐协会科学技术工作委员会主任赵建国、业务主管白慧卿一行参加新疆工信厅召开自治区食盐定点证书换发暨培训启动会，赵建国主任就《食盐定点企业规范条件》和《食盐定点生产企业质量管理技术规范》中的相关要求为参会代表进行授课培训。

11月4至10日，中盐协会科学技术工作委员会主任赵建国、业务主管白慧卿参加青海省4家食盐定点生产企业换证审核工作。

11月16日上午，安徽省盐业集团有限公司成立暨揭牌仪式在合肥举行。

11月7日至10日，中盐协会秘书长刘艳杰、全国盐行业信用建设体系办公室主任刘元才、副秘书长李叶萌参加北京市经信局组织的北京市食盐定点生产企业和食盐定点批发企业证书延续审核工作，共审核8家食盐定点批发企业。

11月14日至18日，中盐协会副秘书长张君参加了河北省工信厅组织的张家口市食盐批发企业换证审核工作，共审核了15家食盐定点批发企业。

11月13至15日，中盐协会副秘书长李叶萌参加重庆经信委组织的重庆市食盐定点生产企业和食盐定点批发企业证书延续审核工作，共审核3家食盐定点生产企业和9家食盐定点批发企业。

11月23日至24日，中国轻工业企业管理协会在郑州召开2023年中国轻工业企业管理创新经验推广现场交流会。会上发布了2022年度至2023年度轻工业企业管理现代化创新成果、轻工业企业文化优秀成果、轻工业企业社会责任优秀案例和企业社会责任评价结果，其中，江苏省盐业集团有限责任公司送选的“聚力‘四心融合’以优秀企业文化赋能高质量倍增发展”获评2022～2023年度轻工业企业文化优秀成果（特等）；山东省鲁盐集团有限公司送选的“新专营体制下大型食盐企业以市场化运作为核心的现代企业管理创新实践”获评2023年度轻工业企业管理现代化创新成果（一等）；中盐金坛盐化有限责任公司送选的“一种制碱用精制液体盐联产精制盐和无水的新制备工艺”获评2023年度轻工业专利成果评价一等项目；山东岱岳制盐有限公司、中盐工程技术研究院有限公司、中盐勘察设计院有限公司、江西晶昊盐业有限公司、浙江舟山远东海盐制品有限公司、湖北省葛店开发区晨光事业有限公司、中盐宁夏金科达印务有限公司分别凭借送选的成果获评2023年度轻工业专利成果二等项目。

11月23日至25日，中盐协会副秘书长张君参加河北省唐山市6家定点生产企业换证审核工作。

11月20日至25日，中盐协会副秘书长李叶萌参加安徽工信厅组织的第四组安徽省食盐定点生产企业和食盐定点批发企业证书延续审核工作，共审核21家食盐定点批发企业。

11月24日，山东省农业农村厅发布《关于公布第一批省级生态农场评价结果的通知》（鲁农生态字〔2023〕2号），根据《山东省推进生态农场建设工作实施意见》《山东省省级生态农场评价认定管理办法（试行）》要求，通过主体自愿申报、县级审查推荐、市级审核评价、省级复核审议、结果公示等程序，确定授予82家主体省级生态农场称号，山东蓝色海洋科技股份有限公司入选名单。

11月27日，“中国‘生态井矿盐’认证新闻发布会”在北京国家会议中心召开。中国盐业协会党支部书记、执行理事长王小青应邀出席。

11月28日至12月1日，中盐协会业务主管白慧卿参加河北省保定市19家食盐定点批发企业换证审核工作。

11月28日至12月5日，中盐协会副理事长宋占京、秘书长刘艳杰、全国盐行业信用体系建设办公室主任刘元才、张副秘书长君参加湖北省工信厅组织的食盐定点生产企业和批发企业换证工作，共审核全省10家定点生产企业和30家定点批发企业资质（含10家定点生产企业的批发资质）。

11月28日，广盐股份公司举行合规管理体系认证颁证仪式，广盐股份公司通过ISO 37301:2021及GB/T 35770-2022《合规管理体系要求及使用指南》国际标准和国家标准双标评审，并获颁发认证证书。

11月30日，中盐协会发布《关于请积极参与GB2721〈食品安全国家标准 食用盐〉（征求意见稿）社会公开征求意见的通知》，向行业征集关于《食用盐》（GB2721）标准修订的意见和建议。

12月8日，中盐集团所属企业中盐安徽红四方肥业股份有限公司上市申请获得上海证券交易所上市审核委员会审核通过。

12月12日，苏盐集团与四川盐业集团战略合作签约仪式在南京举行。双方共同商定建立战略合作关系，积极寻求产业结合点、打造利益共同体，探索合作新模式、商业新路径，以项目合作为驱动，探索省级盐企强强联合新典范。

12月18日，浙盐集团所属浙江省盐业专营有限公司在杭州隆重召开股份公司创立大会，并正式更名为浙江省盐业股份有限公司。

12月20日，中国盐业协会在西安召开第八届五次理事会，工业和信息化部消费品工业司副司长李强作视频致辞，中国盐业协会理事长、中国盐业集团有限公司党委书记、董事长李耀强，中国盐业协会党支部书记、执行理事长王小青，副理事长宋占京，秘书长刘艳杰出席会议，来自113家协会理事单位的158名代表参会，会议由宋占京主持。

中国盐业协会

2.13 食品添加剂和配料工业

【a. 概况】

2023 年，随着全球疫情逐渐平息，各项宏观政策发力显效，食品添加剂和配料行业作为重要的民生行业，生产供给和市场需求平稳。全行业积极推进和贯彻以国内大循环为主、国内国际双循环相促进的发展方针，充分发挥我国超大规模市场优势和内需潜力，继续做好产品结构调整和创新升级，构建新型产业技术创新机制。整体上看，2023 年食品添加剂和配料行业受大环境影响，增速放缓，根据协会对行业骨干企业、会员企业所报数据的统计和分析，2023 年全年食品添加剂主要品种总产量将达到 1580 万吨，同比增长约 2.3%；销售额为 1485 亿元人民币，同比增长约 2.1%；出口额 39.6 亿美元，同比增加了 1.8%，虽受国际地缘政治和主要经济体利率上调等多重影响，国内企业仍然积极“走出去”，参与国际竞争与合作，保持了良好的国际竞争力。

【b. 主要产品】

1. 甜味剂

（1）高倍甜味剂

2023 年高倍甜味剂行业同比产销量总体略有提高。尽管 2023 年继续受到消费量下降和刚性成本上升等一些因素影响，部分高倍甜味剂品种产销量出现下降，价格也持续走低，但三氯蔗糖等较大品种甜味剂销售量和出口量却持续增加。2023 年，产销量 13.5 万吨（不含复配），其中糖精（钠）销售量约 4.5 万吨，甜蜜素销量 3.8 万吨，安赛蜜销量约为 1.5 万吨，阿斯巴甜销量约为 1.3 万吨，三氯蔗糖销量 1.6 万吨，甜菊糖销量约 0.8 万吨。2023 年甜味剂行业新产品、新技术推广应用集中在三氯蔗糖、甜菊苷及罗汉果苷等相对较新型甜味剂的生产技术改进方面，有关产品生产技术正走向成熟，产品生产成本有了一定程度的下降。

（2）糖醇类产品

随着社会整体消费观念的改变和生活水平的提高，人们的饮食消费逐渐由温饱型向营养型、保健型转变。在这种背景下，功能性糖醇作为低热量、不致龋齿、对人体健康有益的甜味剂，越来越受到人们的喜爱，被广泛用于食品、饮料、日化等领域，直接推动了功能性糖醇产业的持续发展。近几年来我国功能性糖醇保持了近 10% 的增长率，2023 年，将达到 155 万吨左右，其中木糖醇约 6.7 万吨的产量，木糖约 7.5 万吨，赤藓糖醇产量 18 万吨，晶体麦芽糖醇产量 4.5 万吨，液体麦芽糖醇 15 万吨，山梨糖醇约 100 万吨。

2. 着色剂

2023 年，虽受原料供应不稳定、刚性成本上升及复杂的国际环境等多种因素叠加影响，但着色剂行业整体运行稳中有升。三大类产品中，焦糖色素产量 41 万吨，合成色素 0.34 万吨，天然色素产量 3.2 万吨，略有增长。着色剂行业已走出疫情时期的影响，正快步向高质量发展之路上前进，仍然保持产品的国际竞争力，潜力巨大。

3. 食用香精香料

现代化食品制造业及连锁食品经营业需要现代化食品添加剂和配料行业的配合，国内外大中型食品饮料制造企业及连锁经营食品企业对香精香料需求也在逐年扩大，2023年食品或饮料工业用的混合香料产值约9亿元。但由于国内食品香精香料制造业水平与国际领先企业在产能、品质及自动化制造等方面尚存在一定差距，高品质香精香料产业仍然落后于下游食品制造企业的需求，需要大量进口。国际巨头凭借其长期的技术积累、先进的生产工艺、丰富的市场开拓经验和雄厚的资本力量占据国内高端产品市场，并逐步向终端延伸，这给国内企业的生存和发展带来较大压力。随着消费者更多地关注产品的安全、口感、营养成分等，我国行业企业的生产技术水平仍需不断优化和提升，生产设备自动化程度、生产工艺的精细化程度，研发创新水平、包装设计能力均需继续提高。

4. 防腐剂和抗氧化剂

受全球经济下行影响，企业销售面临压力较大，整体出货量基本持平，但总体来看行业全年运行平稳。2023年苯甲酸和苯甲酸钠产销量15.3万吨，略有下降；山梨酸、山梨酸钾、脱氢乙酸及钠盐3.8万吨；乳酸链球菌素、纳他霉素产销量小幅增长，聚赖氨酸产销量略有下降，但由于这三种防腐剂基数较小，对全行业整体销售影响不大。近年来，随着人们对健康可持续生活及食品安全等方面意识的增强，在未来的食品防腐领域，天然防腐剂将成为研究热点，抑菌机理在食品防腐保鲜方面的应用将不断被探索；防腐剂复配技术也将被持续挖掘，增强防腐剂对食品中杂菌的针对性，利用配料中各个组分的互补、增效作用，以不断提高抑菌和杀菌效果；利用基因工程技术构建高产菌株生产小分子肽类天然防腐剂，大大降低成本，也是未来天然食品防腐剂发展的一个重要发展方向。

5. 增稠剂、乳化剂和品质改良剂

2023年，增稠剂、乳化剂和品质改良剂在生产和销售方面保持稳定，其中乳化剂主要品种（单甘酯、司盘、吐温）销量5.3万吨，面粉改良9.5万吨，变性淀粉销量2万吨，酶制剂、助剂、配料（含维他纤维、聚葡萄糖、大豆膳食纤维）2.2万吨，同比基本持平。

6. 新食品原料

随着食品科学技术的迅速发展以及食品供应的全球化，近年来食品原料的来源、种类和范围也在不断扩大。2023年12月1日，中华人民共和国国家卫生健康委员会发布《关于巴拉圭冬青叶（马黛茶叶）等9种“三新食品”的公告》（2023年 第10号），批准巴拉圭冬青叶（马黛茶叶）、酵母蛋白、儿茶素等为新食品原料。经统计，自2008年以来已经获批的新食品原料共计145种。人民生活水平的提升、健康意识的增强以及环保回归自然趋势的兴起，带动了天然产物市场需求的持续增长，2010—2023年我国天然提取物行业产值整体呈显著增长走势，未来我国天然产物的应用市场仍然前景广阔。同时，受益于先进的提取技术，天然产物的生产效率得到极大提高，我国天然产物提取行业步入快速发展的黄金时期。

7. 营养强化剂和功能性配料

在“健康中国”国家战略背景下，营养正扮演着越来越重要的角色，虽然新冠疫情高峰期已成为过去，而消费者对于健康、自我保健和疾病预防的关注仍然持续增加。2023年全年全球维生素A的需求量预计为7.2万吨；维生素C的需求量预计为20万吨；维生素B族的需求量预计为12.8万吨。2023年，市场监管总局会同国家卫生健康委、国家中医药管理局相继制修订发布了《保健食品原料目录 营养素补充剂》（2023年版），新增了二十二碳六烯酸（DHA）、酪蛋白磷酸肽+钙、氯化高铁血红素，更新了部分原料及化合物的标准依据；《允许保健食品声称的保健

功能目录 营养素补充剂》（2023年版）增加了补充n-3多不饱和脂肪酸的保健功能及其释义，进一步规范和推进了营养素在保健食品中的应用。2023年，还制定了《允许保健食品声称的保健功能目录 非营养素补充剂（2023年版）》及《保健食品功能检验与评价技术指导原则（2023年版）》《保健食品功能检验与评价方法（2023年版）》《保健食品人群试食试验伦理审查工作指导原则（2023年版）》《〈允许保健食品声称的保健功能目录 非营养素补充剂（2023年版）〉及配套文件解读》等文件，这些文件的发布，解决了长期困扰我国的保健食品注册备案问题，并提出了对已注册备案的非营养素补充剂保健食品的规范要求，将极大地规范并促进我国保健食品的健康发展。

【c. 面临的问题】

1. 加强食品添加剂的科普宣传，消除公众对食品添加剂的疑虑、困惑和不解

2023年“海克斯科技”和“阿斯巴甜致癌”等舆情风波都对食品添加剂行业产生了负面影响，有些媒体不明事理的推波助澜，误导了消费者，严重影响了消费者对食品添加剂的科学认知，我们要加强食品添加剂的科普宣传，持续提升消费者的认知水平，便于消费者在面对各种信息时，能够辨识谣言。

2. 综合创新能力与发达国家仍有差距，要以科技创新实现高质量发展

在充分肯定我国食品添加剂和配料行业科技创新取得巨大成就的同时，也要清醒地看到我国与发达国家的差距。企业必须转变发展模式，从追求规模扩张到实现高质量发展，以技术创新推动产业转型升级。

3. 推动行业绿色低碳发展，走出“双碳”目标的多维困境

中国食品工业的生产与消费预计将保持持续发展的态势，食品添加剂和配料行业也还将具有很强的发展潜力，因此，由行业高速发展带来的温室气体排放量不容小觑。在国家实施碳达峰和碳中和政策的环保及节能减排大环境下，2023年国内部分行业企业受到一定的环保压力，对环保技术和设备的投资及改造力度进一步加大，同时继续通过对原有技术改造升级、技术成果转化投产相关高附加值产品、淘汰或减少耗能较高或污染相对较大的产品生产线，向低碳产品结构方向进行调整和转型，但绿电代煤知易行难，科学、稳妥减碳的路径，还需要更多艰难探索。

4. 标准发展滞后，制约植物提取物产业发展

近年来，随着全球掀起“天然食品”这一热潮，植物提取物行业迅猛发展，我国凭借丰富的物质资源优势，现已成为全球植物提取物第一供应大国。我国的植物资源种类繁多，但植物提取物行业发展相对缓慢，主要是由于我国尚未建立完整的植物提取物标准体系，缺乏基础的质量控制、检测规范等标准，而新产品需要摸索、确认产品标准，并通过“三新”申报途径获得许可，花费时间相对较长，这些严重影响了行业的高质量发展以及市场的有效监管，导致植物提取物举步维艰。当前，国家大力推动团体标准制定工作，提供了补充和完善食品添加剂及其原辅料标准的有效平台和手段，但由于产品种类较多，社会对团体标准认可度及执行环境有待发展成熟，因此，还需要持续一段时间工作才能缓解行业困扰。

【d. 主要工作】

1. 关注法规、标准的完善，促进行业有序发展

协会一如既往地做好食品安全国家标准工作，有条件地组织召开更多线下研讨会，保质保量完成承担的标准制修订任务。2023年正式发布2项食品添加剂（食品营养强化剂）食品安全国家标准及1项标准修改单，完成全部工作流程已报批待发布的食品安全国家标准有4项（含3项标准修改单），在研14项食品安全国家标准（含3项标准修改单）。根据协会《团体标准管理办法》

和行业发展需求，2023年，团体标准制定工作有了新的进展，在大家的共同努力下，发布实施了1项团体标准，批准立项了3项团体标准。在今年食品减糖高峰论坛暨甜味剂专业委员会和功能糖配料专业委员会行业年会上，针对《餐桌甜味料》团体标准工作进展向全行业进行了详细介绍和宣贯。

2. 配合参与政府部门的相关工作，积极反馈行业意见诉求

（1）配合市场监管总局参与《食品添加剂生产许可审查细则》相关工作，围绕“分装”和“复配”这两个行业关注重点，向市场监管总局及各方汇报食品添加剂行业实际情况，反馈对《细则》的共性修订意见，尽力帮助企业解决生产许可中遇到的问题。

（2）协会受市场监管总局食品生产司委托，积极组织有关企业一同研讨交流“食品添加剂行业面临的主要问题”，整理形成书面材料后上报市场监管总局，反映食品添加剂制剂无法正常生产销售、食品安全国家标准无法完全满足行业需求的问题，提出认可部分食品添加剂和食品配料的双重身份、复配食品添加剂可以再次复配的诉求，建议允许已获得生产许可证的企业对食品添加剂分装以及销售检验合格的试制产品，呼吁媒体更多关注食品添加剂行业，加强开展正向宣传引导，消除公众对食品添加剂的疑虑、困惑和不解。

（3）配合食品评估中心参与制定“食品添加剂糖醇使用指南”探讨和尝试更加合理有效的方式，指导企业规范生产使用糖醇，帮助消费者正确理解糖醇耐受性，传递科学食用含糖醇食品的科普知识，推动顺利解决糖醇类产品的管理问题。

（4）鉴于我国食品工业的持续发展需要化学合成甜味剂产品的不断创新和稳定发展，国内外消费市场对低热量糖品需求的变化也离不开化学合成甜味剂产品的更多使用，现有对化学合成甜味剂生产的限制性措施已经不能适应这种发展趋势，协会针对国家发展改革委发布的《产业结构调整指导目录（2023年本，征求意见稿）》提出修改建议。

（5）根据《工业和信息化部产业政策与法规司关于请协助开展制造业单项冠军企业限定性条件论证的函》（工信部政法函〔2023〕161号），协会依据2023年制造业单项冠军企业遴选认定行业限定性提示单提出论证意见。论证要点包括：对企业填报的产品名称与对应的产品类别及代码、所属细分行业是否合理进行专业性复核，避免人为缩小产品领域拔高产品市场占有率问题；在企业申报产品对应细分领域合理基础上，对产品的市场占有率及佐证材料的客观性、准确性进行论证；对企业申报产品是否符合转型升级方向、万元产值能耗是否达到行业先进值给出判断。

3. 搭建交流平台，凝聚共识，汇聚合力

（1）2023年3月14日，召开了协会在上海六届九次常务理事会暨六届五次理事扩大会，2023年12月7日，在北京以视频通讯方式召开了协会六届十次常务理事会暨六届六次理事会，会议主要回顾食品添加剂和配料行业的发展状况，讨论行业的发展问题，提出解决问题的建议和思路，展望行业未来发展方向。

（2）协会于2023年3月在上海成功举办了第二十六届中国国际食品添加剂和配料展览会（FIC2023展览会），展出总面积十五万平方米，参展商共计1519家，其中国内展区参展商1032家，国际贸易展区参展商487家，汇聚行业顶尖企业及国家地区展团，其中包括美国、日本和中国台湾展团。FIC2023特装展位面积占展出总净面积的95.1%，充分展示了中国食品添加剂和配料行业的整体实力和水平。参展商人员共计17625名，专业观众共计52828名，观众参观总人次达125515，专业观众数量创历史新高！久负盛名的食品界院士论坛，7位院士齐聚一堂，前瞻引领，中国轻工业联合会会长张崇和及国家市场监管总局市场稽查专员毕玉安为论坛致开幕词。“营养强化剂和功能配料基础与产业化关键技术研讨会”深耕大健康赛道，助力高质量发展；45 场新产品新技术发布会作为充分展现企业前沿技术及创新产品的交流互动媒介。高质量演讲以及高效的现场互动，为推动食品行业及企业的高品质发展注入源源不竭的动力。

（3）协会于 2023 年 11 月在广州成功举办了中国国际天然提取物和健康食品配料展览会（FIC- 健康展 2023 展览会），展会展出总面积超两万平方米，汇聚超 390 家食品添加剂和配料行业骨干企业，包括 DSM、安琪酵母、晨光生物、等众多知名企业，联合展示国内外大健康领域的前沿科技成果和优质产品。参展商人员共计 5145 名，专业观众共计 5881 名，观众参观总人次达 15397，专业观众数量创历史新高！同期举办第三届营养科技创新大会汇集了 30 余位国内外营养、食品、法规、研发、应用创新等多个领域的权威专家、杰出学者和业界领袖，共同展示营养科技创新的最新成果和未来发展趋势。

（4）2023 年下半年，中国食品添加剂和配料协会先后召开了三场行业年会，即在上海召开食品减糖高峰论坛暨甜味剂专业委员会和功能糖配料专业委员会 2023 年行业年会、在河南漯河召开协会着色剂专业委员会 2023 年行业年会暨栀子色素产业创新发展大会、在河南郑州召开营养健康食品产业创新发展高峰论坛暨中国食品添加剂和配料协会营养强化剂及特种营养食品专业委员会行业年会。精耕细作各细分领域，更好地服务行业的高质量发展。

4. 带领行业企业“走出去”，共建双赢发展格局

2023 年，中国食品添加剂和配料协会及中国贸促会轻工行业分会带领国内上百家行业骨干企业先后赴俄罗斯国际食品添加剂和配料展览会（Food Ingredients & AdditivesRussia）、东京国际食品添加剂和配料展览会（ifia）、美国食品科技展览会（IFT）、墨西哥国际食品科技展览会及峰会、美国西部天然提取物及健康食品配料展览会（SSW）参展，获得丰硕成果，对进一步了解、巩固和拓展海外市场发挥了重要作用。中国展团在国际展会上充分展示了中国企业的良好形象，各国各地区市场对中国行业企业的认可度呈现逐年上升趋势，助力中国企业在后疫情时期进一步拓展海外市场。

徐　晨

2.14 饮料行业

【a. 概况】

2023年是全面贯彻党的二十大精神的开局之年，饮料行业在党的二十大精神的指引下，充分发挥创新驱动作用，以科技创新推动行业转型升级，加快推进绿色工业化，不断塑造发展新动能、新优势，促进行业生产力实现新的跃升，扎实推进饮料行业高质量发展。

据统计，2023年，全国饮料行业总产量1.75亿吨，同比下降4%；营业收入5100亿元，同比下降5%；利润达到500亿元，同比增长7%。各饮料品种产量占比情况：包装饮用水约占饮料总产量的50%，同比小幅下降；碳酸饮料约占13%，同比保持稳定；果蔬汁类及其饮料约占8%，同比略有下降；主要包括茶饮料、蛋白饮料、特殊用途饮料的其他8个品类的饮料合计约占28%，占比持续增加，产品多元化趋势愈加明显。

我国饮料行业产量主要集中东部地区。2023年，东部地区饮料产量占全国总产量53%，与中西部地区相比，占比持续增加。我国饮料产量在地区分布存在较大差异，总体上，集中于经济发达、人口密集、消费水平高的地区。

2023年，饮料行业规模以上企业数量1872家，比上年增加81家，已经逐步恢复到疫情前的水平。头部“十九强”企业饮料总产量和总营业收入在全行业的占比均超过50%，经营业绩优于行业整体水平，行业集中度持续升高。

【b. 质量安全】

产品质量安全是企业的生命线，饮料行业秉承品质第一、安全第一的理念，严格落实食品安全主体责任制，坚持高标准、严要求，以高水平高标准推动行业高质量发展。2023年，国家市场监督管理总局全年在全国范围内抽检饮料样品合格率为99%，与2022年相比略有提升，饮料行业的质量安全形势持续稳定向好。

2023年，饮料行业积极参加政府管理部门针对饮料产品在生产、流通各个环节可能存在的食品安全风险开展的调研工作。其中，在化学污染物及有害因素、微生物及其致病因子、放射性污染等方面提出20余条食品安全风险建议；在产品检测采样、标签标识、特征性指标、农药残留等方面提出了20余条工作建议。

1月，针对围绕“含糖饮料致死率相关研究”的负面报道，饮料行业收集整理相关领域专家的科学意见，协助国家卫健委等有关部门，提供全面、准确的科学依据，回应国务院领导的关切。

7月，世界卫生组织下属癌症研究机构（IARC）将常见的甜味剂阿斯巴甜列为“可能致癌物”，引起社会广泛关注。行业及时搜集科学证据和各国政府及科研机构的观点立场，协助国家食品安全风险评估中心做出“阿斯巴甜按照我国现行标准规范使用可以保障安全”的公开回应，有效地平复了消费者恐慌和企业的担忧。

【c. 产业政策】

2023 年 6 月初，行业开展了“企业节能减碳工作情况调查”，众多企业积极参与调研和意见反馈，为政府管理部门摸清行业“双碳”现状、制定行业“双碳”工作规划提供了有力支持。

2023 年，个别地方陆续出台了公共营养健康管理相关的法规条例，例如，《上海市爱国卫生与健康促进条例（草案）》《含糖饮料健康提示标识的制作样式及设置规范（征求意见稿）》等。其中部分相关饮料的规定中存在显著的科学漏洞、逻辑错误以及产品歧视问题。针对以上情况，饮料行业及时通过行业组织从科学依据充分性、法律原则契合性、与中央精神一致性、对营商环境和市场秩序的影响等多个维度，全面深入地阐述了行业意见，切实有力地维护了行业的合法利益与良好的发展环境。

【d. 标准化工作】

2023 年，饮料行业开展了一系列产品标准和通用标准的制修订工作，标准体系建设进一步完善。针对近年来有不良商家利用固体饮料违规经营，虚假宣传、误导消费者等行为，国家市场监督管理总局重新修订了国家标准《固体饮料质量要求》。新版标准通过明确产品界限、系统规范产品分类、强化理化指标、更新指标检测方法、完善标签标识等方面，系统规范固体饮料生产和销售。《营养素饮料》《电解质饮料》团体标准相继发布，填补了饮料市场新增品类规范标准的空白。

另外，多项通用标准也相继完成制定。《工业用水定额 第 65 部分：饮料》国家标准从节水降耗方面，帮助饮料企业合理规划用水，促使其优化生产工艺以降低水资源消耗；团体标准《饮料工业洁净用房设计规范》在洁净厂房工业设计上，为企业打造合规且高效的生产空间给予规范依据，有力保障产品生产环境的卫生与安全；团体标准《包装饮用水中铜绿假单胞菌快速检测方法》于微生物出厂检验层面，赋予企业快速且可靠的检测手段，使其能更精准地把控产品质量，有效防范微生物超标风险。标准体系的不断完善，全方位助力饮料企业提升生产效益、强化质量管理、增强市场竞争力并推动整个行业的规范化与现代化进程。

饮料行业还积极参与饮料相关标准行业意见反馈工作。2023 年 2 月，国家标准《家用和类似用途饮用水处理装置》标准文本公示，针对其中存在的定义不清晰、依据不充分等问题，行业及时向相关负责单位提出基于科学依据的合理建议，使得管理部门、行业和社会大众在“矿泉”与“矿化”概念界定上达成了科学层面的共识，维护了矿泉水市场的正常秩序，切实保障了矿泉水生产企业和广大消费者的权益。

【e. 科技进步】

科技创新是饮料行业高质量发展的不竭动力，也是推动产业转型升级、提升竞争力的关键。2023 年，饮料企业积极参加工信部、中国轻工联合会等单位的各类相关科技进步奖项申报。其中，1 家饮料企业入选 2023 年度工业和信息化质量提升典型案例，2 家饮料企业分别获得 2022 年度中国轻工业二百强企业、中国轻工业食品行业五十强。

为了更好地发掘专业院校的科研优势与人才培养优势，由中国饮料工业协会和天津科技大学共同主办，康师傅控股有限公司支持的 2023“中饮协 – 康师傅杯”饮料创新大赛扩大至全天津市各大高校开展。共收到 166 组参赛项目，经校内外专家评审，共评审出特等奖 1 名，一等奖 5 名，二等奖 7 名，三等奖 11 名，优秀奖 19 名。该项活动已持续开展 10 年，旨在构建产教融合共同体，通过校际合作、校企联动的模式，有效提升人才培养的质量与水平，加速科技成果在饮料行业的转化进程并推动其广泛应用，为饮料行业的创新发展注入源源不断的新生力量。

【f. 节能减排】

绿色发展是饮料行业高质量发展的底色。近年来，饮料行业加快建立健全低碳循环发展体系，促进全面绿色转型。为带动饮料企业提升能源利用效率、提高绿色制造水平，行业持续开展节水节能考核评价工作。2023 年，有 106 家企业获评“2023 年中国饮料行业节水优秀企业（生产基地）”，有 104 家企业获评“2023 年中国饮料行业节能优秀企业（生产基地）”。此项工作已经连续开展十余年，对提升全行业节水节能水平、促进全行业履行保护环境的社会责任方面起到了积极作用。

2023 年，有多家饮料企业名列工业和信息化部办公厅发布的“绿色工厂”名录，如黑龙江娃哈哈饮料有限公司、合肥太古可口可乐饮料有限公司、中粮可口可乐饮料（济南）有限公司、农夫山泉湖北丹江口（均州）饮料有限公司等，充分体现了饮料行业顺应“绿色生产”的时代需求，大力推进科技创新转型升级，向智能化、绿色化发展的行业趋势。

【g. 大事记】

1 月，“2022 年度中国饮料行业科技创新论文奖与科技进步奖”评审活动启动；

4 月，2023“中饮协－康师傅杯”饮料创新大赛成功举办；

4 月，CBST2021/CBST2023 中国国际饮料工业科技展暨 2023 中国国际饮料产业链创新论坛在上海成功举办；

4 月，2023 中国功能饮料发展研讨会系列活动在上海召开；

4 月，2022 中国饮料工业协会年会在上海举办；

4 月，“碳”索未来——中国饮料行业低碳绿色发展论坛在上海举办；

6 月，协助国家食品安全风险评估中心就阿斯巴甜列为“可能致癌物”及时做出回应；

7 月，2023 中国包装饮用水峰会在湖北省丹江口召开；

7 月，2023 中国咖啡·茶·植物饮料发展研讨会在湖北省丹江口召开；

9 月，2023 中国蛋白饮料发展研讨会在四川成都召开；同期，中国饮料工业协会技术工作委员会和团体标准技术委员会完成换届；

10 月，2023 中国饮料产业链产品创新发展论坛在湖北咸宁召开；

12 月，《2022 中国饮料行业可持续发展报告》在京发布；

12 月，中国饮料工业协会成立 30 周纪念大会在北京召开。

中国饮料工业协会

2.15 精制茶加工业

【a. 概况】

2023 年，全球经济在高通胀和高利率的约束下艰难前行，地缘政治不确定性带来的负面影响持续加剧，全球经济复苏的进程较为缓慢且不平衡。中国经济顶住压力，实现了向好回升，高质量发展扎实推进。根据国家统计局 2024 年 1 月公布的数据显示：2023 年，中国国内生产总值（GDP）为 126.06 万亿元，同比增长 5.2%；全国 CPI 同比上涨 0.2%；国内消费市场总体恢复向好。

以“三茶”统筹思想为指导，中国茶产业积极应对有效内需不足、外需较弱且复杂多变的市场环境，顺势而为、优化调整，确保了基本盘的稳定。年内，过度包装治理工作有序推进，各地茶事活动精彩纷呈，新中式茶饮产业持续高歌猛进并谋划海外布局，澜沧古茶在港股挂牌为传统原叶茶产业登陆资本市场提供了新的想象空间，“非遗”“国潮”“调饮”等消费新热点也持续显现。与此同时，茶文化、茶科技对提振产业给予了有力支撑——普洱景迈山古茶林文化景观入选世界遗产，文旅部启动“茶和天下·雅集”，以及“茶·世界：茶文化特展”“茶中日月长：亚洲茶文化展”等展示活动的举办，为巩固中国茶的国际地位、坚定国人的文化自信上分加码；由中国科学家团队主导的国际标准 ISO 20715：2023《茶叶分类》于 4 月正式发布，预计将于 2028 年在世界海关协调制度中正式应用，为国际贸易中的中国茶提供了重大支持和广阔空间。

为客观展示 2023 年中国茶叶产销情况，持续推进中国茶产业持续、健康发展，现发布《2023 年中国茶叶产销形势报告》。

【b. 运行情况】

2023 年，全国茶叶生产克服旱涝天气等不利影响，茶叶种植面积及产量、产值稳定增长，绿色低碳转型、技术集成示范持续推进，产业路径多元化、产业链细分化的趋势明显。多地实现“单季茶”向“三季茶”扩容。各产区高度重视品牌建设与市场拓展，茶事活动空前兴盛，持续带动农民增收效果明显。中国茶产业正在从规模化发展向高质量发展顺畅“换挡”。

1. 主要指标温和上涨

（1）茶园面积缓增可控

近年来，各地重视控制茶园面积规模增长，新增茶园的面积增幅持续收窄。2023 年，全国茶园面积 5149.76 万亩，同比增加 154.36 万亩，同比增长 3.09%。云南、贵州、四川、湖北、福建、湖南、安徽、浙江八省茶园面积超过 300 万亩。全国已开采茶园面积为 4650.16 万亩，同比增加 110.27 万亩。目前，全国仍有 499.6 万亩新茶园未开采。

表 1　2023 年度全国茶园总面积　　单位：万亩

省份	2023 年	2022 年	同比增长数	同比增长 %
江苏	49.26	51.00	–1.74	–3.41
浙江	311.70	310.50	1.20	0.39
安徽	320.00	307.52	12.48	4.06
福建	368.00	352.05	15.95	4.53
江西	185.00	175.70	9.30	5.29
山东	53.10	40.51	12.59	31.08
河南	215.00	175.11	39.89	22.78
湖北	564.00	558.03	5.97	1.07
湖南	330.00	310.82	19.18	6.17
广东	149.52	149.30	0.22	0.15
广西	155.20	151.73	3.47	2.29
海南	3.62	3.56	0.06	1.69
重庆	108.50	85.20	23.30	27.35
四川	598.00	605.38	–7.38	–1.22
贵州	700.00	708.34	–8.34	–1.18
云南	770.27	756.92	13.35	1.76
陕西	250.59	235.73	14.86	6.30
甘肃	18.00	18.00	0.00	0.00
合计	5149.76	4995.40	154.36	3.09

数据来源：中国茶叶流通协会

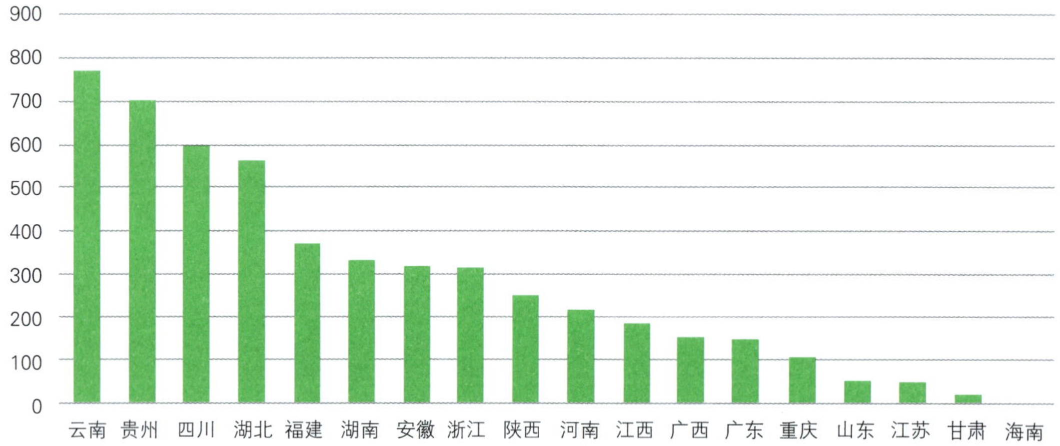

2023 年中国各主要产茶省茶园总面积（单位：万亩）

数据来源：中国茶叶流通协会

（2）茶叶产量稳定增长

受干旱气候影响，2023 年，全国早春茶略有减产，但春茶季后期以及夏秋茶产量的明显提升带动了全年茶叶产量持续增长。据统计，2023 年，全国干毛茶总产量为 333.95 万吨，同比增加 15.8 万吨，同比增长 4.98%。其中，湖北、福建、湖南、安徽、贵州、四川六省增产规模在万吨以上。

表 2　2023 年度全国干毛茶总产量

单位：吨

省份	2023 年	2022 年	同比增长数	同比增长 %
江苏	10500.00	10400.00	100.00	0.96
浙江	201700.00	193500.00	8200.00	4.24
安徽	173200.00	154100.00	19100.00	12.39
福建	483200.00	459674.38	23525.62	5.12
江西	76900.00	83700.00	–6800.00	–8.12
山东	40650.00	31601.65	9048.35	28.63
河南	102005.00	94282.65	7722.35	8.19
湖北	347730.00	314515.25	33214.75	10.56
湖南	268400.00	247542.86	20857.14	8.43
广东	150018.00	148000.00	2018.00	1.36
广西	123900.00	130300.00	–6400.00	–4.91
海南	800.00	844.60	–44.60	–5.28
重庆	52000.00	47300.00	4700.00	9.94
四川	379250.00	366292.67	12957.33	3.54
贵州	361900.00	344857.78	17042.22	4.94
云南	439230.00	432904.09	6325.91	1.46
陕西	125800.00	119689.49	6110.51	5.11
甘肃	2300.00	1533.49	766.51	49.98
合计	3339483.00	3181038.91	158444.09	4.98

数据来源：中国茶叶流通协会

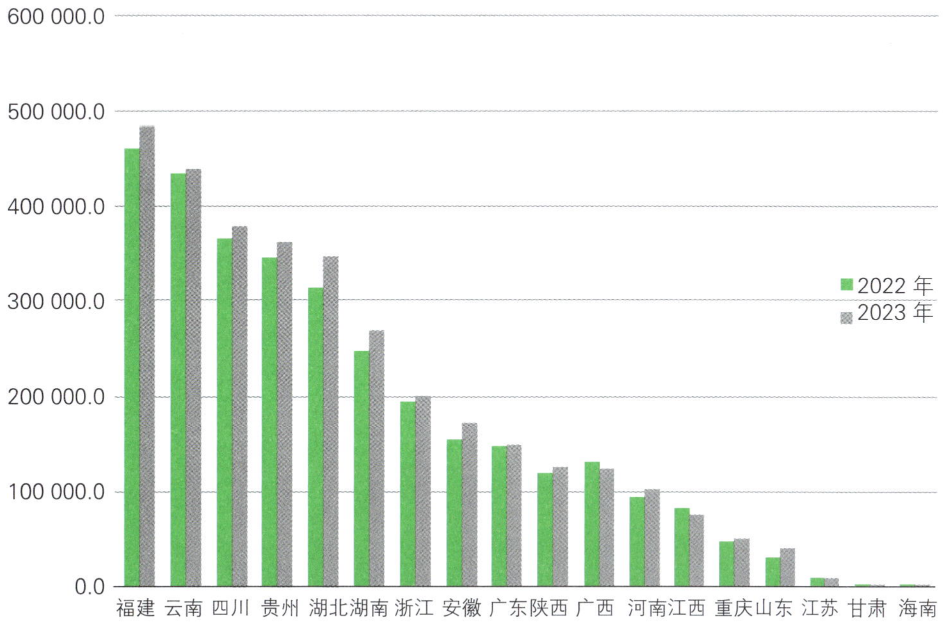

2022、2023 中国主要产茶省产量对比图（单位：吨）

数据来源：中国茶叶流通协会

（3）农业产值同步提升

2023 年，全国干毛茶总产值为 3296.68 亿元，同比增加 116.01 亿元，同比增长 3.65%。贵州、四川、福建、云南四省的干毛茶总产值均超过 300 亿元。云南、福建、安徽、湖南四省的产值同比增长均超过 15%。

表 3　2023 年度全国干毛茶总产值

单位：万元

省份	2023 年	2022 年	同比增长数	同比增长 %
江苏	301163.86	327400.00	–26236.14	–8.01
浙江	2863600.00	2640005.00	223595.00	8.47
安徽	2101700.00	1826000.00	275700.00	15.10
福建	3695000.00	3095785.52	599214.48	19.36
江西	778200.00	714000.00	64200.00	8.99
山东	634000.00	739333.31	–105333.31	–14.25
河南	1463100.00	1876237.13	–413137.13	–22.02
湖北	2345700.00	2172913.69	172786.31	7.95
湖南	2037000.00	1770088.00	266912.00	15.08
广东	1909300.00	1791325.06	117974.94	6.59
广西	1193500.00	1246558.00	–53058.00	–4.26
海南	15400.00	14997.14	402.86	2.69
重庆	482200.00	460300.00	21900.00	4.76
四川	3867300.00	3671855.71	195444.29	5.32
贵州	4454000.00	4980000.00	–526000.00	–10.56
云南	3020747.00	2322138.82	698608.18	30.08
陕西	1771200.00	2126474.23	–355274.23	–16.71
甘肃	33700.00	31340.21	2359.79	7.53
合计	32966810.86	31806751.83	1160059.03	3.65

数据来源：中国茶叶流通协会

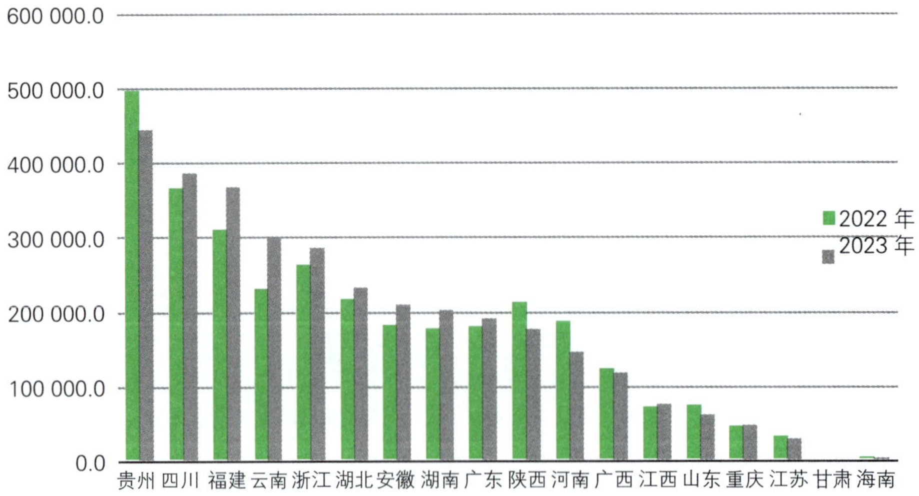

2022、2023 中国主要产茶省产值对比图（单位：万元）

数据来源：中国茶叶流通协会

（4）茶类结构基本稳定

①产量方面

2023 年，全国绿茶产量 193.4 万吨，同比增加 8.0 万吨，同比增长 4.3%，占总产量的 57.9%；红茶 49.1 万吨，同比增长加 0.9 万吨，同比增长 1.9%，占总产量的 14.7%；黑茶 45.8 万吨，同比增加 3.2 万吨，同比增长 7.4%，占总产量的 13.7%；乌龙茶 33.3 万吨，同比增加 2.15 万吨，同比增长 6.9%，占总产量的 10.0%；白茶 10.0 万吨，同比增加 0.56 万吨，同比增长 6.0%，占总产量的 3.0%；黄茶 2.3 万吨，同比增加 1.0 万吨，同比增长 78.4%，占总产量的 0.7%。

表 4 2023 年中国六大茶类产量统计表

单位：吨

茶类	2023 年	2022 年	增长量	增长率 %
绿茶	1934000	1853819	80181	4.3
红茶	491200	482018	9182	1.9
黑茶	458000	426326	31674	7.4
乌龙茶	332830	311318	21512	6.9
白茶	100200	94522	5678	6.0
黄茶	23253	13036	10217	78.4
合计	3339483	3181039	158444	5.0

数据来源：中国茶叶流通协会

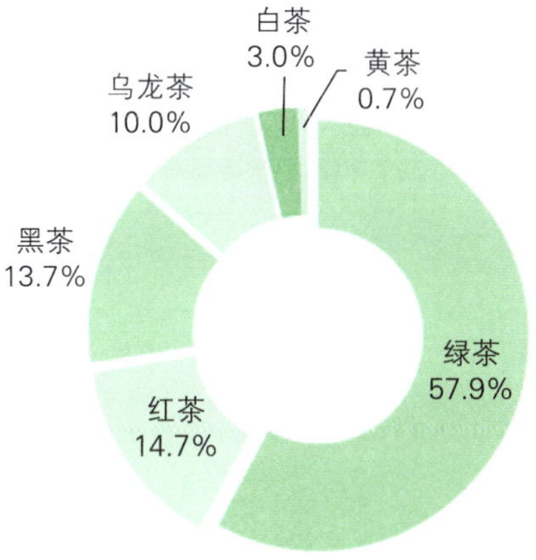

2023 年全国分茶类产量占比图

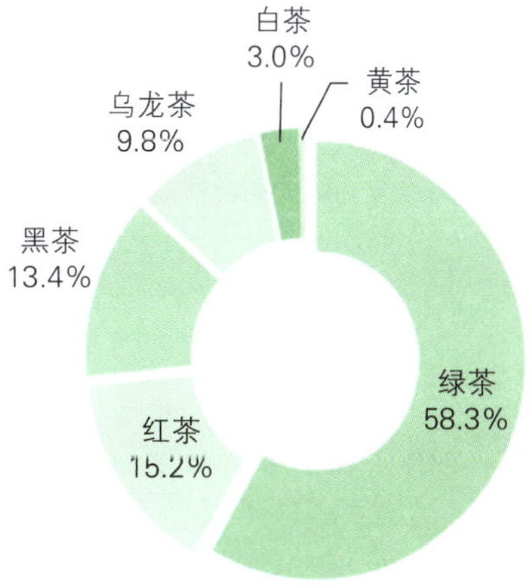

2022 年全国分茶类产量占比图

数据来源：中国茶叶流通协会

②产值方面

2023 年，全国绿茶产值 2060.6 亿元，占总产值的 62.5%；同比增加 2.4 亿元，同比增长 0.1%。红茶 519.7 亿元，占总产值的 15.8%；同比增加 10.3 亿元，同比增长 2.0%。黑茶 310.4 亿元，占总产值的 9.4%；同比增长 41.8 亿元，同比增长 13.5%。乌龙茶 288.5 亿元，占总产值的 8.7%；同比增加 33.7 亿元，同比增长 11.7%。白茶 87.0 亿元，占总产值的 2.6%；同比增加 9.0 亿元，同比增长 10.4%。黄茶 30.5 亿元，同比增加 18.7 亿元，占总产值比重为 0.9%。

表 5　2023 年中国六大茶类干毛茶产值统计表

单位：万元

2022 年	茶类	2023 年	同比增长量	同比增长 %
20581923	绿茶	20606224	24301	0.1
5094658	红茶	5197387	102729	2.0
2685630	黑茶	3104000	418370	13.5
2547577	乌龙茶	2884500	336923	11.7
779277	白茶	869600	90323	10.4
117688	黄茶	305100	187412	61.4
31806752	合计	32966811	1160059	3.5

数据来源：中国茶叶流通协会

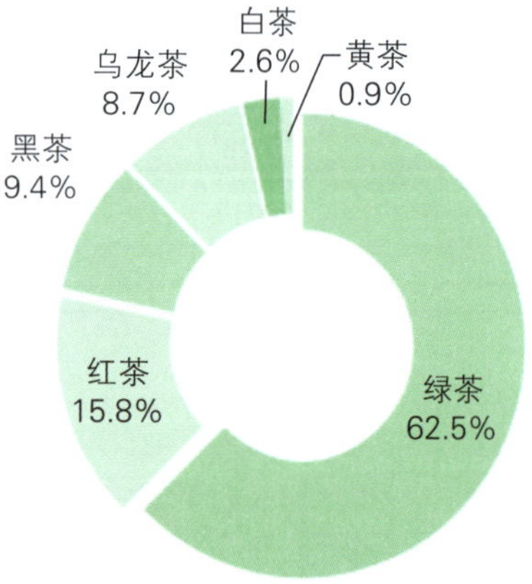

2023 年全国分茶类产值占比图

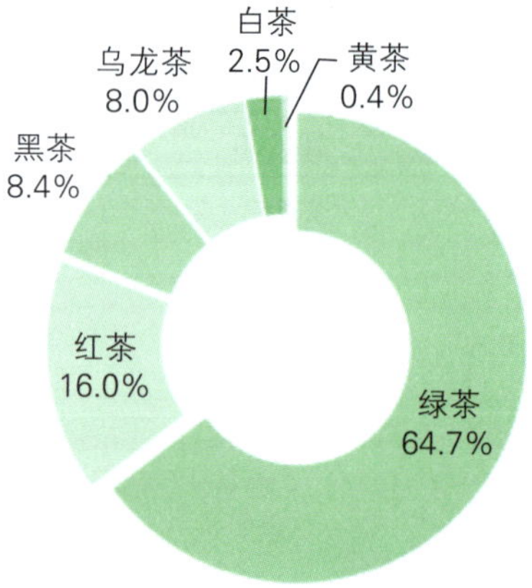

2022 年全国分茶类产值占比图

数据来源：中国茶叶流通协会

2. 产制情况基本稳定

（1）运行态势总体平稳

2023 年，我国气候状况总体偏差，暖干气候特征明显。全国平均气温 10.71℃，较常年偏高 0.82℃，为 1951 年以来历史最高；全国平均降水量 615.0 毫米，比常年偏少 3.9%，为 2012 年以来第二少，冬、春、夏三季降水均偏少，西南地区出现冬春连旱，长江上游遭受冬春连旱、中上游出现夏伏旱。

受 2022 年长江流域夏秋持续高温干旱、2023 年早春气温偏低影响，全国春茶开采推迟，多省“明前”“雨前”茶减产，名优茶受到较大影响，但春茶总产量与上年基本持平。进入夏秋季，由于近年来各地不断提升茶叶加工技术和茶园管护水平，夏秋茶的采制范围持续扩大，产量较往年有明显提升。

（2）高质量发展持续推进

各地坚持绿色发展，强化品牌意识，大力推进茶产业高质量发展。主要表现：一是老旧茶园改造成效明显——可采茶园面积稳定增加，新增茶园增幅加速收窄；适区适种、适区适制、茶树品种与树体更新、茶园土壤改良等工作持续推进。二是技术集成示范加快推进——有机肥替代化肥、病虫全程绿色防控、茶叶品质快速无损检测技术、基于 5G 的茶园环境信息实时监测和品质智能管理决策调控系统等关键技术得到快速推广。三是绿色低碳转型持续深入——生态低碳茶生产技术示范研讨、启动认证企业、推进县域试点等基础工作，对推进生态低碳茶园模式、打造茶产品及品牌、拓宽生态价值转化渠道发挥了重要作用。四是供应链基础端扩面增量——除传统原叶茶消费外，深加工提取物、发酵饮品、茶饮料及新茶饮原料、茶食品等茶叶综合利用的领域持续扩展、规模稳步扩大，成为各地茶产业增效的新引擎。

3. 突出问题仍待解决

综合各地反映的情况看，一些制约茶产业高质量发展的问题仍需尽快解决。一是茶园基础设施薄弱，受气象灾害影响较大。二是生产成本持续走高，2023 年度全国采茶工的日均工资较上一年上涨约 5%～10%；农资成本比增 10% 左右；此外，多数大中型加工企业的生产成本也在持续提升。三是茶叶消费端承压加大，产品供需不精准的问题凸显。四是供给侧结构性出现失衡，部分茶区未落实适区适种、适区适制，盲目跟风热点茶类，对优势区造成较大冲击。

【c. 内销情况】

2023 年，受消费需求缓慢复苏及销售通路的影响，中国茶叶内销总量基本持平，内销总额小幅回调，总体表现不及预期。

表 6　2023 年度中国茶叶内销数据统计表

年份	2023	2022	同比增长	同比增长 %
内销总量 / 万吨	240.4	239.8	0.7	0.3
内销总额 / 亿元	3346.7	3395.3	–48.5	–1.4
内销均价 / （元 /kg）	139.2	141.6	–2.4	–1.7

数据来源：中国茶叶流通协会

1. 内销总量基本持平

2023 年，全国茶叶内销总量 240.4 万吨，同比增加 0.7 万吨，同比增长 0.3%。六大茶类中，内销量占比最大的绿茶和红茶同比出现小幅下降，其余茶类同比略有增长。具体来看，绿茶内销量 128.9 万吨，同比减少 1.6%，占总内销量的 53.6%；红茶 37.9 万吨，同比减少 0.7%，占总内销量的 15.7%；黑茶 37.8 万吨，同比增长 3.7%，占总内销量的 15.7%；乌龙茶 25.6 万吨，同比增长 3.2%，占总内销量的 10.7%；白茶 8.3 万吨，同比增长 1.6%，占总内销量的 3.4%；黄茶 1.9 万吨，占总内销量的 0.8%。

表 7　2023 年中国六大茶类内销量统计表　单位：万吨

茶类	2023 年	2022 年	同比增长	同比增长 /%
绿茶	128.9	131.1	–2.2	–1.6
红茶	37.9	38.1	–0.3	–0.7
黑茶	37.8	36.4	1.4	3.7
乌龙茶	25.6	24.8	0.8	3.2
白茶	8.3	8.1	0.1	1.6
黄茶	1.9	1.1	0.8	72.3
总计	240.4	239.8	0.7	0.3

数据来源：中国茶叶流通协会

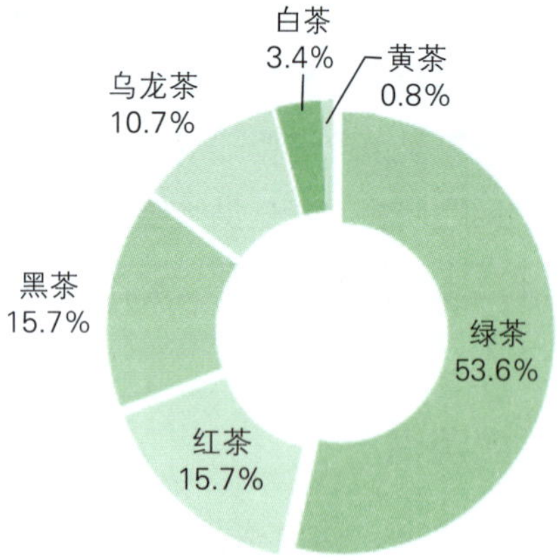

2023 年全国分茶类内销量占比图

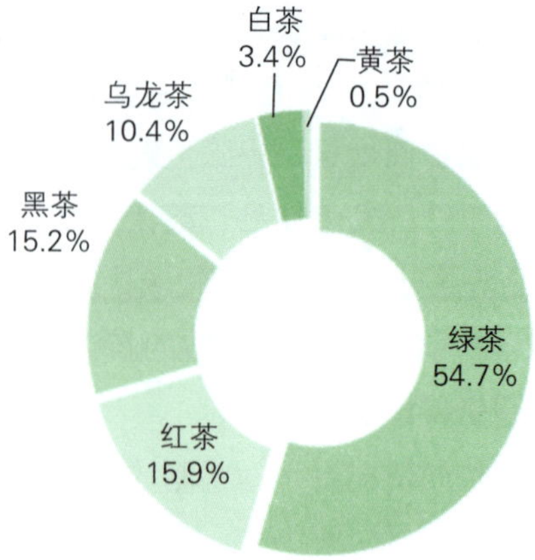

2022 年全国分茶类内销量占比图

数据来源：中国茶叶流通协会

2. 内销总额小幅回调

2023 年，全国茶叶内销总额 3346.7 亿元，同比减少 48.5 亿元，回调约 1.4%。其中，绿茶内销额 1978.3 亿元，同比减少 6.3%，占内销总额的 59.1%；红茶 560.9 亿元，同比减少 0.6%，占内销总额的 16.8%；黑茶 358.6 亿元，同比增长 11.6%，占内销总额的 10.7%；乌龙茶 311.0 亿元，同比增长 9.3%，占总额的 9.3%；白茶 107.5 亿元，同比增长 6.9%，占总额的 3.2%；黄茶 30.4 亿元，占内销总额的 0.9%。

表 8　2023 年中国六大茶类内销额统计表　　单位；亿元

茶类	2023 年	2022 年	同比增长	同比增长 /%
绿茶	1978.3	2110.5	−132.2	−6.3
红茶	560.9	564.2	−3.3	−0.6
黑茶	358.6	321.4	37.3	11.6
乌龙茶	311.0	284.6	26.4	9.3
白茶	107.5	100.5	7.0	6.9
黄茶	30.4	14.2	16.2	114.5
总计	3346.7	3395.3	−48.5	−1.4

数据来源：中国茶叶流通协会

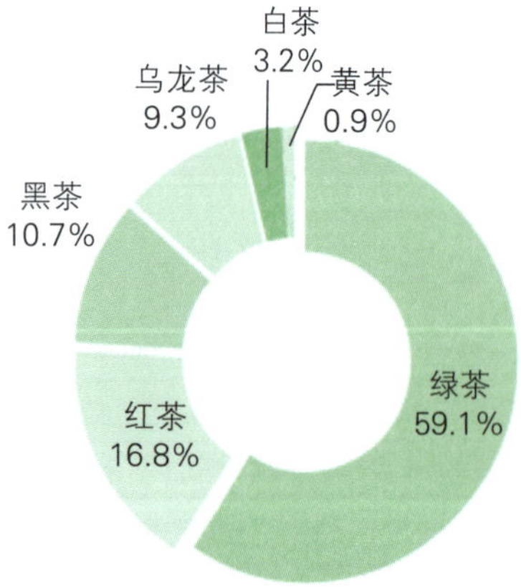

2023 年全国分茶类内销额占比图

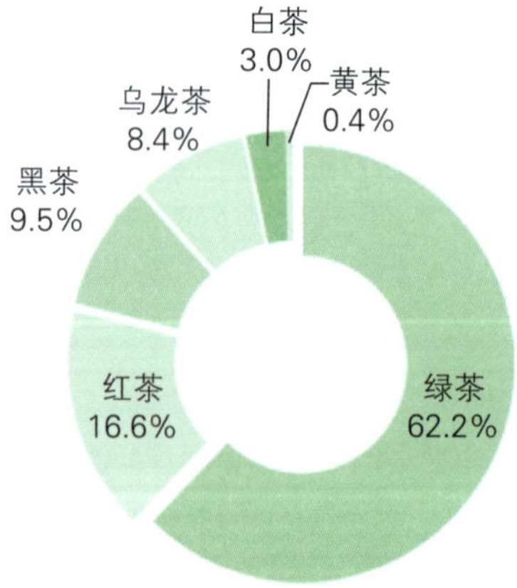

2022 年全国分茶类内销额占比图

数据来源：中国茶叶流通协会

3. 内销均价总体稳定

受绿茶均价调整影响，2023 年，全国茶叶内销均价出现回调，绿茶内销均价 153.4 元 / 千克，同比下降 4.7%；红茶 148.1 元 / 千克，同比微增 0.1%；黑茶 94.9 元 / 千克，同比增长 7.6%；乌龙茶 121.3 元 / 千克，同比增长 5.9%；白茶 130.2 元 / 千克，同比增长 5.3%；黄茶 157.5 元 / 千克，同比增长 24.4%。

表 9　2023 年中国六大茶类内销均价统计表　　单位：元 / 千克

茶类	2022 年	2023 年	同比增加（元）	同比增长 /%
绿茶	161.0	153.4	–7.6	–4.7
红茶	148.0	148.1	0.2	0.1
黑茶	88.2	94.9	6.7	7.6
乌龙茶	114.6	121.3	6.8	5.9
白茶	123.7	130.2	6.5	5.3
黄茶	126.5	157.5	30.9	24.4
总计	141.6	139.2	–2.4	–1.7

数据来源：中国茶叶流通协会？

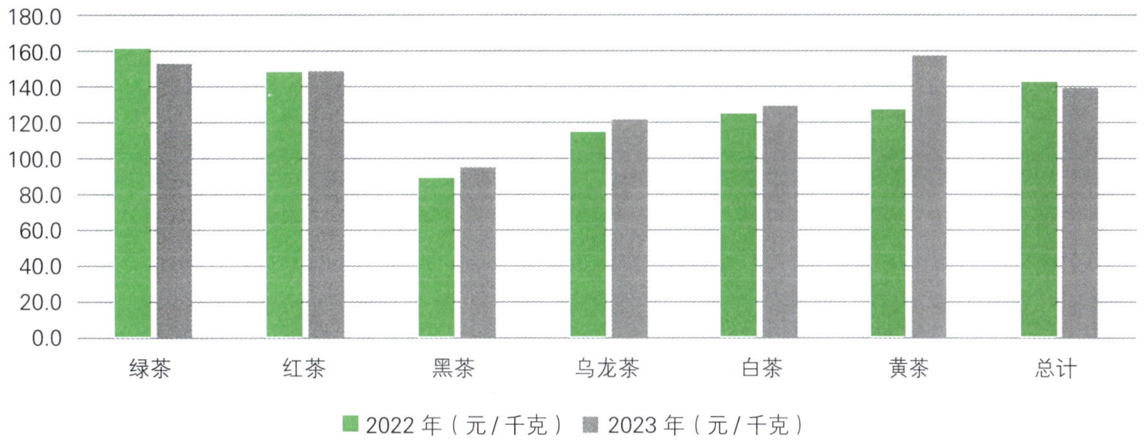

2022、2023 中国茶叶内销均价对比图

数据来源：中国茶叶流通协会

4. 进口茶叶量额微调

2023 年，中国进口茶叶 3.90 万吨，同比减少 5.48%；进口额 1.46 亿美元，同比减少 0.27%；均价 3.75 美元 / 千克，同比增长 6.09%。

表 13　2023 年中国茶叶进口量、进口额、进口均价统计

茶类	出口量（吨）	同比增长（%）	出口额（万美元）	同比增长（%）	出口均价（美元 / 千克）	同比增长（%）
红茶	32220.07	7.03	11216.38	4.56	3.48	–2.3
绿茶	4870.53	–41.96	951.81	–28.56	1.95	23.1
乌龙茶	1647.53	–36.29	2325.77	1.24	14.12	58.9
其他花茶	247.38	——	69.25	——	2.80	——
茉莉花茶	21.15	–64.16	55.07	–64.38	26.04	–0.6

续表

茶类	出口量（吨）	同比增长（%）	出口额（万美元）	同比增长（%）	出口均价（美元/千克）	同比增长（%）
普洱茶	6.42	-95.35	17.37	-79.31	27.04	344.8
黑茶	2.00	36.84	3.93	-47.00	19.65	-61.3
白茶	0.98	——	3.09	——	31.47	——
合计	39016.07	-5.48	14642.67	0.27	3.75	6.1

数据来源：中国海关

（1）**分茶类统计**

2023年，中国进口红茶和黑茶的数量均有增加；进口红茶、乌龙茶的金额微增；进口绿茶、乌龙茶、普洱茶的均价有所上涨。在海关统计列表中，其他花茶和白茶因是首次进入，暂无比较值。具体来看：红茶进口量3.22万吨，占总量的82.58%；进口额1.12亿美元，占总额的76.60%；均价3.5美元/千克，同比减少2.3%。绿茶进口量0.49万吨，占总量的12.48%；进口额952万美元，占总额的6.50%；均价2.0美元/千克，同比增长23.1%。乌龙茶进口量0.16万吨，占总量的4.22%；进口额2326万美元，占总额的15.88%；均价14.1美元/千克，同比增长58.9%。茉莉花茶进口量21.1吨，进口额55.1万美元，均价26.0美元/千克，同比减少-0.6%。普洱茶进口量6.4吨，进口额17.4万美元，均价27.0美元/千克，同比增长344.8%。黑茶进口量2.0吨，进口额3.9万美元，均价19.6美元/千克，同比减少61.3%。其他花茶进口量243吨，进口额69.3万美元，均价2.8美元/千克。白茶进口量1.0吨，进口额3.1万美元，均价31.5美元/千克。

（2）**按来源地统计**

斯里兰卡以1.21万吨继续稳居榜首，其余依次为印度（6159吨）、布隆迪（3278吨）、缅甸（3110吨）、马拉维（2410吨）、印度尼西亚（2407吨）、越南（2298吨）、肯尼亚（1791吨）、乌干达（1135吨）、卢旺达（1013吨）。值得关注的是，近年来，中国大陆从中国台湾进口的茶叶量连续减少，2023年更是首次掉出前十之外。

表12　2023年茶叶进口国家（地区）统计表

	茶叶进口量排名		茶叶进口额排名	
	国家或地区	总量（千克）	国家或地区	总额（美元）
1	斯里兰卡	12119523	斯里兰卡	59134323
2	印度	6159376	中国台湾	21420506
3	布隆迪	3277549	印度	16330063
4	缅甸	3110293	布隆迪	8525711
5	马拉维	2410025	越南	5157868
6	印度尼西亚	2407158	肯尼亚	4347039
7	越南	2297552	泰国	4275393
8	肯尼亚	1790566	马拉维	3840178
9	乌干达	1134918	印度尼西亚	3620658
10	卢旺达	1012821	卢旺达	2768838

数据来源：中国海关

5. 消费市场运行情况

（1）消费需求低于预期，骨干茶企创新有为

2023年，受整体消费环境与名优春茶产销形势影响，原叶茶内销情况不尽如人意，市场进入阶段性存量竞争期，茶企承受了较大压力。面对新形势、新需求，行业骨干企业主动拥抱变化，在产品宣传、消费场景等领域向Z世代购买者靠拢，为行业发展带来了新思维、新方向。

近年来，茶叶消费群体年轻化的趋势明显。数据显示：2023年，18–30岁年龄段的茶叶消费者占比高达38.4%，已渐成主力。其消费特征：一是追求健康——茶的健康属性深入消费者心智，让茶产业加速驶入健康新赛道，驱动消费总量提升。二是多元化——在茶类消费上，同一个消费者在一天的不同时间及一年的不同季节品饮不同品类的茶；品类选择也从区域化向全国化切换；传统茶类的周期性轮动也在加速。在体验消费和情感消费方面，"颜值、混搭、解压、便捷、社交"成为各茶企研发新品的聚焦点；品牌茶企通过提升门店服务，以期为消费者提供更好的体验感。文化消费方面，国潮、非遗、跨界联名等成为消费新热点。三是追求性价比。品牌茶消费和明星单品的集中度大幅提高，并在消费市场中发挥引领作用。

为适应市场需求，国内各大品牌茶企在2023年纷纷发力，通过推出新品、冠名活动、跨界联名等形式持续增强曝光，品牌效应显现。如：竹叶青在坚守高端绿茶的同时，适度增加品类，在增强品牌与消费者之间粘性的同时，有效提升了客单价；该公司与只此青绿联名推出的春茶新品，成为2023年春茶季的国潮爆款；还与"一带一路全球行"和"读懂中国"国际会议合作，面向世界讲好中国故事，树立品牌国际形象。又如：中茶冠名《2023中国诗词大会》，配合季节性营销活动，实现红茶、绿茶品类新突破；还在年内增加CCTV1《天气预报》后等黄金资源，提高品牌曝光率，广告覆盖4.2亿人、43亿人次。再如：八马实现创意营销策略破圈，以跨界合作促进茶文化传承，单场文化名人茶叙直播全网超3.5亿曝光，实现品牌曝光与终端销售双丰收。

（2）线下通路逐步恢复，电商板块增量趋缓

品牌专卖店、专业市场、商超卖场、茶馆及网上交易是茶叶销售的主要通路。疫情过后，传统实体渠道逐渐修复，销售情况总体向好。据调查，2023年，在茶叶线下销售通路中，品牌专卖店的销售业绩回升最快，相较2019年，店均比增20%～40%；而在城市中，茶叶专业市场、商超卖场及茶馆的业绩回升相对较缓，2023年仅恢复至2019年的60%～70%。

与此同时，受直播电商板块震荡调整的影响，茶叶电商板块增速放缓。据中国茶叶流通协会汇总估算，2023年中国茶叶线上交易总额虽已突破350亿元，但增长率回调至6%。调查发现，线上消费者的消费习惯发生了新变化，理性化、目的性强的特征更加明显，选购时更注重商品的低价时刻，而非低价商品。由此也导致了直播电商生态发生转变："达播+店播"融合发展成为新趋势。即：茶叶企业通过达播多维度展现品牌内涵，提升渗透度，强化与用户间的链接；通过店播打造品牌形象、节省直播成本、扩大利润空间；同时，更加注重提升私域运营能力。总体来看，兴趣电商和直播电商凭借强沟通性和强互动性为行业带来新活力，与货架电商分别承担着满足日常消费需求和刺激计划外消费的功能，并协同助力茶叶行业电商渗透度提升。在大众消费观念改变、消费计划性增强的时下，货架电商、内容电商已成为互相促进与引流的有机整体，电商全渠道规划和构建已成为品牌茶企电商发展的必由之路。川茶集团建设茶业电商直播基地，探索内容电商、新媒体电商等新型营销模式，通过设立自播账号、联名明星网红带货，加速品牌传播，销售复购率明显提升；张一元发力抖音直播电商，开发渠道专属产品，配合专业直播导购，参与平台促销节，2023销售业绩增速可观；八

马茶业创新立体宣传推广方式，线上线下融合发展，加强线下体验营销和线上直播营销，有效提升市场占有率。携手京东、抖音、天猫、唯品会、美团等各大平台，打造品效合一新标杆，八马乌龙茶已连续9年蝉联天猫全网销量冠军。

在国内电商的发展进程中，视频/直播电商近年来以新的模式给茶行业带来了新机遇，但其引发的价格战也给行业带来了不良影响——在混淆视听、搅乱市场的同时，也拉低和缩窄行业经营空间。目前，相关政府部门与行业组织已开始着手治理工作，促进其规范发展。

（3）现制茶饮换挡提质，新式茶馆悄然崛起

2023年，新茶饮行业在持续增长和高速迭代中保持高歌猛进。市场整体规模持续扩大，连锁化率不断提升，行业发展呈现健康化、品牌化大趋势，国际化步伐逐渐加大加快。具体表现：

①产品原料回归茶

由于消费者越来越关注茶饮产品的用料，更愿意选择使用真茶、真奶、真果等真材实料的高品质茶饮产品，因此茶再次成为新茶饮的主角之一，更多的传统名优茶被应用到创新的新茶饮产品中。2023年，喜茶深入福建、广东等5个省份12个茶叶核心产区，创新推出乌龙茶、普洱茶、白茶等种类的近20款茶叶原料，并应用到该公司的各类新茶饮产品之中；奈雪首推“香水”茶饮概念，突出的便是茶的“自然香”。以时尚、创新成为“风口”的新茶饮开始回归本质、重话经典、深耕文化。

②多品牌布局海外

2023年是新茶饮出海的爆发年。蜜雪冰城、喜茶、霸王茶姬等新茶饮赛道的头部品牌集体出海，从侧面折射出时下行业竞争现状：一是国内市场充分内卷，存量竞争倒逼各大品牌前往海外寻找增长；二是茶饮意图借助出海业务反哺品牌势能，提升品牌的总体影响力。

③资本进一步降温

近年来，随着品类红利渐失和品牌梯队日渐稳定，新茶饮赛道的投融资事件逐渐减少。2022年茶饮融资总额仅为45亿元，2023年更是成为茶饮品牌融资寒冬。在国内融资遇冷的情况下，申请海外IPO已成为行业趋势。

④新中式茶馆崛起

扎堆喝茶结合疗愈养生等内容，让新中式茶馆成为一批年轻人的新型社交方式。近年来，茶馆的热度从北上广深向新一线、二线城市延伸，杭州、厦门等茶文化氛围浓厚的城市更是跑出多个区域品牌。这些在社交平台上拥有高打卡率的新中式茶馆品牌，大多走的是“零售产品＋现制饮品＋社交空间”的路线。2023年，新中式茶馆的赛道上不仅聚焦了隐溪茶馆、煮叶、tea'stone、CGV T SPAC茶间·茶馆、开吉茶馆等品牌，还吸引了茶颜悦色、奈雪的茶、喜茶相继开出新中式茶馆。

【d. 外销情况】

据中国海关统计：2023年，中国茶叶出口总量36.75万吨，同比减少2.06%；出口额17.39亿美元，同比减少16.49%；均价4.73美元/千克，同比减少14.74%。在出口茶类中，白茶、茉莉花茶于2023年1月1日正式使用独立的海关税则号，使中国茶叶出口类目更加全面与规范。

表13　2023年中国茶叶出口量、出口额、出口均价统计

茶类	出口量（吨）	增幅（%）	出口额（万美元）	增幅（%）	出口均价（美元/千克）	增幅（%）
绿茶	309389.54	−1.44	118048.70	−15.32	3.82	−14.09
红茶	29044.19	−12.62	26705.07	−21.63	9.19	−10.31

工升级换代，采取实物奖补形式，推动茶

乌龙茶	19925.58	2.99	20677.25	−19.98	10.38	−22.31
茉莉花茶	6210.55	−4.56	5049.67	−10.32	8.13	−6.04
普洱茶	1719.01	−10.29	1325.43	−56.47	7.71	−51.48
白茶	580.74	——	1465.92	——	25.24	——
黑茶	427.29	21.81	252.89	−7.71	5.92	−24.23
其他花茶	245.20	——	395.18	——	16.12	——
合计	367542.11	−2.06	173920.12	−16.49	4.73	−14.74

数据来源：中国海关

1. 出口茶类统计

在出口量方面，绿茶仍是我国茶叶出口绝对优势品类，占比 84.18%；除乌龙茶和黑茶同比有所增长，其余茶类同比均有不同幅度下降，以红茶下降最大，达到 12.62%。在出口额方面，所有品类同比均有下降；其中，普洱茶下降最大，达 56.47%。出口均价方面，白茶单价最高，为 25.24 美元 / 千克；各茶类均价同比全部下调；其中，黑茶下降最大，达 51.48%。

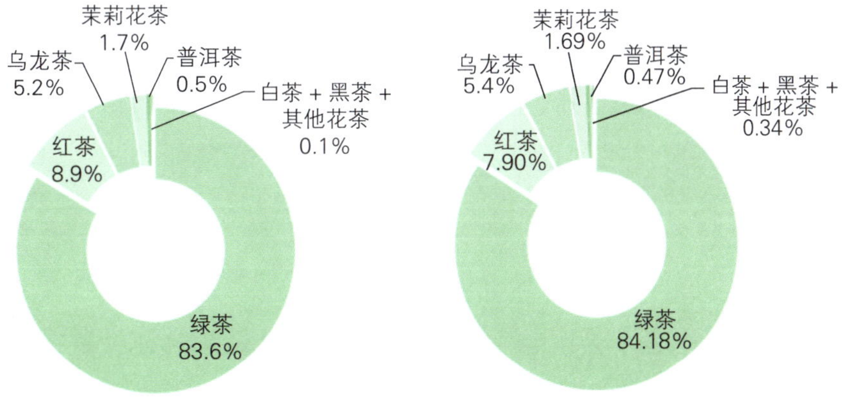

2022 年全国分茶类出口量占比图　　2023 年全国分茶类出口量占比图

注：因黑茶、白茶、其他花茶出口量较少，故合并制图

图 4　2022、2023 年度分茶类出口量占比

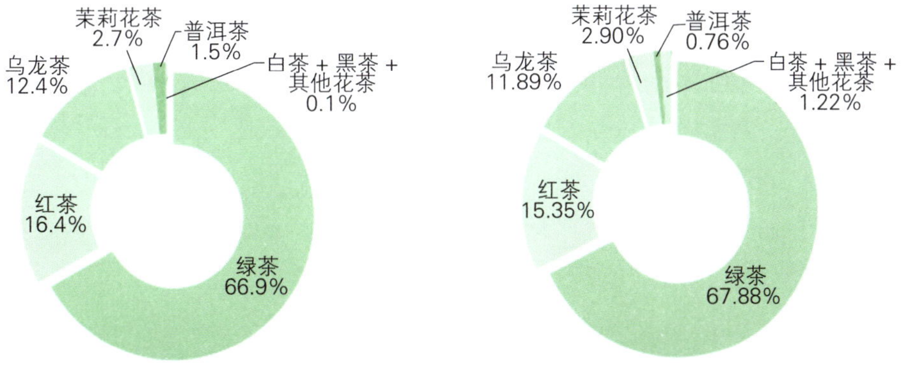

2022 年全国分茶类出口额占比图　　2023 年全国分茶类出口额 占比图

注：因黑茶、白茶、其他花茶出口额较少，故合并制图

图 5　2022、2023 年度分茶类出口额占比

数据来源：中国海关

2. 出口省份统计

2023年，全国共有6个省份的茶叶出口总量超过万吨，分别是浙江省15.03万吨，同比减少2.3%，占比40.9%；安徽省6.73万吨，同比增长8.4%，占比18.3%；湖南省4.22万吨，同比减少11.5%，占比11.5%；福建省2.89万吨，同比减少9.3%，占比7.9%；湖北省2.42万吨，同比减少1.4%，占比6.6%；江西省1.31万吨，同比减少6.6%，占比3.6%。

表10　2023年茶叶出口量逾万吨省份统计表　单位：千克

省份	绿茶	红茶	乌龙茶	茉莉花茶	普洱茶	白茶	黑茶	其他花茶	出口总量
浙江省	144319528	3604296	1071551	1138694	119433	3490	0	32868	150289860
安徽省	65235681	1375062	522413	72474	16578	11752	15	32067	67266042
湖南省	34818859	4403623	1751493	653933	403979	63825	58400	2877	42156989
福建省	11693363	1167474	13508185	2011297	126953	354894	0	26550	28888716
湖北省	21823964	1344504	713059	182279	59684	63995	0	2638	24190123
江西省	10012050	2262754	169737	653337	0	39432	0	0	13137310

数据来源：中国海关

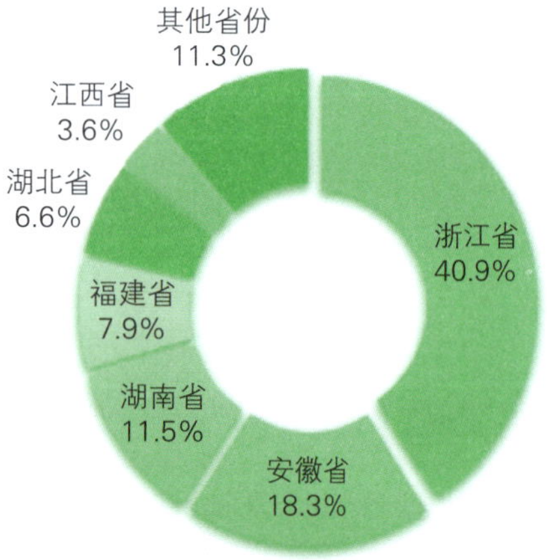

2023分省份茶叶出口总量占比

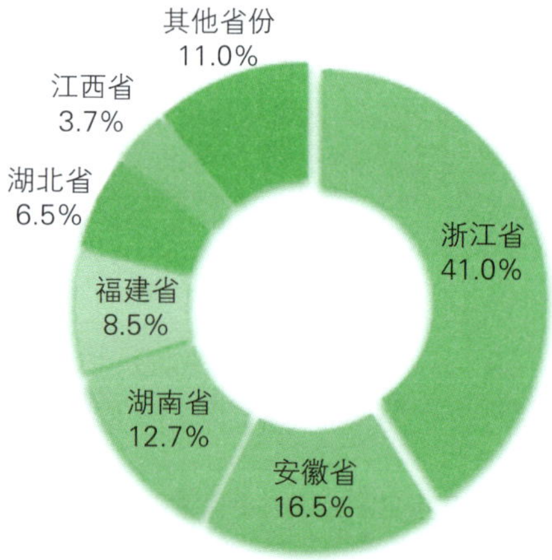

2022分省份茶叶出口总量占比

数据来源：中国海关

全国共有5个省份出口额超亿美元。其中，浙江省4.64亿美元，同比减少3.95%，占比26.7%；福建省3.06亿美元，同比减少42.49%，占比17.6%；安徽省2.50亿美元，同比增长2.08%，占比14.4%；湖北省1.95亿美元，同比减少2.12%，占比11.2%；湖南省1.16亿美元，同比减少16.99%，占比6.7%。

均价排名前十位的省份中，贵州、福建两省居前两位；其余省份的茶叶出口均价均低于10美元/千克。

表 10　2023 年茶叶出口额逾亿美元省份统计表

单位：美元

省份	绿茶	红茶	乌龙茶	茉莉花茶	普洱茶	白茶	黑茶	其他花茶	出口总额
浙江省	434540138	16230094	3443607	9535126	373268	22206	0	323364	464467803
福建省	103068877	28052522	142714240	17545709	1376110	12651136	0	240071	305648665
安徽省	241462938	5487593	1327627	1252126	240421	186716	559	135770	250093750
湖北省	138211717	45094880	8121327	2561665	1003398	384408	0	29791	195407186
湖南省	90316133	15507157	4702663	3590217	1630138	524518	140301	34656	116445783

数据来源：中国海关

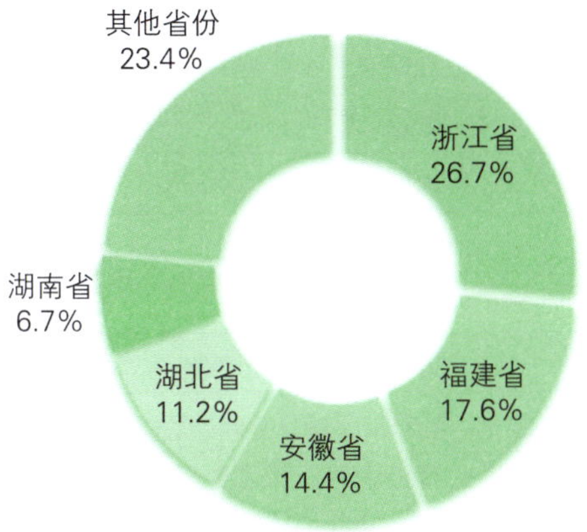

2023 分省份茶叶出口总量占比

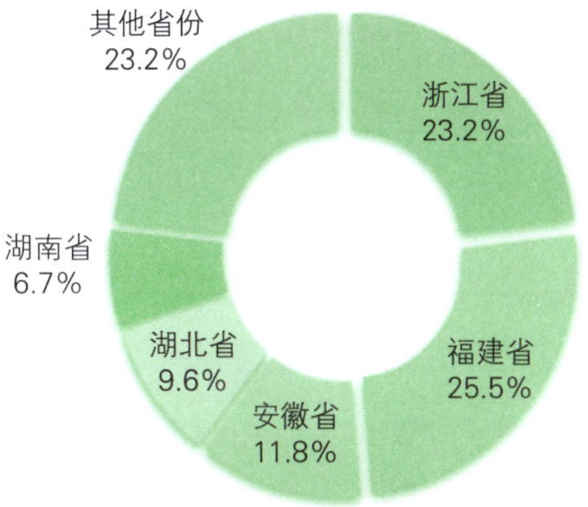

2022 分省份茶叶出口总量占比

数据来源：中国海关

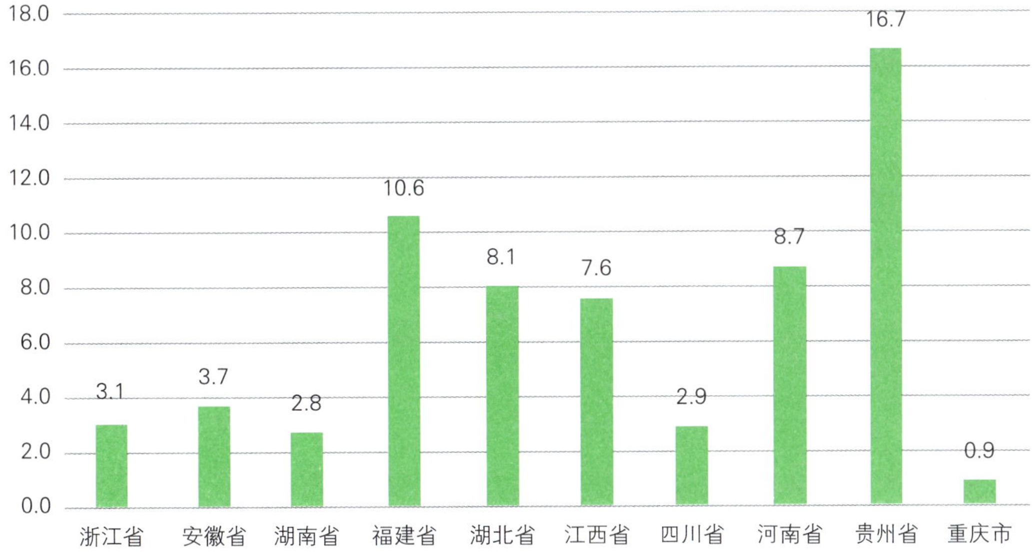

图 9　2023 出口量前十省份茶叶出口均价

数据来源：中国海关

3. 目的国别统计

2023 年，中国茶叶共销往 130 个国家和地区。出口量超万吨的目的地共计 10 个；其中，摩洛哥继续排名第一位。出口额超亿美元的目的地共计 4 个；其中，中国香港居首。

表 15　2023 年我国茶叶出口目的地前二十名统计表

序	茶叶出口量排名		茶叶出口额排名	
	国家或地区	总量（千克）	国家或地区	总额（美元）
1	摩洛哥	59831511	中国香港	220235331
2	加纳	35289670	马来西亚	208793390
3	乌兹别克斯坦	27228453	摩洛哥	190075842
4	阿尔及利亚	20265540	加纳	141710820
5	塞内加尔	16677813	阿尔及利亚	70858046
6	毛里塔尼亚	15825529	塞内加尔	69139040
7	俄罗斯	14759323	毛里塔尼亚	67161799
8	马里	11956421	越南	64561272
9	日本	10317711	美国	56125566
10	喀麦隆	10173366	俄罗斯	54195576
11	贝宁	9821960	日本	52545803
12	德国	9000736	乌兹别克斯坦	52101337
13	美国	8619472	马里	50320939
14	中国香港	8334141	德国	35769773
15	马来西亚	8208268	泰国	33773437
16	冈比亚	8048163	贝宁	31182580
17	泰国	7282389	冈比亚	29529465
18	尼日尔	6767787	利比亚	27248877
19	利比亚	6158819	多哥	22575970
20	波兰	5657037	法国	20212190

数据来源：中国海关

4. 市场情况

2023 年，全球茶叶产销格局基本稳定，但囿于世界经济以及全球茶叶总体产大于销的局面，国际茶市景气度仍未好转。中国茶叶出口量在连续两年创出历史新高后，出现适度缩量回调；但出口均价连续两年下降 10% 以上，并拖累出口总额也连续下降 10% 左右。

综合来看，2023 年中国茶叶出口形势欠佳的主要原因：

①国际市场需求疲软；

②国际贸易成本增加，风险加大，利润空间进一步收窄。在国际海运成本飙升的同时，因等船、等箱而造成的订单延迟风险普遍存在。同时，美元持续加息政策导致中国茶叶主要出口市场遭遇美元短缺，货币成本大幅提升，企业债务负担加重；

③中国茶叶出口企业近两年重点消化疫情期间积压的库存，因此向欠发达国家及地区出口的茶叶量增加，附加值低的大包装原料茶出口量也在增加，利润空间进一步压缩。与此同时，新型污染物和农药残留等长期困扰中国茶叶出口的问

题也未得到有效解决。

【e. 相关建议】

1. 发挥政策引导作用，持续推进供给侧改革

各茶叶主产区政府要持续严控新增茶园，在保障茶农收益的同时，加快出台老旧低效茶园休耕、改造、退出措施，促进茶园提质增效。持续落实茶叶适区适种、适区适制，根据茶园更新需求，加快推广茶树新品种，推进本地群体种保护，完善现代茶园基础设施建设和机械配套，提升茶园稳定生产能力。促进茶叶加机具大规模“以旧换新”工作，规范“二手”茶机具的线上线下交易。推动产业融合发展，出台支持茶旅发展专项政策，按茶园面积配比茶旅建设用地，鼓励茶庄园、茶景区、茶叶小镇建设。鼓励有条件的茶区推进农业社会化服务体系构建，大力发展全产业链社会化服务，促进节本增效，引导茶产业从产品结构性调整向供应链结构性调整转变。规范茶叶营销活动，加强区域公用品牌、产品品牌建设，支持龙头企业品牌化发展。鼓励有条件的茶企加大科技创新转化力度，开发更多适应市场的高附加值产品。

各产区政府要因地制宜，立足促进茶产业高质量发展，深入探索适合本区域特色的茶产业发展模式，做好顶层设计，制定可行规划，坚持久久为功。要研究制定出台地方法规、条例等措施，引导茶产业绿色发展，促进茶产业规范经营。要坚持“以人为本”“先立后破”的原则，引导并扶持骨干茶企深入理解并挖掘新质生产力，积极探索茶产业与未来产业的融合发展路径及方式，做好“土特产”这篇大文章。

2. 多措并举促进消费，持续复兴国内市场

政府部门应出台实质性政策，鼓励传统茶文化与消费新需求有机融合，推动商旅文体融合消费新场景的打造；支持茶知识、茶文化的普及传播，规范茶文化传播中心的线上线下建设，支持行业组织、茶企举办具有影响力的商业活动及国际茶事活动；扩大服务消费，支持新中式茶馆、共享茶馆、主题餐厅及茶浴、茶肆等服务业态的发展；鼓励茶业电商有序发展，推动电商标准体系与诚信体系建设，构建良好的营商环境；扶持茶企拓展数字经济新渠道、新模式、新业态，推动以科技创新带动产品创新，以丰富优质茶叶商品的市场供给；支持有条件的茶企应用“区块链 + 数字经济”的运作模式，拓展金融数字服务及延伸服务。

3. 文化引领精准扶持，持续推进海外拓展

政府部门应根据当前国际贸易格局的变化，对茶产业的下步发展给予新的配套政策和措施，引导、支持中国茶在世界范围内，尤其是重点区域市场，扩大茶文化、茶生活方式的宣传推广和品牌打造；发挥税收导向与积聚能力，变革退税方式，补强短板，加速培育龙头企业、国际品牌；进一步加强与国际海关组织、国际经贸组织的沟通协调与互利合作，顺畅国际贸易关系；鼓励品牌茶企及新茶饮企业在海外开设特色体验店和连锁店；加大力度支持有条件的企业探索和建设境外茶叶交易中心和海外仓；应发挥行业组织在国际舞台上的特殊地位和作用，以更具话语权的专业营销组织机构为龙头，精准对接国际市场；加大行业资源与宣传资源的整合力度，打造中国茶品牌的统一形象，提高诚信度、知名度、美誉度，扩大市场份额，实现更大的品牌价值。

4. 坚定信心转变观念，强基固本顺势而上

随中国经济的发展，中国茶产业当前已进入由大变强、爬坡过坎的关键期。广大企业应坚定发展信心，坚持发展定力，保持清醒头脑，发挥自身所长，适应时代变化。应把握大健康时代、AI 等现代科技进步、茶文化复兴与弘扬、行业整体性成长、产业创新型融合及新式中国茶走向国际市场等变化带来的发展机遇，更多着眼于消费增量，发力在消费需求和场景。应在增强自身的专业能力、经营能力及整合各方资源的能力同时，更加重视和加强与合作伙伴的相互赋能。

梅 宇　梁 晓

第三部分

地方篇

3.1 北京市

【a. 概况】

2023 年，规模以上食品工业企业数 249 家（不含烟草），同比持平，其中，农副食品加工业企业数 100 家，同比持平；食品制造业企业数 113 家，同比持平；酒、饮料和精制茶制造业 36 家，同比持平。实现营业收入 1249.8 亿元，同比增长 0.1%，其中，农副食品加工业企业 442.7 亿元，同比下降6.8%；食品制造业企业547.4亿元，同比增长 5.3%；酒、饮料和精制茶制造业 259.6 亿元，同比增长 2.2%。实现利润总额 27.4 亿元，同比下降 47%，其中，农副食品加工业企业 2 亿元，同比下降77.5%；食品制造业企业36.9亿元，同比增长 69.2%；酒、饮料和精制茶制造业亏损 11.5 亿元，同比下降 155.4%。

2023 年，流动资产 937.6 亿元，同比下降 6.6%，其中，农副食品加工业企业 255.1 亿元，同比下降 3.2%；食品制造业企业 320.6 亿元，同比增长 0.4%；酒、饮料和精制茶制造业 361.9 亿元，同比下降 14.1%。

2023 年，平均用工人数 6.9 万人，同比下降 3.6%，其中，农副食品加工业企业 1.9 万人，同比持平；食品制造业企业 3.3 万人，同比下降 2.3%；酒、饮料和精制茶制造业 1.7 万人，同比下降 9.1%。

2023 年北京市规模以上食品工业企业主要经济指标简明表

代码	指标名称	单位：亿元	营业收入			利润总额			流动资产合计			平均用工人数（万人）		
			2023 年	2022 年	同比增长（%）	2023 年	2022 年	同比增长（%）	2023 年	2022 年	同比增长（%）	2023 年	2022 年	同比增长（%）
13	农副食品加工业	100	442.7	474.7	-6.8	2.0	9.1	-77.5	255.1	263.5	-3.2	1.9	1.9	-0.5
14	食品制造业	113	547.4	520.0	5.3	36.9	21.8	69.2	320.6	319.2	0.4	3.3	3.4	-2.3
15	酒、饮料及精制茶制造业	36	259.6	254.0	2.2	-11.5	20.8	-155.4	361.9	421.2	-14.1	1.7	1.9	-9.1
食品工业总计（不含烟草）		249	1249.8	1248.8	0.1	27.4	51.7	-47.0	937.6	1003.9	-6.6	6.9	7.2	-3.6
全省规上工业总计		3065	27807.9	26839.1	3.6	1692.3	1942.0	-12.9	28781.7	25953.8	10.9	75.7	77.2	-1.9

注：1. 因我市烟草制品企业数量不足 3 家，此次提供的数据不包含此行业；
2. 数据为 2023 年定报数据。

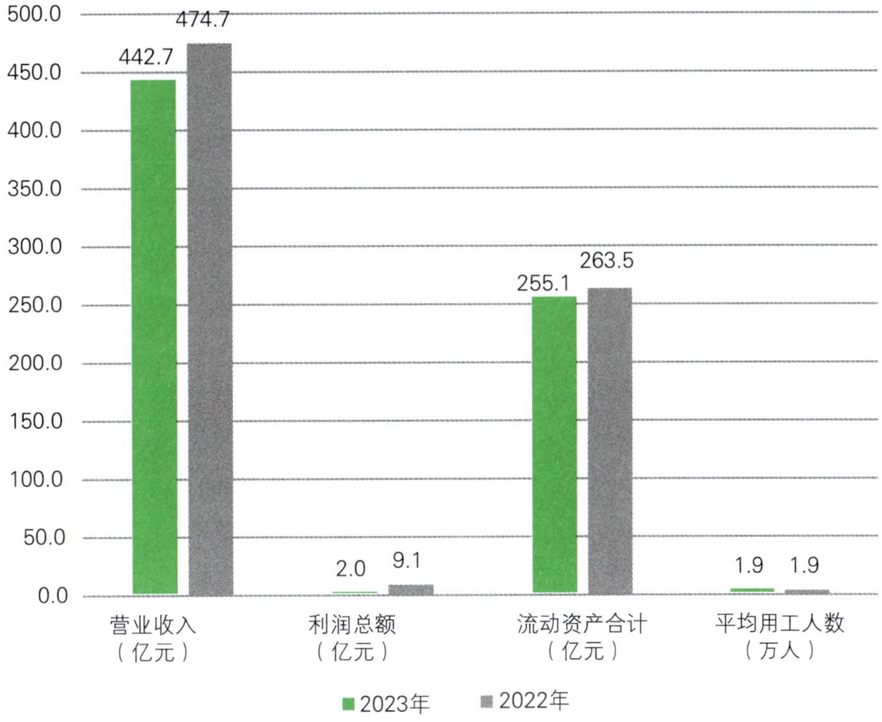

农副食品加工业同比对比图

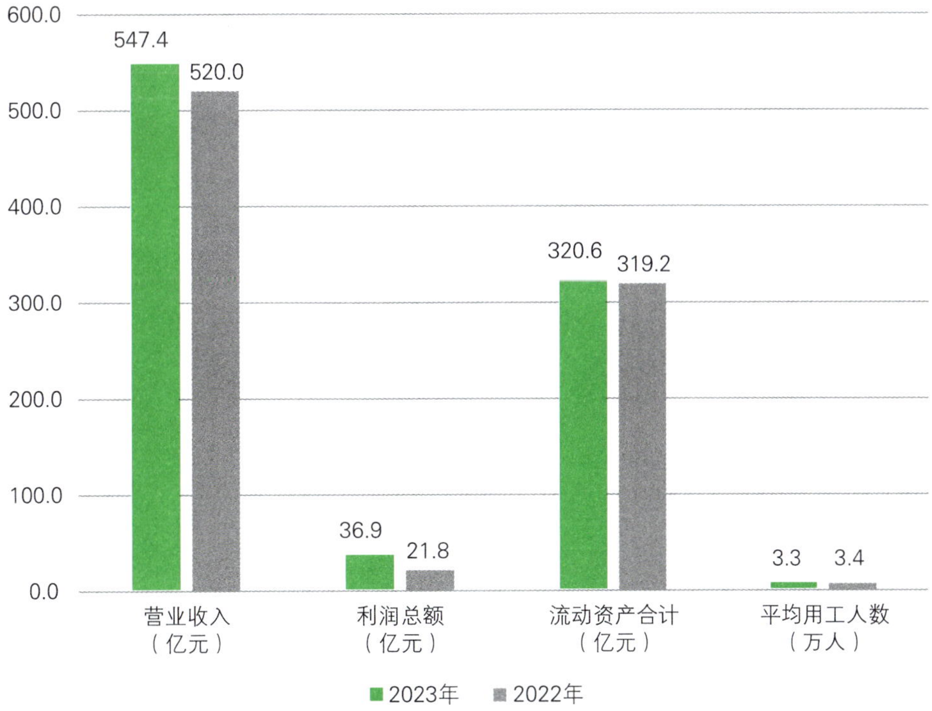

食品制造业同比对比图

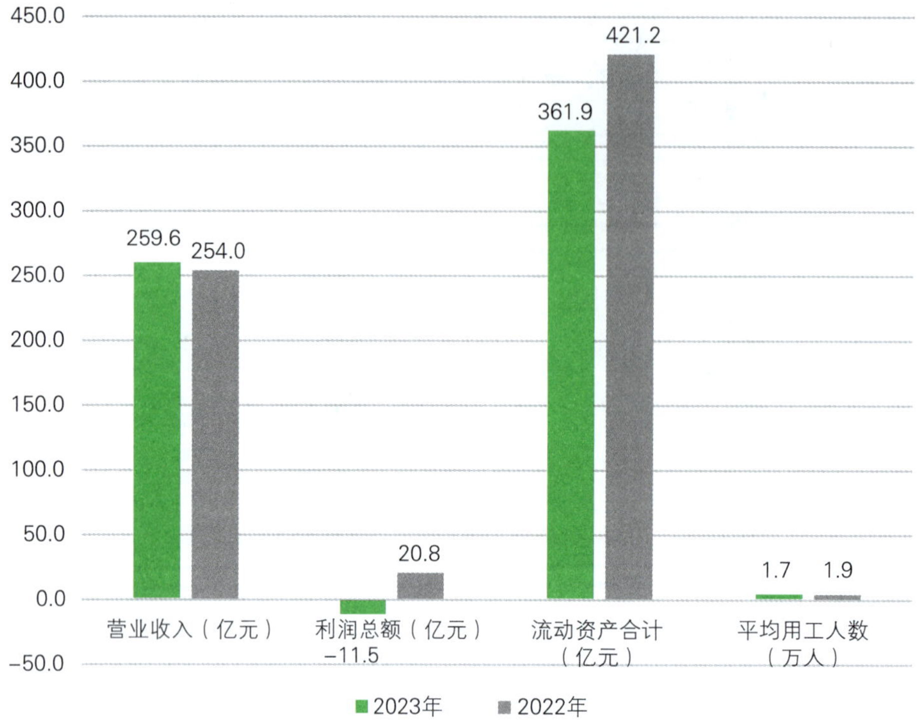

酒、饮料及精制茶制造业同比对比图

【b. 食品安全】

全市市场监管部门持续开展食品安全大检查工作，对经营不符合国家食品安全标准的食品、使用超过保质期的食品原料生产经营、未经许可从事食品生产经营活动、销售超过保质期的食品、销售兽药残留含量超过限量的食用农产品等违法违规行为依法进行查处。

1. 华北盒马网络科技有限公司新华东街分公司经营不符合国家食品安全标准的食品案

2023 年 2 月 15 日，市场监管综合执法总队收到北京市食品检验研究院关于华北盒马网络科技有限公司新华东街分公司销售的“冰鲜三文鱼鱼腩”菌落总数项目不符合 GB10136-2015《食品安全国家标准 动物性水产制品》要求，检验结论为不合格的报告。当事人的行为违反了《中华人民共和国食品安全法》第三十四条第（十三）项的规定。北京市市场监督管理局依据《中华人民共和国食品安全法》第一百二十四条第二款，责令当事人改正上述违法行为，给予没收违法所得并处以罚款的行政处罚，罚没款合计 51140 元。

2. 北京俄斯科餐饮管理有限公司生产经营油脂酸败、用超过保质期的食品原料生产经营、未经许可从事食品生产经营活动、经营标签不符合规定、进货时未查验许可证和相关证明文件、未按规定建立并遵守进货查验记录、对经营商品作虚假或者引人误解的商业宣传案

2023 年 2 月 8 日，北京市石景山区市场监管局接到举报称，当事人就餐环境脏乱，不符合餐饮服务的相关规定，请求该局依法查处。同日，该局对当事人经营场所进行现场检查，发现当事人存在经营未经检验的肉类制品、用超过保质期的食品原料生产经营、未经许可从事食品生产经营活动、经营标签不符合规定的食品、标签不符合规定的进口预包装食品、进货时未查验许可证和相关证明文件、未按规定建立并遵守进货查验记录、未按要求进行食品贮存、对经营商品作虚假或者引人误解的商业宣传等行为。当事人上述行为违反了《中华人民共和国食品安全法》第三十四条第一款第（六）项、第（十）项、

第三十五条第一款、第五十三条第一款、第二款、第六十七条第三款、第七十一条第二款、第九十七条、《中华人民共和国反不正当竞争法》第八条第一款的规定，依据《中华人民共和国食品安全法》第一百二十二条第一款、第一百二十三条第一款第（四）项、第一百二十四条第一款第（二）项、第（四）项、第一百二十五条第一款第（二）项、第一百三十二条、《中华人民共和国行政处罚法》第三十三条第一款、《中华人民共和国食品安全法》第一百二十六条第一款第（三）项的规定，决定给予以下行政处罚：1、警告；2、罚款405000元；3、没收非法财物。

3. 北京门头沟葵苑饭庄未有与生产经营的食品品种、数量相适应的食品原料处理和食品加工、包装、贮存等场所，未保持该场所环境整洁案

2022年12月22日，门头沟区市场监督管理局在检查中发现葵苑饭庄门店后厨操作间内环境卫生较差，地面存在积油积水。执法人员当场责令改正并予以警告。2023年1月4日，执法人员再次进行检查时发现其后厨操作间内卫生环境依然较差。当事人的行为违反了《中华人民共和国食品安全法》第三十三条第一款第（一）项，门头沟区市场监督管理局依据《中华人民共和国食品安全法》第一百二十六条第一款第（十一）项，责令当事人改正上述违法行为，并处罚款5000元。

4. 北京天天京伟超市小规模食品生产经营者标注虚假生产日期、保质期或者销售超过保质期的食品案

2023年1月4日，石景山区市场监督管理局收到市民热线反映京伟超市销售的厨小丫茴香为过期食品。执法人员现场检查发现，当事人经营的"厨小丫牌茴香"已超过保质期，当事人的行为违反了《北京市小规模食品生产经营管理规定》第十三条第（九）项。石景山区市场监督管理局依据《中华人民共和国行政处罚法》第三十二条第（五）项;《北京市小规模食品生产经营管理规定》第十三条第（九）项，责令当事人改正上述违法行为并没收非法财物，给予没收违法所得并处以罚款的行政处罚，罚没款合计2004元。

5. 北京盛世佳辉商贸有限责任公司第八分公司生产经营标注虚假生产日期、保质期或者超过保质期的食品、食品添加剂案

丰台区市场监督管理局对北京盛世佳辉商贸有限责任公司第八分公司进行现场检查，发现当事人销售的农家柴鸡蛋、古法发酵酸奶味饮品、某品牌早餐奶等商品均存在过期情况。当事人上述行为违反了《中华人民共和国食品安全法》第三十四条第一款第（十）项，丰台区市场监督管理局依据《中华人民共和国食品安全法》第一百二十四条第一款第（五）项，责令当事人改正上述违法行为，并决定处罚款28000元，没收违法所得89.8元。

6. 北京聚宝仓商贸有限公司销售兽药残留含量超过食品安全标准限量的食用农产品案

2023年1月12日，朝阳区市场监督管理局收到北京市食品检验研究院关于北京聚宝仓商贸有限公司销售柴鸡蛋甲硝唑项目不符合GB 31650-2019《食品安全国家标准 食品中兽药最大残留限量》要求，检验结论为不合格的报告。当事人的行为违反了《北京市小规模食品生产经营管理规定》第十三条第（十三）项、第十五条之规定，朝阳区市场监督管理局依据《北京市小规模食品生产经营管理规定》第二十七条、第二十八条之规定，责令当事人改正上述违法行为，给予没收违法所得并处以罚款的行政处罚，罚没款合计4432元。

7. 北京嘉农达农业科技发展有限公司经营超过保质期的食品案

2023年1月3日，房山区市场监督管理局在现场检查中发现北京嘉农达农业科技发展有限公司（牌匾为天泰社区便民超市）货架上摆放着已超过保质期的某品牌活性乳酸菌，当事人上述行为违反了《中华人民共和国食品安全法》第三十四条第一款第（十）项，房山区市场监督管理局依据《中华人民共和国食品安全法》第一百二十四条第一款第（五）项，责令当事人改正上述违法行为，没收非法财物并处罚款2000元。

8. 北京市市场监管局查处某公司新华东街分公司经营不符合国家食品安全标准的食品案

2023年4月11日，北京市市场监管局依法对某公司新华东街分公司经营不符合国家食品安全标准的食品的违法行为，作出没收违法所得1140元，并处罚款5万元的行政处罚。

2023年2月15日，北京市市场监管局收到北京市食品检验研究院出具的《食品安全监督抽检检验报告》，检验结论显示当事人销售的“冰鲜三文鱼鱼腩”菌落总数项目不符合GB10136-2015《食品安全国家标准 动物性水产制品》要求，检验结论为不合格。经查，2023年1月13日，当事人从天津某有限公司购进2023-01-13批次的“冰鲜三文鱼鱼腩”12盒，而后于当天配送到门店冷库。上述产品在出库、配送等过程中，因频繁开关冷柜门导致存储条件未达要求。涉案产品销售价格为95元/盒，已全部销售完毕，销售金额合计1140元。

当事人的行为违反了《中华人民共和国食品安全法》第三十四条第十三项的规定，北京市市场监管局依据《中华人民共和国食品安全法》第一百二十四条第二款的规定，作出上述行政处罚。

食品安全关系到人民群众身体健康和生命安全。当事人因落实经营制度不严格，导致冰鲜三文鱼鱼腩的储存条件未达到要求，进而出现菌落总数超标的问题。

9. 北京市昌平区市场监管局查处某公司经营标签、说明书含有虚假内容以及未按规定建立并遵守进货查验记录制度案

2023年10月16日，北京市昌平区市场监管局依法对某公司经营标签、说明书含有虚假内容以及未按规定建立并遵守进货查验记录制度的违法行为，作出警告、没收违法所得5472元，并处罚款7.3万元的行政处罚。

2023年7月5日，昌平区市场监管局接到案源线索，反映当事人涉嫌经营标注虚假保质期的食品“泥河湾有机薏仁米”。经查，当事人销售的“泥河湾400克有机薏仁米”执行标准上的保质期（12个月）和食品包装标注的保质期（18个月）不一致，且未记录食品采购台账，构成经营标签、说明书含有虚假内容以及未按规定建立并遵守进货查验记录制度的违法行为。当事人涉案货值金额7.3万元，违法所得5472元。

当事人的行为违反了《中华人民共和国食品安全法》第七十一条第一款的规定，昌平区市场监管局依据《中华人民共和国食品安全法》第一百二十五条第一款第二项的规定，作出上述行政处罚。

此案是严厉打击食品安全违法行为，严格落实“铁拳”行动的典型案例，也是贯彻习近平总书记关于食品安全的重要指示批示精神和“四个最严”要求，坚持人民至上的具体表现。

10. 北京市丰台区市场监管局查处北京佳华恒润商贸有限公司经营超限量使用防腐剂食品及商标侵权案

2023年3月30日，北京市丰台区市场监管局依法对北京佳华恒润商贸有限公司经营超限量使用防腐剂食品及商标侵权的违法行为，作出罚款5万元、没收违法所得312元的行政处罚。

2023年1月11日，丰台区市场监管局接到案件线索。经查，当事人销售的蛋黄软饼（椰奶口味）防腐剂混合使用时各自用量占其最大使用量的比例之和实测值“1.3”、蛋黄软饼（蔓越莓口味）防腐剂混合使用时各自用量占其最大使用量的比例之和实测值“1.2”，均高于标准指标“≤1”，该项目不符合《食品安全国家标准 食品添加剂使用标准》要求，检验结论为不合格。当事人无法提供进货票、进货台账、供货商资质及该批次检验合格证明文件。又查，2022年4月29日，天津市太师来食品有限公司对上述蛋黄软饼商标真实性提出异议，并提供了相关生产及销售记录、商标注册证、鉴定报告、产品对比照片等证据材料，经审核调查，认定当事人销售产品侵犯了天津市太师来食品有限公司注册商标专用权。

当事人经营超限量使用食品添加剂食品、未按规定建立并遵守食品进货查验记录制度的行为违反了《中华人民共和国食品安全法》第三十四条第一款第（四）项和第五十三条第一款、第二款的规定；销售侵犯注册商标专用权商品的行为违反了《中华人民共和国商标法》第五十七条第一款第（三）项的规定。丰台区市场监管局依据《中华人民共和国食品安全法》第一百二十四条第一款第（三）项、第一百二十六条第一款第（三）项、《中华人民共和国商标法》第六十条第二款的规定作出上述行政处罚。

防腐剂超标会对人身健康造成危害，长期大量摄入甚至可能导致急慢性中毒。本案对于当事人食品安全、商标侵权不同领域的违法行为同时查处，充分体现市场监管综合执法理念，大大提高了执法效能。市场监管部门提示食品经营者要树牢诚信经营理念，守住食品安全底线，严格依法依规经营，确保人民群众生命健康安全，维护公平竞争的市场秩序。

11. 北京市市场监管局查处蓝蛙餐饮管理（上海）有限公司北京建国路分公司经营超过保质期的食品案

2023 年 5 月 8 日，北京市市场监管局依法对蓝蛙餐饮管理（上海）有限公司北京建国路分公司经营超过保质期食品的违法行为，责令立即改正，并作出没收过期食品、罚款 5 万元的行政处罚。

2023 年 3 月 31 日，执法人员对当事人进行日常监督检查，发现 3 月 31 日 13 时 50 分，其在吧台经营的饼干标注到期时间为“2023-03-31 11:45:50”，已超过保质期 2 小时 5 分钟。又查，上述饼干名称为“冷冻咖啡配点”，贮存条件为 -18℃以下保存，解冻后保质期为 48 小时，至执法人员检查时上述饼干已解冻后超过 48 小时。

当事人上述行为违反了《中华人民共和国食品安全法》第三十四条第一款第（十）项的相关规定。北京市市场监管局依据《中华人民共和国食品安全法》第一百二十四条第一款第（五）项作出上述行政处罚。

食品保质期是指食品在标明的贮存条件下保持品质的期限，一旦超过期限，食品可能发生变质，安全性得不到保证，引发食源性疾病的风险会大大增加。

【c. 协会工作】

1. 积极开展动员，树立坚定信心，促动稳定发展

协会以《恭贺新年》致辞的方式，高度评价了会员单位的突出表现，以社会团体正能量的鼓舞，寄望全市食品产业的发展质量再上一个新的台阶。

协会建议会员企业，更好统筹疫情防控和经济社会发展、更好统筹经济质的有效提升和量的合理增长、更好统筹供给侧结构性改革和扩大内需、更好统筹国内国际双循环、更好统筹当前和长远，坚持稳字当头、稳中求进，坚定克服困难信心和决心，力争为形成共促首都社会经济高质量发展合力作出新的成绩。

2. 加大调研力度，促进沟通交流，扩大市场推广

协会以多种形式共组织了十场次的专题调研和交流活动。为会员制定产品行业标准推荐专家，为上下游产品连接建立渠道，为商品流通和会员互动搭建平台，研究并设立了与首农大厨房共享 2500 平方米的“永不落幕”的多功能会员展示体验中心，并开展了多项活动。

2023 年 6 月 3–5 日、10 月 12–15 日，在市经信局的领导下，协会率领三十余家会员企业代表北京先后参加了在武汉举办的第 31 届中国食品博览会暨 2023 年食品工业“三品”成果展、在海口举办的2023年首届海南热带食材供应链博览会等线下展会，突出“北京食品·首都品质”主题，并因此形成了特色展示标识，在全国食品行业产生了较大的影响力，协会荣获两个展会最佳组织奖，王致和、六必居、古船油脂、古币香油、小王子、香豆豆和韦老俵等品牌荣获2023中国（海南）国际好食材TOP100品类大赛金椰奖。

3. 立足首都需求，发展外联市场，拓宽发展商机

协会通过与中国食品工业协会、国务院国资委商业发展中心、北京市经济和信息化局、北京市粮食和物资储备局等政府部门和业务关联机构的交流沟通，形成了北京食品产业要以提升“地产”食品品质为抓手，以生产智能化和传统产品创新为支撑，以完善国际国内市场全产业链延伸链接为方向，全力打造食品安全、放心品质和强化市场应急保障功能为目标的共识。协会主动谋划探讨“走出去”的思路，先后与内蒙古乌兰察布市四子王旗、安徽省铜陵市、山东省莱州市、河北省曹妃甸新区等地人民政府领导开展交流，形成互动，为会员单位建立农产品购销供应链和实现全国布局创造合作条件。

4. 完善协会机制，创新运行环境，增强协会影响

协会与友邻单位通过联合举办活动，在“同饮一江水·共话京楚情”——湖北省粮油产品进北京发布会上、在“2023年月饼文化节”开幕式上，均作为嘉宾出席和致辞，在众多场合宣传了北京食品协会办会理念和创新思路。在10月12日举办的“2023RECP中国（海南）国际食材供应链发展大会”论坛上，所做的《让食材供应链高质量发展》的演讲在与会者中引起共鸣。协会受邀出席2023年博鳌论坛专业场次分论坛活动，受邀观摩在江西省鹰潭市举办的2023中式糕点博览会，受邀作为中国工业经济联合会发起设立预制食品分会第一批会员并出席成立大会，受邀向编写《预制凉菜》《食用高汤》《佛跳墙》《自热火锅》和《自热米饭》等五项国家行业标准、修编《肉制品品评师》国家标准等项目推荐参（修）编单位或专家，受邀参与北京市市场监管局组编《预制即食食品》地方标准、北京商标协会组编《北京知名商标管理》和《北京重要商标保护》两项团体标准等等，充分体现了北京食品协会跻身全国食品产业行列和承担北京市相关工作的地位和能力。

5. 认真履职尽责，服务监督并举，保证工作质量

协会及时传达落实各级政府和管理机构的政策法规，督促会员单位落实食品安全岗位责任制主体责任，提示会员单位关注国家市场监管总局公布新修订《食品经营许可和备案管理办法》。转发中国食品工业协会《关于组织开展“食品工业营养健康行动”的通知》《关于开展2023中食协科学技术奖评审活动的通知》，以使会员单位了解行业动态。动员会员单位参与填报了《北京市高精产业资金需求调查问卷》《北京市中小企业数字化转型的调研问卷》等。

协会坚持落实社会公益责任，在汛期本市多地发生水灾时，协会印发《北京食品协会关于积极有序参与防汛救灾工作的倡议书》，获得会员单位积极响应。

协会在落实北京市民政局发布《关于开展市级行业协会商会服务首都高质量发展专项行动的通知》过程中，按照要求开展工作和上报信息。

协会参加北京市社会组织管理中心主持并委托北京信用协会组编《行业协会商会诚信体系建设指南》编标的研讨座谈会。在市民政局、市经信局联合编发《北京市社会组织信用监管办法（试行）》后，协会开展学习落实。

协会承担市经信局都市产业处本年度委托的服务项目，完成了“北京市食品企业诚信管理体系国家标准宣贯培训暨推进食品产业高质量发展工作会”的任务。

协会流动党员党支部按照联合党委的工作

部署，参与了第一批学习贯彻习近平新时代中国特色社会主义思想主题教育，落实学习和完成小结；承办了联合党委开展走进社会组织党组织党日开放活动——邀请出席党的二十大代表丛慧敏畅谈体会，安排在三元食品公司、红星集体农庄参观交流等。本年度党建工作获得“良好”评价，一位党员获得“党员示范岗先进个人”表彰。

王燕彦

3.2 天津市

【a. 概况】

2023 年，天津市坚持稳中求进的工作总基调，完整、准确、全面贯彻新发展理念，扎实高效地推进质量发展“十项行动”，食品企业生产供给稳中有升，市场需求持续恢复，职工就业总体稳定，职工收入稳步增长，经济运行整体向好。

2023 年，天津市食品行业表现出良好的增长态势，食品工业稳定器作用更加明显，包括农副食品加工、食品制造、酒饮料精制茶制造在内的食品工业生产持续恢复。

【b. 主要经济指标】

2023 年，天津市规模以上企业数 343 家（不含烟草），同比增加 30 家，其中，农副食品加工业 157 家，同比增加 14 家；食品制造业 151 家，同比增加 16 家；酒、饮料和精制茶 35 家，同比增加 1 家；2023 年实现营业收入 1407.64 亿元，同比增长 0.12%，实现利税总额 519.08 亿元；食品行业从业人员 49070 人，同比增加 560 人。

2023 年，天津市食品工业规模以上企业占轻工业的 31%，营业收入、利润占轻工业的比重均超 40%，天津市食品行业总体规模持续扩大，食品行业整体保持稳定增长的态势。

2023 年，天津市规模以上工业增加值同比增长 3.7%，其中：农林牧渔业总产值增长 1.3%；粮食和蔬菜生产基本稳定，粮食作物播种面积增长 3.5%，粮食产量 255.7 万吨，蔬菜产量 253.75 万吨。猪、牛、羊肉类产量分别增长 4.0%、8.4% 和 8.0%，生牛奶和禽蛋产量分别增长 5.8% 和 14.6%。猪、牛、羊出栏分别增长 2.4%、8.0% 和 11.8%。水产品产量增长 2.6%，呈现出良好的持续发展势头。

2023 年，天津市居民消费价格温和上涨。全年居民消费价格同比上年上涨 0.4%。其中：食品烟酒价格上涨 0.5%；农业生产总体稳定。全年农林牧渔业总产值 511.26 亿元，按可比价格计算，比上年增长 1.3%。克服旱情洪灾不利影响，全年粮食总产量 255.73 万吨，连续 8 年保持在 200 万吨以上，蔬菜产量 253.75 万吨。生猪出栏量 205.37 万头，增长 2.4%；牛出栏量 16.93 万头，增长 8.0%；羊出栏量 46.21 万只，增长 11.8%。猪牛羊禽肉产量 31.37 万吨，增长 6.8%；禽蛋产量 23.17 万吨，增长 14.6%；牛奶产量 54.12 万吨，增长 5.8%。

【c. 行业分析】

天津市食品行业发展持续向好，主要得益于政策支持和技术创新。政策环境持续利好，行业政策体系日趋完善，宏观环境下天津食品行业定位明确，市场规模前景预测乐观。

1. 在食品质量监督方面

天津市市场监督管理委员会对食品行业相关产品进行了质量监督抽查，共抽查产品 416 批次，不合格产品 3 批次，不合格发现率为 0.7%。

这表明天津市在食品质量监督方面取得了较好的成效。

2. 在食品安全管理方面

天津市人民政府办公厅发布了 2023 年食品安全监督管理计划，强调源头治理、过程管理和结果控制。计划包括强化产地环境治理、规范农业投入品使用、加强粮食质量安全监管等措施，以确保食品安全。

2023 年，天津市食品行业在食品质量监督、食品安全管理、食品生产等方面，都取得了较为显著的成效和业绩。

李建中

3.3 河北省

【a. 概况】

2023 年，河北省规模以上食品工业增加值同比累计增长 2.9%，占全省工业的 7.1%，累计拉动工业增长速度 0.2 个百分点。其中：农副食品加工业同比增长 0.7%；食品制造业同比增长 0.5%；酒、饮料和精制茶制造业同比增长 4.2%；烟草制品业同比增长 6.4%。（见附件 1）

河北省规模以上食品工业企业 1357 家（同比增加 99 家），实现营业收入 4198.95 亿元，同比增长 2%，占全省工业营业收入的 8.14%；营业成本为 3588.62 亿元，同比增长 2.7%；实现利润总额 123.84 亿元，同比下降 2.2%，占全省利润总额 10.62%。（见附件 2）

主要产品产量：在入统的 34 种产品中，有 18 种产品同比为正增长，占统计品种的 52.94%，精制食用植物油、大米、速冻米面食品、婴幼儿配方乳粉、乳粉、酱油、冷冻水产品、发酵酒精、营养保健食品、冷冻饮品、包装饮用水、果酒及配制酒、啤酒、焙烤松脆食品、膨化食品、卷烟 16 种产品同比为负增长。其中：食用植物油加工业累计产量 253.05 万吨，同比下降 1.1%；小麦粉累计产量 1164.82 万吨，同比增长 1.4%；大米累计产量 50.54 万吨，同比下降 6.2%。鲜、冷藏肉累计产量 221.13 万吨，同比增长 11.4%；冻肉累计产量 23.34 万吨，同比增长 9.5%；熟肉制品累计产量 11.59 万吨，同比增长 2.7%。

乳制品制造业累计产量 377.2 万吨，同比增长 2.3%。其中：液体乳累计增长 367.14 万吨，同比增长 2.5%；婴幼儿配方乳粉累计产量 3.45 万吨，同比下降 25.2%，累计产量 9.46 万吨，同比下降 7.2%。酒、饮料及精制茶行业累计产量 555.95 万吨，同比增长 2.8%；饮料酒行业累计产量 194.95 万吨，同比下降 2%。烟草制品业累计产量 791.58 亿支，同比下降 0.1%。（见附件 3）

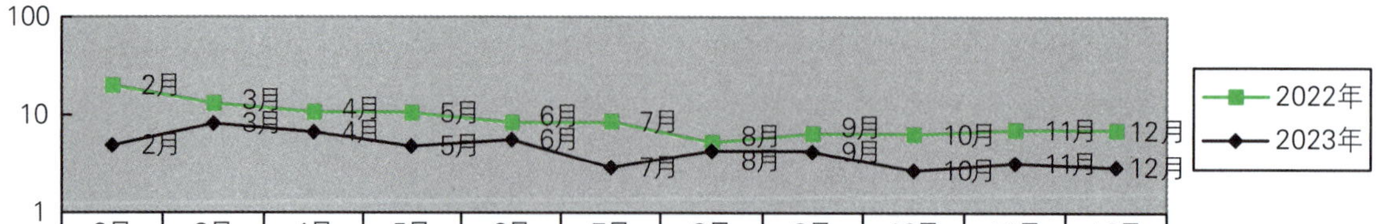

	2月	3月	4月	5月	6月	7月	8月	9月	10月	11月	12月
2022年	19.8	13	10.6	10.4	8.3	8.5	5.2	6.4	6.3	7	6.9
2023年	4.9	8.2	6.7	4.8	5.6	2.9	4.3	4.2	2.7	3.2	2.9

附件 1　2023 年全省食品工业增加值增降情况　单位：%

附件 2　2023 年河北省食品工业主要经济指标完成情况

单位：亿元

行业＼指标	资产合计		营业收入		利润总额	
	累计完成	同比增长 %	累计完成	同比增长 %	累计完成	同比增长 %
食品工业总计	3700.08	2.7	4198.95	2.0	123.84	–2.2
农副食品加工业	1891.20	0.9	2512.39	3.9	11.13	–66.3
食品制造业	1002.11	5.0	1029.02	0.1	58.81	33.2
酒、饮料和精制茶制造业	659.27	3.3	342.38	2.9	43.41	–1
烟草制品业	147.50	8.0	315.17	–6.8	10.5	87.4

附件 3　2023 年河北省食品工业主要产品产量情况

产品名称	计量单位	本月产量	同比增长 %	累计产量	累计增长 %
食品添加剂	万吨	5.93	6.8	68.69	81.4
糖果	万吨	0.60	28.6	7.18	37.6
成品糖	万吨	4.87	12.7	60.5	28.1
冷冻蔬菜	万吨	0.66	32.3	13.46	20.6 0
方便面	万吨	3.26	17.6	34.64	19.1
罐头	万吨	2.02	–5.9	21.08	17.6
味精	万吨	0.15	–1.9	1.64	15.9
鲜、冷藏肉	万吨	21.8	19.4	221.13	11.4
冻肉	万吨	1.96	11.6	23.34	9.5
食醋	万吨	0.51	–4.6	6.15	3.4
饮料	万吨	36.31	–0.9	555.95	2.8
其中：碳酸型饮料	万吨	6.80	41.4	71.13	9.8
包装饮用水	万吨	8.32	–36.8	218.35	–5.9
果汁和蔬菜汁类饮料	万吨	2.55	–13.0	53.21	7.9
蛋白饮料	万吨	4.85	4.4	52.13	17.6
熟肉制品	万吨	0.94	–8.8	11.59	2.7
乳制品	万吨	31.19	2.2	377.2	2.3
液体乳	万吨	30.17	2.9	367.14	2.5
固体及半固体乳制品	万吨	1.02	–14.8	10.06	–5.3
其中：婴幼儿配方乳粉	万吨	0.32	41.3	3.45	–25.2
乳粉	万吨	0.97	–17.3	9.46	–7.2
小麦粉	万吨	98.97	–0.1	1164.82	1.4
卷烟	万吨	30.31	4.4	791.58	–0.1
精制食用植物油	万吨	26.51	–10.7	253.05	–1.1
饮料酒	万千升	13.0	–16.6	194.95	–2.0
其中：白酒（折65度，商品量）	万千升	2.05	10.8	12.4	7.2
啤酒	万千升	10.33	–17.9	177.87	–2.3

续表

产品名称	计量单位	本月产量	同比增长 %	累计产量	累计增长 %
葡萄酒	万千升	0.41	24.2	2.66	7.9
果酒及配制酒	万千升	0.2	173.0	2.03	-4.4
酱油	万吨	0.27	-5.0	3.23	-4.0
速冻食品	万吨	1.91	-22.2	20.03	-5.0
速冻米面食品	万吨	0.50	-16.2	3.85	-8.0
大米	万吨	5.05	-6.8	50.54	-6.2
冷冻饮品	万吨	0.22	-71.2	6.51	-16.0
膨化食品	万吨	0.01	-60.5	0.38	-18.6
冷冻水产品	万吨	0.4	-49.9	4.28	-18.8
发酵酒精（折 96 度，商品量）	万千升	0.00	0.00	1.93	-39.5
营养、保健食品	万吨	0.03	-86.3	0.52	-68.2
焙烤松脆食品	万吨	0.09	21.2	2.38	-72.2

【b. 大事记】

1. 为食品行业、企业服务

（1）开展调查研究，反映企业诉求，撰写报告，为政府建言献策，为企业排忧解难，为行业发展争取宽松环境和政策支持

每月对全省食品工业经济运行情况进行分析，撰写全省食品行业各门类在增加值、主营业务收入、利润和产量增降原因分析报告；及时了解各门类领军企业的生产经营情况，将疫情对食品行业的影响进行分析预判。并及时向政府部门反映食品企业生产经营瓶颈与困境；及时向省发改委汇报食品企业复工复产情况、反映食品企业在项目建设、生产经营遭遇的困境，使问题得到及时解决。

（2）及时反馈国家政策在食品企业落实情况

调查《加力帮扶中小微企业纾困解难若干措施》落实情况的调研工作，调查结果及时向省工信厅进行反馈。

2. 河北省食品工业协会组织活动风采

（1）食品行业的数智化转型升级

为推动相关食品企业产业升级，用网络化、数字化、智能化为食品企业赋能，省食协携手华为、中国电信河北省公司举办了各类座谈交流学习会。

2023 年 7 月，在河北省邢台市举办由河北省食品工业协会主办，邢台市食品工业行业协会、泥坑酒业承办的华为云河北省食品数字化转型座谈会，推动企业增强信息化意识，助力企业高质量发展。河北省食协、宁晋县委常委、邢台市食品工业行业协会会长、泥坑酒业质量总监、华为邢台市总经理、10 余家邢台市食品生产企业负责人及华为云专家等 30 余人参加会议。座谈会前，全体人员参观了中国食品工业 50 强企业玉锋实业集团数智化工厂；领略了冀酒领军品牌企业泥坑酒业的风采。

5 月 17 日，由河北省食品工业协会主办，中国电信集团有限公司河北分公司、华为云计算技术有限公司、河北邯郸丛台酒业股份有限公司协办的河北省食协第六届五次理事会议暨冀酒推介活动在邯郸武安举办。中国食品工业协会秘书长马勇，河北省发展和改革委员会产业发展处处长王洪辉、经济运行局副局长张宇杰，河北省工业和信息化厅食品医药处处长毛红岭、副处长张秋艺，河北省市场监督管理局二级巡视员张毅、经营处副处长齐龙飞，邯郸市工业与信息化局局

长杨宏、消费品工业处处长张丽、消费品工业处科长刘陶宁，中国电信邯郸分公司副总经理苗英会，华为云河北业务部副总经理唐玉生，河北养元智汇饮品股份有限公司董事长、河北省食品工业协会会长姚奎章，河北邯郸丛台酒业股份有限公司总经理、河北省食品工业协会副会长、邯郸市食品行业协会会长李鹏亮，省食协各理事单位、各市食协、白酒生产企业等单位代表及白酒行业技术专家、营销专家等200余人参会。河北省工业和信息化厅、河北省发改委经济运行局、河北省市场监管局、邯郸市工信局、河北省食品工业协会、河北邯郸丛台酒业股份有限公司、中国电信邯郸分公司、华为云等为大会致辞。

8月，组织石家庄市食品企业到华为河北省公司学习交流。

9月，省食协携手中国电信河北省公司在河北唐山遵化市举办“食品行业数字化转型主题活动”，推动企业增强信息化意识，助力企业高质量发展。

11月27日至12月3日，省食协组织食品企业走进华为暨赴广东食品企业学习交流活动。组织晨光生物科技集团股份有限公司、河北省五得利面粉集团有限公司、邯郸市康诺食品有限公司、河北纽康恩食品有限公司、河北金沙河面业集团有限责任公司、河北邯郸丛台酒业股份有限公司、承德避暑山庄企业集团股份有限公司、河北古顺酿酒股份有限公司等食品企业走进华为暨参观学习广东食品企业风采活动。邯郸市工信局及省食协人员参加了活动。

华为的企业文化、科技研发、产业规模为我们留下了震撼的一幕。在华为，聆听了殷宏博士的为什么要数字化转型、转型转什么、如何开展数字化转型讲座；聆听了潘怡华博士的数字转型方案；玄武云刘珠鹏的营销转化；黑狐公司探秘万店品牌背后的供应超能力等讲座，大家收获满满。

数字化变革进入关键决策期，是企业一把手驱动、业务当责、全员参与的巨大变革，组织者要充满活力，激活组织，实现体验提升、效率提升、模式创新；可获得成长、未来存在的根基、技术红利、优化发展之路。转型主要转意识、转组织、转文化、转方法、转模式。在企业的财务管理、采购、产品研发、包装设计、生产、质量管理、仓储物流、定价分销、产品溯源、人力资源管理等方面给出了转型方案。学习归来我们要不断消化吸收，在河北食品行业实现数字化转型，让河北省食品工业的发展更上一层楼。

在广东食协的大力支持下，河北省赴广东团队参观了东鹏饮料（集团）股份有限公司、东莞市华美食品有限公司、广东燕塘乳业股份有限公司、佛山市海天调味食品股份有限公司、广东省九江酒厂有限公司生产企业。东鹏公司的科技研发为公司的发展注入强大的动力；燕塘乳业的全产业链发展为乳制品质量保驾护航；做到世界第一的海天调味品公司已于十年前实现了智能化生产，产学研游为公司发展增添新活力；华美公司的焙烤食品品质、花色、口感为河北省的焙烤产业发展提供了思考；九江酒厂以米香型为代表，勇力担当粤酒领军企业。广东省食品企业的发展状况，让我们感受了企业的活力，以高品质产品赢得消费者心智的必然，优越的营商环境为食品产业提供了无限的发展空间。

广东省食协和河北省食协及企业进行了交流互动，广东省抓住了当下预制菜大发展的新风口，适时加大产品研发力度，以定销模式不断开发新品类，走入市场。

河北的农产资源非常丰富，为食品工业的发展提供了得天独厚的优势，如何将资源优势变为食品产业优势，让高品质的河北食品走向全国，食品工业需紧紧抓住新一轮科技革命和产业变革趋势赋予河北食品的又一发展机遇，实现转型升级和创新发展。河北省食协与国内信息化领军公司河北电信、华为云合作，是为河北食品行业导入信息化理念，全面提升河北省食品企业的信息化水平，推动食品行业数字化转型和高质量发展。河北电信、华为云在致辞称，高度关注我省食品行业发展，积极与河北省食品工业协会深度对接，在5G、云计算、工业互联网、智能制造等新技术方面逐步开展全面、深入、务实的战略合作，大力支持省内食品行业工业互联网平台的发展，推动食品产业水平的不断提升，促进产业快速和可持续发展。

中国电信高级专家、中国电信集团有限公司河北分公司解决方案总监、通信高级工程师许建涛进行了《河北电信助力食品行业数字化转型》讲座，为河北食品产业实现转型升级和创新发展提供技术支撑。华为云计算技术有限公司高级咨询专家王曹瑞做《华为云助力食品于零售行业数字化转型》讲座，进一步提高食品零售行业竞争力。

（2）打造冀酒。打造冀酒是河北白酒人期盼已久的夙愿，在河北省工信厅的支持下，在“品质强基、品格铸魂、品牌逐梦，让河北人自豪的喝家乡酒”的目标下，河北食协为之组织了一系列活动。值得期待的中国食品工业协会秘书长马勇亲临现场，为与会者带来《新形势下冀酒发展的几点思考》的专题讲座，从全国白酒产业发展的高度、剖析河北白酒产业发展中存在的短板，提出了冀酒发展建议：一是加强基础建设、二是培育人才队伍、三是优化工艺技术、四是推动风格创新、五是开展技术营销、六是坚持文化赋能。马勇秘书长的讲座得到与会代表高度评价，为河北白酒产业提出明确的发展思路和方向，为河北食品工业的发展注入了新的发展理念。

中中国食品工业协会秘书长马勇《新形势下冀酒发展的几点思考》专题讲座

在冀酒推介活动中，现场展示了河北白酒领军、优势、特色品牌企业的50种白酒产品，展现了河北白酒渊源的历史文化和白酒企业产品的风采，以现场品鉴、问卷形式再一次让消费者体验河北白酒的魅力；综合专家对白酒产品的品评以及参与消费者对各白酒产品的调查问卷情况，发布了冀酒产品名单。白酒生产企业将按照《冀酒生产技术规范》提升企业的整体水平，按照冀酒 LOGO 使用规范进行使用，共同打造冀酒区域品牌，让河北高品质白酒走向全国，为河北经济的发展增加新的增长点。

同时，举办了白酒营销专家会议，共同商议冀酒产品营销事宜，通过创新销售渠道，进一步拓宽河北白酒市场覆盖面。

（3）河北食协理事会。河北省食品工业协会在六届五次理事会上向全体理事做了《2022 年工作总结暨 2023 年工作要点》汇报；宣读了省食协议案；颁发了在河北省白酒品酒师技术能手大赛活动中 33 人获得“河北省技术能手”“晋级资格”“高级工”的职业资格证书。与会代表满怀对未来健康食品产业再创辉煌的期盼中奔向自己热爱的岗位。

（4）河北省预制菜联合工作委员会活动。2023 年 7 月 10 日，河北省预制菜产业联合工作委员会在河北省饭店烹饪餐饮行业协会组织召开了“河北省提升预制菜品质研讨会”。河北省饭店烹饪餐饮行业协会会长、河北省预制菜产业联合工作委员会主任吕毅华；河北省食品工业协会党支部书记、河北省预制菜产业职合工作委员会常务副主任吴龙妹；河北省饭店烹协餐饮行业协会监事长、河北省预制菜产业联合工作委员会副主任兼秘书长夏树明；河北经贸大学教授鞠国泉，河北省食品工业协会副会长兼副秘书长夏卫东；河北省食品工业协会副会长张秋生；河北省调味品行业协会执行会长李山锁；河北省调味品行业协会副会长吴建刚；河北省食品包装行业协会秘书长王祖赛；河北省饭店烹饪餐饮行业协会副秘书长、河北省预制菜产业联合工作委员会办公室主任耿威；河北省饭店烹饪餐饮行业协会中国冀菜产业发展研究院筹备组负责人、中国网健康中国副总监、高级编辑、主编、燕赵美食杂志总编张丰；河北省饭店烹饪餐饮行业协会名厨专业委员会主任、资深级中国烹饪大师王会桐；河北省饭店烹饪餐饮行业协会名厨专业委员会顾问、资深级中国烹饪大师、原河北经贸大学旅游学院副院长、教授徐仰前；河北饭店烹饪餐饮行业协会名人堂尊师、著名餐饮企业家韩会堂和资深级中国烹饪大师陈同祥等 15 位相关协会领导、专家、教授参加了会议。会议由吴龙妹常务副主任主持。

会议期间，鞠国泉教授介绍了中国和河北预制菜产业发展的历史、现状及趋势；夏卫东副会长宣讲了食品生产许可相关标准；李山锁会长与会议代表分享了建设和运营预制菜企业的经验；各位烹饪大师就推进研发冀菜高品质预制菜，形成规模化、工业化、标准化发表了意见。各位代表还围绕精准定位，推进河北预制菜产业高质量发展各抒已见，进行了对话互动交流。就新形势下相关各行业如何发挥特长，取长补短，深度融合研发具有河北特色的大师预制菜，形成规模化、工业化、标准化等内容达成了共识。此次会议起到了汇集意见、交流经验、开拓视野和提高认识的目的，做更有品质的预制菜，需要行业专家、预制菜设备商、生产制造商在科技、技术、设备等方面的支持与赋能。需要多方面、全产业链的资源互补，协力联动。河北省预制菜产业联合工作委员会将持续开展系列相关活动，组织预制菜企业向国内预制菜产业发展先进省份学习，使河北预制菜产业迈入快速发展之路，为推动河北经济发展作出贡献。

【c. 科技创新】

1. 获中国食协科技进步奖情况

2023 年河北省食品行业在中国食协获得的科技进步奖一等奖项目 4 项、二等奖项目 3 项、三等奖项目 4 项；获食品行业科技领军人物 4 人、科技杰出人才 7 人。

• 一等奖项目 3 项

（1）项目名称：粮油作物产品质量安全风险评估与有害因子关键控制技术

项目完成单位：唐山市食品药品综合检验检测中心、中国食品发酵工业研究院有限公司、中

国农业科学院作物科学研究所、河北新希望天香乳业有限公司、河北秉天农业科技开发有限公司、唐山润泽粮油食品有限公司

主要完成人：王磊、李淼、吴丽、孟哲、赵春杰、王妙姝、闫艳华、姚彦坡、杨硕、王建华、刘志军、王振乐

（2）项目名称：预制菜淀粉的关键技术及产业化应用

项目完成单位：河北瑞熠天淀粉制造有限公司、河北大学、兰默（河北）工业设计有限公司

主要完成人：苑文玉、窦海洋、王伟娟

（3）项目名称：糖脂调控型营养杂粮主食关键技术与产业化

项目完成单位：河北同福健康产业有限公司、中国食品发酵工业研究院有限公司、河北医科大学第一医院、国家粮食和物资储备局科学研究院、北京浩鼎瑞生物科技有限公司

主要完成人：王成祥、段盛林、李增宁、张洵、韩晓峰、柳嘉、王勇、苑鹏、刘士伟、马淑红、谢颖、王玺、刘玉红、董媛媛、吴晓崇

- 二等奖项目 4 项

（1）项目名称：一种明胶生产设备

项目完成单位：河北豪东生物科技有限公司

主要完成人：宋永升、宋英琦、郝真真、安青松、陈金花

（2）项目名称：开菲尔益生菌发酵乳创制及产业化

项目完成单位：君乐宝乳业集团有限公司

主要完成人：魏立华、康志远、袁庆彬、宁一冰、李建磊、冯丽莉、张栋、王少波、王新潮、邢倩、薛玉玲、王世杰

（3）项目名称：沙城产区龙眼葡萄栽培及酿造关键技术创新与应用

项目完成单位：中国长城葡萄酒有限公司

主要完成人：陈佳威、程强、罗飞、傅晓方、郜成军、薛楚然、赵晓宁、李泽福、杨学威、凌翰、宋晨歌、郑紫森、张莹辉、王文祺、张弛

（4）项目名称：基于定量蛋白质组学技术的燕窝真伪鉴别及溯源方法开发

项目完成单位：小仙炖霸州食品有限公司、兰州大学、北京小仙炖生物科技有限公司

主要完成人：王东亮、戴建业、林小仙、阴佳璐、邱爽、琚萌萌、张蓝、袁满、贾聪聪

- 三等奖项目 2 项

（1）项目名称：三粮共酵酿造清香型百姓梦酒的工艺研究

项目完成单位：唐山百姓梦酒业有限公司、唐山汇商科技有限公司、唐山荣奕达商贸有限公司

主要完成人：白利国、李荣娟、钱国友、李荣全、王连顺、李荣强、张宝山、刘卫东、崔明凤、赵玉刚、白利新、白利民

（2）项目名称：绿色有机五粮新型功能食品开发及推广应用研究

项目完成单位：石家庄市米莎贝尔饮食食品有限公司、河北科技大学

主要完成人：刘士进、李丹丹、刘进江、高山、王小静、杨红卫、李毅丽、韩雪、贺艳楠

- 科技领军人物：4 名

宁一冰　君乐宝乳业集团有限公司

刘士进　石家庄市米莎贝尔饮食食品有限公司

陈佳威　中国长城葡萄酒有限公司

郭桂梅　河北邯郸丛台酒业股份有限公司

- 科技创新杰出人才 3 名

杨　芳　河北邯郸丛台酒业股份有限公司

钱国友　唐山百姓梦酒业有限公司

王　磊　唐山市食品药品综合检验检测中心

2. 获河北省食品行业科技进步奖情况

经河北省科技厅授权，省食协开展社会力量设奖工作。全省食品行业获得河北省食品工业协会科技进步特等奖 2 项；一等奖 6 项；二等奖 9 项；三等奖 2 项；科技创新先进个人 32 人；

- 特等奖 2 项

（1）项目名称：高温堆积与高酸调味酒在浓香型低度白酒生产中的研究与应用

完成单位：河北邯郸丛台酒业股份有限公司

主要完成人：杨军山、郭桂梅、张建功、杨芳、王琛虎、杨帅宇、杨焕美、王小鑫、李伟

（2）项目名称：山庄皇家窖藏酒品质控制关键技术研究与低醉酒度产品的开发

完成单位：河北山庄老酒股份有限公司

主要完成人：王国明、尹翠娟、李研科、陈秀杰、张翠英、任长成

- 一等奖 6 项

（1）项目名称：杂粮谷物功能性产品的关键技术研究及示范

完成单位：河北同福健康产业有限公司

主要完成人：王成祥、刘俊果、郭海云、李慧颖、张美娜、阮南、马淑红、张园园、赵鑫燕、董晓坤、孙锋锋、马利建、吴晓崇、张海亮、江潇潇

（2）项目名称：新型清洁标签低温肉制品的关键技术集成及应用开发

完成单位：石家庄双鸽圣蕴食品有限公司

主要完成人：化稳、时若栋、冯随、高晓光、贾冬梅、孟占峰、苏欣娜

（3）项目名称：山楂制品加工关键技术研究与产业化示范

完成单位：河北怡达食品集团有限公司

主要完成人：修建华、李丹丹、高山、韩雪、张晓伶、付美玲、孙小晶

（4）项目名称："净雅香"白酒窖泥培养关键技术与应用

完成单位：河北凤来仪酒业有限公司

主要完成人：马辉峰、朱立宁、刘金龙、张军、李召、黄胜坤、王启、刘浩、孙腾、闫亚涛、于冰冰、及雨洋、蔡建波

（5）项目名称：水中菌落总数的测定显色平板计数法

完成单位：石家庄高新技术产业开发区供水排水公司

主要完成人：王静、鲍兴敏、王聪、孙璐、姚静、刘若楠、郭峰、林孔亮、李劲松、张彦菊、于喆

（6）项目名称："333"操作法酿造清香型百姓梦酒的工艺研究

完成单位：唐山百姓梦酒业有限公司

主要完成人：白利国、李荣娟、钱国友、李荣全、李荣强、王连顺、张宝山、崔明凤、赵玉刚、白利民、刘卫东、王永贵、李红杰、白利新、白利勇、李胜林

- 二等奖 9 项

（1）项目名称：高 DE 值糊精的技术研发项目

完成单位：秦皇岛骊骅淀粉股份有限公司

主要完成人：王云生、王海成、王建勋、张建杰、谭小勇、孟佳利、李俊奇、钟宇翔、孟桐彤、高波

（2）项目名称：母乳婴儿源益生菌发酵乳制品关键技术研发

完成单位：河北新希望天香乳业有限公司

主要完成人：刘凤臣、田洪涛、柳毅、王妙姝、李晨、张娜、王震、谷新晰、尚建伟、张红娜、韩志华、田梦琪、史晓梦、牛志华、张鑫

（3）项目名称：姜黄在核桃乳中的应用研究及产业化示范

完成单位：河北绿岭合田食品有限公司

主要完成人：高山、何爱民、李丹丹、赵端阳、李娜、韩美娟、张婷、白瑞鹏、王春燕、吉洋洋

（4）项目名称：膳食纤维高效制备技术及新产品开发

完成单位：唐山市食品药品综合检验检测中心

主要完成人：王磊、王妙姝、闫艳华、孟哲、强润东、王颖、杨硕、赵春杰、王建华

（5）项目名称：黑果腺肋花楸酒中酚类物质组成及抗氧化活性研究

完成单位：秦皇岛市食品药品检验中心

主要完成人：郭金颖、赵冬梅、陈立军、张然、刘浩

（6）项目名称：桑叶在焙烤食品功能性研究

完成单位：石家庄市米莎贝尔饮食食品有限公司

主要完成人：李士明、刘士进、王茜、杨红卫、杨丽香、李丹丹、高山

（7）项目名称：功能性金针菇烘焙制品技术体系研究及产业化示范

完成单位：河北马家麦坊食品有限公司

主要完成人：刘昆昂、乔志刚、马建刚、马二刚、高山、郑俊莲、马硕

（8）项目名称：2023 年果酒等新产品研发项目

完成单位：中粮华夏长城葡萄酒有限公司

主要完成人：罗飞、董宣、庞建、朱光华、李红玉、王宏、李伟、

王帅、王振中、高海涛、周泽然、刘毅魁、刘佳轩、史丹、凌云

（9）项目名称：一种变温发酵低盐虾酱的方法

完成单位：黄骅市众信水产有限公司

主要完成人：袁丽、杨蓓、熊治渝、周越、崔艺馨、汪易柔、高瑞昌

- 三等奖 2 项

（1）项目名称：C（5X）卫生标准操作程序在浓香型白酒中的应用研究

完成单位：唐山百姓梦酒业有限公司

主要完成人：白利国、李荣娟、钱国友、李荣全、李荣强、王连顺、张宝山、崔明凤、赵玉刚、白利民、刘卫东、王永贵、李红杰、白利新、白利勇、李胜林

（2）项目名称：包装饮用水中铜绿假单胞菌的测定酶底物法

完成单位：石家庄市高新技术产业开发区供水排水公司

主要完成人：王静、鲍兴敏、白玉玮、郭峰、何雨晗、王润、冯天资、张敬轩、唐慧玲、张伟、李子龙

科技创新先进个人 32 名：

王　磊	唐山市食品药品综合检验检测中心
李荣全	唐山百姓梦酒业有限公司
李荣强	唐山百姓梦酒业有限公司
钱国友	唐山百姓梦酒业有限公司
王国明	河北山庄老酒股份有限公司
尹翠娟	河北山庄老酒股份有限公司
王云生	秦皇岛骊骅淀粉股份有限公司
郭桂梅	河北邯郸丛台酒业股份有限公司
张建功	河北邯郸丛台酒业股份有限公司
杨帅宇	河北邯郸丛台酒业股份有限公司
王琛虎	河北邯郸丛台酒业股份有限公司
郭金颖	秦皇岛市食品药品检验中心
马辉峰	河北凤来仪酒业有限公司
张　军	河北凤来仪酒业有限公司
李　召	河北凤来仪酒业有限公司
刘　浩	河北凤来仪酒业有限公司
王　启	河北凤来仪酒业有限公司
王　静	石家庄高新技术产业开发区供水排水公司
鲍兴敏	石家庄高新技术产业开发区供水排水公司
郭　峰	河北冠卓检测科技股份有限公司
张　超	河北新希望天香乳业有限公司
高　山	河北科技大学
赵端阳	河北绿岭合田食品有限公司
吉洋洋	河北绿岭合田食品有限公司
何爱民	河北绿岭合田食品有限公司
王　茜	石家庄市米莎贝尔饮食食品有限公司
杨红卫	石家庄市米莎贝尔饮食食品有限公司
王成祥	河北同福健康产业有限公司
张美娜	河北同福健康产业有限公司

乔志刚　河北马家麦坊食品有限公司
马　硕　河北马家麦坊食品有限公司
陈椿江　黄骅市众信水产有限公司

3. 到 2023 年止河北省食品行业企业技术中心达到 53 家

新增河北琢酒集团有限公司、平泉市希才应用菌科技发展有限公司。

4. 制定河北省食品工业协会团体标准 8 项

（1）《预制化食品产业分类与术语》T/HBFIA 0038—2023

（2）《冷藏调制预制菜企业良好生产规范》T/HBFIA 0036—2023

（3）《预制菜术语和分类》T/HBFIA 0035—2023

（4）《生活饮用水中嗜肺军团菌的测定 酶底物法》T/HBFIA 0037

（5）《乳制品行业整合型管理体系 要求》T/HBFIA 0002—2023

（6）《生活饮用水中总大肠菌群、耐热大肠菌群和大肠埃希氏菌的测定　荧光光度测定法》T/HBFIA 0039—2023

（7）《水产品及其制品中动物源性成分检测方法》T/HBFIA 0040—2023

（8）《食品中 N—亚硝胺类化合物的测定》T/HBFIA 0041—2023

【d. 展会】

11 月 10 日至 12 日，由中国食品工业协会、河北省食品工业协会共同主办 2023 中国 · 邱县食品博览会在邱县鲲鹏国际会展中心成功举办。展会以“创新赋能·打造区域特色食品产业集聚”为主题，是邱县本土举办的首届国家级食品博览会，举办此次博览会的场馆鲲鹏国际会展中心，是邱县首次投入使用的国家级会馆，展出面积 28000m^2，设五大食品展区。展会吸引了来自北京、上海、天津、江苏、河南、河北、四川、山东、广东等全国 20 个省、自治区、直辖市的 232 余家企业参展。马大姐、味盟、盼盼食品、稻香村、今麦郎、初元食品、思朗食品、蜡笔小新、华井生物、丛台酒业、衡水老白干、张家口沙城老窖等近百家“百强企业”“驰名商标”“中国名牌”企业悉数亮相。此次博览会搭建立足邯郸邱县、辐射河北、放眼全国的食品博览平台，打造成为华北乃至全国有广泛影响力和较强吸引力的食品行业专业展会，对于促进服务行业转型升级，服务地区经济发展意义深远。在展会期间的食品产业创新暨预制化产业发展高峰论坛会上，邀请多位知名企业家共聚一堂，惠康公司副董事长王威、纽康恩公司董事长郭兴国、康远公司董事长马海增、河北农速源冷链物流董事长邢永志先后围绕“惠康与预制菜产业的关系”“主食预制化发展的未来之路”“细分市场，清真预制菜的突围之路”“净菜，撬动预制菜产业发展的关键要素”等多个主题发表演讲，研判食品产业发展走势，交流前沿思想，打造传播热点。

【e. 人才队伍建设】

2023 年 9 月，召开河北婴配乳粉和特医食品生产企业培训会。由省食协承办的河北省婴幼儿配方乳粉和特殊医学用途配方食品生产企业体系检查人员培训会在石家庄市召开，河北省市场监督管理局特食稽查专员刘江海、耿梦楠科长到会指导；刘江海专员作了《婴幼儿配方乳粉和特殊医学用途配方食品体系检查工作要求》的业务辅导，从检查工作的意义、任务、标准、步骤和程序及廉政规定提出了明确要求；河北省食品质量安全技术中心正高级工程师王红对《婴配食品体系检查指南》《体系检查检验能力考核工作规范》进行解读，进行了一次专业知识的系统学习；参加体系检查工作的人员受益匪浅。打牢食品安全基础，防微杜渐，警钟长鸣，婴配奶粉生产企业将在不断发现不足，持续改进提升中得到大的发展。体系检查是对婴配企业质量管理进行的一次全方位诊断，是用专业的视觉及时发现问题隐患，解决深层次问题，用专业的实践经验提高婴配企业的安全管理水平，为祖国的下一代奉献安全、营养、高品质的婴配奶粉保驾护航。孩子是祖国的未来，河北省婴幼儿配方乳粉生产企业牢记总书记“让祖国的下一代喝上好奶粉”的谆谆嘱托，坚守食品安全第一责任人的职责，牢牢把住从原料到成品全产业链的安全、品质、营养关口，制造健壮孩子们健康体魄的优质奶粉。

2023 年 8 月，河北省食协在承德板城酒业召开省白酒评委年会。国家级、省级白酒评委与白酒企业酒体设计人员等 120 人参加活动。中国食品工业协会白酒专家委员会专家、中国白酒大师、国家白酒评委、湖北白云边股份有限公司技术总顾问熊小毛围绕《白酒市场主流香型特征及酿酒工艺》进行了主题分享，并希望各大酒企加大专研力度，研究白酒的个性化特征，注重产品质量，在白酒差异化竞争方面做出优异成绩，做好生产技术保障，不断提升冀酒自信。会议期间，参照中国食协《中国白酒酒体设计和感官质量奖鉴评办法》开展了河北省白酒酒体设计和感官质量奖鉴评活动。在中国首席品酒师李泽霞老师的带领下，来自全省各酒厂的白酒国家评委和省评委等进行省内特色品牌酒企品鉴、酒体设计产品品鉴及国内品牌白酒品鉴学习，对白酒企业在产品质量控制、白酒酒体设计等方面起到了启示作用。活动颁发了冀酒产品荣誉证书；

经过多年努力，提高管理及员工素质，使之成为食品工业从传统到大工业化生产的栋梁。全省白酒行业：在中国食协第十届白酒国家评委河北省已达 19 名，其中：新入选第十届国家白酒评委 8 名；考试合格继续聘任的第十届白酒评委 8 名；符合免试条件继续聘任的第十届白酒国家评委 2 名；聘任第十届白酒国家评委特约评委 1 名，河北省白酒行业已拥有 115 名河北省白酒评委。

【f. 政府服务】

受省发改委委托开展的工作。2023 年 1 月至 12 月，开展每月经济运行分析及调研工作。河北省食协较好的完成每月全省食品工业经济运行分析工作并撰写《年度河北省食品工业发展报告》。及时反馈食品行业发展中的诉求。

受河北省工业和信息化厅委托开展的工作。2023 年 4 月至 8 月，开展河北省预制化食品产业的发展思路与研究工作。省食协在调研了省内食品企业后，撰写了河北省预制化食品产业的发展思路与研究；河北省预制化食品产业统计分析报告；制定了河北省预制化食品产业的术语与分类团标。

受河北省市场监管局委托的工作。

2023 年 5 月至 8 月，省食协完成婴幼儿配方乳粉食品生产企业体系检查。根据《2023 年度婴幼儿配方乳粉生产企业体系检查工作方案》，组织开展了我省 8 家婴幼儿配方乳粉生产企业的体系检查，并已完成全部问题整改、验收工作。

5 月至 8 月，省食协完成特殊食品生产企业体系检查技术服务工作。根据《中华人民共和国食品安全法》及其实施条例有关规定，以风险防控为导向，对已取得特殊食品生产许可的企业，依法依规进行的系统、全面检查。督促特殊食品生产企业落实食品安全主体责任，按照良好生产规范、危害分析与关键控制点（HACCP）体系等建立与所生产特殊食品相适应的生产质量管理体系并有效运行；摸清特殊食品生产企业生产质量管理现状，排查可能存在的风险隐患，查找突出问题，提升特殊食品质量安全保障水平。

9 月至 10 月，省食协完成大型连锁食品销售企业体系检查。组织开展我省 20 家大型食品销售企业的体系检查，通过此次体系检查，积极防范和排除了食品安全风险，进一步规范食品经营秩序，促进了全省大型食品销售企生产企业的健康发展。

12 月，省食协开展大型餐饮服务企业安全体系检查。根据市场监管总局、省市场局要求，以风险防控为导向，以合法合规性为标准，以关键控制点为核心，依据食品安全法及其实施条例等法律法规、食品安全国家标准以及相关规范性文件要求，对河北省28家大型餐饮服务企业落实食品安全各项主体责任的合法性、合规性进行全项检查，根据体系检查情况，分析评估我省大型餐饮服务企业食品安全管理水平，对提升我省餐饮服务质量安全水平提出意见建议。

撰写2023年度《河北省食品工业质量发展报告》。

【g. 党支部活动】

3月25日，按照河北省委组织部文件精神要求，河北省食协党支部组织党员在时间内观看了中央电视台《榜样7》专题节目《榜样7》给了我们榜样的力量，他们在不同的岗位上做出一样的风采事迹。航天员王亚平、菌草事业宁占喜、陕西儿科医生路生梅、湖南钢铁公司焊接大国工匠艾爱国、山东兰陵县村支书王传喜、北京公安干警孟昆玉、河南伏牛山乡村教师张玉滚、冬奥会第一块金牌武大靖等，他们的敬业精神为我们所感动，反思我们，工作在社团组织岗位，在政策法规把握上，在专业素质提升上、在更好地发挥政府和企业的桥梁纽带作用上，有太多的需要去做好服务，我们要在不断地学习中，做最好的实践者。

6月21日，协会党支部组织秘书处工作人员参加"学深悟透习近平新时代中国特色社会主义思想"专题党课。本次专题党课由河北省社会组织党委组织召开，邀请河北省委党校（河北行政学院）副校（院）长李胜茹教授授课，李教授从习近平新时代中国特色社会主义思想的产生发展、概括介绍和历史地位三个方面进行了分享，我会三名党员同志通过线上进行了学习。

6月29日，在迎来中国共产党102周年生日之际，河北省食品工业协会全体党员和大家一起学习了对中国式现代化五个特征的认识和理解。大家深深感到，国家强盛是每个中国人的骄傲和自豪，我们要用自己的实际行动，认真踏实、开创性的工作；做让别人快乐，热爱生活的人；在政府和企业的纽带桥梁作用中扮演好自己的角色；把智慧和力量奉献给社会。

2023年8月16日，河北省食品工业协会党支部组织全体人员到承德隆化红色爱国教育基地—董存瑞烈士陵园参观学习，接受红色教育。董存瑞烈士手举炸药包的英雄壮举，成为永不熄灭的精神火炬，为我们树起一座永远的历史丰碑。在董存瑞纪念馆中，"抗日烽火孕育英雄、英勇善战功勋卓著、热爱群众鱼水情深、舍身炸堡奉献青春、英名千古浩气长存、缅怀英烈传承精神"等6个部分，向人们展示了董存瑞从一个普通的农民孩子成长为全国著名战斗英雄的历程，讲述了他短暂而又光辉的一生。党和国家领导人，都先后为董存瑞烈士题词，高度评价了董存瑞自我牺牲的精神，并号召全国人民向他学习。今天的幸福生活来之不易，是用无数英雄先烈的生命换来的，我们倍加珍惜今天的美好时光，向伟大的英雄人物学习，向他们致敬！英雄董存瑞的奉献精神成为我们中华民族极其宝贵的精神财富，是我们民族之魂。永远激励我们践行社会主义核心价值观，推进社会主义精神文明建设，为实现中华民族伟大复兴的中国梦而努力奋斗。大家纷纷表示，时刻围绕核心积极开展工作，及时解决食品生产企业在发展中的急事、难事，以食品生产企业经济发展为己任，尽心尽力、努力做好本职工作，以崭新的姿态和精神风貌、发挥好桥梁和纽带作用，为河北经济的发展和冀酒的振兴贡献我们的力量，以解放思想、奋发进取的精神状态奋斗新征程，建功新时代，彰显时代风采。省食协的全体党员都书写了参观董存瑞纪念馆的心得体会。

2023年11月，在省食协组织食品企业走进华为暨广东食品企业和协会活动中，组织参观了黄埔军校。前辈开创的伟业激励我们要更加珍惜今天来之不易的生活，大家决心要以更加努力拼搏的精神为全省食品产业发展贡献青春、贡献智慧、贡献力量，用永远向上的精神状态创造河北省食品工业更加辉煌的未来。

【h. 优势企业】

石家庄市惠康食品有限公司成立于1993年，位于中国（河北）自由贸易试验区正定片区，占地248亩，员工800余人，是集农业种植养殖、预制菜生产销售、中高端牛肉和果蔬食品加工出口等为一体的大型食品企业。旗下有“谷言”“捷百味”“谷言牧场”“嗨饭师”等品牌，产品包括预制菜、中高端牛肉、自热产品、速食等，产品出口至欧美、东亚等十余个国家。曾获得“全国主食加工业示范企业”“国家农业产业化重点龙头企业”“省级农业产业化联合体示范单位”等荣誉称号。

惠康公司拥有先进的生产线，一条条弯弯曲曲、高低起伏的绿色传送带正在匀速转动。身着蓝色作业服的工人将加工好的食品材料分别装入称量机内，一袋袋真空包装的预制食品像乘坐小火车一样，随着传送带依次经过重量检测机、X光机等“安检”环节。X光机，主要是检测金属、沙粒、骨头等异物。如果产品正常，X光机屏幕上显示灰色；如果有异物，影像上就会在异物位置显示红色，并将异常产品剔除到不合格品筐。惠康公司的食品安全总监边丽贤及食品安全检测员深信：“做食品首先要保障的就是质量，只有食品安全了，才能做出品牌，赢得口碑”。预制菜是近两年食品消费市场新兴的业态，经过简单加工就可以端上餐桌，消费者在享受便捷的同时，也更为关心它的食品安全问题。食品安全重于泰山等口号标语，在惠康食品厂区内随处可见。

创办“谷言”品牌，全力进军预制菜市场

一直以来，得益于国家大力发展市场经济的方针政策，惠康食品以优质、安全的产品赢得口碑，迅速成长为国内出口行业翘楚。主要以日本市场为主，辐射东南亚，出口速冻牛筋串、土豆丁、胡萝卜丁等产品。

随着国内经济的快速发展和消费者餐饮需求的改变，2015年，惠康食品当机立断，明确了发力国内市场的战略方向，创立了“谷言”产品品牌，致力于为广大国内消费者提供安全、健康、便捷、美味的预制菜肴。经过8年的攻坚克难，目前，公司旗下产品包括谷言料理包、谷言家宴菜系列（谷言牛套皮、正定八大碗、酸菜鱼、黄焖鸡、火锅鸡、蜀山烤鱼、京酱肉丝、宫保鸡丁、菠萝咕咾肉等）以及谷言牧场和牛肉、皇冠整切牛排、速食等八大系列，150多个产品。

拳头产品——谷言牛套皮被评为“第二十届中国农产品加工业投资贸易洽谈会”金质产品，“正定牛套皮制作技艺”被命名为第六批非物质文化遗产代表性项目，2019年，谷言牛套皮斩获“影响力产品品牌”大奖，谷言皇冠牛排被称为“第二十二届中国农产品加工业投资贸易洽谈会”优质产品。

强研发，重品质，让消费者更放心。惠康食品没有忘记初衷，那就是用“用质量守护品质”，作为农业产业化国家重点龙头企业，惠康食品严守研发、品控、生产、物流等每一道工序和环节，苛求产品品质，追求极致味道，最终确保谷言每一份产品都是精工精品。

预制菜行业是一个新兴食品门类，链接着农业全产业链，是促进一二三产业深度融合的产业，发展潜力巨大，为了深耕预制菜领域，惠康公司在研发与生产上狠下功夫，被认定为“高新技术企业”“河北省企业技术中心”“河北省预制菜技术创新中心”“市级工程技术研究中心”“石家庄市果蔬及肉类深加工技术创新中心”。

公司拥有8栋生产车间，10余条自动化生产流水线，研发中心面积近2000平方米，研发团队由食品科学、营养学高学历人员，以及56名星级大厨组成，精通各种菜系和风味流派。

其中谷言冷冻预制菜生产流水线是目前国内同行业中自动化水平最高、连线长度最长的生产线。生产能力日产160吨，年产值40亿，是国内自动化综合型预制菜生产基地。

公司建立了严苛的品控体系，严格遵循ISO9001、HACCP、GMP、SSOP质量安全控制体系，2022年，率先通过了欧洲BRC（食品安全全球标准）认证和IFS（国际食品标准）认证，这也是中国预制菜行业首家通过欧洲双认证的企业。紧抓源头、严苛检测，惠康公司形成了从田间到餐桌的可追溯体系，确保产品优质稳定，让消费者吃得更安心。

乘预制菜行业风口，保质保量快速发展

目前，在河北乃至京津冀地区，“谷言”已然成为放心预制菜的代名词。提起谷言牛套皮，老百姓更是津津乐道，赞不绝口，这是惠康食品年复一年追求品质的结果，更是一段“重质量，抓品牌”的佳话。在公司营销总经理刘海明的带领下，抓住消费转型重大机遇，加大营销力度，完善和加强线上线下销售网络建设，放眼全球、深耕国内，实现线上、线下、商超、社区、餐饮等多种销售渠道齐头并进！将品质一流的谷言预制菜推向全国，走向世界！

未来，公司将加快推进项目二期建设，成为中国最大的综合性预制菜生产基地。届时将为预制菜行业建设全自动化、高科技的生产基地提供标准范例，推进中国预制菜新型餐饮的标准化生产新变革；同时加快智能化、信息化建设，向企业现代化方向发展。

玉锋实业集团始建于2000年8月，是一家以玉米全产业链发展为导向的大型集团化公司。总部位于河北省宁晋县。主要业务涵盖玉米收储及加工、食品、动物饲料、功能糖醇、油脂、生物制药、国际贸易等板块。玉米年加工能力为800万吨，加工基地分布在河北宁晋及河南驻马店，加工品种达30余种，是行业深加工品种最为丰富和有强大生命力及发展前景的集团。

经过多年的发展壮大，已经成为行业内的领军企业之一。集团以其卓越的企业文化和核心价值观，以及优质的产品和服务，为行业发展做出了积极的贡献。集团秉承“创新 智能 高效 安全 引领 发展”的十二字方针，倡导不干则已，干则一流的文化理念，致力于为客户提供高品质的产品和服务，同时关注社会责任，积极参与公益事业。集团在行业内具有较高的影响力和竞争力，通过不断的技术创新和管理创新，推动了整个行业的发展。集团在产品质量、生产效率、环保节能等方面不断引领行业标准，为行业的发展做出了积极的贡献。

集团产品涵盖食品、工业、医药、发酵等多个领域。同时，集团还提供定制化的解决方案和技术服务，为客户提供全方位的支持。对于下游行业服务上，在食品及饮料行业中提供了丰富的糖醇类制品，从天然糖到功能糖醇再到零卡代糖，可满足不同使用场景及消费人群的需求。集团的产品在全球范围内具有一定的影响力，不仅满足了国内市场的需求，还出口到多个国家和地区。其产品在各领域发挥着重要作用，为相关产业的发展提供了有力支持。持续满足我国食品工业提档升级和高质量发展的原料需求。

集团一直以来注重履行企业社会责任，积极参与公益事业和慈善活动。集团捐资助学，关注弱势群体的生活和教育问题。同时，玉锋实业集团还关注当地社区的发展，积极参与社区建设，为社会和谐稳定作出贡献。

多年来，玉锋实业集团多次荣登中国制造业民营企业500强榜单；获得“中国食品工业50强企业”“国家级高新技术企业”“国家级专精特新‘小巨人’企业”“全国淀粉糖加工十强企业”“全国玉米淀粉加工十强企业”“河北省政府质量奖”等荣誉称号。“玉星”商标被认定为中国驰名商标等荣誉称号。玉锋实业集团做为一家为食品、饮品行业提供综合性糖醇制品的大型企业，充分发挥全产业链供优势，产品质量好、品种全，全流程智能化操作，为客户提供高性价比的采购和服务方案，服务于食品、饮料、保健品等行业的发展。

玉锋实业集团会继续专注玉米深加工产业，围绕整个生产系统，强链补链和延长产业链，打通玉米全产业链，深耕淀粉糖产业和生物发酵产业发展，在满足国人对美好生活的向往中，向下游行业提供更安全、绿色、健康的原料。真正成为‘全球玉米加工业的先锋’和全链条解决方案供应商，也欢迎更多合作伙伴携手玉锋，做出更好、更健康的产品服务市场。为中国“三农”事业做出更大贡献！

【i. 企业家】

尤文武 承德避暑山庄企业集团有限责任公司党委书记、董事长。1984年7月，年仅21岁的尤文武以优异的成绩，毕业于河北省化工学院机械工程系自动化仪表专业；在职硕士研究生学历。他的梦想是做一名成功的企业家。1984年6月至1999年9月先后在原平泉县化肥厂、磷镁肥厂、龙威集团、工业管理局等单位工作。1999年至今，历任承德避暑山庄企业集团有限责任公司党委书记、董事长、总经理。几年来尤文武同志先后获得全国轻工行业劳动模范、全国质量工作先进个人、中国百佳职业经理人、河北省第十二届人大代表、河北省质量标兵、河北省著名食品企业家、河北杰出企业家、河北省优秀企业家、河北省十佳厂长经理等荣誉称号。

受命于危难之际 1999年，取得天津大学工商管理学硕士学位不久，尤文武来到账面存款仅3万元，拖欠1000余名工人工资而濒临破产的承德避暑山庄实业集团。面对这个烫手的山芋，尤文武毅然执掌了山庄企业集团的帅印，提出了“酒精生产保稳定、白酒营销创品牌”的发展思路。

尤文武多方跑动，靠预付款启动了一万吨酒精生产，有一定的基础后，第二年又启动了两万吨的生产线。通过干酵母、双酶法中温蒸煮代替高温蒸煮、自制酒母等工艺上的改进，到2003年，基本形成了3万吨酒精的生产能力。2005年，尤文武又投资4000余万元，进行酒精、饲料“双三改六”项目，生产能力提升为6万吨，进而提升至2007年的10万吨，跨入了中国酒精行业十强行列。

在白酒营销上，公司强力打造山庄品牌。山庄集团有“山庄皇家窖藏”和“山庄老酒”两个品牌。“山庄皇家窖藏”以“尊贵”作为品牌核心价值，以“皇家礼遇，贵宾尊享”为品牌诉求，旨在为中高端白酒消费人群提供具有浓郁底蕴，高尚规格的礼仪与礼遇，既体现皇家窖藏产品的珍贵，更体现饮用皇家窖藏人群的尊享；“山庄老酒”以“酒老情深”为核心价值及诉求，围绕亲情、友情、爱情、师生情等方向，结合团聚、宴席等饮用场景塑造老酒品牌，着力打造冀酒的亲民品牌形象。山庄集团在明确品牌内涵和品牌诉求的同时重点用“皇家酒文化之旅”“皇家礼遇 贵宾尊享”等场景活动增加消费者对品牌认知和体验。用各种形式的传播来整合品牌内涵。通过几年的努力让山庄皇家窖藏成为家喻户晓的中国皇家白酒第一品牌。

尤文武同志热心公益事业，几年来公司为公益事业和光彩事业累计捐助款物7000余万元。在三年疫情期间，山庄企业集团共向社会捐赠价值150万元的75%消毒酒精22.5万瓶，向社会各界捐赠价值100万元的一次行电梯按键抽纸70万包。赠送援鄂医护人员定制版“致敬最美逆行者”价值2000元的5斤坛2020年春季开窖封坛酒；

扶危济困坚决履行社会责任 尤文武千方百计让发展的成果惠及员工和社会。他扶危济困，将大爱播撒在祖国的各个角落。非典期间，其组织出资150万元支持全省抗击非典，并到唐山慰问工作在一线的医护人员；汶川地震，捐款150余万元；对贫困村、后进党支部、山村小学进行了重点帮扶：出资20万元修建平泉西杖子村级公路；出资5万元为党坝镇党杖子村小学购置桌椅；出资5万元帮助七沟后进党支部建设；为党杖子村援建猪舍和大棚；为茅兰沟五家村建设村民活动中心；为七沟镇槽碾沟村架接有线收视；每年出资 2 万元帮助茅兰沟满族蒙古族乡烧锅营子村进行基础建设；为城西小学花 10 万元购置乐器等。企业每年都拿出 100 多万元，为员工谋福利，救济生活贫困的职工。

尤文武主动节能减排，投资 3000 万元上马污水处理和脱硫项目，使企业空气排放指标优于国家标准，竭力减少环境污染。投资 1500 万元建设了污水处理项目，使生产污水 COD 达到 50 以下可循环使用，不仅实现了污水治理，而且极大地节省了水资源。投资 400 万元建设粉煤灰治理项目，使企业见不到煤灰，改善了企业内部和周边环境；投资 300 万元实施绿化、亮化项目，改善空气环境，美化平泉夜景。尤文武带领山庄企业集团已经在商海大潮中搏击了 20 余年。他的战斗团队取得了辉煌的业绩，企业发展硕果累累。

谋长远不断总结经验教训　认真研究过中国企业很难走出富不过三代怪圈的原因后，尤文武对企业经营管理悟出了一套心得。

心得一：培养优秀的接班人　大多数创业者到了企业发展的鼎盛期都发愁找不到合适的接班人，有的企业没有选择和培养好接班人，在老一代创业人退出管理舞台后，逐渐走向下坡路。鉴于此，尤文武在人才培养方面下足了功夫。积极建立现代企业制度，构建山庄集团人才发展的“五个框架”：

一是打造酒精饲料技术的国家级领军人物；二是打造调酒的国家级权威人物；三是打造专家型的中层干部队伍；四是打造具备全球视野的高级管理人。五是打造胜任岗位的员工队伍。依托五个人才框架，制订了一系列引人、育人、用人、留人机制。科学招聘，引进优秀人才，有效激发员工工作热情，积极探索改变单一的晋升渠道，建立多轨晋升渠道，同时建立全方位激励机制，多种方式并举激发员工工作极性；人性管理，留住优秀人才。

心得二：做企业要像过日子，懂得勤俭持家，精益管理　引进国际先进的“6S”管理模式，使企业脱胎换骨，成功地蜕变为一个美丽、整洁、高效、内外兼修、井井有条的现代化的山庄老酒工业园区。同时，大力开展了行为规范工程及精益管理。对环境卫生、工作纪律、制度执行加大了监督、检查和查处力度，推动了员工良好行为习惯的养成，对改善企业环境、提升企业形象、提高员工素质起到了积极的作用；通过精益管理开展提产增效活动，平均效率提升超过 30%，大大提高了山庄老酒的生产效率和生产质量。

尤文武坚持开创独具特色的可持续发展之路、大力推进精神文明建设力度、加快文化产业园建设进程，使企业呈现出“管理科学文明、风正气顺企兴、经营效益显著，社会贡献突出”的良好局面。

李宗力　石家庄洛杉奇食品有限公司董事长兼总经理。洛杉奇公司是一家全产业链生产服务型食品企业，主打产品金凤扒鸡是个拥有百年历史的老字号品牌。2002 年企业发展陷入困境之际，李宗力临危受命，接下了百年品牌传承发展和带领员工自救求生的重担。多年来他带领员工在传承传统工艺的基础上不断创新，以质求胜创效益，以人为本求发展，探索出一条传统匠心与现代化生产相结合的发展之路。

十年磨剑，临危受命 在石家庄提起金凤扒鸡，几乎无人不晓。“金凤”扒鸡两次荣获商业部“优质产品”称号。李宗力还是一名制冷工程专业的大学生。1987 年，他从天津商学院（后更名“天津商业大学”）毕业后，分配到石家庄市食品四厂工作。从技术员做起，车间、设备、基建、销售几乎全做了一遍，一直做到销售副厂长。李宗力把那段经历称为“十年磨剑”，在不同岗位上积累的经验，为后来从事企业管理打下了基础。李宗力在食品四厂担任车间主任期间，正值全国推行 QC 质量管理小组活动——QC 小组是企业中群众性质量管理活动的一种有效组织形式，他在车间率先推行 QC 活动，曾获过省级二等奖。重质量、重管理的工作思路，那时就已在心里扎下了根。

1997 年，李宗力离开石家庄市食品四厂，被调到了河北味全国大食品有限公司，与“金凤”的缘分就从那时开始。20 世纪 90 年代中期，走过 80 多年岁月沧桑的金凤扒鸡发展陷入低谷，所属的石家庄回民扒鸡厂连年亏损，濒临破产。1997 年，扒鸡厂被石家庄国大集团兼并，与原石家庄洛杉奇食品有限公司整合重组，新成立的合资企业就是这家“味全国大”。原石家庄洛杉奇食品有限公司原本是家合资企业，前身是国大集团下属的石家庄国际大厦美康食品厂，后改名为洛杉奇。濒临破产的“金凤”和“洛杉奇”从此走在了一起，但危机并未完全度过。刚刚接手“味全国大”时，李宗力面对的是一家机构臃肿、人浮于事、资金匮乏、年亏损额高达 265 万元的企业。针对存在的问题，他和时任董事长谷兰菊一起在公司内部推行了一系列行之有效的改革措施。2002 年，这家命运多舛的合资企业再一次面临了生死存亡的考验。由于股东之间相互掣肘，公司二期注册资本长达两年无法到位，不得不进入破产程序。那一年李宗力 37 岁，正当壮年，正是出于同样的责任感和使命感，公司 14 名管理人员商议，决定由个人出资入股，大家一起凑了 122 万血汗钱，以董事长谷兰菊作为大股东，与国大集团合股，重新组建了石家庄洛杉奇食品有限公司，李宗力出任总经理。

开启二次创业征程 当时位于石家庄市北二环 33 号的老厂区，土地、厂房、设备全是租用的，留守公司的只剩下 163 名员工。李宗力号召大家自力更生、创业自救，公司上下开始了创业的征程。

以质求胜创效益，以人为本求发展 是李宗力自接手公司伊始便推出的经营理念。早在“味全国大”时代，他就在公司内推行全员竞聘上岗的制度，延续至今，已形成了全员竞岗、干部述职、绩效考核等一系列措施。改制初见成效后，公司分离出部分股份由工会成立了职工持股会，鼓励员工按不同级别入股，员工成为真正意义上的企业主人。除此之外，公司还通过建立健全培训体系、完善职工职业生涯管理、开展职业技能培训等方式提升员工整体素质，实现企业与员工共同成长。

讲资历更比能力，讲文凭更比水平 一直是李宗力的用人标准。公司安全部经理王玉龙就是他挖来的人才。王玉龙调入洛杉奇之前，在一家国企负责 7S 管理的推进工作。“7S 管理”是一种起源于日本企业的管理活动，李宗力当时想在公司推行，却苦于没有合适的人选来负责这项工作。一次和朋友闲聊时偶然听说了王玉龙，便主动联系他来洛杉奇公司讲课。王玉龙说，“这个企业和别的地方的确不一样”。他在其他地方讲课时，很少有领导会来听，更不会有这种中高层领导全部到场的情况，一个月后，他接过了李宗力抛出的橄榄枝。王玉龙 由于推行 7S 管理的工作得到认可，三个月后由一级升至主管三级；后来他考取了注册安全工程师，上调到了经理助理一级；能力水平直接和职级挂钩，员工们都说“洛杉奇给每个人提供的是一个干事业的平台。”

老字号 新发展 位于石家庄市鹿泉区的金凤工业园内，通过加工车间半透明的观摩窗和实时监控视频，所有工序流程一览无余。经过 12 道工序精制而成的金凤扒鸡，每天从这里发往各地，走向千家万户的餐桌。

李宗力在接手企业之初，就提出了“传承不守旧，创新不离宗”的宗旨，多年来在传承传统制作技艺的基础上，积极开展产品创新、渠道创新、营销创新、技术创新、管理创新、融资创新、文化创新、品牌创新，为老字号注入新血液、赋予新生命。引入最先进的设备来保证老字号的产品质量，推动标准化生产；通过制度创新，将老字号纳入了现代企业管理体系。李宗力说，创新是企业发展的动力。从意大利进口的德拉瓦伊解冻设备、全自动链式炸鸡生产线、真空速冷隧道、气调包装设备、全自动杀菌釜。百年金凤在经历一次次蜕变之后，终于彻底脱离了作坊式的生产和经营模式，实现标准化、信息化管理和工业化生产，走上了现代化生产和产业化发展的道路，2021 年被评为农业产业化国家重点龙头企业。

尚德守信 责任担当 “中华老字号”都有独特的产品技术、良好的声誉、优质的服务，见证了历史的变迁，积淀着情感的记忆。李宗力看来，老字号的核心价值在于诚信，在于童叟无欺的商业道德和精益求精的工匠精神。传承老字号，更要传承它所承载的精神，担负起它应负的责任。李宗力在公司提倡“用匠心、做匠人、铸匠品”，提倡“尚德守信，质量至上，消费者至上”的理念，与百年老字号金凤扒鸡的核心价值一脉相承。李宗力还带领员工主动开展公益活动，多年来，公司曾捐助希望工程，对灵寿、赞皇、平山等地扶贫解困，带动农民养殖脱贫致富，主动承担社会责任。石家庄新冠疫情最严重的时候，和员工一起，保障市场供应，共同担当社会责任。

洛杉奇的企业文化核心是“感恩、关爱、共赢”回顾“洛杉奇”“金凤”一起走过的近 20 年时光，李宗力说，“这是不负韶华的 20 年”。这些年他唯一新添的爱好是一到外地就先去市场看鸡，遇到有关鸡或者凤凰的画作和工艺品也要搜罗回来。家人说他对鸡情有独钟，他的整个人生都已与金凤扒鸡绑定在一起，连他的梦想也是与此相关——希望百年金凤能顺顺利利、可持续、良好地再发展百年。

吴龙妹

3.4 上海市

【a. 概况】

上海市以习近平新时代中国特色社会主义思想为指导，全面贯彻落实党的二十大和二十届二中全会精神，深入贯彻落实习近平总书记考察上海重要讲话精神，坚决贯彻落实党中央、国务院的决策部署，坚持稳中求进工作总基调，深化高水平改革开放，推动高质量发展，着力提升城市能级和核心竞争力。全市经济社会发展稳中有进、稳中向好，改革开放红利稳步释放，民生福祉持续改善。

全市规模以上食品工业企业完成产值2319.88亿元，同比增长0.4%，占全市工业5.9%；完成营业收入2718.93亿元，同比增长3.4%；实现利润370.49亿元，同比增长8.8%。

若不计烟草，完成工业总产值1267.47亿元（现价），同比增长0.7%；占全市工业总产值3.2%，同比回升0.1个百分点；完成营业收入1592.34亿元，同比增长3.0%；109.44亿元，同比增长25.7%。

（以下内容不包括烟草制造，数据为规模以上食品工业企业）

【b. 运行情况特点】

1. 生产稳中向好

工业总产值完成　　亿元

	工业总产值（现价）		
	2023年	2023年	同比增长%
上海食品工业合计	1267.47	1258.35	0.7%
其中：农副食品加工业	357.42	356.49	0.3%
食品制造业	810.68	797.19	1.7%
饮料、酒和精制茶制造业	99.37	104.67	-5.1%

2023年，全市规模以上食品工业企业完成工业总产值1267.47亿元，同比增长0.7%，占全市工业总产值的3.3%，与往年持平。

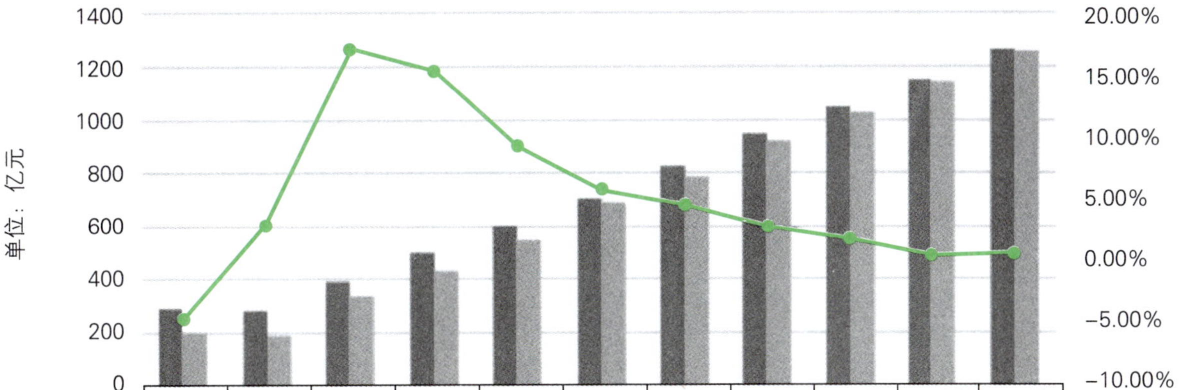

	2月	3月	4月	5月	6月	7月	8月	9月	10月	11月	12月
2023年	293.25	284.9	392.81	498.01	600.75	706.7	822.6	945.1	1046.7	1150.87	1267.47
2022年	200.35	191.24	335.32	431.35	549.83	688.1	786.9	919.4	1028.48	1144.71	1258.35
同比	-4.50%	2.90%	17.10%	15.50%	9.30%	5.80%	4.50%	2.80%	1.80%	0.50%	0.70%

图1　2023年&2022年产值对比

2023年，全市食品工业生产情况总体保持平稳。整体增长曲线呈现先扬后抑的情况，与过往上海市食品工业生产先抑后扬的特点截然相反，造成这一情况的原因主要在于2022年上半年同期为新冠疫情封闭时期，下半年封控解除后各食品企业都在为尽力完成全年目标而加紧生产，使得下半年产值较以往情况相对处于高位。

在二季度大幅增长之后，三季度开始逐月下滑，整个下半年，单月平均产值跌幅为5.9%。子行业中，跌幅较大的行业分别是乳制品制造、精制茶加工和饮料制造，分别下跌7.6%、7.1%和5.1%。全年保持高增长的行业是糖果巧克力和蜜饯制造以及罐头制造分别上涨22.4%和12.3%。

2. 营收小幅增长

营业收入、出口交货值完成　　亿元

	营业收入			出口交货值		
	2023年	2022年	同比增长%	2023年	2022年	同比增长%
上海食品工业合计	1592.34	1546.47	3.0	41.49	36.79	12.8
其中：农副食品加工业	481.94	476.23	1.2	10.50	9.22	13.9
食品制造业	992.56	950.73	4.4	28.84	25.31	14.0
饮料、酒和精制茶制造业	117.84	119.51	-1.4	2.14	2.27	-5.5

2023年，完成营业收入1592.34亿元，同比增长3.0%，较上半年增幅收窄5.8个百分点，出口交货值36.79亿元，同比增长12.8%。

2023年，营业收入增幅收窄主要也是受到2022年上半年疫情影响，2023年同期营收增长数据虚高。2022年三季度，随着疫情开放，企业回归正常生产，营收经济数据回归正常，因此，2023年三季度开始，营收增幅会出现持续收窄的态势。

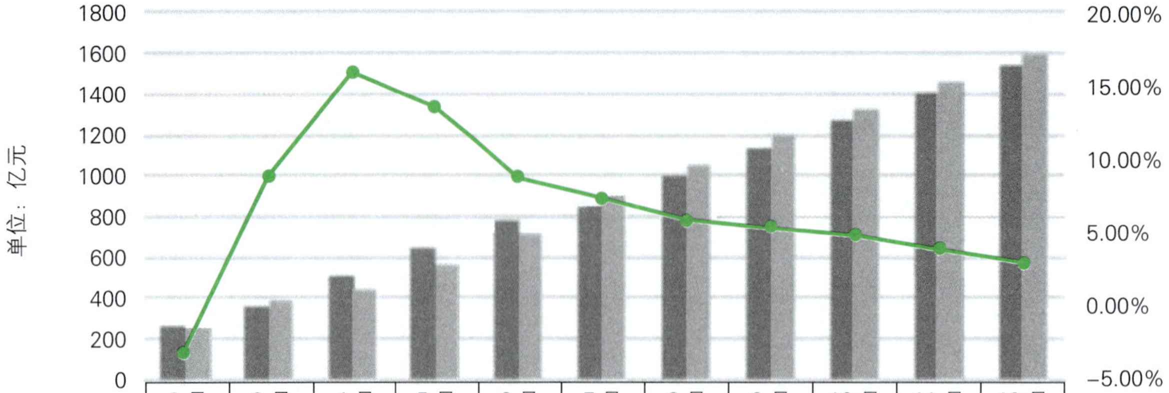

	2月	3月	4月	5月	6月	7月	8月	9月	10月	11月	12月
2023年	263.4	352.5	508.2	641.7	776.1	845.5	990.9	1138	1265	1400	1546
2022年	254.9	384.5	438.0	565.7	713.7	906.5	1048	1199	1325	1453	1592
同比	-3.20	9.00%	16.0%	13.40	8.70%	7.20%	5.80%	5.30%	4.80%	3.80%	3.00%

图2　2023年&2022年累计营业收入对比

子行业中，营业收入增幅最大的行业仍为罐头食品制造，同比增长接近52.9%，较上半年增速已大幅减缓；营业收入为负增长的行业分别是，乳制品制造业以及精制茶加工业。乳制品制造业受到市场持续挤压的影响，全年营收下降11.7%，降幅较上半年扩大2.8个百分点，精制茶加工下降25.6%

3. 利润增速加快

利润及税金完成

亿元

	利　润			税　金		
	2023年	2022年	同比增长%	2023年	2022年	同比增长%
上海食品工业合计	109.44	87.08	25.7	46.82	44.68	4.8
其中：农副食品加工业	17.63	15.19	16.1	5.89	5.43	8.4
食品制造业	78.43	65.03	20.6	35.00	33.82	3.5
饮料、酒和精制茶制造业	13.38	6.86	95.0	5.93	5.43	9.3

2023年，实现利润109.44亿元，同比增长25.7%，增幅较上半年提高了6.8个百分点。

子行业中，增幅较大的仍为酒的制造业。糖果巧克力蜜饯制造业与罐头制造业，均扭亏为盈。酒的制造业利润增长9.5倍，罐头制造业利润增长2.4倍。乳制品制造业年末实现利润增长，利润额全年增长80%，盈利增长原因可能来源于光明乳业的其他业务增长。

利润跌幅较大的为精制茶制造，2023年1–9月，利润下跌81.7%较1–6月扩大10.3个百分点。

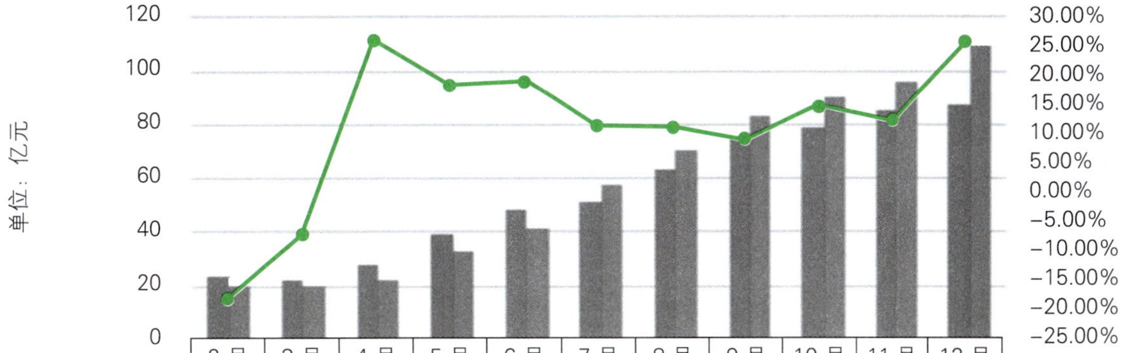

	2 月	3 月	4 月	5 月	6 月	7 月	8 月	9 月	10 月	11 月	12 月
2022 年	23.4	22.05	28.18	39.2	48.69	51.53	63.48	76.29	78.76	85.57	87.08
2023 年	19.13	20.44	22.37	33.17	41.02	57.39	70.43	83.11	90.14	95.98	109.4
同比	-18.2	-7.30	26.00	18.20	18.70	11.40	11.00	8.90%	14.50	12.20	25.60

图 3　2023 年 &2022 年累计利润对比

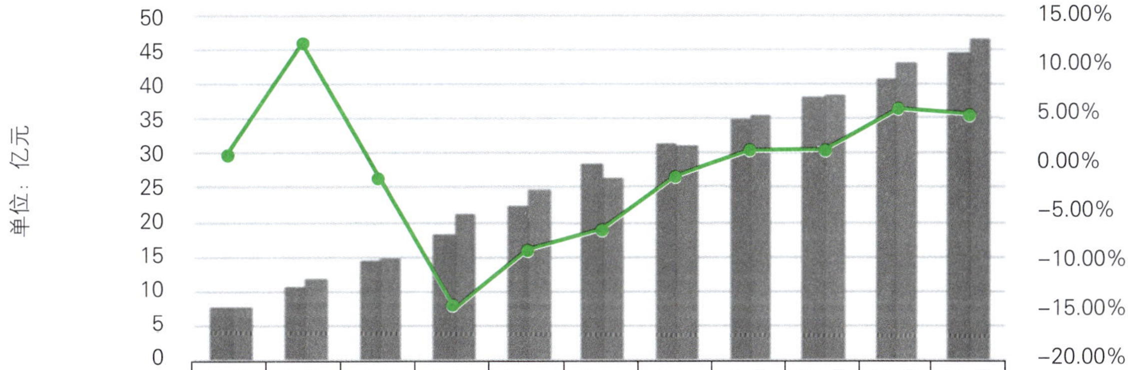

	2 月	3 月	4 月	5 月	6 月	7 月	8 月	9 月	10 月	11 月	12 月
2022 年	7.71	10.45	14.5	18.12	22.43	28.5	31.56	35.12	38.11	40.93	44.68
2023 年	7.76	11.72	14.72	21.15	24.65	26.54	31.16	35.6	38.59	43.15	46.82
同比	0.60%	12.20	-1.50	-14.3	-9.00	-6.90	-1.30	1.40%	1.30%	5.40%	4.80%

图 4　2023 年 &2022 年累计税金对比

2023 年营业收入利润率　（%）

	营业收入利润率 %	
	2023 年	2022 年
食品工业总计	6.9%	5.6%
其中：农副食品加工业	3.7%	3.2%
食品制造业	7.9%	6.8%
饮料、酒和精制茶制造业	11.4%	5.7%

2023 年，营业收入利润率 6.9%，同比增长 1.3 个百分点。

2023 年，社会消费品零售总额 18515.50 亿元，同比增长 12.6%。其中吃的商品 3622.41 亿元，同比增长 9.0%。

2023 年，整体的市场复苏情况与原先的预期还是有一定的差距，消费者消费信心不足，购买力下降，致使本市食品工业的经济恢复状况不如预期。

4. 社会消费情况

2023 年，社会消费品零售总额 18515.5 亿元，同比增长 12.6%；其中吃的商品 3622.41 亿元，同比增长 9.0%。

总的来看，上海食品行业在 2023 年，经济形势总体保持稳中有进、稳中向好态势。面对当前错综复杂的国际和国内市场环境，本市食品生产企业仍需继续调整营销结构，迎合市场需求，提振市场消费信心。

【c. 食品安全】

2022 年，全市认真贯彻党的二十大精神，全面落实食品安全“四个最严”要求，深入贯彻落实《中共中央 国务院关于深化改革加强食品安全工作的意见》《上海市贯彻〈中共中央、国务院关于深化改革加强食品安全工作的意见〉的实施方案》，持续推进食品安全治理体系和治理能力现代化，牢守食品安全底线，保障人民群众“舌尖上的安全”。

2023 年，全市主要食品的食品安全总体监测合格率为 99.2%，同比下降 0.4 个百分点；食品安全总体状况继续保持较高水平。

2023 年，全市共监督抽检各类食品样品 162474 件，合格率为 98.4%，同比下降 0.2 个百分点；快速检测 132 万余项次，同比增长 20.0%，快速检测筛检阳性 3816 件，阳性率为 0.29%，同比下降 0.1 个百分点，合格率呈平稳趋势。

社会方面，2023 年，市民食品安全知识知晓度得分 91 分，同比增加 0.4 分。2023 年，市民食品安全状况总体满意度评分为 90.9 分，比 2022 年增加 0.9 分。调查结果显示，市民对食品安全状况的评价较高，但对用餐场所满意度存在差异，各区在食品安全满意度方面表现差距不大。

为贯彻实施工信部关于在食品工业企业持续开展诚信管理体系建设的要求，上海持续开展推进食品工业企业建立诚信管理体系的工作。

至 2023 年底，全市有 32 家食品工业企业建立诚信管理体系，并通过了第三方评价。

【d. 协会工作】

1. 坚持以学促干

2023 年，协会按照市商务委党组、市商联会党委的部署要求，以主题教育为抓手，坚持强化思想政治引领，坚持以学促干，增强工作动能。

协会深化理论学习，努力创建学习型协会，围绕会员企业在生产经营中遇到的难点、堵点等问题，以务实的举措开展工作，彰显主题教育的良好成效。

协会严格落实党建第一责任，抓好班子队伍及阵地建设，认真执行民主集中制和“三重一大”事项集体决策制度，加强沟通协调，确保班子上下同心同德、步调一致，形成了风清气正的政治生态和干事创业的良好环境。

2023 年，协会被评为市商联会系统先进集体，协会党支部被评为市商联会系统先进党支部；协会被授予“上海市进出口公平贸易（行业服务）工作站”称号。

2. 开展走访调研

协会积极贯彻落实习近平总书记关于调查研究的重要讲话精神，围绕世界一流食品企业建设、企业运营等方面，确定了若干调研课题，运用实地走访、座谈交流、问卷调查等方式，在李林会长带领下，先后到上海食品一店、上海金城制冷公司、内蒙古燕谷坊集团、安徽省六安市霍邱县开展调研。将调研中经过充分论证、切实可行的对策建议，及时转化为工作办法和具体举措，助力企业解决市场、融资、业务对接等问题，取得了较好的成效。

3. 强化服务意识

协会努力强化为政府、企业和社会服务意识，全力保障会员企业的知情权、参与权、表达权、选择权、监督权，增强对会员企业的吸引力和凝聚力，鼓励秘书处工作人员提高服务效能，为会员企业办实事、做好事、解难事，做会员企业的贴心人，努力将协会办成学习型、服务型、创新型的“会员之家”。

4. 开展对外交流

2023 年，协会与国内外食品行业的合作交流渠道更为通畅，合作交流活动数量和质量比上年同期大幅提升。

协会密切与长三角地区，以及安徽、贵州、湖北、浙江、江苏、福建、广东、内蒙古、西藏等地政府相关部门和食品（工业）协会的联系与交流；积极参与长三角食品产业创新合作联盟开展的各项活动和长三角地区名优食品推荐评测活动；与青岛市食品工业协会等签订战略合作协议。

5. 参与慈善活动

协会积极开展各类公益慈善活动：为大龄孤独症人群举办“明日咖啡师”和“明日点心师”培训班；为 2023 徐汇残联技能大赛举办调饮师、咖啡师培训；为西藏日喀则市萨迦县学生举办西式糕点师培训班；干文华技能大师工作室受邀入驻“阳光 201”烘焙课堂。

6. 品牌推广方面

协会举办上海特色旅游食品推荐评测和展示活动，组织企业参与长三角名优食品认定和展示活动。

【e. 主要经济指标】

指标	单位	食品工业合计		其中：农副食品加工业		食品制造业		饮料制造业		烟草制品业	
		2023 年	同比增长 %	2023 年	同比增长 %	2023 年	同比增长 %	2023 年	同比增长 %	2023 年	同比增长 %
工业总产值	亿元	2319.88	0.9	357.42	0.3	810.68	1.7	99.37	–5.1	1052.41	0.1
销售产值	亿元	2303.28	2.5	355.21	–0.7	803.71	2.2	99.28	–6.4	1045.09	0.6
营业收入	亿元	2718.93	3.4	481.94	1.2	992.56	4.4	117.84	–1.4	1126.59	3.9
出口交货值	亿元	41.49	12.8	10.5	13.9	28.84	14.0	2.14	–5.5	/	/
利润	亿元	370.49	25.7	17.63	16.1	78.43	20.6	13.38	95	261.05	3.0
利税合计	亿元	1208.64	5.3	23.52	14.1	113.43	14.8	19.31	57.2	1052.38	3.6
资产总计	亿元	1521.99	2.0	355.53	–3.3	954.74	3.2	170.14	6.7	/	/

注：1. 本文数据为规模以上食品工业企业 2. 工业总产值与同比增长率。

部分食品市场占有率

序号	产品	第一名		第二名		第三名		第四名		第五名	
		品牌	占有率 %	品牌	占有率 %	品牌	占有率 %	品牌	占有率 %	品牌	占有率 %
1	食用油	金龙鱼	24.6	多力	15.8	福之泉	15.3	鲁花	13.5	海狮	7.7
2	预调鸡尾酒	锐澳	79.9	和乐怡	6.7	森林先知	5.3	乐天	2	考尔德小树林	1.7

续表

序号	产品	第一名		第二名		第三名		第四名		第五名	
		品牌	占有率%	品牌	占有率%	品牌	占有率%	品牌	占有率%	品牌	占有率%
3	黄酒	和酒	18.1	金色年华	14.4	古越龙山	12.7	金枫	11.1	石库门	9.0
4	啤酒	百威	25.7	青岛	21.7	光明啤酒	10.6	雪花	9.3	喜力	5.5
5	酱油	海天	40.7	欣和六月鲜	30.2	李锦记	11.5	千禾	10.5	鲁花	2.4
6	醋	恒顺	38.6	宝鼎	27.4	东湖	8.7	金山寺	6.9	宝鼎天鱼	3.7
7	包装大米	光明谷锦	47.2	乐惠	24.7	金龙鱼	4.6	苏冠	1.7	香满园	1.4
8	巧克力	德芙	36.6	费列罗	22.1	健达	11.4	士力架	5.5	瑞士莲	5.3
9	糖果	大白兔	44.5	彩虹糖	4.7	悠哈	4.1	旺仔	3.3	索劲	2.6
10	挂面	陈克明	24.8	顶味	14.2	金龙鱼	12.6	味尚	5.2	收麦人	4.9
11	膨化食品	乐事	54.6	旺旺	13.6	上好佳	10.3	好丽友	4.8	品客	1.7
12	饼干	奥利奥	33.5	闲趣	9.1	太平	8.5	百奇	7.8	茱蒂丝	4.3
13	八宝粥	娃哈哈	57.3	真的	16.6	银鹭	14.8	盏皇	8.8	正大	1.6
14	肉（鱼）罐头	梅林	49.7	世棒	13.3	鹰金钱	7.3	粤花	5.5	双汇	4.3
15	冷鲜肉	牧原	10.6	雨润	9.6	龙大	8.0	拾分味道	4.8	松林	4.3
16	冷饮	和路雪	34.7	伊利	20.2	八喜	10.1	光明	8.6	梦龙	7.4
17	成人奶粉	雀巢	61.1	光明	14.4	伊利	9.4	蒙牛	6.4	荷兰乳牛	3.4
18	国产液体奶	光明乳业	38.8	蒙牛	33.1	伊利	24.7	每日鲜语	1.3	君乐宝	0.6
19	饮用水	农夫山泉	49.9	怡宝	15.5	景田百岁山	12.1	雀巢	7.0	依云	4.6
20	南北货	禾煜	30.0	闽龙达	19.4	燕之坊	5.4	华雄	3.9	雄峰	3.2
21	瓜子	洽洽	58.8	华味亨	12.2	恒康	8.0	阿里山	4.5	张二嘎	3.6
22	坚果	洽洽	12.3	华味亨	10.9	天喔	10.2	盼盼	6.8	恒康	5.4
23	休闲鱼（肉）制品	立丰	20.3	新东阳	13.4	太仓	10.5	华味亨	4.2	天喔	4.0
24	蜂产品	冠生园	74.1	智力	5.2	智仁	5.1	周氏	3.9	捷氏	3.2
25	麻油	三添	42.0	龙溪一滴香	15.8	太太乐	13.2	金龙鱼	12.0	鲁花	4.8
26	鸡精	太太乐	85.6	家乐	10.7	佛手	3.2	双桥	0.2	黄金厨师	0.2
27	味精	双桥	55.1	佛手	28.4	太太乐	13.1	菱花	0.3	天厨	0.1
28	调味粉	味好美	54.4	太太乐	24.1	乐畅	7.6	唯加	3.8	佛手	2.6
29	料酒	金枫	31.6	恒顺	16.2	老恒和	16.1	海天	12.6	鼎丰	9.3
30	速冻调理品	湾仔码头	23.2	龙凤	11.8	三全	6.9	海霸王	6.6	桂冠	6.5
31	奶酪	妙可蓝多	34.5	百吉福	22.7	伊利	15.4	光明	12.9	总统	5.2
32	奶酪棒	妙可蓝多	44.7	百吉福	23.8	光明啤酒	13.8	伊利	11.2	雅尚	2.8
33	速溶咖啡	雀巢	71.6	悠诗诗	7.6	隅田川	3.8	麦斯威尔	2.9	益昌老街	2.8
34	沙琪玛	台尚	25.7	谷焙奇	22.2	名沙	7.5	米老头	5.7	徐福记	5.6
35	含气饮料	雪菲力	30.7	延中	15.0	巴黎水	13.1	元气森林	10.1	怡泉	9.0
36	酸奶	光明乳业	41.9	伊利	31.3	蒙牛	13.1	味全	4.5	优诺	3.0

续表

序号	产品	第一名		第二名		第三名		第四名		第五名	
		品牌	占有率 %	品牌	占有率 %	品牌	占有率 %	品牌	占有率 %	品牌	占有率 %
37	蜜饯	华味享	26.5	万顺昌	12.1	益民	4.2	天喔	2.7	溜溜梅	2.7
38	婴幼儿奶粉	爱他美	57.3	惠氏	14.9	美素	7.8	飞鹤	5.5	美赞臣	4.4
39	八宝饭	杏花楼	32.4	万寿斋	8.9	光明	7.5	新雅	7.0	老长兴	6.7
40	功能糖果	荷氏	28.9	绿箭	24.7	金嗓子喉宝	6.2	京都念慈菴	6.1	万顺昌	5.6

施伟俊

3.5 江苏省

【a. 概况】

2023 年是经历三年新冠疫情后经济恢复发展的一年。全省食品行业认真贯彻工业和信息化部、国家发展改革委等 11 个部门出台的《关于培育传统优势食品产区和地方特色食品产业的指导意见》，聚焦高端化、特色化、智能化、绿色化发展方向，积极培育食品产业新优势新动能，全力打造现代化食品产业体系，取得一定成效。全年食品工业以占全省工业 3.1 % 资产，创造了 4.2% 的营业收入，完成了 6.7% 的利润总额。

1. 食品产业规模位居全国第一方阵，增速领先全国

从产业规模来看，2023 年，全省规模以上食品工业企业（含烟草）2287 家，同比增加 240 家，实现营业收入 7149.11 亿元，同比增长 6.8%，高于全省工业 4.4 个百分点，高于全国食品工业 5.6 个百分点，食品产业规模位居山东、广东、河南、四川之后第五、继续列全国第一方阵。江苏食品产业规模大主要益于江苏是鱼米之乡，原料资源丰富，工业基础扎实。从行业利润来看，实现利润总额 628.69 亿元，同比增长 13.5%，高于全省工业 11 个百分点，高于全国食品工业 11.2 个百分点；营业收入利润率 8.7%，高于全国 1.9 个百分点。从产业结构来看，2023 年，全省农副食品加工业、食品制造业、酒饮料和精制茶制造业三大领域营收占比分别为 56%、17%、13%，产业结构基本稳定，农副食品加工业依然是我省食品产业规模体量最大的细分领域。

表 1　2023 年食品行业效益表

指标名称	企业数	营业收入			利润总额			利润率 %
	2023 年（个）	2023 年（亿元）	同期（亿元）	同比增长（%）	2023 年（亿元）	同期（亿元）	同比增长（%）	
累计	2287	7149.11	6693.83	6.8	628.69	553.90	13.5	8.79%
农副食品加工业	1496	3965.87	3735.13	6.2	111.43	99.44	12.1	2.81%
食品制造业	633	1172.78	1116.25	5.1	99.09	91.15	8.7	8.45%
酒、饮精制茶制造业	146	1012.11	867.44	16.7	277.40	226.94	22.2	27.41%
其他	12	998.35	975.01	2.4	140.77	136.37	3.2	14.10%

2. 细分行业营收利润全线增长，酒、饮精制茶制造业利润率最高

随着宏观经济复苏，江苏省食品行业各细分领域均保持显著增长态势。从细分领域规模来看，2023 年，全省农副食品加工业、食品制造业、酒饮料和精制茶制造业三大产业营业收入增长分

别为 6.2%、5.1%、16.7 %，分别高于全国 5.1、2.6、9.3 个百分点。从细分领域利润来看，2023 年，全省农副食品加工业、食品制造业、酒饮料和精制茶制造业利润增幅分别为 12.1%，8.7%，22.2%，分别高于全国 23.1、4.5、8.2；利润率分别为 2.81%、8.45%、27.41%，分别高于全国 0.2、0.3、7.4 个百分点。从细分领域同期增幅来看，2023 年，全省酒、饮精制茶制造业营收同比增长 16.7%、利润同比增长 22.2%，高于全省食品行业 9.9、8.5 个百分点，反映了我省在居民消费水平的不断提升及消费结构的升级的背景下，以精深加工为代表的酒、饮料等高层次消费场景发展态势良好。

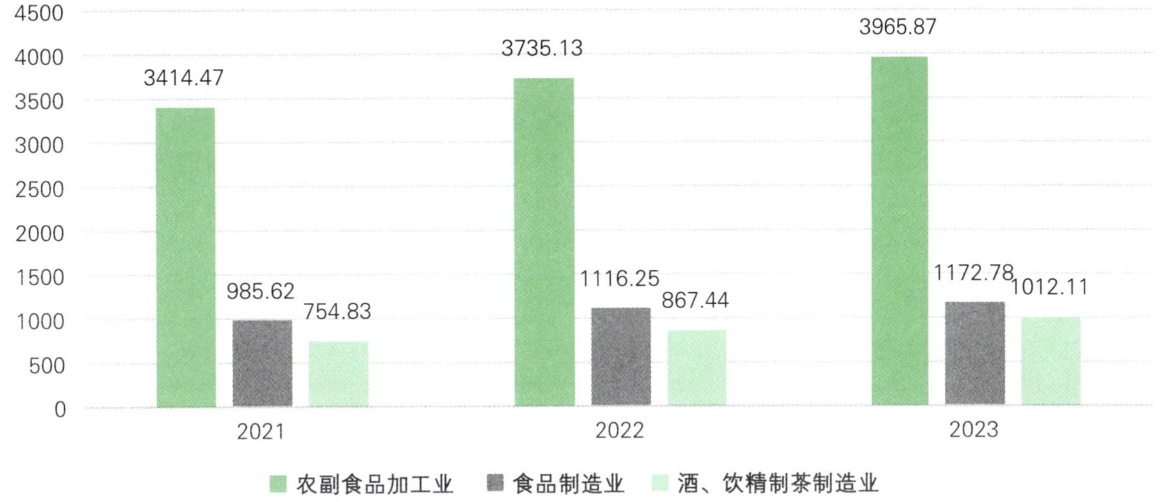

图 2　江苏食品工业细分领域状况（单位：亿元）

3. 市场供应稳定，消费持续升温

2023 年，是经历三年新冠疫情后经济恢复发展年，各地区各部门积极落实保民生促消费拉动经济的政策措施，食品市场供应充足，原料价格保持稳定，产量供应稳定增长，全省粮食、油料产量稳定，同比增长 0.8%、7.4%，保障了农副食品加工大宗原料；而液体乳、水果、猪肉、茶叶供应充足，同比增长 7.27%、1.3%、4.4%、0.1%，部分满足了食品制造业及酒、饮精制茶制造业原料需求。居民食品消费量持续恢复提升，达到历史上最好预期。

表 3　2023 年全省主要原料产量

产品名称	产量（万吨）	同比增长
粮食	3797.7	0.8%
油料	103.4	7.4%
水果	1015.2	1.3%
猪牛羊禽肉	329.9	4.4%
液体乳	164.08	7.27%
茶叶	1.1	0.1%

【b. 主要工作】

1. 宣贯《食品工业企业诚信管理体系》国家标准和做好诚信管理体系评价工作

宣贯实施 GB/T33300-2016《食品工业企业诚信管理体系》国家标准为重点，引导企业建立诚信管理制度，强化企业食品安全主体责任，规范企业诚信管理，预防企业失信风险，确保诚信管理体系有效运行，建立了保障食品安全长效机制。一是对常州市所辖区食品企业负责人以及体系员进行国家标准宣贯。通过 GB/T33300-2016 国家标准宣贯，确保《食品工业企业诚信管理体系》国家标准（GB/T33300–2016）实施工作有序进行。二是严格评价程序，开展评价审核工作。按照工信部评价机构工作规则和评价工作程序的要求，先后对南京大旺食品有限公司、无锡市振太酒业有限公司再评价，对徐州绿健乳品饮料有限公司监督审核，使获证企业有效运行和保持评价企业数位列全国前列。

2. 积极组织白酒企业参加第四届黄淮流域高质量发展峰会和首届中国兼香型与创新香型高质量发展大会

5 月 25 日，由中国食品工业协会白酒专业委员会联合河南、江苏、山东、安徽四省食品工业（行业）协会联合主办，河南仰韶酒业集团承办，以“强质固本，守正创新”为主题的第四届中国白酒黄淮核心产区高质量发展峰会在三门峡渑池仰韶仙门山举行。豫苏鲁皖知名酒企聚首仰韶，共同奏响黄淮核心产区高质量发展强音，组织省内 20 家白酒企业参加，洋河、今世缘、汤沟 3 位董事长亲临黄淮流域峰会并发表主旨演讲。峰会上双沟、乾隆江南、洋河、汤沟、容酒 5 个产品获峰会地域标志性产品，今世缘、五醍浆、汇金、双沟酿酒、御珍 5 个产品获峰会产区典型风格产品。

11 月 9 日，以“兼收并蓄 · 包融万香”为主题的，首届中国兼香型与创新香型白酒高质量发展大会在安徽淮北成功召开。来自全国的 40 余家兼香型与创新香型白酒企业代表、白酒技术带头人、白酒行业专家学者会聚一堂，论道“大兼香”高质量发展新未来。组织省内 5 家白酒企业参加。在首届中国兼香型与创新香型高质量发展大会上，国缘 V9 酒、蓝瓷汇金芝香酒、国缘酒（六开）3 个产品荣获酒体设计典型产品；海州湾绵 15 酒、品王 1956 酒、桃林芝酱酒 3 个产品荣获感官质量典型产品。

3. 做好第十届白酒国家评委考生的强化培训，全省选送的 16 位考生全部通过

中国食品工业协会第十届白酒国家评委考试选拔工作应在 2021 年完成，因突发全国性公共卫生事件疫情原因，相关工作延迟至 2023 年 3 月进行。根据中国食协白酒 [2023]2 号《关于中国食品工业协会第十届白酒国家评委考试安排的通知》要求，为进一步加强我省白酒人才队伍建设，提高考生的业务能力，邀请专家梳理考试的知识点，提升考生评酒技能，掌握应对考试方法，3 月 16–19 日，用 4 天时间有针对性地组织一次考前强化培训。参加培训班的学员，除江苏和江南大学考生外，还有福建、安徽、上海、广西等省区的共计 39 名考生学员。我省选送的 16 位考生全部通过，被中国食协白酒专业委员会聘任为第十届白酒国家评委，特别为中小企业培养了国家级白酒评委。

江苏省新考生被中国食协白酒专业委员会聘任为第十届白酒评委名单

序号	姓名	性别	单位
1	周二干	男	江苏双沟酒业股份有限公司
2	卜　严	女	江苏今世缘酒业股份有限公司
3	纪婷婷	女	江苏双沟酒业股份有限公司
4	郭　飞	男	江苏双沟酒业股份有限公司
5	马　鑫	男	江苏省海州湾酒业集团股份有限公司
6	王　林	女	江苏汤沟两相和酒业有限公司
7	刘娜娜	女	江苏洋河酒厂股份有限公司
8	唐　柯	男	江南大学
9	许婷婷	女	江苏洋河酒厂股份有限公司
10	朱　韦	女	江苏洋河酒厂股份有限公司
11	孙　伟	男	江苏今世缘酒业股份有限公司
12	石　汉	男	江苏双沟酿酒厂
13	颜延刚	女	江苏今世缘酒业股份有限公司
14	刘艳敏	女	江苏桃林酒业有限公司
15	许爱智	男	江苏汇金酿酒有限公司
16	金绍武	男	江苏今世缘酒业股份有限公司

4. 做好中国食协科学技术进步奖推荐工作

根据中国食协开展 2023 年度科学技术奖评审活动的文件要求，积极组织省内相关机构和食品企业申报，经过自愿申报、项目初审、专家评审、平台公示等程序，江苏省荣获中国食协科学技术进步奖项目8个，科技创新领军人物2人，科技创新杰出人才2人。

2023年江苏省荣获中食协科技进步获奖名单

序号	名称		单位	奖项
科学技术奖项目				
1	绵柔型白酒风味感知与生态酿造的研究与应用		江苏洋河酒厂股份有限公司	一等奖
2	菊芋、山药等特色根茎类蔬菜提质增效		江苏省农业科学院	一等奖
3	食品安全监管高度关注的危害因子检测技术研究及应用		南京市产品质量监督检验院	一等奖
4	基于超声波强化陈酿米酒生产关键技术创新应用		丹阳颐和食品有限公司	二等奖
5	固态白酒酿造数字化技术集成研究与产业化应用		江苏洋河酒厂股份有限公司	二等奖
6	一种益生菌固体发酵药食同源食材的营养食品的开发		江苏惠生堂食品股份有限公司	三等奖
7	豆制品加工过程废弃物的资源化利用关键技术		苏州金记食品有限公司	三等奖
8	水果多多风味发酵乳关键技术研究及产品开发		徐州绿健乳品饮料有限公司	三等奖
全国食品工业科技创新领军人物				
1	黄　进	男	泸溪河食品（南京）有限公司	
2	宗伟国	男	江苏盐铁食品科技有限公司	
全国食品工业科技创新杰出人才				
1	刘　芳	女	江苏省农业科学院	
2	李　信	男	江苏恒顺醋业股份有限公司	

5. 做好中国食协特色风味食品产品的推荐申报工作。

根据中国食协[2022]6号《关于建立“特色风味食品标志性产品、制作技艺传承人及核心产区名录”工作的通知》要求，组织省内企业申报特色风味食品产品活动，经过企业自愿申请，省食协推荐，组织专家评审遴选，我省有22家企业33个产品通过审核，被中国食协认定为特色风味食品标志性产品名录，14人被认定特色风味食品制作技艺传承人。

2023年江苏荣获特色风味食品标志性产品名单

序号	企业名称	产品名称	商标名称
1	南京桂花鸭（集团）有限公司	银桂流香盐水鸭	桂花
2	南京樱桃鸭业有限公司	官礼贡鸭（清香型盐水鸭）	樱桃
3		鸭血粉丝汤	樱桃
4	南京新润食品集团有限公司	盐水鸭	新润
5	江苏三鸿食品有限公司	台湾风味肉酥	三鸿
6	南京绿柳居清真食品有限公司汤山分公司	盐水鸭	绿柳居
7	江苏雨润肉食品有限公司	上海风味大红肠	雨润
8		盐水鸭	雨润
9	南京冠生园食品厂集团有限公司	鸭血粉丝汤（袋装经典味）	园

续表

序号	企业名称	产品名称	商标名称
10	南京佳福食品有限公司	樱桃谷盐水鸭	好人缘
11	常州八仙食品有限公司	八仙糕	八仙
12		宣怀家饼（枣泥）	大运河船点
13	苏州津津长发食品有限公司	苏式卤汁豆腐干	津津
14	倍思特食品（苏州）有限公司	苏式肉酥	倍思特
15		经典台湾肉酥	倍思特
16		五香牛肉粒（不添加淀粉）	倍思特
17	苏州稻香村食品有限公司	芝麻酥糖	稻香村
18		酥饼（百果）	稻香村
19	苏州采芝斋食品有限公司	芝麻薄皮	采芝斋
20		松仁粽子糖	采芝斋
21	江苏长寿集团有限公司	如皋香肠	如皋
22		如皋火腿	如皋
23		猪肉松（醇香原味）	如皋
24	江苏今世缘酒业股份有限公司	52 度国缘 V9（清雅酱香）	国缘
25		42 度四开国缘	国缘
26	江苏费氏集团有限公司	油酥猪肉松（原味）	费氏
27	江苏源春食品科技发展有限公司	源春肴肉	源春
28	镇江宴春酒楼有限公司	水晶肴蹄	宴春
29	江苏沪耀粮油制品有限公司	蝴蝶酥	沪耀
30	丹阳市亭亭食品有限公司	亭亭肴肉（至尊）	亭亭
31		亭亭肴肉（精品）	亭亭
32	江苏双鱼食品有限公司	双鱼猪肉脯	双鱼
33	江苏洋河酒厂股份有限公司	52 度梦之蓝 M6+	M6+

2023 年江苏荣获特色风味食品制作技艺传承人名单

序号	姓名	性别	工作单位	制作技艺
1	贾有文	男	南京桂花鸭（集团）有限公司	盐水鸭制作技艺
2	张建文	男	南京樱桃鸭业有限公司	清香型盐水鸭、鸭血粉丝汤制作技艺
3	朱国洪	男	江苏三鸿食品有限公司	肉松肉酥制作技艺
4	仮自刚	男	南京绿柳居清真食品有限公司汤山分公司	盐水鸭制作技艺
5	张日成	男	常州八仙食品有限公司	八仙糕宣怀家饼制作技艺
6	张伯民	男	苏州津津长发食品有限公司	苏式卤汁豆腐干制作技艺
7	艾满	男	苏州稻香村食品有限公司	糕点制作技艺
8	陆永伟	男	苏州采芝斋食品有限公司	苏式糖果制作技艺
9	吴建峰	男	江苏今世缘酒业股份有限公司	今世缘酒酿造技艺
10	费红军	男	江苏费氏集团有限公司	费氏肉松制作技艺

续表

序号	姓名	性别	工作单位	制作技艺
11	吴荣生	男	镇江宴春酒楼有限公司	水晶肴蹄制作技艺
12	沈耀军	男	丹阳市亭亭食品有限公司	肴肉制作技艺
13	陈　诚	男	江苏洋河酒厂股份有限公司	梦之蓝酒酿造技艺
14	谢　强	男	江苏双沟酒业股份有限公司	双沟酒酿造技艺

6. 全省 8 人被中国食协聘为第四届调味品国家评委特邀评委

按照中国食品工业协会评委考聘管理办法，中国食协第四届调味品国家评委特邀评委换届，一是对原中国食协第四届调味品国家评委特邀评委进行了资质审核，通过的继续聘用。二是对在2023 年“兴化杯”全国食品工业行业调味品品评师职业技能竞赛决赛中成绩优异的前 50% 选手，聘任为中国食协第五届调味品国家评委特邀评委。

2023 年江苏荣获中国食协第五届调味品国家评委特邀评委名单

序号	姓名	性别	企业名称
1	奚宽鹏	男	江苏恒顺醋业股份有限公司
2	吴玲玲	女	江苏恒顺醋业股份有限公司
3	张素芳	女	江苏恒顺醋业股份有限公司
4	潘　伟	男	徐州恒顺万通食品酿造有限公司
5	冯　祺	女	鼎烹世家（兴化）食品科技有限公司
6	蒋云锋	男	江苏恒顺沭阳调味品有限公司

续表

序号	姓名	性别	企业名称
7	马　琼	女	鼎烹世家（兴化）食品科技有限公司
8	胡小兵	男	伽力森主食企业（江苏）有限公司

7. 全省 16 个产品 2 项技术 1 个体系 3 个人荣获中国食协“食品工业营养健康行动”名录

中国食协为贯彻落实《“健康中国 2030”规划纲要》《国民营养计划（2017—2030 年）》《健康中国行动（2019—2030 年）》关于加强产业指导、规范市场秩序、科学引导消费，促进生产、消费、营养、健康协调发展的文件精神，积极引导食品工业企业在建立营养健康管理体系、培养营养健康行动领导者、开发营养健康技术和产品创新等方面展开行动，满足人民群众日益增长的营养健康食物消费需求，开展了“食品工业营养健康行动”，我省有 16 个产品 2 项技术 1 个体系 3 个人荣获中国食协“食品工业营养健康行动”名录。

2023 年江苏省荣获食品工业营养健康行动标志性产品名录

序号	企业名称	产品名称
1	江苏省百岁园健康管理有限公司	富硒（有机硒）麦芽粉
2	张家港福吉佳食品股份有限公司	低糖糕饼、减糖减脂高纤控热面包糕点、学生营养餐包
3	南京卫岗乳业有限公司	律零风味发酵乳
4	南京王氏食品有限公司	亚麻粒燕麦片
5	南京同仁堂康普生物技术有限公司	低糖枸杞原浆
6	南京禄口禽业发展有限公司	六口叶黄素鸡蛋
7	镇江恒顺生物工程有限公司	恒顺醋膏（复合有益成分）
8	南京西丽食品有限公司	0 蔗糖生巧克力

续表

序号	企业名称	产品名称
9	南京小苏州食品有限公司	绿豆冰糕（无添加蔗糖）
	南京新海鹰食品有限责任公司	广式低糖豆沙月饼、台式低糖奇亚籽绿豆月饼、无蔗糖茉莉花味绿豆糕
10	江苏恒顺醋业股份有限公司	金优零添加恒顺香醋
11	江苏超悦农业发展有限公司	酱鸭

2023 年江苏省荣获食品工业营养健康行动标志性技术名录

序号	企业名称	技术名称
1	江苏禾日杰食品科技有限公司	低糖、底 GI、低热量、包装技术
2	南京卫岗乳业有限公司	膜滤技术

2023 年江苏省荣获食品工业营养健康管理体系名录

序号	企业名称
1	南京同仁堂康普生吻技术有限公司

2023 年江苏省荣获食品工业营养健康行动核心领导者名录

序号	姓名	工作单位	现任职务
1	刘　超	江苏省百岁园健康管理有限公司	董事长
2	邹奇波	张家港福吉佳食品股份有限公司	董事 总经理
3	周勤文	南京同仁堂康普生吻技术有限公司	总经理
4	夏　蓉	镇江恒顺生物工程有限公司	董事长 总经理

【c. 长三角名优食品】

根据《长三角名优食品认定办法（2023 修订版）》的认定程序，经企业自愿申请，各设区市食品（工业）协会、行业主管部门初审推荐、省级食品行业协会审核，长三角名优食品评审委员会评审，长江

三角洲地区（城市）食品（工业）协会联席会审议确定如下。

2023 年江苏省被认定长江三角洲地区名优食品 110 个

序号	企业名称	商标名称	产品名称
1	南京卫岗乳业有限公司	卫岗	液态奶
2	江苏雨润肉食品有限公司	雨润	水晶肴肉
3		雨润	盐水鸭
4	南京桂花鸭（集团）有限公司	桂花	盐水鸭
5	南京果果食品有限公司	豆果果	非发酵豆制品
6	南京佳福食品有限公司	好人缘	盐水鸭
7	南京新润食品集团有限公司	新润	盐水鸭
8	江苏浦桥玉剑茶业股份有限公司	浦桥玉剑	绿茶
9	南京甘汁园股份有限公司	甘汁园	双碳白糖
10		甘汁园	黄冰糖
11	江苏三鸿食品有限公司	三鸿	香肠
12	江苏苏芽食品有限公司	苏芽	豆芽
13	南京清真桃源村食品厂有限公司	桃源村	麻油绿豆糕

续表

序号	企业名称	商标名称	产品名称
14	南京紫金山茶叶有限公司	紫金山	南京雨花茶
15		玄武湖	南京红茶
16	南京融点食品科技有限公司	融点	速溶茶粉
17	南京小洋人生物科技发展有限公司	妙恋	酵素青梅果汁饮品
18		妙恋	经典妙恋乳味饮品
19	协旺浩恩（南京）食品有限公司	苏旺	特制绿豆沙馅
20		苏旺	金牌芋泥馅
21	南京晶健米业有限公司	晶健	大米
22	南京京湖米业有限公司	京湖	南粳 46 大米
23	南京冠生园食品厂集团有限公司	园	鸭血粉丝汤
24	南京佳禾米业有限公司	十月弯腰	大米（南粳 46）
25	南京好一朵茉莉花食品有限公司	好一朵茉莉花	交响乳酪饼
26	南京绿柳居清真食品有限公司汤山分公司	绿柳居	盐水鸭
27	南京道格勒食品有限公司	道格勒	整切牛排
28	无锡市振太酒业有限公司	锡山	黄酒
29		惠泉	黄酒
30	无锡天资乳业有限公司	天资	酸牛奶
31	江苏香道食品有限公司	尚吧	唬皮鸡蛋
32		随便	鹌鹑蛋
33	江苏黎明食品集团有限公司	好蒜道	糖醋蒜
34	江苏惠生堂食品股份有限公司	酒恋	葛花饮
35	徐州天顶香食品有限公司	天顶香	香卤香鸭翅
36	江苏鲜味坊食品有限公司	宅剧食袋	酱香鸡腿
37	常州红梅乳业有限公司	红梅	液态奶
38	江苏吉祥贺盛食品有限公司	贺盛	鸡精调味料
39	常州市津津乐食品有限公司	津精乐	横山百叶
40	江苏园外园食品有限公司	园外园	汤团
41	苏州市味知香食品股份有限公司	味知香	速冻调制食品
42	苏州花园饼屋有限公司	G 麦	花园奶酪包
43		G 麦	花园鲜肉月饼
44	常熟市圣百合食品有限责任公司	圣百合	常熟鸭血糯八宝饭
45		圣百合	小鲜肉饼
46	昆山市周庄镇万三食品有限公司	万三	万三蹄
47	苏州真滋味美食食品有限公司	真滋味	速冻调制产品
48	苏州同里红酿酒股份有限公司	同里红	黄酒
49	金利油脂（苏州）有限公司	金利	一级菜籽油

续表

序号	企业名称	商标名称	产品名称
50	倍思特食品（苏州）有限公司	倍思特（best）	台湾肉酥
51	苏州采芝斋食品有限公司	采芝仙翁	苏式糖果
52	苏州好得睐食品科技有限责任公司	好得睐	黑椒牛排
53	新希望双喜乳业（苏州）有限公司	新希望	A2β－酪蛋白鲜牛奶
54	苏州津津食品有限公司	津津	素火腿
55	苏州闽香御食品有限公司	闽香御	红枣
56	苏州陆稿荐食品有限公司	大房	五香酱肉
57	苏州稻香村食品有限公司	稻香村	手打茉莉饼
58	南通京海申水产有限公司	京海申	淡水虾仁
59	江苏龙顺米业有限公司	龙顺	大米
60	南通季和米业有限责任公司	福递到	大米
61	江苏聚仁农业科技有限公司	香村香意	大米
62	江苏桃林酒业有限公司	桃林	福如东海芝酱酒
63	江苏汤沟两相和酒业有限公司	汤沟	汤沟国藏 G5 酒
64	江苏海州湾酒业集团股份有限公司	海州湾	海州湾献礼版白酒
65	江苏鼎味泰食品股份有限公司	鼎味泰	蟹柳
66	盐城市怡美食品有限公司	鲜怡	淡干虾皮
67		鲜怡	黄鱼酥
68	盐城冠华水产有限公司	湖垛	浆制虾仁
69	盐城康泽源食品有限公司	康泽源	苦荞片
70	盐城果老首乌科技有限公司	致补堂	滨海白首乌·礼天下
71	盐城市健桥乳业有限公司	纤动益生	调制乳
72	江苏今世缘酒业股份有限公司	今世缘	42%vol 今世缘典藏 10 酒
73		国缘	42%vol 国缘四开酒
74	扬州市扬大康源乳业有限公司	扬大	液态乳
75	高邮市邮星食品有限公司	邮星	麻鸭咸鸭蛋
76	高邮市红心旺食品有限公司	红菱	咸鸭蛋
77	高邮市邮辉食品有限公司	邮辉	咸鸭蛋
78	扬州天禾食品有限公司	荷仙	速冻藕合
79	扬州市龙伟食品有限公司	龙伟	扬州干丝
80	扬州五亭食品集团高邮有限公司	五亭桥	扬州狮子头（预包装）
81	江苏汇金酿酒有限公司	汇金芝香	白酒（蓝瓷）
82	丹阳市莲湖面粉有限公司	练湖	小麦粉（通用）
83	镇江宴春酒楼有限公司	宴春	水晶肴蹄
84	江苏源春食品科技发展有限公司	源春	水晶肴蹄
85	丹阳颐和食品有限公司	万善	黄酒

续表

序号	企业名称	商标名称	产品名称
86	丹阳市亭亭食品有限公司	亭亭	肴肉
87	江苏恒顺醋业股份有限公司	恒顺	金优零添加恒顺香醋
88	江苏兴野食品有限公司	乐可乐	脱水香葱
89	江苏祥兴米业有限公司	祥兴	大米
90	江苏味巴哥食品股份有限公司	味巴哥	猪肉脯
91	泰州市梅兰春酒厂有限公司	梅兰春	芝麻香白酒
92	伽力森食品生物科技（江苏）有限公司	伽力森	炒饭（预包装）
93	麦肯嘉顿（江苏）食品有限公司	名沙	沙琪玛
94	江苏光明天成米业有限公司	苏冠	软香米
95	江苏润华冷冻食品有限公司	大润臻味	脆香藕盒
96	顶能科技有限公司	顶能及图	FD 冻干脱水蔬菜
97	泰州安井食品有限公司	安井	速冻调制食品（火锅料）
98	江苏洋河酒厂股份有限公司	M6+	梦之蓝 M6+ 酒
99		微分子	微分子酒
100		水晶版	梦之蓝水晶版酒
101	江苏双沟酒业股份有限公司	双沟珍宝坊	封坛酒常规版（16）
102		绵柔苏酒	40.8 度绿苏酒（20 版）
103	江苏御珍酒业有限公司	御珍	52%vol 御珍酒庄・大师级酒
104	江苏国鼎酒业股份有限公司	御鼎 1768	御鼎 1768 酒
105	分金亭酒业集团有限公司	分金亭	42% 金大师白酒
106	宿迁楠景水产食品有限公司	袁小美	小龙虾（预包装）
107	江苏盐铁食品科技有限公司	学子膳	鸡排
108	江苏康之源粮油有限公司	稻合顺	稻米油
109	宿迁波波猴食品有限公司	波波猴	五谷丰登粽
110	江苏泗阳永益食品有限公司	风球唛	850g 番茄调味酱

【d. 主要经济数据】

1. 2023 年江苏省各市食品工业营业收入排序表

单位：亿元

市别	农副产品加工业	食品制造业	酒、饮料和精制茶制造业	烟草制品业	合计	排序
合计	3965.87	1172.78	1018.38	1947.45	8104.45	
南京	146.17	159.94	57.43		363.54	8
无锡	55.95	85.42	55.01		196.38	11
徐州	315.16	59.39	40.25		414.80	7
常州	61.60	38.41	14.88		114.89	13
苏州	549.94	262.59	103.11		915.64	1
南通	637.95	75.82	26.37		740.14	4

续表

市别	农副产品加工业	食品制造业	酒、饮料和精制茶制造业	烟草制品业	合计	排序
连云港	275.03	59.08	16.16		350.27	9
淮安	313.24	74.85	100.62		488.71	5
盐城	399.79	44.64	43.51		487.94	6
扬州	119.65	30.96	30.13		180.74	12
镇江	210.96	40.57	11.09		262.62	10
泰州	650.90	154.83	31.00		836.73	2
宿迁	229.51	86.27	488.82		804.60	3

注：省统计局提供

2. 2023 年江苏省各市食品工业利润总额排名表

单位：亿元

市别	农副产品加工业	食品制造业	酒、饮料和精制茶制造业	烟草制品业	合计	排序
合计	111.43	99.09	277.80	270.38	758.73	
南京	3.63	12.02	4.19		19.84	7
无锡	2.62	10.31	7.81		20.74	6
徐州	10.17	2.02	1.64		13.83	9
常州	1.99	2.69	0.85		5.53	13
苏州	9.20	21.90	12.07		43.17	3
南通	13.82	4.06	1.07		18.95	8
连云港	7.13	3.21	1.22		11.56	10
淮安	8.46	12.57	41.25		62.28	2
盐城	18.11	2.63	3.50		24.24	5
扬州	4.62	0.75	1.29		6.66	11
镇江	4.70	1.54	0.19		6.43	12
泰州	21.23	18.67	1.67		41.57	4
宿迁	5.75	6.72	201.08		213.55	1

注：省统计局提供

3. 2023 年江苏省主要食品产量

（万吨、万千升）

产品名称	2022 年产量	同比增长 %	全国位次	产品名称	2022 年产量	同比增长 %	全国位次
原盐	593.99	-0.65		酱油			
大米				发酵酒精	35.33	-3.99	
小麦粉				白酒	19.38	-7.82	
食用植物油				啤酒	190.21	4.89	
糖果				饮料			
速冻米面				卷烟（亿支）	1060.92	0.63	
方便面							
乳制品	164.08	7.27					

唐建泽

3.6 浙江省

【a. 概况】

2023 年，全省规模以上食品工业企业 1425 家，从业人员 17.35 万人。全年实现营业收入 3658.45 亿元，同比增长 3.90%，位居全省各工业行业第 14 位。

2023 年，全省食品工业完成工业增加值 1087.30 亿元，同比增长 4.99%，低于全省工业平均增长水平 1.07 个百分点。其中，农副产品加工业完成工业增加值 139.74 亿元，同比增长 7.50%；食品制造业完成工业增加值 190.99 亿元，同比增长 6.73%；饮料制造业完成工业增加值 171.95 亿元，同比增长 8.18%；烟草制品业完成工业增加值 584.62 亿元，同比增长 2.97%。

2023 年，主要产品产量同比增减持平。列入统计的 34 种主要产品，有 17 种产品产量实现同比增长，其中，5 种产品产量增长达 10% 以上，小麦粉增长 31.3%，糖果增长 11.8%，酱油增长 16.3%，碳酸饮料增长 14.4%，果汁和蔬菜汁饮料增长 25.5%；17 种产品产量同比下降，其中，膨化食品、方便面、食用盐、成品糖等有大幅度下降。

2023 年，产销率升高。全省食品工业完成销售产值 3041.52 亿元，同比增长 5.12%。食品行业产销率为 98.54%，同比增加 0.16 个百分点，高于全省工业平均产销率 0.85 个百分点。其中，农副食品加工业产销率为 98.33%，同比下降 0.29 个百分点；食品制造业产销率为 99.01%，同比增加 0.07 个百分点；饮料制造业产销率为 97.44%，同比增加 1.36 个百分点；烟草制品业产销率为 99.38%，同比下降 0.48 个百分点。

2023 年，出口同比基本持平。全省食品工业完成出口交货值 264.62 亿元，同比下降 0.25%。从分行业情况看，农副食品加工业完成出口交货值 131.08 亿元，同比增长 3.92%；食品制造业完成出口交货值 96.91 亿元，同比下降 10.35%；饮料制造业完成出口交货值 34.29 亿元，同比增长 15.99%；烟草制品业完成出口交货值 2.35 亿元，同比增长 56.36%。

2023 年，经济效益持续提升。全省食品工业实现利税总额 797.25 亿元，同比增长 7.60%，大幅高于全省工业平均水平。其中，全行业实现利润总额 239.90 亿元，同比增长 14.65%，同样大幅高于全省工业平均水平。从分行业看，农副食品加工业实现利润 23.83 亿元，同比下降 24.30%；食品制造业实现利润 49.93 亿元，同比增长 17.79%；饮料制造业实现利润 74.38 亿元，同比增长 26.39%；烟草制品业实现利润 91.76 亿元，同比增长 19.90%。

2023 年，科研投入持续增加。全省规模以上食品企业完成新产品产值 488.23 亿元，同比 21.74%。全省规模以上食品工业企业科技活动经费为 41.77 亿元，同比增长 13.03%，占行业营业收入的 1.5%，低于同期全省工业企业科技活动经费 3.13% 的占比投入。

【b. 大事记】

1 月 13 日，上海市市场监管局、江苏省市场监管局、浙江省市场监管局和安徽省市场监管局共同制定发布《长三角预制菜生产许可审查指引》。

2 月 10 日，2023 年长三角预制菜暨中央厨房产业大会在安徽省明光市召开。300 余位行业相关领导、行业协会及科研单位代表、预制菜暨中央厨房产业链重点企业代表齐聚明光。大会汇聚长三角地区预制菜上下游优质企业，涵盖综合预制菜品牌、肉类预制菜、水产品预制菜、蔬果净菜、复合调味料及冷链配套包装等展品范畴，集中展示预制菜行业上下游产业链资源。大会共设 10 项主题报告及 6 项技术报告，汇聚长三角 200 多名连锁餐饮、商超便利、电商等企业负责人，围绕资本赋能、食材供应、冷链包装、科技创新、渠道销售等话题展开交流。

3 月 31 日至4 月 2 日，由中国食品工业协会、中国就业培训技术指导中心主办的 2023“兴化杯”全国食品工业行业调味品品评师技能竞赛决赛在江苏兴化市隆重举行。本次大赛经过前期的多轮筛选及各省选拔，共有来自全国的近 170 位选手入围决赛。浙江五味和食品有限公司参赛代表取得第六名的好成绩，荣获本次大赛二等奖，被授予“全国食品工业（调味品）技术能手”称号。浙江省食品工业协会成功获“优秀组织单位”荣誉称号。

4 月 20 日，浙江省食品工业协会五届五次会员代表大会在杭州召开。省政府、经信、市场监管、卫健、疾控等部门相关领导出席会议，300 多家高等院校、科研机构、食品企业代表参会，谢宏会长主持会议，潘虹秘书长作 2022 年工作报告，报告围绕加强党建引领、加强行业自律、加强品牌宣传、加强产学研深度融合、加强细分行业精准服务、加强交流资源互通、加强秘书处建设等七大核心内容展开。

5 月 20 日至 24 日，第五届中国国际茶博会在杭州举办。本届茶博会设在杭州国际博览中心，900 多家中外茶企参展，实际到场专业采购商 4200 多人，参观人数 12.1 万人。茶博会期间举办多场论坛活动及 80 多场品牌推介活动。此次茶博会实现茶叶现场交易量 145.2 吨，现场交易额 1.73 亿元，签订订单 11811 笔，茶叶意向交易量 8555.9 吨，茶叶意向交易额 38.01 亿元。本届茶博会线上直播专场，线上浏览量超过 1600 万人次，销售额达 550 万元。

6 月 17 日，由中国食品工业协会组织开展的中国特色风味食品产业峰会暨“特色风味食品标志性产品、制作技艺传承人及核心产区名录”发布会在四川绵阳召开。全国范围内 300 余位食品领域专家学者、特色风味食品骨干企业及核心产区负责人出席了此次峰会。经由浙江省食品工业协会、金华火腿行业协会推荐的全省 28 个食品企业产品荣列首批“特色风味食品标志性产品”，22 位食品制作技艺传承人荣列首批“中国特色风味食品制作技艺传承人”，浙江省金华市火腿核心产区荣列首批“特色风味食品核心产区”。

8 月 4 日，浙江省卫生健康委员会印发《2023 年度食品安全地方标准项目计划的通知》，《预制菜生产卫生规范》食品安全地方标准成功获批立项。该标准将由温州市食品研究所和浙江省食品工业协会共同负责制定。浙江省目前拥有预制菜相关企业 1000 余家，主要涵盖专业预制菜品牌企业、餐饮企业、新零售企业和上游农、牧、水产企业等四种类型。其中，温州地区在预制菜产业发展政策支持方面走在全省前列。该标准的制定将结合浙江省预制菜生产企业管理运行全过程，从原料采购、加工、包装、贮存和运输等环节的场所、设施、人员等多个环节进行规范，以提升浙江省预制菜生产企业的食品安全管理水平，促进预制菜产业高质量发展。

8 月 8 日，2023 年，首批全国职业教育教师企业实践项目—“黄酒品鉴师培训”在绍兴黄酒集团举行，来自山西、江苏、重庆、安徽、福建、浙江等省市职业院校的15名教师参与。此次活动是贯彻全国职业教育大会精神，落实教育部要求，推进职业教育“双师制”教师认定工作的一项具体举措。本次黄酒品鉴师培训课程包括黄酒发展历史、产业现状、酿制工艺、品评技巧等方面，深入黄酒生产车间学习生产过程，实地参观中央酒库、黄酒小镇和黄酒博物馆等。增强参训教师综合实践能力，更进一步提升了自身教学水平和教学方法，为更好地指导学生职业规划和就业提供了帮助。

9月23日，第19届亚运会在杭州开幕。据杭州第19届亚运会官网显示，亚运会的赞助商基本涵盖了饮食、家居、家电、咨询服务等众多行业，官方合作伙伴11个，官方赞助商4个，官方独家供应商16个，官方非独家供应商144个。这175家企业中，中国企业占据大多数，并且以消费品牌为主，其中有不少浙江企业。杭州娃哈哈、浙盐集团、浙茶集团、古越龙山、会稽山、塔牌、寿仙谷、祖名股份、青莲食品、丰岛食品、五丰冷食、大希地、华润啤酒等为官方非独家饮食供应商。

9月28日，浙江省第十四届人民代表大会常务委员会公布《浙江省食品安全数字化追溯规定》,《规定》共有29条，规定了立法目的、属地管理责任、监管部门责任、企业主体责任和社会责任。《规定》明确了相关食品生产经营主体实施食品安全数字化追溯的义务和方式，明确了省食品安全追溯系统的建设要求和功能设置，明确了违反相关规定的法律责任。《规定》自2024年1月1日起施行。

11月13日，浙江省市场监督管理局同浙江省农业农村部门按照区分风险程度、分步推进实施的原则起草了《浙江省食品安全数字化追溯管理重点品种目录及主体目录（征求意见稿）》，并向社会公开征求意见，后续将制定出台《追溯目录》，保障《浙江省食品安全数字化追溯规定》顺利实施。

12月5日，浙江省政府公布第九届浙江省人民政府质量奖获奖组织名单，授予10家单位“第九届浙江省人民政府质量奖”，授予10家单位“第九届浙江省人民政府质量管理创新奖”。杭州娃哈哈集团有限公司获“第九届浙江省人民政府质量奖”。浙江省人民政府质量奖旨在引导全省企业坚持走质量提升之路，加强全面质量管理，推进质量变革、效率变革、动力变革，为浙江在奋力推进中国式现代化新征程上提供坚实的质量保障。

12月5日，2023年全国食品安全宣传周浙江主场活动在杭州举行。活动现场，浙江省科普联合会食品安全专委会揭牌成立，包保干部代表和企业代表作食品安全“两个责任”承诺践诺报告，“食安放心”行动现场启动。食品安全宣传周围绕全面落实“四个最严”要求，推进食品安全“两个责任”落细落实，优化责任体系，推动食品安全属地管理责任和企业主体责任落实落细。强化风险防控，不断完善全链全域、联防联控的食品安全屏障。激发广大食品生产经营者的法律意识、责任意识、诚信意识，推动食品安全知识进农村、进校园、进企业、进社区，形成“人人关心、人人参与、人人捍卫”食品安全的强大合力。

2023年度浙江省名特优食品名单发布，杭州娃哈哈集团有限公司、浙江古越龙山绍兴酒股份有限公司、杭州鸿光浪花豆业食品有限公司等65家企业的65个产品成功获评2023年度浙江省名特优食品。“浙江省名特优食品”评价活动于2021年启动，旨在推动浙江省食品工业“增品种、提品质、创品牌”，进一步打造具有影响力的名特优食品公共品牌，助力企业提升市场竞争力，促进浙江省食品行业高质量发展。

2023年度长三角名优食品品牌峰会在南京举行，来自江苏、浙江、上海、安徽三省一市食品企业、行业协会代表300余人参加峰会，共同聚焦长三角地区品牌建设及赋能。会议发布了2023年长三角名优食品名单，经综合评审，共有256家企业的269个产品获评2023年度长三角名优食品。其中，来自我省的农夫山泉、小王子食品、美丽健乳业、塔牌绍兴酒等48家企业的49个产品成功获评。

【c. 政策、法规】

1月13日，《长三角预制菜生产许可审查指引》正式发布。

3月15日，《浙江省食品安全地方标准 即食发酵火腿生产经营卫生规范》（DBS33/3014—2022）正式实施。

5月8日，《浙江省预制菜生产许可审查方案》正式发布，7月1日起施行。

6月15日，《浙江省食品安全监督抽检复检和异议工作规范》发布施行。

9月28日，《浙江省食品安全数字化追溯规定》正式发布。

12月8日，浙江省卫生健康委发布《浙江省食品安全地方标准 冷加工糕点、面包卫生规范》（DBS33/ 3016–2023）。

【d. 主要经济指标】

1. 2023年浙江省食品工业分行业营业收入表

	营业收入（亿元）	同比增长 %
全省工业	110954.63	1.6
全省食品工业合计	3658.45	3.90
农副食品加工业	1301.07	2.8
食品制造业	767.80	3.7
酒、饮料和精制茶制造业	609.58	12.8
烟草制品业	979.99	0.6

2. 2023年浙江省食品工业主要经济效益指标

	单位	全省工业		食品工业	
		2023年	同比增长 %	2023年	同比增长 %
企业个数	家	57171	/	1425	/
亏损企业个数	家	11794	9.59	362	-1.36
亏损企业亏损额	亿元	968.37	-1.86	24.13	11.36
新产品产值	亿元	45752.20	6.76	488.23	21.74
营业收入	亿元	110954.63	1.55	3658.45	3.90
研发费用投入	亿元	13471.05	8.60	41.77	13.03

3. 2023年全省食品工业分行业利润总额表

	利润总额（亿元）	同比增长 %	利税总额（亿元）	同比增长 %
全省工业	5905.54	-0.33	9262.92	0.12
全省食品工业合计	239.90	14.65	762.16	6.03
农副食品加工业	23.83	-24.30	38.89	-14.25
食品制造业	49.93	17.79	74.44	14.87
酒、饮料和精制茶制造业	74.38	26.39	106.57	23.73
烟草制品业	91.76	19.90	577.35	6.01

【e. 主要产品产量】

1. 2023 年全省食品工业主要产品产量表

指标名称	计量单位	产品产量	同比增长 %
小麦粉	吨	993378.1	31.3
大米	吨	836578.3	5.9
精制食用植物油	吨	865902.7	9.2
鲜、冷藏肉	吨	701691.8	3.8
熟肉制品	吨	61888.5	7.6
冷冻水产品	吨	965902.3	-3.0
冷冻蔬菜	吨	153434.8	3.5
膨化食品	吨	35546.2	-11.2
焙烤松脆食品	吨	9528.0	-3.9
糖果	吨	39731.5	11.8
速冻食品	吨	151450.1	-3.9
其中：速冻米面食品	吨	91283.2	-13.8
方便面	吨	219062.4	-11.8
乳制品	吨	595312.8	-5.8
其中：液体乳	吨	539673.1	-7.1
固体及半固体乳制品	吨	55639.7	9.2
其中：乳粉	吨	15375.3	5.8
其中：婴幼儿配方乳粉	吨	10615.2	24.0
罐头	吨	542345.2	-5.1
味精（谷氨酸钠）	吨	33805.9	7.3

续表

指标名称	计量单位	产品产量	同比增长 %
酱油	吨	41057.2	16.3
食醋	吨	14807.3	-6.4
营养、保健食品	吨	19942.5	-3.3
冷冻饮品	吨	112839.5	-5.3
食品添加剂	吨	832287.2	9.3
饮料酒	千升	3260650.8	1.5
其中：白酒（折 65 度，商品量）	千升	8849.9	-3.3
啤酒	千升	2770276.3	2.5
黄酒	千升	475783.1	-4.1
果酒及配制酒	千升	1675.5	5.4
饮料	吨	12892302.2	10.2
其中：碳酸饮料（汽水）	吨	1093012.3	14.4
包装饮用水	吨	6924243.3	8.8
果汁和蔬菜汁饮料	吨	1673406.9	25.5
蛋白饮料	吨	730692.2	-4.5
精制茶	吨	210865.7	-0.4
卷烟	万支	9577790.0	1.8
成品糖	吨	6948.5	-56.8
食用盐	吨	150430.6	-13.7

【f.2023 年名优产品】

1. 2023 年浙江省名特优食品

编号	企业名称	产品名称	商标名称
1	杭州娃哈哈集团有限公司	AD 钙奶饮料	娃哈哈
2	浙江古越龙山绍兴酒股份有限公司	越糯绍兴酒	古越龙山
3	杭州鸿光浪花豆业食品有限公司	豆花（豆制品）	鸿光浪花
4	祐康食品（杭州）有限公司	青稞玉米馒头	祐康
5	湖州老恒和酿造有限公司	花雕料酒王	老恒和
6	温州市老李食品有限公司	五香干	老李
7	杭州千岛湖康诺邦健康产品有限公司	乳铁蛋白调制乳粉	全民优生活
8	乌毡帽酒业有限公司	乌毡帽老坛黄酒	乌毡帽

续表

编号	企业名称	产品名称	商标名称
9	宁波草湖食品有限公司	炒粉糕	草湖
10	浙江松盛园食品有限公司	缸晒酱油	松盛园
11	浙江嘉善黄酒股份有限公司	2008 梦西塘手工原酒	梦西塘
12	浙江巨香食品有限公司	多谷物面	巨香
13	浙江德馨食品科技股份有限公司	果蜜柠檬风味饮料浓浆	德馨珍选
14	浙江荣信生物科技有限公司	鸡精	味花纯
15	绍兴绿容食品有限公司	速冻果蔬	绿容
16	宁波铜钱桥食品菜业有限公司	香辣萝卜	铜钱桥
17	浙江大好大食品有限公司	果汁茶饮料	香约
18	浙江金年蒋食品有限公司	腩风肉	金年蒋
19	浦江县山里妹农产品科技开发有限公司	石磨豆腐皮	好心人
20	平湖市老鼎丰酿造食品有限公司	天然缸晒酿造酱油	群欢
21	金华市百尚食品有限公司	金华火腿	农家里
22	浙江大江南食品有限公司	金华火腿	江南村
23	绍兴女儿红酿酒有限公司	十八年桂花林藏绍兴酒（典雅）	女儿红
24	浙江铁枫堂健康科技有限公司	铁皮石斛汁饮品	铁枫堂
25	浙江原锅酒业有限公司	原锅 10 白酒	原锅
26	绍兴市马仁和食品有限公司	椒盐小烧饼	马仁和
27	浙江新昌同兴食品实业有限公司	小麻饼	同兴
28	绍兴市咸亨酒店食品有限公司	干菜炖鸭	太雕
29	新昌县尚味坊食品有限公司	酱香牛肉	会上栋
30	浙江恒峰农特产有限公司	香脆薄饼（红枣枸杞味）	正香源
31	浙江华统肉制品股份有限公司	火腿	华统
32	温州市强能食品有限公司	鱼圆	强新
33	浦江县倪记好全食品有限公司	手捞豆腐皮	倪先生
34	浙江乌程酒业有限公司	两山系列（金山银山） 白酒	乌程
35	丽水市鱼跃酿造食品有限公司	老缸米醋	鱼跃
36	嘉兴欣欣食品科技有限公司	米发糕预拌粉	吾泰南
37	桐乡市海泰菊业有限公司	50 克罐装胎菊	银蝶
38	浙江张萃丰食品有限公司	酱芒果	张萃丰
39	嘉兴市真真老老食品有限公司	新鲜高汤粽	真真老老
40	浙江五芳斋实业股份有限公司	爆料饭团	五芳斋
41	嘉善子陵滩酒业有限公司	黄酒原酒	子陵滩
42	嘉兴湘都坊餐饮服务有限公司	酱鸭	九里亭
43	浙江御庄园食品股份有限公司	八宝饭	御庄园
44	浙江宝隆米业有限公司	大米	宝隆“秀水香一号”

续表

编号	企业名称	产品名称	商标名称
45	浙江狮峰茶业有限公司	西湖龙井	狮峰
46	祖名豆制品股份有限公司	素肉（豆制品）	祖名
47	温州快鹿集团有限公司	味精	快鹿
48	浙江瑞松食品有限公司	小黄鱼	瑞松
50	浙江青莲食品股份有限公司	黑猪鲜肉粽	膳博士
51	嘉兴市南湖斋食品股份有限公司	梅干菜鲜肉粽	红船
52	浙江小薇臻品食品科技有限公司	牛肉料理包	小薇臻品
53	嘉善县新升阳食品有限公司	粽子	方厚如堂
54	瑞安市华盛水产有限公司	丁香鱼	华盛
55	温州市雪顶豆制品有限公司	臭豆腐	雪顶
56	浙江金恩食品科技股份有限公司	乌米饭	金恩厨房
57	浙江一鸣食品股份有限公司	一鸣有机鲜牛奶	inm
58	绍兴咸亨酒业有限公司	黄酒（品物咸亨十年陈）	咸亨
59	杭州华味亨生物科技有限公司	陈皮梅饼	华味亨
60	浙江新迪嘉禾食品有限公司	蛋黄酥	怡元坊
61	浙江老树根油茶开发股份有限公司	山茶油（油茶籽油）	老树根
62	浙江再生方医药科技有限公司	黄精膏（方便食品）	再珄方
63	温州海鱼恋食品有限公司	鳕鱼肠	海鱼恋
64	浙江星菜农业科技有限公司	冻干银耳羹	星菜
65	浙江兴合茶业科技有限公司	轻茶蛋白棒（冷加工糕点）	兴合悦

2. 2023 年长三角名优食品（浙江部分）

序号	单 位	产品名称	商标名称
1	农夫山泉股份有限公司	饮用天然水	农夫山泉
2	祖名豆制品股份有限公司	非发酵豆制品	祖名
3	浙江省盐业专营有限公司	食用盐	雪涛
4	杭州西湖味精有限公司	味精	西湖
5	浙江五味和食品有限公司	酿造酱油	湖羊
6	杭州市食品酿造有限公司	月饼	五味和
7	杭州梅园食品有限公司	黄桃干	西湖梅园
8	浙江小王子食品有限公司	薯类产品	小王子
9	浙江茗皇天然食品开发股份有限公司	速溶茶	
10	杭州知味观食品有限公司	定胜糕	知味观
11	浙江美丽健乳业有限公司	A2 屋顶鲜牛奶 200ml	西湖牌
12	杭州新希望双峰乳业有限公司	千岛湖牧场巴氏杀菌乳	岛湖牧场
13	祐康食品（杭州）有限公司	猪肉葱油花卷	祐康

续表

序号	单 位	产品名称	商标名称
14	浙江麦尚食品有限公司	猪肉烤片	麦尚
15	浙江塔牌绍兴酒有限公司	塔牌 2016 本原酒（老酒）	本原酒
16	浙江荣信生物科技有限公司	香菇牛肉酱	味花纯
17	乌毡帽酒业有限公司	冻藏冰雕	乌毡帽
18	嘉兴南湖斋食品股份有限公司	紫糯八宝粽	红船
19	浙江临安三和园竹盐食品有限公司	未加碘竹盐	三和園
20	丽水市鱼跃酿造食品有限公司	老缸酱油	鱼跃
21	百珍堂生物科技（浙江）有限公司	鲍鱼调味汁	晨曦
22	瑞安市华盛水产有限公司	虾皮	大三元
23	浙江百强乳业有限公司	甜炼乳	百强
24	温州矾都达记食品有限公司	肉燕（猪肉）	达记福宴
25	温州快鹿集团有限公司	速冻食品（面食）	
26	温州快鹿集团有限公司	味精	
27	浙江瑞松食品有限公司	鱿鱼仔	
28	浙江金恩食品科技股份有限公司	乌米饭	金恩厨房
29	温州市顶诺食品有限公司	顶诺牛排（黑椒味）	
30	温州市雪顶豆制品有限公司	豆制品	雪顶
31	金华大拇指火腿食品股份有限公司	金华火腿	腿状元
32	浙江五芳斋实业股份有限公司	八宝饭	五芳斋
33	嘉兴市小英斋食品有限公司	粽子	小英斋
34	嘉兴市潜福食品有限公司	蜗牛	潜福
35	嘉兴市食品肉类有限公司	熟牛肉	大不同
36	浙江宝隆米业有限公司	大米	秀水香一号
37	浙江维亨食品股份有限公司	牛肉片（速冻生制品）	维亨
38	浙江青莲食品股份有限公司	梅菜烧肉（预制菜）	膳博士
39	嘉善了陵滩酒业有限公司	原浆黄酒	于陵滩
40	海盐沈荡酿造有限公司	白酱油	沈荡
41	浙江海螺万家调味品有限公司	黑豆酱油	海螺万家
42	浙江德馨食品科技股份有限公司	红玉茗茶袋泡茶	谱儿食刻
43	绍兴咸亨酒业有限公司	咸亨雕皇十年黄酒	咸亨
44	浙江丰岛食品股份有限公司	鲜果捞（罐头）	丰岛
45	绍兴市崧厦传统食品有限公司	腐乳	崧厦
46	绍兴市咸亨酒店食品有限公司	黄酒	太雕
47	温州潘氏食品有限公司	鸡精调味料	潘小子
48	浙江中可粮油股份有限公司	黄小菜菜籽油	锐宝丰
49	温州海鱼恋食品有限公司	鳄鱼肠	

【g. 科技进步和科研成果】

1. 浙江寿仙谷医药股份有限公司、浙江大学等单位完成的“灵芝全产业链高品质加工关键技术及产业化”项目获浙江省科学技术进步奖一等奖；浙江工商大学、浙江李子园食品股份有限公司、中国水产舟山海洋渔业有限公司等单位完成的“食品典型致敏原识别检测与靶向控制关键技术研究及应用”项目，浙江大学、浙江省茶叶集团股份有限公司等单位参与完成的“中国抹茶高质化生产关键技术与装备创新及应用”项目，浙江大学、杭州娃哈哈集团有限公司、浙江工商大学等单位完成的“浙江特色植物活性成分梯次智造及稳态应用关键技术与产业化”项目获浙江省科学技术进步奖二等奖；杭州市农业科学研究院、浙江青莲食品股份有限公司、浙江科技学院等单位完成的“传统风味食品减盐提质关键技术及产品创新”项目，浙江大学、浙江丰岛股份有限公司等单位完成的“大棚芦笋新品种选育及周年绿色高效生产技术研究与应用”项目，浙江海洋大学、浙江农林大学、浙江省海洋水产研究所等单位完成的“高端金枪鱼储运物流关键技术开发及应用”项目和中国农业科学院茶叶研究所完成的“茶叶中典型化学污染物精准检测与评估关键技术创新”项目获浙江省科学技术进步奖三等奖。

2. 浙江科技学院、绍兴文理学院元培学院、浙江工业职业技术学院等单位完成的“大蒜贮藏保鲜与综合加工关键技术研究及应用”项目和杭州大康腌腊食品有限公司、浙江省农业科学院、中国农业大学等单位完成的“禽肉质量安全提升关键技术创新及在酱卤制品中的应用”项目分别获2023年度“中国食品工业协会科学技术奖”特等奖；浙江五芳斋实业股份有限公司完成的“传统江南米面制品智能化车间建设项目”和浙江树人学院、宁波海关技术中心、杭州海关技术中心、杭州市农业科学研究院等单位完成的“农产品中化学危害因子监测关键技术突破与示范应用”获2023年度“中国食品工业协会科学技术奖”一等奖；会稽山绍兴酒股份有限公司、浙江工业职业技术学院、浙江科技学院完成的“功能菌富集麦曲研制及在高品质黄酒生产中的应用”项目获2023年度“中国食品工业协会科学技术奖”二等奖。

吴韵云

3.7 福建省

【a. 概况】

2023年，全省规模以上食品工业企业营业收入4998.55亿元，同比下降2.7%；其中，农副食品加工业达2752.90亿元，同比下降3.2%；食品制造业1287.29亿元，同比增长0.4%；酒、饮料和精制茶制造业577.86亿元，同比下降9.8%；烟草制品业380.50亿元，同比增长3.3%。2023年，累计利润总额322.44亿元，同比增长1.2%；其中，农副食品加工业126.45亿元，同比增长1.6%；食品制造业99.97亿元，同比增长2.3%；酒、饮料和精制茶制造业70.73亿元，同比下降11.2%；烟草制品业25.29亿元，同比增长48.4%。规模以上食品工业企业累计资产总计3767.52亿元，同比下降0.1%；其中，农副食品加工业1782.69亿元，同比增长0.4%；食品制造业1186.17亿元，同比增长2.1%；酒、饮料和精制茶制造业528.79亿元，同比下降7.0%；烟草制品业269.87亿元，同比增长1.0%。

表1　2023年福建省食品工业主要经济指标

指标名称	企业单位数	产成品		资产总计		营业收入		利润总额	
	2023年（个）	2023年（亿元）	同比增长（%）	2023年（亿元）	同比增长（%）	2023年（亿元）	同比增长（%）	2023年（亿元）	同比增长（%）
食品工业总计	2429	267.96	-8.3	3767.52	-0.1	4998.55	-2.7	322.44	1.2
农副食品加工业	1209	173.50	-9.4	1782.69	0.4	2752.9	-3.2	126.45	1.6
食品制造业	696	52.98	2.0	1186.17	2.1	1287.29	0.4	99.97	2.3
酒、饮料和精制茶制造业	516	38.45	-17.5	528.79	-7.0	577.86	-9.8	70.73	-11.2
烟草制品业	8	3.03	42.9	269.87	1.0	380.50	3.3	25.29	48.4

2023年，福建省主要加工食品的产量为：精制食用植物油168.92万吨，同比增长14.7%；成品糖33.36万吨，同比增长18.1%；鲜、冷藏肉190.63万吨，同比增长10.7%；冷冻水产品129.14万吨，同比下降10.5%；膨化食品9.26万吨，同比增长25.7%；糖果59.21万吨，同比增长2.4%；速冻食品37.47万吨，同比下降17.8%；罐头150.18万吨，同比下降1.9%；饮料酒170.8万千升，同比增长1.3%；啤酒164.5万千升，同比增长2.4%；饮料722.7万千升，同比下降7.1%；精制茶14.8万吨，同比下降10.9%；卷烟904.6亿支，同比增长0.5%。

表 2　2023 年福建省食品工业主要产品产量

产品名称	计量单位	12 月	同比增长 %	2023 年	同比增长 %
原盐	万吨	2.40	−22.8	28.39	15.7
小麦粉	万吨	13.92	22.7	141.20	13.0
大米	万吨	8.79	−10.0	104.66	−0.1
饲料	万吨	111.17	3.8	1285.38	6.3
精制食用植物油	万吨	17.48	−2.2	168.92	14.7
成品糖	万吨	3.64	139.6	33.36	18.1
鲜、冷藏肉	万吨	14.78	−4.7	190.63	10.7
冻肉	吨	579.33	140.4	5990.23	159.6
熟肉制品	万吨	6.21	35.0	65.09	18.4
冷冻水产品	万吨	12.01	−3.7	129.14	−10.5
冷冻蔬菜	万吨	1.53	−2.1	22.28	11.9
膨化食品	吨	7015.45	35.1	92606.02	25.7
焙烤松脆食品	万吨	1.16	1.8	15.32	−26.0
糖果	万吨	5.22	2.6	59.21	2.4
速冻食品	万吨	3.32	−7.5	37.47	−17.8
速冻米面食品	万吨	1.48	10.1	17.61	−20.8
方便面	万吨	1.19	−10.7	13.56	0.0
乳制品	万吨	1	−0.3	12.09	−18.0
罐头	万吨	11.41	0.4	150.18	−1.9
味精（谷氨酸钠）	万吨	0.29	31.4	2.55	−15.6
酱油	吨	951.62	10.0	25712.95	10.4
食醋	吨	315.00	−34.9	3494.30	−1.7
营养、保健食品	吨	436.85	−26.9	4600.61	−6.3
冷冻饮品	吨	140.00	92.4	1560.38	10.7
食用盐	吨	1300.09	−77.9	72622.07	−3.6
食品添加剂	万吨	2.40	0.4	25.51	−8.4
饲料添加剂	万吨	1.81	−53.1	15.12	−58.8
饮料酒	万千升	10.45	−13.3	170.81	1.3
白酒（折 65 度，商品量）	千升	1106.39	6.9	11481.13	−16.6
啤酒	万千升	9.82	−13.7	164.52	2.4
黄酒	千升	1776.22	−29.5	22055.61	−40.1
葡萄酒	千升	472.23	108.2	2348.62	107.0
饮料	万吨	51.57	−9.6	722.67	−7.1
碳酸型饮料（汽水）	万吨	6.0	−29.1	76.95	−18.9
包装饮用水	万吨	29.91	−10.3	418.11	−10.1
果汁和蔬菜汁类饮料	万吨	4.52	21.2	57.09	31.2
精制茶	万吨	1.48	15.5	14.79	−10.9
卷烟	亿支	24.69	−19.2	904.61	0.5

【b. 科技创新】

中宝食品、豪士食品、美一食品等企业技术中心被评为省企业技术中心；正味生物科技、百威雪津（漳州）、立兴食品、欧瑞园食品、豪士食品、大闽食品、喜多多食品、达利食品、武夷山水、瑞幸咖啡（屏南）等企业被评为2023年度省级绿色工厂；厦门元之道生物科技有限公司获评“2023年国家知识产权优势企业”；厦门燕之屋燕窝产业股份有限公司（01497.HK）正式在香港交易所主板上市；福建省亚明食品有限公司项目《中式肉类菜肴工业化加工关键技术及装备创研与应用》获“中国食品工业协会科学技术奖”特等奖、豪士（福建）食品有限公司项目《一种用于面包制作的无尘自卸式和面设备的应用》获一等奖、燕之初健康美（厦门）食品有限公司项目《鲜炖燕窝生产工艺技术的应用及产业化项目》、福建正味生物科技有限公司项目《美拉德反应改良鳗鱼骨酶解提取物风味的研究和应用》、厦门元之道生物科技有限公司项目《丹凤牡丹花肽关键技术研究及健康产品创制》、大洲新燕（厦门）生物科技有限公司项目《燕窝粥的规模化关键技术研究及其自动化产业示范》获三等奖。

【c. 企业品牌建设】

傲农生物、达利食品、圣农食品、安井食品、夏商农产品、天马科技、银祥集团、元初食品、御冠食品、如意情集团、华盛水产、闽威实业、福铭食品、日兴水产、宏东渔业等企业入选“2023中国农业企业500强榜单”；方家铺子、惠泽龙酒业、庄臣酿酒、沉缸酒业、莲花峰茶厂、春伦集团、鼓浪屿食品厂、古龙食品等企业被认定为“中华老字号”；安井食品、圣农食品、达利食品、金达威入选“2023胡润中国食品行业百强榜”；安井食品、圣农、绿进、如意三宝、三餐有料、三都港、黄渔小姐、亚明、永辉超市等企业入选“2023胡润中国预制菜生产企业百强榜”。

【d. 协会主要工作】

协会聚焦产业需求，举办“2023年营养、肠道菌群与健康研讨会”“PCTI2023预制菜及调味品技术创新大会”“第四届中国白酒中南核心产区高质量发展大会”等各类讲座、培训班、研讨会等，促进食品产业发展；开展诚信管理体系培训、评价工作，福建富邦食品有限公司、福建标致矿泉水有限公司、福建洛东生物技术有限公司、福建易太食品发展有限公司等4家企业通过了诚信体系评价并获得证书，受邀为泉州、龙岩、宁德、三明、莆田、南平等地市工信局、食药监局和食品协会举办的食品工 业企业诚信管理体系培训班授课；制定团体标准《豆制品素食》《鱼露》，填补了省内素食、鱼露产品的标准，推动相关产业高质量发展；组织企业申报中国食品工业协会科学技术奖、食品工业营养健康行动系列活动并获得相关奖项；开展福建省食品工业新产品、新工艺、新技术认定，福建康之味食品工业有限公司申报的《高浓度百香果果汁饮料》《百香果复合果汁饮料》《百香果果味汽水》被认定为“福建省食品工业新产品”；党建工作方面，协会党支部积极参加2023年社会 组织行业党委工作会议暨省级行业党委第二党建联系片片会、学习贯彻习近平新时代中国特色社会主义思想主题教育“十百千”示范宣讲活动（涵江专场）等活动，参加“学思践悟走在前 益企建功新时代”知识竞赛获得第三名，与40家协会会员共同开展党建共建活动，与党建联盟成员单位党员共赴宁德市屏南仙山牧场等地开展“寻足迹、悟思想、铸忠魂、担使命”主题教育学习；与省医保协会、省广告协会、省连锁经营协会等省市协会党建联盟负责人一行，深入仓山区家庭服务业协会、仓山区青年创业协会、螺洲镇开展“党 建引领聚合力 调查研究促提升”主题党日活动等。协会加强自身建设，提高服务水平，参加“省企联所属社会组织业务培训班”“《福建年鉴》撰稿人业务培训班”“《食品工业企业诚信管理体系》国家标准评价人员综合能力提升线上培训”。协会被授予“品牌建设与品牌价值评价工作表现优秀单位”称号。2023 年共刊登月刊《福建食品》12 期，协会官方微信公众号和协会官方网站平台发布 2000 多条信息，进一步提升我省食品行业和企业的知名度和影响力。

林　辉

3.8 山东省

【a. 概况】

2023年以来，面对复杂严峻的国内外政治经济形势和多重超预期因素冲击，在省直有关部门的大力支持下，全省食品行业认真贯彻落实中央、省委省政府决策部署，坚持稳中求进工作总基调，完整、准确、全面贯彻新发展理念，全面深化改革开放，加大品牌宣传力度，着力扩大内需、优化结构、提振信心、防范化解风险，全省食品工业稳步前行，表现出强劲的产业发展韧性，彰显了朝阳产业优势，呈现了持续向好的发展态势，取得了长足进步，为全省稳经济、促民生、保就业做出了积极贡献。

【b. 运行特点】

2023年，全省食品工业经济运行质量持续向好，供给质量稳步改善，转型升级取得积极进展，高质量发展扎实推进，规模以上食品企业实现营业收入总量连续36年全国第一，已成为带动全国食品工业持续健康、绿色生态发展的中坚力量。

1. 企业数量不断增多

2023年，全省规上食品企业4311家（不含烟草，表1–1），同比增长9.97%，占全国规上食品企业40726家的10.58%，稳居全国第一。

2. 经济总量不断增强

2023年，全省规上食品企业实现营业收入12084.60亿元（不含烟草，表1–1），同比增长4.33%，高于全国1.87个百分点，占全国食品工业营业收入90052.4亿元的13.42%，同比增加0.24个百分点；完成利润390.80亿元，同比增长8.16%，高于全国5.88个百分点，占全国食品工业利润总额6168.0亿元的6.34%，同比增加0.35个百分点。营收、利润实现双增长，带动了平均营收、平均利润和利润率的提升（表1–2），同比分别增加0.11亿元、0.01亿元，0.11个百分点。

3. 贡献率保持稳定

2023年，全省食品工业对全省生产总值（92069亿元）的贡献率为13.13%，基本保持稳定，同比增加0.04个百分点。

4. 产品结构性增长加快

2023年，全省重点调度的11种产品产量，主要产品产量呈现结构性同比增长，平均增长4.1%，同比增加6.0个百分点。有5种产品同比增长，主要是集中在食品制造业3种产品，占比60%，分别是饮料同比增长8.9%、液体乳同比增长7.4%、乳制品同比增长7.1%等。

5. 产业结构优化空间加大

全省食品行业三大产业结构比值（以营收计）发生微量变化，由2022年78.4∶16.0∶5.6变为78.4∶15.8∶5.8，食品制造、饮料酒制造业两大产业相比农副产品加工业尚有提升空间和发展潜力。

【c. 主要经济指标】

表 1-1　全省三大食品产业经济效益指标　（单位：亿元）

行业名称	企业数（家）	营业收入	同比增长	利润总额	同比增长
食品工业合计	4311	12084.60	4.33%	390.80	8.16%
农副食品加工业	3150	9469.6	4.5%	194.8%	43.0%
食品制造业	958	1912.4	2.1%	136.8%	-22.1%
酒、饮料和精制茶制造业	203	702.6	8.4%	59.2%	19.6%
山东占比全国	1. 企业数占全国 10.58%，同比增加 0.38 个百分点； 2. 营业收入占全国 13.42%，同比增加 0.24 个百分点； 3. 利润总额占全国 6.34%，同比增加 0.35 个百分点				

表 1-2　2023 年全省食品工业主要经济效益分析　（单位：亿元）

地区	平均营业收入			平均利润			利润率		
	2023 年	去年同期	同比增长	2023 年	去年同期	同比增长	2023 年	去年同期	同比增长
山东食品	2.80	2.69	4.09%	0.09	0.08	12.50%	3.23%	3.12%	提高 0.11 个百分点
全国食品	2.21	2.55	-13.33%	0.15	0.18	-16.67%	6.85%	6.95%	下降 0.10 个百分点
山东对比全国	1. 平均营收高于全国 0.59 亿元，同比提高 0.45 亿元，增幅比全国高 17.42 个百分点； 2. 平均利润低于全国 0.06 亿元，同比提高 0.04 亿元，增幅比全国高 29.17 个百分点； 3. 利润率低于全国 3.62 个百分点，同比提高 0.21 个百分点，增幅比全国高 0.21 个百分点								

表 2　2023 年全省主要产品产量

序号	产品名称	单位	产量	同比增长
1	原盐	万吨	1048.5	30.3%
2	饮料	万吨	531.9	8.9%
3	液体乳	万吨	231.1	7.4%
4	乳制品	万吨	258.0	7.1%
5	饲料	万吨	4631.5	2.3%
6	速冻米面食品	万吨	3.9	0.0%
7	饮料酒	万千升	525.3	-0.4%
8	白酒（折 65 度，商品量）	万千升	23.1	-0.9%
9	啤酒	万千升	483.6	-1.5%
10	精制食用植物油	万吨	643.7	-3.5%
11	葡萄酒	万千升	6.5	-4.4%

【d. 产业发展动力持续增强】

1. 产业政策红利不断释放

2023 年，中央和省委省政府相继出台了《中华人民共和国粮食安全保障法》（2023 年 12 月 20 日，第十四届全国人民代表大会常务委员会第七次会议通过）、《国务院办公厅转发国家发展改革委关于恢复和扩大消费措施的通知》（国办函〔2023〕70 号）、《中共中央 国务院关于做好 2023 年全面推进乡村振兴重点工作的意见》（2024 年中央 1 号文件）、《中共中央 国务院关于促进民营经济发展壮大的意见》（2023 年 7 月 4 日印发）、《产业结构调整指导目录（2024 年本）》（中华人民共和国国家发展和改革委员会令第 7 号）、《地理标志产品保护办法》（2024 国家知识产权局令第 80 号）、《关于培育传统优势食品产区和地方特色食品产业的指导意见》（工信部联消费〔2023〕31 号）、《定量包装商品计量监督管理办法（2023 版）》（2023 年国家市场监督管理总局令第 70 号）、《食品安全标准管理办法》（2023 年国家卫生健康委员会令第 10 号）、《山东省食品安全条例》（2023 年 7 月、11 月省十四届人大常委会第四次、第六次会议两次审议通过）、中共山东省委、山东省人民政府印发《山东省质量强省建设纲要》（2024 年 4 月 10 日印发）、山东省工业和信息化厅等 15 部门关于印发《关于促进全省传统优势食品产区和地方特色食品产业高质量发展的实施方案（2023—2025）的通知》（鲁工信发〔2023〕11 号）一系列促进食品产业高质量发展的优惠政策，政策红利不断释放，发展环境持续优化。截至 2023 年，全省累计下达 2633 项重大实施项目，其中食品行业 139 项，占全省的 5.28%，其中，2023 年，全省共下达 602 项重大实施项目，食品行业 25 项，占全省的 4.15%。主要涉及绿色低碳农业全产业链和智慧农业、功能健康食品、粮油深加工、肉制品、淀粉功能糖、果蔬加工、调味品、现代海洋食品、智能化酿酒、畜牧渔业高效生态循环养殖、应急保障供应链等现代食品产业项目。截至 2023 年，通过项目带动，全省食品行业培育了 36 家上市企业，其中，全国食品饮料上市企业市值前 100 名中山东上榜 8 家（表 3）排名第三（广东 12 家、四川 10 家，上海 6 家），同比上升一个名次。营业收入过百亿的企业 11 家（表 4）。

表 3　全国食品饮料上市企业市值 100 强（山东）

序号	排名	企业名称	2023 年市值（亿元）	2022 年市值（亿元）
1	17	青岛啤酒股份有限公司	841.14	1213.50
2	31	华熙生物科技股份有限公司	322.39	650.81
3	34	东阿阿胶股份有限公司	317.61	266.19
4	62	乖宝宠物食品集团股份有限公司	159.26	——
5	69	烟台张裕葡萄酿酒股份有限公司	129.37	161.08
6	78	山东益生种畜禽股份有限公司	119.05	138.01
7	91	阜丰集团有限公司	99.53	107.60
8	97	山东龙大肉食品股份有限公司	87.41	98.91
合计			2075.76	2636.10
山东对比全国	1. 市值百强企业中前四位广东 12 家、四川 10 家、山东 8 家、上海 6 家； 2. 百强总市值 73782.42 亿元，同比（87616.71 亿元）下降 15.79%； 3. 全省百强上榜数同比增加 1 家（乖宝宠物食品 2023 年 8 月 16 日上市），总市值 2075.76 亿元，同比下降 38.56%，高于全国 22.77 个百分点； 4. 全省百强上榜总市值占全国的 2.81%，同比下降 0.2 个百分点，山东 8 家总市值较全国前 100 名总市值降幅高 5.5 个百分点			

表 4　2023 年山东营业收入过百亿食品企业名单

序号	企业名称	2022 年营业收入（亿元）	备注
1	山东新希望六和集团有限公司	709.83	
2	山东渤海实业集团有限公司	518.54	
3	西王集团有限公司	506.38	
4	山东鲁花集团有限公司	468.46	

续表

序号	企业名称	2022 年营业收入（亿元）	备注
5	香驰控股有限公司	350.45	
6	青岛啤酒股份有限公司	321.72	2023 年 339.37 亿元
7	临沂新程金锣肉制品集团有限公司	308.30	2023 年 278.00 亿元
8	阜丰集团有限公司	274.75	
9	诸城外贸有限责任公司	262.91	
10	山东亚太中慧集团有限公司	178.90	
11	山东龙大肉食品股份有限公司	161.16	
合计		4061.40	

2. 转型升级发展不断进步

截止 2023 年底，全省食品行业拥有 48 家国家级和 19 家省级绿色工厂，一大批行业重点生产企业达到了清洁生产目标。拥有 34 家获得两化融合管理体系评定证书，拥有 3 家国家级和 12 家省级新型工业化产业示范基地。培育了 1 家国家级智能化制造工厂、13 家省级智能工厂、21 家数字化车间、2 家企业 3 个智能制造场景。2023 年，全省食品安全抽检监测 56455 批次，合格率达到 98.85%，同比增加 0.22 个百分点，食品供给质量水平稳定提高。2023 年，山东省食品工业协会根据 T/SDFIA 37《食品质量品牌等级水平评价认定规范》和 T/SDFIA 38《食品企业综合实力水平评价认定规范》，对我省自愿申报的食品和食品企业进行了综合评价，认定了一批山东省食品质量品牌企业和食品以及食品企业综合实力 TOP18、TOP10 企业。

3. 创新能力不断提升

创新驱动发展步伐加快，创新平台能力建设不断增强。截至 2023 年，重点食品企业研发强度平均达到 2.5%，拥有 35 家国家级和 190 家省级企业技术中心、134 家省级“一企一技术”研发中心、1 家国家级和 21 家省级工业设计中心、6 家国家级和 49 家省级技术创新示范企业、1054 家国家级高新技术企业、1 家省级独角兽企业、86 家省级瞪羚企业、12 家国家级和 888 家省级“专精特新”中小企业。创新成果转化为团体标准 5 项以上。

4. 人才队伍不断壮大

截止 2023 年，全省食品行业培养泰山产业领军人才 95 人、齐鲁首席技师 119 人、齐鲁工匠 17 人，拥有 13 家齐鲁技能大师特色工作站、52 家省级博士后创新实践基地。

【e. 产业拉动作用】

食品产业对拉动农业增值、带动工业发展、推动服务业繁荣和产业振兴乡村建设、促进国内外双循环作用逐步显现。具有重要意义。

1. 农业基础原料供给平稳增长

2023 年，从全省内农业基础原料供给来看，全省农林牧渔业产值 12531.9 亿元，按可比价格计算，同比增长 5.1%。粮食再获丰收 1131.1 亿斤，同比增加 22.3 亿斤，同比增长 2.0%，连续 3 年稳定在 1100 亿斤以上。猪牛羊禽肉产量 905.3 万吨，同比增长 8.0%；禽蛋产量（不含小品种）462.2 万吨，同比增长 5.5%；牛奶产量 318.1 万吨，同比增长 4.5%。水产品总产量（不含远洋渔业产量）876.8 万吨，同比增长 3.9%。其中，海水产品产量 753.3 万吨，同比增长 3.9%；淡水产品产量 123.5 万吨，同比增长 3.7%。全省蔬菜总产量突破 9000 万吨。农牧渔业基础原料生产能力进一步增强，供给保障水平更加稳固；从粮食进口统计数据来看，全省粮食进口 1483.7 万吨，约占全国粮食进口总量（16196.4 万吨）的 9.16%，其中，大豆 1095.7 万吨，同比增长 26.6%，占全国（9940.9 万吨）的 11.02%，玉米 165.9 万吨，同比增长 55.5%，占全国（2713 万吨）的 6.12%。非转基因大豆、强筋和弱筋小麦、直链高粱、玉米等国内主产区或功能区供给和国外进口粮食基本保障了我省食品工业生产需求缺口。

2. 进出口值连创新高

2023年，全省食品出口值1226.4亿元（表5），占全省出口值的6.31%，同比增加0.33个百分点，占全国食品出口值（5382.4亿元）的22.79%，同比增加0.09个百分点；进口值1448.2亿元，占全省进口值的10.96%，同比增加0.09个百分点，占全国食品进口值（14629.8亿元）的9.90%，同比下降0.22个百分点。

表5 2023年食品进出口数据表 （单位：亿元）

地区	出口值		进口值	
	总值（亿元）	同比增长	总值（亿元）	同比增长
山东食品	1226.4	6.4%	1448.2	3.1%
全国食品	5382.4	5.9%	14629.8	6.1%
山东占比全国	1. 出口值占全国的22.79%，同比提高0.09个百分点，增幅比全国高0.5个百分点； 2. 进口值占全国的9.90%，同比下降0.22个百分点，增幅比全国低3.0个百分点			

3. 食品消费态势恢复性增长

2023年，全省全年居民消费价格同比上涨0.1%，其中，食品价格同比下降0.4%。生猪产能充足，猪肉价格从5月份开始转降，全年下降13.9%；鲜菜价格下降3.2%，鸡蛋价格下降0.4%；海水鱼、鲜果、粮食价格分别上涨7.7%、3.6%、1.7%；其他食品价格基本稳定。从人均消费结构来看，全省居民人均食品烟酒消费支出6791元，同比增长8.3%，比全国（7983元）低17.55%。全省社会消费品零售总额36141.8亿元，同比增长8.7%，占全国社会消费品零售总额（471495亿元）的7.67%，同比增加0.11个百分点。食品价格同比下降0.4%，其中，食品烟酒消费价格同比上涨0.03%，粮食消费价格同比上涨1.7%，基本达到了食品物价温和上涨可控目标，充分发挥了食品产业保就业稳物价的“稳定器”作用。

4. 产旅融合发展不断深化

截至2023年，全省拥有3家国家级和47家省级工业旅游示范基地、59项省级非物质文化遗产、6家国家工业遗产、3家国家级非物质文化遗产生产性保护示范基地、17家国家AAAA级旅游景区、20件中国地理标志保护产品、14家省长质量奖、204家高端品牌培育企业。

5. 产业振兴乡村建设进展加速

随着优势产业加速集聚，产业集中度进一步提高，带动了产业振兴乡村建设，推动了区域经济发展。截至2023年，全省食品行业拥有1项全国消费帮扶助力乡村振兴优秀典型案例、8项省级乡村振兴典型案例及获奖短视频，拥有229件优质食品入选山东特色优质食品目录、13家省级特色产业集群、15家山东省特色小镇、13个省特色优势食品产业集群、20个省特色优势食品产业强县、20个省特色优势食品产业强镇、22个省特色优势食品产业基地、126家国家级和1091家省级农业产业化重点龙头企业。2023年5月，根据山东省民政厅 山东省发展改革委员会 山东省乡村振兴局印发《关于动员引导社会组织参与乡村振兴的实施方案》助力乡村产业发展要求，受山东省委派驻莱阳市“四进”工作支队邀请，我会委派专家赴烟台莱阳围绕预制菜产业，作了《树立大食物观，全力推动食品产业高质量发展》报告，受到省四进工作队、莱阳市政府和食品企业的高度评价。

【f. 存在的主要问题】

1. 经济效益亟待提高

全省食品行业营收大盈利小的问题比较突出，企业盈利水平较低。2023年，全省规上食品企业平均营收、平均利润和利润率分别为2.80亿元、0.09亿元、3.23%，位居全国中游水平，虽然平均营收高于全国0.59亿元，但平均利润和利润率分别比全国低0.06亿元和3.62个百分点，这与食品工业大省地位极不相称。对比广东和江苏，广东以2548家食品企业创造了8568.11亿元营业收入，实现了477.17亿元利润，平均营收、平均利润、利润率分别高于我省 0.56 亿元、0.1 亿元、2.34 个百分点。江苏以 2287 家食品企业创造了 6150.76 亿元营业收入，实现了 487.92 亿元利润，虽然平均营收低于我省 0.10 亿元，但平均利润和利润率分别高于我省 0.12 亿元和 4.70 个百分点（表 6）。

表 6 2023 年鲁粤苏食品工业主要经济指标对比 （单位：亿元）

地区	平均营收			平均利润			利润率		
	2023 年	去年同期	同比增长	2023 年	去年同期	同比增长	2023 年	去年同期	同比增长
山东	2.80	2.69	4.09%	0.09	0.08	12.50%	3.23%	3.12%	提高 0.11 个百分点
广东	3.36	3.33	0.90%	0.19	0.19	0.00%	5.57%	5.69%	下降 0.12 个百分点
江苏	2.70	2.51	7.55%	0.21	0.18	16.86%	7.93%	7.30%	提高 0.63 个百分点
鲁粤苏对比	1. 平均营收分别比广东和江苏低 0.56 亿元和高 0.1 亿元，增幅分别高 3.19 和低 3.46 个百分点； 2. 平均利润分别比广东和江苏低 0.1 亿元和高 0.12 亿元，增幅分别高 12.5 和低 4.36 个百分点； 3. 利润率分别比广东和江苏低 2.34 和 4.70 个百分点，增幅分别高 0.23 和低 0.52 个百分点								

2. 企业多龙头少问题突出

2023 年，山东省规上食品企业比全国排名第二的广东多近 2 倍，上市食品企业比广东多 6 家，但是龙头企业和全国知名品牌少的问题突出。根据全国 325 家食品行业上市公司 2023 年最后一个交易日数据，全省食品行业上市公司市值进入百强的企业仅有 8 家（表 3），8 家总市值同比下降至 2075.76 亿元，降幅 38.56%，高于百强平均降幅 5.5 个百分点，降幅高于广东平均降幅 12.54 个百分点。其中，自 2020 年至 2022 年连续三年市值过千亿的青岛啤酒，2023 年的市值在全国排第 17 位，同比相同，但是市值同比下降至 841.14 亿元，与市值第 1 位的茅台（21681.97 亿元）相差 25.78 倍，差距同比扩大近 8 倍，比广东排名第 1 位的海天味业（全国第 7 位）低 10 个位次，市值（2110.25 亿元）相差 2.50 倍。在 2023 年中国企业 500 强榜单中，上榜食品企业有 20 家，我省只有渤海实业、西王集团 2 家企业入围，排名分别为 450 位和 465 位。据英国品牌评估机构“品牌金融”发布的《2023 年度中国品牌价值 500 强榜单》显示，全国共有 36 个食品饮料（包括酒水）品牌上榜，其中，广东上榜 4 个品牌，其品牌价值分别位列第 69 位、223 位、246 位和 351 位，而我省仅有青岛啤酒和张裕 2 个品牌入围，比广东少 2 个品牌，其品牌价值分别位列第 154 位和 276 位，品牌排名较广东偏后。

3. 产品结构亟待优化

2023 年，全省农副食品加工业、食品制造业和酒、饮料及精制茶制造业的产业结构比值为 78.4 : 15.8 : 5.8。全国、广东和江苏产业结构比值分别为 60.0 : 22.8 : 17.2、55.8 : 28.2 : 16.0 和 64.5 : 19.1 : 16.4（图 1），我省初加工、低附加值的农副食品加工业营收占比达 78% 以上，分别高于全国、广东和江苏 18.4、22.6 和 13.9 个百分点。产业还停留在米、面、油初级加工阶段，食品制造业、饮料酒制造业等高附加值产业尚有提升空间。

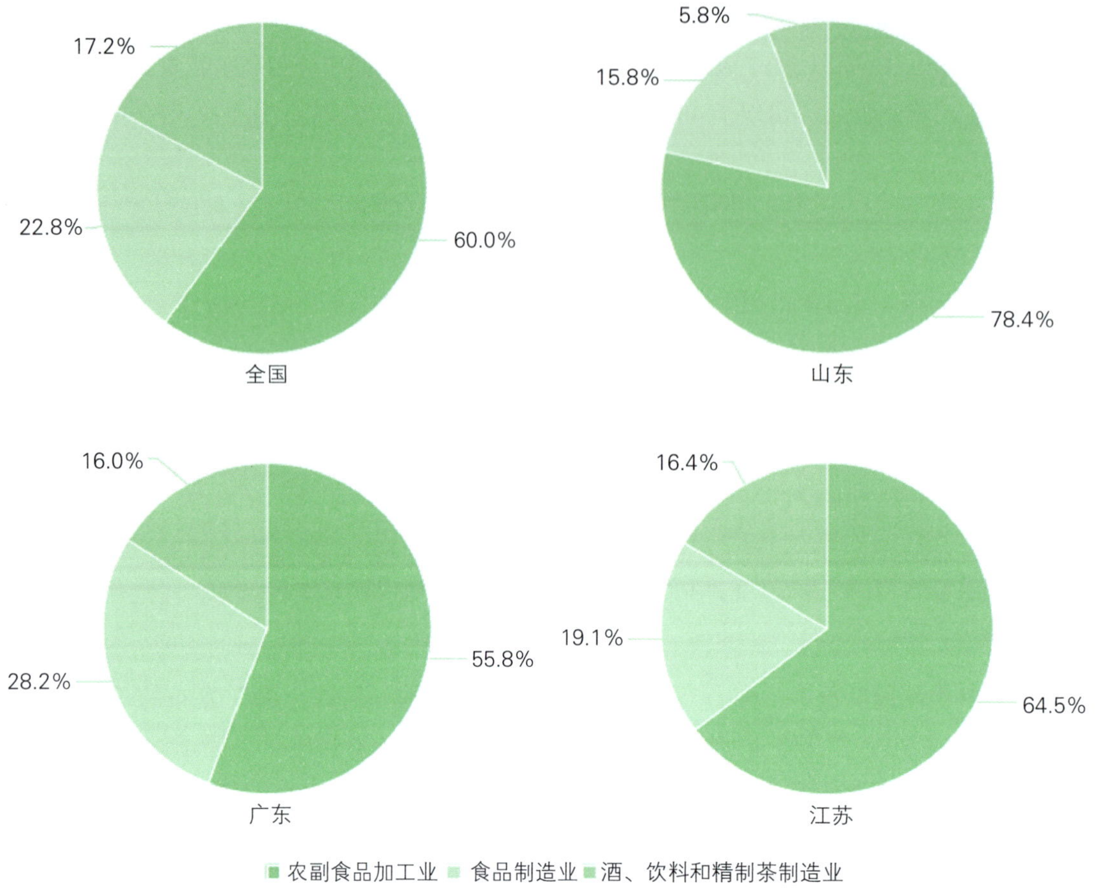

图 1　2023 年全国鲁粤苏三大食品行业营业收入结构比值图

4. 现代化食品产业体系亟须完善

从 2023 年全省食品安全抽检监测不合格项来看，主要表现在农兽药残留、产品质量、微生物指标上，充分说明食品安全体系有待完善提高。产业发展不平衡、产品供给不充分等因素，都制约了食品产业高质量发展。因此，应加快发展新质生产力，推进现代化食品产业体系建设，推动我省食品产业高质量发展。

【g. 协会大事记】

1 月 13 日，山东省食品工业协会（以下简称协会）联合有关协会和会员单位起草的《食品感官质量评委考核认定规范》《食品质量企业自我声明规范》《食品质量品牌等级水平评价认定规范》《食品企业综合实力水平评价认定规范》创新团体标准，已经全国团体标准信息平台发布实施。

3 月 28 日、6 月 3 日、8 月 30 日，根据省商务厅《山东省应对国际贸易摩擦工作站管理办法》要求，协会分别在济南、烟台德州举办了三期“山东省食品产业应对国际贸易摩擦专题辅导活动”，累计 352 人次参加了培训。

3 月 28 日至 29 日，协会针对中国食协国家白酒评委考核大纲，精心搜集整理了有关法律法规标准等理论内容，精心准备了 29 个全国知名或典型酒样，对选拔和历届评委参加全国考试的 19 家企业 39 人，集中在济南进行了考前理论和实践技能系统培训。3 月 30 日至 4 月 1 日，组织我省 39 名评委赴西安参加中国食协第十届白酒评委考试。经考试和免试，我省有 55 人（包括特邀 3 人、免试 19 人、续聘 20 人、新聘 13 人）聘任为本届白酒国家评委，总数列四川之后居全国第二位。白酒国家评委张锋国、来安贵同志被推荐为中国食品工业协会白酒专家组成员。

5月20日，协会根据山东省民政厅 山东省发展改革委员会 山东省乡村振兴局印发《关于动员引导社会组织参与乡村振兴的实施方案》助力乡村产业发展要求，受山东省委派驻莱阳市“四进”工作支队邀请，协会首席专家郭友武研究员赴烟台莱阳围绕预制菜产业，作了《树立大食物观，全力推动食品产业高质量发展》报告，受到省四进工作队、莱阳市政府和食品企业的高度评价。

5月24日，协会拟成立山东省食品工业协会预制菜标准化专业委员会，面向预制菜相关的大专院校、科研院所的教学或科研人员征集专委会成员。

6月26日，经中共山东省社会组织综合委员会批复，同意成立山东省食品工业协会联合党支部。

7月25日至8月10日，协会根据T/SDFIA 38–2023《食品企业综合实力水平评价认定规范》，组织开展“2022年度山东省食品企业综合实力水平”评价认定工作，并发布白酒企业综合实力TOP18榜单，其他食品企业综合实力TOP10榜单。

8月29日至31日，协会在德州市临邑县组织召开“2023年山东省食品工业协会食品行业感官质量评价会”和“2023年山东省食品工业协会行业评委年会”，来自全省各地的国家、省级评委200多人参加会议，共送样品近200种，经现场密码编号、评委盲评，共评出白酒质量品牌5A级企业20家、4A级企业21家、其他食品质量品牌5A级企业31家、4A级企业16家和酒类感官质量五星级产品45个、四星级产品25个、酒体设计创新产品1个、其他食品感官质量五星级产品104个、四星级产品104个。

8月30日，协会在德州组织召开“2023年鲁酒（白酒）民营企业发展座谈会暨2023首届鲁酒J9峰会”，来自趵突泉、兰陵、青岛酒厂、心心酒业、东阿酒厂、洛北春、四君子、蒙山酿酒、红太阳等9家白酒企业的新一代白酒企业传承人参加了座谈会，并达成共识，共同签署了《2023年首届鲁酒J9峰会联合宣言》。

8月18日至12月，协会开展了2023年度“山东省食品工业协会科学技术奖”评审工作，共评出特等奖5项、一等奖5项、二等奖11项、三等奖10项，领军人物12名、杰出人才14名。

10月25日，协会组织我省部分重点白酒企业赴四川郎酒集团参加了由中国品牌建设促进会、中国食品工业协会联合举办的“国际蒸馏酒品牌大会”。山东省作为中国黄淮河流域产区的白酒主产区，扳倒井、琅琊台、古贝春、景芝、百脉泉、景阳冈、蒙山酿酒、红太阳等8个白酒品牌入围中国白酒品牌价值榜。其中，山东扳倒井股份有限公司品牌价值128.5亿位列我省榜单第1位、全国榜单第13位。

11月6日，经省人力资源和社会保障厅批复同意，协会获得乳品评鉴师、调味品品评师职业技能等级认定评价资质。

11月8日至9日，协会组织国井集团、景芝、云门、古贝春、杨湖、景阳冈等名酒企业10余名负责人赴安徽省淮北市参加“首届中国兼香型与创新香型白酒高质量发展大会”。在“首届中国兼香型与创新香型感官质量鉴评会”上，我省6家企业6个产品分别荣获酒体设计典型产品和感官质量典型产品称号。

11月24日至26日，协会在济南承办了由中食协组织的“第七届葡萄酒、果酒国家评委”考前理论和实践技能系统培训班，来自全国89家企业122人参加了培训。

11月29日至30日，协会根据中食协2023“中国食品工业协会科学技术奖”评审工作要求，组织推荐的好当家集团有限公司等25家单位或个人荣获优秀项目及先进个人等25个奖项，其中我会申报的团体标准《食品质量企业自我声明规范》获得三等奖。协会组织获奖的11家企业

15 人企业赴南京参加了 2023“全国食品工业科技进步工作会议暨中国食品工业协会科学技术奖颁奖大会”。

12 月 5 日，由协会牵头联合起草的《纯粮固态发酵白酒生产技术规范》《纯粮固态发酵白酒标志认定管理规范》《文化创意品牌食品认定规范》《运动营养食品生产技术规范》《包装含氢饮品》等 5 项创新团体标准，已经全国团体标准信息平台发布实施。

12 月 25 日至 27 日，协会组织全省 28 家企业 37 人赴安徽省阜阳市参加了由中国食协举办的 2023“全国食品工业营养健康产业发展暨食品工业营养健康行动标志性成果和核心领导者名录发布大会”。我省共 30 家 47 项入选《食品工业营养健康行动及核心领导者名录》，其中，标志性产品 25 个、标志性技术 5 个、管理体系 1 个、核心领导者 16 人，入选企业占比 16.95%，入选项目占比 17.87%，均位居全国首位。

2023 年山东省食品工业协会发布团体标准

序号	标准名称	标准编号
1	食品感官质量评委考核认定规范	T/SDFIA 35—2023
2	食品质量企业自我声明规范	T/SDFIA 36—2023
3	食品质量品牌等级水平评价认定规范	T/SDFIA 37—2023
4	食品企业综合实力水平评价认定规范	T/SDFIA 38—2023
5	纯粮固态发酵白酒生产技术规范	T/SDFIA 39—2023
6	纯粮固态发酵白酒标志认定管理规范	T/SDFIA 40—2023
7	文化创意品牌食品认定规范	T/SDFIA 41—2023
8	运动营养食品生产技术规范	T/SDFIA 42—2023
9	包装含氢饮品	T/SDFIA 43—2023

2023 年山东知名品牌认定名单（食品）

序号	所属地市	单位名称	认定产品名称	商标
1	济南市	山东固本堂健康产业开发集团股份有限公司	阿胶糕	固本堂® GU BEN TANG
2	青岛市	青岛双维食品有限公司	干海参	双维食品 SUNWAY FOOD
3	淄博市	山东周村烧饼有限公司	恋恋食品	Lian lian
4	淄博市	淄博阳春三月乳业有限公司	阳春三月・纯羊奶	阳春三月® YANGCHUN SANYUE
5	枣庄市	枣庄华宝牧业开发有限公司	椒麻辣子鸡	

续表

序号	所属地市	单位名称	认定产品名称	商标
6	枣庄市	山东东滕阿胶有限公司	阿胶	
7	枣庄市	枣庄市东粮生物科技发展有限公司	小麦淀粉	
8	东营市	山东通和海洋科技有限公司	海参	TONHE 通和
9	烟台市	山东一品堂实业有限公司	一枝笔牌莱阳梨汁	
10	烟台市	烟台三嘉粉丝有限公司	粉丝、龙口粉丝	
11	烟台市	烟台帝斯曼安德利果胶股份有限公司	果胶	Pectine
12	潍坊市	山东惠发食品股份有限公司	撒尿牛丸	惠 H 發
13	潍坊市	诸城兴贸玉米开发有限公司	淀粉糖	
14	潍坊市	山东得利斯食品股份有限公司	腱子肉火腿	
15	潍坊市	潍坊第一春食品有限公司	水晶肴肉	
16	潍坊市	山东秦池酒业有限公司	龙琬酱酒	
17	潍坊市	山东振荣食品有限公司	白条鸭	振荣 zhenrong
18	潍坊市	山东三羊榛缘生物科技有限公司	榛子乳	zedoon 榛多多
19	潍坊市	寿光市飞龙食品有限公司	飞龙鹌鹑蛋	飞龙 FEI LONG
20	潍坊市	山东尊润圣罗捷食品有限公司	圣罗捷鹅肥肝系列产品	

续表

序号	所属地市	单位名称	认定产品名称	商标
21	潍坊市	华宝食品股份有限公司	分割猪肉	鑫鲜 XINXIAN
22	潍坊市	山东路斯宠物食品股份有限公司	路斯宠物食品	LUSCIOUS
23	潍坊市	山东天合堂食品股份有限公司	四喜丸子	官膳
24	潍坊市	潍坊孙树强扒鸡酱蹄有限公司	红烧猪蹄	
25	潍坊市	山东博远食品有限公司	速冻调制食品	Brilliant 博远
26	济宁市	樱源有限公司	去骨烤鸭	
27	济宁市	山东天威食品科技有限公司	调味酱	
28	泰安市	山东岱岳制盐有限公司	精制盐	
29	威海市	荣成泰祥食品股份有限公司	速冻鲅鱼馅	泰祥 TAIXIANG
30	威海市	山东安然纳米实业发展有限公司	人参饮品	
31	日照市	山东美佳集团有限公司	美加佳牌天妇罗蟹味柳	美加佳
32	日照市	山东荣信水产食品集团股份有限公司	蒲烧鳗鱼	
33	日照市	山东日照尧王酒业集团有限公司	尧王醇酒	
34	滨州市	山东渤海实业集团有限公司	美食客大豆油	美食客
35	滨州市	山东御馨生物科技股份有限公司	食品加工用植物蛋白	御馨

续表

序号	所属地市	单位名称	认定产品名称	商标
36	德州市	山东中谷淀粉糖有限公司	淀粉糖	
37	德州市	山东银兴种业股份有限公司	小麦种子	
38	德州市	山东百龙创园生物科技股份有限公司	低聚木糖	
39	德州市	保龄宝生物股份有限公司	抗性糊精	
40	德州市	禹城市惠民农业科技有限公司	熟驴肠	天地龍
41	德州市	齐河旺旺食品有限公司	旺旺雪饼	
42	德州市	洛北春集团有限公司	洛北春白酒	
43	德州市	山东星光糖业有限公司	白砂糖	
44	德州市	禹城市伊盛清真食品有限公司	鲜、冻牛肉	
45	德州市	禹城市坤阳糖业有限公司	烘焙糖浆	
46	临沂市	临沂格瑞食品有限公司	调制乳	
47	临沂市	山东沂蒙老区酒业有限公司	万事和白酒	
48	临沂市	山东玉皇粮油食品有限公司	玉米油	
49	临沂市	豆黄金食品有限公司	豆黄金鲜食腐竹	
50	临沂市	山东冠宇糖业有限公司	紫皮糖（果仁夹心代可可脂巧克力制品）	

续表

序号	所属地市	单位名称	认定产品名称	商标
51	临沂市	山东绿地食品有限公司	花生油	
52	临沂市	临沂大林食品股份有限公司	冻干果蔬	
53	临沂市	山东齐汇食品有限公司	非比寻常烤肉肠	
54	临沂市	山东壮口食品有限公司	预制菜速冻即热食品（即速冻料理包）	壮口
55	临沂市	临沂和创饲料有限公司	猪浓缩饲料、配合饲料	
56	临沂市	山东郯润生态食品有限公司	猪肉及副产品	郯润
57	菏泽市	山东国九堂制药集团股份有限公司	国九堂阿胶	国九堂
58	菏泽市	山东菏泽天香酒业有限公司	老泥池酒	LAONICHI 老泥池

刘如唯

3.9 广东省

【a. 概况】

2023年，全国经济运行回升向好，高质量发展扎实推进，现代化产业体系建设取得重要进展，广东省食品工业营收再创新高，首次超过9000亿元，食品工业转型升级稳步推进，形成多个食品战略性产业集群，共同推动行业高质量发展。

1. 工业生产

2023年，广东省规模以上（下同）食品工业企业资产总计6903.56亿元，同比增长7.92%；平均用工人数43.10万人，同比增长4.74%；食品工业营业收入9222.68亿元，同比增长2.53%；工业增加值2401.22亿元，同比增长9.63%。

2. 市场销售

2023年，广东省食品工业实现销售产值8366.07亿元，同比增长3.02%；利润总额533.80亿元，同比增长2.16%；出口交货值431.15亿元，同比增长5.54%。

3. 产品产量

2023年，广东省精制食用植物油产量为779.65万吨，同比增长15.3%；成品糖产量84.00万吨，同比下降30.6%；啤酒产量472.07万千升，同比增长13.1%；饮料产量3967.55万吨，同比增长3.7%；卷烟产量1302.28亿支，同比增长0.4%；粮食产量1285.19万吨，同比下降0.49%。预制菜持续保持热度，保健（功能）食品、休闲食品等细分品类表现抢眼。

4. 居民消费

2023年，广东居民消费价格指数（CPI）同比上涨0.4%。其中，食品价格上涨1.4%。限额以上单位商品零售额中，粮油、食品、饮料、烟酒类同比增长8.2%。

5. 食品安全

2023年，广东省食品安全监督抽检合格率97.81%，同比略有提升。不合格问题主要集中在农药残留超标、微生物污染及食品添加剂超范围超限量使用方面，未发生重大食品安全事故。

【b. 经济指标】

表1　2023年全国食品工业营业务收入排名前10位

排名	省份	规模以上企业数（家）	营业收入（亿元）	同比增长率（%）
1	山东省	4315	12525.60	4.48
2	广东省	2548	9222.68	2.53
3	河南省	2600	7184.79	——
4	江苏省	2279	7149.1 （不含烟草）	6.8
5	四川省	2442	6444.4 （不含烟草）	——
6	湖南省	2292	5964.1	–0.5
7	湖北省	2719	5251.02	——
8	福建省	2429	4998.55	–2.7
9	河北省	1357	4198.95	2
10	浙江省	1425	3658.45	3.9

来源：中国食品工业协会

表 2　2023 年广东省食品工业规模以上企业资产合计

行业	资产合计（亿元）	同比增长（%）
农副食品加工业	2823.73	2.0
食品制造业	2248.99	3.5
酒、饮料和精制茶制造业	1272.97	1.5
烟草制品业	557.87	6.7

来源：广东统计信息网

表 3　2023 年广东食品工业规模以上企业食品流动资产

行业	流动资产（亿元）	同比增长（%）
农副食品加工业	1878.29	–1.4
食品制造业	1321.07	5.7
酒、饮料和精制茶制造业	777.10	3.1
烟草制品业	419.78	8.3

来源：广东统计信息网

表 4　2023 年广东省食品工业规上企业平均用工人数

行业	平均用工人数（万人）	同比增长（%）
农副食品加工业	14.71	–2.8
食品制造业	18.51	–0.8
酒、饮料和精制茶制造业	7.47	1.9
烟草制品业	2.41	33.9

来源：广东统计信息网

表 5　2023 年广东省食品工业规模以上企业食品工业营业收入

行业	营业收入（亿元）	同比增长（%）
农副食品加工业	4777.98	–0.70
食品制造业	2415.92	0.10
酒、饮料和精制茶制造业	1374.21	8.10
烟草制品业	654.57	9.20

来源：广东统计信息网

表 6　2023 年广东省食品工业规模以上企业食品工业增加值

行业	工业增加值（亿元）	同比增长（%）
农副食品加工业	416.16	1.60
食品制造业	821.47	3.40
酒、饮料和精制茶制造业	364.25	5.80
烟草制品业	799.34	20.50

来源：广东统计信息网

表 7　2023 年广东食品工业规模以上企业食品销售产值

行业	工业销售产值（亿元）	同比增长（%）
农副食品加工业	4320.03	–0.2
食品制造业	2167.55	1.4
酒、饮料和精制茶制造业	1227.72	4.9
烟草制品业	650.77	8.8

来源：广东统计信息网

表 8　2023 年广东省食品工业规模以上企业利润总额及增长速度

行业	利润总额（亿元）	同比增长（%）
农副食品加工业	107.11	–22.3
食品制造业	244.38	–0.6
酒、饮料和精制茶制造业	125.68	26.5
烟草制品业	56.63	8.3

来源：广东统计信息网

表 9　2023 年广东省食品工业规模以上企业营业成本及增长速度

行业	营业成本（亿元）	同比增长（%）
农副食品加工业	4470.43	–0.4
食品制造业	1604.47	–1.7
酒、饮料和精制茶制造业	1009.89	5.3
烟草制品业	204.72	6.72

来源：广东统计信息网

表 10　2023 年广东居民食品消费价格比上年涨跌幅度

指标	价格指数（上年 =100）	同比增长（%）
食品烟酒	101.4	1.4
其中：粮食	100.3	0.3
食用油	100.9	0.9
鲜菜	99.6	–0.4
畜肉类	94.7	–5.3
禽肉类	102.7	2.7
水产品	101.4	1.4
蛋类	103	3.0

来源：2023 年广东国民经济和社会发展统计公报

【c. 重点行业】

1. 凉茶饮料

截至 2023 年，我国市场上凉茶企业众多，知名度较高的企业有加多宝、王老吉、黄振龙、邓老凉茶、潘高寿、徐其修等。其中，王老吉作为凉茶龙头企业，营业收入 100.13 亿元，占据凉茶市场约五成份额；第二是加多宝，占市场三至四成左右的份额；最后是其他凉茶品牌，占市场约一成的份额。总体来看，凉茶市场呈现垄断格局。

表 11　Chnbrand 2023 年中国品牌力指数 SM（C–BPI®）凉茶品牌排行榜（广东）（基于 1000 分制） 品牌上榜条件是 "未提示提及率 ≥ 7%"

品牌	2023 年 C–BPI 得分	排名	变化
王老吉	707.2	1	--
加多宝	533.1	2	--
黄振龙	254.3	6	+1
徐其修	241.4	7	+1

来源：Chnbrand 2023 年中国品牌力指数 SM（C–BPI®）

2. 焙烤食品制造

广东现存 2.64 万家烘焙相关企业，居全国首位。从城市分布来看，广州现存 6401 家烘焙相关企业，居全国首位。2023 年，广式月饼产品仍占据我国月饼市场主导地位，市场规模同比增长约 10%。2023 年中国广式月饼行业广州酒家、华美、美心等头部企业在广式月饼主要消费地域形成了坚实的竞争优势。其中广州酒家 2023 年营业收入 49.01 亿元，同比增长 19.19%。

3. 调味品制造

2023 年，广东省调味品产量及销售量保持全国领先，海天、厨邦、李锦记、美味鲜、味事达、东古等产品在全国占有很大的市场份额，酱油在国内市场的占有率超过 60%，调味品出口世界 160 个国家和地区。

表 12　Chnbrand 2023 年中国品牌力指数 SM（C–BPI®）酱油品牌排行榜（广东）（基于 1000 分制）品牌上榜条件是 "未提示提及率≥ 7%"

品牌	2023 年 C–BPI 得分	排名	变化
海天	695.5	1	–
厨邦	376.5	2	+1
李锦记	374.2	3	–1
美味鲜	325.5	4	–
味事达	304.6	6	–
东古	284.2	8	–

来源：Chnbrand 2023 年中国品牌力指数 SM（C–BPI®）

表 13　Chnbrand 2023 年中国品牌力指数 SM（C–BPI®）食醋品牌排行榜（广东）（基于 1000 分制）品牌上榜条件是 "未提示提及率≥ 7%"

品牌	2023 年 C–BPI 得分	排名	变化
海天	520.8	2	–
李锦记	299.4	8	–1
厨邦	279.1	12	+3
东古	214.2	16	–

来源：Chnbrand 2023 年中国品牌力指数 SM（C–BPI®）

表 14　Chnbrand 2023 年中国品牌力指数 SM（C-BPI®）酱料品牌排行榜（广东）（基于 1000 分制） 品牌上榜条件是“未提示提及率≥ 7%”

品牌	2023 年 C-BPI 得分	排名	变化
海天	685.8	1	–
李锦记	397.2	3	–
厨邦	315.4	6	–1
东古	256.5	11	–

来源：Chnbrand 2023 年中国品牌力指数 SM（C-BPI®）

4. 饮料制造

2023 年广东省饮料产量达 3967.55 万吨，同比增长 2.97%，占全国产量的 22.67%，位居全国第一，是第二位四川省的 3 倍。

表 15　2023 年全国各省市饮料年产量排行榜（前十位）

排名	地区	年产量（万吨）
1	广东省	3967.55
2	四川省	1304.73
3	浙江省	1289.23
4	湖北省	953.85
5	湖南省	785.27
6	福建省	722.67
7	河南省	677.15
8	吉林省	614.00
9	河北省	555.95
10	云南省	545.59

来源：国家统计局、观研天下整理（xyl）

表 16　Chnbrand 2023 年中国品牌力指数 SM（C-BPI®）瓶装水品牌排行榜（广东）（基于 1000 分制）品牌上榜条件是“未提示提及率≥ 7%”

品牌	2023 年 C-BPI 得分	排名	变化
怡宝	482.3	2	–
百岁山	450.7	3	+1

来源：Chnbrand 2023 年中国品牌力指数 SM（C-BPI®）

表 17　Chnbrand 2023 年中国品牌力指数 SM（C-BPI®）功能饮料品牌排行榜（广东）（基于 1000 分制）品牌上榜条件是“未提示提及率≥ 7%”

品牌	2023 年 C-BPI 得分	排名	变化
脉动	506.1	2	–
东鹏特饮	367.2	5	–2
健力宝	340.6	6	–1

来源：Chnbrand 2023 年中国品牌力指数 SM（C-BPI®）

5. 乳制品制造

根据 Chnbrand 2023 年中国品牌力指数 SM（C-BPI®）酸奶品牌排行榜所显示，广东省品牌燕塘 C-BPI 得分 236.9，位列 18。2023 年燕塘乳业营收 19.5 亿元，同比增长 4.01%；净利润 1.8 亿元，同比增长 81.6%。

6. 保健食品

我国保健食品中游重点企业和上市公司主要分布在华南和华东沿海地区，其中广东省企业数量最多，共有相关保健品存续 / 在业企业 5358 家。2023 年广东省保健食品营收近 1000 亿元，位居全国第一。企业主要分布在广州、深圳、珠海、佛山、江门、东莞、汕头等地，包括汤臣倍健、无限极、仙乐健康、东鹏饮料、健力宝等本地龙头企业，其中汤臣倍健是国内保健品行业的领军企业，2023 年在中国维生素与膳食补充剂行业的市场份额为 10.4%，与 2022 年同期相比略有提升，连续多年稳居第一。

7. 屠宰及肉类加工

根据国家统计局广东调查总队公布数据，2023 年，广东省生猪出栏量和家禽出栏量均创历史新高。2023 年末，广东生猪存栏 2049.20 万头，同比下降 6.7%，其中能繁母猪存栏 195.79 万头，同比下降 4.2%。全年生猪出栏 3794.01 万头，同比增长 8.5%。2023 年末，广东家禽存栏 40231.54 万只，同比增长 3.7%。全年家禽出栏 137384.97 万只，同比增长 2.8%。

8. 糖果、巧克力及凉果制造

2023 年，广东省成品糖产量为 84 万吨，位列全国第 3 位。作为广东省糖果主要生产集聚区，庵埠镇十年来糖果出口量年年攀升。全镇糖果出口规模超 30 亿元，占广东省糖果出口量的三分之一。庵埠镇食品生产企业 788 家，其中，规上食品企业 56 家。庵埠镇糖果产业品种齐全，出口量大，其中，压片糖、跳跳糖等特色糖果市场占有率高，汕泰生产的跳跳糖全球市场占有率达 70%。

【d. 重点企业】

1. 广东海大集团股份有限公司

海大集团是以科技为主导的中国农业龙头企业，1998 年成立于广东广州，目前业务涵盖饲料、种苗、动保疫苗、智慧养殖、食品加工等现代农牧全产业链。在全球拥有分子公司逾 600 家、员工达 4 万人，位列 2023 中国企业 500 强第 238 位、2023 中国民营企业 500 强第 87 位。公司研发实力雄厚，荣获 2023 年度国家科技进步奖二等奖；拥有发明专利 200 多件，曾获国家技术发明奖二等奖、广东省专利金奖、广东省科技进步奖一等奖、湖北省科技进步奖一等奖等多个奖项。公司建设有国内外三大研发中心，在广东、湖北、福建、山东、越南等地建有十余个研发中试基地，汇聚了超 3500 人的研发团队，建立了从动物遗传与育种、动物营养与饲料、动物医学与生物制药、微生态工程、生物化工、蛋白质工程到健康养殖等七大专业研究体系。2023 年，海大集团营收突破 1161 亿元，同比增长 10.89%。在核心主业饲料领域，海大集团实现饲料销量 2440 万吨，稳居全球第二，其中水产饲料销量规模全球第一。在水产领域，海大拥有全球领先的技术优势、资源储备和产业化规模，虾苗和鱼苗年销量居全球第一。

2. 温氏食品集团股份有限公司

温氏股份创立于 1983 年，总部位于广东省云浮市，是一家以肉鸡、肉猪养殖为主业的现代农牧企业集团。2023 年，温氏股份位列胡润中国食品行业百强第 14 位，品牌价值 1200 亿元。2023 年公司营业总收入 899.21 亿元，同比增长 7.4%，其中，销售肉猪、肉鸡收入占营业总收入 90.02%；销售肉鸡 11.83 亿只（含毛鸡、鲜品和熟食），同比增长 9.51%，占全国肉鸡（包括白羽、黄羽和小型白羽肉鸡）总出栏数量 9.1%，在同行上市企业中排名第一；销售肉猪（含毛猪和鲜品）2,626.22 万头，同比增长 46.65%，占全国生猪总出栏量 3.6%，在同行上市企业中排名第二。温氏股份掌握畜禽育种、饲料营养、疫病防治等方面的关键核心技术，拥有多项国内外先进的育种技术。截至 2023 年底，温氏股份及下属控股公司累计获得国家科技奖项 8 项，省部科技奖项 93 项，畜禽新品种 10 个（其中猪 2 个、鸡 7 个、鸭 1 个），新兽药证书 53 项，国家计算机软件著作权 130 项；拥有有效发明专利 276 项（其中美国发明专利 5 项）、实用新型专利 413 项。

3. 佛山市海天调味食品股份有限公司

总部位于广东省佛山市的海天具有深厚的历史文化积淀，源自清代中叶的佛山古酱园。1955 年，佛山 25 家古酱园合并重组，组建海天酱油厂。而后逐步发展，由小到大，由分散到集中，由区域到全国，由传统的家庭手工作坊向现代生产智造。2023 年，海天位列胡润中国食品行业百强第 6 位，品牌价值 2100 亿元，在上榜的 11 家广东省食品企业中排名最高。公司 2023 年实现营业收入 245.59 亿元，同比下降 4.10%；归属于上市公司股东的净利润 56.27 亿元，同比下降 9.21%；归属于上市公司股东的净资产 285.31 亿元，同比增长 8.08%；整体净利率 22.97%，同比下降 1.25%。2023 年，海天继续保持在调味品行业的龙头领先地位，产销量均超过 400 万吨，名列全国调味品行业第一。中国品牌力指数 2023 C-BPI 榜单显示，海天蝉联酱油（连续 13 年）、酱料（连续 4 年）、蚝油（连续 4 年）行业第一品牌。2023年6月由凯度消费者指数发布的《2023年全球品牌足迹报告》显示，海天以7.98亿消费者触及数，83.9%的渗透率，排名中国消费者十大首选品牌第4位。作为调味品行业龙头企业，海天坚持在调味品领域做深做实，坚持用匠人精神打造每一款产品。酱油、蚝油、酱、醋、料酒、各类复合调味料以及粮油米面、发酵饮料等丰富的产品线为消费者提供更多选择。

4. 广东肇庆星湖生物科技股份有限公司

广东肇庆星湖生物科技股份有限公司前身是1964年成立的农业微生物药厂，1981年转产味精，1992年从原肇庆味精厂转制成立股份有限公司，是广东省首批八家股份制改革试点企业之一。1994年8月在上海证交所上市。2009年4月，广东省广新控股集团有限公司受让肇庆市国资委持有的星湖科技国有控股权，成为公司的控股股东。公司主要专注于食品添加剂、饲料添加剂和医药中间体及原料药，产品广泛涵盖食品加工、饲料加工、医药大健康等多领域。公司拥有“国家认定企业技术中心”“博士后科研流动工作站”“广东省博士工作站”“广东省重点工程技术中心”“广东省氨基酸工程技术中心”等十多个高层次技术研发平台，是广东省微生物制造健康产业技术创新联盟的组织单位。2023年，公司实现销售收入173.74亿元，同比下降0.64%，实现归属于上市公司股东净利润为6.78亿元，同比增长11.45%。

5. 华润怡宝饮料（控股）有限公司

华润饮料（控股）有限公司是华润（集团）有限公司旗下专业的即饮软饮企业，总部位于广东省深圳市。华润饮料（控股）有限公司100%控股华润怡宝饮料（控股）有限公司。1990年，华润怡宝在国内推出纯净水，是国内早期专业化生产包装饮用水的企业之一。作为《瓶装饮用纯净水》国家标准的主要发起和起草单位之一，华润饮料产品采用先进的生产技术，确保产品能够达到或超越国家标准规定，为消费者提供健康满意的优质产品，并通过良好的服务，赢得消费者认同。2023年度，华润怡宝位列胡润中国食品行业百强第41位，品牌价值290亿元，当年总收入135.15亿元，其中包装饮用水收入为124.47亿元，占总收入的92.1%。截至2023年12月31日，华润饮料在中国拥有12家已投产的自有工厂及34家合作生产伙伴，生产包装饮用水及饮料产品。销售网络方面，该公司在全国与超过1000家经销商合作，累计覆盖中国超过200万个零售网点。

6. 东鹏饮料（集团）股份有限公司

东鹏饮料成立于1994年，总部位于广东省深圳市，旗下拥有东鹏特饮、补水啦、鹏友上茶、东鹏大咖、VIVI鸡尾酒、海岛椰、多喝多润等品牌。作为能量饮料的先行者之一，“东鹏特饮”连续三年位居中国能量饮料销售量第一。2023年，英国品牌评估机构“品牌金融”（Brand Finance）发布全球软饮料品牌价值25强，东鹏饮料成为两大上榜中国品牌之一；位列胡润中国食品行业百强第22位，品牌价值740亿元。2023年公司营业收入首次突破百亿，为112.63亿元，同比增长32.42%；归属于上市公司股东的净利润20.40亿元，同比增长41.60%；经营活动产生的现金流量净额32.81亿元，同比增长61.95%；归属上市公司股东的净资产63.24亿元，同比增长24.86%。据尼尔森IQ公开发布的数据，2023年，东鹏特饮500ml瓶装饮料，按销售金额排名成为中国市场饮料单品SKU第三位。东鹏特饮在中国能量饮料市场中销售量占比由2022年末的36.70%提升至43.02%，排名保持第一；销售额占比由2022年末的26.62%提升至30.94%，排名稳居第二。

7. 汤臣倍健股份有限公司

汤臣倍健创立于1995年，总部位于广东省珠海市。2002年，汤臣倍健系统地将膳食营养补充剂（VDS）引入中国非直销领域，2010年12月15日，汤臣倍健在深圳证券交易所创业板挂牌上市，并迅速成长为中国膳食营养补充剂领导品牌和标杆企业。2023年，汤臣倍健位列胡润中国食品行业百强第37位，品牌价值310亿元。欧睿数据显示，2023年中国维生素与膳食补充剂行业中汤臣倍健份额为10.4%，稳居全国第一位。2023年公司实现营业收入94.07亿元，较上年同期增长19.66%；归属于上市公司股东的净利润17.46亿元，同比增长26.01%。汤臣倍健是全球第一家通过透明工厂管理体系认证的企业，透明工厂是技术先进、品控严格的膳食营养补充剂智造基地，拥有获得中国合格评定国家认可委员会（CNAS）认可的实验室，制定了多项高标准的检测项目，引进超15个国家超过200台全球知名设备，拥有行业第一条连续化固体制剂智能生产线，开创行业领先的连续化、智能化生产线。透明工厂于2017年设立了国家博士后科研工作站汤臣倍健分站；2018年被评为国家AAAA级旅游景区和国家绿色工厂；2019年建成行业第一家营养探索馆，同年设立广东省院士专家企业工作站；荣获2023年全国质量标杆、2023第二届中国标杆智能工厂等称号。

8. 广州珠江啤酒股份有限公司

广州珠江啤酒股份有限公司成立于1985年，总部位于广东省广州市，是一家以啤酒酿造产业和啤酒文化产业"双主业"协同发展、包装产业配套发展的大型现代化国有控股企业，现有员工4600余人，下属企业16家，其中啤酒企业12家，包装企业2家，文化产业企业2家。2023年，珠江啤酒位列胡润中国食品行业百强第58位，品牌价值190亿元，实现啤酒销量140.28万吨，同比增长4.79%；实现营业收入53.78亿元，同比增长9.13%；归属于上市公司股东的净利润6.24亿元，同比增长4.22%。2023年公司积极推进光伏发电项目布局，绿电折算减排二氧化碳约5000吨；由沼气发电转变为沼气产热，减排二氧化碳约1300吨，3家企业获最高等级环保诚信企业（绿牌），南沙珠啤获评国家级绿色工厂。2023年公司新增科研项目立项73项，新授权发明专利9件，新申请发明专利15件、实用新型专利21件、外观设计专利1件。持续深化与慕尼黑工业大学、中国食品发酵工业研究院等合作，加强博士后工作站建设。培育下属企业创新平台，7家企业获省级专精特新中小企业认定。"珠江啤酒南越虎尊"获2022年度中国酒业协会"青酌奖"酒类新品奖，11° P珠江识叹获"2022年度粤酒新锐产品"奖、2023传统发酵食品创新大赛铜奖，雪堡精酿啤酒（鸭屎香茶酿皮尔森）获CBC中国国际啤酒挑战赛三星天禄奖，珠江纯生1997获比利时布鲁塞尔啤酒挑战赛铜奖、广东省食品行业名牌产品，珠江原浆啤酒（马口铁罐装）获广东省食品行业优秀新产品一等奖。

9. 湛江国联水产开发股份有限公司

湛江国联水产开发股份有限公司创建于2001年，专注于水产食品领域精深发展，是一家全球化、全产业链和全渠道的跨国企业集团，2010年在创业板挂牌上市。公司的主要产品有精深加工及预制菜品类、水产初加工类以及全球海产精选类。国联水产是中国首家对虾、罗非鱼双BAP四星认证企业（种苗、饲料、养殖、加工），农业产业化国家重点龙头企业，中国最大的水产上市企业，中国规模最大的对虾加工销售企业。公司2023年实现营业总收入49.09亿元，入围胡润中国预制菜生产企业百强榜前十，是广东唯一一家进入前十的预制菜企业，也是唯一一家纯水产类的预制菜生产企业。2023年5月，赛迪顾问消费经济研究中心发布《2023中国预制菜企业竞争力百强研究》报告，公司获评百强榜第7名。2023年4月至10月，国联水产成为第19届亚运会及第4届亚残运会官方水产供应商。

10. 中炬高新技术实业（集团）股份有限公司

中炬高新技术实业（集团）股份有限公司于1993年在广东省中山市注册成立，1995年在上海证券交易所上市，是中山市首家上市公司，也是国家级高新区中首家上市公司。下属广东美味鲜调味食品有限公司是专业生产调味品的现代化大型高新技术企业，是调味品行业的主要品牌企业之一，拥有“厨邦”“美味鲜”两大品牌，产品涵盖酱油、鸡粉（精）、蚝油、酱类、复合调味料等10多个品类，生产规模及市场占有率位居全国前列。公司在中山市火炬区、阳江市阳西县设有生产基地，目前已启动全国化产能布局。2023年度调味品销售收入为49.32亿元，占2023年度营业收入的95.97%。美味鲜公司厨邦食品研究院荣获“全国五一巾帼标兵岗”称号；厨邦品牌荣获2023年中国品牌力指数酱油品牌排行榜第二名、蚝油品牌排行榜第三名；厨邦公司厨邦发酵厂荣获“广东省工人先锋号”称号；厨邦品牌入选2023食品工业“三品”专项行动“创品牌”典型成果。2023年度，中炬高新位列胡润中国食品行业百强第47位，品牌价值270亿元。

11. 广州酒家集团股份有限公司

广州酒家始创于1935年，是一家“食品+餐饮”双主业协同发展的大型食品制造和餐饮服务集团，总部位于广东省广州市。2023年度，广州酒家位列胡润中国食品行业百强第82位，品牌价值120亿元。在食品业务方面，公司聚焦于多种广式传统特色食品的研发、生产与销售，旗下拥有“广州酒家”“陶陶居”“利口福”“秋之风”“粮丰园”等食品品牌，目前拥有连锁门店超220家。在餐饮业务方面，持续做精做优“广州酒家”“陶陶居”中华老字号品牌，落实两大品牌的差异化发展。其中，“广州酒家”坚持粤菜文化传承者的品牌定位，结合菜品服务、服务群体的不同，创新性打造商务时尚、传统经典不同系列的餐饮场景，为消费者带来美好的美食体验；“陶陶居”聚焦粤菜新潮品牌，围绕年轻、时尚、国潮的品牌调性，推出更受潮流人群欢迎的新派粤菜。截至目前，公司拥有餐饮直营门店48家，其中“广州酒家”直营门店26家，“星樾城”直营门店2家，“陶陶居”直营门店20家，公司授权第三方经营“陶陶居”特许经营门店18家。2023年度，广州酒家食品销售收入为35.34亿元，餐饮服务收入为12.63亿元，分别占营业收入比例为72.11%、25.77%。

12. 广东燕塘乳业股份有限公司

燕塘乳业始创于1956年，总部位于广东省广州市，为农业农村部直属广东农垦上市企业，是广东第一家一体化全产业链乳制品上市公司、华南首家且唯一一家中国奶业20强（D20）企业联盟成员。公司产品包括巴氏杀菌奶、超高温灭菌奶、酸奶、花式奶、乳酸菌乳饮料等乳制品。作为华南乳业领头雁，目前燕塘乳业拥有两个现代化乳品加工基地。其中，广州开发区旗舰工厂具有“智能高效、节能环保、行业示范”突出优势，设有华南地区唯一的国家乳制品加工技术研发专业中心和博士后科研工作站，引领南方乳业发展。此外，旗下阳江牧场和澳新牧业为国家级示范牧场，养殖管理水平居于南方领先水平，是高温高湿地区奶牛养殖的典范。2023年燕塘实现营业收入19.5亿元，同比增长4.01%；实现归属于上市公司股东的净利润1.8亿元，同比增长81.60%。公司被农业农村部评为农业产业化国家重点龙头企业，荣获高新技术企业高质量发展奖、2023上市公司乡村振兴优秀实践案例、促进老字号创新发展－特别贡献奖等多项荣誉。

13. 天地壹号饮料股份有限公司

天地壹号饮料股份有限公司是一家研发、生产、销售醋饮料及其他饮料的股份制企业，总部位于广东省江门市，是国家高新技术企业、广东省专精特新中小企业。1997年，公司成功研制出陈醋饮料，同年投入市场并注册了“天地壹号”商标，自推出后深受广大消费者欢迎，市场需求呈现迅猛增长的势头。公司建有江门智能化生产基地、江西生产基地等基地，覆盖华南、华东、华北及华中等区域，是醋饮料行业的领军企业。2023年，公司实现营业收入12.05亿元，较上年同期上涨19.00%；归属于公司股东的净利润为3108万元，同比上涨119.41%；经营活动产生的现金流量净额为 2.85 亿元，同比上涨 288.05%。2023 年，公司继续深入对果醋微生物发酵的技术研究，升级山楂醋及苹果醋发酵工艺技术研究，提升了苹果醋饮料口感及产品稳定性，并完成了山楂醋饮料的生产工艺技术及配方、包装设计升级；同时，开发了植物蛋白饮料生榨椰汁，产品不含香精、色素、防腐剂，于第三季度正式推出，进一步丰富了产品矩阵。

信息来源：企业网站，企业年报

【e. 行业党建】

2023 年，广东省食品医药行业联合党委确定了以高质量党建促进我省食品行业高质量发展的目标，紧紧围绕中心、做好服务大局工作，通过党建工作引领社会组织“高效服务”这一核心工作水平不断提升。

1. 做好党建工作站项目

11 月 6 日，在广东省社会组织党委评审组到联合党委开展党建示范点交叉评审工作会议上，联合党委书记曾祥云同志总结了示范点创建工作情况，受到评审组的高度肯定。目前联合党委顺利进入第二批省社会组织党建工作示范点名单。

2. 抓好行风作风建设

广东省食品医药行业纪委结合协会工作实际，对会员企业履行生产经营主体责任，实施正确引导和有效监督，对广东省食品行业协会开展的食品工程职称评审、“三品”评审、标准制定以及广东省南方食品医药行业评估中心开展的诚信体系评价等重点工作实施全程监督，确保过程公开公正、依法依规。尤其是承接的政府部门项目，掌握资金使用进度，切实保障资金使用有依有据、合法合理。

【f. 食品安全】

2023 年，广东省各级市场监管部门共完成食品安全监督抽检 722109 批次，不合格 15804 批次，监督抽检总体不合格率为 2.19%。

从抽检食品品种来看，居民消费量较大的乳制品、粮食加工品、肉制品、食用农产品和食用油、油脂及其制品的抽检不合格率分别为 0.09%、0.43%、0.92%、3.48%、0.61%。

从检出的不合格项目类别来看，不合格样品中不合格项目占比较高的分别为：农药残留超标占比 28.70%、微生物污染占比 19.45%、食品添加剂超范围超限量使用占比 18.11%、兽药残留超标占比 11.42%、重金属等元素污染占比 8.27%、其他指标不达标占比 5.89%。

表 18　2023 年广东省食品安全监督抽检结果汇总表

序号	食品种类	样品抽检数量 / 批次	合格样品数量 / 批次	不合格样品数量 / 批次	样品不合格率
1	粮食加工品	57610	57360	250	0.43%
2	食用油、油脂及其制品	30951	30763	188	0.61%
3	调味品	36435	35698	737	2.02%
4	肉制品	28441	28180	261	0.92%
5	乳制品	13906	13893	13	0.09%
6	饮料	24291	24033	258	1.06%
7	方便食品	9864	9766	98	0.99%
8	饼干	9428	9365	63	0.67%
9	罐头	4785	4775	10	0.21%
10	冷冻饮品	4846	4785	61	1.26%

续表

序号	食品种类	样品抽检数量 / 批次	合格样品数量 / 批次	不合格样品数量 / 批次	样品不合格率
11	速冻食品	15200	15148	52	0.34%
12	薯类和膨化食品	6315	6272	43	0.68%
13	糖果制品	14716	14679	37	0.25%
14	茶叶及相关制品	9001	8936	65	0.72%
15	酒类	22592	22457	135	0.60%
16	蔬菜制品	18266	17155	1111	6.08%
17	水果制品	16458	16120	338	2.05%
18	炒货食品及坚果制品	9600	9457	143	1.49%
19	蛋制品	3078	3072	6	0.19%
20	可可及焙烤咖啡产品	727	725	2	0.28%
21	食糖	5177	5111	66	1.27%
22	水产制品	8069	7959	110	1.36%
23	淀粉及淀粉制品	9961	9871	90	0.90%
24	糕点	30655	30257	398	1.30%
25	豆制品	10857	10784	73	0.67%
26	蜂产品	1662	1653	9	0.54%
27	保健食品	4913	4897	16	0.33%
28	特殊膳食食品	1583	1570	13	0.82%
29	特殊医学用途配方食品	220	220	0	0
30	婴幼儿配方食品	3173	3172	1	0.03%
31	餐饮食品	87785	84227	3558	4.05%
32	食品添加剂	2058	2056	2	0.10%
33	食用农产品	218312	210722	7590	3.48%
34	其他食品	1174	1167	7	0.60%
	总计	722109	706305	15804	2.19%

来源：广东省市场监督管理局

【g. 诚信建设】

2023 年，广东省南方食品医药行业评估中心全力配合广东省工信厅和广州、深圳、珠海、韶关、潮州等市开展食品工业企业诚信管理体系宣贯培训，进一步扩大体系标准宣传覆盖面，推进构筑行业诚信网络；分别在韶关、珠海、潮州、广州举办了 4 期诚信管理体系内审员及评价人员培训，为广东省食品工业企业诚信管理体系建设培养评价人员 173 名，内审员 444 名；受国家工信部委托开展食品工业企业诚信管理体系初次评价、再评价和年度监督评价工作，新增广东长兴生物科技股份有限公司等 17 家企业通过初次评价，广州南沙珠江啤酒有限公司等 12 家企业通过再评价，广东笑咪咪食品有限公司等 41 家企业通过年度监督评价。截至 2023 年年末，广东省食品工业企业诚信管理体系获证企业超过百家，数量居全国前列。

表 19 2023 年新增通过食品工业企业诚信管理体系评价企业

序号	企业名称	证书编码
1	广东长兴生物科技股份有限公司	18-GDSYPG（粤）23-0001
2	东鹏饮料（集团）股份有限公司	18-GDSYPG（粤）23-0002
3	台山市得力道食品有限公司	18-GDSYPG（粤）23-0003
4	深圳市晨光乳业有限公司	18-GDSYPG（粤）23-0005
5	佛山市海天调味食品股份有限公司	18-GDSYPG（粤）23-0006
6	广州富诺营养科技有限公司	18-GDSYPG（粤）23-0007
7	东莞市蜂乜保健食品有限公司	18-GDSYPG（粤）23-0008
8	劲家庄（惠州）健康食品有限公司	18-GDSYPG（粤）23-0009
9	蒙牛乳业（清远）有限公司	18-GDSYPG（粤）23-0010
10	青岛啤酒（韶关）有限公司	18-GDSYPG（粤）23-0011
11	广东蓝松天然饮品有限责任公司	18-GDSYPG（粤）23-0012
12	韶关市兴概念食品有限公司	18-GDSYPG（粤）23-0013
13	广东雪巢食品科技有限公司	18-GDSYPG（粤）23-0014
14	珠海佳霖食品有限公司	18-GDSYPG（粤）23-0015
15	东莞市金旺食品有限公司	18-GDSYPG（粤）23-0016
16	广东广美生化科技有限公司	18-GDSYPG（粤）23-0017
17	阳江市平海水产制品有限公司	18-GDSYPG（粤）23-0018

来源：广东省南方食品医药行业评估中心

【h. 落实“三品”行动】

2023 年，广东省食品行业协会根据党中央、国务院决策部署和省委省政府工作要求，认真落实增品种、提品质、创品牌专项行动，评选出一批“品质好、美誉度高、市场竞争力强”的优势拳头产品和高质量的科学技术项目，取得了较为显著的成绩。

1. 增品种

为鼓励企业开发中高端产品，在丰富和细化产品种类的同时，促进产品向营养、健康方向转变。2023 年推荐了“0 蔗糖鲜奶布丁”等 76 个新产品为年度广东省食品行业优秀新产品。

表 20 2023 年度广东省食品行业优秀新产品

序号	产品名称	商标名称	生产企业
一等奖（13 项）			
1	0 蔗糖鲜奶布丁（凝固型调配乳）	燕塘	广东燕塘乳业股份有限公司
2	轻盈悦礼月饼礼盒（低 GI 月饼）	广州酒家、利口福	广州酒家集团利口福食品有限公司
3	荔枝花胶（罐头食品）	荔小吉	广州王老吉大健康产业有限公司
4	斑兰粉末香精	名花	广州市名花香料有限公司
5	杞圆方固体饮料	养固健	无限极（中国）有限公司
6	生榨油柑汁饮料	由柑	东鹏饮料（集团）股份有限公司

续表

序号	产品名称	商标名称	生产企业
7	头一道特级生抽（酿造酱油）	厨邦	广东美味鲜调味食品有限公司
8	邓老清冠饮（壹号）植物固体饮料	邓老金方	邓老金方药业科技集团有限公司
9	珠江原浆啤酒（马口铁罐装）	珠江啤酒	广州珠江啤酒股份有限公司
10	奕华本草菁萃（固体饮料）	无限极	无限极（中国）有限公司
11	益生菌固体饮料	Life · space	汤臣倍健股份有限公司
12	原汁黑豆特级生抽（酿造酱油）	厨邦	广东美味鲜调味食品有限公司
13	无麸质酱油	李锦记	李锦记（新会）食品有限公司
二等奖（33 项）			
1	鼓粒风味发酵乳	燕塘	广东燕塘乳业股份有限公司
2	核桃乳植物蛋白饮料	王老吉、植韵	广州王老吉药业股份有限公司
3	红果清露果汁饮料浓浆	养固健	无限极（中国）有限公司
4	杏仁桔红膏植物饮料	邓老金方	邓老金方药业科技集团有限公司
5	御膳膏草本植物饮料浓缩液	邓老金方	邓老金方药业科技集团有限公司
6	火山轻闲流心月饼礼盒	广州酒家、利口福	广州酒家集团利口福食品有限公司
7	油柑汁饮料	由柑	东鹏饮料（集团）股份有限公司
8	火锅曲奇饼干	华美	东莞市华美食品有限公司
9	味极鲜（酿造酱油）	厨邦	广东厨邦食品有限公司
10	零添加原汁特级生抽 （酿造生抽）	厨邦	广东美味鲜调味食品有限公司
11	苹果汁醋饮品	乐醋坊	广东创康食品企业有限公司
12	鲈鱼酥（烘烤类糕点）	鲜果轻	中山洪力健康食品产业研究院有限公司
13	邓老御清膏草本植物饮料浓缩液	邓老金方	邓老金方药业科技集团有限公司
14	多谷物高纤方便米饭	天健谷	广东壹健康健康产业集团股份有限公司
15	燕麦面（方便食品）	天健谷	广东壹健康健康产业集团股份有限公司
16	白灼汁（复合调味汁）	珠江桥牌	广东珠江桥生物科技股份有限公司
17	糖醋汁（复合调味汁）	珠江桥牌	广东珠江桥生物科技股份有限公司
18	牛乳馒头（速冻米面制品）	广州酒家、利口福	广州酒家集团利口福食品有限公司
19	番粮鲜米	番粮	广州市番禺粮食储备有限公司
20	液体沙拉复合果蔬汁饮料	麦谷村	广州市如此爱贸易有限公司
21	无糖凉茶植物饮料（山茶花风味）	王老吉	广州王老吉大健康产业有限公司
22	乐悠本草植物胶囊	无限极	无限极（中国）有限公司
23	润和津露果汁饮料浓浆	养固健	无限极（中国）有限公司
24	红果清露本草菁萃（固体饮料）	无限极	无限极（中国）有限公司
25	灵芝皇胶囊（保健食品）	养固健	无限极（中国）有限公司
26	阿胶血燕麦粥（粥料）	瑞利来	深圳市瑞利来实业有限公司
27	益生菌固体饮料	汤臣倍健	汤臣倍健股份有限公司
28	植物蛋白粉固体饮料	汤臣倍健	汤臣倍健股份有限公司

续表

序号	产品名称	商标名称	生产企业
29	猴头菇人参燕麦片	一家人	广东一家人食品有限公司
30	黑蒜腊肠	旗峰	东莞市食品有限公司旗峰食品分公司
31	干海老香辣酱（复合调味酱）	李锦记	李锦记（新会）食品有限公司
32	宴会料酒	厨邦	阳西美味鲜食品有限公司
33	蜂蜜鹌鹑蛋	无穷	广东无穷食品集团有限公司
三等奖（30 项）			
1	台山丝苗米	新天润	广东新供销天润粮油集团有限公司
2	连山丝苗米	新天润	广东新供销天润粮油集团有限公司
3	佛手双柚汁（复合果汁饮料）	吉柚福	广东仲亿大健康产业运营有限公司
4	御风膏草本植物饮料浓缩液	邓老金方	邓老金方药业科技集团有限公司
5	炼乳撞茶（牛奶饮品）	风行牌	广州风行乳业股份有限公司
6	炼乳撞奶（牛奶饮品）	风行牌	广州风行乳业股份有限公司
7	B 族维生素牛磺酸片（特殊膳食食品）	LUCKY POWER	广州富诺营养科技有限公司
8	蜂蜜绿茶饮料	多喝多润	东鹏饮料（集团）股份有限公司
9	菊花蜜饮料	多喝多润	东鹏饮料（集团）股份有限公司
10	电解质饮料	补水啦	东鹏饮料（集团）股份有限公司
11	有机酱油（减盐型）	爷爷的农场	艾斯普瑞（广州）食品有限公司
12	草菇老抽（酿造酱油）	厨邦	广东厨邦食品有限公司
13	刺梨曲奇饼干	鲜果轻	中山洪力健康食品产业研究院有限公司
14	1+1 双层曲脆饼干（蛋香牛奶味）	汇巢	广东汇巢食品实业有限公司
15	海水稻牛奶饮品	燕塘、稻博士	湛江燕塘乳业有限公司
16	白桃酸奶饮品	燕塘	湛江燕塘乳业有限公司
17	南方丝苗米	番粮	广州市番禺粮食储备有限公司
18	马蹄露植物饮料	洲星	广州市洲星食品有限公司
19	赤小豆薏米芡实茯苓茶（代用茶）	轻意养	无限极（中国）有限公司
20	多种维生素矿物质片（保健食品）	优全佳澜仕	无限极（中国）有限公司
21	多种维生素片（保健食品）	优全佳慧蓓	无限极（中国）有限公司
22	多种维生素矿物质片（保健食品）	优全佳俪人	无限极（中国）有限公司
23	有机三色藜麦	甸禾	深圳市瑞利来实业有限公司
24	有机三色糙米	甸禾	深圳市瑞利来实业有限公司
25	丁基羟基茴香醚（BHA）（食品添加剂）	清怡	翁源广业清怡食品科技有限公司
26	蕉岭三及第（速冻调制食品）	太乙崇光	广东太乙崇光预制菜有限责任公司
27	蕉岭肉丸汤（速冻调制食品）	太乙崇光	广东太乙崇光预制菜有限责任公司
28	鱼子酱流心白莲蓉月饼	咀香园	咀香园健康食品（中山）有限公司
29	月色流心月饼	咀香园	咀香园健康食品（中山）有限公司
30	鲈鱼五仁月饼	鲜果轻	中山洪力健康食品产业研究院有限公司

注：以上各获奖等次产品排名不分先后。
来源：广东省食品行业协会

2. 提品质

为鼓励企业科技创新和技术改造，增强食品安全保障能力，持续提质增效，推进产学研合作和优秀科技成果产业转化，搭建行业技术创新交流平台，广东省食品行业协会组织多场科技成果鉴定会，对来自院校、科研和检测机构及企业完成的14项政府重点科研课题或自主创新项目成果进行评价，确认了1个项目达到国际领先水平、1个项目达到国际先进水平、7个项目达到国内领先水平、5个项目达到国内先进水平。

表21　2023年度广东省食品行业科技项目成果评价结果

序号	成果名称	完成单位	评价结论
1	高纯度脂肪酸甘油酯大规模连续化绿色制造及应用关键技术与装备	广东嘉德乐科技股份有限公司	国际领先水平
2	酶解耦合微生物发酵制备天然奶味香基关键技术研究与产业化	仲恺农业工程学院，广州市名花香料有限公司	国际先进水平
3	面粉加工流通环节害虫生物防治技术	广东省粮食科学研究所有限公司，广州岭南穗粮谷物股份有限公司，河南工业大学	国内领先水平
4	中央厨房食品安全加工生产技术集成应用	广州酒家集团利口福食品有限公司，华南理工大学，广东省农业科学院蚕业与农产品加工研究所，珠海城汇丰农业科技有限公司	国内领先水平
5	氧化羟丙基淀粉/V型结晶淀粉新型胶囊的技术研发与应用	东莞东美食品有限公司，华南理工大学	国内领先水平
6	一种圆盘制曲设备的PID控制系统	广东厨邦食品有限公司	国内领先水平
7	广式酱油发酵过程复油穿孔控制技术研究	广东厨邦食品有限公司	国内领先水平
8	焙烤食品热加工内源性危害物靶向调控技术研究及应用	利诚检测认证集团股份有限公司，暨南大学，中山宝利食品有限公司，中山洪力健康食品产业研究院有限公司，中山市日威食品有限公司	国内领先水平
9	黑豆花色酱油发酵工艺技术研发	广东美味鲜调味食品有限公司	国内领先水平
10	广式酱料生产关键技术及其应用	广东粤师傅调味食品有限公司，仲恺农业工程学院	国内先进水平
11	酿造料酒用米酒发酵及酒渣综合利用技术	阳西美味鲜食品有限公司	国内先进水平
12	进口冷链食品新发病原微生物防控一体化体系技术研发及应用示范	广东省食品检验所（广东省酒类检测中心），深圳市易瑞生物技术股份有限公司	国内先进水平
13	HPP油柑汁饮料配方开发和生产工艺研究	东鹏饮料（集团）股份有限公司	国内先进水平
14	自制料酒用麦曲工艺开发与研究	阳西美味鲜食品有限公司	国内先进水平

注：以上排名不分先后。
来源：广东省食品行业协会

3. 创品牌

2023年，广东省食品行业协会坚持不懈地培育食品品牌，推进实施广东省食品行业名牌发展战略，推荐“新广州鲜牛奶（全脂巴氏杀菌）”等67个产品为“2023年度广东省食品行业名牌产品”，“臻萃原汁蚝油”等30个产品为第九批广东岭南特色食品。

表22 2023年度广东省食品行业名牌产品

序号	产品名称	商标	生产单位
1	新广州鲜牛奶（全脂巴氏杀菌）	燕塘	广东燕塘乳业股份有限公司
2	0蔗糖老广州风味发酵乳	燕塘	广东燕塘乳业股份有限公司
3	健菌多活菌型乳酸菌饮料	燕塘	广东燕塘乳业股份有限公司
4	罗汉果植物饮料	王老吉	广州王老吉药业股份有限公司
5	润红胭口服液（保健食品）	无限极	无限极（中国）有限公司
6	历舒凝胶糖果	无限极	无限极（中国）有限公司
7	有机核桃油	爷爷的农场	艾斯普瑞（广州）食品有限公司
8	海藻粉高钙凝胶糖果	惠优喜、盖 儿佳	广州富诺营养科技有限公司
9	橙蜜味运动饮料	健力宝	广东健力宝股份有限公司
10	流动性淀粉（食用玉米淀粉）	东美	东莞东美食品有限公司
11	羟丙基二淀粉磷酸酯（食品添加剂）	东美	东莞东美食品有限公司
12	酱油（酿造酱油）	厨邦	广东美味鲜调味食品有限公司
13	金装渔女蚝油	厨邦	广东美味鲜调味食品有限公司
14	乳酸菌乳饮品（杀菌型）	营优	广东创康食品企业有限公司
15	苹果醋饮料（低糖）（铂金版）	天地壹号	天地壹号饮料股份有限公司
16	鸡精调味料	厨邦	阳西美味鲜食品有限公司
17	鸡肉粉末香精	雅道	广东雅道生物科技有限公司
18	佛手软糖（凝胶糖果）	展翠	广东展翠食品股份有限公司
19	妙酸奶梅（凉果类）	农夫山庄	广东农夫山庄食品工业有限公司
20	二八腊肠	皇上皇	广州皇上皇集团股份有限公司
21	传统咕噜肉（速冻调制食品）	广州酒家、利口福	广州酒家集团利口福食品有限公司
22	原味黄金鱼丸（速冻肉糜类制品）	新一煮	广州禄仕食品有限公司
23	嫩滑鱼腐（速冻肉糜类制品）	新一煮	广州禄仕食品有限公司
24	锁鲜鱼腐（速冻肉糜类制品）	禄仕	广州禄仕食品有限公司
25	纯生啤酒1997	珠江纯生	广州南沙珠江啤酒有限公司
26	尚源米（籼米）	金尚源	广州市番禺粮食储备有限公司
27	辣椒油	远味香	广州市国味油脂食品有限公司
28	千层马蹄糕	洲星	广州市洲星食品有限公司
29	有机婴幼儿五谷蔬菜营养面	爷爷的农场	艾斯普瑞（广州）食品有限公司
30	虫草花干蒸（速冻面米与调制食品）	包道	广州包道食品加工有限公司
31	猪肉玉米饺（速冻面米与调制食品）	包道	广州包道食品加工有限公司
32	香芋饺（速冻面米与调制食品）	包道	广州包道食品加工有限公司

续表

序号	产品名称	商标	生产单位
33	元泰片（保健食品）	无限极	无限极（中国）有限公司
34	慧蓓口服液（保健食品）	无限极	无限极（中国）有限公司
35	维生素C压片糖果	优全佳牌	无限极（中国）有限公司
36	软骨提取物压片糖果	立迈健牌	无限极（中国）有限公司
37	护肺片（保健食品）	INFINITUS	无限极（中国）有限公司
38	美月安胶囊（保健食品）	INFINITUS	无限极（中国）有限公司
39	灵芝皇本草菁萃（固体饮料）	无限极	无限极（中国）有限公司
40	保健保本草菁萃（固体饮料）	无限极	无限极（中国）有限公司
41	润和津露果汁饮料浓浆	无限极	无限极（中国）有限公司
42	桑唐饮牌固体饮料	无限极	无限极（中国）有限公司
43	胶原蛋白肽固体饮料	汤臣倍健	汤臣倍健股份有限公司
44	水飞蓟葛根丹参片（保健食 品）	健安适	汤臣倍健股份有限公司
45	多维女士多种维生素矿物质片（保健食品）	汤臣倍健	汤臣倍健股份有限公司
46	益生菌粉（保健食品）	life · space	汤臣倍健股份有限公司
47	芒果汁饮料	隐雪、吕宋芒	佛山市三水区隐雪食品有限公司
48	磷脂酰丝氨酸（新资源食品 原料）	清怡	翁源广业清怡食品科技有限公司
49	五彩风车果町（凝胶糖果）	金稻谷	东莞市金旺食品有限公司
50	汉堡包橡皮糖（凝胶糖果）	金稻谷	东莞市金旺食品有限公司
51	棒棒糖（硬质糖果）	金稻谷	东莞市金旺食品有限公司
52	旗峰1号腊肠	旗峰	东莞市食品有限公司旗峰食品分公司
53	美味鲜酱油	厨邦	广东美味鲜调味食品有限公司
54	金品生抽（酿造酱油）	厨邦	广东美味鲜调味食品有限公司
55	鲈鱼营养饼干	鲜果轻	中山洪力健康食品产业研究院有限公司
56	菠萝曲奇饼干	鲜果轻	中山洪力健康食品产业研究院有限公司
57	一级白砂糖	粤糖牌	广东华糖实业有限公司
58	优级白砂糖	粤糖牌	广东华糖实业有限公司
59	精制白砂糖	粤糖牌	广东华糖实业有限公司
60	绵白糖	粤糖牌	广东华糖实业有限公司
61	蒸鱼豉油（酿造酱油）	粤师傅	广东粤师傅调味食品有限公司
62	排骨酱（调味酱）	粤师傅	广东粤师傅调味食品有限公司
63	新会陈皮（代用茶）	陈皮村吴村长	江门市新会陈皮村市场股份有限公司
64	厨邦蚝油	厨邦	阳西美味鲜食品有限公司
65	潮式双烹月饼（朥饼）	扬航	广东扬航食品有限公司
66	西游劲跳棒糖（混合口味）	百达	广东汕泰食品有限公司
67	劲跳糖（混合口味）	百达	广东汕泰食品有限公司

注：以上排名不分先后。

来源：广东省食品行业协会

表 23 广东岭南特色食品（第九批）

序号	产品名称	注册商标	生产单位
1	臻萃原汁蚝油	粤盐	广东省广盐集团股份有限公司
2	纯鲜蚝油	粤盐	广东省广盐集团股份有限公司
3	岭海鲜蚝油	粤盐	广东省广盐集团股份有限公司
4	水晶饼（速冻米面食品）	利口福	广州酒家集团利口福食品有限公司
5	荔枝蒟蒻果冻	王老吉、吉兴仔	广州王老吉药业股份有限公司
6	由柑柠檬茶（果味茶饮料）	东鹏饮料	东鹏饮料（集团）股份有限公司
7	大鹏海胆粽	南粤春	深圳市启腾酒店投资管理有限公司
8	海胆五仁月饼	南粤春	深圳市启腾酒店投资管理有限 公司
9	江门北虫草（食用菌干制品）	甸禾	深圳市瑞利来实业有限公司
10	肇庆肇实（芡实）（蔬菜干制品）	甸禾	深圳市瑞利来实业有限公司
11	冬瓜薏米植物饮料	深晖	深圳市深晖企业有限公司
12	马蹄果蔬汁饮料	深晖	深圳市深晖企业有限公司
13	陈皮普洱复合茶饮料	深晖	深圳市深晖企业有限公司
14	蛋白黑椒牛仔粒（方便食品）	维小饭	深圳市维士数字饮食（科技）有限公司
15	潮汕卷章（速冻调制食品）	忠益馨	深圳市忠益馨馨食品有限公司
16	龙眼蜂蜜饮品	蜂乜	东莞市蜂乜保健食品有限公司
17	荔枝蜂蜜饮品	蜂乜	东莞市蜂乜保健食品有限公司
18	荔枝味鸡蛋卷	华臻栈	东莞市嘉之惠食品有限公司
19	旗峰 1 号腊肠（腌腊肉制品）	旗峰	东莞市食品有限公司旗峰食品分公司
20	美味粒粒肠（中式香肠）	金鳌	东莞市新兴隆食品厂（普通合伙）
21	谷多麸高纤益生菌饼干	朗客滋	东莞思朗食品有限公司
22	薄咔咔海盐味饼干	朗客滋	东莞思朗食品有限公司
23	手作蛋卷（什锦）	道滘佳佳美	广东佳佳美生物科技有限公司
24	陈皮饼（烘烤类糕点）	道滘佳佳美	广东佳佳美生物科技有限公司
25	美味鲜生抽王（酿造酱油）	厨邦	广东厨邦食品有限公司
26	苹果汁醋饮品	乐醋坊	广东创康食品企业有限公司
27	红烧乳鸽（速冻调制食品）	/	中山市信科食品有限公司
28	加应子（凉果类）	佳宝	广东佳宝集团有限公司
29	花生酥（无皮型酥质糖果）	老拱合	潮州市潮安区拱合食品厂
30	黑芝麻酥糖（无皮型酥质糖果）	老拱合	潮州市潮安区拱合食品厂

注：以上排名不分先后。
来源：广东省食品行业协会

【i 食品科技】

2023 年，广东省继续加大力度开展食品产业科技研究，在营养技术体系构建、特殊人群食品设计、食品真实性鉴别检测、副产物高效利用、食品安全风险评价、新产品研制等方面取得丰硕成果。广东海洋大学、广东恒兴饲料实业股份有限公司、广东海大集团股份有限公司参与完成的项目“海水养殖鱼类精准营养技术体系构建及产业化应用”以及无限极（中国）有限公司参与完成的项目“富含多糖的营养健康食品创制关键技术与产业化”获得国家科技进步奖二等奖。“代谢综合征人群特膳食品精准设计加工关键技术与多元化产品”等5个项目入选广东省科技进步奖公示名单。“中草药健康产品固体制剂全流程柔性化智能制造”等17个项目获得广东省食品行业协会科学技术奖；广州王老吉药业股份有限公司获得2023年度广东省食品行业科技创新先进单位。

1. 2023年度国家科技进步奖

表24　2023年度国家科技进步奖（广东省食品行业）

奖项	项目名称	主要完成人	主要完成单位
二等奖	海水养殖鱼类精准营养技术体系构建及产业化应用	艾庆辉，张　璐，麦康森，谭北平，张春晓，梁萌青，张海涛，郑石轩，钱雪桥，徐　玮	中国海洋大学，通威农业发展有限公司，广东海洋大学，中国水产科学研究院黄海水产研究所，集美大学，广东恒兴饲料实业股份有限公司，广东海大集团股份有限公司
二等奖	富含多糖的营养健康食品创制关键技术与产业化	聂少平，谢明勇，殷军艺，胡婕伦，黄延盛，钟虹光，黄晓君，胡流云，王君巧，尧梅香	南昌大学，无限极（中国）有限公司，江中食疗科技有限公司

来源：中国科技网

2. 2023年度广东省科技进步奖

表25　2023年度广东省科技进步奖公示名单（食品类）

序号	项目名称	主要完成人	主要完成单位
一等奖（3项）			
1	瘦肉型种猪基因组育种技术与应用	吴珍芳，杨　杰，谈　成，蔡更元，董林松，叶　健，贺晓燕，洪林君，顾　婷，郑恩琴，杨　明，吴　丹，向有为，洪一峰，刘珍云	华南农业大学，温氏食品集团股份有限公司，广东中芯种业科技有限公司，岭南现代农业科学与技术广东省实验室云浮分中心，广东温氏种猪科技有限公司
2	代谢综合征人群特膳食品精准设计加工关键技术与多元化产品	张瑞芬，张名位，陈　玲，邓媛元，周雪松，刘　光，贾栩超，张　雁，寇秀颖，杜玉兰，李　萍，马　勤，龚雪梅，潘冰燕，郝　娟	广东省农业科学院蚕业与农产品加工研究所，华南理工大学，广州合诚实业有限公司，无限极（中国）有限公司，完美（广东）日用品有限公司，惠尔康集团有限公司，广西黑五类食品集团有限责任公司，广州力衡临床营养品有限公司
3	食品真实性鉴别检测关键技术研究与应用	雷红涛，沈　兴，潘良文，韦晓群，孙文佳，冯荣虎，张　昂，崔宗岩，谢建军，蔡一村，刘　青，梁早清，莫秋华，任　庆，夏　进	华南农业大学，上海海关动植物于食品检验检疫技术中心，深圳市计量质量检测研究院，秦皇岛海关技术中心，广州海关技术中心，广东省食品检验所（广东省酒类检测中心），宜品乳业（青岛）集团有限公司，华测检测认证集团股份有限公司，深圳市易瑞生物技术股份有限公司，广州万联生物科技有限公司
二等奖（2项）			
1	鱼虾加工副产物高效增值全利用关键技术创新与应用	钟赛意，洪鹏志，刘唤明，孙力军，刘寿春，邓　旗，陈康健，许合金，高　静，车振翅	广东海洋大学，南方海洋科学与工程广东省实验室（湛江），广东恒兴集团有限公司，湛江银恒生物科技有限公司，湛江千护宝生物有限公司，广东恒兴食品科技研发有限公司
2	亚麻籽营养功能组分加工关键技术创新及应用	汪　勇，李　颖，邓乾春，金青哲，周盛敏，陈　凯，苏　军，张　宁，蔡子哲，邓凤桂	暨南大学，中国农业科学院油料作物研究所，江南大学，丰益（上海）生物技术研发中心有限公司，广东善百年特医食品有限公司，宁夏君星坊食品科技有限公司，广州利众生物科技有限公司

来源：广东省科学技术厅

3. 2023 年度广东省食品行业协会科学技术奖

表 26　2023 年度广东省食品行业协会科学技术奖

序号	项目名称	主要完成人	主要完成单位
一等奖（7 项）			
1	中草药健康产品固体制剂全流程柔性化智能制造	黄延盛，胡流云，罗　珍，陈洪璋，周　勇，张　欣，刘耀军，邓建军，孔秀莲，刘凤松，张全才，付　萌，陆　智，温良明，孙金玲	无限极（中国）有限公司
2	酿造料酒用米酒发酵及酒渣综合利用技术	崔鹏举，代　晋，杨泳聪，陆邦炼，梁小玲，方　伟，张家成，全　斌，崔海云，黄海健，邓健豪，李伟健，王　静，张智涛，卢梓崇	阳西美味鲜食品有限公司
3	岭南特色水果采后果实与副产物增值加工关键技术	刘东杰，王　锋，马路凯，鲁长海，许和强，李　骏，丘苑新，徐龙琴，王　琴，刘袆帆，谢　曦，蓝碧锋，温禄腾，罗杏良，叶爱华	仲恺农业工程学院，广电计量检测集团股份有限公司
4	面粉加工流通环节害虫生物防治技术	郭　超，王丽娜，吕建华，王智颖，何梦婷，陈　威，林　乾，刘子立，白春启，劳传忠，周　佳，黄　勇，吴秋婷，朱丽琼，何莉莉	广东省粮食科学研究所有限公司，广州岭南穗粮谷物股份有限公司，河南工业大学
5	健康食品安全风险评价及阻控技术研究	刘凤松，陆　智，李亚杰，龙梦飞，曹兵兵，郑维东，张　涛，徐懿乔，李亚贤，刘贤钊，武俊超，苏杰雄，罗小凤，董华壮，黄美山	无限极（中国）有限公司，江南大学，杭州环特生物科技股份有限公司
6	焙烤食品热加工内源性危害物靶向调控技术研究及应用	孟　嫚，黄才欢，马地九，胡志高，夏　雨，郑　洁，罗紫明，欧隽滢，龚启宙，雷敏芝，邓　清，刘　付，张　逸，欧仕益，张延杰	利诚检测认证集团股份有限公司，暨南大学，中山宝利食品有限公司，中山洪力健康食品产业研究院有限公司，中山市日威食品有限公司
7	无核黄皮绿色种植与系列加工关键技术及应用	黄星源，孟祥春，杨伟成，王　宏，林峭峰，郑秀瑜，朱振雄，邓毛程，黄星才，林锦波	广东巴伦比酒业有限公司，广东省农业科学院果树研究所，郁南县农业综合服务中心，仲恺农业工程学院，广东轻工职业技术学院，广东星耀生物科技有限公司，郁南县富赢田田圈生态农业有限公司，广东康美先食品有限公司
二等奖（9 项）			
1	凝固型调制乳及其制备方法关键技术研究	樊文博，彭小霞，纪坤发，冯立科，杨爱君，刘　婕，王　丹，裴植仁，廖　顺，吴岳指，王甲荣，张振江	广东燕塘乳业股份有限公司
2	高纯度低聚异麦芽糖的开发及应用	叶晓蕾，李碧珠，徐正康，罗建勇，李海燕，林漫娜，黄彩平	广州双桥股份有限公司
3	黑豆花色酱油发酵工艺技术研发	区晓鸣，刘善策，张　嫱，李洁珠，陈　玲，叶竹竹，陈孝义，罗旗峰，伍加文，戴忠璇，王　静，罗正谦，张智涛，吴春霞，林梦莎	广东美味鲜调味食品有限公司
4	自制料酒用麦曲工艺开发与研究	崔鹏举，何　辉，张　嫱，陈中岩，梁小玲，劳浩晶，李伟健，全　斌，崔海云，黄海健，邓健豪，罗正谦，吴春霞，卢梓崇，林梦莎	阳西美味鲜食品有限公司
5	呼吸道健康功能产品研发、评价体系建立及产业化	王　凯，罗　珍，何钰琪，颜　瑾，张聚洋，刘瑜彬，陆　智，黄延盛，温良明，赵　娜，高雅倩，钟楚茵	无限极（中国）有限公司
6	HPP 油柑汁饮料配方开发和生产工艺研究	李学莉，邹继伟，任海燕，肖　伟，马瑞婷，胡海娥，张晓敏，余卫国，张晓吟，林　超，吴佳鸣	东鹏饮料（集团）股份有限公司

续表

序号	项目名称	主要完成人	主要完成单位
7	一种圆盘制曲机 PID 算法控制系统	何　辉，张少江，李兴周，迟薇薇，陈　执，闫景勇，陈孝义，方　伟，伍加文，李子彤，郭帅军，刘伟男，欧　明，蔡宇焘，袁业沐	广东厨邦食品有限公司
8	广式酱油发酵过程复油穿孔控制技术研究	何　辉，尹何南，张少江，李兴周，单晓静，张　嫱，张家成，闫景勇，戴忠璇，李子彤，郭帅军，刘伟男，欧　明，蔡宇焘，袁业沐	广东厨邦食品有限公司
9	广式酱料生产关键技术及其应用	陈　杰，刘立雄，陈金德，高苏娟，王军喜，李凡繁，赵文红，白卫东，刘晓艳，屈春云，邓开野，杨　娟，汪　薇，钱　敏，于立梅	广东粤师傅调味食品有限公司，仲恺农业工程学院
三等奖（1 项）			
1	进口冷链食品新发病原微生物防控一体化体系技术研发及应用示范	刘单单，丁清龙，韩志杰，王炳志，黄　宇，苏妙贞，王水树，苏嘉妮，陈晓丹，陈　立，苏章庭，曾晓琮，黄永健，赵梓烽，王　佳，梁　卿，周　露	广东省食品检验所（广东省酒类检测中心），深圳市易瑞生物技术股份有限公司

注：以上各等次获奖项目排名不分先后。

来源：广东省食品行业协会

表 27　2023 年度广东省食品行业科技创新发展卓越领导者

姓名	企业名称	职务
吕义忠	广州酒家集团利口福食品有限公司	副总经理
胡流云	无限极（中国）有限公司	新会生产基地负责人、高级工程师
佘文海	广州禄仕食品有限公司	总工程师、高级工程师
周晓君	广州市洲星食品有限公司	总经理、工程师
刘凤松	无限极（中国）有限公司	质量与技术法规总监、高级工程师
罗明昌	东莞东美食品有限公司	总经理、高级工程师
何　辉	广东厨邦食品有限公司	设备管理部总监、高级工程师
区晓鸣	广东美味鲜调味食品有限公司	酱油厂厂长、高级工程师

注：以上排名不分先后。

来源：广东省食品行业协会

表 28　2023 年度广东省食品行业科技创新发展先进工作者

姓名	工作单位	职务
陆　智	无限极（中国）有限公司	产品安全风险管理高级经理、高级工程师
高雅倩	无限极（中国）有限公司	健康食品产品开发工程师、助理工程师
杜　洁	广州王老吉大健康产业有限公司	产品研发工程师、高级工程师
麦玉芬	天地壹号饮料股份有限公司	研发经理、工程师
朱焕宗	天地壹号饮料股份有限公司	质检主任、工程师
郭　超	广东省粮食科学研究所有限公司	粮食储藏研究室副主任、高级工程师
吴军辉	广东省粮食和物资储备保障中心	高级工程师
宁德山	无限极（中国）有限公司	健康食品研发主任、工程师

续表

姓名	工作单位	职务
朱　颖	无限极（中国）有限公司	健康食品研发工程师
张志超	汤臣倍健股份有限公司	营养健康研究院研究员、工程师
李　良	汤臣倍健股份有限公司	益生菌研发部研究员、注册营养师
杜伟锐	东莞石龙津威饮料食品有限公司	技术部研发组长、助理工程师
陈赵杰	广东华糖实业有限公司	研发副总经理
刘立雄	广东粤师傅调味食品有限公司	生产副总经理
梁碧金	李锦记（新会）食品有限公司	食品法规及标准副经理、工程师

注：以上排名不分先后。
来源：广东省食品行业协会

表 29　2023 年度广东省食品行业科技创新先进单位

年度	获奖单位名称
2023	广州王老吉药业股份有限公司

来源：广东省食品行业协会

【j. 标准建设】

2023 年，广东省发布实施食品行业相关地方　　标准 4 项、团体标准 1 项。

表 30　2023 年广东省内发布实施的食品行业相关标准

序号	标准号	标准名称	标准类别	实施日期
1	DB44/T 2416-2023	火龙果冷链技术要求与操作规范	地方标准	2023-04-28
2	DB44/T 2429-2023	粤菜食材通用要求	地方标准	2023-09-14
3	DB44/T 2430.1-2023	粤菜粤点术语 第 1 部分：烹饪工艺	地方标准	2023-09-14
4	DB44/T 2430.2-2023	粤菜粤点术语 第 2 部分：烹饪设备	地方标准	2023-09-14
5	T/GFPU 1008-2023	儿童酱油	团体标准	2023-12-23

来源：全国团体标准信息平台，地方标准信息服务平台

【k. 人才培养】

2023 年 5 月广东省工程系列食品工程高级职称评审委员会按照国家和省职称制度改革工作部署开展 2022 年度广东省食品工程职称评审工作。全省 2022 年度参加食品工程职称评审人数 352 人，涵盖正高级及以下级别工程技术人才评审、高技能人才贯通评审以及初次职称考核认定三方面。经过评审，通过 2022 年度食品工程专业技术人才正高级职称评审 8 人，高级评审 46 人，中级评审 40 人，助理级评审 52 人，员级评审 5 人。通过高技能人才贯通申报职称高级评审 19 人，中级评审 10 人，助理级评审 23 人。初次职称考核认定中级评审 8 人，助理级评审 100 人，员级评审 2 人。

【I. 大事记】

1月28日，广东省委、省政府在广州召开全省高质量发展大会，对全年重点工作做出动员部署。由广药集团、温氏股份等在内的多家食品医药企业代表参与发言，共商食品与医药行业高质量发展大计。中共广东省食品医药行业联合委员会及省社会组织党委004号党建工作站组织所属党支部学习贯彻广东省高质量发展大会精神，联合党委书记、工作站站长张俊修同志主持会议。

2月15日，广东省食品行业协会、广东省食品行业协会凉茶分会及广东省非物质文化遗产工作站（广东特色食品传统医药工作站）共同举办凉茶生产技术与质量管理培训班，来自拥有国家级非物质文化遗产－凉茶的配方及专用术语的企业近50名代表参加了培训。

3月3日，2023年，广东省食品行业高质量发展大会暨广东省食品行业协会八届五次会员代表大会在江门召开，参会人员遍布饮料、调味品、焙烤食品、糖果、保健（功能）食品、乳制品、食品添加剂等子行业，既有省属市属国企代表，也有民营企业、外资企业代表；既有大型上市企业代表，也有中小企业代表，是一场规模大、范围广泛的食品行业盛会。广东省商务厅市场秩序与调节处副处长梁招权、江门市工业和信息化局副局长张斌、江门市新会区人民政府副区长程创业及江门市市场监督管理局、江门市商务局、新会区科工商务局等食品行业相关管理部门负责人和省食品医药行业联合党委书记张俊修出席了会议。

3月31日，“粤食越好 粤品世界”广东食品万里行启动暨首批优秀食品新品推介发布会在广州举行。会上发布《2023年开展“粤食越好 粤品世界”推动食品工业提质升级专项行动方案》，广东力争到2023年底，全省食品工业营业收入达1万亿元以上，形成若干个千百亿级产业子集群、区域和企业。

4月14至16日，由广东省食品行业协会、广东省食品行业协会凉茶分会、广东省非遗文化遗产工作站（广东特色食品传统医药工作站）主办，深圳市合成号文化发展有限公司承办的“传承凉茶文化 振兴传统产业”凉茶非遗特色展在深圳广东岭南特色食品推广中心举办。

4月21日、23日，“粤食粤好 粤品世界”广东食品万里行——广东首批优秀食品新品推介会分别在贵州省黔南布依族苗族自治州惠水县、毕节市举行。

5月12至13日，广东省食品行业协会召开2022年度广东省食品工程职称评审会，共313人通过评审。

5月20日，由广东省工业和信息化厅主办，广东省食品行业协会、粤海控股集团、南粤集团、岭南商旅集团承办、广东省国资委协办的2023“吃货节”优质食品促生产、助消费广东站活动在广州启动。

6月3日，吉尼斯纪录挑战——世界最大纯粮标志在广东佛山双蒸1821酒庄广场举行，此项吉尼斯世界挑战内容为：以“珍珠米＋籼米谷物”组合摆制成442.76m² 的九江双蒸品牌商标。挑战成功后，吉尼斯世界纪录认证官在现场进行了认证。

6月14日，广东省文化和旅游厅组织专家对省食品行业协会承担的凉茶国家非遗保护资金项目进行验收。经过评审，专家组一致认为项目已完成任务内容，达成绩效，顺利通过验收。

7月12日，根据潮州市潮安区庵埠镇人民政府的申请，中共广东省食品医药联合委员会联合广东省食品行业协会组织相关专家，组织召开了潮州市潮安区庵埠镇“糖果小镇”专家评审会。专家组通过实地考察、听取汇报、现场质询等方式充分了解庵埠镇糖果产业发展情况以及发展规划，对庵埠镇糖果产业进行全方位、多角度的全面评价。最终授予庵埠镇“糖果小镇”称号。

7月17至19日，由广东省工业和信息化厅、广东省商务厅、广东省市场监督管理局指导，中国食品工业协会、潮州市人民政府、广东省食品行业协会主办的首届中国广东（潮州）特色食品产业大会在潮州市潮安区庵埠镇圆满举办。中共广东省食品医药行业联合委员会落实“百社联百村——助力百千万工程”行动计划，通过广东省食品行业协会积极协调，安排“阳东乡味”免费参展。

8月29–30日，2023年，广东省食品行业高质量发展成果发布会暨肇庆市食品产业招商大会在肇庆举办。来自调味品、饮料、预制菜、食品添加剂等食品行业的超百家企业参加，为对接合作搭建交流合作平台。大会由广东省食品行业协会、肇庆市“百千万工程”指挥部办公室、肇庆市投资促进局、肇庆市工信局、肇庆市农业农村局联合主办。

9月23日，“迎中秋 睇非遗”广东省非遗工作站成果展在广州市荔湾区永庆坊非遗街区举行。该展会由省文旅厅指导，广州荔湾区非物质文化遗产保护中心、广东省非物质文化遗产工作站联合主办。本次展会汇聚了广东省14家省级非遗工作站，广东省食品行业协会所在的广东省非物质文化遗产工作站（广东特色食品传统医药工作站）参加本次活动，重点对国家级非遗项目——凉茶进行宣传推广。

9月23–24日，由广东省工业和信息化厅支持，广东省食品行业协会主办的2023年广东中秋美食品鉴大会在广州无限极广场举办。

12月12日，广东省工业和信息化厅联合省农业农村厅、商务厅、市场监管局举办《关于打造世界级食品制造贸易高地的实施意见》（下简称《实施意见》）新闻发布会。广东省工业和信息化厅消费品工业处副处长黄海丹对《实施意见》进行了解读，省农业农村厅、省市场监管局有关负责同志围绕落实《实施意见》、推动产业高质量发展作了发言。中国食品工业协会党委副书记、副会长王琪，广东省食品行业协会副会长钱曼参加会议并作专题报告，中共广东省食品医药行业联合委员会书记曾祥云同志出席发布会。

12月29日至2024年1月1日，由中国食品工业协会、广东省食品行业协会主办的第十一届中国（道滘）美食文化节暨2023东莞食品产业转型升级成果展在东莞道滘镇济川体育馆举行。

【m. 专题资料】

聚人气、立IP、集资源……一场潮食盛会亮出“糖果小镇”靓丽名片

2023年7月17–19日，由中国食品工业协会、广东省食品行业协会、潮州市人民政府主办的首届中国广东（潮州）特色食品产业大会（简称“潮食会”），在潮州市潮安区潮安大道中段（庵埠·华博）成功举办。展会打造“食品展馆”“潮菜美食馆”“机械展馆”“包装印刷馆”四大主题展区，在3天的展期中，“潮食会”亮点纷呈，始终人潮涌涌。

1. 首届“潮食会”入口

据组委会统计，本次大会汇聚了王老吉、燕塘、东鹏、天地壹号、广盐集团、无穷、展翠、雅士利、真美、佳宝、笑咪咪、新乐、汕泰等500多家参展企业，首日即实现30000+经销商报到，开幕仅两小时现场签到观众就突破2万人，线上直播播放量突破200万，三天时间内，食品、印刷包装、食品印刷机械三大展馆意向订单近百亿元，客流达近10万人次。

2. 首届“潮食会”展览现场

潮州是一座以休闲零食起家的食品名城，糖果产业是潮州休闲食品的重要支柱。大会开幕式上，广东省食品行业协会向庵埠镇授予“糖果小镇”的荣誉证牌，“中国第一食品名镇”庵埠镇再添一张金字招牌。

这项荣誉非一日之功。庵埠镇糖果产业历经40多年的发展，已形成压片糖果、凝胶糖果、硬质糖果、充气糖果、胶基糖果、焦香糖果、果香型固体饮料、泡泡糖、果冻、果味型半固态糖

果、巧克力及巧克力制品等品种齐全的糖果生产加工供应链，目前庵埠镇糖果产业骨干企业如都市牧场、笑咪咪、乐潮、糖朝世家、醇然心动等均已注册成立独有的品牌和商标，成为市场知名品牌。

3. 琳琅满目的展品

据了解，2022 年，庵埠镇规上食品企业工业产值 111.1 亿元，规上糖果企业工业产值 53.73 亿元，占比 48.4%，食品工业销售额 98.83 亿元，其中糖果行业销售额 49 亿元，占比 50%；全镇食品工业利润 71.53 亿元，其中糖果行业利润 25.56 亿元；全镇糖果行业总出口量 28.72 亿元，约占全省糖果出口量的三分之一，国内外市场颇具规模。这些都为建设“糖果小镇”打下良好的基础。

广东省食品行业协会组织食品行业知名专家组成评价组，对照产业集群评价标准，经前期现场巡查、听取汇报、现场质询和材料评价，一致认为，庵埠镇建设糖果小镇符合国家、省市食品产业相关政策，糖果产业基础良好，规划合理，对促进庵埠镇食品产业高质量发展具有积极的作用。

潮州市市长刘胜在开幕式上指出，潮州食品引领行业风骚，产业品牌独树一帜，拥有“潮州凉果”等系列拳头产品和“中国盐焗鸡之乡”等多项金字招牌。潮州食品跻身时代风口，全情拥抱蓝海市场，围绕“把食品工业搞上去”这一发展命题，以创建“世界美食之都”为引领，布局打造“糖果小镇”城市 IP，让潮州这座“中国食品名城”焕发时代风采。希望借助此次“潮食会”的举办，打造“买全国卖全国、买世界卖世界”的食品产业“产购销”基地，努力让世界食品汇聚潮州、让潮州食品走向世界。

“糖果小镇”名不虚传，在食品展馆内，新颖有创意、好玩好吃的各式糖果荟萃而至。葡萄、白桃、陈皮、秋梨等各味软糖；薯条、鸡蛋、房屋、花朵等各式糖果；添加乳酸菌、维生素 C、叶黄素、胶原蛋白肽等营养物质的软糖；在舌尖跳舞的跳跳糖，能剥皮的芒果糖，能够嚼的咖啡，你能想到的、想不到的这里应有尽有……

4. 薯条造型软糖

在展摊上展示的一款咖啡压片糖果，外形犹如咖啡豆，但与以往咖啡味糖果的偏甜口感不同，这款糖果口含略苦，但嚼起来很香，更贴近咖啡本来的味道。优之唯品负责人陈灿说：“随着咖啡文化的普及和消费的升级迭代，年轻人咖啡消费习惯逐步养成，对咖啡的需求越来越旺盛，打造能够嚼的咖啡便是考虑打通糖果的另一赛道，目前该品铺遍各线城市商超、便利店等销售渠道。”

5. 咖啡压片糖果

在舌尖“跳舞”的跳跳糖是许多人的童年回忆。作为潮州糖果企业的代表，广东汕泰食品有限公司是全球跳跳糖市场的领军企业，市场占有率高达七成左右。在汕泰食品展示区，陈列了各式各样的跳跳糖，其外包装还别出心裁地与动画结合，许多糖果既好吃又好玩。该企业总经理洪泳鸿介绍，汕泰食品一直重视创新研发，致力于跳跳糖的创新结合、搭配与添加，并与高校进行科研合作，研发出口感更佳的第三代劲跳糖。此次展会可以让现有客户及潜在客户近距离地接触到公司产品，进一步了解市场需求，产品以客群需求为基础创新增值，为潮州成就世界“糖果小镇”的目标贡献自己的力量。

6. 跳跳糖产品

除了是糖果产业集聚区，潮州还是非遗汇聚之地。“中国传统制茶技艺及其相关习俗”之茶艺（潮州功夫茶艺）被联合国教科文组织列入人类非物质文化遗产代表项目；潮州菜烹饪技艺被列入国家级非物质文化遗产代表任项目；潮州佛手果老香黄制作技艺、潮州九制陈皮制作技艺、潮式粿品制作技艺、潮州单丛茶制作技艺等被列为省级非物质文化遗产代表性项目。在展会的非遗文化展示区，便集中呈现了凉茶、糕点、茶叶、凉果等广东的非遗特色食品。

佛手果是广东地道药材“十大广药”之一，是一种珍贵的药食同源水果。在潮州，人们利用佛手果的药用价值，再辅以中药材经“九蒸九制”而成老香黄，久藏不坏，越久越香，成了“潮州三宝”之首。

7. 佛手果产品

“潮州人对佛手果的热爱超乎想象，白云山佛手双柚汁一箱接一箱很快就卖完了。”广东仲亿大健康产业运营有限公司总经理余俊成欣喜地说。此次展会人流量大，收获丰富，不仅有当地群众前来扫货，还有不少经销商、供应商前来洽谈，3 天时间便有 100 多个来自山东、河南等食品大省和潮汕本地的意向客户，还有佛手果原料供应商联系，在这里不仅找到销路，也挖掘到原料。

8. 多位观展人士在了解佛手相关产品

“这是 30 多年来首次在家门口办展，办的还是很有特色的展，公司老香黄系列主打产品和以广佛手为原料提取的植物饮料皆有展出，展会期间对接了全国各地的采购商，他们皆对老香黄产品有浓厚兴趣。”广东展翠食品股份有限公司董事长陈树喜介绍，公司谋划佛手果在药食同源方向的纵深发展，打通佛手果种植、加工、销售等完整产业链，现位于潮州市湘桥区的象山佛手果产业园是展翠食品佛手产业链的主要种植基地之一，已成为展翠食品佛手果精深加工产品、佛手果文化和佛手商旅的重要输出窗口。

9. 佛手果

潮州市食品行业协会会长郭卓钊表示，这是潮州史上最大规模、最有特色、最有影响力的展览。看人气聚集、看资源汇聚，这样的说法不为过，在潮州这片底蕴深厚的土地上，本次潮食会以展会友、以展促销、以展招商，不仅成为优质产品的展销平台、优质资源的链接平台，同时也是一次本土企业汇聚合力，集中展示当地糖果、特色食品风采的良好契机，是一个产业集群高质量发展的全面赋能。

10. 展会现场热闹非凡

中国食品工业协会副会长、广东省食品行业协会会长王永辉表示，潮州是美食之乡，是中国特色食品凉果的摇篮。潮州特色食品要在高质量发展中打好文化牌，打造强势品牌，传统休闲食品要跟营养健康结合，跟安全绿色结合，要数字化转型，通过通道和渠道创新，实现新的突破和飞跃。乘着我省“下决心把食品工业搞上去”的东风，潮食会一届一届办下去，打造成为“永不落幕的展会”，继续绽放潮州特色食品产业的巨大魅力。

来源：《食经》公众号

【n. 法规标准】

1. 广东省粮食应急保障企业管理实施细则（粤粮规〔2023〕1 号）

核心内容：广东省粮食和储备局负责全省粮食应急保障体系规划布局，对全省粮食应急保障企业管理工作进行业务指导和监督。各地级以上市、县（市、区）粮食和储备部门负责辖区内粮食应急保障体系建设和粮食应急保障企业具体管理工作。各级粮食和储备部门应建立健全粮食应急保障企业应急协同机制，推动各类粮食应急保障企业在应急时协同运转，高效完成应急供应任务。粮食应急保障企业按照“平时自营、急时应急”的要求，应急时按照各级政府指令和自身功能定位，承担相应的应急保障职责。

发布单位：广东省粮食和物资储备局

生效日期：2023 年 2 月 1 日

2. 广东省市场监督管理局关于进一步做好食品销售监督管理工作的通知（粤市监规字〔2023〕2 号）

核心内容：为贯彻落实《中华人民共和国食品安全法》《中华人民共和国未成年人保护法》《食品生产经营监督检查管理办法》（国家市场监督管理总局令第 49 号，以下简称《办法》）以及《市场监管总局办公厅关于印发食品生产经营监督检查有关表格的通知》（市监食生发〔2022〕18号），进一步加强和规范食品销售活动的监督管理，通知提出：食品销售相关主体必须严格履行食品安全主体责任，市场监督管理部门必须严格落实监管主体责任。

发布单位：广东省市场监督管理局

生效日期：2023年3月1日

3. 深圳市市场监督管理局关于促进食品生产及特殊食品行业高质量发展的若干措施

核心内容：为深入贯彻落实党的二十大及市委七届六次全会、全市高质量发展大会精神，全面落实市场监管总局、广东省市场监管局高质量发展要求，立足新发展阶段，贯彻新发展理念，构建新发展格局，充分发挥市场监管职能职责，进一步精准帮扶市场主体，助力食品生产及特殊食品行业高质量发展。结合《深圳市市场监督管理局关于印发激发市场活力促进高质量发展的若干措施的通知》要求，特制定措施，助力食品生产及特殊食品行业提升竞争力，助推食品生产及特殊食品行业提升管理水平，加大食品生产及特殊食品行业帮扶力度。

发布单位：深圳市市场监督管理局

生效日期：2023年3月23日

4.2023年开展“粤食越好 粤品世界”推动食品工业提质升级专项行动方案

核心内容：为深入贯彻落实省委经济工作会议、全省高质量发展大会精神，落实省委黄坤明书记“要下决心把食品工业搞上去”的指示要求以及王伟中省长在省政府工作报告中提出要推动食品工业等传统优势产业转型升级的工作要求，广东省工业和信息化厅会同省商务厅、省市场监管局制定了《2023年开展“粤食越好 粤品世界”推动食品工业提质升级专项行动方案》，将从规划、投资、集群、企业、销售、服务等方面实施六大专项行动，力争到年底全省食品工业营业收入达1万亿元以上。

发布单位：广东省工业和信息化厅、广东省商务厅、广东省市场监督管理局

发布日期：2023年4月10日

5. 汕头市潮汕菜特色品牌促进条例

核心内容：为了发挥潮汕菜特色品牌的引领作用，拓宽就业创业渠道，推进乡村振兴和“粤菜师傅”人才培养，促进潮汕菜产业发展，弘扬潮汕优秀饮食文化，根据有关法律、法规，结合本市实际，制定本条例。

发布单位：汕头市人民代表大会常务委员会

生效日期：2023年5月1日

6. 江门市侨乡广府菜传承发展条例

核心内容：为了推动江门侨乡广府菜传承发展，弘扬广府菜饮食文化，促进粤菜产业持续健康发展，根据有关法律法规，结合本市实际，制定本条例。

发布单位：江门市人民代表大会常务委员会

生效日期：2023年5月1日

7. 潮州市潮州菜传承与产业促进条例（潮州市第十六届人民代表大会常务委员会24号公告）

核心内容：潮州菜是从潮州本土发源形成的一大菜系。作为粤菜的重要组成部分，潮州菜素以做工精细、食材鲜美闻名，被誉为“最好的中华料理”，其烹饪技艺被列入国家级非物质文化遗产代表性项目名录。条例共26条，一方面聚焦技艺传承，从资源普查、建立名录等多方面进行立法，另一方面聚焦产业发展，鼓励更多企业打造品牌、延伸产业链。

发布单位：潮州市人民代表大会常务委员会

发布日期：2023年4月24日

实施日期：2023年5月1日

8. 促进佛山水都饮料食品产业园发展扶持办法（佛府办〔2023〕12号）

核心内容：为贯彻落实省委坚持实体经济为本、制造业当家，在建设更具国际竞争力的现代化产业体系上取得新突破的战略部署，锚定市委“515”高质量发展目标，根据市委、市政府高水

平打造“双十园区”的工作部署，推动佛山水都饮料食品产业园（以下简称产业园）建设成为生产高效、绿色低碳的现代化园区，制定本办法，扶持内容包括：落户奖励、设立销售公司奖励、业务拓展奖励、企业成长奖励、数字化改造奖励、研发创新奖励、人才奖励、品牌提升奖励。

发布单位：佛山市人民政府办公室

生效日期：2023 年 9 月 29 日

9. 东莞市支持食品产业发展若干措施

核心内容：为贯彻落实工信部等十一部门联合印发《关于培育传统优势食品产区和地方特色食品产业的指导意见》（工信部联消费〔2023〕31 号），加强产业集群和生态建设，打造一批具有影响力的知名品牌和优质企业，推动食品产业提质升级，东莞市从强化食品安全质量、支持品牌建设、推动数字化转型、支持增资扩产、支持市场开拓、支持平台赋能、支持科技创新、创新金融赋能、打造专业化特色园区、支持预制菜产业发展等方面出台食品产业扶持政策。

发布单位：东莞市工业和信息化局、东莞市市场监督管理局、东莞市商务局、东莞市科学技术局

发布时间：2023 年 7 月 28 日

10. 广东省工业和信息化厅关于印发广东省食品行业企业数字化转型指引的通知（粤工信消费函〔2023〕11 号）

核心内容：为深入贯彻落实工业和信息化部等五部门《数字化助力消费品工业“三品”行动方案（2022—2025 年）》，按照《广东省实施消费品工业“数字三品”三年行动方案》工作部署，广东省工业和信息化厅组织广东省食品行业协会研究制定了《广东省食品行业企业数字化转型指引》（以下简称“指引”）。《指引》围绕食品行业产业链特点，提出了食品企业在研发设计、生产运营、质量管理、仓储物流系统、供应链协同、营销服务、大数据挖掘七个环节数字化转型的重点和基本步骤，并且提出到 2025 年，食品行业 85% 以上规上企业实现数字化、智能化转型，智能化供应链系统、智能制造工厂、生产管理系统、仓储物流系统比例稳步提高，产品质量和供应能力再创新高，培育一批智能制造示范工厂和数字化品牌企业，食品行业数字化水平达到全国领先地位。

发布单位：广东省工业和信息化厅

发布时间：2023 年 11 月 3 日

11. 关于打造世界级食品制造贸易高地的实施意见（便函〔2023〕3923 号）

核心内容：以习近平新时代中国特色社会主义思想为指导，全面贯彻落实党的二十大精神，深入贯彻习近平总书记视察广东重要讲话、重要指示精神，坚决落实省委、省政府坚持制造业当家，组织实施“百千万工程”，高质量建设制造强省、质量强省的决策部署，树立大食物观，大力发展地方特色食品产业，推动食品产业转型升级，打造世界级的食品加工基地、产品品牌、原料采购和产品销售网络，推动食品产业高质量发展，切实满足人民群众对安全健康、美味多元、营养方便、绿色低碳的食品消费需求。

发布单位：广东省工业和信息化厅、广东省农业农村厅、广东省商务厅、广东省市场监督管理局

生效日期：2023 年 11 月 27 日

12. 广东省农业农村厅关于生猪屠宰标准化企业评估认定管理的办法（粤农农规〔2023〕7 号）

核心内容：各地经地级以上市人民政府确定的生猪屠宰企业均可自愿申报建设广东省生猪屠宰标准化企业。各地按照“企业自愿申请，市、县主管部门推荐，广东省农业农村厅评估认定”的程序组织申报广东省生猪屠宰标准化企业。广东省畜禽屠宰标准化企业实行“风险控制、动态管理、能进能退”的管理机制。市县两级农业农村主管部门对生猪屠宰标准化企业的运行情况进行跟踪监测，并及时向省农业农村厅报送有关情况。

发布单位：广东省农业农村厅

发布日期：2023 年 12 月 8 日

生效日期：2024 年 2 月 1 日

13. 东莞市市场监督管理局关于促进糕点生产行业高质量发展的若干措施

核心内容：为贯彻落实省、市制造业高质量发展要求，推动实施食品生产“一域一产业”工作机制，聚焦传统特色食品生产质量提升，充分发挥知识产权、质量、标准化、计量、认证认监、抽检监测、食品安全许可和监管等方面职能作用，从助推糕点生产行业提升管理水平、帮助糕点生产行业提高合规能力、助力糕点生产行业增强竞争能力三个方面，助力东莞糕点生产行业高质量发展。

发布单位：东莞市市场监督管理局

发布时间：2023 年 12 月 14 日

14. 佛山市支持预制菜产业高质量发展若干措施（佛府办函〔2023〕140 号）

核心内容：为深入贯彻落实《广东省人民政府办公厅关于印发〈加快推进广东预制菜产业高质量发展十条措施〉的通知》（粤府办〔2022〕10 号），以预制菜为抓手，促进都市农业三产融合，带动调味品、厨电、会展、进出口贸易等关联产业集聚发展，进一步丰富“有家就有佛山造”品牌内涵，制定一系列措施，支持预制菜的重点招商项目落地、产业园建设、标准化建设和质量认证、进出口贸易、产业科研和信息化建设、产业金融服务保障、品牌文化建设、人才队伍建设，培育预制菜示范企业。

发布单位：佛山市人民政府办公室

生效日期：2023 年 12 月 26 日

叶晓蕾　钱　曼

3.10 海南省

【a. 概况】

2023 年，海南省规模以上食品工业企业 178 家，同比增长 9.87%，规模以上食品工业产值 501.91 亿元，同比增长 30.8%。其中，农副食品加工业企业 118 家，主要分布在海口、文昌、澄迈、儋州、万宁、琼海、临高和白沙等 8 个市县，产值 346.73 亿元，同比增长 18.1%；食品制造业企业 22 家，主要分布在海口、文昌、定安和万宁等 4 个市县，产值 30.8 亿元，同比增长 13.2%；酒、饮料和精制茶制造业 38 家，主要分布在海口、澄迈、定安、白沙、万宁、儋州、琼海等 7 个市县，产值 124.4 亿元，同比增长 98.1%，形成以果蔬、热作产品、畜禽产品、水产品、林产品为主导的农产品加工及本地热作椰子、槟榔等资源精深加工特色产业格局；涌现出以椰树、海南口味王、澳斯卡粮油、春光、南国、太古可口可乐、菲诺食品、大咖国际、远生、翔泰、勤富、通威、罗牛山等规模较大的农产品加工龙头企业。

【b. 主要食品工业企业】

1. 椰树集团

该公司由国营海口罐头厂在 1986 年改制成立，位于海口市，下辖海南椰汁饮料有限公司、椰树集团海口罐头厂有限公司、海南澄迈椰树矿泉水有限公司、海口椰树矿泉水有限公司、海南椰树制罐工业有限公司等子公司。

2. 海南口味王科技发展有限公司

该公司 2010 年成立，位于万宁市后安镇，主要生产槟榔食品。

3. 海南澳斯卡国际粮油有限公司

该公司 2020 年成立，位于儋州市，是一家集食用植物油、植物蛋白和磷脂产品研发、生产、加工和国内外产、贸、销为一体的综合型粮油加工企业。

4. 海南春光食品有限公司

该公司 1996 年成立，位于文昌市东郊镇，是一家以椰子及热带瓜果为主要原料的现代化食品加工企业，主要生产硬糖、软糖、椰子粉、速溶咖啡、饼干、干果、酱腌菜、调味品等 10 大系列。有员工 2500 多人，产品销售网点有 3000 余家，部分产品出口 50 多个国家和地区，是全国农产品加工业示范企业、农业产业化国家重点龙头企业。

5. 海南南国食品实业有限公司

该公司 1992 年成立，位于海口市，主要生产椰子粉、咖啡、糖果、调味品、饼干和水果干等休闲食品。

6. 海南太古可口可乐饮料有限公司

该公司 1988 年成立，位于海口市。公司主要经营配制、生产、包装、销售各种液体饮料、固体饮料、茶饮料、果蔬饮料、含乳饮料、矿泉水、纯净水、咖啡等饮料制品（含委托生产）；分装及销售食品添加剂（液体二氧化碳）；生产销售带有经授权使用可口可乐标志及可口可乐产品标志的宣传纪念品等。

7. 海南菲诺食品有限公司

该公司2021年成立，位于文昌市，是一家专注椰基植物奶研发、生产与销售的全产业链公司。

8. 大咖国际食品（海南）有限公司

该公司2022年成立，位于定安县，系蜜雪冰城股份有限公司全资控股的茶饮原物料生产企业，自建成投产后年营收可达30亿元以上，税收达2亿元以上，带动就业超2000人。

9. 海南远生渔业有限公司

该公司2007年成立，位于澄迈县，主要生产速冻食品。

10. 海南翔泰渔业股份有限公司

该公司2002年成立，位于澄迈县，是一家以加工出口海洋捕捞水产品为主，集收购、加工、储存、销售于一体的外向型私营生产企业。

11. 海南勤富实业有限公司

该公司2000年成立，位于文昌市，拥有年产2万吨冻罗非鱼片、条冻罗非鱼的生产能力，其产品主要销往美国、欧盟、墨西哥、俄罗斯和非洲等国家。

12. 通威（海南）水产食品有限公司

该公司2006年成立，位于澄迈县，主要从事南美白对虾、斑节对虾、海水鱼和罗非鱼系列深加工产品的生产。

13. 海南罗牛山食品集团有限公司

该公司2010年成立，位于海口市，主要从事畜禽养殖，畜禽屠宰加工和销售，预包装食品兼散装食品生产等。

【c. 重点项目】

1. 光明雨帆（海南）项目

该项目为续建项目，位于海口高新区，由雨帆乳业（海南）股份有限公司投资建设，总投资4.2亿元，计划2024年建成。项目主要建设计划建设联合车间、综合库房、化学试剂库、办公楼、污水处理站及其他配套设施。

2. 椰树集团狮子岭工业园生产基地

该项目为续建项目，由海南椰果饮料有限公司投资建设，总投资12亿元，计划2024年建成。项目主要建设原料准备车间、制罐车间、铁罐椰子汁车间、利乐包椰子汁车间（均含仓库）及配套生产线，锅炉房、供水配电、污水处理站等生产辅助设施及生产办公设施。

3. 定安县蜜雪冰城食品加工项目（一期）

该项目为新开工项目，由大咖国际食品（海南）有限公司投资建设，总投资10亿元，计划2025年建成。项目主要建设项目面积约287亩，建设办公楼（含研发中心）、综合楼、固体车间、液体一车间、液体二车间、鲜果 & 果酱车间、咖啡烘焙车间、动力车间、污水处理、包材仓、原材仓、成品仓、咖啡豆恒温库、鲜易达仓储中心、冷库、小料配料车间、辅助用房及固废站等

【d. 其他工业】

1. 卷烟工业

2023年，全省规模以上卷烟制造企业1家，即海南红塔卷烟有限责任公司。2023年生产卷烟23.4万箱，产值41.59亿，同比增长6.7%。

2. 制糖业

2022年，全省成品糖产量7.22万吨，下降26.2%。

曾　金

3.11 山西省

【a. 概况】

2023年是全面贯彻党的二十大精神的开局之年，是三年新冠疫情防控转段后经济恢复发展的一年。在省委、省政府的坚强领导下，坚持稳中求进工作总基调，全面贯彻新发展理念，全方位转型不断深化，山西食品各行业发展稳步回升。2023年，全省消费市场保持良好回升态势，社会消费品零售总额同比增长5.5%。全省限额以上单位中饮料类、烟酒类和粮油食品类商品零售额同比分别增长9.8%、3.8%和3.2%。

2023年，山西省食品工业规模以上企业共392个，同比增加38个，规模以上企业实现营业收入873.0亿元，同比增长6.1%；利润总额136.5亿元，同比增长38.9%；利税总额260.1亿元，同比增长28.1%。

【b. 重点行业运行情况】

1. 农副食品加工业

2023年，规模以上企业245个，同比增加26个，实现营业收入358.4亿元，同比下降2.5%；利润总额1.1亿元，同比下降59.3%；利税总额2.2亿元，同比下降43.6%。其中，屠宰及肉类加工和饲料加工营业收入增速较为明显；食用菌加工和杂粮加工营业收入分别同比增长30.0%、44.0%，利润同比增长100%、200%。

2. 食品制造业

2023年，81个规模以上企业，同比增加8个，实现营业收入148.2亿元，同比增长5.1%；利润总额9.9亿元，同比增长47.8%；利税总额13.4亿元，同比增长38.1%。其中，焙烤食品制造业涨幅明显，共完成营业收入20.7亿元，同比增长11.9%，其中，糕点、面包制造业营业收入同比增长26.5%；罐头食品制造业保持增长势头，营业收入同比增长17.4%，其中，肉、禽类罐头制造业营业收入10.1亿元，同比增长18.8%，利润总额同比增长266.7%，利税总额同比增长128.6%；米、面制品制造业和乳粉制造业营业收入同比小幅增长，利润总额同比持平。

3. 酒、饮料和精制茶制造业

2023年，实现营业收入310.3亿元，同比增长18.8%；利润总额119.1亿元，同比增长44.5%；利税总额205.5亿元，同比增长34.5%。其中白酒制造业明显上涨，完成营业收入261.1亿元，同比增长25.1%，利润总额116.4亿元，同比增长47.9%，利税总额200.6亿元，同比增长37.0%；饮料制造中茶饮料制造业营业收入同比增长10.0%，果菜汁饮料制造业和含乳饮料和植物蛋白饮料制造业营业收入同比下降6.9%、7.1%，精制茶加工营业收入同比下降50.0%。

4. 烟草制造业

2023年，实现营业收入56.0亿元，同比增长6.3%；利润总额6.3亿元，同比下降3.1%；利税总额38.9亿元，同比增长6.3%。

【c. 主要经济指标】

2023 年山西省规模以上食品工业主要效益指标

地区	企业单位数（个）	营业收入		利润总额		利税总额	
		总量（亿元）	同比增长（%）	总量（亿元）	同比增长（%）	总量（亿元）	同比增长（%）
山西	392	873.0	6.1	136.5	38.9	260.1	28.1
太原	38	171.8	3.4	11.1	–5.9	47.9	4.4
大同	22	20.0	10.5	–0.2	0	–0.1	–200.0
阳泉	5	3.6	5.9	0.6	200	0.7	250.0
长治	24	36.4	–29.7	–2.0	–281.8	–1.6	–194.1
晋城	18	27.2	1.5	0.0	–100	0.2	–33.3
朔州	40	41.7	5.3	2.1	75	2.9	38.1
晋中	68	149.7	6.9	5.3	103.8	9.0	76.5
运城	56	70.0	–7.2	2.1	–19.2	2.6	–27.8
忻州	27	17.8	4.7	0.2	100	0.3	50.0
临汾	27	23.2	5.9	0.0	–100	0.2	100.0
吕梁	67	311.6	18.7	117.3	48.7	198.0	37.8

2023 年山西限额以上单位商品零售额及其增长速度

指标	绝对数（亿元）	同比增长（%）
粮油、食品类	353.3	3.2
饮料类	35.7	9.8
烟酒类	123.2	3.8

2023 年全省主要产品产量及其增长速度（食品类）

产品名称	计量单位	总产量	同比增长（%）
粮食	万吨	1478.1	0.9
其中：玉米	万吨	1035.1	1.4
小麦	万吨	247.1	0.8
谷子	万吨	49.6	–6.2
豆类	万吨	24.3	0.04
薯类（折粮）	万吨	60.4	1.3
油料	万吨	17.9	19.9
蔬菜及食用菌	万吨	1065.9	5.5
水果	万吨	1082.8	8.0
其中：瓜果类	万吨	96.5	64.9
园林水果	万吨	986.3	4.5
食用坚果	万吨	27.5	–9.8

续表

产品名称	计量单位	总产量	同比增长（%）
其中：核桃	万吨	26.4	-10.1
猪牛羊禽肉	万吨	154.3	8.3
其中：猪肉	万吨	99.5	7.7
牛肉	万吨	10.2	12.4
羊肉	万吨	12.0	7.1
禽肉	万吨	32.6	9.3
禽蛋	万吨	126.7	7.4
牛奶	万吨	147.1	3.0
水产品	万吨	5.5	4.5
液体乳	万吨	64.9	16.4
食用坚果	万吨	46.6	1.3
食醋	万吨	46.1	-5.4
白酒（折 65 度）	万千升	33.8	27.2
饮料	万吨	113.3	1.8
卷烟	亿支	154.0	0.7

【d. 大记事】

2 月 2 日，省市场监督管理局联合省教育厅、省公安厅在全省范围内开展面向未成年人无底线营销食品专项治理工作。并印发了《山西省开展面向未成年人无底线营销食品专项治理工作实施方案》。

2 月 27 日，2023 年山西省食品安全抽检监测工作会在太原召开。会议落实市场监管总局和全省市场监管工作会议精神，总结 2022 年全省食品安全抽检监测工作，深入分析交流当前面临的形势和困难，部署 2023 年工作任务。

2 月 28 日，经山西省市场监督管理局验收批准成立的山西食醋产业计量测试中心在晋中市综合检验检测中心挂牌。

为了加强网络餐饮服务食品安全监督管理，规范网络餐饮服务经营行为，山西省制定《山西省网络餐饮服务食品安全监督管理暂行办法》，自 2023 年 3 月 1 日起施行。

3 月 22 日，为有效制止餐饮浪费，推动山西省餐饮节约常态化、制度化，山西省市场监督管理局批准发布了《餐饮企业厉行节约实施指南》省级地方标准，于 4 月正式实施。

4 月 13 日，由中国酒业协会、全国糖酒商品交易会组委会、山西省工业和信息化厅、山西大学杏花村学院指导，汾阳市人民政府、汾酒集团主办的“大美清香·乘势而上——中国清香大会暨杏花村汾酒专业镇推介会”在成都世纪城新国际会展中心成功举办。

4 月 27 日，首届“山西精品”授牌仪式在晋阳湖国际会议中心举行，38 家企业的 40 个产品和服务入选首批“山西精品”。其中食品企业类共有 11 产品入选。

5 月 14 日，2023 年山西省全民营养周暨“5·20”中国学生营养日主场宣传活动在山西省人民医院医技楼 3 层报告厅正式启动。

6 月 28 日至 30 日，以“专业镇，让未来更美好”为主题的首届山西特色专业镇投资贸易博览会在大同举办。在博览会期间，杏花村汾酒专业镇高质量发展论坛也成功举行。

7月5日，“山西精品”贴标亮标活动在山西紫林醋业正式启动。

7月27日，2023味动中国－国际食醋产业链博览会将于在太原开幕。

8月20日，“清风徐来，一品天香”——“清香大时代”高质量发展大会在山西省汾阳市召开，为清香型白酒发展凝聚产业智慧，贡献产业力量。

8月20日，《中国酒业零碳示范工厂》《中国酒业零碳示范产区》团体标准讨论会在山西省汾阳市召开。两项标准由中国酒业协会提出，得到了业内重点企业和科研院校的积极支持和广泛参与。

8月20日，“2023中国杏花村国际酒业博览会”在中国杏花村国际白酒交易中心会议正式开幕。作为本届酒博会的主论坛，以“产业引领专业‘镇’兴”为主题的“杏花村汾酒”专业镇高质量发展大会在开幕当天举行。

8月21日，以“生生不息 美美与共”为主题的“第二届中国酒业活态大会暨中国酒文化月启动仪式”在山西省汾阳市召开。

8月28日，以“培优特色产业 助力乡村振兴”为主题的2024山西·怀仁羔羊肉交易大会在朔州怀仁市开幕。

9月8日，农业农村部农产品质量安全中心公布了2023年第二批全国名特优新农产品名录，经农业农村部农产品质量安全中心组织专家技术评审确认并公示，符合全国名特优新农产品名录登录要求，并核发全国名特优新农产品证书。其中，山西有8个农产品入选。分别为大同黄花、云冈亚麻籽油、灵丘苦荞茶、和顺小米、寿阳荞麦、平遥长山药、永济香椿、夏县桃。

9月20日，第二十一届中国食品安全大会在长治市举行。

10月30日，第二届全国市场监管系统食品安全抽检监测技能大比武决赛在山西大同举办。本次活动共8.25万人次参与，旨在通过以赛促学、以赛促训，着力打造一支政治过硬、本领高强、作风优良的食品抽检队伍。

11月17日，2023年全国食品安全宣传周（山西）活动启动仪式暨山西省食品安全突发事件应急演练在山西大学举行。

11月30日，由中国食品工业协会主办的2023“全国食品工业科技进步工作会议暨中国食品工业协会科学技术颁奖大会”于南京国际博览会议中心隆重举办。其中，山西食品行业揽获七个奖项，成绩斐然。

12月5日，山西省市场监管局食品案件查办指导中心挂牌揭幕仪式在晋城举行。

【e. 重点企业】

汾酒篇

2023年，实现营业收入319.28亿元，同比增长21.80%；归属于上市公司净利润104.38亿元，同比增长28.93%。实现净利润80.96亿元，同比增长52.36%。其中，中高价酒类2023年实现营收232.03亿元，同比增长22.56%。其他酒类实现营业收入85.40亿元，同比增长20.15%。

1月2日，为践行汾酒复兴纲领，汾酒创建国家5A级景区暨汾酒文创高质量发展启动仪式在太原隆重举行。

1月16日，山西省科学技术厅公布了批准建设2022年度山西省重点实验室的名单，汾酒集团“中国露酒植物提取与健康山西省重点实验室”名列其中，获批建设。

3月25日，汾酒成为中国国家女子足球队澳新地区官方合作品牌签约仪式在北京隆重举行。

3月29日，“花间一壶酒 醉美杏花村”第六届汾酒杏花节在杏花村汾酒文化景区盛大开幕。

3月30日，汾酒2030技改原酒产储能扩建项目（一期）启动仪式在汾阳市杏花村经济技术开发区举行。

4月13日，以“共创 共进 共赢”为主题的2023汾酒经销商座谈会在成都召开。

4月23日，由汾酒国家级技术中心、中国食品发酵工业研究院合作完成的“汾酒·竹叶青酒饮用舒适度品质特征剖析及应用”项目技术成果通过了由中国轻工业联合会组织的专家鉴定，鉴定委员会认为该项目成果达到了国际领先水平。

4月27日，“推动高质量 致力新消费”2023大清香时代高质量发展论坛在人民网一号演播厅举办。

7月24日，2023中国杏花村国际酒业博览会暨“汾清天下·杏花村汾酒专业镇全国行”新闻发布会在北京市王府井步行街举行。

9月19日，“敬天、爱人、传承”2023汾酒封藏大典在汾酒老作坊博物馆圆满礼成。

9月27日，山西省第四届“汾酒杯”大学生品酒大赛暨2023年全国大学生品酒大赛（山西赛区）复赛在汾酒举办。

11月6日，在第六届中国国际进口博览会举办期间，2023青花汾酒发展论坛在上海国际会议中心召开。行业专家大咖齐聚一堂，共话行业趋势，共商清香未来。

12月21日，汾酒向甘肃省红十字会捐赠1000万元，用于甘肃积石山地震灾区抗震救援、受灾群众生活救助、救援队伍及志愿者支持、灾后重建等工作。

【f. 协会工作】

2023年初，山西省食品工业协会2023年度“服务质量提升年”入企调研行动也再次拉开帷幕。在会长李秋喜的亲自带领下，由行业专家、金融机构联络员等组成的山西省食品工业协会入企调研服务工作组，深入东湖醋园、太原酒厂、山西九牛牧业、北方功能食品产业园等会员企业，了解当前企业面临的具体困难、问题和亟需的惠企政策和服务，宣传落实纾困解难政策，助推民营企业高质量发展。

2023年3月，山西省食品工业协会会长李秋喜亲自带队，深入部分汾阳市驻地酒企调研，就杏花村汾酒专业镇建设与多家龙头酒企座谈，并寄语全省酒企以“得天独厚、千载难逢、舍我其谁、只争朝夕”的认识和气魄，共同把杏花村打造成中国白酒的一面旗帜。

3月17日，《“晋箸”评价通则》团体标准、标识、标语在2022年度山西省食品工业协会年会上正式发布。“晋箸奖”的设立旨在通过制定严格的评价标准、权威机构认证和行业价值与公信力的背书，推出行业最高奖，同时作为山西食品领域的区域公用品牌，引领山西食品产业创新发展，建立消费者信赖品牌，推动品牌强省建设。

3月17日，山西省食品工业协会食品经营委员会宣布成立。首届食品经营委员会包括主任委员、副主任委员和委员单位共20余家，涵盖了山西省主要食品流通企业。

7月4日，首期“杏花村汾酒专业镇发展技能人才培训班”在山西大学东山校区正式开班。培训班由汾阳市人才办、汾阳市人社局和汾阳市工信局主办，由山西大学杏花村学院、山西省食品工业协会、汾阳市酒业协会、汾阳市杏花村酒商商会承办，山西省酿酒工业协会协办。2023年全年，共举办四期培训班，来自汾阳市白酒行业80余家重点企业的200多名参训学员，分别参加了“白酒酿造工”和“品酒师”培训，并最终通过山西省食协组织的职业技能认定，充实到杏花村汾酒专业镇白酒职业技能人才队伍中。

9月20日，由教育部、生态环境部、农业农村部、海关总署、国家林业和草原局、山西省人民政府、中国食品工业协会指导支持，中国食品安全报社、长治市人民政府、山西省市场监督管理局、山西省投资促进局联合承办的第二十一届中国食品安全大会在长治市隆重举行。

11月11日，由山西省食品工业协会常务副会长郭东、专家工作委员会主任委员彭晋航、秘书长黄永建，以及多位国家级白酒评委组成的入企调研服务工作组，对山西皇城相府酒业有限公司、太行润源食品有限公司、山西厦普赛尔集团有限公司，进行实地调研和入企服务。

11 月 17 日，“尚俭崇信尽责 同心共护食品安全”2023 年全国食品安全宣传周（山西）活动启动仪式暨山西省食品安全突发事件应急演练在山西大学举行。活动由山西省食安办、太原市人民政府、临汾市人民政府等单位主办，山西大学、山西省食品工业协会承办。启动仪式上，省食协会员企业代表就落实企业食品安全主体责任进行公开承诺。

11 月 30 日，2023“全国食品工业科技进步工作会议暨中国食品工业协会科学技术颁奖大会”在南京举办。其中，山西省食品工业协会的“《山西食醋分类》团体标准项目”荣获科学技术奖二等奖。省食协也将以此为契机，持续助力行业科技创新，赋能产业升级，护航山西食品工业高质量发展。

山西省十届政协委员，第十二届、十三届全国人大代表，山西杏花村汾酒集团有限责任公司原党委书记、董事长，山西省食品工业协会会长李秋喜先生，因突发心脏病抢救无效，于 2023 年 12 月 15 日 19 时 10 分逝世，享年 63 岁。

【g. 标准发布】

2023 年山西省食品工业协会共发布 3 项团体标准

一、《“晋箸”评价通则》T/SXFIA 001-2023

二、《小米香型白酒》T/SXFIA 002-2023

三、《粮果甜醋》T/SXFIA 009-2023

【h. 中国食品工业协会科学技术奖获奖名单】

1. 项目名单

一等奖

项目名称：清香型大曲多维质量评价体系的建立及应用

项目完成单位：山西杏花村汾酒厂股份有限公司

二等奖

（1）项目名称：汾酒、竹叶青酒饮用舒适度品质特征剖析及应用

项目完成单位：山西杏花村汾酒厂股份有限

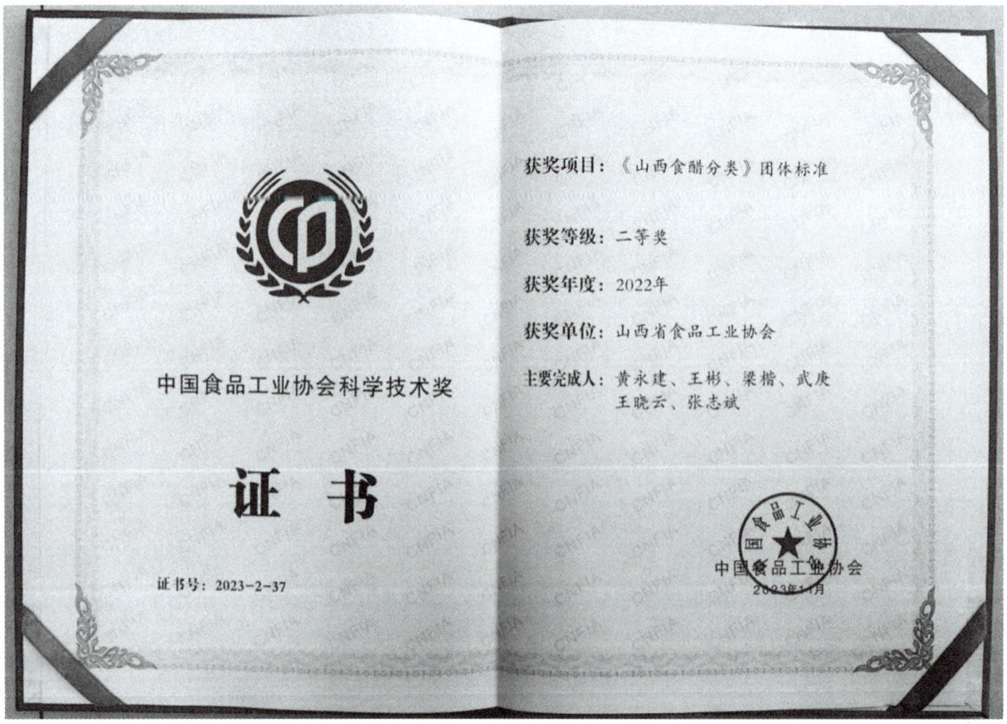

公司、中国食品发酵工业研究院有限公司

（2）项目名称：《山西食醋分类》团体标准

项目完成单位：山西省食品工业协会

三等奖

（1）项目名称：藏花素类物质在露酒中最佳酒体稳定性的研究

项目完成单位：山西杏花村汾酒厂股份有限公司

（2）项目名称：汾酒高粱30酿造清香型白酒的适应性研究

项目完成单位：山西杏花村汾酒厂股份有限公司

2. 个人名单

（1）科技创新领军人物

山西沁州黄小米（集团）有限公司董事长　石耀武

（2）科技创新杰出人才

山西杏花村汾酒厂股份有限公司　高晓娟

黄永健　王彬

3.12 安徽省

【a. 概况】

1. 生产稳定运行

2023 年，全省规模以上食品工业增加值同比增长 3.3%，比全省工业低 4.2 个百分点。三大行业中，农副食品加工业同比增长 0.5%，比全省工业低 7.0 个百分点；食品制造业同比下降 4.4%，比全省工业低 11.9 个百分点；酒、饮料和精制茶制造业同比增长 8.0%，比全省工业高 0.5 个百分点。

2. 效益高速增长

2023 年，全省 2201 家规模以上食品工业企业实现营业收入 3172.8 亿元，同比增长 6.0%，比全省工业低 2.9 个百分点，比全国食品工业高 3.5 个百分点；利润总额 232.6 亿元，同比增长 14.1%，比全省工业高 7.0 个百分点，比全国食品工业高 11.8 个百分点；营业收入利润率 7.3%，比全省工业高 1.8 个百分点，比全国食品工业高 0.5 个百分点。

3. 结构持续优化。

酒、饮料和精制茶制造业发展势头明显好于其他两个行业，营业收入、利润总额均实现两位数增长，行业比重持续攀升。2023 年末，农副食品加工业占比下降，食品制造业，酒、饮料和精制茶制造业占比上升，营业收入比由 2022 年末的 64.4:16.2:19.5 调整为 62.1:16.3:21.6。

4. 白酒制造势头良好

白酒制造业为酒、饮料和精制茶制造业的细分行业，为省传统优势产业，拥有四家上市公司。2023 年，35 家规上白酒企业 23.52 万千升，位列全国第 6 位，占全国白酒工业 5.2%；营业收入 344.1 亿元，同比增长 20.5%；利润总额 112.8 亿元，同比增长 33.1%。营收和利润总额分别占全省食品工业 10.8%、48.5%，占全国白酒工业 5.5%、5.1%。

5. 食盐行业产销储稳定

2023 年，从生产看 2 家食盐定点生产企业生产各类盐品 149.13 万吨，其中，食盐 56.18 万吨。从销售看：2023 年，省内食盐定点批发企业省内食盐销量 30.11 万吨。从储备看：截至 2023 年末，省食盐储备量共 5.05 万吨，其中，小包装食盐 4.14 万吨，可满足超过 3 个月全省居民食盐消费需求。

6. 数字化转型提速

2023 年，认定省消费品工业“三品”示范企业 38 家、省新产品 8 个、省工业精品 6 个、省企业技术中心 6 家、省智能工厂 3 家、省数字化车间 13 家、省绿色工厂 1 家、“省服务型制造示范企业”22 家、“省专精特新中小企业”99 家，有效促进了食品工业向数字化、网络化、智能化、绿色化转型升级。

【b. 协会主要工作】

2023 年，是全面贯彻党的二十大精神的开局之年，安徽省食品行业协会以习近平新时代中国特色社会主义思想为指导，认真贯彻党中央决策部署和党的二十大提出的一系列新思路、新战略、新举措，紧扣中心和大局，在会员单位的大力支持下，从加强自身建设入手，强化自律，结合实际、围绕大局，解放思想、开拓创新，扎实工作、努力作为，在立足本协会规范、健康发展的基础上，踔厉奋发，砥砺前行，尽职尽责地发挥行业协会在社会经济活动中的作用，积极为政府、为企业提供力所能及的服务，为促进食品行业的健康发展做出了应有努力，较好地发挥了在全省社会经济发展中应有的积极作用。

1. 加强组织建设，提升协会能动性

（1）健全组织，规范管理

经安徽省委组织部和省民政厅等有关部门批准，2023 年 1 月，安徽省食品行业协会举行第二届换届大会，会议表决选举通过安徽省市场监督管理局原副局长、安徽省食品安全委员会办公室原副主任、一级巡视员杨士友为安徽省食品行业协会会长，邵栋梁为常务副会长兼秘书长，王化斌为专职副会长，以及周庆伍等 69 人为副会长、名誉副会长，司武卓担任监事长，并提名姜绍通、梁金辉、刘山国为名誉会长。

（2）重新定位，提升服务能力

在第二届换届大会上，梳理了食品行业协会的性质和作用，确立了新的“桥梁纽带、服务咨询、耦合资源、促进共赢”的办会理念和“服务政府、服务企业，促进食品行业高质量发展”的根本宗旨，从而为更好地加强协会自身的建设，提高协会的管理水平和组织能力，以更好地履行其职责和义务，促进食品行业的健康、稳定和可持续发展奠定了基础。同时协会在保证工作的连续性和稳定性，进一步提高自身服务质量和管理水平，力求提高履职协调能力、推动食品安全科学监管、推进产学研政合作成果转化、提升食品工业智能化发展水平、树立行业标杆示范效应和强化食品品牌市场推广。

（3）壮大队伍，扩大影响力

9 月 1 日，安徽省食品行业协会二届一次常务理事会成功召开。会上，对新增会员、理事、常务理事及名誉副会长单位进行了投票表决，同时，会议邀请了多家优秀先进企业代表进行了经验分享与发言，就各自企业的发展情况及新的举动和亮点进行了交流与沟通。

2. 服务政府，彰显行业协会形象

（1）开展地方传统特色食品和特色食品产业调研

为贯彻工业和信息化部等十一部门联合发布了《关于培育传统优势食品产区和地方特色食品产业的指导意见》文件精神，并按照安徽省经济和信息化厅有关工作安排，省食品行业协会接受委托开展了安徽省传统优势食品产区建设方案编制完善和地方特色食品产业发展有关研究工作。为进一步了解各地地方特色食品产业发展和产区建设情况，省食品行业协会组织有关专家，分 3 个调研组赴全省 16 个地市及有关食品工业企业开展调研，撰写了调研报告，并通过由省经济和信息化厅组织的专家审查，给予了高度评价，为我省深入、精准开展传统优势食品产区和地方特色食品产业的发展提供了有力的保障。

（2）发起开展节约餐饮倡议

为深入贯彻落实习近平总书记关于坚决制止餐饮浪费行为的重要指示精神，贯彻实施《中华人民共和国反食品浪费法》，弘扬勤俭节约的传统美德，在全社会树立爱粮节粮的时代新风，在全省营造“崇尚文明消费、反对餐饮浪费”的浓厚氛围，在安徽省市场监督管理局指导下，安徽省食品行业协会协调安徽省餐饮行业协会、安徽省烹饪协会、安徽省团餐配送行业协会发起了《制止餐饮浪费倡议》：传承美德，勤俭节约；弘扬新风，理性消费；率先垂范，积极宣传；完善管理，科学引导；履行责任，创新经营。粮食是人类赖以生存的基础，爱惜粮食、节约粮食是每个公民义不容辞的责任。节约粮食，不仅仅是一句口号，更要付之于行动。倡议以高度的责任感和使命感，学习节粮爱粮知识，反对以饭菜丰盛乃至过剩为有面子等不良风气，同心协力拿出实际行动，从现在做起，从点滴做起，让节约粮食化为自觉、成为习惯，为建设美好幸福新生活贡献我们每个人的力量。

（3）战略合作，共促地方经济发展

为了更好地服务于政府，充分发挥协会在社会经济活动中的作用，8月份，安徽省食品行业协会与谯城区人民政府签署共同推进绿色食品产业高质量发展合作协议。经磋商双方就建立战略合作伙伴关系促进谯城绿色食品产业高质量发展，开展长期合作达成协议。双方按照“优势互补、共谋发展、互惠互利、实现共赢”的原则，依托安徽省食品行业协会的人才、技术、专业等资源，为谯城区绿色食品（花茶、白酒、保健食品、预制菜、药膳等）产业发展提供规划、原料开发、产品研发、标准制（修）订、检验检测、品牌认证建设和宣传、市场（网络）营销、招商引资、规上企业质量体系认证、技术支撑等提供服务，为地方特色产业高质量发展“把脉问诊”，充分发挥行业协会优势，重点围绕发展白酒产业、花茶产业及绿色食品产业等领域的发展谋划，并在促进就业创业、增进产业服务等方面建立紧密联系，建立合作共建长效机制，多方位、多渠道提升谯城花茶、白酒等产品市场知名度和竞争力，助推谯城绿色食品产业高质量发展。本年度，协会多次组织相关行业专家，就谯城区白酒、花茶等产业进行调研、论坛、峰会活动，并形成了调研报告，为政府相关产业发展政策决策提供了高价值的参考方案。

（4）召开食品行业高质量发展峰会

由安徽省食品行业协会、亳州市谯城区人民政府主办，安徽省金不换白酒集团承办皖北食品产业高质量发展峰会于9月1日在亳州谯城区召开。安徽省市场监督管理局党组成员、副局长刘存俊，亳州市人民政府党组成员、副市长薛冰，安徽省食品行业协会会长杨士友，安徽省经济和信息化厅盐业与食品处处长戴琳琳、中国食品工业协会秘书长助理、企业发展部主任沈志勇、谯城区委书记周霄及安徽食协副会长单位、常务理事单位代表等近200名人员出席了本次会议。安徽省食品行业协会常务副会长兼秘书长邵栋梁主持会议。

会上，省市场局刘存俊副局长就推动皖北食品产业高质量发展做了主题发言，他指出一要创新驱动发展，推动食品产业转型升级；二要打造品牌，做强做大优势产业；三要绿色智慧发展；四要培育人才，推动食品产业高质量发展。省经信厅 戴琳琳处长提出，皖北作为绿色食品产业布局重点，要积极创新产业组织方式，加强整体规划、错位布局、联动发展，立足高端定位，集聚高端资源，促进各类市场主体协同，努力使皖北成为长三角地区重要的生态粮仓、绿色菜地和健康食品的供应地。要落实支持政策，为投资者提供最周全、最有温度的全过程、全要素、企业全生命周期的服务。

此次峰会还举办了产业发展论坛，邀请了四位资深的行业专家分别作了《食品工业运行介绍及未来发展趋势分析》《新食代：重塑赢的逻辑》《品质战略分享》《新零售营销模式的思考与践行》主题报告。共同探讨了食品产业的现状与趋势，分享了行业内的成功经验和做法，共同聚焦食品行业高质量发展主题，以权威的视角为实现行业高质量发展提供了新的理论思考。峰会期间，还举办了谯城区政府双招双引政策解读及企业推介会，通过推介会面向业界展示了谯城优势及安徽品牌实力，展示企业创新成果。

3. 服务企业，促进产业发展

（1）提供交流平台

①内部交流

为增进食品行业同仁交流互鉴，协会主要领导带队先后前往安徽古井贡酒股份有限公司、洽洽食品股份有限公司、三只松鼠股份有限公司、同庆楼餐饮股份有限公司、安徽金种子酒业股份有限公司、安徽同福集团股份有限公司等多家会员单位进行调研考察交流活动。通过面对面互动与交流，了解会员企业的经营理念、产品特色和企业文化，深入研究产业发展存在的困难和问题，力求实现抱团融合发展，共同推动产业优化升级，打造徽州区域特色品牌，促进产业高质量健康发展。

②外部交流

6月份协会组织会员企业先后赴贵州茅台酒股份有限公司、贵州习酒投资控股集团有限责任公司、四川郎酒集团有限责任公司、四川泸州老窖股份有限公司、四川省宜宾竹海酒业有限公司及四川省宜宾五粮液集团有限公司实地参观考察，结合安徽省白酒产业发展实际，与当地酒业协会、酒企进行深入交流。促进各会员企业相互学习，取长补短，提升协会服务会员单位能力，拓展协会发展思路。11月，协会组织会员企业前往江苏今世缘酒业股份有限公司、江苏汤沟两相和酒业有限公司、国家白酒产品质量监督检验中心、江苏洋河酒业等地考察调研，此次调研考察活动不仅加强了安徽省食品行业协会与江苏企业之间的联系与交流，也对安徽省食品行业的健康发展起到了积极的推动作用。

③企业展示

安徽省食品行业协会立足桥梁纽带优势，通过与政府部门的紧密合作，及时了解政策动态和监管要求，为会员企业提供有针对性的指导和支持。为了更好地服务会员企业，协会开通了微信公众号、抖音等公众宣传平台，通过这些平台发布分享社会组织建设的经验做法，展示社会组织的贡献作为，宣传阶段性产业政策，国内外产业发展方向，食品前沿科技动态和市场动态，会员企业风采以及协会活动情况等等，让会员全面了解、及时掌握和实时采集相关最新信息资源为己所用。同时，协会还通过这些平台与会员企业进行互动交流，解答疑问和提供帮助。截至目前，协会为安徽古井贡酒股份有限公司、洽洽食品股份有限公司、同庆楼餐饮股份有限公司、安徽百大合家福连锁超市股份有限公司、安徽金种子酒业股份有限公司、安徽同福集团股份有限公司、安徽口子酒业股份有限公司、安徽文王酿酒股份有限公司、安徽立全宏达食品有限责任公司等企业进行了宣传，共发布政策、行业信息、协会动态、转发新闻、会员单位宣传与公益宣传196余篇。

（2）提供技术服务

安徽省食品行业协会一直注重加强专家队伍建设，尽力为企业提供技术支持，推动企业创新发展。今年，协助6家企业获得许可认证（食品许可认证7项，塑料包装认证1项）；协助企业制定地方标准6项（安徽宣酒集团股份有限公司、安徽国科检测科技有限公司、亳州市文化旅游体育局等单位《地理标志产品—宣酒》《食品生产安全智慧监管平台建设规范》《餐饮服务食品安全智慧监管平台建设规范》《国家级非物质文化遗产 华佗五禽戏13式动作规范》《国家级非物质文化遗产 华佗五禽戏25式动作规范》《国家级非物质文化遗产 华佗五禽戏26式动作规范》）；协助安徽金种子酒业股份有限公司、安徽文王酿酒股份有限公司制定中国食品工业协会团体标准3项（《柔雅馥合香型白酒》《绵甜型白酒》《绵甜型白酒生产技术指南》）；发布安徽省食品行业协会团体标准40项，帮助企业制定企业标准7项；引导黄山皖新徽三食品供应链有限公司、安徽王仁和米线食品有限公司、安徽亳城古道养生餐饮管理有限公司制定并在全省率先发布了《预制菜 徽州臭鳜鱼》《预制菜 徽州毛豆腐》《预制菜 徽州刀板香》《预制菜 速食米线》等10项预制菜标准；目前已立项且正在制定的有团体标准《霍山石斛原浆》《寿县大米加工技术规程》等。

同时，协会还积极举办专业技能培训与竞赛，帮助企业提升员工技能水平，提高生产效率。2023年，协会通过举办白酒国家评委安徽省换届考前培训班、第二期食品安全总监培训班、农产品食品检验员培训班、“洽洽杯”全省食品检验职业技能竞赛暨全省首届食品安全管理职业技能竞赛、安徽省“口子杯”首届白酒酒体设（兼香型及创新香型）竞赛等，帮助安徽省食品企业提升员工技能水平，提高了企业竞争力，为推动中小企业高质量发展作出了积极贡献。

（3）提升企业品牌形象

为推动安徽省食品行业发展，充分挖掘县域特色食品资源，培育名优特色食品品牌，服务食品高质量发展。一是2023年度安徽省食品行业协会启动“安徽省名优特色食品”认定工作。通过企业自愿申报、资料评审、现场审查等程序，安徽燕之坊食品有限公司的“燕之坊芝麻核桃黑豆粉”、亳州市酒厂有限公司的“金不换复兴20”等13家单位22个品种的产品经过专家现场评审，获得了“安徽省名优特色食品”的认定。二是协会联合长三角省级食品协会在宣城召开长三角名优食品品牌大会，邀请了长三角近300家企业到会交流，长三角共228家企业荣获“长三角名优食品”认定，其中安徽53家企业荣获此荣誉；三是在由江苏、上海、浙江、安徽三省一市食品协会主办的“2023年度长三角名优食品品牌峰会”上，我省的安徽古井贡酒股份有限公司的古井贡酒、洽洽食品股份有限公司的小黄袋每日坚果、安徽燕之坊食品有限公司的黑八宝等一批特色风味食品受到了业界好评，我省会员企业共50家品牌上榜。四是在全国食品工业科技进步大会暨中国食品工业协会科学技术奖颁奖盛典上，经协会推荐申报的6个项目成功获奖，2人获得科技创新领军人物，4人获得创新杰出人才。五是在《第四届中国白酒黄淮核心产区高质量发展峰会》上，协会充分发挥自身优势和影响力，积极推荐安徽古井贡酒股份有限公司、安徽迎驾贡酒股份有限公司、安徽金种子酒业股份有限公司、安徽口子酒业股份有限公司、安徽金不换白酒集团等企业白酒产品参评。经专家品鉴，安徽酒业共有10款产品分别荣获“第四届黄淮流域白酒核心产区地域标志产品称号”与“第四届黄淮流域白酒核心产区典型风格产品称号”。

协会的一系列举措，不仅提升安徽省食品行业企业的知名度和竞争力，推动行业高质量发展。同时，也有助于挖掘和推广各地的特色食品资源，促进长三角地区的食品行业交流与合作。

4. 耦合资源，开拓企业创新发展思路

创新发展思路，面对新时期我国食品行业发展特点和安徽省食品发展特色，推动企业破解“成长难题”，助推工业经济转型升级。一是协会与食品伙伴网在山东烟台联合主办了《首届食品行业产学研合作创新研讨会》，邀请了国内近百家高校参会研讨，为深化校企合作、产教融合，以食品行业技术发展的最新需求推动食品院校的人才培养，促进食品科技创新和产业转型升级，提升食品行业的竞争力和影响力。为推动我省预制菜产业健康有序发展，活动的开展，不仅促进了安徽省食品行业高质量健康发展，也积极发挥协会在政府与企业之间的桥梁纽带作用，尽可能更好地打造区域特色品牌，提升行业竞争力和影响力；二是协会举办了以“预制菜产业发展与安徽机遇”为主题的《餐饮行业发展沙龙》，通过行业主管部门、各行业协会及食品企业的深入探讨，为预制菜行业的转型升级提供有价值的启示和建议，共同推动安徽省预制菜行业高质量发展；三是协会积极组织企业参加了《长三角绿色食品加工业大会》《全国调味品产业大会》《第四届中国白酒黄淮核心产区高质量发展峰会》《中国特种食品产业融合发展高峰论坛》《淮北食品工业博览会》《中国团餐产业博览会》等活动并交流研讨。

5. 携手双招双引 推动产业升级

招商引资、招才引智是一个需要高智商、高情商、高超的组织运作能力的复合性经济活动。为贯彻落实新发展理念、实现高质量发展，协会本着引进新变量，创造新组合，提供新可能，培植新优势的思路，通过大力培育高素质的创新人才、吸收新型的经济产业，落实新发展理念，从而带动我省食品行业的健康快速、高质量发展。

4 月份，全国糖酒会期间，陪同长丰县领导赴四川、重庆招商考察了重庆周君记食品、四川肖老五食品等，并与四川天润食品等进行了深入交流；陪同明光市政府赴山东考察了山东惠发集团、好太太食品、谷淦食品、山东七河食品等项目，并协助市场局成功引来山东谷淦食品、山东好太太食品、四川郫县豆瓣股份公司赴长丰未来食品产业园、安庆胡玉美食品等企业考察，已达成初步投资意向；陪同淮南市政府及牛肉汤基金筹备组“双招双引”一行，连续走访了：大北农（A 股）、益客食品（A 股）、恒顺醋业（A 股）、燕诚集团、千喜鹤、信良记、中腾食品、坎爷火锅盘点美味、麦金地、每日食品等国内知名预制菜、团餐企业，并于 11 月份正式成立淮南市绿色食品产业基金；招商益客股份来淮南考察，拟投资 1 亿只白羽鸡养殖、加工一体化项目；推荐特殊医学食品企业 – 浙江科露宝项目在安徽落地、并相继推荐合肥、黄山等对接考察中；协助合肥市农业局赴成都赴新希望集团、龙大集团招商；赴上海对接 Foodaily 每日食品机构，并达成了在安徽设立食品创新孵化器的意向，下一步对接滁州园区，帮助升级为国际创新型食品园区，并计划 24 年引进欧洲 50 家企业来安徽交流。

6. 凝心聚力抓党建 履职尽责显担当

坚持党的领导，是走中国特色社会组织发展之路的本质要求，也是行业协会商会健康发展的根本保证。协会一直把党建工作放在第一位，在中共安徽省社会组织综合党委的领导下，推进党建与社会组织业务相融互促，以党建为中心，打造了以“一面旗帜、三个服务领域”为主要内容的党建力量，积极履行社会责任，努力服务发展大局，树立了良好的社会形象。不断加强支部各项基本建设，积极推进党员队伍规范化管理，较好地完成了上级分配的各项工作任务，积极组织参加 3·15 国际消费者权益日主题宣传、“誓言庆七一”等党建主题活动，组织党员、积极分子接受红色文化熏陶，开展组织生活会、民主评议党员会等活动。2024 年，被安徽省社会组织综合党委批准为省级十大新兴产业类社会组织分党委书记单位，任命协会常务副会长兼秘书长邵栋梁为书记。

安徽省食品行业协会

3.13 江西省

【a. 概况】

2023 年，江西省规模以上食品工业企业 1178 户，同比增加 90 户（不含烟草制品业，下同）。资产总计 1664.68 亿元，同比下降 6.11%。亏损企业亏损总额 31.31 亿元，同比下降 36.64%。全年实现营业收入 1662.96 亿元，同比下降 1.2%；利润总额 75.05 亿元，同比下降 9.99%。其中，农副食品加工业营业收入保持增长态势，同比增长 0.33%，食品制造业营业收入同比下降 5.33%，酒、饮料和精制茶制造业同比下降 4.18%。

【b. 大事记】

1 月 17 日，政协第十三届全国委员会常务委员会第二十五次会议在北京闭幕。会议经过表决，江西煌上煌集团有限公司董事长褚浚作为中华全国工商业联合会代表荣誉当选中国人民政治协商会议第十四届全国委员会委员。

3 月 31 日至 4 月 2 日，由中国食品工业协会主办的 2023“兴化杯”全国食品工业行业调味品品评师职业技能竞赛决赛在江苏省兴化市举行，江西省食品工业协会荣获优秀组织单位奖。

4 月 12 日至 14 日，江西省食品工业协会组织白酒企业参加成都第 108 届糖酒商品交易会（春季）。

4 月 27 日，珍酒李渡集团（以下简称“珍酒李渡”）于香港交易所主板挂牌上市，股票代码 6979.HK，成为港股白酒第一股，也是近 7 年来白酒行业唯一成功上市的企业。

4 月 28 日，国宝李渡 2023 中国白酒申遗论坛暨第二届国家工业遗产峰会在江西省南昌市召开。

5 月 9 至 11 日，江西省食品工业协会组织食品企业参加中国食品工业协会品牌战略工作委员会举办的广东研学活动，与广东食品行业交流学习。

5 月 13 日，江西省食品工业协会组织食品企业参加由中国食品工业协会在河南省漯河市举办的食品工业生产经营情况企业家座谈会。

5 月 18 日，江西省食品工业协会组织食品企业参加广西工业和信息化厅在广西南宁市举办的 2023 年广西食品加工产业链招商推介会，并在广西考察。

5 月 30 日，由中国物流与采购联合会农业产业供应链分会主办，中国预制菜产业园创新发展工程承办，江西省食品工业协会等单位协办的第二届中国预制菜产业园创新发展大会暨首届三产融合与乡村振兴高质量发展研讨会在上海市举行。

6 月 6 日，江西省人力资源和社会保障厅发出公示，经个人申报、单位推荐、专家评审、组织考察，初步选拔产生了江西省 2023 年享受国务院特殊津贴推荐人选，四特酒有限责任公司付建生、宜春大海龟生命科学股份有限公司孙海辉、江西晶昊盐化有限公司朱文宝入选。

6 月 9 日，首届中国特（兼）香型白酒产业高质量发展峰会在江西省樟树市举行。

7月12日，江西省人民政府印发《江西省制造业重点产业链现代化建设“1269”行动计划（2023—2026年）》，其中食品产业链建设到2026年营业收入力争达到2000亿元。

7月26日，江西省食品工业协会发出《拒绝过度包装维护健康的茶叶市场秩序倡议书》，呼吁江西省各有关茶叶生产、销售企业坚决抵制茶叶过度包装和奢靡之风，确保茶叶产品包装合法合规，保障消费者合法权益，维护安全健康的茶叶市场秩序。

8月1日，一批食品项目获江西省人民政府颁发的2022年度江西科学技术进步奖。

8月28日至31日，江西省食品工业协会第十二届果露黄酒评酒委员换届选聘工作在吉安市举行。

9月9至11日，由江西省市场监督管理局、江西省人力资源和社会保障厅、江西省国有资产监督管理委员会、江西省总工会、共青团江西省委员会、江西省妇女联合会指导，江西李渡酒业有限公司等单位承办的2023年江西省“振兴杯”食品行业职业技能竞赛决赛在南昌市举行。

10月25日，江西省食品工业协会组织企业参加在四川省泸州市举行的国际蒸馏酒品牌大会，与全国白酒行业交流学习。

12月30日，2023中国食品工业协会科学技术奖颁奖大会在南京国际博览会议中心举行，江西省一批企业和个人获奖。

【c. 技术创新】

1. 2023年度“中国食品工业协会科学技术奖”

2023中国食品工业协会科学技术奖颁奖大会于12月30日在南京国际博览会议中心举行，江西省一批企业和个人获奖，获奖名单如下：

（1）优秀项目

- 特等奖

项目名称：功能发酵乳制品加工与质量安全控制关键技术集成与应用

项目完成单位：沈阳农业大学、内蒙古蒙牛乳业（集团）股份有限公司、辽宁辉山乳业集团（沈阳）有限公司、江西仁仁健康微生态科技有限公司

主要完成人：武俊瑞、乌日娜、李树森、史海粟、杨慧、史玉东、余萍、张目、臧健、王新妍、安飞宇、矫艳平、王泽英、曹雪妍、李墨翰

- 一等奖

项目名称：灵芝孢子油主要功能机制研究及高值化应用

项目完成单位：江西仙客来生物科技有限公司

主要完成人：潘新华、潘峰、周俊甫、王治宇、梅愉、袁荣华、魏鑫丽、张锐敏、余华君、周敏芝、季晓红、谢星、郭培花、张玉坤、杨宝学

项目名称：翻沙工艺在特香型白酒生产中的应用研究

项目完成单位：江西李渡酒业有限公司

主要完成人：汤向阳、吴立平、朱栋才、杨涛、李杰、胡少伟、包彤彤、黄建平、罗马、田江、席晨颢、冯钰翔、赵正云、黎贞、张志刚

项目名称：德上牌破壁灵芝孢子粉胶囊

项目完成单位：江西德致生物科技有限公司

主要完成人：盛文胜、郭新强、陈天野、邹松、谢作桦、陈琦、唐文萱、芦玲、张思琼、柳连玉、周立翔、刘德文、邹庆

- 二等奖

项目名称：“籼粳糯”混合大米酿造特香型白酒关键技术研究

项目完成单位：四特酒有限责任公司、南昌大学

主要完成人：曾婷婷、吴生文、付桂明、林培、徐柏田、祝云飞、熊秋萍、黎清华、付建生、彭思妮、杨顺安、罗莉

项目名称：罗汉果天然健康甜全产业链技术创新与数智化应用示范

项目完成单位：湖南华诚生物资源股份有限公司、湖南省植物园、江西海富生物工程有限公司

主要完成人：刘庚贵、彭静、刘代、王萍、彭信海、黄华学、李伟、曾润清、宋谷良、黄俊、贺进军、詹爽

• 三等奖

项目名称：多粮造特香型白酒品质提升关键技术创新及应用

项目完成单位：南昌莲塘高粱酒业有限公司

主要完成人：肖敏、肖斌、游浩、肖水芽、黄浔江、刘志锋

项目名称：无蔗糖桃酥

项目完成单位：江西食品厂

主要完成人：吴华忠、程凤根、徐进、吴玉铭、程巍

项目名称：全粮酱酒关键生产技术及产品研发

项目完成单位：江西全粮液酒业有限公司

主要完成人：苏宏盛、何英、徐基炎、林观礼、张华国、邓丽华

项目名称：馥合赣香型白酒菌群构建与应用

项目完成单位：江西章贡酒业有限责任公司、赣南医学院、赣州经济技术开发区疾病预防控制中心

主要完成人：曾炜、朱秀志、吴海燕、郭义妹、廖志勇、张世山、廖礼杰

项目名称：中国特香新典范白酒的生产新技术及产品研发

项目完成单位：婺源县美丽乡村酿酒厂

主要完成人：程仲奇、余进刚、程晓航、詹攀

（2）**先进个人**

科技创新领军人物

吴立平：江西李渡酒业有限公司

盛文胜：江西广来健康产业有限公司

科技创新杰出人才

王凯：江西东坚农业发展有限公司

朱栋才：江西李渡酒业有限公司

苏宏盛：江西全粮液酒业有限公司

肖敏：南昌莲塘高粱酒业有限公司

林培：四特酒有限责任公司

程仲奇：婺源县美丽乡村酿酒厂

潘峰：江西仙客来生物科技有限公司

2.2022 年度江西省科学技术奖

8 月 1 日，江西省人民政府决定对 2022 年度为江西省科学技术进步、经济社会发展作出突出贡献的科技工作者和组织给予奖励。一批食品项目获科学技术进步奖二等奖：

（1）**项目名称：蜂王浆、天然蜂粮生产及蜜蜂授粉关键技术研究与应用**

主要完成人：曾志将、章晋武、颜伟玉、吴小波、席芳贵、刘光楠、曾星凯、何旭江、江武军、林金龙

主要完成单位：江西农业大学、江西省养蜂研究所、南昌同心紫巢生物工程有限公司、石城县农业技术推广中心、吉安市农业农村产业发展服务中心

（2）**项目名称：传统腌制蛋绿色加工关键技术与应用**

主要完成人：涂勇刚、赵燕、吴娜、徐明生、姚瑶、胡晓波、谌淑平、杜华英、王文君、李锐

主要完成单位：江西农业大学、南昌大学、江西天韵农业开发股份有限公司、江西神珠田园食品有限公司

（3）**项目名称：高标准康复营养活性肽产品开发关键技术及产业化**

主要完成人：刘文君、熊艳霞、谷瑞增、易敏之、蔡木易、李诒光、廖群、刘慧莹、刘丹、刘文颖

主要完成单位：江中药业股份有限公司、中国食品发酵工业研究院有限公司

（4）项目名称：江西传统板鸭的标准化绿色加工关键技术创建及产业化应用

主要完成人：刘晓华、陈红兵、赖贻奎、佟平、武涌、李海星、金恒、谢冬根、袁春妍、谢萍

主要完成单位：南昌大学、江西省吉水八都板鸭有限公司、江西南安板鸭有限公司、江西煌德食品集团有限公司、吉安市农业农村产业发展服务中心、赣州市畜牧业发展和动物疫病防控中心

（5）项目名称：特香型白酒生产过程质量控制关键技术与产业化

主要完成人：吴生文、林培、付桂明、李科发、吴晓玉、黄建勇、肖冬光、曾婷婷、叶芝红、胡贤民

主要完成单位：四特酒有限责任公司、南昌大学、江西农业大学、天津科技大学

（6）项目名称：柑橘果皮高效利用关键技术研发与应用

主要完成人：胡居吾、李雄辉、韩晓丹、吴磊、王慧宾、徐国良、罗南新、袁菊如、季清荣、邓朝阳

主要完成单位：江西省科学院应用化学研究所、江西意蜂实业有限公司

【d. 人才建设】

1. 中国食品工业协会第十届白酒国家评委

中国食品工业协会于4月25日发文聘任第十届白酒国家评委，江西省有12人被聘任为第十届白酒国家评委，4人被聘任为第十届白酒国家特邀评委，名单如下：

（1）第十届报考的白酒评委

席晨颢：江西李渡酒业有限公司

黄建勇：四特酒有限责任公司

（2）考试合格继续聘任的第十届白酒国家评委

熊文波：四特酒有限责任公司

黄小晖：江西陶令酒业有限公司

姜　雪：江西堆花实业有限责任公司

（3）符合免试考试条件继续聘任的第十届白酒国家评委

黎清华：四特酒有限责任公司

谢观音：信丰恒隆麦饭石酒业有限公司

曾宪忠：江西七宝酒业有限责任公司

上官笑云：江西鹰潭市天狮酒业有限公司

廖志勇：江西章贡酒业有限责任公司

何　英：江西全粮液酒业有限公司

黄浔江：南昌莲塘高粱酒业有限公司

（4）江西省第十届白酒特邀国家评委名单

汤向阳：江西李渡酒业有限公司

吴生文：四特酒有限责任公司

陈叔然：江西省食品工业协会

周筱春：江西井冈酒业有限责任公司

（周筱春同志符合免试考试条件，因年满60周岁，按照第十届白酒国家评委的聘任规定，聘任为第十届白酒特邀国家评委）

2. 中国食品工业协会第五届调味品国家评委

中国食品工业协会调味品专家委员会于5月8日印发中国食协第五届调味品国家评委和特邀评委名单，宜丰县宾顺食品有限公司李师女、江西大家食品有限公司骆扬聘任为中国食协第五届调味品国家特邀评委。

3. 江西省食品工业协会第十二届果露黄酒评酒委员

江西省食品工业协会于9月21日印发聘任江西省食品工业协会第十二届果露黄酒评酒委员名单：

（1）资深评酒委员（5人）

闵文峰：婺源人家酒业有限责任公司

张处平：江西齐力实业有限公司

曾庆云：宁都县长胜镇南村酒厂

黎清华：四特酒有限责任公司

戴兴开：江西齐力实业发展有限公司

（2）符合免试考试条件继续聘任的评酒委员（16人）

叶梅花：抚州圣玖堂食品有限公司

孙凤兰：江西麻姑山实业有限公司
肖丽辉：樟树市筑卫城酒业有限公司
余源紫：江西婺源红酒业有限公司
林　培：四特酒有限责任公司
郑　君：江西郑记麻姑酒业有限公司
胡　英：江西君子谷野生水果世界有限公司
胡典钦：江西泰和福泰酒业有限公司
胡朝阳：江西安石坊酒业有限公司
闻丘雄：万载县辉明酒厂
夏思进：江西思科食品有限公司
郭勇辉：万载县辉明酒厂
黄　龙：万载县辉明酒厂
黄建勇：四特酒有限责任公司
曾育宏：江西武山凤实业有限公司
谢文峰：万载县辉明酒厂

（3）考试合格继续聘任的评酒委员（10 人）

刘文兰：江西白凤酒业有限公司
但　琴：婺源人家酒业有限责任公司
张　琴：江西山谷春酒业有限公司
张华国：江西全粮液酒业有限公司
陈云虎：樟树市王子酒业有限公司
周卫平：江西山谷春酒业有限公司
周新生：吉水县龙城酒厂
胡怡冰：江西恒丰酒业有限公司
梁仰梅：江西吉凤实业有限公司
程仲奇：婺源县美丽乡村酿酒厂

（4）第十二届报考的评酒委员（29 人）

王智广：鹰潭市潭花酒业有限责任公司
仇文华：源本坊酱酒体验中心
叶小文：进贤县架桥五谷酒坊
汤洪强：江西柴埠口酒业有限公司
李　卓：江西江右酒业有限公司
李佑炉：庐山市简寂观酒厂
李建英：上犹县犹泉酒酒坊
肖若虹：江西章贡酒业有限责任公司
吴茂钦：九江市烟水亭封缸酒业有限公司
吴盛斌：庐山市一泉贡酒业有限公司
邱钰聖：源本坊酱酒体验中心
邹　燕：樟树市王子酒业有限公司
张　涛：江西齐力实业发展有限公司
林伟武：抚州阿甘酿酒有限公司
周巾英：江西省农业科学院农产品加工研究所
居志强：江西白凤酒业有限公司
钟方帆：鹰潭市潭花酒业有限责任公司
徐　龙：江西全粮液酒业有限公司
高　扬：南昌市商务局
高安琪：江西章贡酒业有限责任公司
黄　勇：江西咪噢酒业有限公司
黄　腾：宜黄县酿神纯粮酒坊
黄小军：江西省钤阳红酒业有限公司
曹海军：九江系马桩酒业有限公司
龚志辉：峡江县辉越酒业有限公司
韩文昶：江西省万年红酒业有限公司
赖南昌：江西省天贻香实业控股有限公司
简　卫：新余市渝水区良山镇良品酿酒坊
廖琼雯：江西章贡酒业有限责任公司

（5）第十二届报考的实习评酒委员（16 人）

王从波：仁怀市家天下酒业有限公司
王艳芳：江西葛俩好酒业有限公司
付　懿：南昌天日成实业有限公司
付文像：江西省江南樽酒业有限公司
冯承锦：宁都县固村镇山泉山甲酒酿造有限公司
朱小勇：江西省天贻香实业控股有限公司
刘　珊：吉安固江酒厂
李世勇：进贤县温圳酒厂
汪跃华：江西盘圣食品酿造股份有限公司
张燕贵：江西章贡酒业有限责任公司
金志敏：江西老金果业有限公司
胡建文：南昌市青山湖区百年封缸米酒坊
俞树彬：宁都县固村镇工坊天一酒坊
袁斯友：奉新县思友酒坊
蔡　琦：婺源县清华酒业有限责任公司
戴金民：江西六河盛世酒业有限公司

（6）特邀评酒委员（15 人）

冯坤华：江西省宁都县山泉三甲酿造有限公司

刘小辉：万载县辉明酒厂

刘传金：江西皇五爷酒业有限公司

刘景致：鹰潭市潭花酒业有限责任公司

罗俊勇：江西麻姑山实业有限公司

郑贵林：江西郑记麻姑酒业有限公司

袁志豪：江西白凤酒业有限公司

聂阳华：江西盘圣食品酿造股份有限公司

徐基炎：江西全粮液酒业有限公司

郭仁林：江西山谷春酒业有限公司

覃民扬：江西君子谷野生水果世界有限公司

谢明进：江西省天贻香实业控股有限公司

廖志勇：江西章贡酒业有限责任公司

王立新：江西婺源红酒业有限公司

冷舒联：江西帝缘食品有限公司

【e. 品牌建设】

1. 食品工业营养健康行动标志性成果及领导者名录

由中国食品工业协会、安徽省阜阳市人民政府主办，以“绿色、科技、营养、健康”为主题的 2023“食品工业营养健康产业发展暨食品工业营养健康行动标志性成果和核心领导者名录发布大会”于 2024 年 1 月 8 日在安徽省阜阳市隆重召开，江西省一批企业和个人入选“食品工业营养健康行动标志性成果及领导者名录”，入选名单如下：

（1）食品工业营养健康行动标志性产品名录

雅因乐益生元钙铁锌有机米粉（雅因乐有机婴幼儿钙铁锌米粉）、雅因乐强化铁有机米粉（雅因乐有机婴幼儿强化铁米粉）：江西广来健康产业有限公司

仙客来灵芝孢子粉：江西仙客来生物科技有限公司

白凤乌鸡酒：江西白凤酒业有限公司

汪氏蜂怡软胶囊：江西汪氏蜜蜂园有限公司

无蔗糖枸杞灵芝桃酥：江西食品厂

酵素饮料、南丰蜜桔原酿醋：江西博君生态农业开发有限公司

葛根原粉，葛根片：抚州斌泉葛根保健品开发有限公司

皇菊糯米酒（干型）：婺源县美丽乡村酿酒厂

马洪老酒（干型）：新余市马洪实业有限公司

（2）食品工业营养健康行动核心领导者名录

汪玲：江西汪氏蜜蜂园有限公司董事长

潘峰：江西仙客来生物科技有限公司总经理

2. 特色风味食品标志性产品、制作技艺传承人及核心产区名录

6 月 17 日，“中国特色风味食品产业峰会暨特色风味食品标志性产品、制作技艺传承人及核心产区名录”发布会在四川省绵阳市召开。会上，中国食品工业协会经过组织专家评审、遴选，对全国 382 个特色风味食品标志性产品，203 名特色风味食品制作技艺传承人，8 个特色风味食品核心产区发布结果并颁发证书。江西省入选名单如下：

（1）特色风味食品标志性产品

稻香园牌家乡豆豉：南昌稻花园调味食品有限公司

风缸牌九月酒：青山湖区百年封缸酒坊

富龙牌冰糖菊花蛋、大骨茶蛋、富硒早餐蛋、蜂蜜黄牛焙片、富石硒肉粒、赣味肉干：江西富龙食品有限公司

花蝴蝶牌麻辣豆皮：江西花蝴蝶食品有限公司

煌上煌牌酱鸭（清香、微辣、麻辣）：江西煌上煌集团食品股份有限公司

桔花香牌陈皮辣椒酱（微辣）、发酵陈皮（南丰桔饼）、南丰蜜桔陈皮糕：江西桔花香食品有限公司

桔旺牌南丰蜜桔果醋饮料：江西博君生态农业开发有限公司

李渡牌 52 度李渡高粱酒 1308：江西李渡酒

有限公司

麻姑长寿牌15%vol麻姑长寿酒：江西麻姑山实业有限公司

梦里老家牌12%vol皇菊酒、12%vol皇菊糯米酒：婺源县美丽乡村酿酒厂

牡丹亭牌多味花生：大余县牡丹亭旅游食品有限公司

四特酒牌50%vol十五年、52%vol四特东方韵－国韵：四特酒有限责任公司

汪氏牌蜂王浆花粉片：江西汪氏蜜蜂园有限公司

雅因乐牌益生菌有机米粉、婴幼儿原味有机米粉：江西广来健康产业有限公司

愚哥牌酒糟鱼（辣）：江西大家食品有限公司

（2）特色风味食品制作技艺传承人

王小萍：男，大余县牡丹亭旅游食品有限公司，牡丹亭多味花生制作技艺

朱栋才：男，江西李渡酒有限公司，李渡高粱酒制作技艺

朱博：男，江西博君生态农业开发有限公司，桔旺南丰蜜桔果醋饮料制作技艺

李保根：男，南昌稻花园调味食品有限公司，稻香园豆豉制作技艺

欧阳春风：女，江西花蝴蝶食品有限公司，花蝴蝶麻辣豆皮制作技艺

罗俊勇：男，江西麻姑山实业有限公司，麻姑长寿酒酿造技艺

周彦如：男，江西广来健康产业有限公司，雅因牙益生菌有机米粉、婴幼儿原味有机米粉制作技艺

赵令凡：男，江西桔花香食品有限公司，桔花香陈皮辣椒酱、发酵陈皮（南丰桔饼）、陈皮糕制作技艺

胡少伟：男，江西李渡酒业有限公司，李渡高粱酒酿造技艺

胡顺文：男，青山湖区百年封缸酒坊，凤缸九月酒酿造技艺

骆　场：男，江西大家食品有限公司，愚哥酒糟鱼制作技艺

黄有迁：男，江西富龙食品有限公司，富龙肉干、卤肉、卤蛋制作技艺

程仲奇：男，婺源县美丽乡村酿酒厂，梦里老家皇菊酒、皇菊糯米酒制作技艺

3. 中国白酒品牌价值评价

10月25日，由国际品牌科学院、国际蒸馏酒品牌中心和国际网牌主办，中国品牌建设促进会、中国食品工业协会和新华社品牌工作办公室协办，泸州市人民政府和中国国家品牌网承办的“国际蒸馏酒品牌”大会在四川省泸州市召开，会议发布了《中国白酒品牌价值榜》，江西省申报的10家白酒品牌价值如下：

排名	企业名称	品牌价值（万元）
37	江西李渡酒业销售有限公司	70858.13
61	江西堆花酒业有限责任公司	13701.72
63	南昌莲塘高粱酒业有限公司	11063.87
67	江西章贡酒业有限责任公司	10707.14
81	江西七宝酒业有限责任公司	3.384.84
86	江西樟树贡酒业有限公司	1.975.64
88	江西陶令酒业有限公司	1.846.35
92	江西老金果业有限公司	1.190.00
106	江西省万成酒业有限公司	172.85
110	婺源县美丽乡村酿酒厂	57.12

4. 江西省19家中华老字号食品企业复核通过

5月8日，江西省商务厅发文公示全省22家中华老字号企业复核情况，19家食品企业复核通过。

江西省中华老字号食品企业复核情况汇总表

序号	原企业名称	原代表性注册商标	现企业名称	现代表性注册商标及相关信息	复核情况
1	九江市清真梁义隆食品有限公司	梁义隆 1384635	/	/	通过
2	九江石钟山豆制品有限公司	石钟山 3404488	/	/	通过
3	江西省宁红集团公司	宁红 24195024	江西省宁红集团有限公司	/	通过
4	贵溪市龙兴铺灯芯糕有限责任公司	龙兴铺铁拐李 5459092	/	/	通过
5	赣南果业股份有限公司赣州酒业分公司	章贡 582920	江西章贡酒业有限责任公司	/	通过
7	江西省大余县南安板鸭厂	南安板鸭	江西南安板鸭有限公司	南安 205967 南安腊味王 552323 南安腊鸭 552324 南安板鸭 552325、552326	通过
8	江西友家食品有限公司	德福斋	/	德福斋 12131075 5704177、9002907	通过
9	江西省宜丰洞山酒业有限公司	洞山 1152905 29526677	/	/	通过
10	江西省高安市大观楼腐竹有限公司	大观楼 8903424、172978	北京二商（江西大观楼）食品有限公司	/	通过
11	江西婺源县清华酒业有限责任公司	清华婺 3760311	婺源县清华酒业有限责任公司	/	通过
12	江西绿海油脂有限公司	绿海 3118994	/	/	通过
13	江西堆花酒业公司	堆花 657015	江西堆花酒业有限责任公司	/	通过
14	江西省遂川县狗牯脑茶厂	狗牯脑 9325857	江西狗牯脑茶业有限公司	/	通过
15	江西永叔府食品有限公司	永叔公 41390535 44804367	/	/	通过
16	江西金溪森和兴贡面厂	龙牌	金溪县森和兴贡面厂	森和兴 8778200	通过
17	南昌市品香斋旅游食品有限公司	品香斋 1571280	/	/	附条件通过
18	江西省九江市封缸酒厂	浔阳楼 3969444	湖口县国有资产经营有限责任公司	/	附条件通过
19	江西临川酒业有限公司	临川 124089	江西临川贡酒厂股份有限公司	/	附条件通过

【f. 政策法规】

江西省人民政府于 7 月 12 日印发江西省制造业重点产业链现代化建设“1269”行动计划（2023—2026 年），其中食品产业链建设：

坚持绿色、安全、健康、便利方向，强化种养、加工、仓储配送联动，聚力发展肉制品、禽畜制品、地方特色食品、预制菜等细分产业链，鼓励各地依托产业基础和龙头企业，打造细分领域特色优势产业链。到 2026 年，全产业链营业收入力争达到 2000 亿元。

【g. 协会工作】

1. 振兴江西白酒产业发展专题调研

为贯彻落实江西省委十五届四次全体（扩大）会议精神，4 月 4 日江西省食品工业协会配合江西省委统战部、江西省欧美同学会召开专题协商会，就江西省食品工业创新创业发展相关课题进行研讨。从 9 月 19 日起，先后赴江西李渡酒业有限公司、南昌莲塘高粱酒业有限公司、江西章贡酒业有限责任公司、龙南虔酒酒业有限公司、江西省赣酒酒业有限责任公司、江西堆花酒业有限责任公司、四特酒有限责任公司、江西七宝酒业有限责任公司 8 家企业，对我省白酒产业发展情况进行专题调研，撰写了《关于振兴江西白酒产业的建议》。

2. 第 108 届全国糖酒会江西特兼香白酒主题展馆

由江西省工业和信息化厅主办，江西省食品工业协会执行，江西长青国际商务会展有限公司承办的江西特兼香白酒主题展馆于 4 月 12–14 日亮相第 108 届全国糖酒会，这是江西白酒企业首次抱团参会，共有四特酒有限责任公司、江西李渡酒业有限公司、南昌莲塘高粱酒业有限公司、江西婺源红酒业有限公司、江西井冈酒业有限责任公司、南昌三花实业有限公司、江西省百花洲三花酒业集团有限公司、信丰恒隆麦饭石酒业有限公司、江西堆花酒业有限责任公司、江西全粮液酒业有限公司、江西恒丰酒业有限公司、江西章贡酒业有限责任公司、万载县辉明酒厂、樟树市王子酒业有限公司、江西樟树贡酒业有限公司、鹰潭市潭花酒业有限责任公司、江西陶令酒业有限公司 17 家江西省内知名的酒企参展。交易会期间与会代表还前往四川酒业集团有限公司参观学习。江西省工业和信息化厅领导考察四川酒业集团有限公司，调研四川省政府扶持企业发展的政策和先进经验。

3. 首届中国特（兼）香型白酒产业高质量发展峰会

6 月 9 日，由中国轻工业联合会指导，中国食品报社、江西省工业和信息化厅、宜春市人民政府主办，樟树市人民政府承办，江西省食品工协会和四特酒有限责任公司执行的首届中国特（兼）香型白酒产业高质量发展峰会在江西省樟树市举行。来自全国各地的专家学者、行业精英 200 余人聚集一堂，围绕“寻匠心白酒、品江西特有”主题，共商特（兼）香白酒发展大计，助推江西白酒产业高质量发展。

中国轻工业联合会党委常委、副会长李玉中，中国食品报社副社长卢兴益，江西省工业和信息化厅党组成员、副厅长谢志锋，宜春市委常委、副市长龚法生出席峰会并致辞。

江西省食品工业协会党支部书记、秘书长郝其刚作《从四特酒特香型的确立及创国优历程谈江西白酒的高质量发展》主题演讲，南昌大学付桂明教授作《特香型白酒酿造产香机制探讨》主题演讲。峰会还举行了白酒产业企业家圆桌会议和品牌推介活动及白酒感官质量品鉴。

4. 第四届中国白酒中南核心产区高质量发展大会

由中国食品工业协会白酒专业委员会、福建省食品工业协会、湖北省食品工业协会、湖南省食品行业联合会、江西省食品工业协会、广东省食品行业协会、广西食品工业协会共同主办，福建福矛酒业集团承办的第四届中国白酒中南核心产区高质量发展大会于 10 月 26–28 日在福建省南平市举行。本届大会以“相遇山海 洞察未来”为主题，分为产品品鉴、主旨演讲、专题对话、创新发展专题报告等多个环节，分享白酒企业高质量发展经验，探讨白酒行业变化趋势，品鉴典型风格白酒。江西省白酒骨干企业领导和技术营销高管等 70 多人参加了本届大会

在中南白酒核心产区典型风格产品品鉴会

上，经过白酒专家和技术人员分组品鉴，我省30个产品获奖，获奖名单如下：

（1）2023年度中国白酒中南核心产区标志产品奖

江西李渡酒业有限公司李渡元始天珍

江西省赣酒酒业有限责任公司赣酒1953

江西嵩阳酒业有限责任公司陈年嵩酒

江西樟树贡酒业有限公司50度大樟树贡

南昌三花实业有限公司1969老三花

江西全粮液酒业有限公司神农架酱酒·899

江西省百花洲三花酒业集团有限公司百花洲特曲

江西樟树仙茅老窖酒业有限公司赣仙酒

新余市马洪实业有限公司洪石泉

（2）2023年度中国白酒中南核心产区风格特色奖

四特酒有限责任公司四特十五年

樟树市义成酒厂鹿江（1993）

江西七宝酒酒业有限责任公司银窖

江西省贻酱酒业销售有限公司古韵

江西五谷村酒业有限公司五谷村洞藏老酒

江西堆花酒业有限责任公司堆花魁酒

南昌莲塘高粱酒业有限公司莲塘第一枪

江西劲雕酒有限公司好运百年（30年特香经典）

江西省天贻香实业控股有限公司瑞金天贻香老酱酒

江西锦江酒业有限责任公司锦礼特香柔6

进贤县湖滨大石佬生态农业发展有限公司湖滨釣仙

江西樟树老窖酒业有限公司樟树老窖

万载县辉明酒厂万载家酒

江西省乐平市洎阳古韵酒业有限公司乐平谷酒，洎阳古韵

江西婺源红酒业有限公司婺酒1992

樟树市能成酒业有限公司樟树能成特15

江西恒丰酒业有限公司牛头王窖藏

（3）2023年度中国白酒中南核心产区感官质量奖

江西陶令酒业有限公司陶令15

江西章贡酒业有限责任公司52度传世赣香G12

樟树市王子酒业有限公司樟树王子（28）

江西安石坊酒业有限公司安石坊15号

5. 第二届长三角绿色食品加工业（小岗）大会

由安徽省人民政府与中国食品工业协会联合举办的第二届长三角绿色食品加工业（小岗）大会于4月21日在农业“大包干”发源地安徽省小岗村召开，安徽省人民政府王清宪省长，张曙光副省长，中国食品工业协会常务副会长沈篪、副会长兼秘书长马勇等领导出席，有关院士专家及企业代表参加了会议。江西省食品工业协会，煌上煌集团，江西新煌厨餐饮有限公司应邀参加大会。江西省食品工业协会会长、煌上煌集团党委书记褚建庚在高端绿色食品产业集群及预制菜产业发展座谈会上发言，交流了煌上煌集团发展经验，并就预制菜发展提出建议。

6. 首届中国兼香型与创新型白酒高质量发展大会

由中国食品工业协会白酒专业委员会、安徽省食品行业协会、四川省酿酒协会、湖北省食品工业协会、黑龙江省食品工业协会、河南省食品工业协会、江苏省食品工业协会、山东省食品工业协会主办的首届中国兼香型与创新香型白酒高质量发展大会于11月8–9日在安徽省淮北市举行，江西省食品工业协会、江西章贡酒业有限责任公司、南昌三花实业有限公司、江西婺源红酒业有限公司、江西全粮液酒业有限公司应邀参加大会。江西章贡酒业有限公司传世赣香G12（复合赣香型，42%vol）、江西婺源红酒业有限公司婺酒2001（兼香型，48%vol）获首届中国兼香型与创新香型感官质量典型产品奖。

7. 做好2023年遏制“天价”月饼工作

为贯彻落实国家发展改革委、工业和信息化

部、商务部、市场监管总局四部门2022年第5号公告要求，持续做好2023年遏制“天价”月饼工作，坚决防止“天价”月饼反弹回潮，江西省发展改革委于2023年8月29日召开月饼市场监管协调工作会议，会议要求各部门要积极落实国家发展改革委等四部门2022年第5号公告精神，按职责分工开展工作，安排好下一阶段月饼市场监管工作。9月4日，江西省食品工业协会转发国家发展改革委等四部门2022年第5号公告，要求月饼生产企业自觉遵守《公告》要求，坚持月饼回归传统食品属性的导向，提倡节俭、反对浪费。守法经营、合理定价，促进月饼行业健康发展。

【h. 党建工作】

1. 认真开展学习贯彻习近平新时代中国特色社会主义思想主题教育的工作

主题教育开展以来，江西省食品工业协会党支部（以下简称党支部）根据中央、江西省委统一部署、江西省委主题教育办要求和江西省工业和信息化厅行业综合党委关于开展学习贯彻习近平新时代中国特色社会主义思想主题教育的工作提示，认真开展学习贯彻习近平新时代中国特色社会主义思想主题教育的工作，锚定主题教育目标要求，一体推进理论学习、调查研究、推动发展、检视整改，推动主题教育取得实实在在成效。

2. 学习贯彻党的二十大精神和习近平总书记考察江西重要讲话精神

党支部要求全体党员要把学习宣传贯彻党的二十大精神与开展学习贯彻习近平新时代中国特色社会主义思想主题教育活动结合起来，同贯彻落实上级各项决策部署结合起来，同服务行业高质量发展结合起来，同促进协会发展结合起来。把学习宣传贯彻习近平总书记考察江西重要讲话精神作为当前和今后一个时期的首要政治任务。

3. 认真开展组织生活、严格落实监督制度和党风廉政建设责任制

党支部积极落实“三会一课”制度，全年召开党员大会组织学习10次，上党课1次，召开专题组织生活会1次，编写各种辅导学习材料4期。建立了党组织参与和监督制度，充分发挥党组织在监督协会工作、诚信自律和反腐倡廉建设中的主导作用。

【i. 经济指标】

2023年江西省规模以上食品工业主要经济指标

分类	营业收入（万元）	同比增长（%）	利润总额（万元）	同比增长（%）
食品工业合计	16629643	–1.2%	750534	–9.99
农副食品加工业	11947964	0.33	270082	–13.18
食品制造业	2848430	–5.33	202319	–9.94
酒、饮料和精制茶制造业	1833249	–4.18	278133	–6.72

褚浚　陈叔然

3.14 河南省

【a. 概况】

食品产业是河南最重要的传统优势产业，为五大主导产业之首。2023 年，规模以上食品工业企业数 2876 家，同比增加 178 加；实现营业收入 5353.5 亿元，同比增长 6.25%，其中，农副食品加工 3191.90 亿元，同比增长 7.65%，食品制造 1004.84 亿元，同比增长 3.19%，酒、饮料和精制茶 516.55 亿元，同比增长 4.28%；烟草制品 640.21 亿元，同比增长 5.91%；实现利润总额 344.91 亿元，同比增长 24.15%，其中，农副食品加工 157.07 亿元，同比增长 2.59%，食品制造 70.39 亿元，同比增长 83.993%，酒、饮料和精制茶 44.61 亿元，同比增长 19.15%；烟草制品 72.84 亿元，同比增长 48.65%。

【b. 行业分析】

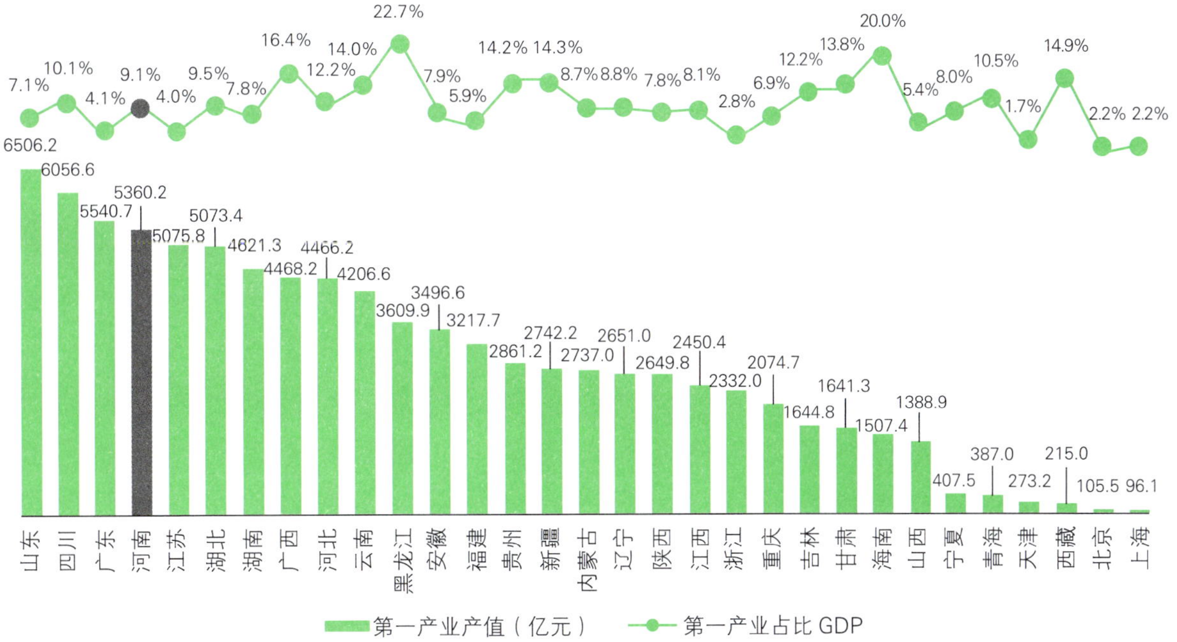

图 1　2023 年各省（市、区）第一产业增加值和第一产业占比 GDP 情况

数据来源：赛迪顾问整理，2024 年 5 月

1. 河南头部食品制造企业实力雄厚，但整体市场发展不均衡

（1）河南省食品制造业头部效应明显

河南省有 8 家食品类上市企业，2023 年河南省食品上市企业营业总收入为 2032 亿元，位列全国第二，仅次于上海市。从企业平均营收能力来看，2023 年，河南省食品类上市企业年平均营收为 254 亿元，位列全国第三，位列内蒙古和四川之后。

（2）河南省整体食品制造企业发展不均衡

河南省肉类、果蔬和面粉加工能力位居全国第一，目前，食品产业已形成万亿级产业集群，但河南省食品制造企业实力不均衡、小散乱现象突出。从高新技术企业数量和上市企业数量来看，河南食品行业高新技术企业数量为 266 家，位列全国第 9，距离排名前列的湖南、山东差距明显。食品类上市企业数量位列全国第 6，山东上市企业数量名列第一，不足山东省的 50%。

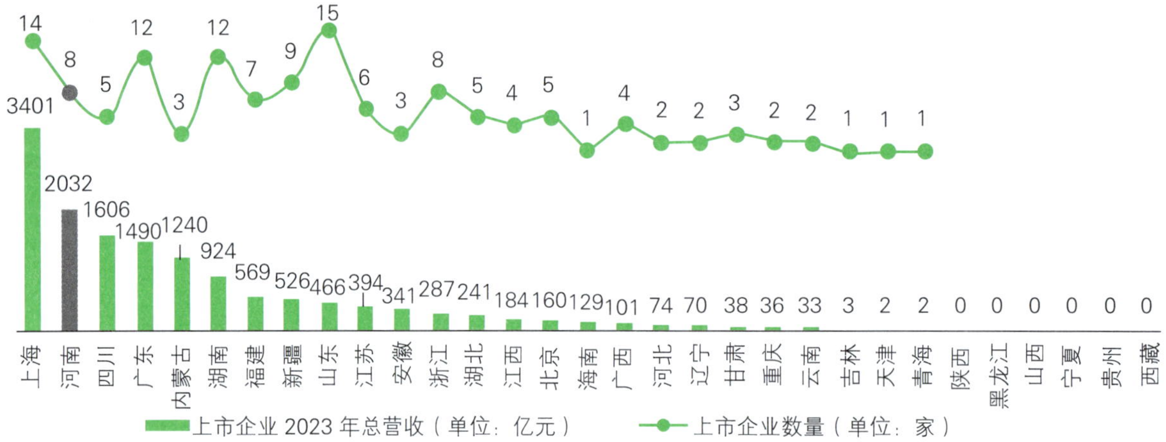

图 2 各省（市、区）2023 年食品制造业上市企业数量及总营业收入统计

数据来源：上市企业年报、赛迪顾问整理，2024 年 5 月

图 3 截至 2024 年 5 月各省（市、区）食品制造业高新技术企业数量

数据来源：赛迪顾问，2024 年 5 月

2. 各市食品产业错位发展

河南省食品制造业主要工业产品包括饮料酒、液体乳、熟肉制品、速冻米面制品四大类。从全省产业布局来看各市食品制造业差异化明显，饮料酒产品在郑州市、洛阳市、新乡市、商丘市四市饮料酒产品总产量为147.7万千升，占比全省产量达67.8%。液体乳产品集中在商丘市、焦作市、郑州市，三市液体乳合计产量为159.9万吨，占比全省产量达75.0%。熟肉制品主要产地在漯河市，漯河市熟肉制品产量为273.46万吨，占比全省达83.1%。速冻米面制品主要集中在郑州市和商丘市，两市产量占比全省达82.3%，各市产业错位发展，已形成四大产业集群。

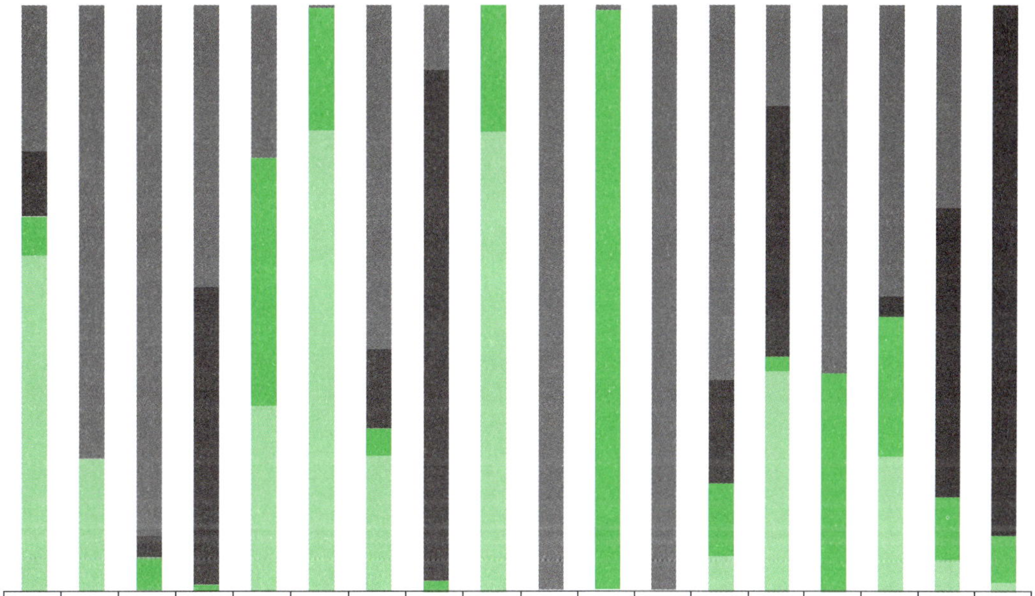

	郑州市	开封市	洛阳市	平顶山市	安阳市	鹤壁市	新乡市	焦作市	濮阳市	许昌市	漯河市	三门峡市	南阳市	商丘市	信阳市	周口市	驻马店市	济源示范区
饮料酒（万千升）	62.0	1.2	23.5	2.9	1.4	0.4	31.1	7.4		0.7	1.9	2.0	10.4	31.2	13.4	16.7	11.9	
液体乳（万吨）	26.7		1.4	3.0			7.3	57.6			0.9		3.0	76.3		1.2	17.7	18.3
熟肉制品（万吨）	15.3		1.1	0.1	2.2	3.4	2.4	1.1	1.8		237.5		2.0	4.9	7.8	7.9	3.7	1.7
速冻米面食品（万吨）	140.1	0.4			1.7	12.6			6.3		1.1		1.0	66.6		7.7	1.9	0.2

速冻米面食品（万吨） 熟肉制品（万吨） 液体乳（万吨） 饮料酒（万千升）

图4 河南省食品制造业主要产品区域结构

数据来源：河南省2023统计年鉴。赛迪顾问整理，2024年5月

3. 河南食品制造业品牌力有待提升

（1）河南食品制造业C端品牌布局较弱

通过梳理河南省食品制造业的高新技术企业，从全省高新技术企业的行业结构看，河南省食品制造业农产品/农副产品初加工、调味品/食品添加剂和屠宰及肉类加工等以原材料生产的供应链企业数量占比全省食品制造高新技术达65%，而休闲、保健等食品的生产主要以B端供应为主，直接面向C端的产品生产企业市场规模偏小，在消费者心智中具有品牌影响力数量较少。

（2）河南省行业龙头企业品牌建设投入不足

2023年，河南全省食品制造业上市企业合计销售费用支出41.9亿元。全省食品制造业上市企业销售费用支出位列全国第四，但与前三名差距较大。其中，内蒙古位列全国第一，2023年，内蒙古食品制造业上市企业销售费用达229.2亿元。

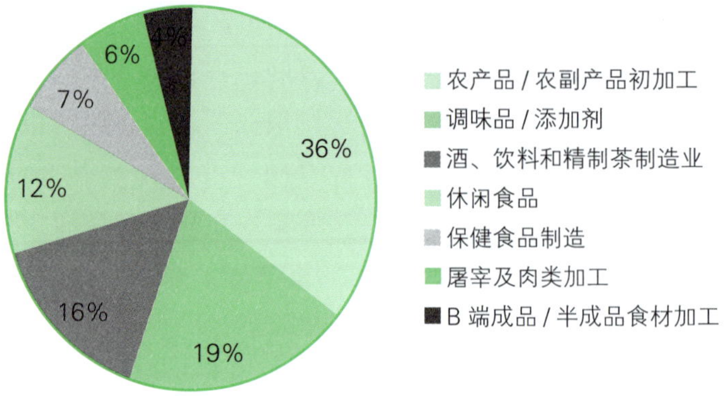

图 5　截至 2024 年 5 月河南省食品制造业高新技术企业行业结构

数据来源：赛迪顾问，2024 年 5 月

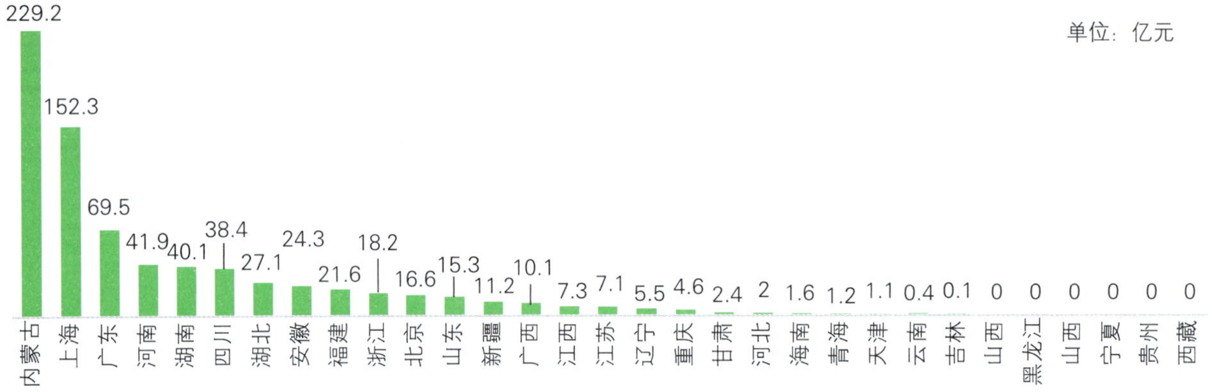

图 6　2023 年各省（市、区）食品制造业上市企业销售费用支出情况

数据来源：上市企业年报、赛迪顾问整理，2024 年 5 月

4. 整体行业研发投入水平与区域不平衡现象突出

（1）河南省食品制造业企业投入不均衡

2023 年，河南食品制造龙头上市企业研发投入位列全国第一，全省 8 家食品制造上市公司，平均研发投入位列全国第一。但从全省高新技术企业维度看，河南省食品制造高新技术企业数量仅有 266 家，位列全国第九，略高于全国均值，其高新技术企业数量为山东（排名第一）的 30%。

（2）河南省食品制造业高新技术企业分布不均衡

从河南全省高新技术企业的分布来看，郑州、焦作、南阳、周口、驻马店 5 市的食品制造高新技术企业数据占比全省份额达 54%，开封、济源、濮阳、安阳等 8 市的企业数量占比不足 5%。

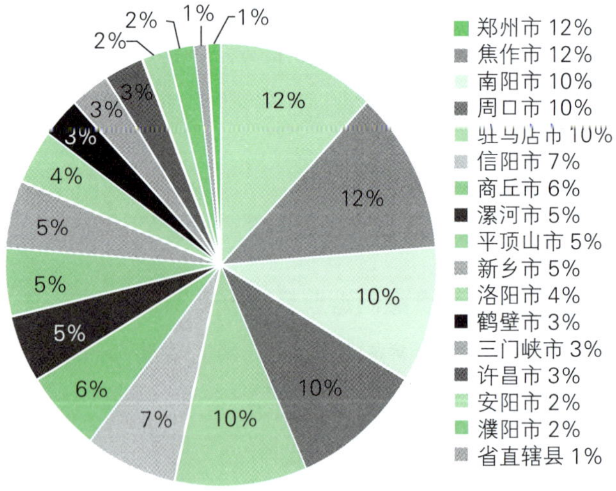

图 7　截至 2024 年 5 月河南省食品制造业高新技术企业城市分布

数据来源：赛迪顾问，2024 年 5 月。

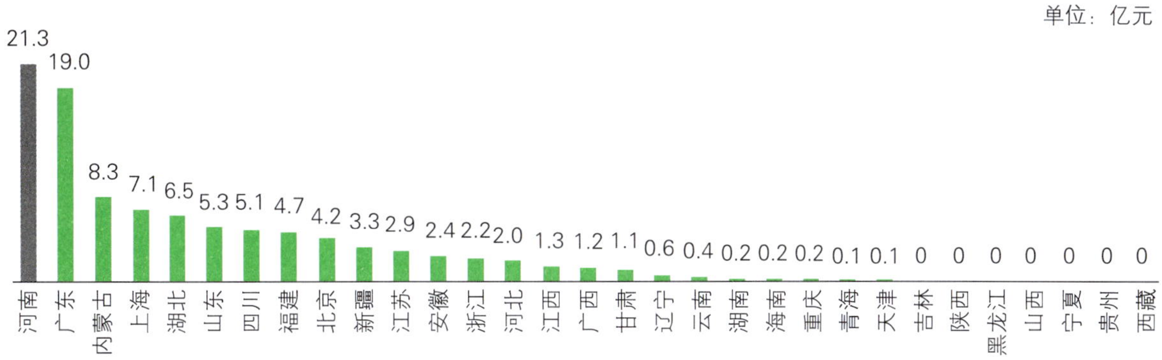

图 8　2023 年各省（市、区）食品制造业上市企业研发售费用支出情况

数据来源：上市企业年报、赛迪顾问整理，2024 年 5 月。

【c. 发展建议】

1. 坚持产业特色化和特色产业化发展

（1）大力推进食品工业特色化发展

改变传统的生产经营模式，推动资源利用和发展方式的现代化转变，加速食品制造业升级。对接市场需求，以资源优势为纽带，围绕省食品工业主要产品（饮料酒、液体乳、熟肉制品、米面制品）的特色产业集群，推进地方特色产品品牌的打造，引导要素资源合理配置，推进技术创新和标准引领，提高产业竞争力，向市场推出品优、质优的河南产品。

（2）大力推进食品产业化发展

提升地方特色食品在产生产、运输、销售全链条的技术含量和标准化作业水平。加强推进地方与涉农高校、科研院所科研人员的合作，支持相关企业从业务需求的角度与相关科研机构开展科技创新活动，加速食品制造业对新技术的产业化应用。

2. 重视品牌投入，打造一批国内外知名的河南品牌

（1）聚焦重点优势推进品牌精品培育进程

鼓励各地围绕粮食生产功能区、农产品保护区、特色农产品优势区和现代农业产业园等，聚焦当地优势特色产品，推进传统工艺挖掘和产业化应用，提升当地品牌的影响力。

（2）加大力度实施产业“增品种、提品质、创品牌”行动

推动产品供给向“产品 + 服务”转型，集聚产业、科技、资金、人才要素，支持河南省食品制造业提升科技创新能力、产品研发能力，支持行业联盟、协会、企业共同在商标标识、质量标准等领域推进协调合作，培育一批具有影响力的河南品牌。

3. 重视科技创新，推进食品制造业高质量发展

（1）深入实施人才创新项目

支持培养和引进行业人才和创新团队。科学引导人才引育同科技攻关方向、产业发展需求的配对，推动产学研用协同创新。创新对引育人才的奖励激励方式，加大对人才的奖励力度，最大限度激发科技人才创新创造活力，解决学术研究与产业应用结合不紧密的创新关键痛点。

（2）重点推进产业基础升级和重大基础技术科研攻关

以高端化、智能化、绿色化为主攻方向，支持优势企业开展机器换人、设备换芯、生产换线、产品换代，形成标杆企业示范转、产业链群协同转的良性循环，推动食品制造产业“老树”发“新枝”。另外充分发挥现代服务业尤其是生产性服务业对产业升级的赋能作用，让核心竞争力更多体现在技术、标准、品牌、服务上，牵引产业整体向价值链高附加值环节迁移。

3.15 湖北省

【a. 概况】

2023年，全省上下坚决贯彻落实党中央、国务院决策部署，坚持稳中求进工作总基调，完整、准确、全面贯彻新发展理念，全省经济运行持续回升向好。全省规模以上食品工业企业2719家，实现营业收入5251亿元；其中，实现利润370亿元，同比增长6.4%；全省规模以上食品工业企业完成工业增加值同比增长1.4%。

【b. “三品”战略】

湖北省食品产业深入实施“三品”战略，着力提高供给质量，满足消费升级需求，加快转型升级，基本建成了国家粮棉油和淡水产品生产基地、食品制造基地。2023年6月，成功举办首届湖北省食品产业链博览会暨中国食品博览会并举办促进食品产业高质量发展峰会，承办工信部食品工业“三品”成果展，组织372家涵盖老字号食品、地标优品、经典风味食品、预制食品的企业参加线上线下展览，打造知名品牌、塑造区域品牌，提升湖北省食品企业竞争力。又新增宜昌市和汉川市两座国家级消费品工业“三品”战略示范城市，全省消费品工业“三品”战略示范城市数量增至5个（武汉、襄阳、仙桃）。食品产业已成为湖北省工业经济的支柱产业。

【c. 重大项目技改和创新发展特色】

1. 武汉市人民政府办公厅制发《武汉市突破性发展生命健康产业三年行动方案（2023—2025年）》，积极推进健康和食品融合，加强保健食品监管，努力把武汉建成“世界大健康产业之都”。

2. 黄石市举办“品质消费 健康生活”蔬菜产业链产销对接会，推行以蔬菜产业链长制为抓手，加大融合、生产、加工、旅游、休闲、物流配送等产业链条，推动全市蔬菜产业链出规模、见效益，不断满足人民群众对美好生活的向往。

3. 十堰市发挥“中国好水”资源优势，做大做强天然水、纯净水等软饮料产业，加快发展白酒、啤酒、黄酒等酒饮料产业，同时，引进海内外知名企业投资食品饮料罐体加工、包装设计、产品加工等上下游配套产业；引导龙头企业围绕绿色食品饮料发展农产品精深加工，继续深耕食用菌、中药材、茶叶、水果、木本油料等特色产业；做好“武当山茶”“武当山珍”等区域公用品牌培育工作，让十堰山货叫响全国，借“一带一路”东风，全方面宣传十堰水资源、水故事、水文化，引导龙头企业走出去，开拓新兴消费市场，加大绿色食品饮料、食用菌、茶叶、柑橘等优势产业农产品出口创汇。

4. 襄阳市依靠科技创新打造过千亿元的食品产业规模，高质量发展的食品（含农产品）产业又为科技创新注入强劲动力，形成了食品产业与科技创新双向互济、协调推进经济高质量发展的新格局。

5. 宜昌市农产品加工业高质量发展，初步形成以宜都、秭归为代表的柑橘全产业链加工聚集区，以当阳、枝江为代表的高端粮油、食品饮料加工聚集区，以长阳、远安、兴山为代表的蔬菜加工聚集区，以五峰、夷陵为代表的名优茶加工聚集区，以宜都、枝江、长阳为代表的特色水产加工聚集区。

6. 鄂州市以三个行政区创建湖北省食品安全县（区）为契机，按照“强二产带一产促三产”的思路，做细做实“主体引育、产品品控、品牌塑造、科创实践、空港链接”等五方面工作，不断推动全市食品产业高质量发展。

7.2023 年，荆门市“一壶油”工程围绕将荆门打造为“全国油菜产业发展第一市”、全国高油酸油菜第一品牌的发展目标，奋力作为，扎实推进，“一壶油”工程取得高质量快速发展。

8. 孝感市强化食品加工产业链式发展，推进创新活链、企业强链、项目补链、协作延链、园区聚链、服务稳链等举措，提升一袋米、一头猪、一枚蛋、一篮菜、一杯茶等食品产业精深加工水平，推动从“卖原料”向“卖产品”“卖资源”向“卖品牌”转变。支持食品加工企业参与博览会等品牌推广活动，引导麻糖米酒、黄毛粘米等产业发展“名优特新”产品，培育一批区域特色鲜明、质量效益突出、信誉良好的知名品牌，不断增强“孝感品牌”的辐射力和影响力。加强项目谋划，鼓励各地招引产业链头部企业及上下游配套企业，不断延长加粗产业链条，促进食品加工产业集中高质量发展。

9. 随州市打造全产业链条推动香菇产业高质量发展，今年，随州香菇产业链产值近 500 亿元，出口创汇连续二十年位居湖北省第一位，拉动随州农产品出口连续十二年位居湖北省第一位。“随州香菇”区域品牌价值 106.76 亿元，位列榜首，是全国食用菌品牌唯一一个价值超百亿元的区域品牌。

10. 仙桃市推进黄鳝产业示范带、张沟黄鳝全国农业产业强镇、西流河稻鳝省级现代农业产业园“一带一镇一园”黄鳝产业核心示范区建设，围绕打造百亿级的黄鳝产业集群目标，加快推动黄鳝产业延链补链强链，下一步，仙桃市将紧紧围绕黄鳝产业发展关键环节，做强苗种产业、优化渔业结构、推广生态模式、搭建科创平台、壮大龙头企业、拓展市场功能、聚力品牌塑造、加强人才培养、强化质量监管、完善政策支持，加快构建“苗种卖全国、产品卖全球”的黄鳝产业新格局。

【d. 发展趋势】

下一步湖北省食品行业将全面贯彻省委、省政府决策部署全力推进食品工业“增品种、提品质、创品牌”，以强有力措施推动湖北食品产业突破性发展，尽快建成国家级乃至世界级食品产业集群，为湖北建设制造强国高地夯土垒基，将从以下四个方面着眼，加快食品产业高质量发展：

1. 着眼优势，突破发展

省政府出台的《湖北省突破性发展生命健康产业三年行动方案（2023—2025 年）》，把健康食品作为生命健康产业的重点领域，我们将推动农副食品加工由“初级加工”向“精深加工”转变，酒饮料茶制造业由“数量化”向“品牌化”转型，食品制造业由“产品驱动”向“消驱动”转换，着力打造国内食品行业“双循环”示范区。

2. 着眼健康，绿色发展

支持食品企业实施绿色战略绿色标准、绿色生产和绿色管理。引导食品企业大力实施绿色化改造，推行产品和包装的绿色设计，建立覆盖原材料采购、生产、物流、销售、回收等环节的绿色供应链管理体系。实现产业发展与生态环境保护的和谐统一，在满足人民群众多层次多元化的消费需求中，再立新功。

3. 着眼转型，智慧发展

提升食品生产智能化水平优化生产过程智能控制，建设智能化、数字化食品工厂。加大新技术和智能制造的推广力度，推动食品全行业向智慧转型升级。促进互联网与食品工业的融合，推进云计算、物联网、大数据等新型信息技术在食品工业中的应用，培育新技术、新产品、新业态。

4. 着眼前沿，创新发展

瞄准食品加工制造、生物工程、营养健康、质量安全、智能装备和包装物流六大领域发展前沿，加大基因工程、细胞工程、非热杀菌、营养组学、质量安全保障、智能加工、功效因子智能筛选、智能检测、装备数字化、先进制造等共性关键技术的研发应用力度。进一步创新研发思路，在微生物菌种、重要食品酶制剂等卡脖子技术上更下功夫，引导龙头企业加大研发投入，充分发挥骨干企业在技术研发成果转化、创新驱动发展中的示范引领作用。

【e. 协会主要工作】

1. 协会党支部按照上级党组织的要求，深入学习贯彻党的二十大精神，坚定正确的政治方向和使命担当，坚持党建引领促发展，开展党史学习教育主题活动，实现了协会党建与会员企业党建工作双促进共发展的工作目标。

2. 协会积极参与省直机关工委召开的党建会议和学习活动，2023 年省级社会组织党建工作会在武汉召开，会议要求坚持问题导向，抓实“两个覆盖”，推动党建工作提质增效，为建设先行区凝心聚力。省委直属机关工委在浙江嘉兴举办了省级社会组织党组织书记培训班，协会党支部书记、秘书长谭卫东参加了学习教育活动。

3. 协会推进党史学习教育做深做实，激励党员群众同志坚定理想信念，更好地发挥党员的先锋模范作用。6 月 27 日下午，协会党支部组织在汉会员代表走进辛亥革命博物馆，开展主题党日教育活动，传承革命精神、赓续红色基因，学思践悟强党性跟党走、奋力建功先行区促发展，通过实物展示和影视资料了解辛亥革命的发展历程，把辛亥革命精神延续到工作岗位上，为企业发展贡献力量。

4. 在协会四届三次理事会期间，协会党支部在大悟县组织开展“重温革命历史、传承红色基因”党建主题教育活动，邀请大悟县委党校付彩霞作“对中国革命有大功的人——徐海东大将”党建主题讲座，组织代表参观大悟县鄂豫边区革命烈士陵园和中原突围纪念馆，引导支部党员们坚定理想信念，自觉继承和发扬党的优良传统作风，不断提高政治素质和业务能力，不忘初心、感恩奋进。

5. 协会继续加强与省食品科学技术学会的对接合作，充分发挥协会首席专家资源优势，深入开展“看名企、访名人、推名品”全省调研活动，大力推进专题研究和技术帮扶工作，积极促进产学研校企合作和科研成果转化，着力培育细分领域隐形冠军和专精特新企业，创造性开展各类行业学术、技术交流活动，助推我省食品产业转型升级和竞争能力提升。

6. 协会组织专家和秘书处工作人员先后到神丹食品、武汉为盟科技、仁创会展、武汉名水饮品、吴都酒业、黄石珍珠果、邦之德牧业、黄袍山公司、国肽酒业、百丈潭酒业、隽州篁酒业、阿兴食品、园林青酒业、尧治河酒业、石花酒业、古隆中酒业、古襄阳酒业等企业走访调研，指导企业开展科技创新工作，针对生产经营中遇到的困难痛点提出建议，鼓励企业在产品研发和人才培养方面加强投入，积极开展产学研校企合作。

7. 协会支持湖北将军红酿酒有限公司生机妙蒜酒新功能举行新闻发布会，主动把我省的自主创新成果大力向外向内宣传推广。受协会会员企业武汉绿洲海食品有限公司邀请，参加三品冠湖北茶饮品牌上市新闻发布会，共同见证首款恩施地理标志产品恩施玉露、利川红茶、来凤藤茶三款茶饮隆重上市。

8.6 月 3 日，由协会主办的湖北省食品产学研“三品”成果展在武汉第 31 届食博会上隆重展出，华农大、湖工大、轻工大、湖北民大等知名院校以及省内30多家食品龙头企业，首次联合展示了食品产业校企合作转化的新产品、新技术、新成果，受到了与会领导、专家、参展客商及广大消费者的高度关注和广泛好评。协会还联合举办了湖北省第三届餐饮食品创新设计大赛、湖北省第五届大学生“营养、健康、美味”酸奶制作创意大赛等大学生创新竞赛活动。其中，餐饮食品创新设计大赛有望在2024年晋升为全国性赛事活动。

9. 协会积极发挥职能作用，高质量主办、联办、承办各类会议和活动，广泛组织会员企业参加各项全国性、区域性的展会、论坛、峰会等，主动“走出去”，开拓视野、学取“真经”、宣传品牌，不断擦亮湖北食品名片。

10.9月14日，协会在大悟县召开了协会四届三次理事会，按照会议议程，协会秘书长代表理事会作2022年工作报告、2023年上半年工作回顾，向理事会报告2022年财务收支情况，增补湖北阿兴食品有限公司董事长陈锐斌为协会理事、副会长。会上，邀请省政协原副主席郭跃进作专题讲座《民营经济发展的机遇和挑战》。

11. 湖北省食品工业协会联合其他协会共同主办第十四届中部（武汉）糖酒食品交易会、第四届中国白酒中南核心产区高质量发展大会、首届中国兼香型与创新香型白酒高质量发展大会等行业盛会；积极参加了全国食品工业科技进步工作会、第八届华糖万商大会、全国食品工业营养健康产业发展大会等多项高层次行业活动。协会积极派员参加了以“楚酒力量 石花担当”为主题的湖北石花酒业2023战略合作伙伴年会，参加随州市工业旅游推介大会暨黄鹤楼·大清香酒2023秋季开酿大典，参加孝感建市30周年企业家大会暨工业领域产需对接活动。

12. 协会组织会员企业代表70余人走进良品铺子开展参观学习交流活动，共话发展思路和合作良机。协会组织省内米黄酒重点企业到麻城参观湖北省菊花产品质量检验检测中心、麻城木子店镇老米酒酿造企业金盘酒业和康磁酒业，对省内米黄酒企业抱团发展、产学研合作具有很强的针对性和指导意义。协会主办2023湖北省白酒评委年会，这是我省一年一度白酒骨干企业技术交流活动盛会，检验考核到会白酒评委品评能力和水平，对白酒企业在产品质量控制、白酒酒体设计和满足市场需求等方面发挥启示借鉴作用。

13.2023华糖万商大会暨第八届中国糖酒食品行业精品展上，协会会长、稻花香集团董事长蔡开云获评“2023中国酒业十大星光人物”，副会长单位石花酒业霸王醉荣获“2023中国酒业星光奖·品质典范”奖；协会会员企业白云边、稻花香、劲牌公司、隆中对酒业荣获首届中国兼香型与创新香型白酒典型风格产品。

14. 协会始终坚持“为行业服务、为会员服务、为政府服务”的宗旨，不断创新办会机制，提升服务能力，致力于打造让政府放心、让企业信赖、让公众满意的社会组织。协会强化主动服务意识，转变自身功能定位，从过去的“管理机构”切实转变为“服务机构”，积极为会员解决矛盾、困难和问题，开展了一系列卓有成效的工作。

15 协会专家走进中国农民丰收节黄冈主会场，深入田间地头和实验室调研“红安苕”产学研创新工作与实践。协会组建专家团队，深入三峡酒业、园林青酒业、尧治河酒业等多家企业，指导开展产学研合作交流学习。协会组织郎酒集团、汾酒集团、洋河集团等企业专家和省内白酒专家到尧治河楚翁泉酒业参观酿酒车间、制曲车间、陶坛储酒库，在生产一线对酿酒工艺进行了深入交流，为尧治河酒业新品开发、品质持续提升提供了有力的技术指导支持。

16. 协会积极推荐会员企业遴选全省支柱产业细分领域隐形冠军企业和申报专精特新企业，为会员企业出示企业产品市场占有率的证明，为孝感麻糖米酒、周黑鸭、澳利龙食品、宝得瑞

（湖北）、武汉柏康科技、宜昌海通食品、钟祥兴利食品、武汉森澜生物、湖北中蔬农业、荆门维佳实业等会员企业搞好服务和推荐工作。

17. 受政府部门和企业委托进行品酒评审服务，在湖北昭君故里酒业有限公司厂区内，安排协会白酒专家对选送指定的 16 批次的白酒进行了品酒评审；受枝江市发展和改革局的委托，安排协会白酒专家对选送指定的 4 批次的白酒进行品酒评审，出具了酒样品审报告。

18. 协会组织第十届国家白酒评委新增的 11 名考生集中培训，加强我省新增考生理论知识和品评能力学习，为后期的第十届国家白酒评委换届考评奠定了坚实的基础，到 2023 年末，湖北省食品工业协会所属会员单位共有 35 人担任中国食品工业协会第十届白酒国家评委，为湖北白酒产业高质量发展培养了一大批骨干优秀人才。

湖北省食品工业规上企业 2023 年主要经济指标完成情况

指标代码	指标名称	企业单位数	营业收入	利润总额
		2023 年（个）	2023 年（亿元）	2023 年（亿元）
13	农副食品加工业	1769	2716.44	109.16
14	食品制造业	433	839.91	54.03
15	酒、饮料和精制茶制造业	507	800.88	89.57
16	烟草制品业	10	893.79	117.4
	小计	2719	5251.02	370.16

湖北省食品工业协会秘书处

3.16 湖南省

【a. 概况】

2023年，面对国际政治经济环境不利因素增多、国内周期性和

结构性矛盾叠加的错综复杂形势，以习近平同志为核心的党中央团结带领全党全国各族人民，顶住外部压力、克服内部困难，积极推动经济持续复苏。在省委省政府坚强领导下，围绕重点工作，打造服务品牌，广大食品企业，特别是行业内的领军企业，直面困难，砥砺前行，全省食品产业实现了稳定发展，全省食品产业拥有规模以上企业2292家，营业收入5964.1亿元。重点骨干企业，在确保全省食品产业稳步发展发挥了压舱石的作用。唐人神集团实现营业收入269.49亿元；湖南农业集团营收达到219.14亿元；绝味食品实现营业总收入72.61亿元；劲仔食品实现营收20.65亿元；酒鬼酒实现营业收入28.3亿元；盐津铺子营收41.15亿元，麻辣王子，年复合增长率达到120%，短短10年，年销售收入过10亿元，税收过亿元。其中，会长单位省茶业集团全年营收达到72亿元。

【b. 运行特点】

1. 大力推进科技创新 促进行业转型升级

科技创新是企业保持生机活力的第一动力。近年来，联合会把创新摆在服务食品产业发展的核心位置，以科技创新引领企业管理、工艺、设备、营销全面创新。

目前，全省食品行业产教融合迈出新步伐，科技成果转化取得新成效，全行业创新意识不断增强，创新能力和创新水平不断提升，涌现出了省茶业集团、绝味食品、唐人神肉制品、金健米业、克明面业、麻辣王子、盐津铺子、劲仔食品、大湖股份、惠生科技、裕湘面业、汇湘轩等一批科技创新的先进典型。其中，盐津铺子被评为2023年度湖南省智能制造标杆企业，唐人神被评为智能制造标杆车间。

2. 突出重点产业，实现产业倍增

2019年以来，联合会作为主办单位，积极参与到中国白酒中南核心产区领袖企业峰会的组织工作中来，除了在湖南承办第二届峰会外，还积极组织企业参与兄弟省份举办的峰会。与湘、鄂、赣、粤、桂、闽六大省区业内同仁纵论产区发展路径，集聚资源、协同创新，加快产区白酒“内循环”，共同助推中南白酒核心产区特别是我省白酒产业高质量发展。以武陵酒为例，2018年—2023年，武陵酒营收从1.96亿元增长至9.79亿元。湘窖酒业2023年仅长沙和邵阳两地销售规模突破10亿元。

产区培育机制建立健全。按照工业和信息化部等十一部门《关于培育传统优势食品产区和地方特色食品产业的指导意见》部署，在全国率先出台《湖南省传统优势食品产区和特色产业培育办法》，探索建立传统优势食品产区和特色产业培育工作机制，得到工信部消费品工业司的充分肯定。指导各市州、县市区开展培育工作，2024

年培育认定了安化黑茶产区等15个湖南省传统优势食品产区，加快促进传统优势食品产区和特色食品产业提质增效。

预制菜行业2023年受到重点关注的行业，特别是预制菜进校园风波以来，相关部门密切关注事态发展，及时了解企业需求，指导企业谨慎应对。在这个过程中，湖南省食品行业联合会协调湖南省食品质量安全技术协会、湖南省湘菜产业促进会、湖南省餐饮行业协会、湖南省农产品加工研究会、长沙市湘菜连锁餐饮协会等相关协会、研究会以及湖南农业大学长沙现代食品创新研究院共同举办了的“预制湘菜产业健康发展科普论坛”，邀请行业专家分别以预制菜进校园风波相关知识解读、冷杀菌技术在预制湘菜生产中的应用、预制湘菜标准体系构建解读、预制菜加工装备与智能制造最新进展等为题，向湘菜全产业链的相关企业及全社会共同普及预制湘菜知识，并回答了部分听众关心的热点问题，消除社会对预制菜的误解，为行业发展保驾护航。

3. 龙头企业表现突出 新品纷呈增速可观

长期以来，以湖南省食品行业联合会为代表的相关机构，十分重视服务龙头企业发展。以辣条之乡麻辣王子为例，联合会长期为企业的发展提供保姆式服务，不论是企业发展战略、还是品牌宣传需求，以及科技创新转型升级中积极作为，从而打造培育出了麻辣王子这一辣条高端品牌，撕掉了辣条的种种负面标签，引领全省辣条行业快速健康发展，从而得到了企业的高度赞许。

2023年10月9日，金磨坊食品股份有限公司在深圳举行盛大的新品发布会，推出了九大新品，在配方、包装、形象升级的基础上，通过极致还原达到口味升级，引起了业界的极大关注。公司从最难做的豆制品着手，通过基础研究讲清楚产品到底好在哪里的理由。同时，长沙理工大学食品与生物工程学院对金磨坊汤泡臭豆腐新品与现炸臭豆腐的进行对比检测，在长沙连线为与会的近六百名经销商，分析了金磨坊汤泡臭豆腐的蛋白质、氨基酸等含量，使与会经销商耳目一新，为之一振，让该新品成为全场焦点，迅速为全国经销商所接受。

湖南省委、省政府高度重视“一县一特一品”发展，“一县一特一品”被纳入全省十大农业优势特色千亿产业，省委一号文件连续4年对打造“一县一特一品”做出部署，实施了一批重大行动、重要工程、重点项目。除建立优势特色千亿产业全产业链链长制外，各县市区均成立了由人民政府主要负责同志任组长的“一县一特一品”工作专班。同时，省财政对“一县一特”农产品优秀品牌，每年每个奖励100万元。各县市区将“一县一特一品”纳入乡村振兴重点内容，设立财政专项资金。比如：长沙市每年安排“一县一特一品”专项资金2亿元；保靖县整合资金6900万元，扶持“保靖黄金茶”产业发展。

湖南地形地貌多样、物种资源丰富，“一县一特”战略也就形成了各具特色、竞相发展、百花齐放的产业格局。省里制定《“一县一特”主导产业发展指导目录》，以农产品地理标志产品为重点，引导各县市区选择最具优势的主导产业予以培育，涌现出南县稻虾米、炎陵黄桃、保靖黄金茶等一批特色优质农产品。同时，以地方特色产业为基础，规划布局多个优势特色产业核心产区产业集群，统筹全省“一县一特”农业产业集聚化发展，创建“中国特色农产品优势区”11个。

通过大力发展绿色生产、全面推行农产品质量安全追溯管理，湖南“一县一特”农产品质量得到了大幅提升。全省扎实推进品种培优、品质提升、品牌打造和标准化生产，制修订农业标准3500余项，实施现代农业全产业链标准化试点。化肥、农药使用量连续六年保持负增长；以“一县一特”特色农产品为主，全省“两品一标”农产品认证数居全国前列。同时，深入推行“两证+追溯+保险”管理模式，实行“一品一码”赋码标识，实现“一县一特”品牌农产品全覆盖。

全面推行“一个产品一个生产技术规范、一个品牌一套质量标准”，提升“一县一特”农产品品牌的认可度、美誉度。

从2019年开始，湖南每年还发布20个“一县一特”农产品优秀品牌，由省领导授牌。并且，安排省级财政资金2亿元，在央媒和省媒开展宣传活动30余次，举办“一县一特”品牌推介会68场。“古丈毛尖”“麻阳冰糖橙”“崀山脐橙”“炎陵黄桃”入选中央电视台“国家品牌计划”项目。省内则创办了“湘农荟”“芒果扶贫云超市”、湖湘农事等“线上”平台，积极举办中国中部（湖南）农业博览会等产销对接活动，全面提升了湖南“一县一特”农产品品牌的知名度和竞争力。

通过实施“一县一特一品”，很多地方的特色农产品做成了富民强县的大产业，取得良好的经济社会效益，壮大了一地经济。2023年，全省“一县一特”农产品优秀品牌产值突破800亿元：新宁县被誉为“中国脐橙第一县”；龙山县百合种植面积、产销量均居全国第一。

4. 系列活动常态开展 三品行动成效显著

2023年，在新冠疫情进入常态化防控，国内消费活力得到激发，经济企稳向好态势进一步呈现的新形势下，为全面贯彻落实省委省政府《关于打造“三个高地”促进湖南高质量发展的实施方案的通知》《关于开展消费品工业“三品”专项行动营造良好市场环境的实施意见》《湖南省“智赋万企”行动实施方案（2023—2025年）》精神，在省工业和信息化行业事务中心的指导与支持下，由省食品行业联合会组织开展了每季度一场的全省食品行业“美好生活·湘食有品”推进“三品”战略系列活动，旨在进一步推动“扩大内需，促进消费”，推进食品行业“三品”标杆企业、“专精特新”“小巨人”企业培育，促进全省食品产业提质升级和高质量发展，增强“湘”字号食品的影响力和竞争力。

系列活动启动以来，得到了全省食品行业和相关部门、单位的积极响应，先后有150余家企业、单位共约450余人次参加，中国食品安全报、湖南日报、潇湘晨报、红网、新浪网等多家媒体同步进行了报道。每场活动，不但组织省内食品生产、流通企业进行现场观摩学习，开展经验交流、论坛分享、宣传推广，还邀请行业科技专家、品牌专家、管理专家和信息化专家进行专题授课；不但走进企业，走进生产一线，全方面为企业、行业“增品种、提品质、创品牌”工作赋能，还结合主题教育“走、找、想、促”活动，全面贯彻落实习近平总书记关于推动数字经济和实体经济融合发展重要指示精神，开展“食品行业数字化转型智能化改造”专题培训交流，切实解决企业“不会转”“不能转”“不敢转”等实际问题。活动产生了巨大的行业影响力和良好的社会反响，已然成为全省食品行业“相互促进，共同发展”的交流平台和提升全省食品产业基础能力和产业链智能化水平的助推器。

通过大力引导和支持食品企业“增品种、提品质、创品牌”，引导食品龙头企业争创湖南省消费品工业“三品”标杆企业，2022年以来总共认定了43家食品工业企业为标杆企业，对获评的标杆企业给予资金奖励。以华容酸菜为主导产业的华容县成功入选2023年度工信部消费品工业“三品”战略示范城市。召开重点培育企业座谈交流会，以标杆企业作为示范，引领食品行业提质发展。

为了帮助企业打开市场，2023年湖南举办了多场展会。其中，5月19日至21日的2023年中部（长沙）糖酒食品交易博览会，共设置了7大主题展区：各大香型白酒展区、葡萄酒及烈酒展区、精酿啤酒展区、高端饮料展区，休闲食品展区，食品包装区，展区面积超4万平方米，创该展会历史最高。展会期间，共有1500多家酒业、食品头部品牌，10000多款优质产品亮相，展商展品来自其他省份和十几个国家地区，其中湖南本地酒类、食品企业参展率高达40%，参与客商人数超5万人。展会期间还举办了多场论坛、品牌路演活动，充分发挥出了中部糖酒会作为经济“晴雨表”、行业“风向标”的重要作用。此外，主办方还分别在湘赣鄂相关城市和本省衡阳、郴州、永州、常德等地开展多次巡展，为企业下沉市场提供了高效、精准的招商、交流平台。

在长沙举办的2023年第八届中国国际食品餐饮博览会，聚焦新兴消费、搭建多元平台、突出科创赋能，设立15个专业展区。30余个地区和国家、20余个外省市区、11个湖南省内市州踊跃参与，参展企业达1800家，本届食餐会广邀国内外客商，组织有采购意向的酒店餐饮、连锁超市、生鲜食品电商等平台型大型企业到会参观采购。中国连锁经营协会、中国烹饪协会等全国性行业协会组织，湖南省餐饮行业协会、湖北省楚商联合会等省内外知名行业商协会均将参会，现场观众不低于15万人次。

【c. 主要工作】

食品安全是产业发展的立足之本，联合会积极参加相关职能部门举办的相关活动，展示全省食品安全风采。

9月20日至21日，由教育部、生态环境部、农业农村部、海关总署、国家林业和草原局、山西省人民政府、中国食品工业协会指导支持，中国食品安全报社、长治市人民政府、山西省市场监督管理局、山西省投资促进局联合承办的第二十一届中国食品安全大会在山西长治召开。湖南食品企业有澳优、湘窖、酒鬼酒、麻辣王子、盐津铺子、皇家小虎、大农科技、巧佳宴、翻天娃等受邀参会，并获得大会表彰。

11月9日，由湖南省食品安全委员会办公室、长沙市人民政府主办，长沙市食品安全委员会办公室、开福区人民政府承办，省公安厅、省农业农村厅、省卫生健康委、长沙海关协办的食品安全宣传周活动，辣条企业麻辣王子参加现场展示，成为现场展示的十个品牌之一，向社会展示了辣条产业健康、安全、绿色转型的可喜成果。

11月22日，海关总署在长沙举办全国食品安全周主题日活动，湖南省食品行业联合会作为排名第一的协会代表，在活动现场带头和湖南省进口食品企业协会、湖南省跨境电子商务协会、中国国际商会湖南商会宣读了食品安全倡议。

2023年，湖南建成食安湖南综合服务平台，包括属地管理责任、部门监管责任、企业主体责任3个子平台，现在所有食品生产经营主体已全部入库，运用平台开展日常监督检查、包保督导和“日管控、周排查、月调度”工作机制的覆盖率达到100%。省食安办印发关于推进食品安全非现场监管工作的通知，引导重点生产经营企业推行关键岗位可视化监管，包保等级为A、B级的生产企业、餐饮服务单位基本接入省市场监管局指挥中心。依法依规组织清理生产经营状态异常的主体，组织全省各级开展两轮包保数据清理工作，开发系统自动校验审核功能，确保主体生产经营状态如实标注，包保数据动态更新调整。组织开发“湘食安码”，全面归集各主体基本信息、从业人员和健康证信息、监管信息、包保信息、“日管控、周排查、月调度”和自查信息、行政处罚信息、监督抽检信息、投诉举报信息等，形成主体电子档案，与企业信用信息系统、食安湖南平台对接，线上、线下方便群众扫码查询。

陈　赛

3.17 内蒙古自治区

【a. 概况】

2023年，内蒙古自治区规模以上食品工业企业479户。其中，农副食品加工业331户，食品制造业97户，酒、饮料和精制茶制造业49户，烟草制品业2户；完成营业收入2759.2亿元，同比增长7.1%。其中，农副食品加工业691.5亿元，同比增长6.8%；食品制造业1819.4亿元，同比增长7.5%；酒、饮料和精制茶制造业90.7亿元，同比增长3.3%；烟草制品业157.6亿元，同比增长6.8%；完成利润总额245.9亿元，同比下降13.1%。其中，农副食品加工业10.9亿元，同比增长39.7%；食品制造业211.7亿元，同比下降18.2%；酒、饮料和精制茶制造业6.5亿元，同比增长97.0%；烟草制品业16.8亿元，同比下降27.3%；增加值同比增长11.8%。其中，农副食品加工业同比增长6.0%，食品制造业增长18.3%，酒、饮料和精制茶制造业增长4.1%，烟草制品业下降0.1%。

【b. 主要产品产量】

2023年内蒙古自治区食品工业主要产品产量

名 称	计量单位	本月止累计	累计同比增长 %
小麦粉	吨	391582.2	-2.9
大米	吨	68832.9	-31.2
饲料◇	吨	4768537.8	0.5
精制食用植物油	吨	106151.0	-2.2
成品糖	吨	519617.5	-14.6
鲜、冷藏肉	吨	587857.5	60.0
冻肉	吨	459898.5	36.9
熟肉制品	吨	146158.8	-10.6
冷冻蔬菜	吨	222522.1	19.0
糖果	吨	29.4	174.8
速冻食品◇	吨	1420.0	-0.9
乳制品◆	吨	4730226.1	13.2
◆液体乳	吨	4452167.0	12.7

续表

名 称	计量单位	本月止累计	累计同比增长 %
◆固体及半固体乳制品△	吨	278059.1	23.2
罐头	吨	34433.1	29.5
味精（谷氨酸钠）	吨	1626514.0	7.0
酱油	吨	22806.6	2.3
食醋	吨	727.3	-4.1
营养、保健食品	吨	2010.2	-9.9
冷冻饮品	吨	77454.7	-14.1
食用盐	吨	83449.3	6.6
非食用盐	吨	39257.9	-22.7
食品添加剂	吨	104482.6	12.3
饲料添加剂	吨	1001727.6	33.5
发酵酒精（折 96 度，商品量）	千升	187203.5	-27.1
饮料酒◇	千升	673122.4	0.7
饮料◇	吨	958357.7	16.5
卷烟	万支	3216375.0	1.1

杨晓楠

3.18 广西壮族自治区

【a. 概况】

2023年，广西全区规模以上食品工业企业1100家，同比增加200家，实现营业收入3187亿元，同比增长3.5%，实现利润总额135.9亿元。（下见附件）。

2023年广西食品工业相关行业数据

单位：亿元

指标代码	指标名称	企业单位数	营业收入		利润总额	
		2023年（个）	2023年（亿元）	同比增长（%）	2023年（亿元）	同比增长（%）
13	农副食品加工业	693	2362.9	3.0	76.3	33.6
14	食品制造业	230	263.0	1.1	14.7	-6.4
15	酒、饮料和精制茶制造业	175	249.7	1.0	23.2	-9.7
16	烟草制品业	2	312.1	2.9	21.7	20.6

注：以上数据为2023年12月财务月度定报数据

【b. 行业分析】

1. 广西食品业的内生延伸——选择与定位

目前，广西食品业的高速增长期虽已接近尾声，但仍将保持相当的产业规模。对于广西食品行业的企业来说，基于行业高度分散和区域划分的现状，行业内生延伸和发展的可能性仍然很多。广西食品企业可以通过市场细分、地域和价值链环节的整合和延伸，实现自身的成长和发展。例如：·广西食品行业细分市场全覆盖·广西食品业务的区域扩张·综合延伸：进入设备生产、规划设计、成本维护、运营等价值链环节，为客户提供生态环境建设综合整体解决方案。

2. 广西食品跨行业转型延伸如今，广西食品+已成为行业发展的重要趋势

利用相关产业的快速增长，及时扩大业务范围和边界，也是广西食品企业转型发展的可行方向之一。同时，广西食品企业也应明确其对“+产业”的战略态度，并利用发展或深度干预的优势。战略转型的难度和风险不容低估。

3. 广西食品企业资本计划分析近年来，广西食品行业并购事件频繁发生

一是充分利用资本工具，通过并购实现企业自身的快速成长，将是实现中广西食品企业战略目标的重要手段。对于大多数广西食品企业来说，需要提前进行资本规划，明确并购的战略目的和潜在路径；二是加强与广西食品行业相关外部专

业机构的整体合作，形成系统的实施方案，同时有效控制风险；最后，广西食品企业还需要加强并购后的整合重组能力，充分发挥并购后的协同效应。

4. 广西食品业的融资问题新时期

广西食品业的规模和规模都比较大，单个项目的成败也可能对公司的运营产生重大影响。因此，广西食品企业有必要提高投资能力，从投资收益的角度审视项目投资决策。广西食品业务的特点决定了该行业的资本密集型特点。在所有业务环节中，都需要大量的初始营运资金来支持运营。

5. 加强广西食品行业人才引进，优化人才结构

目前，广西食品行业的人员队伍已不能满足行业日益增长的发展。存在人才总量不足、专业结构不合理、高素质、精挑细选人才缺乏等问题。建立合理的广西食品人才梯队成为首要面对的问题。一方面要加强广西食品行业注册执业梯队建设，培养和引进一批高级管理人员、工程项目管理人员和资本运营管理人员。另一方面，要加强与科研院所、高校的合作，引进专业人才，开展规划设计服务，提高业务的科技含量和利润水平，向广西食品行业的上游延伸。

【c. 存在的问题】

1. 基础工作薄弱广西食品相应标准不完善，行业相关技术积累和基础设施也就比较薄弱，相关体系建设滞后，管理、规范、产品、监测等能力亟待加强。目前而言，广西食品管理能力或许还不能适应工作需要。

2. 地方认识不足，激励作用有限个别地方对广西食品的迫切性和困难性认识不足，片面追求经济增长，反而对调结构、转方式重视不够，不能正确理清经济发展与广西食品的关系，广西食品工作还存在思想认识不深入、政策措施落实不全、监督检查不力、激励约束不强等问题。

3. 产业结构调整进展缓慢，近年来，尽管我国政府相继颁布了有利于广西食品的资源环境税收政策、消费税的结构调整政策，但是由于这两种税收的作用对象相对狭窄，因而对广西食品主要服务和产品的生产及推广收效不大。可喜的是，企业所得税的两税合一，内外资企业同等待遇解决了多年来我国内外资企业面临的两套税制问题。两套税制把大量的税收优惠给了外资企业，而未能按国家的宏观政策导向建立税收优惠。这种税制安排不但造成了内外资企业的税负不公，而且对国家鼓励的广西食品行业发展，对行业的高效率利用都是极其不利的。

4. 技术相对落后国内广西食品行业产业占比不小，单位 GDP 能耗较高。例如广西食品设备占一半，生产过程中的精密技术、核心组件等关键技术与国际先进水平差距较大。然而行业生产耗能和技术投入高于国际水平，如设备的核心组件的研发投入，国内生产设备的投入是国际水平的1.93 倍。

5. 隐私安全问题针对隐私安全问题中信息泄露的可能性必然存在。无论是线上核心数据库被攻破或是生产运输物流等过程中，都可能导致信息泄露，造成隐私安全问题。不过业内人士表示，就目前而言，窃取各方信息，用来破解广西食品产业系统，破解成本过大。就未来发展趋势而言，广西食品行业各层面技术将会不断成熟，攻击广西食品产业系统将会更加困难。高新技术本身的“双刃剑”属性不可避免地让新兴广西食品行业存在隐私泄漏风险。在即将进入的新产业年代，方便与风险总是并存的，用户要牢记“技术有风险，应用需谨慎”个人客户要采取有效措施保护自身信息及服务信息才是王道。对用户而言，隐私是一大问题。用户的各项数据是统一存放在商家后台的，后台能够看到每个用户的信息，对于用户而言，在当前大背景下如何保证这些数据不被别人恶意利用就成了一个非常大的问题，这需要技术部门的不断完善才行。

6. 与用户的互动需不断增强随着用户侧、产业服务侧需求与服务的快速发展，尤其是随着广西食品行业技术的大量投产使用，广西食品数据流和信息流的双向互动不断加强，对行业运行和管理将产生重大影响。一是需要重点研究由此带来的传统产品特性的改变，建立数学、物理模型，解决行业用户迫切需要解决的相关问题；二是需要大力探索配套政策与商业运营模式，适应快速变幻的用户需求，丰富服务内涵，拓展广西食品行业服务领域和内容，促进广西食品行业服务效率的提升，实现可持续发展。

7. 管理效率低缺乏管理工具，流程仍旧靠线下。广西食品行业相关企业的很多产业流程等都是线下通过传统方式来管理，各方需求也都是通过电话进行沟通的，这种传统的管理方式不仅效率低下，而且更易出错，也会造成人工成本的浪费。相应的缺乏 ERP、OA 等最基本的现代化管理工具，直接导致运营成本过高，而效率低下。再者欠缺运营团队，管理经验不足。由于传统的广西食品行业的运营方，仍旧是靠行业增量红利去盈利，比如一味地开拓增量市场等。对运营的重视程度不足，以至运营团队欠缺。另外也不像大部分先生代“互联网 +”公司那样能吸引到优秀的运营人才，本身重资产轻运营的传统模式也决定了广西食品行业在互联网+时代走得很慢。最后资产认识不全面，变动更是无迹可寻。广西食品行业除了硬件设备、各种资产设备以外，商家、用户以及产生的各种数据，都是行业重要资产，这些资产的初始情况，改变情况，生命周期如果无记录的话，就会导致管理无迹可寻。

8. 盈利点单一现有的广西食品行业盈利场景几乎都是产品，服务增值费用，盈利点还是驻留在行业本身层面，要想发现新的盈利点，必须转变思路，打造更多新场景。广西食品行业运营方需要突破“信息展示”固有思维，认识到广西食品本质上是行业宏观服务汇聚，围绕广西食品行业不同的客户进行打造，全面感知用户的需求，并通过 PC、APP、微信等不同的现代化工具给用户提供全方位的服务。

9. 过于依赖政府，缺乏主观能动性不少地方的广西食品行业的基础设施建设往往依赖于政府投资，使得市场配置资源的基础性作用难以充分发挥，无法激发社会力量参与广西食品行业的建设，很多企业甚至依靠长期的政府补贴来维持生计，难以从自身的产品和服务创新中找到自力更生的原动力，这种现状将导致广西食品行业的建设难以持续。10. 法律风险广西食品行业的应用地域关联弱、信息流动性大，信息服务或用户数据可能分布在不同地区或国家，不同地方政府信息安全监管等方面存在法律差异与纠纷；同时由于行业制造和用户服务等技术引起的用户间物理界限模糊可能导致的司法取证问题也不容忽视。

10. 供给不足，产业化程度较低由于基础技术缺陷、设施匮乏、积累不足、产业制度不规范等历史因素，致使广西食品行业起步较晚。出现产品质量和服务不达标，行业供给不足，产业化程度较低等现象。导致了用户需求难以得到实时的满足。行业亟需提高产品及服务质量，优化基础资源配置，夯实产品技术更新迭代能力，解决用户迫切地需要。

11. 人才问题随着全国信息化建设的深入发展，现有的新型专业技术人才无论在数量还是质量上，都不能满足传统需要。目前，我国广西食品实现信息化过程中，既懂 IT、又懂广西食品以及管理的复合型人才十分匮乏。而由于体制的约束，即便广西食品有了这样的复合型人才，他们也无法在职称评定及职位升迁方面享受优厚甚至仅仅只是正常的待遇，以致人才的流失更为严重。

12. 产品质量问题产品问题则是广西食品行业自身的主观因素。受到经验、数据处理等客观问题的影响，广西食品行业现代软件、系统等产品及服务的客户满意度都有待提高，系统性能、安全性、功能和信息共享和交换上存在明显弱点和问题。现有产品及服务在质量和服务上要想满足各类用户的需求，还有很大的提升空间。

3.19 重庆市

【a. 概况】

2023 年，受宏观经济恢复乏力影响，食品行业呈缓慢恢复性增长，中小微食品企业生存环境继续恶化，除能源价格猛涨、用工成本居高不下外，市场通缩严重，同质化产品严重过剩，竞争更加激烈。

困难面前，重庆市食品企业始终不忘初心，在市委、市政府领导下，有关政府部门和行业协会坚持为企业服务的宗旨，积极帮助反映企业和行业困难和呼声，帮助企业解决实际问题。同时，发挥信息、资源优势，引导企业积极适应食品产业发展新趋势，转变发展理念和发展方式，加快企业转型升级，积极推动了食品产业高质量发展。

2023 年，全市规上食品工业企业有 816 家，累计实现工业产值同比增长 2.5%，出口交货值同比下降 13.8%，营业收入 1712.8 亿元，同比增长 1.8%，利润总额同比增长 10.1%，平均用工人数同比下降 4.4%，其中，农副食品加工业：规模以上企业 524 家，工业产值同比增长 3.5%，出口交货值同比下降 12%，营业收入同比增长 1.4%，利润总额同比增长 5.5%，平均用工人数同比下降 5.2%；食品制造业：规模以上企业 209 家，工业产值同比增长 1.1%，出口交货值同比下降 17.6%，营业收入同比增长 1.8%，利润总额同比增长 18.7%，平均用工人数同比下降 2.7%；烟草制品业：规模以上企业 3 家，工业产值同比增长 4.5%，营业收入同比增长 2.7%，利润总额同比增长 3.1%，平均用工人数同比下降 12.3%；酒、饮料和精制茶制造业：规模以上企业 80 家，工业产值同比增长 1.3%，出口交货值同比增长 58.9%，营业收入同比增长 2.6%，利润总额同比增长 13.9%，平均用工人数同比下降 3.1%。

【b. 食品工业动态】

1. 积极推动企业转型升级，促进食品企业高质量发展

（1）切实贯彻落实市政府食品及农产品加工高质量发展产业生态大会精神。新一届市委市政府高度重视食品及农产品加工产业发展。2023 年 6 月 15 日，市政府召开重庆市食品及农产品加工高质量发展产业生态大会，吹响了食品及农产品高质量发展的号角，随即出台的《重庆市支持食品及农产品加工产业高质量发展十条政策》（渝府办发〔2023〕49 号），进一步明确了政策支持的重点和方向。协会立即召开有关会议，及时传达贯彻会议精神，鼓励企业提振信心，抓住我市当前食品产业发展的新机遇，认清形势，理清企业发展思路，实施绿色转型、智能化转型、数字化转型。同时，邀请相关专家对《重庆市支持食品及农产品加工产业高质量发展十条政策》进行深入解读，鼓励企业结合实际，比照十条政策进行专项资金申报，让尽可能多的企业的应享尽享政策红利。

（2）成功举办重庆市第二届食品产业高质量

发展服务大会。食品企业的高质量发展离不开相关服务企业或服务机构的助力支持，但由于信息或渠道有限，食品企业与这些服务企业或服务机构的对接合作并不顺畅或全面。为了加强他们之间的对接合作，协会整合服务资源，推动生产性服务业向专业化和价值链高端延伸，促进现代服务业同食品产业深度融合。2023 年的 4 月 28 日，在重庆市经济和信息化委员会指导下，由重庆市食品工业协会主办，重庆市相关行业协会协办，重庆金桥中小企业服务窗口平台承办的重庆市第二届食品产业高质量发展服务大会在江津德感工业园西部食谷隆重召开。本次服务大会，除我会会员企业参加外，还包括兄弟协会食品企业、江津区部分食品企业，共计 450 多家食品生产企业、150 多家服务型企业或服务机构，近千人参会。服务资源涵盖食品研发、技术服务、检验检测、机械装备、智能制造、节能环保、食品质量安全、电子商务、品牌设计、食品包装、商贸物流、人力资源等。

（3）围绕企业转型发展的需求，组织企业参访先进的科技型企业，举办相关讲座培训。2023 年 2 月 23 日、24 日，协会前后两天组织企业前往大渡口海康威视重庆科技园参观考察，重点考察了该园区物流智能化。8 月 14 日，重庆市食品工业协会罗会长带领相关企业负责人赴湖北 · 致魔芋生物科技股份有限公司参观学习，推动魔芋新产品研发。

协会联合相关机构先后举办了食品配方创新、老板财务思维等 4 次线上讲座，利用有关会议，邀请西南大学食品科学院副院长夏杨毅教授作预制菜科技发展路径与产业化发展，重庆纽森自动化设备有限公司总经理邹欣瑾作“智能制造赋能重庆食品产业”，重庆能有热能科技有限公司总经理魏有强作“智慧分布式工业蒸汽系统，助力食品企业节能减排、降本增效”，重庆环嘉工业空调技术有限公司高级工程师，国家级科技专家、总经理林刚作“食品工业通风降温技术之星——两级蒸发式空气调节装置”，重庆壹加壹财税咨询（集团）有限公司董事长瞿晓波作“金税四期的影响及应对策略”等专题讲座和报告。

（4）我市先后组织参加梁平区预制菜（海鲜系列）的评审；诗仙太白酒厂的“诗仙太白品牌焕新暨新品上市发布会”和市市场监管局《食用农产品批发市场食品安全经营管理规范》重庆市地方标准征求意见稿的反馈。

2. 主动对接供应商，寻求破解市场难题

休闲食品特别是豆制品，是我市极具地方特色的产品，一直以来深受消费者喜爱。但是近些年来，受其他地方同类产品的冲击，市场销售严重受阻，加之产品成本增高，企业几无利润甚至倒亏。为了破解这一难题，2023 年 6 月 3 日到 9 日，重庆市食品工业协会组织天润、丰盛物资、嘉士德等 14 家企业近 20 人前往山东，主动对接上游供应商，先后考察了济宁、德州、东营、滨州、青岛等地的嘉祥圣天香、青岛星城德州厂区、万得福、青岛大伟生物科技等供应商。供应商们纷纷推出研发的新产品，如根据豆蛋白开发的肉制品、蔬菜制品、饮料制品系列，这些产品不仅口感纯正、风味多样、营养健康，而且成本较低，让重庆的企业家们深受启发和鼓舞，表示将进一步加强与供应商的合作，争取早日向市场推出新产品。

3. 积极反映《肉制品生产许可审查细则》颁布实施的企业诉求，化解《细则》误读给企业带来的负面影响

2023 年 7 月 28 日，国家市场监督管理总局正式颁布实施《肉制品生产许可审查细则》。该“细则”第四十条规定：“应根据相关标准结合原料、产品特点和工艺要求控制车间环境温度，腌制车间环境温度不应高于 4 摄氏度。”而我市泡肉制品（泡凤爪）生产企业生产的泡椒凤爪车间环境远高于 4 摄氏度。于是，市区两级监管部门据此认定我市的泡肉制品（泡凤爪）企业车间环境不符合“细则”要求，一些企业在申报许可证延续时不被通过。

为了应对“细则”实施给我市泡肉制品企业带来的不利影响，重庆市食品工业协会及时向主管部门反映企业的诉求，并于2023年9月5日及时召开《肉制品生产许可审查细则》专题会议，有友、天润、嘉士德、选旺、佳佳乐、渝派等近20家我市主要的休闲食品企业共计34人参会，同时，邀请市市场监督管理局食品生产处刘亚平副处长、罗晓东二级调研员，市食品药品检测院陈士奇副院长、有关专家等出席会议。会上，与会人员比照《肉制品生产许可审查细则》第四十条规定，结合我市泡肉制品的生产工业进行激烈讨论，一致认为，我市泡肉制品（泡凤爪）企业生产的泡椒凤爪是“泡制”，而不是“细则”中的“腌制”，两种情况应不是一个工艺，故不能按照腌制工艺的环境进行要求。市市场监督管理局食品生产处刘亚平副处长、罗晓东二级调研员先后发言，表示重视企业反映的问题，责成重庆市食品工业协会组织采集肉制品生产过程数据报市市场监督管理局，并承诺将企业反映的情况如实向国家总局汇报。专题会议后，我市有关政府部门、相关行业协会及企业又向国家市场监督管理总局官网作了反映并得到及时回复，总局明确表示，加工中的“浸泡”不属于《肉制品生产许可审查细则》第四十条中“腌制”工艺。由此，该《细则》表述的肉制品生产工艺中的“腌制”与“浸泡”的本质区别得到澄清。一场因“细则”误读可能给企业乃至行业带来的负面影响，在协会和企业的共同努力下，终于得到圆满解决。

4. 帮助企业解决问题，为企业办实事

（1）帮助企业提升检验能力。为促进重庆市调味品、糕点食品生产企业高质量发展，查找含油调味品及糕点中酸价和过氧化值检验水平差距，发挥企业实验室检测数据导向作用，帮助强化企业质量体系运行和质量控制，重庆市食品工业协会联合重庆市调味品协会、重庆市糖果糕点行业协会、重庆市调味品标准化技术委员会、重庆万标检测技术有限公司，组织开展2023年重庆市含油调味品及糕点生产企业实验室比对工作。此项工作从5月下旬开始、7月初结束。7月13日召开企业实验室比对技术分析报告论证审评会。通过实验室比对工作，帮助企业提升了实验室检验能力和检验人员的检测能力。

（2）坚持常年帮助桶“瓶”装水企业办理绿色通行证。从2014年起，协会为桶“瓶”装水企业办理绿色通行证已有10个年头，从起初的一年办理一次到一季度办理一次，增加了协会相当的工作量，但协会持之以恒，坚持不懈，抽调专人全力以赴。去年，全年为桶“瓶”装水企业办理绿色通行证24个，高峰时段临时通行证15个、临时通行证8个，全年共计办理140个次（含违章补办）。

（3）反映企业的问题和困难。我市多次组织食品行业相关协会参与了市食品及农产品高质量发展工作专班开展的行业、园区调研，积极反映行业和企业发展问题，就产业发展的重要问题建言献策。2023年10月，市经信委召开行业商协会座谈会，系统了解各重点行业运行情况，研判经济形势，针对困难和问题精准施策，同时了解各重点行业招商引资情况。重庆市食品工业协会罗会长于10月12日、10月26日先后两次参会，向市经信委及时反映了企业存在的困难和问题，并提出了积极建议。为加强市经信委与行业商协会的联系沟通，市经信委决定每三个月召开一次与商协会的座谈会，听取行业商协会的情况汇报，以便有针对性地解决实际问题。10月18日，重庆市食品工业协会下发了《企业面临的困难及需求调研表》，广泛收集企业反馈信息。

（4）鼓励企业申报“中国食品工业协会科学技术奖”

2023年，中国食协发布开展2023“中国食品工业协会科学技术奖”评审工作的通知，协会积极做好企业申报组织工作，经重庆市食品工业协会推荐的重庆第二师范学院的乳源乳酸菌在益生菌产品中的创新研究和产业化项目、西南大学的青冈段木灵芝种植及灵芝孢子粉破壁关键技术研究和推广应用分别获得二等奖。

5. 开展有针对性的培训

（1）开展社保申报新政策和劳务用工政策培训。根据重庆市税务局、市医疗保障局、市人社局、市财政局等部门共同发布《渝税公告 2023 年第 3 号》文件，规定：“自 2023 年 7 月 1 日起，将现行的用人单位社会保险费申报缴纳方式调整为用人单位直接自行向税务部门申报缴纳。”这意味着今后社保将成为不是税的“税”，社保由以前企业向社保局自愿申报，变为税务部门主动强征。社保申报政策的改变，将使企业用人成本、法律风险成本都将大大增加，为规避企业在经营过程中遇到的劳务用工、法律风险，有效化解企业的用工成本、法律风险成本。协会于 2023 年 10 月 18 日举办社保申报新政策和劳务用工政策培训，专门邀请华盛铸企（深圳）法律服务有限公司专家讲解，我会 60 多家企业近 100 人参加培训。

（2）组织企业参加第十五届中国国际食品安全技术论坛。2023 年 3 月 17 至 18 日，由中国认证认可协会、太平洋国际展览（北京）有限公司联合主办，重庆市食品工业协会协办的“CBIFS2023 第十五届中国国际食品安全技术论坛”在悦来国际会议中心举行。作为食品安全技术领域规模最大、人气最旺和最受欢迎的行业盛会之一，CBIFS 食品安全技术论坛在业界同仁的支持下已成功举办了十四届，本次论坛内容包括食品安全国家标准、食品安全检验检测、食品安全认证认可、食品安全质量管理等议程，邀请行业权威专家及龙头企业，研究探讨新技术发展与应用，为提高食品安全检测技术和质量管理水平发挥作用。我市相关食品行业协会组织了 60 余人参加该论坛。重庆市食品工业协会罗会长在论坛开幕式上致辞。

（3）培训、选拔、推荐参加“2023 年兴化杯全国食品工业行业调味品品评师职业技能竞赛决赛”选手。重庆市食品工业协会联合重庆市调味品协会举办“2023 年‘兴化杯’全国食品工业行业职业调味品品评师技能竞赛培训”选拔，通过相关理论学习和实操培训，使每一位学员充分掌握调味品生产及品评知识，最后推出 6 名选手参加全国决赛。4 月 1 日至 2 日决赛中，我市 6 名选手发挥出色，付刚、杨超、陈小鸿、林时武被中食协聘任为第五届调味品国家评委，邹良、张伟 2 人聘任为国家特邀评委，重庆市食品工业协会被中食协授予“优秀组织单位”荣誉称号。

6. 组织企业参展、观展

2023 年 5 月 5 日，重庆市有关食品行业商协会组织企业参加在重庆悦来国际会议中心由工业和信息化部与重庆市人民政府共同主办的《2023 中国消费品工业“三品”战略峰会》，重庆市经济和信息化委员会、梁平区人民政府主办的系列主题活动之中国西部预制菜之都产融共创研讨会。6 月 19 至 20 日，组织 16 家企业共 21 人参加上海 2023 上海国际加工包装展览会。9 月 1 日，组织企业参加重庆市食品行业联合举办的中秋产销对接联谊会。9 月 21 日至 22 日，组织 33 家企业共计 40 余人参加第十四届中国包装创新及可持续发展论坛。

【c. 发展中存在的问题和困难】

受国际局势和市场环境影响，企业，特别是中小企业大多处于观望状态，投资相对保守，在技术改造、技术研发、品牌宣传、市场拓展等方面增加投入的主观意愿不强。我市食品工业品牌众多，但辨识度不高，重庆特色、重庆制造的市场竞争力和溢价效应还相对较弱，对市场和产业的推动力不强，缺少一批具有全国影响力、竞争力和话语权的品牌。

1. 劳动力成本增高

由于，员工文化程度普遍偏低、年龄偏大、员工素质参差不齐，企业为员工缴纳的社保费太高，企业用人成本偏高。

2. 原材料大幅度涨价

大豆、白糖、食用油等，企业又不能跟着涨价，企业利润几乎为零，举步维艰。

3. 企业技术含量低

由于，企业生产技术含量低，产品附加值低，企业希望得到技术支持，进行校企合作。

4. 行业内卷严重

由于，产品同质化、产品过剩，产品杀价，企业之间产生恶性竞争。

5. 市场低迷

目前，销售市场还没有完全回暖，消费不景气严重制约了企业的生产发展，还需要提高消费者信心。

6. 职业打假猖獗

市场由于职业打假人的恶意理赔，企业得不到保护，使得企业要用很大的精力来应付职业打假人的索赔。

7. 企业机械化程度不高

食品企业还有不少是手工作坊型的，生产水平不高，缺乏自动化、智能化生产设备，因此，严重影响了企业的效益。

【d. 重庆市第七批食品行业“重庆老字号”】

“一块招牌，就是一段传奇”每逢时令佳节，逛老字号店铺，品老字号美食，对许多重庆人来说，一家家承载历史积淀的“重庆老字号”就是记忆中一抹熟悉的味道，一丝难忘的乡愁，饱含着浓浓的家国情怀与时代记忆。2023 年 9 月，重庆市商务委发布第七批“重庆老字号”，66 个食品企业（品牌）被认定为新一批“重庆老字号”。在政策利好的情况下，“重庆老字号”企业持续加大技术研发力量，加强产品和营销创新工作，焕发出全新活力。以重庆老字号认定为契机，我市将通过情景打造，唤醒记忆的方式讲述重庆老字号故事。传递老字号匠人精神，塑造享誉世界品牌符号。同时，积极参与商务部“老字号数字博物馆”建设，让生于斯、长于斯的“重庆老字号”老树迎新春。

第七批重庆食品老字号名单

序号	申报单位	认定字号	所属行业
1	重庆金彘员集团有限公司	邱嫂红	酒制造业
2	巫溪县成娃子烤鱼王有限公司	张家成娃子烤鱼王	餐饮业
3	重庆沧龙两江宴餐饮管理有限公司	沧龙	餐饮业
4	南岸区甘婆婆醪糟作坊	甘婆婆	食品制造业
5	重庆黄花园食品有限公司	山城牌	食品制造业
6	重庆市淇鲜餐馆	泽民竹林	餐饮业
7	重庆市文峰食品厂	川东	农副食品加工业
8	重庆市开州区老盛山冰薄食品厂	盛山冰薄	食品制造业
9	重庆亚特餐饮发展有限公司	粑二哥	餐饮业
10	巴南区邱记传统油酥鸭	木洞邱记	农副食品加工业
11	重庆来苏绿色食品有限公司	来苏	农副食品加工业
12	重庆民贤餐饮文化有限公司	珮姐老火锅	餐饮业
13	重庆盛文杰餐饮管理有限公司	舒家大院	餐饮业
14	重庆德佳肉类科技发展有限公司	赖记	食品制造业

续表

序号	申报单位	认定字号	所属行业
15	重庆诠真茶叶有限公司	雾都	茶制造业
16	重庆和慧源农副产品有限公司	巫山缘	食品制造业
17	重庆市一品红方圆餐饮文化有限公司	一品红	餐饮业
18	重庆市铜梁区仁和酒厂	魂 韵	酒制造业
19	重庆市武隆区羊角镇双鸽豆制品厂	双 鸽	农副食品加工业
20	重庆互润食品开发有限公司	磁器口	食品制造业
21	重庆建东食品有限公司	平都	农副食品加工业
22	重庆市小八仙餐饮有限公司	小八仙	餐饮业
23	重庆渝兄食品有限公司	渝 兄	食品制造业
24	重庆刘一手餐饮管理有限公司	刘一手	餐饮业
25	重庆辽宇食品有限公司	巴山	农副食品加工业
26	江北区陈春旭火锅店	陈鸭肠	餐饮业
27	重庆晓秧锅餐饮管理有限公司	晓秧锅	餐饮业
28	重庆市钱江食品（集团）有限公司	开州	农副食品加工业
29	重庆小舅母子餐饮管理有限公司	小舅母子烤鱼	餐饮业
30	重庆怀良餐饮管理连锁有限公司	怀粮	餐饮业
31	重庆食满攒餐饮管理有限公司	老哥门	餐饮业
32	重庆市辣媳妇食品有限公司	辣媳妇	食品制造业
33	重庆市合川区仁炼酒厂	仁炼	酒制造业
34	渝中区老来福酸汤兔餐饮食府	老来福	餐饮业
35	渝北区王老太婆水煮鱼酒楼	王老太婆水煮鱼	餐饮业
36	重庆巴厨调味品有限公司	巴厨	食品制造业
37	重庆老甘家餐饮管理有限公司	老甘家	餐饮业
38	重庆咏熹餐饮文化有限公司	咏熹	食品制造业
39	重庆市铁富食品有限公司	青云嫂	农副食品加工业
40	重庆陶然居饮食文化（集团）股份有限公司	陶然居	餐饮业
41	重庆市江津区圣泉酒业有限公司	几德牌	酒制造业
42	重庆市玉琳茶叶有限责任公司	云升	茶制造业
43	重庆周之味餐饮管理有限公司	全麦道	餐饮业
44	重庆金生水贸易有限公司	陪都记忆	食品制造业
45	重庆市渝派草根餐饮管理有限公司	渝派草根	餐饮业
46	重庆市佳佳乐食品有限公司	宋大妈	农副食品加工业
47	重庆多味多食品科技开发股份有限公司	千百度	农副食品加工业
48	重庆齐庆餐饮集团有限公司	齐庆	餐饮业
49	重庆市远翔食品有限公司	翔罐	食品制造业
50	重庆市临江门洞子老火锅餐饮管理有限公司	洞子	餐饮业

续表

序号	申报单位	认定字号	所属行业
51	重庆老铺子食品有限责任公司	于记老铺子	食品制造业
52	重庆西大茶叶有限公司	西农	茶制造业
53	重庆市大足区肖鲫鱼饮食文化有限公司	肖鲫鱼	餐饮业
54	鲁西肥牛（重庆）餐饮管理有限公司	鲁西肥牛	餐饮业
55	重庆凰巢食品有限公司	凰巢	农副食品加工业
56	国裕酒业集团有限公司	国裕	酒制造业
57	重庆市鱼泉榨菜（集团）有限公司	鱼 泉	农副食品加工业
58	重庆家佳康农产品有限公司	渝妹子	农副食品加工业
59	重庆市笛女酒业有限责任公司	笛女牌	酒制造业
60	重庆渝州酒业有限公司	渝州	酒制造业
61	北碚张豆花馆	张豆花	餐饮业
62	重庆市花酿红食品有限公司	花酿红	食品制造业
63	綦江区迎风楼北渡鱼饮食店	吴记迎风楼北渡鱼	餐饮业
64	重庆琪金食品集团有限公司	琪 金	农副食品加工业
65	重庆市荣昌区清升镇老白酒厂	清升	酒制造业
66	重庆市垫江县永安梅哑酒厂	梅哑酒	酒制造业

【e. 中华老字号】

2023年12月21日，商务部公示一批中华老字号拟认定名单，我市有个食品行业品牌入选。近年来，重庆陆续出台了《重庆市人民政府关于保护和促进老字号发展的指导意见》等一系列政策措施，不断健全完善政策体系，逐步建立起传承保护和促进老字号发展的长效机制。在政策引导下，重庆积极推动企业参与商务部的“中华老字号”认定工作。不算本次入选商务部公示的新一批中华老字号品牌，我市已累计拥有老四川、颐之时、小洞天、忠州腐乳、江津米花糖、白市驿板鸭等中华老字号品牌。

入选2023年商务部中华老字号品牌企业

序号	申报单位	认定字号
1	重庆市城口县赵孝春野生食品开发有限公司	赵孝春
2	重庆市武隆县羊角豆制品有限公司	羊角豆干
3	重庆飞亚实业有限公司	飞 马
4	金业兴酒业集团有限公司	渝 北
5	重庆徐鼎盛餐饮管理有限公司	徐鼎盛

【f.2023年重庆市专精特新中小食品企业名单】

2023年，重庆市经济和信息化委员会公布83家重庆市专精特新中小食品企业名单，希望各企业要高度重视中小企业“专精特新”发展，到2024年有更多的专精特新中小食品企业出现，企业做出有更多专精特新的产品，为重庆市的食品行业发展做出积极的努力。

2023年重庆市专精特新中小食品企业名单

序号	所属区	企业名称
1	万州区	重庆市农产品集团食品科技有限公司
2	万州区	重庆诗仙太白酒业有限公司
3	万州区	重庆索特盐化股份有限公司
4	涪陵区	涪陵天然食品有限责任公司

续表

序号	所属区	企业名称
5	涪陵区	重庆市涪陵区成亨食品有限公司
6	涪陵区	重庆渝贵乐农副产品有限公司
7	涪陵区	重庆正元香料有限公司
8	涪陵区	重庆市齐圣食品有限公司
9	涪陵区	重庆市橙纽妞农业科技有限公司
10	涪陵区	重庆市涪陵区吉阳农业开发有限责任公司
11	涪陵区	重庆泰升生态农业发展有限公司
12	涪陵区	重庆大师傅食品有限公司
13	涪陵区	金健米业（重庆）有限公司
14	涪陵区	重庆涪粮农业发展有限公司
15	涪陵区	重庆黄花园食品有限公司
16	九龙坡区	重庆豆奇食品有限公司
17	九龙坡区	重庆周君记火锅食品有限公司
18	南岸区	重庆两江生态渔业发展有限公司
19	南岸区	重庆莉莱食品有限公司
20	渝北区	重庆浩元食品股份有限公司
21	渝北区	重庆众品饮食文化股份有限公司
22	巴南区	重庆田沃美食品有限公司
23	长寿区	重庆长源饲料有限公司
24	长寿区	重庆红三城食品科技有限公司
25	江津区	重庆真不赖食品有限公司
26	江津区	重庆韩氏瓦岗食品有限责任公司
27	江津区	重庆隐涵食品有限公司
28	江津区	重庆江津区丰源花椒有限公司
29	合川区	重庆逸亮食品有限公司
30	合川区	重庆市曾巧食品有限公司
31	合川区	重庆牧歌食品有限公司
32	永川区	重庆周义食品有限公司
33	永川区	芬华食品产业（重庆）有限公司
34	永川区	重庆鸿庆食品有限公司
35	永川区	重庆市永川区涨谷大米加工厂
36	永川区	重庆华辰生态农业发展有限公司
37	南川区	重庆庆酒酿酒庄园有限公司
38	南川区	重庆市御邦食品有限公司
39	南川区	重庆市南川区金禾米业有限责任公司
40	南川区	重庆西苑食品有限责任公司
41	南川区	重庆特珍农业开发有限公司

续表

序号	所属区	企业名称
42	南川区	重庆三不加食品有限公司
43	南川区	重庆谷健食品有限公司
44	南川区	重庆南川区陈吉旺福食品有限公司
45	綦江区	重庆市綦江区壹合食品有限公司
46	铜梁区	重庆金忆食品有限公司
47	铜梁区	重庆特牧农业开发有限公司
48	铜梁区	重庆辣媳妇德宝食品有限公司
49	潼南区	重庆高标食品有限公司
50	潼南区	重庆旭源农业开发股份有限公司
51	潼南区	重庆瑞富食品添加剂有限公司
52	荣昌区	重庆汇光饲料有限公司
53	开州区	重庆市锦前食品有限公司
54	开州区	重庆市钱江集团万顺肉类食品有限公司
55	开州区	重庆诚悦食品有限公司
56	开州区	重庆市开州区珍茗农业发展有限公司
57	开州区	重庆后湖农业有限公司
58	开州区	重庆旺泰农业开发有限公司
59	开州区	重庆市盛迈食品有限公司
60	开州区	开县大丫口农业开发有限公司
61	梁平区	重庆市梁平区奇爽食品有限公司
62	梁平区	重庆厨韵调味品有限公司
63	梁平区	重庆梁平区瑞子农业有限公司
64	梁平区	重庆诗凡食品科技有限公司
65	梁平区	重庆渝柱乡米业有限公司
66	梁平区	重庆渝玫食品有限公司
67	武隆区	重庆市武隆苕粉集团有限公司
68	武隆区	中苕重庆食品有限公司
69	城口县	重庆城口县松坤菌草科技开发有限责任公司
70	城口县	城口县大巴山绿野食品有限公司
71	城口县	重庆登娃食品开发有限公司
72	城口县	城口县九龙洞矿泉水有限公司
73	丰都县	重庆恒都食品开发有限公司
74	垫江县	快大厨食品产业（重庆）有限公司
75	忠　县	重庆市星能酿造有限公司
76	忠　县	重庆全能生态农业综合开发有限公司
77	忠　县	重庆忠记酒庄有限公司

续表

序号	所属区	企业名称
78	云阳县	重庆市宏霖食品股份有限公司
79	云阳县	重庆绿康豆制品有限公司
80	云阳县	重庆美佑动物食品有限公司
81	云阳县	恒顺重庆调味品有限公司
82	云阳县	云阳盐化有限公司
83	西部科学城重庆高新区	重庆白市驿板鸭食品有限责任公司

【g. 行业大事记】

1月9日，重庆市有关食品行业协会及部分专家到梁平区参加预制菜（海鲜系列）的评审，本次评审由重庆市商委主办，西南大学食品科学院院长张宇昊参加，有关餐饮国家级评委参加。

2月23日、24日两天重庆市相关食品协会组织企业前往大渡口海康威视重庆科技园参观交流，海康威视重庆科技园主要生产视频物联网终端产品，是以自动化产线、AGV（物流机器人）等智能装备为主体的智能制造基地。由于参观交流人员较多，故分为两天，共计60余家企业，103人参加。

2月28日，由重庆市食品批发业协会主办的“重庆市食品行业（商）协会联盟第36次会议”召开，我市10余家协会领导20余人出席。大家对联盟提出了积极意见和建议，希望提出解决共性的问题，大家发表意见。

3月17日至18日，为进一步增进食品安全技术交流，在重庆悦来国际会议由中国认证认可协会、太平洋国际展览（北京）有限公司联合主办，重庆市食品工业协会协办的“CBIFS2023第十五届中国国际食品安全技术论坛”，在悦来国际会展中心举办。

4月2日，“2023年兴化杯全国食品工业行业调味品品评师职业技能竞赛决赛”中，我市推出的6名选手全部榜上有名，其中，付刚、杨超、陈小鸿、林时武被中食协聘任为第五届调味品国家评委，邹良、张伟2人聘任为国家特邀评委。同时，重庆市食品工业协会获得这次在人力资源社会保障部批准的2023全国食品工业行业职业技能竞赛中，组织工作成绩突出，特授予“优秀组织单位”荣誉称号。

4月8日，重庆市政府成立食品及农产品加工产业高质量发展工作专班，统筹推动全市食品及农产品加工产业高质量发展重大政策、重大改革、重大布局、重大工程、重大项目。

4月9日，为积极响应国家加强成渝经济圈建设的政策号召，加强川渝两地的食品行业商、协会之间的交流互动，促进川渝食品产业快速发展。重庆市相关食品行业协会参加由四川省网商创新发展促进会承办的活动，四川的部分商、协会及企业参加。

4月20日，大渡口区市场监管局向重庆井谷元食品科技有限公司颁发全国首张重庆小面食品生产许可证，标志着重庆小面正式作为单独食品类别纳入食品生产许可管理。

4月26日，“重庆市麦制品产业集群”“重庆市蔬菜产业集群”入围农业农村部、财政部优势特色产业集群建设。

4月28日，由重庆市经济信息委指导，江津区经济信息委、德感工业园发展中心、重庆市食品工业协会主办，重庆市调味品协会、重庆市糖果糕点行业协会、重庆市农产品加工业协会、重庆市食品批发业协会、重庆市火锅协会、重庆市包装协会等相关行业协会协办重庆金桥中小企业服务窗口平台承办的重庆市第二届食品产业高质量发展服务大会在江津德感工业园西部食谷召开。共计250多家食品生产企业，150多家食品服务企业参会。来自政府相关部门代表、食品行业专家、食品生产服务企业代表等400余人参加了会议。

5月5日，全市有关食品行业协会参加在重庆悦来国际会议中心由工业和信息化部与重庆市人民政府共同主办的《2023中国消费品工业“三品”战略峰会》，以及峰会系列活动的重庆市经济和信息化委员会、梁平区人民政府主办的系列主题活动之中国西部预制菜之都产融共创研讨会。

5月5日至7日，第二届中国（成渝）美食工业博览会重庆悦来国际博览中心举办。

5月20日，国际辣椒联盟、辣椒专委会正式入驻南岸区龙门浩老街原意大利使馆旧址处。

6月3日至9日，重庆市食品工业协会组织我市天润食品、丰盛物资、嘉士德、辣媳妇等14家企业18人赴山东省食品企业参观考察。

6月13日，重庆市人民政府印发《关于大力度推进食品及农产品加工产业高质量发展的意见》（渝府发〔2023〕15号）。

6月13日，重庆市人民政府办公厅出台《重庆市支持食品及农产品加工产业高质量发展十条政策》。

6月14日至15日，重庆市食品及农产品加工高质量发展产业生态大会成功召开。

6月14日，重庆市食品工业协会组织部分企业参观考察可拓物流公司，并召开座谈会，推介可拓物流公司。

6月19–20日，我市有关行业协会组织企业到上海参加2023上海国际加工包装展览会，共组织16个单位，21人参加。

7月11日至13日，第二届西部预制菜产业发展大会暨2023西部预制菜博览会在重庆市梁平区举行。

7月13日，重庆市调味品协会、重庆市食品工业协会、重庆市糖果糕点行业协会、重庆市调味品标准化技术委员会联合 重庆万标检测技术有限公司决定组织开展2023年重庆市含油调味品及糕点生产企业实验室比对工作。该工作历时近2个月，于7月13日召开了2023年重庆市含油调味品及糕点 生产企业实验室比对技术分析报告论证审评会议，肯定了此项工作的必要性，提出了积极的建议。

8月4日，重庆市食品行业（商）协会联盟第三十七次联盟会议在南岸区南滨路酣客私厨举行。本次会议由车安吉理事长主持，会上就筹备举办2023食品行业中秋产销会对接会事宜进行了研究。

9月1日，在塑记重庆宴，重庆市食品行业联盟举办了“渝”见美.与“食”俱进2023食品行业中秋产销对接联谊会。活动分为产品展示、论坛演讲相结合，目的是助推食品行业共同发展。80余家企业参加了产品展示。

9月5日，召开了《肉制品生产许可审查细则》专题会议。因国家市场监督管理总局出台《肉制品生产许可审查细则》（以下简称“细则”）2023版已正式实施，会议邀请我市有关企业、专家、重庆市市场监督管理局食品生产处相关领导出席会议，研究及时向主管部门反映企业和行业的诉求，找到解决问题的办法。

9月14日，重庆市农业融资担保集团有限公司召开“支持食品及农产品加工产业座谈会”参加协会有重庆市相关食品行业协会10个。市财政局、市农委、市农担集团、重庆农商行等参加。

9月18日至22日，中国肉类协会联合世界肉类组织在重庆悦来国际博览中心举办2023中国国际肉类产业周。

9月19日，重庆诗仙太白酒业有限公司举行“诗仙太白品牌焕新暨新品上市发布会”，提出诗仙太白渝酒振兴、焕新起航，邀请了四川大学有关专家参加评审鉴定。

9月21日，首班西部陆海新通道火锅食材进口班列成功运抵重庆江津。

9月21–22日，第十四届中国包装创新及可持续发展论坛在重庆举行，我市食品企业有480余家企业1500余人参加。

9月27日，我市食品企业参加“川渝食品产业投资合作交流会”，本次活动由四川省经济合作局、四川省人民政府驻重庆办事处主办。

11月19日，由工业和信息化部、重庆市人民政府共同主办的2023中国产业转移发展对接活动（重庆）食品及农产品加工产业专场在悦来国际会议中心举办。

12月4日至6日，中国（綦江）食品产业高质量发展大会暨金街美食音乐汇在綦江区成功举办。

【h. 标准制定】

2023年10月，重庆市市场监督管理局将《食用农产品批发市场食品安全经营管理规范》重庆市地方标准征求意见稿发到各食品行业协会，征求企业意见。

【i.2024年发展目标】

2024年，重庆食品工业贯彻落实市委六届四次全会、市委经济工作会议和全市农村工作会议精神，全面落实食品及农产品加工产业高质量发展工作专班工作部署，推动产业链垂直整合、横向融合，持续育龙头、强链条、聚原料、搭平台、创品牌，增强产业核心竞争力。

邹世云

3.20 四川省

【a. 概况】

2023 年，四川省规模以上食品工业企业共实现营业收入 6444.4 亿元，同比增长 1.1%；实现利润总额 1068.4 亿元，同比增长 6.7%。营业收入方面，农副食品加工业、食品制造业以及酒、饮料和精制茶制造业分别实现营业收入 1903.3 亿元、943.5 亿元和 3597.6 亿元，分别同比增长 –9.8%、1.5% 和 7.8%。利润总额方面，农副食品加工业、食品制造业以及酒、饮料和精制茶制造业分别实现利润总额 103.3 亿元、99.2 亿元和 865.9 亿元，分别同比增长 –48.9%、30.4% 和 19.8%。

综合分析，农副食品加工业、食品制造业以及酒、饮料和精制茶制造业营业收入和利润总额分别占全省食品工业的 29.5%、14.6%、55.8% 和 9.7%、9.3%、81.0%，表明四川白酒产业对全省食品工业支撑作用明显，同时加工深度的食品制造占比有待提升。

2023 年四川规模以上食品工业企业主要指标

2023 年	营业收入 / 亿元	同比增长 %	利润总额 / 亿元	同比增长 %
食品工业	6444.4	1.1	865.9	6.7
农副食品加工业	1903.3	–9.8	103.3	–48.9
食品制造业	943.5	1.5	99.2	30.4
酒、饮料和精制茶制造业	3597.6	7.8	865.9	19.8

【b. 行业重点工作】

1. 强化政策引领

制定完成《四川省食品轻纺产业提质倍增行动方案》，并编制年度任务清单。印发《四川省竹产业提升三年行动方案（2023—2025 年）》。研究起草《四川省农产品精深加工提升行动方案》和《食品轻纺产业稳增长工作方案（2023—2024 年）》，落实《支持预制菜产业高质量发展的若干措施》。

2. 推进平台建设

四川省经济和信息化厅公布首批四川省优质白酒产业园区（创建园区）名单。四川轻化工大学和四川旅游学院分别建立预制菜产业学院，成都大学预制菜产业学院入选成都大学第二批校级现代产业学院，全省预制化食品行业有序推动预制菜省级制造业创新中心建设。

3. 加快科技创新

举办了第十六届中国果蔬加工技术暨非热加工技术与产业创新研讨会、2023 四川省大学生食品创新大赛等系列活动。五粮液白酒及其功能成分对细胞活性的影响研究、舍得老酒生态品质模型构建及调控技术开发等多个项目获 2022 年度“中国食品工业协会科学技术奖”。

4. 完善标准体系

四川省食品饮料产业协会发布《预制川菜术语与分类》《预制川菜生产通用技术规范》等 5 项团体标准，立项《预制川菜生产通用规范》1 项省级地方标准和《预制川菜 川式红烧肉》《预制川菜 夫妻肺片》等 4 项团体标准。

5. 开展市场拓展

举办中国（川渝）预制菜产业大会、成渝美食工业博览会、四川消费品进万家活动、四川特色食品暨预制川菜（北京）宣传推广周活动、四川特色食品（广州）宣传推广暨产业招商推介活动、“川酒全国行”武汉站和青岛站活动等、川茶品牌创新设计交流对接会系列活动。编制《四川省预制菜重点产品目录》。

6. 提升品牌价值

四川省食品饮料产业协会组织开展预制川菜“天府精品榜”评选活动。泸州举办以“世界美酒 人类共享”为主题的国际蒸馏酒品牌大会。德阳市什邡市获“中国雪茄之都·德阳什邡”称号，宜宾市获“中国（宜宾）白酒之都”暨“中国五粮浓香白酒核心产区·宜宾”称号，广元获“中国食品产业名城·广元”和“中国特色天然饮用水之乡·广元”称号。

7. 筑牢安全底线

举办以“尚俭崇信尽责 同心共护食品安全”为主题的 2023 年四川省食品安全宣传周。四川省经济和信息化厅印发食品安全工作要点，在五一、十一等重要时节下发通知督促市（州）履行安全责任，赴乐山、广元等地开展食品安全督导和有限空间作业中毒窒息安全风险防范指导。举办地方特色食品产业发展能力提升暨食品工业企业诚信体系培训班、预制产业发展培训班。

韩保林

3.21 贵州省

【a. 概况】

2023年，贵州省食品工业在多个方面取得了显著进展，不仅保持了稳定的生产质量，还在经济增长、行业结构优化、品牌建设、市场拓展等方面取得了积极成果。

1. 食品安全持续向好

2023年，贵州省食品工业产品质量保持高位运行，食品合格率为99.02%，同比基本持平。这一数据反映了贵州省在食品安全监管方面的严格把控和高效管理，确保了市场上流通的食品具备高度的安全性。

2. 食品工业增加值持续增长

贵州省食品工业在2023年表现出强劲的增长势头。据统计，规模以上工业增加值同比增长5.9%，其中酒、饮料和精制茶制造业同比增长10.9%。这一增长速度不仅高于全省平均工业增长率，也高于其他多数行业，显示出食品工业在贵州省经济中的重要地位和强劲的发展潜力。

3. 主要行业增长迅速

在食品工业内部，主要行业均实现了显著增长。酒、饮料和精制茶制造业是其中的亮点，增加值同比增长10.9%。酒、饮料和精制茶制造业的快速增长，不仅提升了食品工业的整体产值，也推动了相关产业链的发展。

4. 食品工业的原料供应充足

贵州省拥有丰富的农业资源，为食品工业提供了充足的原料供应。2023年，全省粮油生产喜获丰收，全年粮食产量1119.7万吨，同比增长0.5%；油料产量110.97万吨，同比增长5.1%。此外，蔬菜、茶叶、中草药材等特色农产品的产量也均有显著增长，为食品工业提供了丰富多样的原料选择。

5. 产业结构不断优化

贵州省食品工业在产业结构优化方面取得了显著进展。一方面，传统食品制造业通过技术创新和产业升级，提升了产品附加值和市场竞争力；另一方面，新兴食品产业如功能性食品、绿色生态食品等快速发展，为食品工业注入了新的活力。同时，食品工业与农业、服务业等产业的融合发展，也推动了产业结构的优化升级。

6. 政策支持与推动

贵州省政府高度重视食品工业的发展，出台了一系列政策措施予以支持和推动。例如，加强食品安全监管，提升产品质量；推动食品产业升级改造，提高产业竞争力；加大对食品企业的扶持力度，降低企业运营成本等。这些政策措施的实施，为食品工业的发展提供了有力的保障和推动。

7. 品牌建设与宣传不断加强

贵州省在品牌建设与宣传方面也取得了显著成果。一方面，通过加强品牌建设和管理，提升了食品工业的整体品牌形象和市场知名度；另一方面，通过举办各类品牌宣传活动和推广活动，如“多彩贵州风·黔酒中国行”等，扩大了贵州食品品牌的影响力和市场占有率。这些措施的实施为贵州省食品工业的品牌建设和市场拓展奠定了坚实的基础。

8. 市场与销售情况

2023年，贵州省食品工业市场销售情况良好。全省社会消费品零售总额同比增长5.9%，其中食品类商品零售额增长显著。线上零售也呈现出快速增长的态势，限额以上企业单位通过公共网络实现的商品零售额比上年增长77.6%。这些数据的增长反映了贵州省食品工业在市场拓展和销售渠道方面的积极进展。

综上所述，2023年，贵州省食品工业在产品质量、经济增长、行业结构优化、原料供应、政策支持、品牌建设、市场拓展等方面均取得了显著成果。未来，随着政策的持续推动和市场的不断拓展，贵州省食品工业将迎来更加广阔的发展前景。

【b. 行业分析】

1. 基本情况

2023年，全省生产总值20913.25亿元，同比增长4.9%，全省规模以上工业增加值同比增长5.9%。而在全省食品工业的生产总值中，从分行业看，酒、饮料和精制茶制造业增长10.9%（其中白酒规模以上白酒生产企业完成产量30.4万千升，同比增长6,5%；工业增加值同比增长10.7%；营业收入同比增长11.7%），烟草制品业增长2.8%，乳制品增长16.1%。仅贵州生态特色食品产业2023年前三季度，就完成产值1195.6亿元，增长7.3%。在全省十大工业产业中，食品工业排名在第2位，作为贵州经济后续支柱产业的食品工业，在全省工业经济中依然占据重要的位置。

2. 食品行业分行业增加值（表1）

行业	同比增长（%）
农副食品加工业	7.64
食品制造业	5.7
酒、饮料和精制茶制造业	10.9
烟草制品业	2.8

3. 主要食品工业产品及增长率（表2）

指标名称（单位）	绝对数	同比增长（%）
饮料酒（万千升）	95.88	6.7
卷烟（亿支）	1184.16	0.6
乳制品（万吨）	24.7	16.1
辣椒制品（万吨）	25.47	5.2
猪牛羊禽肉（万吨）	245.32	2.6
禽蛋（万吨）	38.76	15.5
茶叶（万吨）	28.75	8.0
菜籽油（万吨）	110.97	5.1

以上数据为贵州省统计局提供。

【c. 高质量发展】

1. 从2015年起，贵州坚持举办每两年一次的全省质量发展大会，

一步一个脚印，从质量兴省到质量强省，坚持不懈地推动质量提升战略。2023年，贵州省质量强国建设协调推进领导小组制定印发《贵州省2023年深化质量强省建设提高质量和品牌发展水平工作要点》，从产品、工程、服务、品牌以及产业基础等五个方面，部署51项深化质量强省建设工作重点任务。全省食品行业落实认真贵州省质量强国建设协调推进领导小组制定的这一工作要点，坚持以高质量发展引领全省食品工业的发展。

在省委省政府制定的深化质量强省建设提高质量和品牌发展水平的战略指引下，2023年6月，贵州省工业和信息化厅召开“加快推进贵州食品产业高质量发展”大会，以落实工业和信息化部等十一部门联合制定《关于培育传统优势食品产区和地方特色食品产业的指导意见》为契机，在贵州食品产业发展已经从量的充分供给转向质的更高需求关键阶段，牢牢把握“质量强省建设提高质量和品牌发展水平”的方向，坚持把食品产业作为加快贵州工业经济发展重要抓手，并出台相应的扶持政策和措施，明确支持打造贵州辣椒制品、刺梨制品、赤水河流域酱香型白酒三大产业集群。同时初步形成了白酒、辣椒制品、茶叶制品、肉制品、发酵食品、饮料（饮用水、刺梨、蓝莓等）、自热食品（火锅、米饭、粥类、米粉、汤类等）、豆制品等门类较为齐全的产品体系。

2. 在赤水河流域酱香型白酒产业集群的高质量发展建设中，2023 年，产区实施酱香型白酒产业项目 83 个，建成投产 23 个，新增加产能 10 万千升（其中支持白酒产业项 62 个，投入资金 6400 万元）。以茅台集团为引领，习酒、国台为代表组成的贵州白酒企业舰队，产值占全省白酒产业产值的 89.7%，利润占全省白酒的 98%，成为贵州白酒产业发展的重要支撑。2023 年，贵州规模以上中小白酒企业 175 户，随着白酒整顿力度的加强，仅仁怀市白酒小微生产企业从 2022 年的 1770 户降至 2023 年的 855 户。2023 年，茅台集团全面加强国际化部署，开展了 157 场国际化推介活动，覆盖 39 个国家和地区。

3. 在以高质量发展引领食品工业的发展的同时，坚持食品质量管理和食品安全一起抓。2023 年，贵州省质量政策体系逐步完善，全省 9 个市州均出台了质量强市（州）工作方案，质量、“双打”、知识产权、食品、药品 5 项考核被整合为质量强省综合考核，质量考核机制进一步理顺。《质量监管领域全省联动执法机制》等一系列质量政策正式实施。在质量投入渠道上更加丰富，如在骨干食品企业创新首席质量官“揭榜挂帅”形式，实施质量精准管理，并在全省 29.34 万家食品生产经营企业，实现督导检查全员全覆盖任务；在质量治理效果方面，全省深化食品“守查保”行动，处置食品风险隐患 5.99 万个；为提升贵州白酒行业的信誉和竞争力，与 8 个省（区、市）签订酒类执法打假合作协议。严格的质量管理和食品安全措施的不断完善，2023 年，全省的食品合格率达到 99.02%。

【d. 发展新质生产力】

发展新质生产力是推动食行业高质量发展的内在要求和重要着力点，全省食行业在贵州省工业和信息化厅、贵州省科技厅、贵州省财政厅等部门的支持下，牢牢把握科技创新是行业发展新质生产力的核心要素和主要驱动力。在全行业加强了在基础科研、生产环节、新材料、新技术、人工智能等原始性、颠覆性、关键性技术的创新，在全行业开展了科技创新项目建设、专精特新中小企业和创新型中小企业培育、省级企业技术中心认证等发展新质生产力的推动工作。

2023 年，通过以科技创新为引领 推动产业发展新质生产力工作的开展，加强了对食品行业创新型中小企业的服务对接和监测分析，对企业生产经营、发展态势、意见诉求，以及扶持政策与培育成效等开展定期和不定期跟踪，有针对性地制定政策和开展精准服务，全省食品行业的新质生产力得到了提升，进一步加强了食品行业的技术创新能力。

2023 年，全省食品行业认定的专精特新中小企业，占贵州省专精特新中小企业数的 16.5%；认定的创新型中小企业占贵州省创新型中小企业数的 16.8%；贵州南山婆食品加工有限公司、贵州南山婆食品加工有限公司技术中心、贵州钓鱼台国宾酒业有限公司技术中心，2023 年被新认定贵州省企业技术中心。这一大批专精特新中小企业、创新型中小企业和省级企业技术中心的涌现，为贵州辣椒、茶叶、刺梨、酸汤、白酒等生态特色食品的高质量发展注入了持续发展的活力。

【e. 食品行业大事记】

1. 1 月 5 日，由省投资促进局、省工业和信息化厅主办，深圳市食品行业协会承办的贵州生态食品产业招商推介会在深圳市成功举办，拉开了我省生态食品 2023 年产业招商序幕，重点推介了我省重点打造的贵州酱酒、贵州辣椒、贵州刺梨、贵州绿茶、多彩贵州水等优质“贵字号”生态美食产品。

2. 为保护好贵州赤水河流域以茅台酒为核

心产区内酱香酒赖以生产、存续和发展的独特环境，保障其品质传承，2023 年 3 月 1 日，贵州省人民政府颁布了《贵州省赤水河流域酱香型白酒生产环境保护条例》。

3. 为深入贯彻党的二十大和习近平总书记对贵州工作的重要指示精神，抓住国内预制菜市场迅速发展的重大机遇，充分发挥我省农特产品资源、生态和文化三重优势，2023 年 4 月 28 日，省商务厅等 15 部门关于印发《加快推进贵州省生态特色 预制菜产业高质量发展十二条措施的通知》

4. 5 月 24 日，2023 年“ 院士贵州行 ”系列活动之“生态食品风味挖掘与品质调控技术创新论坛 ”在贵阳市观山湖区召开。来自中国工程院、贵州省分析测试研究院等 10 余位院士、专家、学者，以及市、区 70 余家生态食品企业齐聚观山湖，探索食品风味之源，共寻品质提升之道，助力产品创新、品质提升、品牌升级。

5. 2024 年 6 月 1–3 日，以“传承美食文化、创新驱动发展、赋能产业未来 ”为主题。旨在塑造未来发展趋势，加强行业创新合作之道，形成独特的餐饮创新发展前沿思想的高地。促进贵州餐饮市场快速发展，加快产业结构优化升级，努力将本展打造成西南餐饮行业“灯塔 ”作用的“2023 贵阳餐饮食材及预制菜产业展览会 ”，在贵阳国际会议展览中心举办。

6. 2023 年 7 月 12 日，云贵川三省共同签署了《赤水河流域铸牢中华民族共同体意识示范带联创共建协议书》，携手打造联创共建平台，探索民族团结进步跨区域交流合作新模式。

7. 7 月 28 日，2023 消费品工业“三品 ”全国行（贵州站）暨第三届中国传统发酵食品产业发展大会在贵阳举行。

8. 8 月 24 日，以“ 生态贵椒・香辣天下 ”为主题的第 8 届贵州・遵义国际辣椒博览会在遵义市新蒲新区举行。通过辣椒产业高质量发展论坛、全国辣椒新优品种展示推介会、展示展销暨辣椒美食文化推广、数字辣博会、招商对接等活动，助推贵州辣椒产业高质量发展。

9. 2023 年 8 月 31 日，贵州省政府新闻办举行 2023 年贵州省食品安全工作新闻发布会，介绍 2023 年贵州省食品安全工作相关情况。

10. 9 月 23 至 24 日，由贵州省信息和信息化厅主办的 2023 年贵州省食品工业企业诚信管理体系建设培训在贵阳举行。

11. 2023 年 10 月 27 日“贵州省赤水河流域茅台酒地理标志保护生态示范区 ”获生态环境部“两山”实践创新基地挂牌。自贵州赤水河流域实施生态保护以来，流域内的白酒生产能耗下降 15.2%，水耗降低 40%。也促进了茅台股份、国台酒业、珍酒酿酒、茅台循环产投等白酒生产企业，荣获国家绿色工厂称号。

12. 2023 年 11 月 29 日，贵州省十四届人大常委会第六次会议审议通过新修订的《贵州省食品安全条例》。

杨世尧

3.22 云南省

【a. 概况】

云南省拥有非常丰富的、独特的农产品资源，为食品加工提供了不可缺少的原料。省委省政府制定的3815发展规划强调了大力发展食糖、果蔬、咖啡等食品产业。其他传统食品加工和生产也稳步发展。2023年，全省在冻肉、乳制品、罐头、饮料酒等行业取得了较快的发展。冷冻食品、食品添加剂等有一定的下滑。全省规模以上食品企业共1158户，285户亏损，农产品加工业利润增长较大。全省食品工业实现销售额1710.15亿元，同比基本持平。为扩大内需，稳就业，振兴“三农”相关部门正努力做出调整积极支持产业升级、产品创优、创牌，相信下一年度会取得更好的成绩。为云南经济的发展做出更多的贡献。

【b. 行业运行】

1. 经济效益

2023年，规模性食品工业企业实现利税169亿元，同比增长25%。其中，农副食品加工利税65亿元，同比增长79.5%，食品制造36.92亿元，同比增长2.3%，酒、饮料、茶制造66.87亿元，同比增长7.6%。详见表（1）

2023年，规模性食品工业企业实现利润132.28亿元，同比增长27.2%。其中，农副食品加工利润53.08亿元，同比增长88.8%，食品制造利润29.74亿元，同比增长2.4%，酒、饮料、茶制造49.47亿元，同比增长5.7%。

2023年利税、利润同比增长5,64%、6.58%。尤其是2023年利润为132.28亿元，超过在100亿元，2022和2023年连续2年实现利润超100亿元的愿望，行业经济效益进入高效益阶段。

2023年规模食品工业经济效益统计表（1）

行业	企业数	同比增长 %	销售额（亿元）	同比增长 %	利税（亿元）	同比增长 %	利润（亿元）	同比增长 %
农副食品加工	682	4.4	941.73	-2.7	65.99	79.5	53.08	88.8
食品制造	183	4.6	351.54	1.9	36.92	2.3	29.74	2.4
酒、饮料、茶	293	7	416.88	-3.5	66.87	7.6	49.47	5.7
规模食品工业	1158	5.7	1710.15	-2	169.78	25.8	271.79	15.6

2. 主要食品产量

2023年，云南省食品工业产品产量据统计部门提供，共有31个统计产品，其中，同比正增长的21个，负增长的20个。主要产品中食用油、乳制品、鲜和冷藏肉、饮料为正增长，增幅大部分在10%以上。较大的粮食制品、方便面、茶叶、冷冻蔬菜、饲料产量下降，降幅大部分在10% 以上。市场前景较好和增长力较强的速冻食品、营养保健食品、食品添加剂、果酒和配制酒增幅在 10% 以上。详见表（2）。

2023 年云南省食品工业产品产量表（2）

序号	产品	产量（万吨 / 千升）	同比增长	序号	产品	产量	同比增长
1	小麦粉	27.74	−1.7	15	食用盐	41.44	10.2
2	大米	24.07	−18.5	16	食品添加剂	1.59	−72.0
3	饲料	555.6	−4,5	17	发酵酒精（千升）	16.23	20.4
4	精制食用油	37.57	14.3	18	白酒（千升）	10.31	11.0
5	成品糖	240.68	−6.9	19	啤酒	85.39	11.9
6	鲜、冷藏肉	19.81	−8.3	20	葡萄酒	0.60	32.4
7	熟肉制品	7.8	4.3	21	果酒、配制酒	0.73	−19.1
8	冷冻蔬菜	91.76	−4.9	22	饮料	545.59	2.5
9	膨化食品	0.72	−53.7	23	碳酸饮料	43.96	10.4
10	焙烤松脆食品	2.27	9.4	24	包装水	378.99	7.8
11	方便面	5.89	−2.0	25	果蔬汁	32.97	15.6
12	乳制品 液体乳	89.32 88.82	10.1 10.2	26	蛋白饮料	42.58	−23.6
13	罐头	1.97	18.1	27	精制茶	11.62	−20.1
14	营养保健食品	0.98	27.5				

3. 企业状况

2023 年，规模以上企业 1158 户，同比增加 83 户，同比增长 7.16%。其中，农副食品加工 682 户，同比增加 56 户，同比增长 8.21%；食品制造 183 户，同比增加 7 户，同比增长 3.82%；酒、饮料和茶制造 293 户，同比增加 27 户，同比增长 9.21%。

新增加企业主要是农副食品加工企业，占比 48.35%，符合云南省食品工业以农副食品加工为主的产业结构。酒、饮料和精制茶制造业合计 27 户，同比增长 9.21%，增幅快于食品加工业。新兴产业、新业态制造业企业是产业结构调整中重点支持发展的企业，2023 年也在增加。

内外招商在云南落地建厂企业又有新增加，重点如蒙牛奶业、海天味业、君乐宝、瑞幸咖啡等企业。这些企业都在紧锣密鼓地建设中。

4. 运行特点

2023 年，云南食品工业经济运行体现的是稳中微降的态势，销售额同比下降 0.9%，但销售额仍然保持在 1700 亿元以上。基本大局稳住，没有出现大动荡、大滑坡现象，为云南省经济发展作出贡献。

从 2022 开始至 2023 年，销售额增长为 5.32%、4.26%。增幅总体在不断增长。如，2023 年销售额比 2022 年减少 1.18 亿元，企业平均销售额从 1.46 亿元，增加到 1.23 亿元，每年减少 100 多万元。这些数据充分证明经济稳中求进的总趋势，与中央的发展经济总基调是统一的。

造成稳中微降的特点有不可预测的原因。一是 2022 年的 8.52% 增幅过快，压缩了 2023 年增长的空间，企业受市场销售、原辅材料供给、价格成本、资金投入的制约，向平稳过渡；二是疫情的影响，出现供给冲击，产业链断链不畅、原料供给和产品销售受阻、企业停产等情况；三是需求收缩，市场销售疲软，拉动效益降低。云南省五个超100亿元产业中有3个产业—果蔬加工、饮料酒、茶业下降幅度大，拉低了全行业的增幅；四是产业结构调整、产品升级换代滞后，创新不足，行业发展遇到瓶颈。如粮油制品、方便面、乳制品、肉类加工、焙烤业等行业，出现同质化和新产品开发滞后问题，没有得到有效的解决。

【c. 重大事件】

1. 云南省工信厅继续组织开展2023年“吃货节”于5月17日在昆明雪兰牛奶公司启动。

2. 由云南省食品行业协会主编的《光辉40年——1982—2022云南食品工业》正式出版发行。

3. 云南省食品行业协会酿酒专业委员会在泸西县兰益酿造酒业有限公司完成换届选举。

4. 云南省食品行业协会组织多家酒企到滇西参观学习。

5. 投资超10亿元的，云南省最大的现代化10万头牛养殖生产基地在曲靖市陆良县开建。

6. 中老铁路开通，大量热带水果进入中国市场，为云南的果蔬加工带来了充足的原料。也为食品工业产品的出口带来了较快的增长。

云南省食品行业协会

3.23 西藏自治区

【a. 概况】

2023年，全区消费品工业经济持续恢复平稳增长，规模以上消费品企业工业总产值69亿元，同比增长29.7%。其中，规模以上天然饮用水企业产业产值5.5亿元、同比增长69%，总产值8.6亿元，总产销量43.4万吨、同比增长39%；规模以上中藏药企业工业总产值31.4亿元，同比增长27.9%；规模以上民族手工业企业工业总产值3.8亿元，同比增长106%；规模以上农畜产品加工业企业总产值19.1亿元，同比增长26.4%。

【b. 重点工作】

1. 抓规划优政策、服务产业更加有力

制定印发《西藏天然饮用水产业链发展工作实施方案（2023—2025年）》《2023年消费品工业“三品”西藏行活动方案》，推动上中下游企业配套协作，形成完善的产业链体系，进一步提升我区消费品产品和服务供给能力。推荐3家集体、3名个人参选全国轻工行业先进集体、劳动模范。组织企业参加区内外各类展览展示，举办2023年西藏自治区高新数字、绿色工业招商引资暨西藏好水（西安）推介会，组织召开西安重点商超对接洽谈会，进一步拓宽西藏特色优势产品销售渠道。

2. 抓调度定目标、重点行业稳步发展

（1）天然饮用水产业“稳中有进”

组织召开天然饮用水产业经济运行调度会3次，产业链对接会2次；推动小微企业联营，西藏永涛山泉与沃玛泉形成桶装水联营合作，在拉萨市内已建立55个水站及配送点；推动中海油控股汇泉实业，达成产销合作；推动天然饮用水企业在成都、苏州、广州建立“西藏好水”前置仓，实行政府补贴。协调对接中铁快运、西藏邮政重新签订天然饮用水物流总包协议，在基本运价优惠的基础上，按照以量换价的形式，最高优惠达到40%。指导西藏好水协会制定集体商标管理办法，目前向卓玛泉、5100、永涛山泉、德朗玛等企业授权使用，进一步提高品牌影响力；

（2）农畜产品加工业“稳中向好”

指导成立西藏毛纺织行业协会，组织召开西藏毛纺织行业协会成立大会暨西藏毛纺织产业创新发展研讨会；推动中国毛纺织协会和西藏毛纺织协会签订战略合作框架协议，授予西藏自治区阿里地区日土县“中国优质山羊绒供应基地”称号；推动拉萨市开展奶业振兴行动，蒙牛集团协助拉萨净土乳业打造联营品牌。指导成立西藏酒业协会，与中国酒业协会形成战略合作，推动全区酒产业抱团发展；

（3）民族手工业“稳中提质”

培育1家民族手工业企业纳入规上，产值大幅提升。开展西藏工艺美术职称评价，评选高级职称11人、中级职称41人、初级职称38人，填补工艺美术行业职称体系空白；完成西藏自治区第三届工艺美术大师评审，评选15名大师、10个工巧奖，召开全区民族手工业产业发展暨第

三届西藏自治区工艺美术大师命名表彰大会；指导成立西藏民族手工业产业联盟，共创市场打品牌；组织制定西藏自治区金属工艺锻造分类和陶瓷制作工艺分类地方标准。组织工艺美术大师参加第三届中国工艺美术博览会和相关比赛，斩获“百花杯”金奖2个、银奖1个、铜奖2个的佳绩，获奖率创历史新高；

（4）中藏药产业“稳中蓄势”

全区药品生产企业40家，其中，规模以上中藏医药工业企业15家，1–11月，规模以上工业总产值29.9亿元，全年有望突破32个亿。推动山南海思科药业年内完成项目竣工验收、设备调试，达尔亚干藏药产业园一期医药贴剂试生产。推动甘露藏药与中广核辐照灭菌站项目建设，获得财政专项支持2000万元。组织藏药生产企业参加藏博会、中博会等展览展示，推动甘露藏药、藏药集团两家企业与西安连锁药店达成合作意向；向区内藏药生产企业批复甘草30931.5KG、麻黄草16263KG。

3. 抓招商强合作、重点项目有序推进

农夫山泉股份有限公司确定在西藏林芝建设一期投资3亿元、20万吨包装饮用水项目；推进江苏洋河集团拉萨青稞白酒项目、昌都青稞白酒项目、湖北安琪酵母集团山南高原益生菌项目、华润雪花昌都青稞啤酒项目、中核工业日喀则辐照灭菌等项目建设；邀请华润怡宝、飞鹤奶粉等区外龙头企业高层赴藏考察，与区内天然饮用水、乳制品企业进行洽谈；推动山南海思科制药、拉萨九瑞健康中药饮片、林芝达尔亚干藏药产业园等项目建成投产。

4. 抓民生强保供，情系群众办好实事

制定印发《西藏自治区医疗物资协调保供工作方案》。修订发布《西藏自治区常态化下区、市、县三级联动应急防疫物资储备和保供方案（第二版）》。积极对接工信部及时调拨急需治疗药品，通过线下线上向市场投放，极大缓解群众购药需求。向全区各级医疗机构和重点部门分配价值6000万元的各类防疫物资。组织开展2023年全区食品安全暨食品诚信体系建设培训，加快推进特色食（饮）品质量追溯体系建设。组织开展食盐市场专项检查，完成对西藏中兴盐业有限公司食盐定点生产和批发企业现场审核工作。贯彻落实自治区农牧民碘盐补贴政策，持续消除碘缺乏病危害，提前完成2023年度全区农牧民食用碘盐配送工作。

拉 姆

3.24 陕西省

【a. 概 况】

2023年是新冠疫情转段后加快恢复提升的开端年。复杂严峻国际环境和国内有效需求不足，部分行业产能过剩和社会预期偏弱，风险隐患较多和国内循环存在堵点，外部环境不确定性上升等多重挑战考验下，全省食品战线广大干部职工，积极贯彻习主席为首党中央稳中求进总基调战略部署，紧紧依靠中食协、省工信厅、民政厅的正确领导与全体会员广泛支持，以干克难提效达产、精心谋划保障供给、着力推动高水平发展，为促进陕西经济社会追赶超越作出贡献。

2023年，全省1179家规上食企完成主营收入1604亿元，实现利润81亿元。按大类统计，农副食品加工业完成营业收入682.5亿元，食品制造业完成317.3亿元，酒、饮料和精制茶制造业完成309.3亿元，烟草制品业完成295.6亿元。实现利润为：农副食品加工业完成15.3亿元，食品制造业完成16.0亿元，酒、饮料和精制茶制造业完成32.2亿元，烟草制品业完成18.4亿元。

【b. 主要产品产量】

指标名称	计量单位	生产量	同比增长 %
小麦粉	万吨	382	1.7
饲料	万吨	465	9.2
精制食用植物油	万吨	134	17.5
乳制品	万吨	96	1.3
白酒（折65度）	万千升	14	–1.9
啤酒	万千升	70	–7.5
软饮料	万吨	531	3.0
卷烟	亿支	870	–0.5

【c. 主要经济指标】

行业名称	增加值累计增速 %	总产值累计增速 %	利润同比增长 %	营业收入同比增长 %
农副食品加工业	1.6	0.0	–19.5	–7.2
食品制造业	–2.3	–1.1	–11.1	–3.5
酒、饮料和精制茶制造业	3.6	6.6	7.3	5.5
烟草制品业	–0.6	5.0	8.9	5.8

【d. 大事记】

1. 党建统领，强基固本

（1）深入学习贯彻党的二十大精神和习近平总书记关于行业协会商会工作；以及本行业本领域重要指示精神，将坚持党的领导体现在工作全过程各方面，引导党员干部拥护“两个确定”，做到“两个维护”；

（2）聚焦党员干部工作岗位担当作为，发挥先锋模范作用。引导党员干部深刻领会理论学习对具体业务的指导意义；

（3）贯彻全面从严治党，时刻警钟长鸣，从严抓实作风建设，风清气正干事，牢记三服务宗旨，树立良好形象，提升服务水平。

2. 积极开展各项有效活动

（1）编撰《中国食品工业志》取得了决定性成果。全卷上中下三册在年底通过了国家组委会终身评定。编撰质量得到中国食协领导充分认可。

（2）助推预制菜产业健康发展奠定了良好发展基础。合作省政府参事室完成了“陕西省加快预制菜高质量发展的指导意见”“陕西省预制菜产业链提升方案”及“陕西省预制菜发展规划”；协助省级石泉县预制菜产业园制定园区发展规划，协助省级杨凌预制菜产业园筹备成立与启动。

（3）完成了一批推动食品产业高质量发展的重要课题。合作西北大学食品学院完成了江苏响水高新技术产业园发展规划；合作省政府参事室完成了“陕西酒产业高质量发展建议”；合作陕西科技大学完成了“陕西食品工业高质量发展建设”；合作省工信厅完成了“陕西省消费品工业高质量发展实施方案”与“陕西富硒食品产业加快发展的调研分析”等课题。

（4）组织参加了中国食协2023年科学技术奖评审活动。西安冯宪超老师“肉蛋白功能调整及肉品品质提升关键技术及应用”获科技进步一等奖；陕师大胡新中老师“天然多糖类乳化剂的结构特征检测技术构建与产业化应用”，清涧县北国枣业有限责任公司“基于复合益生菌发酵技术与酶技术的红枣系列饮料开发”，获科技进步二等奖；柳林酒业集团公司“基于感观与风味双导向的凤香型白酒新工艺研究与应用”、陕西天芪生物科技有限公司“基于黄芪产业大数据平台的子洲黄芪产业发展”、陕西太阳谷大健康置业有限公司、洋县政府、温州温赢酒业有限公司“黑稻田黑米精酿啤酒的开发与应用”获科技进步三等奖。长安花粮油股份有限公司刘恒同志、陕西海斯夫生物工程有限公司孟永红同志获科技领军人物奖。西安盛丰生化有限公司李玉山同志获科技创新杰出人才奖。

（5）成功组织合作和参与了一批卓有成效的展会活动。成功举办了“2023年中国西安国际食品博览会”。同期举办了“陕西省预制菜产业高质量发展交流汇报演讲大会”。成功举办了“2023年中国西安第十二届糖酒食品博览会”。合作杨凌示范区管委会成功举办了“陕西省食品工业高质量发展研讨会暨杨凌示范区食品工业投资合作恳谈会”。合作省发改委组织石羊、积膳成和秦食皇三家企业举办了“2023年陕西省节能宣传周活动启动仪式”与“绿色检阅包装在行动”活动。参加了省国资委组织的省国资委合力团帮扶项目暨乡村振兴督帮工作。形成了专题报告报省国资委参考。合作了省工信厅吃货节活动。

（6）服务做宗旨、求真务实做好行业具体工作。参加了省工信厅2022年加工业转型升级项目评审；组织了宝鸡天香公司肉制品项目评审；主办了岐山县面皮产业研讨会；应邀在陕科大做了“陕西省乡村振兴与食品工业创新发展的专题报告”。介绍科仪阳光公司合作杨凌示范区建立了预制菜检验检测服务平台。

【e. 发展建议】

食品产业涵盖农副食品加工业、食品制造业、酒、饮料和精制茶制造业及烟草制品业4个大类、21个中类和64个小类行业，产业链条长，行业跨度宽，市场覆盖广，与国计民生高度关联。作为陕西国民经济支柱产业，食品产业保持了较快发展速度，对经济社会做出了巨大贡献。但是，在我国经济发展由高速增长转向高质量发展的新时代，陕西如何实现传统食品产业蝶变国民经济跨越发展的现代食品工业，工信厅紧扣主题开展了多种形式的调查论证，形成了系列基本观点与政策建议。

1. 陕西食品产业发展基本现状

（1）“一体两翼”布局，产业规模壮大

全省食品产业门类齐全，区域布局逐步优化，形成了以关中乳业、果业、酒类、肉制品、方便食品、粮油加工为主体率先聚集发展，带动陕南茶叶、魔芋、包装饮用水、坚果、富硒特色食品加工业和陕北红枣、羊肉制品、小杂粮、马铃薯加工业为两翼互补发展的“一体两翼”格局，24 个县（区）获评全国食品工业强县。94 家企业获评全国优秀龙头食品企业。

2023 年，全省 1179 余家规上食品企业完成营业收入 1604.7 亿元，实现利润 81.9 亿元，占全省规上工业同指标 5.61% 和 2.32%。主要产品产量完成小麦粉 381.2 万吨，饲料 465.3 万吨，精制食用植物油 134.2 万吨，乳制品 95.8 万吨，白酒 14.2 万千升，啤酒 69.6 万千升，软饮料 531.3 万吨，卷烟 867.3 亿支。

（2）产业实力增强，特色不断涌现

乳制品、富硒食品和白酒产业先后入选省级千亿重点产业链。羊乳产能、产量、产销量和品牌数量居全国首位。2023 年全省羊乳制品总产量 12 万吨，全链产值 350 亿元，羊奶粉产销量占国产羊奶粉市场份额 80% 以上，其中婴幼儿配方羊奶粉占国产市场份额 95% 以上。安康已形成 10 余个门类富硒食品产业体系。安康高新区是工信部认定的全国唯一国家新型工业化富硒食品产业示范基地。全市富硒产业 2023 年实现工业总产值 62.8 亿元，综合产值 350 亿元，居全国各大富硒区之首。白酒企业 134 家，其中规上 33 家，产能 25 万千升，2023 年实现销售收入 150 亿元，其中西凤酒集团销售收入 103.4 亿元。苹果浓缩果汁出口量和货值均居全国第一。功能食品规模及影响力全国前列，作为全国植物提取行业发源地和主产区，渭南“中国酵素城”形成了国内领先的植物提取产业集群，产量全国第一。预制食品 400 余家，市场规模 450 亿元。

（3）龙头企业壮大，带动效应凸显

全省食品产业涌现出一批龙头企业，其中，营业收入过百亿的 3 家，过 10 亿 45 家。石羊集团、益海嘉里（兴平）、老牛面粉、杨凌本香、恒兴果汁、陕西中烟、陕西粮农、石羊、西凤、银桥、陕富面业、国维淀粉、海升果业、爱菊粮油、清涧巨鹰、杨晨牧业、红星软香酥、紫阳和平茶厂等 65 家企业入选农业产业化国家重点龙头企业。爱菊粮油获评“一带一路”中国十佳粮食产业发展标杆企业；优利士乳业入选全国农产品加工发展“一企一业”带动典型；陕富面业、红星软香酥、心特软食品等 10 家企业入选全国主食加工业示范企业。越来越多的龙头企业开展种养、初加工、精深加工、综合利用、物流销售、文化旅游等全产业链经营，在科技创新和成果转化、标准化和质量控制体系建设、品牌培育推广、外向型发展、联农带农等方面不断推进，成为全省传统食品行业转型升级的引领带动力量。

（4）品牌建设加快，绿色发展提升

全省食品产业不断推进产品标准化和质量控制体系建设，实施品牌战略，有效提升了陕西食品的品质形象，扩大了市场份额。积极打造了中国硒谷、陕菜中国行、洛川苹果、眉县猕猴桃、大荔冬枣、陕西羊乳、泾阳茯茶、陕南食用菌和陕北小杂粮等在全国影响力大、辐射带动范围广的区域公用品牌，大力扶持了一批特色鲜明、潜力深厚的企业品牌。全省现有中国名牌 7 个，中国驰名商标 32 个，陕西著名商标 212 个，“海升”“老牛”“陕富”“米旗”“石羊”“银桥”“心特软”“泾渭茯茶”“爱菊”“西瑞”“长安花”“深鲨”等品牌在国内外市场享有较高知名度，成为陕西食品亮丽名片。产业绿色发展成效显著，清洁生产技术改造、绿色制造工艺推广有序开展，“节能、降耗、减污、增效”效果明显。

2. 陕西食品产业发展存在问题

（1）集中度低，格局“小弱散”

全省80%食品企业为小微企业和小作坊，总体格局未摆脱“小弱散”状态，产业弱质性特征明显。2023年，全省规模以上食品企业数量、营业收入、利润分别仅占全国的2.54%、1.78%和1.01%；户均营业收入仅为全国平均水平的71.1%。大量中小微食品企业发源于当地村镇，现代企业制度建设滞后，人才和信息缺乏，技术和管理水平低，产品质量得不到可靠保障，财政扶持面窄力小，难以获得足够银行贷款，“短贷长投”累积了企业运营风险，后疫经济衰退复杂环境，众多企业问题叠加，发展缓慢获利艰辛。

（2）比较优势不足，产业链“初短低”

陕西省雄厚资源和科技优势未充分转化为产业发展优势。企业创新主体不实，“产学研”机制滞后，科研与企业需求错位，创新供求对接脱节，成果转化企业“短视”，科技成果转化低水平，县域企业难以引进并留住高层次创新人才和创新团队。2023年全省规模以上企业中，食品产业R&D经费强度为0.28%，较全国低0.38个百分点，居全省制造业28个行业第22位，位次明显落后。全省农副产品初加工产值已达47%，未应加工尽加工和宜精深全精深，产品结构低端化同质化，高品质食品有效供给不足，利润空间狭小。2023年，陕西规模以上食品企业利润仅占全省工业1.76%，比全国低了6.24个百分点。

（3）要素集聚不畅，龙头企业“少慢乏”

陕西省县域经济规模小，吸纳先进生产要素能力弱，本土大型企业数量少且发展慢，战略规划、资本运作、新品开发及市场拓展乏力，缺少进入大市场动能，难以突破区域局限成长为全国性企业。2023年全国食品行业五十强企业中，陕西无一企业入围，而同处西部的四川、云南、宁夏、贵州、内蒙古都有企业上榜。2023年陕西企业100强中仅有4家食品企业，其中3家营业收入达百亿。同期四川企业100强中却1620亿元收入居该省百强之首。陕西目前尚未有食品企业在有10家食品企业，其中6家营业收入过百亿，新希望已以A股上市，四川却有7家、河南和新疆分别有4家。

（4）品牌建设弱，短板“缺微薄”

食品品牌建设与品牌消费矛盾日益突出，有品无牌现象凸显，难以形成品牌溢价。地理标志产品注册后的保护和组织运用不到位，“重申请、轻使用”“重炒作、轻实效”“劣币驱逐良币”普遍。区域公用品牌、企业品牌和产品品牌未有效捆绑，互促互赢大品牌格局有待形成。与全国平均水平和先进地区相比，陕西食品产业仍然处于“不大不强”状态，粗放发展未全面改变，产业链融合延伸不充分，价值链层级不高，供给结构调整滞后需求结构变化，不平衡不充分问题突出，高质量发展尚存较大差距。

3. 陕西食品产业发展机遇与挑战

（1）国家战略和政策导向引力巨大

进入新时期，多重国家战略围绕满足人民美好生活需要，着力破解发展不平衡不充分矛盾和问题，食品产业正迎来新一轮政策风口，吸引各类资本和要素纷纷进军食业领域。陕西地处国家战略枢纽，推进西部大开发、共建“一带一路”、黄河流域生态保护等国家重大战略在陕叠加施力，一系列国家政策在陕协同倾斜，承接集聚、整合配置各类先进生产要素的基础环境日益优化，既为我省食品产业发展提供了更高水平的政策环境、更富活力的要素市场和更广阔的消费市场，也对食品产业提出了更高希望和要求，施加了更大责任和压力，倒逼食品产业紧抓发展机遇，开创高质量发展新局面。

（2）居民收入增长和消费升级强劲

我国拥有14亿人口和超4亿中等收入群体，

2023 年人均 GDP 已突破 1 万美元，进入中等偏上收入国家行列，具备全球最庞大市场和消费潜力。陕西居民收入增长速度跑赢经济发展速度，2023 年全省农村居民人均可支配收入 16992 元，同比增长 8.2%，增速高于全国 0.5 个百分点。城镇居民人均收入 44713 元，同比增长 5.4%，增速高于全国 0.3 个百分点。中国从温饱时代到全面建成了小康社会，城乡居民生活方式和消费结构发生重大变化，对食品营养与安全要求更高，对品类要求更多，对品牌要求更执着。进入“后疫情”时代，强身健体、提高免疫力更被民众高度关注，对于健康、营养、便捷、多样食品的需求更加旺盛，食品产业正面临大开发的巨大国内外市场。

（3）产业调整和技术革新动力充沛

食品产业竞争程度高，产品替代强，低水平同质化难以继续，倒逼传统产业结构和产品结构不断优化成为必然。工业 4.0 时代，食品产业技术革新更为频繁，智能低碳更加多元，科技创新更加给力。新一代信息技术、生物技术、新材料和智能制造等先进科技成果，正在对食品产业发展战略、生产方式和商业模式进行全方位变革，催生产业分工及价值链重构新机遇，塑造我省食品产业竞争新优势，高质量做好国内国际双循环大市场。

（4）疫情影响和恢复增长压力增加

新冠疫情等因素的冲击，全球经济不确定因素增多，居民消费受到制约，跨国投资减少，贸易保护主义上升，从消费端和生产端同时对食品产业带来不利影响。面临外胀内缩宏观环境，我省食品企业主动担当，奋力生产，为社会稳定提供了有力支撑，但恢复性增长任务依然艰巨。2023 年，全省食品企业大类行业规模以上企业营业收入为：农副食品加工业 682.5 亿元，食品制造业 317.3 亿元，同期比下降了 7.2% 和 3.5%。大类行业规模以上企业实现利润为：农副食品加工业 15.3 亿元，食品制造业 16.0 亿元，同期比下降了 19.5% 和 11.1%。

（5）国际竞争和区域竞争斥力加剧

陕西省食品产业面临周边城市群、经济圈竞争挤压由来已久，特别是河南、四川等省份食品工业规模更大，品牌更亮，食品消费大量“外溢”陕西。随着我国消费者对于羊奶需求的增加，欧洲发达国家下调了羊奶奶酪加工比例，加大羊奶粉生产比例，连续多年瞄准我国市场扩大出口，对我省羊乳制品产业的国际竞争优势造成了较大的冲击。

4. 陕西食品产业高质量发展思路目标

（1）食品产业高质量发展含义

习近平总书记指出：“高质量发展，就是能够很好满足人民日益增长的美好生活需要的发展，是体现新发展理念的发展，是创新成为第一动力、协调成为内生特点、绿色成为普遍形态、开放成为必由之路、共享成为根本目的的发展”。结合陕西食品工业客观实际，高质量发展迫切体现在：产业规模持续壮大，产业结构不断优化，创新驱动转型升级和产出效率水平较高四个方面内容。

（2）食品产业高质量发展思路

深入贯彻党的十九大及十九大历届全会精神和习近平总书记来陕重要讲话精神，以改革创新为根本动力，以满足日益增长和不断升级的食品消费需求为目标，以“做大规模、做强集群、做长链条、做多品类、做优品质、做响品牌、做足价值”为主线，强化创新驱动，突出产业融合，加快破解体制机制障碍，大力改善营商环境，充分激发市场主体的创造性和能动性，依托全省“一体两翼”产业基础和各类园区，培育一批优势食品产业集群，打造一批区域特色食品产业，形成一批跨界赋能的新兴业态模式，推出一批在全国乃至全球有竞争力的龙头企业和知名品牌，实现食品工业“量”的稳步增长与“质”的跨越提升，在全国和全球食品产业分工体系中的地位不断提升，为谱写新时代陕西追赶超越新篇章提供有力支撑。

（3）食品产业高质量发展原则

市场主导政府扶持；因地制宜优化布局；立足优势深挖特色；全链打造龙头引领；科技支撑品牌赋能；绿色发展多效合一。

（4）食品产业高质量发展目标

到“十四五”末，全省食品产业规模和质量效益明显提高，对全省社会经济高质量发展的贡献显著增强。全省工业体系中支柱产业地位稳固夯实，规模以上食品企业达到1300家以上，主营业务收入超过2000亿元，各项指标增速高于全省工业平均增速，R&D经费投入强度达到全国平均水平，总量规模在全国位置中等偏上。产业结构和空间布局更加优化，优势特色产业集群有效带动县域经济壮大与城乡融合，更多县域进入全国食品工业强县行列。在现有乳制品、富硒和白酒产业的基础上，新增功能食品、预制食品和清真食品产业链等若干千亿省级重点产业链。打造扶持一批省级食品工业园和市级食品工业园。培育做大一批有实力融入全球食品供应链的头部龙头企业，做强一批引领特色行业发展的“链主”企业，做优一批具有自主创新能力的“专精特新”和单项冠军企业，形成一支定位精准、带动有力的龙头企业梯队。

5. 陕西食品产业高质量发展路径选择

（1）培育高质量发展“新引擎”

预制食品是以农、畜、禽、水产品为原料，经过一系列加工形成的菜肴成品或半成品。清真食品是指按照穆斯林饮食标准习惯屠宰、加工、制作，所有流程都符合清真要求的食品。功能食品是具有特定营养保健功能的食品。目前，我省预制食品市场规模450亿，清真食品约500亿，功能食品规模千亿左右，“三产业”发展得民心顺民意，已成为陕西发展食品工业“新引擎”。省政府参事室近年专门将功能食品和预制食品作为专题调研，形成的课题报省领导批示相关部门正在贯彻落实。优先布局，重点保障，倾斜发展，全面推进陕西“三产业”高质量发展，形成新质生产力，利国利民，刻不容缓。

（2）加快县域首位产业发展壮大

根据“一体两翼”产业架构，支持全省各县域结合自身产业发展基础、资源禀赋等条件，因地制宜选择培育首位食品产业。实施县域首位食品产业培育提升行动，打造一批全产业链超百亿元的富硒食品示范县、小杂粮基地县、预制菜样板县和羊乳制造典型县。制定发布县域首位食品产业指导目录，建立县域首位食品产业发展联动工作机制，压实县级党政主抓首位食品产业的责任，纳入目标管理绩效考核。突出首位食品产业精准招商，支持财政资金项目倾斜。

（3）做大做强龙头企业发展梯队

组织编制全省食品产业领军企业和骨干企业目录，构建龙头企业发展梯队。在粮油、乳制品、白酒、预制食品等行业，做强一批营业收入在百亿元以上、能够统筹利用国内外市场的头部龙头企业；在富硒食品、茶叶、果业、红枣、魔芋、杜仲、小杂粮、绞股蓝、矿泉水以及满足消费者多样化需求的特色产业领域，做优一批营业收入十亿元以上，引领行业发展的链主龙头企业；做精一批具有自主创新能力，具备引领行业技术变革能力的“专精特新”和单项冠军企业。 以大型龙头企业为引擎，发展一批国家级和省级高水平食品工业园区。

（4）强化企业创新变革主体地位

抓牢秦创原建设机遇，组织开展全省食品科技资源分布与配置的全面调查，形成关键产品技术攻关、科技成果需求、高校院所和专家团队和就地转移转化成果清单，为“产学研”主体对接合作做好基础工作。强化以应用和产业化为导向的评价考核，引导高校院所“以出成果为目的”真正转向“以转化为目的”，实现创新链与产业链无缝对接。积极鼓励大型龙头企业申报院士工作站和博士后工作站，构建与国际接轨的创新体系。支持有条件的企业设立研发机构、加大研发投入，加快培育科技型中小企业和高新技术企业。健全科研人员校企、院企共建双聘机制，按照企业需求开展定点研究，推动科研成果快速就地转化应用。鼓励行业领军龙头企业牵头共建技术创新战略联盟，开展共性关键技术联合攻关、示范推广以及国外先进技术引进消化与再创新。加快在功能、休闲、方便、文旅、预制食品和地方特色小吃工业化等领域技术创新步伐，以技术创新开辟更多价值蓝海。

（5）实施“陕食品牌”培育工程

加快构建区域公用品牌、企业品牌和产品品牌协调发展的“陕食品牌”体系。将培育申报、管理维护区域公用品牌作为各级政府的重要职责予以考核。做响做亮一批“陕字号”金招牌。实施“老字号”品牌年轻化战略。开展食品品牌基础理论和价值评价研究。鼓励行业协会承办各类行业高峰论坛、食品博览会、名优特展会和设立境外展销中心。支持企业开展绿色食品、有机食品认证，将绿色安全和环境友好融入品牌价值。

（6）加快创新线上线下营销模式

支持龙头企业联盟统一产业链生产经营，形成高效益共享的优质供应链体系。提升电商服务功能，在大型电商平台开设旗舰店，培育零售电商、批发电商、分销电商以及社交电商和直播电商新模式，形成多样化多层次的全网营销体系。打造陕食网络品牌，为线上渠道成立子品牌并推出全新系列产品。线下支持企业走进超市和社区，发展直营店和体验店，注重线下渠道维护，利用网络营销带的知名度促进线下销售。推进“互联网＋物流”建设，完善城乡配送体系，培育无车承运人、智慧物流等现代物流新业态，支持京东、顺丰、淘宝物流在陕发展。

6. 陕西食品产业高质量发展保障措施

（1）健全产业科学体制机制

尽快出台陕西食品产业高质量发展实施意见，充分形成各部门的工作合力与协同联动，强化运行监测和评估分析，实施年度目标责任考核。健全全省食品工业管理机构，在省工信厅单设食品工业处，承担全省食品行业发展管理工作。支持行业协会加大承接政府转移职能，在政策研究、标准制订、行业自律、国际合作交流、科技联合攻关、品牌培育与产品推广、宣传普及食品安全知识、公共信息发布平台建设等方面发挥作用。

（2）加大财政社会资金支持

形成财政扶持引导、金融服务创新、社会积极参与的多元投入格局，破解食品企业融资难问题。依据国家产业导向，用好财政食品专项，导向全省食品产业投资工作。设立食品产业股权投资基金，以股权投资的形式，融入企业的正常生产经营活动。鼓励各类金融机构实施食品产业链金融，为产业链上下游打包供应系统性综合性金融服务。推动有实力的食品企业加快上市或挂牌。充分发挥陕西股权交易中心综合优势，制定与实施小微食品企业“新四板”挂牌计划，助推企业建立健全现代企业制度，推动“三品建设”和转型升级步伐。鼓励利用国际资本和民间资本以产业投资基金、股权基金、风险投资等形式，增加对食品企业资金投入。落实税收优惠政策，扩大税费减免，促进结构性减税政策广惠食品企业。

（3）强化人才引进培育支撑

加强企业家队伍建设统筹规划，将产业高质量发展与企业家队伍建设同步谋划推进，为陕西食品工业发展打造一批“扛旗者”。推进职业经理人队伍建设，培养引进职业化、专业化、国际化的食品企业经营管理人才。加大柔性引才用才力度，为食品产业集聚高水平的科学家、科技领军人才和创新团队，畅通高端人才向龙头企业流动的渠道，建立龙头企业高端人才服务“一卡通”制度。依托全省高校资源优势，加大符合龙头企业需求的高端人才自主培养，鼓励省内高等院校开设食品相关专业，支持食品企业采取订单培养方式吸纳高校毕业生。支持企业健全职工培训制度，通过校企合作方式，进行系统职业技能培训。紧跟新业态、新职业的发展变化，加大食品安全师、新媒体营销人员、技术经理人、行业统计调查及监测分析人才队伍建设。

（4）高度重视食品安全工作

积极调动和有效整合社会各方力量，形成企业自律、政府监管、社会协同、公众广泛参与的食品安全社会共治体系，确保从农田到餐桌的食品安全。在全省规模以上食品企业设置首席质量官，全面负责企业质量管理工作。组织好全省食品企业诚信及追溯体系国家标准宣贯培训，实现全省规模以上食品企业诚信体系建设全覆盖。支持龙头企业创新种养殖基地建设模式，发展与产业集群配套的规模化标准化原料基地。支持企业通过各类质量管理与控制体系认证，加强认证企业的后续监管。要求企业对产品赋予全链防伪与可追溯。鼓励企业制定高于国家、行业和地方标准的企业标准。推进全省食品安全监管大数据资源共享和应用，提高食品安全智慧监管能力和综合效能。

【f. 目标任务】

2024 年是全面建设社会主义现代化国家的攻坚年。面临新起点新机遇和新挑战，协会与大家同心共向，客观把握研判国内外宏观经济态势，全面贯彻中央经济工作会议精神和习近平总书记来陕考察主要指示，坚定不移贯彻新发展理念，坚持稳中求进、以进促稳、先立后破，稳预期稳增长稳就业，转方式调结构提质量增效益，巩固稳中向好基础，增强经济向好态势，确保经济发展预期目标实现。加大数字经济牵引力，增强民营经济竞争力，强化产业转型升级，推动行业高质量发展。合作完成好《陕西省清真食品加快发展建议》和《陕西省推进社区配送工作研究报告》课题；组织承办好“第十五届中国西安国际食品博览会”和“第十三届中国（西安）糖酒食品交易会”；同心共向推进预制食品（菜）产业链全面科学发展；编辑出版《中国食品工业志》和《陕西食品国家专利成果汇编》；召开好“陕西省食品协会四届三次理事会和创新科技提升新质生产力研讨会”；协助江苏（响水）高新技术产业园区发展规划项目结题；助力“安康乡村振兴汉滨合力团”等活动。

陕西省食品工业协会

3.25 甘肃省

【a. 概况】

甘肃省全面贯彻落实《轻工业稳增长工作方案（2023—2024年）》《甘肃省轻工业稳增长实施方案（2024—2025年）》和“1+N+X”政策体系，深入实施“四强”行动，补短板、强弱项、固底板、扬优势，不断夯实传统优势产业发展基础，加大创新力度，全省轻工业稳中有进。

【b. 运行情况】

2023年，全省规模以上食品工业实现营业收入726.3亿元，同比增长8.3%；实现利润总额32.4亿元，同比下降4.0%，工业增加值同比增长5.5%，占全省规模以上工业增加值的8.6%。

1. 重点项目示范带动作用逐渐凸显，食品工业产业体系不断完善

围绕“强龙头、补链条、聚集群”，充分发挥重大项目支撑带动作用，利用省级专项资金支持项目建设，强化协调服务，食品工业重大项目加速建设。

（1）农副产品加工

平凉国维年加工150万吨玉米生产淀粉项目一期及年加工5万吨玉米胚芽油项目、陇南祥宇油橄榄产业项目、方泉沙产沙漠茶项目、波杜草业饲草饲料加工生产线建设项目、海量陇丰蔬菜精深加工（一期）项目、源达农副果品脱水蔬菜生产线改扩建项目、德源农业红辣椒产业改造提升等一批优质项目建成投产，标志着我省农产品加工业向精细化、高附加值加速迈进。玛曲昌翔清真牦牛藏羊屠宰加工提质升级项目、碌曲县生态产业园区（畜产品加工产业园区）牛羊屠宰冷链仓储深加工项目、金昌加鑫琥农业马铃薯工项目加速推进；

（2）食品制造业

兰州新区粮油食品加工基地项目、金河池生产酿造搬迁升级改造项目、甘味乳业日处理1200吨乳品加工厂建设项目、伊利乳业二期项目、武威博贞年产8600吨乳制品加工项目、甘肃秦直乳业鲜乳湿法生产加工项目、紫轩酒业5000瓶/小时PET瓶装纯净水生产线改造项目等一批项目的建成投产，实现了食品加工产业向精深加工转型发展。张掖耘禾商贸年产1.5万吨晒醋生产线及固态发酵白酒800吨生产线建设项目、金川区年产20万吨乳制品加工等重点项目加速推进。

（3）酒、饮料和精制茶制造

金徽百亿生态智慧产业园四期技改项目，项目总投资50亿元，建设期限为2024年7月至2028年12月，2024年2月被列为甘肃省重大建设项目，目前已完成项目前期工作。红川酒业年产1.2万吨纯粮原浆白酒建设项目，项目总投资为12亿元，于2022年2月启动实施，建设周期3年，2023年1月被列为甘肃省重大建设项目，截至目前已完成投资3.9亿元。

2. 积极开展“三品”战略行动，食品工业提质增效成果显著

严格按照省委省政府印发《甘肃省强工业行

动实施方案（2022—2025年）》文件要求，深入实施“三品”战略行动。通过加强产品研发创新、提升产品质量安全水平、加强品牌建设等方式，推动食品工业的转型升级。

（1）增品种

兰州陇萃堂积极开展预包装牛肉面产品研发；爽口源百合依托兰州百合的资源优势，完成百合粉、百合饮料等20余种百合系列产品的开发。嘉峪关弘源央厨以消费者为中心开展定制服务；酒泉市生产企业研发完成冻干枸杞、枸杞茶叶、枸杞咖啡、枸杞酒、枸杞花蜜、祁连花青特色果酒、枸杞果酱、枸杞酵素、锁阳咖啡等30余种不同种类的产品，敦煌种业果蔬新产品“锁馥得”番茄红素成功上市，实现了从番茄种植到番茄酱、番茄粉、再到番茄红素的全番茄产业链的贯通。白银市星火生物科技有限公司的杏仁八宝茶、杏仁奶茶、杏仁粗粮粥3个产品被认定为省级新产品；鑫昊乳业根据市场需求进行了产品规划，新增产品8–10种。

（2）提品质

金昌市以持续强化农产品质量安全体系建设，建成市、县（区）、乡（镇）、新型经营主体四级农产品质量安全检测监管体系，将712家农业生产经营主体纳入农产品质量安全追溯平台进行管理。甘南州华羚公司与西北民族大学联合实施的“食源性蛋白ACE抑制肽定向制备技术及开发应用”产学研合作项目荣获甘肃省科技进步三等奖；甘肃华羚乳品股份公司获批“牦牛乳酪蛋白”国家实验室、国家地方联合工程研究中心、国家乳品技术研究分中心，中国乳制品工业协会将中国特种乳牦牛乳专业委员会秘书处设在华羚乳品公司；燎原公司被中国乳制品工业协会和国际乳品联合会中国国家委员会授予“诺兹系列婴幼儿配方奶粉产品的研发”技术进步一等奖；安多公司与中国农业大学、兰州大学、中国农业科学院等合作组建牦牛肉专家研究室、新产品中试平台，为牦牛肉高值化产品开发提供技术支撑。

（3）创品牌

主要培育出以“红太阳”“醋大妈”“国维淀粉”“西域”“神舟双喜”“香泰乐”“高原红”等为代表的农副产品品牌，以“庄园”“燎原”“雪顿”“祁牧”等为代表的乳制品品牌，以“平凉红牛”“圣越农牧”“永昌肉羊肉”“靖远羊羔肉”“平川黑毛驴”为代表的牧畜产品品牌，以“紫轩”“莫高”“祁连”为代表的葡萄酒品牌，以“金徽”“红川”“滨河”“皇台”为代表的白酒品牌。

3. 坚持科技创新驱动，食品工业“三化”水平稳步提升

全省工信部门立足于打好产业基础高级化、产业链现代化攻坚战，深入实施“强工业”行动，全力推进高端化智能化绿色化“三化”改造，推动传统产业提质增效、培育新兴产业发展壮大，提升产业基础能力和产业链发展水平。

（1）高端化方面

临夏州依托俊林、康美、清源等重点企业建设牛羊肉制品全产业链生产加工基地。提高工业化屠宰加工水平，采用新技术、新工艺、新装备改造提升现有肉制品加工生产线，打造纯天然、无污染、高原绿色的牛羊肉及副产品加工全产业链。依托燎原、华安等重点企业，开展乳制品创新研发，优化加工工艺和产品结构，开发羊奶、牦牛奶等特色乳制品，婴幼儿配方乳粉等乳制品。兰州黄河（金昌）麦芽有限公司依托现有的麦芽生产工艺技术，组织进行结晶麦芽的研发生产。

（2）智能化方面

陇南市围绕白酒酿造产业，计划实施“三化”项目7个，计划总投资55亿元。重点实施金徽生态智慧产业园四期、红川酒业年产1.2万吨白酒、金徽酒数字化应用综合平台、金徽酒智慧包装生产线升级改造等重点项目。完成琦昆中药材项目的追溯系统、车间及生产环节全过程监控设施布局及后台大数据处理中心；祥宇油橄榄产业项目已建成，完成油橄榄鲜果收购系统订单农业、品质管理、数字果筐三个管理平台建设。金昌白玉豆制品技改扩建后实现现代化生产流程管理；源达农副果品公司对蔬菜干制品生产线进行提升改造，更换设备36套（台），产能提高1.2倍，成本降低630余万元。祁牧乳业采用牧场数据集成系统协助牧场计划和执行所有事件，同时利用5G技术，建立牧场数字化管理平台，实现奶牛单产同比提升3%～5%。张掖市24户食品加工企业开展数字化诊断，滨河集团、西域食品、爱味客等15户企业关键工序数控化率超过50%，实现生产、储存过程数据采集和自动化控制，食品质量水平和风险管控能力进一步提高。

（3）绿色化方面

华润雪花酿造水处理系统升级改造项目等项目进展顺利，伊利乳业前处理工艺改造项目、庄园牧场柳叶包生产线改造、华润雪花无压力输送系统等“三化”改造项目建成投产。祁牧乳业污水预处理扩容升级改造项目实施后，出水水质可达到《国家城镇污水处理厂污染物排放标准》（GB18918-2002）的二级排放标准，满足祁牧乳业公司扩建需求；紫轩酒业完成葡萄酒酿造公辅设施集中控制系统的开发与应用，生产效率提高2倍，能源消耗也进一步降低。

4. 着力优化营商环境，企业创新发展动力强劲

以强工业行动为统揽，聚焦重点产业和关键环节，加强政策协同，优化区域布局，强化上下游配套协作，最大限度发挥政策的综合效应，不断强化产业链发展要素保障。

（1）政策支撑体系方面

酒泉市为纵深推进“强工业”行动，制定印发《酒泉市强工业2023年稳增长行动计划》《酒泉市2024年工业重点产业稳增长计划》等11个文件，推动工业经济实现质的有效提升和量的合理增长，为全市经济社会高质量发展做出更大贡献。设立临夏州支持中小微企业高质量发展专项资金，鼓励工业企业技术创新、开拓市场、培育工业企业做大做强，推动全州工业经济高质量发展。陇南市制定印发了《陇南市高端化智能化绿色化改造推进传统产业转型升级实施方案（2023—2025）年》，通过实施数智化项目，推动企业实现转型升级。庆阳市印发了《推进传统产业高端化智能化绿色化改造的实施意见》《传统产业高端化智能化绿色化改造工作要点》等文件，从政策层面健全工作机制、完善配套措施、筑牢发展根基。对传统产业进行数字化升级改造，释放数字技术对产业发展的放大、叠加、倍增作用。

（2）创新研发方面

鼓励企业加大科研投入，引导企业开展技术升级改造，积极创建“专精特新”企业、省级创新示范企业、企业技术中心、工业设计中心等，进一步提升产品附加值，增强企业市场竞争力。

徐亚纲

3.26 青海省

【a. 概况】

青海省位于中国西部、青藏高原的东北部，素有“三江源”和“中华水塔”之美誉，因其独特的地理位置和丰富的自然资源，在中国乃至全球都具有重要的生态地位。青海省下辖 2 个地级市和 6 个自治州，总面积达到 722,300 平方千米。 地势总体西高东低、南北高中部低。地貌类型以平原、山地为主，其中青海湖是世界上海拔最高的湖泊之一，也是中国面积最大的高原内陆咸水湖。青海的地理位置决定了其独特的气候条件，属于高原大陆性气候，气候寒冷干燥，但夏季凉爽宜人。截至 2023 年末，青海省的常住人口为 594 万人。青海省是一个多民族聚居的地区，居住着汉族、藏族、回族、蒙古族等多个民族。这些民族在长期的历史发展过程中，形成了各自独特的文化传统和生活方式，共同构成了青海丰富多彩的文化景观。

青海省依托其独特的自然资源和气候条件，发展了具有高原特色的农牧业。近年来，青海省持续壮大油菜、马铃薯、青稞、牦牛、藏羊、冷水鱼等十大农牧业特色产业，形成了独具特色的农牧业发展格局。这些产业不仅为青海的经济发展提供了重要支撑，也为当地居民提供了丰富的食品来源和就业机会。青海省的粮食和蔬菜种植在近年来取得了显著成就。全省粮食作物播种面积和经济作物播种面积分别达到了 455.21 万亩和 424.08 万亩，粮食产量稳定在 100 万吨以上。在蔬菜种植方面，青海积极推广冷凉蔬菜产业，利用高原冷凉气候和肥沃土壤的优势，种植了蒜苗、红笋等优质蔬菜，这些蔬菜不仅品质优良，而且具有抢占市场的优势。青海省的畜牧业生产规模庞大，特别是牦牛和藏羊的养殖量在全国占有重要地位。全省牦牛存栏总数在 500 万头左右，占全国的 1/3 以上，被誉为“中国牦牛之都”。同时，藏羊存栏量也达到了 1354.03 万只，占全国的 2/5 以上，被誉为“中国藏羊之府”。这些畜牧业资源为青海的经济发展提供了丰富的物质基础。随着农牧业的快速发展，青海省的食品工业也呈现出蓬勃发展的态势。青海积极打造绿色有机农畜产品输出地，通过加强品牌建设、提升产品质量和附加值，推动食品工业向高端化、绿色化、智能化方向发展。目前，青海的食品工业已经形成了包括粮油加工、肉类加工、乳制品加工等多个领域的完整产业链。青海省依托其独特的自然环境和资源优势，大力发展绿色有机产品输出。通过加强质量监管和品牌建设，青海的绿色有机产品已经在国内市场上享有较高的知名度和美誉度。特别是冷水鱼产业，已经成为青海绿色有机农畜产品输出地的重要输出产品之一。这些绿色有机产品的输出不仅为青海的经济发展注入了新的活力，也为全国乃至全球消费者提供了健康、安全的食品选择。

2023 年，青海食品工业在食品安全监督、绿色有机产品发展、制造业优势、农畜产品输出、经济数据、技术支持、龙头企业引领以及市场销售渠道拓展等方面均取得了显著成就。青海省在打造绿色有机农畜产品输出地方面取得了重要进展。截至2023年，青海的绿色食品、有机农产品和地理标志农产品达1115个，有机草原监测面积突破1.5亿亩。青海不断加强绿色有机农畜产品输出地建设，通过推广绿色种植和养殖技术，提升产品品质，并成功入驻国家地理标志农产品展示体验馆的农畜产品达到66种。这些措施有力地推动了青海食品工业的绿色发展。青海的食品制造业依托高原得天独厚的自然条件，形成了独特的发展优势。枸杞、菜籽油、牦牛肉干、青稞酒、青海酸奶等特色产品深受市场欢迎。青海是全国春油菜最佳生态适宜种植区，油菜籽含油率高达43%～50%，品质优、无污染，为食品制造业提供了优质的原料。2023年，青海的农畜产品输出量持续增长。食品企业的经济数据表现良好。一批龙头企业发挥了重要的引领作用。如青海小西牛乳液有限公司"小西牛"乳制品品牌、青海天佑德的"天佑德"白酒品牌等，这些企业通过技术创新、品牌建设和市场拓展，带动了整个行业的发展。同时，这些龙头企业还通过产业链延伸和资源整合，提升了行业的整体竞争力。

【b. 经济指标】

1. 青海省规模以上食品工业企业数

2023年，食品工业规模以上企业有54家，其中，农副食品加工业13家，食品制造业38家，酒、饮料和精制茶3家。

2. 2023年青海省规模以上食品工业总产值及增加值表

表1　　单位：亿元

分类	2023年（总产值）	同比增长（%）（总产值）
食品工业总产值	61.77	6.0
其中：农副食品加工业	22.54	–27.2
食品制造业	16.09	–8.9
酒、饮料和精制茶制造业	11.07	–38.0

3. 2021—2023年分项目农业总产值表

单位：万元

指标	按当年价格计		
年份	2021	2022	2023
农林牧渔业总产值	5071019.3	5285295.8	5662141.7
农业产值	1885990.7	2047302.3	2383429.2
谷物及其他作物	717852.6	843620.2	975155.8
谷物	207047.4	246308.2	265003.2
薯类	206830.0	214538.0	200117.7
油料	161239.1	153641.9	187057.9
豆类	23846.2	23043.7	24406.8
糖料			
烟草	310.0	320.0	240.0
其他农作物	138579.9	205768.4	298330.1
蔬菜食用菌			
花卉园艺作物	573869.8	569986.7	671364.7
蔬菜	558992.7	554753.0	657624.1
食用菌	4766.6	10189.6	7905.0
花卉	1418.0	1979.1	3459.5
其他园艺作物	8692.5	3065.1	2376.1
水果坚果香料原料	49608.2	36589.1	43916.9
中药材	544660.0	597106.3	692991.9
林业产值	118639.1	132116.9	130878.5
林木的培育和种植			
育种育苗	6405.7	7791.9	7853.6
造林	78108.7	83646.3	88418.0
森林抚育	78108.7	83646.3	88418.0
竹木采	836.4	1020.7	1001.6
林产品	5331.2	8704.9	8462.8
牧业产值	2951194.8	2985709.2	3023371.1
牲畜饲养	2757496.0	2712683.9	2793139.9
牛的饲养	1311898.6	1399570.3	1535344.8
羊的饲养	1071523.0	964668.1	909354.5
其他牲畜饲养	15915.2	6850.0	7860.2
奶产品	328265.2	310901.2	309994.6
毛绒产品	29894.1	30694.3	30585.9
其他牲畜副产品			
猪的饲养	118842.2	229088.7	180859.0
家禽饲养	38931.1	30330.4	29447.9

续表

指标	按当年价格计		
年份	2021	2022	2023
狩猎和捕捉动物	3004.4	2752.4	
其他畜牧业	32921.1	10853.7	19924.3
渔业产值	38774.8	41414.3	42546.2
农林牧渔专业	76420.0	78753.2	81916.7

4. 主要种植业和畜牧业数据

2023年，粮食播种面积303.47千公顷，同比增加1.06千公顷。其中，小麦播种面积101.26千公顷，增加2.44千公顷；青稞播种面积92.69千公顷，增加2.01千公顷；玉米播种面积22.67千公顷，增加0.13千公顷；豆类播种面积14.13千公顷，减少0.97千公顷；薯类播种面积67.85千公顷，减少2.64千公顷。经济作物播种面积282.72千公顷，同比增加1.26千公顷。其中，油料播种面积146.60千公顷，增加3.10千公顷；蔬菜43.37千公顷，增加1.07千公顷；药材32.36千公顷，减少3.61千公顷（其中枸杞28.90千公顷，减少1.61千公顷）；青饲料51.84千公顷，增加1.34千公顷。粮食产量107.27万吨，连续15年超过百万吨；蔬菜及食用菌产量151.81万吨，比上年增长1.1%。

2023年末，牛存栏645.52万头，同比上增长0.5%；羊存栏1354.03万只，同比下降2.3%；生猪存栏58.82万头，同比下降23.8%；家禽存栏144.51万只，同比下降3.2%。全年牛出栏205.70万头，同比增长2.7%；羊出栏676.08万只，同比增长0.5%；生猪出栏76.92万头，同比增长6.3%；家禽出栏158.84万只，同比下降2.1%。全年猪牛羊禽肉产量40.87万吨，同比增长2.6%。

【c. 大事记】

1. 过去五年工作回顾

五年来，在以习近平同志为核心的党中央坚强领导下，在省委直接领导下，在省人大及其常委会监督支持下，我们坚持以习近平新时代中国特色社会主义思想为指导，坚决贯彻习近平总书记对青海工作的重要指示批示，感恩奋进，砥砺前行，深入实施“一优两高”战略，如期实现与全国同步全面建成小康社会，全省上下正意气风发迈上建设现代化新青海食品的新征程。刚刚过去的2022年，我省经济社会发展遭遇了历史罕见的极端天气影响，经受了极其复杂严峻的多轮疫情冲击，经济运行在合理区间，发展质量稳步提升，科技创新成效明显，产业结构持续优化，农牧业提质升级，成为全国最大的有机畜产品、有机枸杞、冷水鱼生产基地，高原育种实现新突破，“净土青海·高原臻品”公用品牌影响力持续提升。

2. 2023年重点任务

（1）更加注重高质量发展。把实施扩大内需战略同深化供给侧结构性改革有机结合起来，在落实推进绿色有机输出地目标任务过程中锻造新的产业竞争优势。

（2）更加注重食品工业和服务融入新发展格局。协会带领企业深度融入“一带一路”高质量发展，积极参与“六大经济走廊”，带领企业融入内循环，走出国门，促进经济全面恢复提质增效。

（3）推动产业链和创新链融合对接，提升产业体系现代化水平。围绕构建绿色低碳循环现代产业体系，着力补强薄弱环节，促进产业体系升级发展。

（4）积极推进食品行业电子标签工作，平台立足于青海省地区优势资源，通过一物一码对产品进行全生命周期溯源管理，一是实现食品全产业链信息化跟踪；二是通过大数据跟踪和分析，提升产品在全国行业中的地位；三是低成本推进企业数字化转型；四是可通过大数据分析为政府决策提供参考依据。同时，牵头搭建青海省食品行业区域品牌体系，用集体商标+区域品牌+企业自主品牌的管理体系，通过青海省食品工业协会专家团队，确定优势产品，积极培育区域优势产业，按照标准规范推进区域内经济，形成品牌集群的总体形象。

（5）继续关注《青海食品工业志》的编纂、出版工作进展情况。

（6）协会按照国家要求已经跟主管单位脱钩，脱钩后协会也在积极加强自身服务能力建设，我会积极配合国家食协的各项工作，也希望在资源、技术等方面得到国家食协的支持。

（7）搭建了青海食品工业互联网赋智平台，平台名称是“臻品链”，“臻品链”立足于青海省地区优势资源，通过一物一码对产品进行全生命周期溯源管理，一是实现食品全产业链信息化跟踪；二是通过大数据跟踪和分析，提升产品在全国行业中的地位；三是低成本推进企业数字化转型；四是可通过大数据分析为政府决策提供参考依据。

【d. 名优企业及产品】

企业名称	品牌	产品
青海互助青稞酒股份有限公司	天佑德	青稞酒
青海可可西里肉食品有限公司	可可西里	牦牛肉
青海新丁香粮油有限责任公司	丁香	青稞面
青海金麦杞生物科技有限公司	金麦杞	枸杞
青海江河源农牧科技有限公司	江河源	菜籽油
青海天露乳业有限责任公司情况介绍	天露	乳制品
青海小西牛生物乳业股份有限公司	小西牛	乳制品
青海花赐生物科技有限公司	花赐	枸杞蜜

李　翊

3.27 宁夏回族自治区

【a. 概况】

宁夏回族自治区，仅有6.6万平方公里的土地，是中国最袖珍的省区之一。黄河在宁夏境内流过397公里，孕育了"塞上江南"。宁夏栽培的农作物有80多种，以粮食作物、经济作物、蔬菜、瓜果作物为主。宁夏物产丰富，是中国枸杞之乡、中国滩羊之乡、中国甘草之乡和中国马铃薯之乡。宁夏大米、长枣、黄花产基地。菜、菜心等优质农产品驰名中外，更是全国奶业优势产区和重要的优质奶源生产基地。

葡萄酒、枸杞、牛奶、肉牛、滩羊、冷凉蔬菜"六特"产业优势突出。宁夏种植葡萄条件得天独厚，贺兰山东麓葡萄酒品质比肩世界，在品醇客、柏林、布鲁塞尔等国际顶级大赛中获奖1100多项，获批国家葡萄及葡萄酒产业开放发展综合试验区；宁夏鲜奶乳脂率、乳蛋白率优于欧盟标准；六盘山黄牛肉质细嫩，盐池滩羊是G20峰会、金砖国家领导人峰会指定食材；中宁枸杞列入《中国药典》道地中药材，是抗生素原料药和生物发酵药生产基地；冷凉蔬菜基地被香港特区政府渔农署授予信誉农场，深受消费者欢迎。宁夏拥有国家级"中国-阿拉伯国家博览会"和"葡萄酒文化旅游博览会"两个金字招牌，正在建设银川国家物流枢纽与骨干冷链物流基地。

食品工业作为轻工纺织产业的重点产业之一，在自治区党委和政府强有力的政策引导下，全力推动食品工业产业提质倍增，实施增品种、提品质、创品牌“三品”行动，加快食品产业数智化、绿色化转型发展。我区食品工业以粮油、枸杞、乳制品、葡萄酒、牛羊肉、饮料、饲料、调味料、食品添加剂等特色食品生产加工为主，饮料、脱水蔬菜、烘焙食品、调味品等为辅，覆盖全部食品品类的多元化、绿色化食品体系。2023年全区食品工业规模以上企业191家，完成食品工业总产值418.43亿元，同比增长4.78%，营业收入增长7.9%，利润总额增长24.4%，营业收入利润率6.32%，同比增长0.84%。食品行业稳定增长，大米、乳制品、葡萄酒、饮料、味精产量分别增长1.0%、6.8%、40.0%、8.8%和11.8%。宁夏枸杞、宁夏牛奶、贺兰山东麓葡萄酒、盐池滩羊肉、六盘山牛肉等传统优势食品，已经成为宁夏食品工业的亮丽风景。

【b. 主要产业】

1. 枸杞产业

宁夏是世界枸杞的发源地和正宗原产地，枸杞是宁夏的“红色名片”和“区域符号”。2016年7月、2020年6月、2024年6月习近平总书记三次视察宁夏，都对枸杞产业作出重要指示，2016年习近平总书记指出，宁夏是我国的“枸杞之乡”……；2020年习近平总书记指出，宁夏的枸杞……等农产品品质优良……，让宁夏更多特色农产品走向市场；2024年习近平总书记指出“枸杞等特色产业，要精耕细作、持续发展”，为宁夏现代枸杞发展提供了根本遵循、注入了强大动力。宁夏高度重视现代枸杞产业发展，自治区第十三次党代会作出聚力发展“六新六特六优”产业部署，聚焦打造千亿级产业要求，明确由3位省级领导包抓现代枸杞产业，高位推动产业发展，全区枸杞种植保有面积32.5万亩，鲜果产量32万吨，鲜果加工转化率35%，精深加工产品达10大类120余种（干果、中药、保健品、原浆、食品、饮品、酒类、芽茶芽菜、化妆品、其他产品），2023年全产业链综合产值达到290亿元，宁夏现代枸杞产业驶上了高质量发展快车道。

2. 乳制品产业

宁夏被称为中国的“高端奶之乡”，得益于宁夏的资源禀赋、生态环境等优势，国内重点龙头企业伊利、蒙牛、新希望均在宁夏建厂，蒙牛特仑苏在宁夏建成全球首个乳业全数智化工厂。2023年，全区奶牛存栏92万头，同比增长9.9%，居全国第5位，生鲜乳总产量430.6万吨，同比增长25.7%，居全国第3位（内蒙古、河北位居前两位）。全区乳制品加工企业26家，规上企业14家，生鲜乳日加工产能1.3万吨，乳制品年产量235.4万吨，生产乳制品品类超过200个，全产业链产值802亿元，同比增长13.9%。乳制品加工产地主要集中在银川市西夏区、贺兰县、永宁县、灵武市、吴忠市利通区等地，产品主销国内市场。

3. 葡萄酒产业

宁夏葡萄酒产业起步于1984年，2003年被确定为国家地理标志产品保护区（总面积20万公顷，共涉及12个市、县〔区〕）。多年来，历届自治区党委和政府立足贺兰山东麓区位优势和资源禀赋，大力推进葡萄酒产业发展，引进了先进的种植和酿造技术，吸引了大量的国内外投资，布局建设了一批各具特色的现代化酒庄，形成了比较完善的政策体系，开展了日益广泛的国际合作，走出了一条具有宁夏特色的葡萄酒产业、旅游、文化融合发展之路，得到了业界和消费者的广泛认可。全区酿酒葡萄种植面积达到60万亩，占全国的1/4以上。现有酒企260家，其中已建成酒庄130家，年产葡萄酒1.4亿瓶，综合产值达到400亿元，产区葡萄酒远销40多个国家和地区。葡萄酒产业已成为宁夏扩大开放、调整结构、转型发展、促农增收的重要产业，产区影响力日益凸显、产业带动力持续放大、产品竞争力显著增强。

朱丽英

3.28 新疆维吾尔自治区

【a. 概况】

2023年，新疆食品工业实现增加值233.0亿元，同比增长7.3%，其中，农副食品加工业实现增加值68.9亿元、同比增长6.1%，食品制造业实现增加值78.9亿元、同比增长9.4%，酒饮料和精制茶制造业实现增加值37.9亿元、同比增长16.8%，烟草制品业实现增加值47.3亿元，同比下降1.9%。

【b. 主要产品产量】

农副食品加工业2023年主要产品产量：小麦粉235.1万吨，同比下降5.9%；大米10.8万吨，同比下降41.8%；饲料460万吨，同比增长7.5%；精制食用植物油128.5万吨，同比增长51.4%；鲜、冷藏肉30.7万吨，同比增长29.7%；冻肉6.2万吨，同比下降0.7%；熟肉制品1.1万吨，同比增长38.2%。

食品制造业2023年主要产品产量：焙烤松脆食品1.3万吨，同比增长3.7%；速冻食品0.17万吨，同比下降71.4%；方便面4.6万吨，同比下降1.6%；乳制品74.8万吨，同比下降8.8%；味精（谷氨酸钠）15.2万吨，同比下降20.6%；酱油1.27万吨，同比下降10.3%；食醋4.7万吨，同比下降7.3%。

酒、饮料和精制茶制造业2023年主要产品产量：白酒3.2万千升，同比增长82.4%；啤酒53.5万千升，同比增长10.6%；葡萄酒产量0.83万千升，同比下降13.8%；饮料产量174.2万千升，同比增长15.8%。

【c. 行业效益】

2023年，746家规模以上食品工业企业完成营业收入1271亿元、同比增长7.9%，实现利润总额74亿元、同比增长26.3%，其中509家规模以上农副食品加工业企业完成营业收入735.9亿元、同比增长3.4%，亏损1000万元，167家食品制造业企业完成营业收入367.2亿元、同比增长16.8%，实现利润总额54.7亿元、同比增长42.8%，69家酒、饮料和精制茶制造业企业完成营业收入108.4亿元、同比增长13.3%，实现利润总额10.6亿元、同比增长1倍，1家规模以上烟草制品业企业完成营业收入59.9亿元、同比增长6.8%，实现利润总额8.8亿元、同比增长56.5%。

新疆维吾尔自治区工业和信息化厅

3.29 辽宁省

【a. 概况】

2023年是全面贯彻落实党的二十大精神的开局之年，是实施“十四五”规划承上启下的关键之年，是辽宁省落实省委、省政府实施全面振兴新突破三年行动的首战之年，辽宁省食品工业企业紧盯消费市场和新时代人们对美好生活的新变化，适应营养健康趋势，积极融入大市场，克服原料、劳务要素和外部市场的不利影响，直面外埠产品对区域食品市场的强势竞争挤压，转变观念、优化产品结构、调整经营策略，迎接新时代经济发展的新变化带来的挑战和冲击，实现了较好的发展成果。突出的是，农副食品加工业保持了绝对的量值占比，保持了稳定的增长势头；食品制造业实现了大幅度的增长，获利能力也大幅度提升；酒、饮料和精制茶制造业稳中有升，呈现良好发展态势。

【b. 运行特点】

1. 主要经济指标

2023年，辽宁省规模以上食品工业企业1055户，实现营业收入3274.7亿元，同比增长6.2%；实现利润105.4亿元，同比增长27.4%。

表1　2023年辽宁省食品工业分行业主要经济指标

行业名称	企业数（户）	营业收入（亿元）	同比增长%	利润总额（亿元）	同比增长%
农副食品加工业	827	2637.7	4.9	24.7	-50.7
食品制造业	177	356.5	18.0	52.9	205.8
酒、饮料和精制茶制造业	50	176.5	6.6	24.1	42.6
烟草制品业	1	104.0	4.7	3.7	184.6
合计	1055	3274.7	6.2	105.4	27.4

2. 主要产品产量看

纳入统计范围的12种重点产品，总体保持了稳定的产销形势。受市场供求的影响，鲜、冷藏肉类产品同比增加幅度近8个点；得到消费嗜好引导下的产品升级和文旅产业的拉动，饮料产品同比增加幅度更是超过了8个点。消费观念的改变，加之食品品类的增加和食品消费线上趋势、餐饮便利化等的累加影响，速动食品、方便面类产品市场表现低迷，同比呈现显著的下降，速冻类产品同比下降达四成，方便面产量同比也有两位数的下降。

表 2　2023 年食品工业主要产品产量表

产品名称	单位	产量	同比增长 %	占全国比重 %	全国排名
大米	万吨	269.0	1.2	—	—
饲料	万吨	1821.9	2.7	5.8	—
鲜、冷藏肉	万吨	415.3	7.9	—	—
冷冻水产品	万吨	39.2	0.6	—	—
乳制品	万吨	57.3	-1.9	1.9	—
白酒（折 65 度，商品量）	千升	5976.2	2.0	0.1	—
啤酒	万千升	166.9	5.3	4.7	
饮料	万吨	324.1	8.4	1.9	20
卷烟	亿支	280.2	0.2	0.1	—
熟肉制品	万吨	23.0	-0.9	—	—
速冻食品	万吨	25.7	-25.8	—	—
方便面	万吨	14.8	-11.5	—	—

辽宁省拥有丰富多样的农副食品资源，部分行业在全国领先，畜牧、水产、蔬菜、水果、海鲜、食用菌等各类农产品供给在国内具有重要地位，饲料和鲜冷冻肉产量居全国第三，啤酒产量居全国第五。省内骨干企业禾丰食品有限公司单体白羽肉鸡屠宰量（近 7 亿羽）全国第一。现有 43 个省级农产品加工集聚区，营业收入 20 亿以上企业 17 家，初步形成了以中粮、益海嘉里、九三、双汇、华润等大企业集团和禾丰、宏发、辉山、桃李等域内企业并存的多元竞相发展格局。

3. 主要行业出口情况

作为东北开放的前沿和重要对外贸易集散地，辽宁也拥有以粮油、水产、特色农产品为主的加工制造类外向型企业，辽宁食品类产品的出口一直是产业发展的重要支撑。受国际食品市场萎缩、产业链脱钩、国际贸易筑墙的等外部环境的不利影响，辽宁食品产品出口总体萎缩向下。食品制造业产品出口交货值微幅增长，基本保持了同期相当的水平；农副食品加工业这一出口产品的传统重点行业，出口交货值下降近 7 个点，交货值只有不足 143 亿元；酒、饮料和精制茶制造业出口交货值的降幅达到 5 个点，行业出口交货的绝对值维持在不到 7 亿的规模。

表 3　2023 年辽宁省食品工业分行业出口情况表

行业名称	出口交货值（亿元）	同比增长 %
农副食品加工业	142.6	-6.8
食品制造业	29.1	0.6
酒、饮料和精制茶制造业	6.6	-5.0
烟草制品业	-	-
合计	178.3	-3.1

4. 企业上市情况看

辽宁省共 4 家食品工业企业在 A 股上市，其中，桃李面包市值最高，达 109.9 亿元。10 月，稻田集团股份有限公司于 2023 年 10 月 12 日在港交所正式挂牌上市，股票代码为 9676.HK。

表 4　辽宁 A 股上市食品公司一览表

序号	证券代码	证券名称	行政区域	市值（亿元）
1	603866.SH	桃李面包	沈阳	109.9
2	603609.SH	禾丰股份	沈阳	66.29
3	002069.SZ	獐子岛	大连	20.69
4	836826.BJ	盖世食品	大连	8.73

【c. 重点产业集群】

为加快新型工业化建设，构建具有辽宁特色的现代化产业体系，辽宁确立了22个重点产业集群，其中与食品相关的有2个，分别是现代高效畜牧业生产与精深加工产业集群、优质粮油生产和食品制造产业集群。

1. 现代高效畜牧业生产与精深加工产业集群

辽宁现代高效畜牧业生产与精深加工产业集群依托优势特色产业集群、农产品加工聚集区、现代农业产业园、产业强镇、龙头企业“五大载体”，出台了《畜禽产业集群发展行动方案（2023—2025年）》，结合资源禀赋、产业基础、市场容量、环境承载力等要素，优化全省畜禽产业布局和结构，引导养殖企业向粮食主产区集中，屠宰加工企业向养殖区和农产品加工集聚区集中，大力发展肉类产品精深加工，着力建设生猪产业链、家禽产业链、牛羊产业链、驴鹿等特色产业链。2023年，现代高效畜牧业生产与精深加工产业集群实现产值2600亿元，其中畜禽加工业产值910亿元，同比增长7%；集群项目完成投资44亿元，同比增长10%；白羽肉鸡屠宰量居全国第2位。

（1）企业的分布

企业主要分布在沈阳、鞍山、阜新、铁岭、朝阳。全省市级以上畜禽龙头企业达到478家，其中，省级以上109家。

（2）企业发展趋势

积极推动屠宰产能向养殖集中区域转移，出台《辽宁省生猪定点屠宰厂（场）设置规划》。推进标准化建设，7家生猪屠宰企业被评为全国生猪屠宰标准化示范企业。大力发展精深加工，推动向精分割、休闲、方便产品升级，涌现出国字菜篮子、益海嘉里（沈阳）中央厨房等一批预制化食品企业，形成了以禾丰、耘垦、双汇等企业为龙头的肉鸡产业集群“全产业链”发展格局。

表5　现代高效畜牧业生产与精深加工产业集群重点企业

序号	企业名称	主导产品	所在市（县）区
1	禾丰食品股份有限公司	屠宰及肉类加工	沈阳市浑南区
2	沈阳耘垦牧业（集团）有限公司	屠宰及肉类加工	沈阳市苏家屯区
3	辽宁昊明禽业集团有限公司	屠宰及肉类加工	沈阳市苏家屯区
4	北票市宏发食品有限公司	肉鸡系列产品	朝阳市北票市
5	大连禾源牧业有限公司	屠宰及肉类加工	大连市瓦房店市
6	沈阳双汇食品有限公司	屠宰及肉类加工	沈阳市沈北新区
7	蒙牛乳业（沈阳）有限责任公司	乳制品制造	沈阳市沈北新区
8	营口耘垦牧业有限公司	屠宰及肉类加工	营口市大石桥市
9	辽宁赢德食品集团有限公司	屠宰及肉类加工	铁岭市开原市
10	鞍山九股河食品有限责任公司	肉鸡屠宰加工	鞍山市台安县
11	开原胜利牧业有限公司	屠宰及肉类加工	铁岭市开原市
12	大成食品（大连）有限公司	屠宰及肉类加工	大连市金州区
13	辽宁千喜鹤食品有限公司	屠宰及肉类加工	沈阳市苏家屯区
14	大连龙城食品集团有限公司	屠宰及肉类加工	大连市瓦房店市
15	沈阳市昊明禽业有限公司	屠宰及肉类加工	沈阳市苏家屯区
16	阜新双汇肉类加工有限公司	屠宰及肉类加工	阜新市高新区
17	阜新六和农牧有限公司	肉鸡系列产品	阜新市太平区

续表

序号	企业名称	主导产品	所在市（县）区
18	禹泽（凌源）食品有限公司	屠宰及肉类加工	朝阳市凌源市
19	辽宁黑山牧原农牧有限公司	屠宰及肉类加工	锦州市黑山市
20	辽宁安井食品有限公司	冷冻食品制造	鞍山市台安县
21	丹东零点食品有限公司	屠宰及肉类加工	丹东市东港市
22	大连成三畜牧业有限公司	屠宰及肉类加工	大连市瓦房店市
23	辽宁铁岭牧原农牧有限公司	屠宰及肉类加工	铁岭市铁岭县
24	铁岭九星食品集团有限公司	屠宰及肉类加工	铁岭市昌图县
25	韩伟集团有限公司	蛋鸡养殖加工	大连市旅顺口区
26	鞍山星奥肉禽有限公司	肉鸡分割产品	鞍山市台安县
27	辽宁阜新牧原农牧有限公司	生猪养殖	阜新市阜蒙县
28	辽宁辉山乳业集团（沈阳）有限公司	乳制品加工	沈阳市沈北新区
29	盘锦六和农牧有限公司	屠宰及肉类加工	盘锦市大洼县
30	辽宁五丰农产品加工有限公司	蜂蜜加工	朝阳市北票市

2. 现代高牧业生产与精深加工重点企业

（1）禾丰食品股份有限公司。

该公司成立于 1995 年，2021 年，更名为禾丰食品股份有限公司，业务范围以饲料及原料贸易、肉禽产业化、生猪养殖为主，并涉猎肉食品业务、宠物诊疗、智能养殖设备，饲料添加剂等相关领域。目前拥有 200 余家下属企业，产品销售于中国 32 个省区，在尼泊尔、菲律宾、印尼、俄罗斯等国家建有 11 座工厂。2014 年成功上市，是国家级农业产业化重点龙头企业。2023 年，禾丰食品位列“2023 中国民营企业 500 强榜单”第 150 位，“2023 中国制造业民营企业 500 强榜单”第 185 位，2023《财富》中国上市公司 500 强第 381 位。全球饲料行业排名第 17 位，中国饲料行业排名第 8 位。

（2）沈阳耘垦牧业（集团）有限公司

该公司创立于 1984 年，总部位于沈阳市苏家屯区。集团现已发展成为集“种鸡饲养、鸡雏孵化、饲料生产、技术服务、肉鸡合作养殖、有机肥生产、肉鸡屠宰、食品加工、物流配送”于一体的全产业链肉鸡加工企业。集团旗下拥有 36 个分子公司，生产基地分布在东北三省，产品销往 31 个省（自治区、直辖市）。集团是国家级“重点龙头企业”，旗下肉鸡品牌“耘垦鲜鸡”被农业部授“中国名牌农产品”的荣誉称号。

（3）辽宁越秀辉山控股股份有限公司

该公司创立于 2021 年，辉山品牌历史可以追溯到 1951 年，是中国首个打造全产业链模式的企业。截至 2023 年底，辉山乳业全产业链项目投资共涉及全省 9 个县城，依托种植、养殖等现代农业，有序流转土地近 40 万亩，在运营牧场 52 座，建设 4 座现代化乳品加工生产基地、1 座饲料加工基地，惠及农户近 5 万户。2023 年，越秀辉山成母牛单产提升至 10.04 吨，赶超行业平均水平。持续优化液奶、奶粉产品和渠道结构，通过乳业业务一体化调整，发挥东北奶源和生产基地与大湾区广阔消费市场的优势，推进产业链贯通协同，推动辽宁奶业振兴。

3. 优质粮油生产和食品制造产业集群

优质粮油生产和食品制造产业集群建设是建设食品工业大省和农业强省的重要支撑，辽宁围绕壮大龙头企业，着力打造玉米、水稻、大豆、花生、杂粮等五条产业链。出台《粮油产业集群发展行动方案（2023—2025 年）》，结合全省特色产业实际，规划产业集群布局，在辽中、辽南、辽西等地着力推进玉米饲料产业链，在辽河流域着力推进水稻产业链，在盘锦、营口、大连等港口地区着力推进大豆产业链，在辽西北地区着力推进花生产业链，在辽西地区着力推进杂粮产业链。2023年，优质粮油生产和食品制造产业集群实现产值2410亿元，其中粮油加工业产值1600亿元，同比增长6%；集群项目完成投资54亿元，同比增长12%；工业饲料总产量位居全国第4位，大豆加工量位居全国第5位。

从企业来看，全省市级以上粮油龙头企业达到788家，其中，省级以上211家。主要分布在沈阳、鞍山、丹东、锦州、营口、阜新、铁岭、盘锦。根据《辽宁省农产品品牌建设指南1.0》显示，粮油区域公用品牌15个、知名农产品品牌69个。实施了“中国好粮油”行动计划，其中有71家企业、85个品牌获“辽宁好粮油”称号。

表6　优质粮油生产和食品制造产业集群重点企业

序号	企业名称	主导产品	所在市（县）区
1	嘉里粮油（营口）有限公司	植物油加工	营口市鲅鱼圈区
2	九三集团铁岭大豆科技有限公司	植物油加工	铁岭市铁岭县
3	辽宁汇福荣兴蛋白科技有限公司	饲料加工	盘锦市辽滨沿海经济技术开发区
4	辽宁省粮食发展集团有限责任公司	粮食加工	沈阳市皇姑区
5	九三集团大连大豆科技有限公司	植物油加工	大连保税区
6	中储粮油脂工业盘锦有限公司	饲料加工	盘锦市辽滨沿海经济开发区
7	富虹集团有限公司	植物油加工	辽阳市白塔区
8	辽宁益海嘉里淀粉科技有限公司	粮食加工	铁岭市开原市
9	沈阳信昌粮食贸易有限公司（十月稻田）	粮食加工	沈阳市新民市
10	中粮日清（大连）有限公司	粮食加工	大连市金普新区
11	中粮糖业辽宁有限公司	粮食加工	营口市盖州市
12	台安县九股河农业发展有限公司	饲料加工	鞍山市台安县
13	国投生物能源（铁岭）有限公司	粮食原料酒制造业	铁岭市调兵山市
14	沈阳粮油集团有限公司	粮食加工	沈阳市铁西区
15	益海嘉里（盘锦）食品工业有限公司	粮食加工	盘锦市辽滨沿海经济技术开发区
16	沈阳顶益食品有限公司	粮食加工	沈阳市铁西区
17	丹东耘垦饲料有限公司	饲料加工	丹东市凤城市
18	沈阳禾丰牧业有限公司	饲料加工	沈阳市沈北新区
19	希杰（沈阳）生物科技有限公司	粮食加工	沈阳市沈北新区
20	沈阳香雪面粉股份有限公司	粮食加工	沈阳市沈北新区
21	中粮麦芽（大连）有限公司	粮食加工	大连市金普新区
22	辽宁安井食品有限公司	方便食品制造	鞍山市台安县
23	益海嘉里（沈阳）粮油食品工业有限公司	粮食加工	沈阳市沈北新区
24	凌海市九股河饲料有限责任公司	饲料加工	锦州市凌海市
25	沈阳耘垦饲料有限公司	饲料加工	沈阳市苏家屯区
26	中粮米业（沈阳）有限公司	粮食加工	沈阳市苏家屯区

续表

序号	企业名称	主导产品	所在市（县）区
27	阜新鲁花浓香花生油有限公司	植物油交工	阜新市高新区
28	沈阳桃李面包有限公司	焙烤食品制造	沈阳市苏家屯区
29	沈阳福来食品实业有限公司	其他农副食品加工	沈阳市新民市
30	大连林家铺子食品股份有限公司	方便食品制造	大连市金普新区

4. 优质粮油生产和食品制造重点企业

（1）辽宁省粮食发展集团有限责任公司

该公司是2016年经辽宁省政府批准成立的省属国有控股公司，现已发展为集省级储备粮运营管理，粮食收储、贸易、物流、加工、电商，现代农业，新能源产业等为一体、高质量发展的农业产业化国家重点龙头企业。集团总部位于沈阳，所属企业分布在全省10个市粮食主产区和3个港口。集团位于盘锦和鞍山的2个子公司可日加工优质大米600吨，位于锦州港和营口港的2个子公司具备期货交割库资质，6个子公司铁路专线直达库区，1个子公司在锦州拥有高标准农田、林地近3万亩。集团所属13个企业承储省级储备粮44.6万吨，占省级储备粮总量的37.9%。集团核心主业为粮食仓储管理和轮换购销、粮食经营、粮食加工。

（2）中粮米业（沈阳）有限公司

该公司2010年成立，位于沈阳苏家屯区陈相屯，是中粮米业具有国际领先技术水平的大米综合加工基地之一，是中粮集团打造“全产业链”、在全国进行大米加工布局的重要项目之一。公司是辽宁省农业产业化重点龙头企业，全国放心粮油示范工程示范加工企业，中国质量诚信企业。公司主要产品有“福临门”系列，“五湖”系列、“香雪”系列，“东海明珠”“红枫优质”系列；独家生产品项有福临门·盘锦生态稻，福临门·辽河玉晶香以及自有品牌“皇家粮仓·香雪”系列产品。产品已远销日本、韩国、中亚、港澳等地区，同时覆盖国内80%以上的城市，覆盖了家乐福、沃尔玛、大润发等九大国际卖场。

（3）沈阳桃李面包有限公司

该公司成立于2016年，是桃李面包股份有限公司旗下全资子公司。主要经营面包、糕点，以及月饼、粽子等季节性产品，是一家致力于烘焙食品生产、加工、销售的综合性公司，是省级农业产业化重点龙头企业、省级重点龙头企业和省级雄鹰企业。公司核心产品面包及糕点所使用的桃李品牌已成长为跨区域的全国知名面包品牌。公司与许多大型商超，如：永辉、华润万家、沃尔玛、大润发等建立了稳定的合作关系。公司先后进入“2019中国工业百强企业榜单”“2019沈阳市民营企业规模百强”“2019中国轻工业食品五十强榜单”“2020辽宁企业品牌价值排行榜”。

【d. 企业品牌价值】

近年来，辽宁持续推进品牌高质量发展，通过品牌价值评价、企业质量品牌跟踪服务、《品牌辽宁》栏目、企业品牌风采线上展示等工作，激发企业品牌建设积极性，加大重点品牌宣传推介力度，不断提升辽宁品牌知名度、美誉度和影响力。2023年，辽宁出台了《新时代推进辽宁品牌建设三年行动方案（2023—2025年）》，围绕重点区域、重点产业、重点企业，加强培育打造一批品质卓越、特色鲜明的品牌领军企业和一大批“辽字号”辽宁品牌，宣传辽宁品牌文化，讲好辽宁品牌故事，构建多元主体参与的大品牌建设工作格局。

表 7　2023 年辽宁省企业品牌价值评价发布榜单
（品牌价值超过 1 亿元食品工业企业）

序号	企业名称	品牌强度（满分 1000 分）	品牌价值（亿元）	所属地区
1	禾丰食品股份有限公司	868	86.24	沈阳
2	桃李面包股份有限公司	865	84.73	沈阳
12	北票宏发食品有限公司	902.5	25.15	朝阳
3	鞍山市九股河食品有限责任公司	854	23.17	鞍山
4	沈阳双汇食品有限公司	885	22.94	沈阳
5	蒙牛乳业（沈阳）有限责任公司	858	11.2	沈阳
6	阜新双汇肉类加工有限公司	617	8.59	阜新
7	大连医诺生物股份有限公司	905	6.75	大连
8	鞍山丰盛食品有限公司	713	4.66	鞍山
9	中敖西丰清真食品有限公司	770.5	4.29	铁岭
10	沈阳蒙牛乳制品有限公司	785	3.12	沈阳
14	辽宁千山酒业集团有限公司	857.5	2.23	辽阳
16	辽宁凤城老窖就业有限责任公司	850	2.18	丹东
13	辽宁鑫祥跃生物科技有限公司	720	1.44	锦州
11	盘锦金氏食品有限公司	811.5	1.23	盘锦

2023 年，辽宁省参加品牌价值评价的食品工业企业中，价值最高为 86.24 亿元，为禾丰食品股份有限公司；品牌强度最高 917.0 分，为沈阳中街冰点城食品有限公司。酒水饮料企业价值最高为 24.10 亿元，为本溪龙山泉啤酒有限公司；品牌强度最高 857.5 分，为辽宁千山酒业集团有限公司。连续参评企业的品牌价值及品牌强度均较上年有所增长。

【e. 科技创新】

辽宁省不断优化企业科技创新的政策环境，实施高新技术企业认定常态化受理、全流程网办等服务举措，持续推行“免申即享”服务，将“所得税减免”“研发费用加计扣除”等政策纳入全省“免申即享”改革清单。2023 年，辽宁 16 户食品工业企业被认定为高新技术企业，3 户食品工业企业被认定为科技型中小企业，十月稻田集团股份有限公司被评为独角兽企业。

表 8　2023 年辽宁重点高新技术企业名单
（食品工业部分）

序号	企业名称	成立时间	行政区域
1	獐子岛集团股份有限公司	1992	大连
2	英联饲料（辽宁）有限公司	1998	鞍山
3	开原市赢德肉禽有限责任公司	2000	铁岭
4	海城市盛利饲料有限公司	2000	鞍山
5	禾丰食品股份有限公司	2003	沈阳
6	辽宁众友饲料有限公司	2003	沈阳
7	辽宁波尔莱特农牧实业有限公司	2005	沈阳
8	辽宁辽丰禽业有限公司	2006	丹东
9	沈阳苍达粮油有限公司	2010	沈阳
10	辽宁未来生物科技有限公司	2010	本溪
11	沈阳云垦牧业（集团）有限公司	2011	沈阳
12	辽宁正远食品有限公司	2015	阜新
13	沈阳耘垦饲料有限公司	2017	沈阳
14	丹东零点食品有限公司	2017	丹东
15	辽宁好食鸡食品有限公司	2017	丹东
16	辽宁泰高饲料有限公司	2020	沈阳

表 9　2023 年辽宁重点科技型中小企业名单
（食品工业部分）

序号	企业名称	成立时间	行政区域
1	沈阳绿珠米业有限公司	2010	沈阳
2	辽宁圣源食品有限公司	2013	锦州
3	辽宁海辰宠物有机食品有限公司	2015	朝阳

辽宁着力完善中小企业公共服务体系，积极培育和促进一批中小企业发展壮大，2023 年，14 户食品工业企业被认定为省级专精特新中小企业，15 户食品工业企业被认定为创新型中小企业。

表 10　2023 年辽宁专精特新中小企业获评名单

序号	企业名称
1	辽宁正远食品有限公司
2	沈阳中街冰点城食品有限公司
3	沈阳鑫庞大饲料有限公司
4	营口瑞丰科技有限公司
5	大连瑞驰食品有限公司
6	大连丹特生物技术有限公司
7	沈阳味丹生物科技股份有限公司
8	大连弘润全谷物食品有限公司
9	丹东零点食品有限公司
10	辽宁俏牌生物科技有限公司
11	锦州九丰食品有限公司
12	开原市亚辉牧业有限公司
13	辽宁海辰宠物有机食品有限公司
14	辽宁帝华味精食品有限公司

表 11　2023 年辽宁创新型中小企业获评名单（食品工业部分）

序号	企业名称
1	沈阳爱瑜饲料有限公司
2	禾丰食品股份有限公司
3	沈阳中街冰点城食品有限公司
4	辽宁众友饲料有限公司
5	沈阳市信生牧业有限公司
6	辽宁正成农牧科技有限公司
7	沈阳大清宝泉矿泉水饮品制品有限公司
8	沈阳丰美生物技术有限公司
9	沈阳佳合食品有限公司
10	大连金砣水产食品有限公司
11	大连棒棰岛海参发展有限公司
12	大连灵发食品有限公司
13	营口海纳食品有限公司
14	辽宁丰之锦农业科技有限公司
15	格兰登堡（辽宁）啤酒酿造有限公司

【f. 数字化、智能化、绿色化转型升级】

辽宁省高度重视和支持企业数字化、智能化转型，加快建设数字辽宁、制造强省，以智能制造为主攻方向，以工业互联网为主要支撑，加快推动新型工业化，培育新质生产力。在“智改数转”上成效显著，数字基础设施支撑有力，标杆引领作用显著增强，支撑服务体系不断健全，产业发展生态持续优化。在推进企业绿色化发展上持续发力，大力推进绿色制造体系建设，食品行业企业绿色转型升级步伐加快，企业循环化水平不断提升，产品装备供给绿色化优势凸显。

2023 年，阜新伊利乳品有限责任公司获评国家级智能制造优秀场景企业。

嘉里粮油（营口）5G 工厂入选国家级《2023 年 5G 工厂名录》。嘉里粮油（营口）5G 工厂把 5G 新一代信息技术贯穿在工厂原料采购——仓储物流——生产加工——产品管控——成品存储整个加工链之中，整个工厂可应用 5G 覆盖的企业物流、信息采集、设备远程维护与控制、视频监控、产品质量检测各个场景，提高工业生产的智能化。

蒙牛乳业（沈阳）有限责任公司的奶业生产过程质量管控能力项目入选国家级新一代信息技术与制造业融合发展示范项目。

沈阳大清宝泉矿泉水饮品制品有限公司、沈阳伊利乳品有限责任公司、沈阳旺旺食品有限公司、中粮麦芽（大连）有限公司荣获国家级绿色工厂称号。

【g. 协会工作】

作为具有 40 多年发展历程的辽宁省食品工业协会，2023 年，圆满完成换届工作，走上社会团体规范管理运行新时期。在辽宁全面振兴新突破三年行动的首战之年，在全省食品行业锚定建设食品工业大省的任务目标，锐意进取、奋发图强，实现产业大幅增长的良好的发展势头的局面下，辽宁省食品工业协会在社团管理机关的指导、各职能部门和业界各方面的支持下，紧盯省委、省政府关于食品产业高质量发展目标任务，团结带领广大会员一道，坚守服务会员、服务行业、服务政府的宗旨初心，理顺关系、规范管理，全方位策划服务、推动业务工作，实现了预期的目标，为下步不断推进各项工作奠定了基础。

1. 完成换届开启新征程，协会运转步入规范轨道

经过充分准备，在会员单位的共同努力下，2月24日，第二届会员大会在沈阳辽宁大厦成功召开。会议审议了上届副会长孟宪军做的工作报告，全票通过了《辽宁省食品工业协会章程》和《辽宁省食品工业协会会费管理办法》，选举产生了协会第二届理事会。为协会规范化运行和面向新时代服务推动食品产业高质量发展吹响了新征程的号角。换届会议后，按照管理机关要求和协会章程规定，协会完成在省民政厅社管机关登记工作，实现协会组织运作正常化。

2. 建章立制，推进协会组织行为规范化

遵循管理机关要求和协会章程规定，根据食品产业和会员企业的实际，结合协会运转的具体情况，着眼协会长远发展，对协会工作机构的运转进行了必要合理的优化调整。系统梳理协会业务范围，对服务会员、服务产业、服务政府的工作任务进一步明确；细致梳理协会工作机构权责义务，对协会各方的权利义务予以明晰；慎重安排工作机构，对秘书处管理事项做出规定，实现协会内部职责明确、权利和义务统一；通过召开会长办公（扩大）会议、理事通讯（实地走访）会议、专家企业座谈会商会议等有效工作形式，对关系协会运转和长远发展的相关事项做出系统的安排，明确人员、确定办公地址、建立核心工作团队。

3. 拓展合作、整合资源，努力实现服务辐射更大化

紧盯会员诉求、产业需求、政府要求，依托专家团队资源和工作体系平台，以提升协会服务能力为切入，深度整合各方资源，努力寻求协会业务拓展和服务覆盖辐射面的更大化。整合资源，建立合作协作机制，与辽宁省食品检验所、省标准化研究院、会计师事务所、标准公司签订战略合作，为会员单位提供绿色服务通道；征集业界高端人才，建设专家工作机构，组成涵盖高等院校、科研机构、管理部门、生产及科研一线资深专家教授、达40余人的专家委员会，为企业提供管理、体系认证、食品安全、标准、工艺、健康营养、检验检测、法务、财税、科技赋能转化等全方位的服务；拓展渠道，建立工作联系体系，立足要素优势，开展团体标准制定工作。

4. 聚焦会员深化服务，做到企业提质增效、产业提升发展措施具体化

贯彻落实省委、省政府食品工业大省建设工作要求，锚定协会业务职责目标，把着力点放到服务推动企业提质增效、能力提升和产业转型升级、发展壮大上，把工作的措施实化细化具体化。组织专家团队送服务、送政策进企业，开展多种形式的技术技能培训及人才培养，支持帮助企业进行产品标准的创新和提升；深入行业、会员开展调查研究，了解企业需求，掌握行业发展动态，为政府、行业、企业提供意见和建议；扩大宣传，打造形象，申办并开通“辽宁省食品工业协会”官方微信公众号，梳理协会业务和资源情况，发挥舆论阵地作用。

5. 当好助手服务职能部门，实现政策和产业发展契合化

主动对接政府及有关部门，积极承接职责部门的工作任务，搭建政企沟通交流平台，营造良好的生态，助力行业发展。参加食品安全宣传月活动，代表行业协会发出《尚俭崇信尽责，同心共护食品安全》倡议；组织服务进园区活动，协办在渤海大学举办的产学研对接活动；开展企业走访问需，支持地方政府发展乡村特色产业，支持地方经济发展。

王革　鲁凌志　丛士博

3.30 吉林省

【a. 概况】

2023年，全省经济总体处在疫情后的恢复期、修复期、调整期，全省食品工业全面贯彻落实省委省政府工作部署要求，统筹抓好运行监测和项目建设，着力优结构、增动能、拓市场，顶住压力，稳住规模，提升质量，食品工业经济在波动中实现稳步恢复。

2023年，全省规上食品工业增加值329.7亿元，同比增长6.2%；完成产值1512.1亿元，同比增长3.4%，占规上工业总产值的12.3%。49个子行业中“25增24降”，增长面（51%）同比提高2%。在统计的42种主要工业产品中，23种产品产量实现同比增长，增长面为54.8%，其中成品糖、果汁及蔬菜汁饮料等产品产量倍增，酱油、食品添加剂、速冻食品、混合饲料、鲜冷藏肉产量增长超过20%。

【b. 存在的主要问题】

2023年，全省食品行业虽然保持平稳运行，但仍存在重点企业停减产、主要产品价格大幅下降、市场需求减弱、同期基数高等困难和问题，给食品行业稳定运行带来较大挑战。

预计2024年实现产值1583亿元，同比增长4.6%左右。

【c. 协会主要工作】

1. 抓企业稳运行，推动食品工业经济平稳发展

坚持运行调度与实地调研相结合的工作机制，以问题为导向，聚焦全省100户样板企业和50户重点食品企业，建立运行直调体系，协调解决困难问题，畅通产业链供应链，推动重点企业稳产达产满产。

2. 抓项目快建设，夯实产业发展基础

坚持以“十四五”规划为引领，把项目建设作为工作的重中之重，推动产业链延链补链强链项目建设，持续优化产业发展结构，壮大产业规模。吉林梅花年产2万吨黄原胶、梅河10万吨精酿啤酒等项目已建成投产；泸源酒业2万吨白酒、吉林旭鑫12万吨玉米精炼油、吉林协联柠檬酸等项目已开工建设。

3. 强化创新发展，推动省内食品企业“走出去”

6月3–5日，组织20户省内重点食品企业组团参加第31届中国食品博览会暨食品工业“三品”成果展，产品涵盖人参制品，保健品，鹿产品、葡萄酒及粮食等五大类200余款，促成合作10余家。

吉林省食品工业协会

3.31 黑龙江省

【a. 概况】

2023 年，黑龙江省食品工业协会认真贯彻落实习近平总书记重要讲话重要指示精神，按照省委省政府关于加快构建“4567”现代化产业体系的工作部署，积极应对食品产业受下游生产性和居民消费需求减弱、粮价波动、经营成本上升、新增项目投资大幅放缓等不利因素影响，确保行业运行整体维持在恢复性增长的正常波动区间内，在稳住“量”的基础上不断推动“质”的有效提升，新动能、新增长点持续累积，为进一步巩固和增强行业经济回升向好态势奠定了坚实基础。

全省是产粮大省，食品产业是最具潜在优势的产业。2023 年，全省食品工业规上企业达到 1583 户，实现营收为 2830.5 亿元，同比下降 0.6%。其中，预计营收超 10 亿元企业 52 户、1–10 亿元企业 138 户；预计营收超亿元企业共计 190 户，占全部规上食品企业的 12.1%，营收共计 1768 亿元，占规上食品工业总营收的 60.5%。

从三大门类看。2023 年，农副食品加工业、食品制造业和酒饮料精制茶制造业规上企业数量分别达到 1327 户、184 户、72 户，占比分别为 83.8%、11.6% 和 4.6%；实现营收分别为 1936.9 亿元（同比增长 0.1%）、620.4 亿元（同比下降 5.2%）和 273.1 亿元（同比增长 5.5%）。

从产业分布看。目前，全省食品工业规上企业户数超百户的市有哈尔滨市、绥化市、佳木斯市、齐齐哈尔市和大庆市，2023 年规上企业可分别增至 503 户、235 户、223 户、187 户和 101 户。上述市的食品工业规上营收也均居全省市（地）前 5 位，2023 年分别实现 939 亿元、502 亿元、227 亿元、552 亿元和 230 亿元，营收总和约占全省 2023 年食品工业规上营收（2830.5 亿元）的 86.6%。

从重点细分领域看。2023 年，各产业分别占全省食品工业营收的比重为：水稻加工占比 27.9%（789 亿元）、玉米加工占比 28.7%（813 亿元）、乳制品加工占比 12.7%（359 亿元）、肉类加工占比 13.2%（373 亿元）、大豆加工占比 4.6%（130 亿元），以上 5 条产业链合计营收为 2464 亿元，约占全省 2023 年食品工业规上营收（2830.5 亿元）的 87%，是我省食品工业的支柱性产业。

【b. 主要工作】

落实省委省政府加快构建“4567”现代化产业体系总体部署，根据《黑龙江省加快推进农产品加工业高质量发展三年行动计划（2023—2025 年）》《黑龙江省食品产业振兴专项行动方案（2022—2026 年）》部署安排，黑龙江省食品工业协会围绕《行动方案》确定的稳增长调结构总目标，按照“四个体系”要求，强化产业专班统筹协调推动，组织制定下发年度要点，明确重点目标任务，把工作目标和任务分解到相关部门和地市，压实各方责任，形成合力推动各项工作落实落地。

2023年主要发展目标有：全省食品工业营收超过3100亿元、同比增长10%以上，规上食品工业企业净增100户；落实今年4月省委书记专题办公会议精神，增设食品制造业和酒饮料精制茶制造业合计营收占全省规上食品工业的比重较2022年提升5%；落实今年6月省政府印发《黑龙江省加快推进农产品加工业高质量发展三年行动计划（2023—2025年）》文件要求，增设年底前确保50个以上项目投产、全年完成签约项目100个以上、落地开工25个以上等目标。

2023年目标完成情况为：全省规上食品工业实现营收2830.5亿元（完成全年目标进度91.3%）；规上食品企业发展到1583户，同比（1466户）净增117户（完成全年目标进度117%）；食品制造业和酒饮料精制茶制造业分别实现营收620.4亿元和273.1亿元，合计占规上食品工业营收的31.5%，比重同比下降0.7%；推动投资3000万元以上食品产业重点项目投产62个（完成全年目标进度124%）；累计签约食品产业重点项目124个（完成全年目标进度124%）、推动落地开工41个（完成全年目标进度164%）。

【c. 专班主要工作】

1. 全力培育企业主体

2023年，省市（地）共同监控的207户重点食品企业预计可实现营收1780亿元左右，约占全省规上食品工业的60%，龙头带动作用突出。其中，益海嘉里（富裕）、大庆金锣、哈尔滨秋林里道斯等企业预计增幅显著，分别为100.6%、68.8%、48.6%；

2. 加快重点项目建设

加力推进127个投资3000万元以上的全省食品产业重点项目，落实省市县三级定期调度机制，截至12月底，飞鹤双城乳制品智能产业园、富裕现代农业产业园、牡丹江黑木耳全产业链等62个项目已投产或部分投产；

3. 强化产业链精准招商；

2023年，依托亚布力企业家论坛、黑龙江—广东产业合作与开放交流大会和哈洽会等招商引资活动，已累计签约食品产业项目124个（其中，精深加工项目67个），签约额281.5亿元。其中，绥化绿色农产品加工（大豆蛋白提取）项目、齐齐哈尔克东县飞鹤乳铁蛋白和稀奶油生产加工项目等41个签约项目已落地开工建设；

4. 做优品牌培育

已有378户企业的923款产品，纳入“黑土优品”品牌标识授权范围，在央视和黑龙江卫视持续投放“黑土优品”品牌广告，累计在《全省新闻联播》栏目推出“黑土优品”系列报道40多期、黑龙江卫视其他频道报道200多期，浏览量达1190万次。持续开展“中国主播龙江行 - 绿色龙江黑土优品”系列直播活动，本年度已带动350户企业450款产品直播2645场次，线上累计销售额突破100亿元；

5. 深化创新赋能

谋划省级“揭榜挂帅”科技攻关项目4项，组织实施省自然科学基金重点项目、联合基金引导项目12项，新增备案省内食品产业领域工程技术研究中心5家，累计备案大豆加工、乳业、玉米深加工、特色经济作物生物萃取等24家产业技术创新战略联盟。推动食品产业加快数转智改，认定正大哈尔滨实业等17户食品企业为省级数字化（智能）示范车间（累计达到111户，占全省的41.9%），伊利乳业等3户食品企业被认定为省级智能工厂，19户企业获评2023年省专精特新中小企业。强化设计赋能，推动省农投（鲜玉良田）、哈尔滨天顺乾元饮品等一批省内食品加工企业与工业设计机构签订合作协议，全方位提升产品层次；

6. 扩大对俄产业合作

通过中俄博览会平台及相关国际合作机制，组织省农投等60余户食品企业赴俄或网上开展对接，加大常态化对俄经贸合作，加力推进万鼎乳业中俄跨境农牧业产业百亿集群和北大荒（绥芬河）俄粮储备加工等项目建设。目前，万鼎项目境内部分已开工建设，境外养殖及加工部分已建成投产；北大荒（绥芬河）俄粮储备加工项目已全部建成投产，形成4.5万吨挂面、25.5万吨混合饲料的综合加工能力，预计2023年可新增营收6亿元。同时，强化对俄罗斯食品标准研究，引导企业以先进标准为导向，为全面扩展国际市场做好标准、质量方面前期准备；

7. 加强政策保障

省农业农村厅牵头，制定出台《黑龙江省支持农产品精深加工业高质量发展若干政策措施》，引导粮食精深加工、绿色发展，促进农产品加工业转型升级；

8. 强化标准体系建设

制定发布《“龙江品质”农业生产加工领域产品认证要求》等5项团体标准，印发实施《婴幼儿配方乳粉生产企业关键点远程非现场监管试点工作方案》，大力推动实施企业首席质量官制度，已累计免费培训首席质量官643人，“质量月”活动期间召开“首席质量官共话”质量座谈会51场。同时，全力推动省内22户婴幼儿配方乳粉企业接入工信部“食品工业企业质量安全追溯平台”，占全省婴幼儿配方乳粉企业的68%，超过国家食品安全考核标准8个百分点。

黑龙江省食品工业协会办公室

第四部分

数据篇

4.1 2023 年食品工业各省（自治区、直辖市）排名

名次	规模以上企业数（家）	营业收入（亿元）	同比增长率 %
1. 山东省	4311	12084.6（不含烟草）	4.33
2. 广东省	2548	9222.68	2.53
3. 江苏省	2287	7149.1	6.8
4. 四川省	2442	6444.4（不含烟草）	1.1
5. 湖南省	2292	5964.1（不含烟草）	-0.5
6. 河南省	2876	5353.5	6.25
7. 湖北省	2719	5251.02	
8. 福建省	2429	4998.55	-2.7
9. 河北省	1357	4198.95	2
10. 浙江省	1425	3658.45	3.9
11. 辽宁省	1055	3274.7	6.2
12. 安徽省	2201	3172.8（不含烟草）	6
13. 黑龙江省	1583	2830.5	-0.6
14. 内蒙古自治区	479	2759.2	7.1
15. 上海市	420	2718.93	3.4
16. 广西壮族自治区	693	2362.9	3
17. 重庆市	816	1712.8	1.8
18. 云南省	1158	1710（不含烟草）	-2
19. 江西省	1178	1662.96（不含烟草）	-1.2
20. 陕西省	1179	1604.7	-1.5
21. 吉林省	646	1521（产值）	3.4
22. 天津市	343	1407.63	0.12
23. 新疆维吾尔自治区	746	1271	7.9
24. 北京市	249	1249.8（不含烟草）	0.1
25. 贵州省	940	1195.6（生态特色食品）（前三季度）	7.3
26. 山西省	392	873	6.1
27. 甘肃省		726.3	8.3
28. 海南	178	501.91	30.8
29. 宁夏回族自治区	191	418.43	4.78
30. 西藏自治区		69（消费品产值）	29.7
31. 青海省	54	61.77（不含烟草）	6

注：1. 数据来源：地方食协、地方统计局、地方经信厅（委）；
2. 以营业收入为据，从大到小排序，仅供参考。

4.2 2023 年食品工业分行业主要经济指标

行业名称（1）		规模以上企业（家）	营业收入（亿元）	利润总额（亿元）
肉禽蛋品加工	135	4687	12296	269.5
烘焙食品	141	3059	5259.17	353.15
糖果巧克力蜜饯	142	623	1311.45	101.45
方便食品	1433、1439		2788	138
制糖业	134		696	34
调味品	146		3000	300
乳制品	144		4620	394
罐头食品	145	687	966.48	70.09
酒	151		10802.6	2628.2
饮料食品	152		5100	500
营养保健	1491.1492	396	5250	
食品装备			400.75	33.12
食盐	1494		214.92	24.15

行业名称（2）		产量（万吨）	同比增长 %
粮食		1.3908	1.3
植物油	133	3864	5.7
淀粉	1391	4140.01	5.96
豆制品	1392	1595	4.25
生物发酵	1469	3294	4.5
添加剂	1495	1485	2.1
精制茶	153	5149.76 万亩	3.09

注：1. 数据来源：中国食品工业各行业协会

2. 行业名称后附数字为国民经济行业分类编码

4.3 外商及港澳规上食品企业主要经济指标

规模以上食品工业企业数字

单位：家

	2019 年	2020 年	2021 年	2022 年	2023 年
农副食品加工业	1319	1303	1326	1321	25581
食品制造业	1063	1069	1090	1132	10075
酒、饮料和精制茶制造业	609	624	617	631	5860

规模以上食品工业企业营业收入

单位：亿元

食品工业	2019 年	2020 年	2021 年	2022 年	2023 年
农副食品加工业	7747.7	8603.4	16223.7	10402.7	54735.6
食品制造业	5710.7	6290.3	6624.6	6469.2	21142.5
酒、饮料和精制茶制造业	3103.7	3011	3490.8	3353.8	15365.4

规模以上食品工业企业利润总额

单位：亿元

食品工业	2019 年	2020 年	2021 年	2022 年	2023 年
农副食品加工业	304	295.1	412.3	348.2	1790.8
食品制造业	618	697.8	576.3	559.6	1737.3
酒、饮料和精制茶制造业	269.8	321.3	373.7	337.3	3159.0

规模以上食品工业企业营业用工数字

单位：万人

食品工业	2019 年	2020 年	2021 年	2022 年	2023 年
农副食品加工业	37.9	36.1	25.0	33.8	263.4
食品制造业	41.9	42.2	41.4	49.5	169.3
酒、饮料和精制茶制造业	22.5	22.2	22.7	21.2	100.8

数据来源：国家统计局工业司。

4.4 按工业行业分工业生产者出厂价格指数

（上年＝100）

行业	2020	2021	2022	2023
农副食品加工业	104.8	103.9	104.7	99.4
食品制造业	100.6	101.8	103.7	99.4
酒、饮料和精制茶制造业	100.7	101.6	101.0	101.2
烟草制品业	101.4	100.6	100.6	100.9

4.5 按国际贸易标准分类分进出口商品金额（2023 年）

商品分类	出口		进口	
	亿元人民币	亿美元	亿元人民币	亿美元
总额	237656.36	33790.44	179853.75	25569.41
初级产品	11538.11	1640.77	76351.76	10862.17
食品及活动物	5156.83	733.18	9064.66	1290.44
活动物	34.89	4.96	33.06	4.71
肉及肉制品	200.50	28.51	1886.77	268.67
乳品及蛋品	34.92	4.96	515.50	73.50
鱼、甲壳及软体类动物及其制品	1360.19	193.52	1350.75	192.29
谷物及其制品	186.13	26.41	1553.09	221.28
蔬菜及水果	1920.55	272.84	1728.77	246.11
糖、糖制品及蜂蜜	250.92	35.65	286.79	40.53
咖啡、茶、可可、调味料及其制品	313.37	44.58	221.35	31.45
饲料（不包括未碾磨谷物）	277.34	39.48	586.73	83.63
杂项食品	578.02	82.26	901.85	128.27
饮料及烟类	266.37	37.81	555.50	78.99
饮料	206.13	29.26	401.16	56.87
烟草及其制品	60.24	8.55	154.34	22.13

4.6 按行业分规模以上工业企业主要指标（2023 年）

单位：亿元

行业	企业单位数（个）	资产总计	流动资产合计	应收账款	存货		负债合计	营业收入	营业成本	销售费用	管理费用	财务费用	利润总额	平均用工人数（万人）
						# 产成品								
农副食品加工业	25581	36630.7	22712.4	4057.8	6665.9	2804.7	22461.5	54735.6	50225.9	989.2	1597.4	300.4	1790.8	263.4
食品制造业	10075	21639.0	11827.7	2076.8	2445.7	1018.2	11316.4	21142.5	16520.6	1766.1	1229.4	65.5	1737.3	169.3
酒、饮料和精制茶制造业	5860	23269.0	13903.3	1530.1	4644.3	1277.0	10500.8	15365.4	9664.0	1182.9	859.5	13.1	3159.0	100.8
烟草制品业	194	10991.7	7668.6	447.7	4301.6	256.9	2258.5	13519.3	4059.3	164.4	695.0	–89.6	1556.4	18.2

4.7 按商品类章分进出口商品金额（2023 年）

商品分类		出口		进口	
		出口亿元人民币	亿美元	进口亿元人民币	亿美元
总额		237656.36	33790.44	179853.75	25569.41
第一类	活动物；动物产品	1013.45	144.16	3884.67	553.20
01 章	活动物	34.89	4.96	33.06	4.71
02 章	肉及食用杂碎	70.30	9.99	1877.42	267.34
03 章	鱼、甲壳动物、软体动物及	732.96	104.24	1317.49	187.56
	其他水生无脊椎动物				
04 章	乳品；蛋品；天然蜂蜜；其他	52.92	7.53	564.01	80.37
	食用动物产品				
05 章	其他动物产品	122.36	17.44	92.69	13.22
第四类	食品；饮料、酒及醋；烟草、	3500.16	497.95	2543.51	361.46
	烟草及烟草代用品的制品				
16 章	肉、鱼、甲壳动物、软体动物及其他水生无脊椎动物的制品	757.45	107.80	43.39	6.17
17 章	糖及糖食	211.87	30.10	273.13	38.58
18 章	可可及可可制品	30.37	4.30	73.04	10.33
19 章	谷物、粮食粉、淀粉或乳的制品；糕饼点心	185.20	26.32	460.19	65.50
20 章	蔬菜、水果、坚果或植物其他部分的制品	694.72	99.05	155.83	22.10
21 章	杂项食品	487.44	69.39	430.76	61.18
22 章	饮料、酒及醋	209.97	29.80	401.95	56.98
23 章	食品工业的残渣及废料；配制的动物饲料	277.16	39.46	547.91	78.08
24 章	烟草、烟草及烟草代用品的制品	645.97	91.73	157.32	22.55

4.8 城镇居民人均主要食品消费量

单位：千克

指标	2017	2018	2019	2020	2021	2022	2023
粮食（原粮）	109.7	110.0	110.6	120.2	124.8	116.2	115.6
谷物	98.6	98.8	98.5	107.3	112.0	103.6	102.5
薯类	2.3	2.4	2.6	2.8	2.7	2.6	2.6
豆类	8.8	8.8	9.5	10.0	10.1	10.0	10.5
食用油	10.7	9.4	9.2	9.9	10.1	9.4	9.3
# 食用植物油	10.3	8.9	8.7	9.5	9.6	9.0	8.9
蔬菜及食用菌	106.7	103.1	105.8	109.8	112.0	110.9	114.0
# 鲜菜	102.5	99.0	101.5	105.4	107.7	106.9	109.8
肉类	29.2	31.2	28.7	27.4	34.4	35.2	39.6
# 猪肉	20.6	22.7	20.3	19.0	25.1	26.0	28.7
牛肉	2.6	2.7	2.9	3.1	3.2	3.2	3.9
羊肉	1.6	1.5	1.4	1.4	1.6	1.5	1.8
禽类	9.7	9.8	11.4	13.0	12.3	11.9	12.6
水产品	14.8	14.3	16.7	16.6	16.7	16.2	17.4
蛋类	10.9	10.8	11.5	13.5	13.4	13.8	14.6
奶类	16.5	16.5	16.7	17.3	18.2	15.4	16.3
干鲜瓜果类	59.9	62.0	66.8	65.9	67.7		
# 鲜瓜果	54.3	56.4	60.9	60.1	61.6	60.5	67.6
坚果类	4.3	4.1	4.3	4.2	4.4		
食糖	1.3	1.3	1.2	1.2	1.1	1.0	1.0

4.9 出口主要货物数量和金额（2023年）

品名		数量	金额	
			万元人民币	万美元
农产品			69581425	9892265
肉类（包含杂碎）	（万吨）	44	1338828	190306
水产品	（万吨）	370	13967147	1987152
食用水产品	（万吨）	370	13937928	1982977
蔬菜及食用菌	（万吨）	1057	9399275	1334384
鲜或冷藏蔬菜	（万吨）	716	4890316	692955
干鲜瓜果及坚果	（万吨）	404	4039820	571651
苹果	（万吨）	80	683793	97039
茶叶	（吨）	367542	1222969	173920
粮食	（万吨）	262	1245491	176437
稻谷和大米	（万吨）	160	629764	88927
罐头	（吨）	2493599	3111872	443986
蔬菜罐头	（吨）	1892205	2410829	344342
酒类及饮料			2691178	383017
果蔬汁	（万吨）	35	629898	90424
啤酒	（万升）	62103	318567	45176
烟草及其制品	（吨）	207245	591869	83997
烤烟	（吨）	100058	268266	38199
卷烟	（万条）	8395	198330	28018
制盐	（吨）	1600017	91540	12988

4.10 畜产品产量

年份 地区	肉类 （万吨）	#猪牛羊肉				奶类 （万吨）		绵羊毛 （吨）			山羊粗毛 （吨）	山羊绒 （吨）	禽蛋 （万吨）	蜂蜜 （万吨）
			猪肉	牛肉	羊肉		#牛奶		#细羊毛	#半细羊毛				
1996	4584.0	3694.7	3158.0	355.7	181.0	735.8	629.4	298102	121020	74099	35284	9585	1965.2	18.3
2000	6013.9	4743.2	3966.0	513.1	264.1	919.1	827.4	292502	117386	84921	33266	11057	2182.0	24.6
2005	6938.9	5473.5	4555.3	568.1	350.1	2864.8	2753.4	393172	127862	123068	36904	15435	2438.1	29.3
2006	7099.9	5608.4	4650.3	590.3	367.7	3051.6	2944.6	387643	131543	116043	35171	16223	2424.0	33.4
2007	6916.4	5319.8	4307.9	626.2	385.7	3055.2	2947.1	371075	124262	108635	35333	15665	2546.7	38.0
2008	7370.9	5692.9	4682.0	617.7	393.2	3236.2	3010.6	369665	119279	105272	35477	16534	2699.6	38.5
2009	7706.7	5958.5	4932.8	626.2	399.4	3153.9	2995.1	358121	124365	109013	35910	16593	2751.9	39.7
2010	7993.6	6173.5	5138.4	629.1	406.0	3211.3	3038.9	385125	123504	113998	36226	17848	2776.9	38.2
2011	8023.0	6140.3	5131.6	610.7	398.0	3262.8	3109.9	386487	132877	113305	38070	17126	2830.4	41.2
2012	8471.1	6462.8	5443.5	614.7	404.5	3306.7	3174.9	393725	124716	127313	40505	17211	2885.4	43.8
2013	8632.8	6641.6	5618.6	613.1	409.9	3118.9	3000.8	402081	131730	128335	40215	17307	2905.5	43.7
2014	8817.9	6864.2	5820.8	615.7	427.6	3276.5	3159.9	407230	122251	132693	38655	18465	2930.3	46.3
2015	8749.5	6702.2	5645.4	616.9	439.9	3295.5	3179.8	413134	130537	134905	35487	18684	3046.1	47.3
2016	8628.3	6502.6	5425.5	616.9	460.3	3173.9	3064.0	411642	129164	137973	35785	18844	3160.5	55.5

续表

年份 地区	肉类 （万吨）	#猪牛羊肉				奶类 （万吨）		绵羊毛 （吨）			山羊粗毛 （吨）	山羊绒 （吨）	禽蛋 （万吨）	蜂蜜 （万吨）
			猪肉	牛肉	羊肉		#牛奶		#细羊毛	#半细羊毛				
2017	8654.4	6557.5	5451.8	634.6	471.1	3148.6	3038.6	410523	127921	133458	32863	17852	3096.3	54.3
2018	8624.6	6522.9	5403.7	644.1	475.1	3176.8	3074.6	356608	117891	120430	26965	15438	3128.3	44.7
2019	7758.8	5410.1	4255.3	667.3	487.5	3297.6	3201.2	341120	108973	113284	24875	14964	3309.0	44.4
2020	7748.4	5278.1	4113.3	672.4	492.3	3529.6	3440.1	333625	106109	116849	24034	15244	3467.8	45.8
2021	8990.0	6507.5	5295.9	697.5	514.1	3778.1	3682.7	356217	98154	128262	23332	15102	3408.8	47.3
2022	9328.4	6784.2	5541.4	718.3	524.5	4026.5	3931.6	356194	68799	155024	24837	14649	3456.4	46.2
2023	9748.2	7078.3	5794.3	752.7	531.3	4281.3	4196.7	367505	80069	172286	23123	17589	3563.0	46.3
北京	4.2	3.4	2.7	0.5	0.2	26.5	26.5	3.9	0.4	1.3	3.1	1.4	9.1	0.1
天津	31.5	21.7	17.4	3.2	1.1	54.1	54.1	462.1	35.4	426.8	6.6	0.1	23.2	0.0
河北	495.0	380.2	283.3	59.4	37.5	574.3	571.9	28417.5	6341.2	18892.8	2321.1	719.3	404.6	1.7
山西	155.0	121.7	99.5	10.2	12.0	147.5	147.1	11883.6	3354.4	8135.4	2158.6	1526.8	126.7	0.8
内蒙古	291.2	262.3	75.7	77.8	108.8	794.9	792.6	121190.8	27461.4	37509.3	5956.2	8635.8	67.2	0.2
辽宁	473.7	287.9	249.1	32.0	6.8	136.0	135.4	6669.5	841.3	5828.2	1747.5	1391.5	311.8	0.2
吉林	309.4	216.6	158.5	49.1	9.0	30.9	30.8	14923.9	3148.9	11760.0	85.5	44.9	95.7	0.8
黑龙江	328.5	272.6	201.8	55.2	15.6	504.3	503.6	24300.0	3549.7	20750.3	440.2	46.6	107.4	1.4
上海	12.2	11.0	10.7	0.0	0.2	30.7	30.7	9.3	8.1	1.3	51.7	0.0	3.6	0.1
江苏	331.7	201.1	191.3	3.3	6.5	72.9	72.9	318.2	74.7	243.4	3.5	0.1	235.3	0.5
浙江	119.9	84.8	80.8	1.5	2.5	20.9	20.9	1723.4	0.0	1723.4	36.2	0.0	36.3	5.0

续表

年份 地区	肉类 （万吨）	#猪牛羊肉				奶类 （万吨）	#牛奶	绵羊毛 （吨）	#细羊毛	#半细羊毛	山羊粗毛 （吨）	山羊绒 （吨）	禽蛋 （万吨）	蜂蜜 （万吨）
			猪肉	牛肉	羊肉									
安徽	497.1	296.1	262.4	11.7	22.0	53.6	53.6	307.5	226.9	80.5	23.1	14.8	206.3	1.3
福建	311.4	140.6	135.5	2.8	2.3	25.4	24.9	4.0	2.0	2.0			69.1	1.9
江西	369.1	278.4	257.4	17.8	3.2	6.3	6.3	26.3	6.2	20.1	6.3	2.7	73.2	1.7
山东	910.1	473.8	382.8	58.2	32.8	318.3	318.1	6706.8	655.9	5950.8	404.2	46.3	462.2	0.9
河南	679.1	530.6	465.3	38.0	27.3	241.8	237.5	2634.1	525.1	1737.6	1560.5	148.2	441.2	4.9
湖北	457.9	375.0	347.2	17.2	10.5	9.0	9.0	24.9	16.7	8.2	26.4	0.4	216.3	2.0
湖南	582.6	499.1	461.8	20.4	16.9	8.0	7.8	0.2	0.0	0.1	3.9	1.3	119.6	1.8
广东	507.5	304.4	298.0	4.4	1.9	20.3	20.2	0.0	0.0	0.0	0.0	0.0	49.9	3.2
广西	478.9	295.6	276.0	15.3	4.3	13.8	13.8						33.4	3.1
海南	76.4	45.2	42.1	2.0	1.1	0.3	0.3	0.0	0.0	0.0	0.0	0.0	7.1	0.1
重庆	215.8	173.6	158.2	8.5	6.9	3.1	3.1	0.0	0.0	0.0	0.2	0.0	53.1	2.2
四川	697.1	555.8	489.7	39.1	27.1	72.1	72.0	4488.1	776.6	3711.4	228.8	58.4	181.1	6.7
贵州	246.9	211.6	184.6	22.2	4.8	3.7	3.7	290.1	85.2	204.9	10.7	1.3	38.8	0.3
云南	536.1	472.4	405.4	44.7	22.3	73.9	72.6	900.8	161.5	686.8	87.4	16.8	46.6	1.2
西藏	31.3	31.0	1.7	23.7	5.5	64.3	59.3	6235.8	3330.4	2174.4	708.3	718.4	1.4	0.0
陕西	135.7	123.8	104.5	9.0	10.4	163.9	109.1	3498.7	628.4	2642.6	1915.8	2018.8	65.2	1.7
甘肃	157.4	143.4	72.7	29.8	40.9	102.8	101.8	40731.5	11789.2	8438.5	1547.8	446.1	23.5	0.9
青海	41.4	41.0	5.2	22.8	13.0	33.9	33.7	12649.8	2038.2	9942.3	363.3	174.1	1.7	0.0
宁夏	41.4	38.1	8.6	14.4	15.1	430.6	430.6	8212.3	2515.5	5542.7	605.3	347.9	12.7	0.1
新疆	222.6	185.5	64.4	58.4	62.8	243.2	232.8	70892.2	12495.2	25871.1	2820.4	1227.4	39.9	1.5

4.11　分地区城镇居民家庭人均主要食品消费量（2023 年）

单位：千克

地区	粮食（原粮）		食用油		蔬菜及食用菌	肉类				禽类	水产品	蛋类	奶类	鲜瓜果	食糖
		谷物		食用植物油			猪肉	牛肉	羊肉						
全国	115.6	102.5	9.3	8.9	114.0	39.6	28.7	3.9	1.8	12.6	17.4	14.6	16.3	67.6	1.0
北京	86.3	74.3	6.0	5.9	110.2	30.1	17.1	3.9	3.3	7.4	10.3	17.0	21.6	70.5	0.9
天津	92.1	82.4	6.7	6.6	107.8	28.5	17.2	3.2	3.1	6.7	17.0	19.7	16.4	79.2	0.8
河北	163.5	144.2	8.9	8.8	145.8	37.9	24.3	2.8	2.8	10.1	12.5	24.2	22.1	87.7	1.3
山西	101.1	86.3	7.3	7.3	94.9	21.9	14.5	1.4	1.7	4.7	4.5	14.9	19.0	66.7	0.7
内蒙古	148.9	132.0	7.5	7.3	129.6	44.1	25.6	5.0	7.3	8.8	9.4	16.7	30.0	88.9	1.1
辽宁	128.6	112.2	9.4	9.3	133.3	41.1	28.0	4.7	2.2	8.4	21.3	19.6	19.7	84.1	0.9
吉林	113.8	101.3	10.4	10.3	94.9	31.7	21.9	4.2	1.3	6.4	11.3	14.8	10.9	66.5	0.8
黑龙江	117.9	105.7	12.5	12.4	106.7	35.5	24.0	3.5	2.2	7.0	12.9	15.8	13.6	74.5	1.2
上海	92.2	81.3	8.3	8.2	99.6	34.1	22.8	5.1	1.3	12.2	24.2	14.7	22.6	54.3	1.1
江苏	123.2	106.6	8.0	7.7	125.5	41.9	29.2	4.5	1.4	16.4	25.4	16.3	18.5	63.1	1.1
浙江	115.4	101.5	8.8	8.5	98.0	39.1	28.7	5.0	1.2	13.1	29.8	12.5	15.8	69.7	1.2
安徽	125.7	108.9	8.3	7.8	125.0	41.3	30.3	3.9	1.5	17.1	17.9	15.7	15.1	70.9	0.8

续表

地区	粮食（原粮）		食用油		蔬菜及食用菌	肉类				禽类	水产品	蛋类	奶类	鲜瓜果	食糖
		谷物		食用植物油			猪肉	牛肉	羊肉						
福建	108.2	98.7	11.1	10.4	101.5	45.0	35.0	4.6	1.1	14.5	32.0	13.8	15.6	60.5	1.1
江西	137.1	120.9	12.9	12.4	126.6	48.9	38.9	4.9	0.9	14.7	21.3	11.5	14.2	68.4	1.0
山东	115.7	103.8	7.2	7.2	113.0	37.0	25.1	2.6	2.3	9.7	18.8	24.9	18.8	88.5	0.7
河南	132.4	117.6	8.0	7.9	118.6	33.0	22.8	2.7	2.1	10.7	8.5	22.9	16.2	78.8	0.8
湖北	98.3	85.0	11.9	11.5	120.8	37.9	28.6	3.5	0.9	9.2	18.9	9.7	11.7	56.0	0.8
湖南	115.3	105.1	11.8	9.8	128.9	44.1	35.8	3.8	0.9	13.1	16.7	10.0	10.1	66.4	0.9
广东	102.0	93.0	8.7	8.3	102.1	48.1	37.4	4.6	0.9	22.7	26.8	10.0	11.5	53.6	0.9
广西	90.2	83.2	8.3	7.7	90.8	40.5	33.3	3.3	0.8	21.2	15.2	7.1	9.0	49.7	1.0
海南	85.2	79.3	9.3	8.6	107.7	43.7	35.3	4.3	1.3	23.7	33.1	6.4	8.6	44.9	0.8
重庆	131.8	114.8	14.9	13.7	153.2	59.1	47.1	4.5	1.1	15.4	17.3	14.3	21.6	69.7	1.8
四川	98.2	86.9	11.1	10.3	118.2	48.3	38.8	3.4	0.6	12.9	12.0	10.4	16.5	56.8	1.1
贵州	103.7	90.4	8.7	7.8	82.7	35.9	30.5	1.8	0.3	8.6	5.3	6.1	10.5	49.8	0.9
云南	107.3	92.1	7.4	6.3	105.5	36.3	28.4	3.1	0.5	10.8	7.7	6.0	12.0	57.7	1.2
西藏	131.6	128.8	9.2	8.8	97.2	52.9	16.1	28.9	3.0	2.6	2.2	5.8	19.5	27.1	1.3
陕西	125.4	109.3	10.2	10.0	108.9	25.8	18.1	2.0	1.6	5.3	5.1	13.6	17.3	66.0	0.8
甘肃	112.7	100.6	9.8	9.8	98.3	28.5	18.2	3.2	3.2	5.7	5.0	11.2	18.1	72.7	1.0
青海	89.0	82.9	7.8	7.6	72.9	27.7	12.5	7.8	5.0	4.7	3.8	8.5	23.0	45.0	1.0
宁夏	93.9	86.0	8.3	8.2	88.5	21.1	8.2	5.8	5.1	7.6	4.5	8.8	18.5	77.9	1.1
新疆	123.8	117.9	11.6	11.5	97.3	31.0	7.0	7.6	13.5	6.5	4.9	10.6	28.9	66.6	1.0

4.12 分地区城镇居民人均消费支出构成（2023 年）

单位：元

地区	消费支出	食品烟酒	衣着	居住	生活用品及服务	交通通信	教育文化娱乐	医疗保健	其他用品及服务
全国	32994	9495	1880	7822	1910	4495	3589	2850	953
北京	50897	10584	2180	20261	2454	5072	4151	4609	1587
天津	37586	10384	1933	8411	2054	5036	4108	4205	1454
河北	27906	7755	1923	6617	1846	3691	2704	2538	831
山西	24524	6216	1755	5317	1556	3336	2975	2633	737
内蒙古	32249	8707	2414	6243	1875	5543	3270	3069	1127
辽宁	29091	8530	1780	5992	1524	3865	3168	3192	1039
吉林	26677	6967	1825	5304	1348	3942	3249	3076	966
黑龙江	25882	7608	1790	5207	1286	3333	2804	3104	751
上海	54919	13568	2077	19100	2357	5895	5339	4733	1849
江苏	40461	10746	2174	10971	2268	5822	3898	3185	1397
浙江	47762	12909	2623	11550	2848	7558	5298	3248	1728
安徽	27900	9164	1925	5968	1695	3170	3109	2131	737
福建	37674	11730	1847	10664	2053	4379	3795	2283	921
江西	27733	8628	1455	6017	1535	3569	3456	2400	672
山东	30251	8275	2050	6058	2327	4510	3742	2592	697
河南	25570	7436	1836	5487	1575	3099	2934	2506	698

续表

地区	消费支出	食品烟酒	衣着	居住	生活用品及服务	交通通信	教育文化娱乐	医疗保健	其他用品及服务
湖北	31500	9247	1805	6795	1677	3877	3809	3453	837
湖南	31035	8835	1962	6167	1990	4336	4311	2739	695
广东	39333	12290	1559	10329	2011	5661	4115	2350	1018
广西	24427	7758	1036	5041	1320	3276	3142	2382	473
海南	28930	10775	1029	6985	1325	3529	2866	1857	565
重庆	31531	10033	2137	5926	2038	4031	3460	3003	903
四川	29280	9614	1852	5370	1870	4106	3017	2683	769
贵州	27693	7709	1727	4361	1688	5289	3559	2537	823
云南	28338	8843	1601	5769	1658	3744	3002	2966	756
西藏	28858	10005	2893	5763	2260	3875	1628	1551	884
陕西	27303	7562	1752	5969	1722	3594	2886	3148	670
甘肃	27044	7793	1871	6039	1583	3740	2937	2407	674
青海	25373	7490	1846	5005	1327	4359	2012	2547	787
宁夏	27076	7558	1780	4944	1768	4187	3160	2960	719
新疆	26134	8296	1852	4667	1520	3519	2248	2986	1045

4.13 分地区工业产品产量

年份 地区	原盐 （万吨）	成品糖 （万吨）	啤酒 （万千升）	卷烟 （亿支）
1978	1953.00	227.00	40.00	1182.00
1980	1728.00	257.00	69.00	1520.00
1985	1479.00	451.00	310.00	2370.00
1990	2023.00	582.00	692.00	3298.00
1995	2977.72	558.64	1568.82	3485.02
2000	3128.00	700.00	2231.32	3397.00
2005	4661.06	912.37	3126.05	19389.08
2006	5663.13	949.07	3543.58	20218.13
2007	6166.97	1271.38	3954.07	21438.84
2008	6664.43	1432.61	4156.91	22199.20
2009	6662.79	1338.35	4162.18	22901.50
2010	7037.76	1117.59	4490.16	23752.60
2011	6742.16	1187.43	4834.50	24474.00
2012	6911.78	1409.47	4778.58	25160.90
2013	7367.60	1592.76	4982.79	25603.86
2014	7049.71	1642.67	4936.29	26098.49
2015	6665.54	1474.11	4715.60	25890.70
2016	6620.10	1443.30	4506.44	23825.76
2017	6654.17	1472.04	4401.49	23448.25
2018	6363.61	1198.77	3800.83	23375.59
2019	6701.44	1389.39	3765.29	23642.49
2020	5852.68	1431.30	3411.11	23863.73
2021	5706.51	1449.74	3562.43	24182.36
2022	5359.88	1486.75	3568.67	24321.50
2023	5268.58	1291.49	3641.14	24406.26
北京			112.61	160.29
天津	168.99		11.37	210.66
河北	230.33	60.50	177.87	791.58

续表

年份 地区	原盐 （万吨）	成品糖 （万吨）	啤酒 （万千升）	卷烟 （亿支）
山西			17.06	154.00
内蒙古	121.13	51.96	63.96	321.64
辽宁	121.69		166.90	280.17
吉林			64.70	551.12
黑龙江		7.91	115.86	397.50
上海			21.92	928.38
江苏	666.63	20.53	228.04	1060.92
浙江		1.34	277.39	957.78
安徽	145.54		69.48	1227.12
福建	28.39	35.41	164.52	904.61
江西	108.22		58.51	643.23
山东	1030.56	76.37	485.37	1293.08
河南	74.62		132.45	1582.88
湖北	545.93		156.36	1352.91
湖南	449.50	1.18	58.28	1668.41
广东	1.44	103.40	454.46	1302.28
广西		622.14	117.28	720.98
海南		7.22	2.02	117.00
重庆	158.94		76.17	569.07
四川	432.33	1.55	268.71	913.92
贵州		0.42	65.00	1184.16
云南	168.05	240.92	86.21	3562.97
西藏			12.44	
陕西	74.69		65.78	818.66
甘肃		4.56	38.52	470.00
青海	315.48		1.52	
宁夏	106.79		17.56	80.00
新疆	319.32	56.08	52.82	180.95

注：1. 本表部分指标存在总计不等于分项之和情况，是数据四舍五入所致，未做机械调整。

2. 分地区主要工业产品产量 2023 年数据统计范围为规模以上工业企业，即年主营业务收入 2000 万元及以上的工业企业。

3. 成品糖 1997 年及以前名称为糖，产量包括土糖，1998-2004 年名称为机制糖。

4. 啤酒 2003 年及以前计量单位为万吨。

5. 卷烟 2003 年及以前计量单位为万箱。

4.14 分地区居民家庭人均主要食品消费量（2023 年）

单位：千克

地区	粮食（原粮）	谷物	食用油	食用植物油	蔬菜及食用菌	肉类	猪肉	牛肉	羊肉	禽类	水产品	蛋类	奶类	鲜瓜果	食糖
全国	134.4	120.6	10.0	9.4	113.6	39.8	30.5	3.1	1.7	12.4	15.2	15.0	13.2	60.8	1.2
北京	91.5	79.2	6.3	6.2	112.0	31.1	18.2	3.8	3.4	7.3	10.2	17.4	20.7	70.6	0.9
天津	98.1	88.1	7.4	7.3	109.3	29.1	18.3	2.9	3.1	6.6	16.7	19.9	15.2	79.7	0.9
河北	171.4	152.4	9.1	8.9	139.7	36.1	24.5	2.0	2.3	9.1	10.2	23.4	17.8	81.0	1.5
山西	113.6	97.7	8.2	8.1	88.6	20.2	14.3	1.0	1.4	4.0	3.6	15.0	16.3	59.4	0.9
内蒙古	168.6	151.7	7.4	7.1	122.4	44.1	27.4	4.3	7.4	8.3	8.0	16.5	25.4	77.6	1.4
辽宁	145.7	128.0	10.1	9.9	129.5	42.0	30.7	3.9	1.9	7.5	18.1	19.4	15.6	74.6	1.1
吉林	140.7	124.2	11.7	11.6	102.0	32.5	24.7	3.2	1.1	6.0	10.1	15.1	8.4	57.7	1.2
黑龙江	144.1	129.7	15.1	15.0	115.1	36.6	27.0	2.9	2.0	6.9	11.8	16.5	10.5	67.9	1.6
上海	99.1	88.0	8.9	8.8	101.7	35.1	24.1	4.9	1.3	12.7	24.5	15.0	21.9	54.1	1.2
江苏	136.7	118.0	8.5	8.2	128.3	42.9	30.9	4.0	1.4	15.9	25.5	17.4	16.8	59.8	1.3
浙江	133.8	117.8	9.8	9.3	106.3	41.8	31.9	4.7	1.1	13.2	29.6	13.2	14.3	68.3	1.4
安徽	147.1	129.8	9.3	8.7	123.5	40.7	31.1	3.2	1.4	17.1	16.0	17.1	13.3	67.6	0.9

续表

地区	粮食（原粮）	谷物	食用油	食用植物油	蔬菜及食用菌	肉类	猪肉	牛肉	羊肉	禽类	水产品	蛋类	奶类	鲜瓜果	食糖
福建	129.0	118.7	11.0	10.1	104.7	43.8	35.7	3.5	0.9	14.6	31.5	14.0	13.0	55.0	1.4
江西	158.4	141.4	13.7	13.2	129.6	47.8	39.4	4.1	0.7	14.6	19.6	13.1	11.6	59.2	1.1
山东	127.7	115.4	7.9	7.9	107.2	35.8	25.6	1.9	1.9	9.5	15.1	25.1	15.8	83.5	0.8
河南	151.0	135.6	8.3	8.1	117.3	33.3	24.8	2.1	1.6	10.6	7.7	24.3	13.4	73.8	1.1
湖北	116.7	102.5	13.9	13.5	128.1	38.5	30.6	2.9	1.0	9.6	17.6	10.8	9.2	49.6	1.1
湖南	143.9	133.5	12.2	9.8	117.1	46.4	39.8	3.1	0.8	13.1	14.6	12.3	7.9	58.9	1.1
广东	114.3	105.2	9.5	9.1	107.0	50.9	40.7	4.2	0.9	24.9	27.7	10.0	9.6	47.7	1.0
广西	122.1	115.3	9.0	8.0	90.2	40.0	34.9	2.3	0.6	21.7	12.4	6.7	6.4	41.1	1.0
海南	100.0	94.3	9.8	8.6	109.9	45.6	38.7	3.5	1.1	25.8	33.5	6.0	5.8	35.7	0.7
重庆	149.7	132.4	14.9	13.6	146.4	57.9	48.5	3.3	1.0	14.1	15.6	15.3	17.4	60.0	2.2
四川	126.1	114.4	11.5	10.4	119.6	49.5	42.5	2.6	0.5	12.4	10.1	11.4	12.8	46.6	1.5
贵州	122.2	108.7	8.0	7.1	83.7	33.8	30.3	1.2	0.3	7.0	3.7	5.2	6.7	39.3	1.0
云南	125.8	110.5	6.8	5.8	108.8	41.1	35.4	2.3	0.5	11.2	6.3	7.8	8.0	45.7	1.3
西藏	168.7	166.0	17.1	9.0	64.1	41.6	7.1	25.8	6.7	1.2	0.6	3.0	7.6	13.1	2.3
陕西	145.8	129.0	11.7	11.6	106.4	24.6	18.6	1.4	1.4	4.5	3.7	12.8	13.7	55.3	1.0
甘肃	138.0	125.9	10.1	10.0	87.3	25.0	17.9	2.0	2.4	5.2	3.0	9.5	11.6	56.5	1.3
青海	106.5	100.1	9.0	7.8	65.6	31.1	12.6	10.3	6.6	3.9	2.4	6.6	17.8	34.8	1.5
宁夏	109.4	101.7	9.2	9.2	86.9	21.4	7.9	6.5	5.5	8.3	3.2	7.6	14.5	74.3	1.3
新疆	133.5	129.4	12.9	12.7	92.9	29.8	4.1	6.9	16.6	5.2	2.9	8.6	19.6	59.4	1.3

4.15 分地区居民人均消费支出构成（2023 年）

单位：元

地区	消费支出	食品烟酒	衣着	居住	生活用品及服务	交通通信	教育文化娱乐	医疗保健	其他用品及服务
全国	26796	7983	1479	6095	1526	3652	2904	2460	697
北京	47586	10142	2053	18668	2352	4858	3799	4276	1438
天津	34914	9815	1796	7772	1927	4698	3673	3937	1296
河北	22920	6739	1534	4964	1459	3129	2309	2174	613
山西	19756	5258	1372	4316	1217	2621	2291	2138	543
内蒙古	27025	7446	1862	5058	1500	4717	2656	2935	851
辽宁	24865	7346	1491	4995	1264	3358	2701	2899	812
吉林	21411	5863	1351	3957	1014	3153	2569	2816	688
黑龙江	22052	6648	1441	4092	1013	2993	2386	2903	577
上海	52508	13214	1996	17944	2270	5728	4976	4650	1730
江苏	35491	9926	1891	9169	2030	5075	3334	2916	1151
浙江	42194	11757	2254	10458	2472	6484	4458	2939	1371
安徽	23607	7919	1543	4902	1451	2665	2619	1962	546
福建	31869	10183	1546	8646	1727	3706	3169	2125	765
江西	23379	7460	1145	5061	1221	2815	2967	2231	479
山东	24293	6791	1549	4726	1762	3795	2915	2247	509
河南	21011	6275	1509	4334	1267	2570	2461	2116	479
湖北	27106	8069	1480	5815	1514	3449	3142	2984	652

续表

地区	消费支出								
		食品烟酒	衣着	居住	生活用品及服务	交通通信	教育文化娱乐	医疗保健	其他用品及服务
湖南	25462	7415	1426	5193	1547	3367	3533	2486	496
广东	34331	11137	1290	8849	1693	4865	3538	2120	840
广西	19749	6255	736	4098	1009	2668	2630	2021	334
海南	23752	9315	791	5417	1031	2830	2379	1566	423
重庆	26515	8644	1696	4920	1707	3337	2873	2646	691
四川	23550	7846	1355	4157	1450	3300	2418	2435	589
贵州	20161	5858	1129	3512	1198	3446	2611	1895	511
云南	20995	6816	1057	4197	1142	2949	2261	2110	463
西藏	17220	6406	1445	3543	1188	2460	913	838	427
陕西	22012	6212	1331	4759	1341	2897	2293	2704	475
甘肃	19013	5687	1222	4065	1057	2604	2071	1893	414
青海	20327	6361	1458	3631	1072	3504	1551	2174	576
宁夏	21629	6150	1366	3941	1397	3301	2469	2455	549
新疆	19715	6261	1432	3585	1106	2753	1725	2173	679

4.16 分地区居民消费价格分类指数（2023 年）

（上年 =100）

地区	总指数	食品烟酒	食品	粮食	薯类	豆类	食用油	菜及食用菌	# 鲜菜	畜肉类	禽肉类	水产品	蛋类	奶类	干鲜瓜果类	# 鲜果	糖果糕点类	调味品	其他食品类	茶及饮料	烟酒	在外餐饮
全　国	100.2	100.3	99.7	101.0	105.5	101.1	100.7	98.0	97.4	92.7	103.1	100.0	100.3	100.4	104.5	104.9	101.8	101.3	101.4	101.3	101.0	101.8
北　京	100.4	100.1	99.0	99.6	99.9	100.2	101.3	94.0	93.1	93.5	101.4	100.6	99.8	98.3	104.1	104.0	103.4	101.2	100.5	102.3	102.3	101.7
天　津	100.4	100.5	99.8	100.1	111.6	102.1	101.5	97.4	96.9	93.3	101.8	102.5	99.7	98.6	103.6	104.3	101.7	101.7	101.0	99.6	100.8	101.9
河　北	100.6	100.5	100.1	101.4	105.3	101.7	100.6	97.3	96.4	93.0	102.8	99.4	100.6	100.3	105.6	105.8	101.2	100.8	102.2	101.2	101.1	101.5
山　西	99.9	99.8	99.2	100.0	104.0	102.2	100.2	95.2	94.5	94.4	104.1	97.8	99.3	99.6	102.4	102.3	101.5	101.6	102.0	101.2	101.1	101.1
内蒙古	100.6	100.6	100.1	102.2	107.8	100.1	101.4	97.0	96.5	94.1	103.2	100.3	99.4	101.0	105.7	106.3	102.0	102.0	102.7	101.7	101.6	101.7
辽　宁	100.1	100.1	99.6	100.8	102.8	101.1	100.7	94.3	92.7	93.3	101.7	100.9	99.4	100.2	105.8	106.5	100.9	100.7	101.4	99.4	101.2	101.6
吉　林	99.9	99.3	98.7	100.4	101.5	100.3	98.2	93.7	92.3	90.2	100.2	100.2	98.0	101.3	105.4	105.4	102.4	101.3	104.3	103.0	101.1	100.5

续表

地区	总指数	食品烟酒	食品	粮食	薯类	豆类	食用油	菜及食用菌	#鲜菜	畜肉类	禽肉类	水产品	蛋类	奶类	干鲜瓜果类	#鲜果	糖果糕点类	调味品	其他食品类	茶及饮料	烟酒	在外餐饮
黑龙江	100.6	100.6	100.4	102.0	104.7	101.5	99.8	97.0	96.1	92.7	102.2	103.2	100.4	99.1	107.7	108.5	101.8	99.8	101.3	102.1	100.5	101.2
上　海	100.3	98.8	97.0	98.5	101.2	100.0	102.7	94.6	94.0	91.6	104.3	96.2	93.7	97.5	98.4	97.5	101.6	101.2	98.5	102.3	101.7	102.2
江　苏	100.4	101.0	100.5	101.8	99.5	102.0	102.1	99.5	99.2	94.8	104.1	100.2	100.7	101.0	105.1	105.6	102.6	102.7	103.3	102.0	102.3	101.5
浙　江	100.3	100.6	100.3	101.2	103.9	101.7	101.0	99.1	98.8	93.8	104.9	100.5	102.0	101.6	103.5	103.6	101.4	102.4	101.5	101.5	100.5	101.5
安　徽	100.2	100.5	99.4	100.7	106.2	101.3	101.1	96.6	95.8	92.4	104.6	98.0	99.6	99.7	105.6	106.2	101.7	102.1	100.9	106.0	101.3	103.0
福　建	100.0	100.9	100.9	100.9	103.8	101.4	99.7	100.5	100.0	94.0	105.0	101.8	100.3	101.9	105.7	106.8	102.6	102.3	101.4	101.2	100.5	101.2
江　西	100.3	100.4	99.9	101.4	109.7	101.0	100.9	99.6	99.3	90.8	106.0	98.4	103.0	100.9	107.6	108.8	99.1	101.3	100.8	100.1	100.9	101.7
山　东	100.1	100.3	99.6	101.7	103.6	100.8	99.1	97.2	96.8	93.2	101.9	101.6	100.4	100.7	103.1	103.6	102.3	100.8	100.9	101.2	101.4	101.7
河　南	99.8	99.6	99.0	101.2	107.3	101.5	100.7	96.7	95.8	89.9	102.2	98.3	97.7	99.1	106.1	106.6	102.4	99.9	101.3	100.0	101.1	101.0
湖　北	100.1	99.9	99.1	101.2	107.2	100.6	102.9	97.9	97.4	90.9	103.7	97.1	102.9	101.1	103.8	104.1	101.1	102.2	101.4	100.0	100.3	102.0
湖　南	100.2	99.4	98.7	100.5	107.1	101.5	101.0	97.9	97.3	90.5	103.0	97.2	101.7	100.2	104.1	104.6	101.6	102.8	101.3	100.6	100.9	100.8
广　东	100.4	101.4	100.7	100.3	105.3	99.8	100.9	99.8	99.6	94.7	102.7	101.4	103.0	103.0	105.0	105.7	101.5	101.2	100.8	100.7	100.8	102.8
广　西	99.8	100.0	99.3	100.6	105.7	99.9	99.9	98.7	98.2	91.6	102.0	100.9	101.6	97.9	103.0	103.2	101.4	101.1	99.6	100.9	100.5	101.4

续表

地区	总指数	食品烟酒	食品	粮食	薯类	豆类	食用油	菜及食用菌	#鲜菜	畜肉类	禽肉类	水产品	蛋类	奶类	干鲜瓜果类	#鲜果	糖果糕点类	调味品	其他食品类	茶及饮料	烟酒	在外餐饮
海　南	100.3	101.3	101.0	100.6	105.4	102.1	101.3	101.6	101.5	92.1	102.7	106.1	105.4	100.9	103.5	103.9	101.7	100.2	102.8	101.0	100.8	102.1
重　庆	99.7	98.6	97.5	101.1	101.1	99.3	98.9	95.0	94.0	90.0	103.7	95.8	96.7	101.1	101.7	101.4	100.7	100.6	101.2	102.2	101.1	100.1
四　川	100.0	99.8	99.1	100.7	109.6	101.1	101.0	99.4	98.9	91.3	102.8	97.8	102.2	100.1	103.1	103.2	101.8	100.5	101.0	102.9	100.0	101.4
贵　州	99.7	99.8	99.4	100.8	106.5	99.5	99.9	101.1	100.6	92.5	102.1	98.0	102.7	99.6	102.7	103.0	101.4	100.8	100.3	99.9	100.1	100.7
云　南	100.3	100.9	100.4	100.9	110.5	101.5	98.2	103.2	103.5	94.2	102.4	99.5	100.6	99.0	103.7	103.8	102.1	101.4	101.7	100.3	101.8	101.9
西　藏	99.9	99.9	99.4	101.1	104.0	99.5	101.1	95.8	95.7	98.0	99.7	100.2	110.7	101.1	100.6	101.3	101.4	102.1	101.1	99.9	100.2	102.3
陕　西	100.1	99.8	99.1	100.9	102.9	100.9	100.6	96.5	95.8	92.4	100.2	93.4	98.0	99.1	104.7	105.7	102.9	100.2	101.6	100.9	100.7	101.0
甘　肃	100.5	100.3	100.1	102.6	110.0	102.1	101.6	96.7	96.3	92.4	102.3	96.0	99.4	99.6	106.7	107.7	102.9	101.6	101.8	102.3	101.0	100.4
青　海	100.5	99.4	98.0	101.9	101.8	101.9	102.2	94.6	94.1	91.3	100.1	95.7	99.1	100.5	103.6	104.1	102.8	101.1	100.8	100.7	100.8	102.8
宁　夏	100.4	100.3	100.0	101.1	107.3	99.4	99.5	98.4	98.3	93.4	101.6	98.3	104.9	99.3	107.5	109.3	100.8	100.1	100.3	101.7	101.1	100.8
新　疆	100.0	99.6	98.7	104.0	101.6	102.2	100.5	96.7	96.0	92.1	98.9	95.7	99.1	99.0	105.7	107.5	101.8	101.4	101.5	102.2	100.8	101.9

4.17 分地区农村居民家庭人均主要食品消费量（2023年）

单位：千克

地区	粮食（原粮）	#谷物	食用油	#食用植物油	蔬菜及食用菌	肉类	#猪肉	#牛肉	#羊肉	禽类	水产品	蛋类	奶类	鲜瓜果	食糖
全 国	159.8	145.2	10.9	10.2	113.0	40.1	32.9	2.2	1.6	12.0	12.2	15.4	8.9	51.7	1.4
北 京	122.4	108.0	8.1	7.9	122.4	36.7	24.9	2.8	3.8	7.0	9.6	19.4	15.1	70.8	1.2
天 津	127.9	116.3	11.0	10.7	116.6	32.5	23.6	1.5	3.1	6.0	15.4	20.7	9.4	81.9	1.2
河 北	180.3	161.8	9.2	9.0	132.7	34.1	24.7	1.1	1.8	7.9	7.7	22.6	13.0	73.3	1.7
山 西	129.3	112.1	9.2	9.1	80.8	18.2	14.0	0.5	1.2	3.3	2.4	15.1	12.8	50.4	1.0
内蒙古	200.2	183.0	7.3	6.8	110.8	44.2	30.4	3.1	7.6	7.5	5.7	16.2	18.0	59.6	1.9
辽 宁	180.7	160.2	11.6	11.3	121.6	43.7	36.1	2.3	1.2	5.5	11.5	18.9	7.4	55.3	1.3
吉 林	176.7	154.8	13.4	13.2	111.4	33.6	28.3	1.9	0.8	5.4	8.5	15.6	4.9	45.8	1.6
黑龙江	181.3	163.9	18.9	18.8	127.0	38.1	31.3	2.0	1.6	6.9	10.3	17.4	6.1	58.6	2.1
上 海	158.7	146.0	14.0	13.8	119.1	44.3	34.9	3.3	1.3	16.6	27.5	17.2	16.0	53.0	1.9
江 苏	164.9	141.8	9.7	9.4	134.2	45.0	34.6	3.0	1.4	14.7	25.8	19.6	13.5	52.8	1.6
浙 江	171.2	150.8	11.6	11.0	123.1	47.1	38.6	4.1	1.0	13.5	29.0	14.6	11.3	65.4	1.9

续表

地区	粮食（原粮）	# 谷物	食用油	# 食用植物油	蔬菜及食用菌	肉类	# 猪肉	# 牛肉	# 羊肉	禽类	水产品	蛋类	奶类	鲜瓜果	食糖
安 徽	169.8	152.0	10.4	9.7	121.9	40.0	31.9	2.5	1.3	17.0	14.0	18.6	11.4	64.1	1.1
福 建	164.6	152.8	10.8	9.4	110.3	41.8	36.9	1.8	0.5	14.6	30.6	14.5	8.5	45.8	1.9
江 西	182.5	164.6	14.7	14.1	133.1	46.6	40.0	3.2	0.5	14.6	17.7	14.9	8.6	48.9	1.2
山 东	143.0	130.1	8.8	8.7	99.7	34.3	26.2	1.1	1.5	9.2	10.4	25.5	12.0	77.1	0.8
河 南	168.5	152.6	8.5	8.3	116.0	33.6	26.7	1.5	1.1	10.5	6.9	25.7	10.7	69.2	1.3
湖 北	142.4	126.8	16.6	16.2	138.2	39.3	33.3	2.1	1.1	10.1	15.7	12.3	5.7	40.8	1.4
湖 南	175.7	165.1	12.6	9.9	104.0	49.0	44.4	2.2	0.6	13.2	12.3	14.9	5.4	50.7	1.2
广 东	143.5	134.1	11.5	10.8	118.7	57.4	48.6	3.2	0.7	30.1	29.9	9.9	5.1	33.6	1.1
广 西	150.1	143.4	9.7	8.3	89.6	39.6	36.2	1.3	0.4	22.2	10.0	6.3	4.1	33.5	1.0
海 南	118.6	113.1	10.4	8.6	112.5	48.1	43.0	2.6	0.8	28.4	34.0	5.4	2.4	24.2	0.7
重 庆	179.1	161.3	14.8	13.4	135.3	55.9	50.9	1.3	0.7	12.1	12.8	16.9	10.6	44.0	2.8
四 川	153.6	141.5	11.9	10.5	121.1	50.7	46.1	1.8	0.4	11.9	8.3	12.3	9.2	36.6	1.9
贵 州	136.6	122.9	7.5	6.5	84.5	32.2	30.1	0.8	0.2	5.8	2.5	4.5	3.9	31.1	1.1
云 南	140.5	125.2	6.3	5.3	111.4	44.9	41.0	1.7	0.5	11.6	5.2	9.2	4.8	36.1	1.4
西 藏	183.3	180.7	20.2	9.0	51.0	37.2	3.5	24.6	8.2	0.6	0.0	1.8	2.9	7.5	2.7
陕 西	169.8	152.2	13.6	13.3	103.5	23.2	19.2	0.7	1.2	3.5	2.2	12.0	9.4	42.7	1.1
甘 肃	158.3	146.2	10.3	10.2	78.4	22.2	17.7	1.1	1.7	4.9	1.5	8.1	6.5	43.5	1.6
青 海	124.0	117.3	10.1	8.0	58.3	34.5	12.6	12.8	8.1	3.1	1.1	4.8	12.6	24.7	2.1
宁 夏	128.8	121.5	10.5	10.4	84.8	21.8	7.5	7.4	6.0	9.2	1.5	6.1	9.6	69.7	1.4
新 疆	142.7	140.3	14.1	13.8	88.8	28.7	1.3	6.2	19.5	4.1	0.9	6.7	10.9	52.7	1.6

4.18 分地区农村居民人均消费支出构成（2023 年）

单位：元

地区	消费支出	食品烟酒	衣着	居住	生活用品及服务	交通通信	教育文化娱乐	医疗保健	其他用品及服务
全 国	18175	5880	921	3694	992	2480	1951	1916	341
北 京	26277	7301	1241	8411	1692	3487	1534	2132	479
天 津	21553	6967	1113	4576	1289	3010	1498	2596	505
河 北	17244	5582	1091	3081	1018	2489	1858	1760	364
山 西	13684	4038	884	3040	786	1711	1421	1509	295
内蒙古	18650	5423	978	3157	897	3394	1672	2720	408
辽 宁	16040	4874	887	2911	720	2297	1726	2288	337
吉 林	14354	4383	715	2153	567	2096	1658	2467	316
黑龙江	16453	5245	930	2462	614	2496	1774	2609	322
上 海	30782	10025	1262	7517	1483	4231	1708	3904	652
江 苏	25029	8199	1294	5377	1529	3501	2147	2348	634
浙 江	30468	9331	1476	8158	1682	4223	2689	2289	620
安 徽	18905	6555	1125	3734	1183	2111	2083	1777	336
福 建	21746	7486	1021	5125	1160	2533	2077	1849	493
江 西	18421	6129	791	3973	864	1956	2411	2038	259
山 东	16075	4743	858	2888	984	2808	1774	1772	248
河 南	16638	5162	1195	3228	972	2063	2008	1742	269

续表

地区	消费支出	食品烟酒	衣着	居住	生活用品及服务	交通通信	教育文化娱乐	医疗保健	其他用品及服务
湖 北	20922	6410	1023	4436	1285	2846	2205	2324	393
湖 南	19210	5822	824	4100	1050	2281	2659	2202	272
广 东	22209	8342	639	5263	922	2934	2141	1561	407
广 西	15435	4869	459	3227	722	2107	2158	1687	205
海 南	16924	7389	478	3349	644	1908	1737	1182	237
重 庆	17964	6278	946	3203	1144	2154	1872	2037	329
四 川	17901	6103	865	2961	1036	2505	1828	2190	412
贵 州	14260	4408	660	2847	814	2003	1869	1393	267
云 南	15147	5202	623	2945	731	2317	1672	1429	230
西 藏	12619	4984	873	2666	764	1900	631	557	246
陕 西	15647	4589	825	3303	883	2059	1580	2169	240
甘 肃	12575	3999	702	2482	635	1694	1376	1481	205
青 海	14790	5122	1031	2124	792	2566	1045	1765	345
宁 夏	14649	4345	835	2656	922	2166	1585	1808	331
新 疆	13645	4336	1035	2561	715	2028	1231	1404	333

4.19 分地区商品零售价格分类指数（2023 年）

（上年 =100）

地区	总指数	食品							饮料烟酒
			# 粮食	# 菜及食用菌	# 畜肉类	# 禽肉类	# 水产品	# 蛋类	# 干鲜瓜果类	
全 国	102.7	102.6	102.9	102.9	95.9	104.0	101.9	107.2	111.0	101.8
北 京	101.8	103.1	101.1	101.4	97.7	103.9	103.5	106.1	113.8	103.0
天 津	102.0	102.0	102.9	99.2	97.4	101.3	98.4	107.4	110.7	102.4
河 北	102.5	102.6	104.0	99.8	96.5	101.1	100.2	107.2	111.4	101.5
山 西	103.7	103.9	105.5	103.4	96.5	101.3	101.0	106.2	114.0	102.2
内蒙古	103.8	102.1	103.5	101.0	96.4	101.9	97.3	106.1	110.9	101.9
辽 宁	102.6	103.1	101.2	105.5	96.6	102.1	101.3	107.5	111.3	101.9
吉 林	103.1	102.9	103.0	107.4	96.2	100.7	97.8	107.1	109.5	100.6
黑龙江	102.5	102.3	101.4	101.1	97.3	100.9	101.9	107.8	109.7	101.6
上 海	101.7	104.7	103.4	111.6	98.3	109.2	106.8	116.0	111.2	101.8
江 苏	102.9	102.7	102.8	103.6	97.4	103.6	99.7	107.0	110.5	102.2
浙 江	103.2	102.6	101.4	103.3	95.9	103.9	102.6	104.8	110.1	102.5
安 徽	102.7	103.1	101.5	102.7	97.4	105.8	96.7	108.2	114.1	101.7
福 建	102.7	103.0	100.1	104.3	94.9	106.6	105.3	108.4	113.6	100.9
江 西	102.6	102.5	100.8	104.4	95.8	105.7	100.4	109.1	114.3	101.0
山 东	102.3	102.4	105.2	101.2	95.3	103.8	103.0	107.2	110.6	102.0
河 南	102.7	102.4	105.9	98.6	95.7	102.4	95.3	106.9	109.9	100.3
湖 北	102.8	102.4	101.3	103.8	95.8	102.1	96.9	106.5	109.2	101.5
湖 南	103.2	101.5	102.0	101.8	95.6	105.8	97.7	107.8	109.7	101.3

续表

地区	总指数	食品								饮料烟酒
			#粮食	#菜及食用菌	#畜肉类	#禽肉类	#水产品	#蛋类	#干鲜瓜果类	
广　东	102.5	102.9	101.8	104.9	93.4	103.1	106.0	106.3	111.0	102.8
广　西	102.2	102.1	100.3	101.2	93.7	105.5	104.4	106.9	111.6	100.9
海　南	102.1	102.8	100.3	102.4	95.9	104.1	107.2	106.2	110.7	101.7
重　庆	102.5	104.3	101.7	107.3	99.8	110.5	101.8	108.9	114.4	100.8
四　川	102.9	102.3	103.7	101.9	96.1	103.3	100.9	105.5	110.1	101.7
贵　州	103.0	101.2	101.4	102.5	94.4	102.9	99.3	107.0	107.6	101.6
云　南	103.1	101.1	101.5	100.7	93.6	101.8	100.3	106.0	105.8	101.3
西　藏	102.7	100.3	100.9	103.1	97.9	101.4	102.0	117.9	101.0	99.8
陕　西	103.1	103.0	104.4	100.7	96.6	101.2	97.4	109.2	113.1	102.4
甘　肃	103.7	102.9	104.3	101.9	93.5	102.8	98.6	108.7	110.2	102.2
青　海	103.2	103.5	104.5	103.6	97.8	104.1	100.2	108.2	112.3	101.3
宁　夏	102.4	102.5	104.3	101.7	97.0	102.3	100.7	106.0	105.8	102.5
新　疆	102.8	102.1	102.2	107.2	95.3	100.9	104.0	106.8	109.8	101.6

注：2023 年不再公布

4.20 工业产品产量

产品名称	2022	2023
原盐（万吨）	5359.88	5268.58
精制食用植物油（万吨）	4881.87	4685.94
成品糖（万吨）	1486.75	1291.49
罐头（万吨）	889.73	681.23
啤酒（万千升）	3568.67	3641.14
卷烟（亿支）	24321.50	24406.26

4.21　进口主要货物数量和金额（2023 年）

品名		数量	金额	
			万元人民币	万美元
农产品			164080164	23351956
肉类（包含杂碎）	（万吨）	738	19332607	2753058
牛肉及牛杂碎	（万吨）	277	10142882	1441158
牛肉	（万吨）	274	10006840	1421780
猪肉及猪杂碎	（万吨）	271	4516275	645069
猪肉	（万吨）	155	2471033	353531
羊肉	（吨）	433643	1245751	177745
禽肉	（吨）	682881	1214579	173315
水产品	（万吨）	501	13891471	1977774
食用水产品	（万吨）	487	13621845	1939120
冻鱼	（万吨）	238	3370055	479629
乳品	（万吨）	287	8464378	1207169
奶粉	（万吨）	100	4990019	712638
干鲜瓜果及坚果	（万吨）	774	12395076	1764946
粮食	（万吨）	16116	57424355	8175041
薯类	（吨）	4578	1711	241
谷物及谷物粉	（万吨）	5908	14579389	2078309
小麦	（万吨）	1210	3082456	442041
大麦	（万吨）	1132	2648798	377084
玉米	（万吨）	2712	6336334	901213

续表

品名		数量	金额	
			万元人民币	万美元
稻谷及大米	（万吨）	263	1007329	144447
高粱	（万吨）	521	1289337	183071
豆类	（万吨）	10206	42817747	6092873
大豆	（万吨）	9861	41607810	5920839
食用油	（万吨）	1175	9091625	1292362
食用植物油	（万吨）	978	7317021	1040442
豆油	（万吨）	37	295390	41699
棕榈油	（万吨）	433	2796745	396180
菜籽油及芥子油	（万吨）	236	1879163	267546
食糖	（万吨）	397	1640184	230728
酒类及饮料			4563676	647083
啤酒	（万升）	41831	405754	57817
葡萄酒	（万升）	24955	818269	116230
制盐	（吨）	9249671	317542	45281

4.22 居民消费价格分类指数（2023 年）

（上年 =100）

项目名称	全国	城市	农村
居民消费价格总指数	100.2	100.3	100.1
食品烟酒	100.3	100.4	100.1
食品	99.7	99.7	99.6
粮食	101.0	101.0	101.1
薯类	105.5	105.0	106.9
豆类	101.1	101.1	101.1
食用油	100.7	100.8	100.4
菜及食用菌	98.0	97.8	98.4
# 鲜菜	97.4	97.3	97.9
畜肉类	92.7	93.0	91.8
禽肉类	103.1	103.1	103.3
水产品	100.0	99.8	100.6
蛋类	100.3	100.1	101.0
奶类	100.4	100.4	100.3
干鲜瓜果类	104.5	104.4	104.8
# 鲜果	104.9	104.8	105.4
糖果糕点类	101.8	101.9	101.5
调味品	101.3	101.2	101.3
其他食品类	101.4	101.5	101.2
茶及饮料	101.3	101.4	101.1
烟酒	101.0	101.0	101.0
在外餐饮	101.8	101.8	101.6
衣着	101.0	101.1	100.6
服装	101.0	101.1	100.7
鞋类	100.7	100.8	100.3

续表

项目名称	全国	城市	农村
居住	100.0	100.0	100.0
租赁房房租	99.8	99.8	99.7
住房保养维修及管理	100.5	100.5	100.6
水电燃料	100.2	100.3	100.1
生活用品及服务	100.1	100.1	99.9
家具及室内装饰品	100.2	100.2	100.1
家用器具	98.9	98.9	98.8
家用纺织品	99.7	99.7	99.6
家庭日用杂品	100.2	100.2	100.0
个人护理用品	100.7	100.7	100.7
家庭服务	101.7	101.8	101.5
交通通信	97.7	97.7	97.6
交通	97.3	97.4	97.1
交通工具	96.0	95.8	96.5
交通工具用燃料	94.6	94.6	94.5
交通工具使用和维修	100.7	100.7	100.9
交通费	104.0	104.3	102.6
通信	99.1	99.0	99.2
教育文化娱乐	102.0	102.1	101.5
教育	101.4	101.3	101.6
教育用品	101.7	101.7	101.8
教育服务	101.4	101.3	101.6
文化娱乐	103.0	103.2	101.5
文娱耐用消费品	98.1	98.1	98.2
其他文娱用品	100.3	100.3	100.4
文化娱乐服务	101.0	101.0	100.8
旅游	109.0	109.1	108.0
医疗保健	101.1	101.1	101.3
药品及医疗器具	101.3	101.2	101.7
医疗服务	101.1	101.0	101.1
其他用品及服务	103.2	103.4	102.5
其他用品	104.6	104.8	103.6
其他服务	101.9	102.1	101.1

4.23 农产品生产者价格指数

（上年＝100）

指标	2019	2020	2021	2022	2023
农产品生产者价格指数	114.5	115.0	97.8	100.4	97.7
农业产品	100.8	102.8	110.6	102.9	99.2
谷物	100.3	104.1	113.8	104.3	100.6
# 小麦	100.1	100.5	106.6	112.8	97.3
稻谷	96.5	100.8	101.9	99.7	101.7
玉米	102.0	107.6	125.5	102.7	101.6
大豆	100.1	105.5	112.8	105.3	98.1
油料	105.2	107.9	107.2	105.0	104.4
棉花	97.8	98.5	117.3	102.9	101.0
糖料	97.7	103.1	100.9	104.5	103.5
蔬菜	101.2	105.2	105.6	101.4	95.9
水果	103.6	95.3	99.7	106.6	102.3
林业产品	100.1	100.7	102.4	98.4	97.3
饲养动物及其产品	133.5	132.4	82.1	95.7	91.7
生猪	150.5	155.7	64.9	90.2	86.0
活牛	112.5	110.5	106.1	98.1	92.2
活羊	114.3	110.4	102.3	93.3	95.1
活家禽	107.8	92.9	104.7	103.8	100.1
禽蛋	102.1	85.9	115.5	107.3	99.4
生奶	105.6	101.5	107.8	100.0	94.9
渔业产品	99.4	100.2	108.8	100.4	99.4
海水养殖产品	97.2	96.3	105.6	101.1	99.6
海水捕捞产品	100.6	99.6	103.0	102.3	102.6
淡水养殖产品	99.8	102.0	112.4	99.3	97.6

4.24 农村居民人均主要食品消费量

单位：千克

指标	2017	2018	2019	2020	2021	2022	2023
粮食（原粮——	154.6	148.5	154.8	168.4	170.8	164.6	159.8
谷物	144.8	137.9	142.6	155.0	156.9	150.8	145.2
薯类	2.8	3.0	3.2	3.5	3.3	3.0	3.2
豆类	7.1	7.7	9.1	9.9	10.6	10.8	11.5
食用油	10.1	9.9	9.8	11.0	11.7	10.8	10.9
# 食用植物油	9.2	9.0	9.0	10.2	10.8	10.0	10.2
蔬菜及食用菌	90.2	87.5	89.5	95.8	107.0	104.6	113.0
# 鲜菜	88.5	85.6	87.2	93.5	104.3	102.0	110.0
肉类	23.6	27.5	24.7	21.4	30.9	33.7	40.1
# 猪肉	19.5	23.0	20.2	17.1	25.4	28.1	32.9
牛肉	0.9	1.1	1.2	1.3	1.5	1.6	2.2
羊肉	1.0	1.0	1.0	1.0	1.2	1.3	1.6
禽类	7.9	8.0	10.0	12.4	12.4	11.4	12.0
水产品	7.4	7.8	9.6	10.3	10.9	10.7	12.2
蛋类	8.9	8.4	9.6	11.8	13.0	13.1	15.4
奶类	6.9	6.9	7.3	7.4	9.3	8.4	8.9
干鲜瓜果类	38.4	39.9	43.3	43.8	52.4		
# 鲜瓜果	35.1	36.3	39.3	39.9	47.5	46.7	51.7
坚果类	2.6	2.8	3.1	3.1	3.8		
食糖	1.4	1.3	1.4	1.4	1.5	1.5	1.4

4.25 全国居民人均主要食品消费量

单位：千克

指标	2017	2018	2019	2020	2021	2022	2023
粮食（原粮）	130.1	127.2	130.1	141.2	144.6	136.8	134.4
谷物	119.6	116.3	117.9	128.1	131.4	123.7	120.6
薯类	2.5	2.6	2.9	3.1	2.9	2.7	2.8
豆类	8.0	8.3	9.3	10.0	10.3	10.3	10.9
食用油	10.4	9.6	9.5	10.4	10.8	10.0	10.0
# 食用植物油	9.8	8.9	8.9	9.8	10.1	9.4	9.4
蔬菜及食用菌	99.2	96.1	98.6	103.7	109.8	108.2	113.6
# 鲜菜	96.1	93.0	95.2	100.2	106.2	104.8	109.9
肉类	26.7	29.5	26.9	24.8	32.9	34.6	39.8
# 猪肉	20.1	22.8	20.3	18.2	25.2	26.9	30.5
牛肉	1.9	2.0	2.2	2.3	2.5	2.5	3.1
羊肉	1.3	1.3	1.2	1.2	1.4	1.4	1.7
禽类	8.9	9.0	10.8	12.7	12.3	11.7	12.4
水产品	11.5	11.4	13.6	13.9	14.2	13.9	15.2
蛋类	10.0	9.7	10.7	12.8	13.2	13.5	15.0
奶类	12.1	12.2	12.5	13.0	14.4	12.4	13.2
干鲜瓜果类	50.1	52.1	56.4	56.3	61.0		
# 鲜瓜果	45.6	47.4	51.4	51.3	55.5	54.7	60.8
坚果类	3.5	3.5	3.8	3.7	4.1		
食糖	1.3	1.3	1.3	1.3	1.3	1.2	1.2

4.26 商品零售价格分类指数（2023年）

（上年=100）

项目名称	全国	城市	农村
商品零售价格指数	102.7	102.7	103.0
食品	102.6	102.7	102.3
粮食	102.9	102.8	103.1
食用油	105.9	105.9	105.8
菜及食用菌	102.9	102.8	103.3
畜肉类	95.9	96.0	95.4
禽肉类	104.0	103.9	104.6
水产品	101.9	101.8	102.1
蛋类	107.2	107.2	107.2
奶类	101.0	101.0	100.5
干鲜瓜果类	111.0	111.0	110.6
糖果糕点类	103.3	103.5	102.2
调味品	104.1	104.3	103.4
其他食品类	103.3	103.4	102.8
餐饮业零售	102.0	102.1	101.0
饮料烟酒	101.8	101.8	101.5
茶及饮料	102.7	102.8	101.8
酒类	101.6	101.6	101.6
服装鞋帽	100.5	100.6	100.2
服装	100.6	100.7	100.1

续表

项目名称	全国	城市	农村
鞋帽袜	100.2	100.2	100.5
纺织品	100.3	100.2	100.9
服装材料	102.5	102.6	102.2
床上用品	99.6	99.5	100.5
家用电器及音像器材	100.6	100.6	101.0
文化办公用品	100.9	100.9	101.2
日用品	101.1	101.1	101.2
日用百货	101.9	101.9	101.7
体育娱乐用品	101.5	101.5	101.4
交通通信用品	99.2	99.2	99.4
家具	101.3	101.2	101.6
化妆品	102.1	102.1	102.5
金银饰品	101.8	101.6	102.6
中西药品及医疗保健用品	100.1	100.0	100.2
医疗卫生器具	98.4	98.5	97.6
中药	102.4	102.5	101.9
西药	99.3	99.2	99.7
书报杂志及电子出版物	101.9	102.0	101.3
燃料	117.6	117.4	119.2
建筑材料及五金电料	101.9	101.9	102.1
建筑装潢材料	102.4	102.4	102.7
五金水暖	100.8	100.8	100.8

注：2023 年不再公布。

4.27 水产品产量

单位：万吨

年份 地区	水产品总产量	海水产品	捕捞	养殖	鱼类	虾蟹类	贝类	藻类	其他	淡水产品	捕捞	养殖	鱼类	虾蟹类	贝类	其他
1978	465.4	359.5	314.5	45.0	256.1	50.6	26.8	26.0		105.9	29.6	76.2	99.7	3.8	2.4	
1980	449.7	325.7	281.3	44.4	234.1	42.1	23.4	26.2		124.0	33.9	90.2	116.3	5.2	2.5	
1985	705.2	419.7	348.5	71.2	274.5	70.6	47.3	27.3		285.4	47.6	237.8	276.5	5.5	3.4	
1990	1427.3	895.7	611.5	284.2	423.1	107.0	147.3	27.5	8.2	531.6	85.6	445.9	504.9	9.5	7.6	9.6
1995	2953.0	1861.3	1139.8	721.5	753.1	184.8	392.3	74.9	29.0	1091.8	151.0	940.8	1018.6	27.3	20.5	25.3
2000	3706.2	2203.9	1275.9	928.0	895.7	257.9	901.7	106.1	41.5	1502.3	193.4	1308.9	1358.4	76.3	40.0	27.7
2005	4419.9	2465.9	1255.1	1210.8	913.9	281.3	1008.1	133.9	128.6	1954.0	221.0	1733.0	1737.2	140.3	46.3	30.2
2006	4583.6	2509.6	1245.5	1264.2	892.1	299.4	1046.7	137.6	133.8	2074.0	220.4	1853.6	1822.5	167.8	50.9	32.8
2007	4747.5	2550.9	1243.6	1307.3	891.3	298.9	1068.2	138.8	153.7	2196.6	225.6	1971.0	1908.5	202.1	50.5	35.5
2008	4895.6	2598.3	1258.0	1340.3	864.3	288.8	1072.5	142.3	122.1	2297.3	224.8	2072.5	1998.5	210.1	50.1	38.7
2009	5116.4	2681.6	1276.3	1405.2	880.8	303.6	1120.0	148.4	131.0	2434.9	218.4	2216.5	2109.9	228.8	52.0	44.2
2010	5373.0	2797.5	1315.2	1482.3	906.3	310.4	1170.4	156.6	142.1	2575.5	228.9	2346.5	2225.6	248.1	53.8	47.9
2011	5603.2	2908.0	1356.7	1551.3	1075.2	321.8	1212.8	162.9	135.3	2695.2	223.2	2471.9	2343.7	248.8	53.9	48.8
2012	5502.1	2889.6	1314.4	1575.2	957.3	345.7	1264.8	179.0	142.8	2612.5	204.0	2408.5	2235.9	268.7	54.0	54.0
2013	5744.2	2992.4	1327.7	1664.7	972.8	362.6	1327.6	188.5	140.9	2751.9	204.2	2547.7	2366.5	277.0	52.8	55.5

续表

年份 地区	水产品 总产量	海水 产品	捕捞	养殖	鱼类	虾蟹类	贝类	藻类	其他	淡水产品	捕捞	养殖	鱼类	虾蟹类	贝类	其他
2014	6001.9	3136.3	1403.9	1732.4	1042.5	382.9	1371.7	202.9	136.2	2865.7	202.5	2663.2	2470.7	288.7	51.4	54.8
2015	6211.0	3232.3	1435.7	1796.6	1078.0	386.3	1414.0	211.5	142.5	2978.7	199.3	2779.3	2571.9	300.2	51.6	54.9
2016	6379.5	3301.3	1386.0	1915.3	1063.1	396.1	1476.9	219.3	145.8	3078.2	200.3	2877.9	2653.8	316.1	52.5	55.8
2017	6445.3	3321.7	1321.0	2000.7	1115.8	370.7	1481.4	224.8	129.0	3123.6	218.3	2905.3	2702.6	320.8	46.7	53.6
2018	6457.7	3301.4	1270.2	2031.2	1091.5	368.2	1487.0	236.2	118.5	3156.2	196.4	2959.8	2691.4	369.7	40.8	54.4
2019	6480.4	3282.5	1217.2	2065.3	1060.5	366.2	1480.2	255.6	120.1	3197.9	184.1	3013.7	2686.4	416.5	39.4	55.5
2020	6549.0	3314.4	1179.1	2135.3	1055.4	358.6	1516.3	263.7	120.4	3234.6	145.8	3088.9	2697.3	442.0	35.8	59.6
2021	6690.3	3387.3	1176.1	2211.1	1054.2	371.6	1562.0	273.5	125.9	3303.1	119.8	3183.3	2732.3	470.7	33.7	66.3
2022	6865.9	3459.5	1183.8	2275.7	1067.4	383.8	1605.9	273.3	129.1	3406.4	116.6	3289.8	2800.3	501.9	32.1	72.0
2023	7116.2	3585.3	1189.7	2395.6	1083.8	396.0	1681.2	289.5	134.8	3530.9	116.9	3414.1	2862.2	544.8	32.5	91.4
北 京	19.0	17.9	17.9		17.9					1.1	0.1	1.0	1.1			
天 津	29.1	4.5	3.4	1.1	3.1	1.1	0.2		0.0	24.6	0.3	24.4	19.6	5.0	0.0	0.0
河 北	114.7	83.7	22.9	60.8	15.5	11.1	47.4		9.7	31.0	4.1	26.9	28.0	2.8	0.0	0.2
山 西	5.5									5.5	0.0	5.5	5.4	0.1	0.0	0.0
内蒙古	11.2									11.2	1.0	10.2	10.6	0.2	0.0	0.4
辽 宁	508.1	423.5	66.7	356.8	50.1	13.9	281.6	50.8	27.0	84.6	3.4	81.2	75.1	9.1		0.3
吉 林	25.5									25.5	1.9	23.7	24.0	0.7	0.0	0.9
黑龙江	77.5									77.5	5.1	72.5	74.8	2.1	0.1	0.5
上 海	22.7	12.7	12.7		12.1	0.5	0.0		0.0	10.0	0.0	10.0	7.5	2.5		0.0
江 苏	522.1	142.0	46.9	95.1	34.4	23.4	75.4	3.7	5.1	380.1	18.0	362.1	267.2	101.4	8.5	2.9
浙 江	647.9	493.4	331.6	161.8	251.2	83.9	127.2	14.7	16.6	154.5	16.4	138.1	116.3	21.1	3.6	13.4

续表

年份 地区	水产品总产量	海水产品								淡水产品						
			捕捞	养殖	鱼类	虾蟹类	贝类	藻类	其他		捕捞	养殖	鱼类	虾蟹类	贝类	其他
安 徽	254.0									254.0	9.9	244.1	158.9	82.2	5.4	7.5
福 建	890.2	787.8	208.0	579.8	217.0	49.2	360.4	139.8	21.6	102.4	7.3	95.1	82.9	13.5	4.9	1.1
江 西	296.7									296.7	3.2	293.5	253.2	28.2	3.9	11.3
山 东	913.9	790.5	209.5	581.0	166.0	46.2	473.8	73.6	30.9	123.4	10.5	112.9	102.1	19.5	0.4	1.4
河 南	97.9									97.9	11.0	86.9	88.2	7.4	0.6	1.8
湖 北	522.8									522.8	2.2	520.6	363.2	145.7	0.6	13.4
湖 南	285.9									285.9	0.2	285.7	219.7	49.0	1.2	15.9
广 东	924.0	478.2	120.9	357.3	179.1	103.3	182.8	5.7	7.2	445.9	7.4	438.4	400.5	36.9	1.0	7.6
广 西	378.6	222.4	49.2	173.2	42.3	45.9	127.6	0.1	6.5	156.2	8.0	148.2	145.2	3.1	1.7	6.2
海 南	175.2	128.7	100.0	28.7	95.1	17.4	4.9	1.1	10.2	46.5	1.3	45.2	44.2	0.8	0.2	1.3
重 庆	58.9									58.9		58.9	56.1	2.1	0.0	0.7
四 川	178.9									178.9		178.9	168.0	8.8	0.2	1.9
贵 州	28.2									28.2	0.4	27.7	27.0	0.4	0.1	0.7
云 南	70.2									70.2	2.9	67.3	68.7	0.6	0.2	0.7
西 藏	0.0									0.0	0.0	0.0	0.0	0.0		0.0
陕 西	18.0									18.0		18.0	16.6	0.4		1.0
甘 肃	1.5									1.5		1.5	1.4	0.0		0.0
青 海	1.9									1.9	0.4	1.5	1.9	0.0		
宁 夏	17.5									17.5	0.7	16.8	17.2	0.1		0.2
新 疆	18.4									18.4	1.3	17.1	17.6	0.8		0.0

注：北京市水产品产量含中农发集团产量。

4.28 主要农产品产量

单位：万吨

年份/地区	粮食	谷物	#稻谷	#小麦	#玉米	豆类	#大豆	薯类	棉花	油料	#花生	#油菜籽	#芝麻	麻类	糖料	#甘蔗	#甜菜	烟叶	#烤烟	蚕茧	#桑蚕茧	茶叶	水果	#苹果	#柑橘	#梨	#葡萄	#香蕉
1978	30476.5		13693.0	5384.0	5594.5		756.5	3174.0	216.7	521.8	237.7	186.8	32.2	135.1	2381.9	2111.6	270.2	124.2	105.2	22.8	17.3	26.8	657.0	227.5	38.3	151.7	10.4	8.5
1980	32055.5		13990.5	5520.5	6260.0		794.0	2872.5	270.7	769.1	360.0	238.4	25.9	143.6	2911.3	2280.7	630.5	84.5	71.7	32.6	25.0	30.4	679.3	236.3	71.3	146.6	11.0	6.1
1985	37910.8		16856.9	8580.5	6382.6		1050.0	2603.6	414.7	1578.4	666.4	560.7	69.1	444.8	6046.8	5154.9	891.9	242.5	207.5	37.1	33.6	43.2	1163.9	361.4	180.8	213.7	36.1	63.1
1990	44624.3		18933.1	9822.9	9681.9		1100.0	2743.3	450.8	1613.2	636.8	695.8	46.9	109.7	7214.5	5762.0	1452.5	262.7	225.9	53.4	48.0	54.0	1874.4	431.9	485.5	235.3	85.9	145.6
1995	46661.8	41611.6	18522.6	10220.7	11198.6	1787.5	1350.2	3262.6	476.8	2250.3	1023.5	977.7	58.3	89.7	7940.1	6541.7	1398.4	231.4	207.2	80.0	76.0	58.8	4214.6	1400.8	822.5	494.2	174.2	312.5
2000	46217.5	40522.4	18790.8	9963.6	10600.0	2010.0	1540.9	3685.2	441.7	2954.8	1443.7	1138.1	81.1	52.9	7635.3	6828.0	807.3	255.2	223.8	54.8	50.1	68.3	6225.1	2043.1	878.3	841.2	328.2	494.1
2005	48402.2	42776.0	18058.8	9744.5	13936.5	2157.7	1634.8	3468.5	571.4	3077.1	1434.2	1305.2	62.5	110.5	9451.9	8663.8	788.1	268.3	243.5	78.0	71.3	93.5	16120.1	2401.1	1591.9	1132.4	579.4	651.8
2006	49804.2	45099.2	18171.8	10846.6	15160.3	2003.7	1508.2	2701.3	753.3	2640.3	1288.7	1096.6	66.2	89.1	10460.0	9709.2	750.8	245.6	225.5	87.9	82.0	102.8	17102.0	2605.9	1789.8	1198.6	627.1	690.1
2007	50413.9	45963.0	18638.1	10949.2	15512.3	1709.1	1279.3	2741.8	759.7	2787.0	1381.5	1138.2	52.0	66.1	12082.4	11179.4	902.9	242.2	224.9	92.7	86.2	117.0	17659.4	2734.7	2036.4	1258.8	670.9	764.0
2008	53434.3	48569.4	19261.2	11290.1	17212.0	2021.9	1570.9	2843.0	723.2	3036.8	1463.5	1240.3	51.5	56.1	13006.0	12152.1	853.9	275.9	258.2	88.2	80.5	125.5	18279.1	2899.5	2297.0	1296.4	698.2	748.4
2009	53940.9	49243.3	19619.7	11579.6	17325.9	1904.6	1522.4	2792.9	623.6	3139.4	1460.4	1353.6	53.5	31.9	11746.9	11200.4	546.5	296.2	275.0	79.5	72.8	135.1	19093.7	3047.5	2471.7	1343.6	764.9	829.6
2010	55911.3	51196.7	19722.6	11609.3	19075.2	1871.8	1541.0	2842.7	577.0	3156.8	1513.6	1278.8	46.2	24.2	11303.4	10598.2	705.1	283.2	261.2	82.7	75.5	146.2	20095.4	3164.9	2581.7	1409.5	813.5	884.1
2011	58849.3	54061.7	20288.3	11857.0	21131.6	1863.3	1487.8	2924.3	651.9	3212.5	1530.2	1313.7	45.8	22.3	11663.1	10867.4	795.8	299.8	278.6	84.3	76.8	160.8	21018.6	3367.3	2864.1	1448.6	857.7	946.1
2012	61222.6	56659.0	20653.2	12247.5	22955.9	1680.6	1343.6	2883.0	660.8	3285.6	1579.2	1340.1	46.6	19.6	12451.8	11574.6	877.2	324.6	302.3	83.7	76.7	176.1	22091.5	3581.4	3089.4	1550.4	1000.6	1036.0
2013	63048.2	58650.4	20628.6	12363.9	24845.3	1542.4	1240.7	2855.4	628.2	3348.0	1610.9	1363.6	43.9	17.6	12555.0	11926.4	628.7	322.0	304.0	81.8	74.7	188.7	22748.1	3629.8	3196.4	1544.4	1088.5	1103.0

续表

年份/地区	粮食	谷物	# 稻谷	# 小麦	# 玉米	豆类	# 大豆	薯类	棉花	油料	# 花生	# 油菜籽	# 芝麻	麻类	糖料	# 甘蔗	# 甜菜	烟叶	# 烤烟	蚕茧	# 桑蚕茧	茶叶	水果	# 苹果	# 柑橘	# 梨	# 葡萄	# 香蕉
2014	63964.8	59601.5	20960.9	12823.5	24976.4	1564.5	1268.6	2798.8	629.9	3371.9	1590.1	1391.4	43.7	16.5	12088.7	11578.8	509.9	284.7	269.7	81.5	74.4	204.9	23302.6	3735.4	3362.2	1581.9	1173.1	1062.2
2015	66060.3	61818.4	21214.2	13255.5	26499.2	1512.5	1236.7	2729.3	590.7	3390.5	1596.1	1385.9	45.0	15.6	11215.2	10706.4	508.8	267.7	249.5	81.2	74.1	227.7	24524.6	3889.9	3617.5	1652.7	1316.4	1062.7
2016	66043.5	61666.5	21109.4	13318.8	26361.3	1650.7	1359.5	2726.3	534.3	3400.0	1636.1	1312.8	35.2	18.1	11176.0	10321.5	854.5	257.4	244.5	80.3	73.8	231.3	24405.2	4039.3	3591.5	1596.3	1262.9	1094.0
2017	66160.7	61520.5	21267.6	13424.1	25907.1	1841.6	1528.2	2798.6	565.3	3475.2	1709.2	1327.4	36.6	21.8	11378.8	10440.4	938.4	239.1	227.9	81.7	75.1	246.0	25241.9	4139.0	3816.8	1641.0	1308.3	1117.0
2018	65789.2	61003.6	21212.9	13144.0	25717.4	1920.3	1596.7	2865.4	610.3	3433.4	1733.2	1328.1	43.1	20.3	11937.4	10809.7	1127.7	224.1	211.0	83.1	76.4	261.0	25688.4	3923.3	4138.1	1607.8	1366.7	1122.2
2019	66384.3	61369.7	20961.4	13359.6	26077.9	2131.9	1809.2	2882.7	588.9	3493.0	1752.0	1348.5	46.7	23.4	12169.1	10938.8	1227.3	215.3	202.1	83.3	77.2	277.7	27400.8	4242.5	4584.5	1731.4	1419.5	1165.6
2020	66949.2	61674.3	21186.0	13425.4	26066.5	2287.5	1960.2	2987.4	591.0	3586.4	1799.3	1404.9	45.7	24.9	12014.0	10812.1	1198.4	213.4	202.2	78.8	73.5	293.2	28692.4	4406.6	5121.9	1781.5	1431.4	1151.3
2021	68284.7	63275.7	21284.2	13694.4	27255.1	1965.5	1639.5	3043.5	573.1	3613.2	1830.8	1471.4	45.5	21.1	11454.4	10666.4	785.1	212.8	202.1	78.2	72.7	316.4	29970.2	4597.3	5595.6	1887.6	1499.8	1172.4
2022	68652.8	63324.3	20849.5	13772.3	27720.3	2351.0	2028.3	2977.4	598.0	3654.2	1832.9	1553.1	43.5	22.8	11236.5	10338.1	893.3	218.8	208.0	80.7	74.8	334.2	31296.2	4757.2	6003.9	1926.5	1537.8	1177.7
2023	69541.0	64143.0	20660.3	13659.0	28884.2	2384.1	2084.2	3013.9	561.8	3863.7	1923.1	1631.7	45.3	16.3	11376.3	10456.6	916.0	229.7	219.1	83.4	77.2	354.1	32744.3	4960.2	6433.8	1985.3	1616.6	1170.3
北 京	47.8	45.6	0.2	13.4	31.6	1.0	1.0	1.2	0.0	1.0	0.9	0.0	0.0	0.0	0.0	0.0	0.0	0.0	0.0			0.0	41.8	3.0	0.0	3.5	0.9	0.0
天 津	255.7	252.7	51.8	74.5	120.7	1.3	1.3	1.7	0.1	0.4	0.2	0.1	0.0	0.0	0.0	0.0	0.0	0.0	0.0			0.0	42.3	2.0	0.0	3.5	4.4	0.0
河 北	3809.9	3626.0	48.9	1485.6	2014.3	29.8	24.5	154.1	10.4	118.3	94.2	6.3	0.2	0.0	65.5	0.1	65.5	0.4	0.1	0.0	0.0	0.0	1563.2	269.6	0.0	395.7	136.7	0.0
山 西	1478.1	1393.4	1.5	247.1	1035.1	24.3	20.1	60.4	0.0	17.9	1.7	2.9	0.2	0.0	0.1	0.0	0.1	0.5	0.5	0.2	0.2	0.2	1082.8	441.5	0.0	152.6	44.8	0.0
内蒙古	3957.8	3572.0	82.1	132.5	3179.6	255.7	244.4	130.1	0.0	206.2	18.7	37.8	0.0	0.5	305.4	0.0	304.8	0.4	0.2	0.2		0.0	213.3	35.7	0.0	8.0	4.8	0.0
辽 宁	2563.4	2510.5	412.9	0.8	2057.4	29.0	28.0	23.9	0.0	128.1	127.2	0.0	0.0	0.0	0.9	0.0	0.9	1.2	0.8	5.0	0.0	0.0	928.2	288.9	0.0	126.4	89.5	0.0
吉 林	4186.5	4087.0	682.1	1.7	3376.3	81.6	74.4	17.9	0.0	88.4	86.3	0.0	0.0	0.0	1.6	0.0	1.6	2.1	1.0	0.4		0.0	157.2	8.6	0.0	7.1	7.7	0.0
黑龙江	7788.2	6837.1	2440.0	7.5	4379.0	936.4	927.8	14.7	0.0	16.5	13.4	0.0	0.1	6.7	24.6	0.0	24.6	2.7	2.5	0.4		0.0	188.9	14.1	0.0	5.0	8.1	0.0
上 海	101.9	101.7	86.5	12.9	0.5	0.1	0.1	0.1	0.0	0.6	0.0	0.6	0.0	0.0	0.1	0.1	0.0	0.0	0.0			0.0	31.7	0.0	5.8	3.1	3.6	0.0
江 苏	3797.7	3695.6	2003.2	1373.5	298.8	79.8	62.4	22.3	0.5	103.4	40.7	61.3	1.3	0.0	5.3	3.5	1.8	0.0	0.0	2.2	2.2	1.1	1015.2	57.3	3.4	78.6	69.8	0.0
浙 江	638.8	567.5	485.3	66.4	12.2	28.8	21.6	42.6	0.3	35.6	5.1	29.4	1.0	0.0	37.7	37.7	0.0	0.1	0.0	2.3	2.3	18.9	733.4	0.0	187.1	33.6	76.2	0.0

续表

年份 地区	粮食	谷物	#稻谷	#小麦	#玉米	豆类	#大豆	薯类	棉花	油料	#花生	#油菜籽	#芝麻	麻类	糖料	#甘蔗	#甜菜	烟叶	#烤烟	蚕茧	#桑蚕茧	茶叶	水果	#苹果	#柑橘	#梨	#葡萄	#香蕉
安 徽	4150.8	4026.7	1609.8	1740.7	665.1	103.7	97.8	20.4	2.0	189.0	73.3	110.6	3.0	0.8	8.8	5.7	0.0	2.2	2.2	1.0	1.0	14.6	828.8	36.8	3.6	141.7	57.5	0.0
福 建	511.0	412.4	394.6	0.0	16.3	12.5	10.1	86.[illegible]	0.0	24.4	23.0	1.3	0.0	0.0	28.5	28.5	0.0	13.5	13.4			55.0	914.3	0.0	492.1	21.3	25.4	50.8
江 西	2198.3	2102.0	2070.7	3.5	26.5	37.4	29.4	59.[illegible]	2.2	148.1	57.8	86.3	4.0	0.4	61.4	61.4	0.0	2.9	2.8	0.2	0.2	7.9	799.0	0.0	504.2	16.4	11.9	0.0
山 东	5655.3	5482.7	86.1	2673.8	2710.1	65.0	64.0	107.7	12.6	280.7	276.8	2.3	0.2	0.0	0.0	0.0	0.0	5.5	5.5	0.2	0.2	3.1	3208.2	1039.8	0.0	136.6	126.3	0.0
河 南	6624.3	6409.8	479.2	3549.7	2365.7	95.9	92.7	118.5	0.7	703.0	638.9	45.8	16.8	0.3	8.0	8.0	0.0	19.5	19.0	0.5	0.2	7.3	2561.6	422.4	5.2	150.3	91.4	0.0
湖 北	2777.0	2618.6	1880.4	410.4	318.2	47.4	42.8	111.1	9.6	394.9	93.1	286.1	13.0	0.8	26.5	26.5	0.0	8.0	6.7	0.1	0.1	44.9	1191.5	0.2	570.9	44.7	33.6	0.0
湖 南	3068.0	2919.9	2665.3	7.7	239.9	47.5	38.0	100.5	7.6	293.1	32.2	258.8	1.8	0.4	35.0	35.0	0.0	21.8	21.7	0.0	0.0	27.6	1266.1	0.0	678.3	21.4	28.9	0.0
广 东	1285.2	1162.9	1096.9	0.2	65.5	12.4	9.6	109.[illegible]	0.0	121.0	119.5	0.8	0.7	0.0	1271.1	1271.1	0.0	3.7	3.5	8.4	8.4	17.9	2127.8	0.0	591.8	14.0	6.9	478.3
广 西	1395.4	1312.4	1030.4	1.0	278.2	27.8	17.4	55.[illegible]	0.1	80.8	75.5	4.1	0.9	0.7	7223.2	7223.2	0.0	2.4	2.1	46.1	46.1	12.0	3553.2	0.0	1894.6	53.4	74.7	302.0
海 南	147.0	128.1	128.1	0.0	0.0	0.9	0.4	18.0	0.0	7.9	7.9	0.0	0.1	0.0	86.5	86.5	0.0	0.0	0.0	0.1	0.1	0.2	592.6	0.0	15.7	0.0	0.1	117.7
重 庆	1095.9	765.8	492.0	6.2	258.6	46.4	24.4	283.[illegible]	0.0	77.5	15.1	60.7	0.5	0.3	8.4	8.4	0.0	5.7	4.7	1.3	1.3	5.6	645.9	0.6	397.5	36.0	13.9	0.1
四 川	3593.8	2904.2	1480.8	265.9	1097.2	163.1	124.7	526.[illegible]	0.0	438.6	82.7	354.4	0.3	3.5	39.3	39.2	0.0	17.3	15.7	10.4	10.4	42.5	1490.4	102.1	615.0	93.3	57.6	3.6
贵 州	1119.7	791.3	366.1	27.6	343.4	45.6	27.2	282.[illegible]	0.0	111.0	10.4	99.4	0.0	0.0	34.7	34.7	0.0	23.8	23.0	0.2	0.2	28.8	756.7	34.0	132.2	54.3	44.0	9.1
云 南	1974.0	1628.6	455.5	55.4	1049.3	104.1	34.2	241.[illegible]	0.0	68.5	9.2	57.8	0.0	0.0	1586.9	1586.9	0.0	89.6	87.1	3.6	3.6	55.7	1380.9	74.8	277.3	83.5	109.7	208.5
西 藏	108.9	107.4	0.5	19.2	3.1	1.1	0.0	0.4	0.0	5.0	0.0	5.0	0.0	0.0	0.0	0.0	0.0	0.0	0.0			0.0	3.1	0.9	0.1	0.2	0.5	0.1
陕 西	1323.7	1166.5	73.5	416.6	637.8	38.8	31.7	118.4	0.0	60.6	11.5	40.1	1.1	0.0	0.3	0.2	0.0	5.9	5.8	0.7	0.7	10.7	2335.5	1375.1	58.5	112.3	93.1	0.0
甘 肃	1272.9	1014.3	1.4	299.2	672.6	36.5	11.5	222.1	4.2	63.1	0.1	37.6	0.0	0.1	16.9	0.0	16.9	0.6	0.5	0.0	0.0	0.2	1044.0	511.9	0.4	25.5	26.9	0.0
青 海	116.2	82.7	0.0	39.7	15.2	3.7	0.0	29.8	0.0	32.1	0.0	31.9	0.0	0.0	0.0	0.0	0.0	0.0	0.0			0.0	2.5	0.5	0.0	0.5	0.0	0.0
宁 夏	378.8	345.0	16.2	23.4	294.9	3.8	3.4	30.0	0.0	4.6	0.0	1.1	0.0	0.0	0.0	0.0	0.0	0.0	0.0			0.0	310.5	24.5	0.0	1.9	19.9	0.0
新 疆	2119.2	2072.9	38.3	702.8	1321.4	22.9	19.3	23.3	511.2	43.2	7.7	9.1	0.0	1.7	499.9	0.0	499.9	0.0	0.0	0.0	0.0	0.0	1733.8	216.0	0.0	160.9	347.7	0.0

注：2003年起水果产量包括瓜果类产量。

第五部分

附　录

5.1 产业和行业

1. 产业

产业是社会分工和生产力不断发展的产物，它随着社会分工的产生而产生，并随着社会分工的发展而发展，是具有某种同类属性的经济活动的集合体行业：是具有高度相似性和竞争性的企业群体其次明确它们的关系。

产业主要指经济社会的物质生产部门，一般而言，每个部门都专门生产和制造某种独立的产品，某种意义上每个部门也就成为一个相对独立的产业部门，如农业、工业、交通运输业等。

2. 行业

行业是指从事国民经济中同性质的生产或其他经济社会的经营单位或者个体的组织结构体系，如林业、汽车业、银行业等。是指其按生产同类产品或具有相同工艺过程或提供同类劳动服务划分的经济活动类别，如饮食行业、服装行业、机械行业等。

3. 产业、行业的不同之处是

它们在国民经济领域中，从着眼点的层次上是由高到低概念上涉及的范围是由大到小。

产业的着眼点是生产力布局的宏观领域，体现的是以产单位的生产力布局上的社会分工，产业由行业组成。

行业的着眼点是企业或组织生产的微观领域，体现的是以行业为单位的产品生产上的社会分工，行业由企业或组织组成。

此外，行业、产业存在着从属的关系，一个产业可以包括多个行业，但一个行业只能从属于一个产业，产业是行业的总和，如，信息产业包括媒体行业、出版业、互联网行业，但后者都只能属于信息产业，不会属于其他产业。

注：产业链是各个产业部门之间基于一定的技术经济关联，并依据特定的逻辑关系和时空布局关系。

5.2 地方农副产品（食品）介绍

平江鱼仔

平江鱼仔，又名“平江火焙鱼”。是由生长在江河、水库、山塘、溪水中的野生小鱼“肉嫩子”制作而成。平江火焙鱼的起源可追溯至唐代。安史之乱后，吏部尚书兼中书侍郎徐安贞南下来到平江逃避战乱。宰相陈希烈，侍郎陆善经、刘光谦、白琪、李安甫也追随相继来到平江，史称“六相隐平”。他们将火焙鱼创制“平江情席十大碗”中的第九碗菜，有“鱼来酒止”习俗。

平江人融合制作酱干的卤制技术和麻辣酱干的拌料工艺，将火焙鱼经浸泡、卤制、拌料等工艺加工而成口袋零食，深受大众喜爱。因销量大而不能满足市场需求，现在均靠进口海鱼，平江也由过去鱼仔产地变成鱼仔集散地。

2020 年，代表平江鱼仔产品的生产企业劲仔食品在 A 股上市（003000），成为我国“鱼类零食第一股”。2023 年，平江被中国食品工业协会授予“中国特色风味食品鱼仔核心产区”。2024 年，劲仔食品联合湖南省食品质量安全技术协会、广电计量检测（湖南）有限公司、岳阳市食品药品审评认证中心等 6 家单位发起并主导编制湖南省地方标准《风味熟制小鱼干加工技术规程》，是全国首个小鱼零食地方标准。该标准对风味熟制小鱼干原辅料验收，加工技术要求、贮存、检验和生产记录等各生产环节进行规范，有利于进一步提升湖南小鱼干生产加工企业的质量管理水平，更好地推动全省小鱼干生产加工产业的发展，引领鱼类零食行业高质量发展。

平江酱干

“平江酱干”又名平江豆干、长寿酱干。据《平江县志》记载：“食品工业是平江的传统产业，有悠久的历史，清康熙年间，长寿酱干就列为宫廷贡品”。平江酱干 300 多年前就是清朝皇家贡品，其外观乌黑油亮，黑中透红，质地鲜美，松脆耐嚼，芳香扑鼻，闻名于世。民国初期，长寿街有多福、怡多福、生元等酱干店，年产酱干 15 万筒（一筒为十片）。县城有长春、永春、恒顺、大义、清义、广裕等槽坊，并成立了槽坊豆腐同业公会。

1915 年，平江酱干参加第十三届美国旧金山世博会；2010 年参加上海世博会；2012 年获中国地理标志证明商标；2014 年 12 月 29 日，“淘宝网 · 特色中国平江馆”开馆，同时，旺辉食品推出世界上最大的平江酱干，现场申报大世界基尼斯纪录；2016 年“平江酱干”被认定为湖南省著名商标。平江县内生产酱干企业主要有：劲仔食品、旺辉食品、原本记忆食品、志平食品、永泰食品、多珍食品、彭氏食品、曾师傅食品等企业。

一百多年来，平江酱干在保持传统制作工艺的同时不断迭代创新，得到广大消费者的喜爱和追捧，产品销往全国 270 多个城市。目前，全县有酱干生产企业 120 家，小作坊 146 家。

平江辣条

平江是辣条发明发源地。辣条的发展经历了四个时期：一是研究发明期（1988–1998），1988

年，湖南平江三市镇青年钟庆元，在用大米作原料生产加工膨化食品“爆米筒”过程中，开始摸索尝试用其他食品原料在“爆米筒”机器上试验生产新的食品，经过近10年的努力，与同村青年李猛能、邱平江一道，通过掌握的挤压膨化理论知识和加工“爆米筒”的实践经验，用生产米线的机械加入ZS-290型螺杆改造成一台新机械，通过用各种食材反复试验，1998年用面粉成功生产出一种条形食品，加入“平江酱干”所用的辣椒、花椒、糖、盐、孜然等佐料，当时称鱼条、鱼片或鱼串，熟食制品、面筋、麻辣、辣条等；二是传播期（1999-2002），1998年一场洪水，导致大豆严重减产，生产酱干的企业纷纷转向钟庆元等3人学习辣条生产技术和购买他们的设备生产辣条。平江人带着“辣条”机械和加工技术奔赴全国各地，辣条开始大规模生产；三是成长期（2003-2019），2003年10月，发明人钟庆元创办的“平江县鼎豪食品厂”完成了原国家工商行政管理局商标局颁发的“鼎豪商标核定使用商品（第30类）食用面筋、食用面粉的注册证”，辣条生产得到国家认证；四是发展期（2020-现在），2020年1月，辣条行业按照国家市场监管总局发布的全国统一标准《调味面制品》执行。2022年10月1日，工业和信息化部QB/T5729—2022《调味面制品》（辣条食品）首个行业标准正式实施。原创发明的新品类“辣条”，经过20多年的努力与探索，从萌芽到成长，从无序到规范，从简单粗放到转型升级，现在在全国各地已有辣条企业600多家，年产值近600亿元。辣条已成为我国食品行业的新亮点，呈现出“管理现代化、产品健康化、生产智能化、营销多样化、市场国际化”的发展现状与趋势。平江被中国食品工业协会授予“中国辣条之乡”“中国特色风味食品辣条核心产区”“中国辣味休闲食品之都”，“平江面筋（辣条）”获评中国地理标志证明商标。

燕之屋
香港联交所主板上市公司
[股票代码：01497.HK]
燕之屋燕窝
巩俐的选择！
高端燕窝 连续8年全国销售第一*
巩俐
燕之屋全球品牌代言人
YAN PALACE
燕之屋·碗燕
尊享热线 400-882-6669
扫码进入金燕荟会员中心
解锁您的专属福利

东坡故里　泡菜之乡

位于神秘北纬30°的眉山，以其独特的地理环境、温润的气候条件和优秀的历史传承，千百年来沉淀了“人文之味、自然之味、时尚之味”独特美食文化，其中尤以“东坡泡菜”最负盛名。

千年传承孕育东坡泡菜。泡菜制作历史悠久，是中华民族集体智慧的结晶，是无数先人在长期实践中的伟大成就。《商书》记载：“欲作和羹，尔惟盐梅”，说明3100年前我国劳动人民就用盐渍梅烹饪；《诗经》记载：“中田有庐，疆场有瓜，是剥是菹(zū)，献之皇祖”，“菹”就是指腌制加工方法。北宋年间，苏东坡求学时生活清苦，便常食“三白饭”，即一碗白饭、一碟白盐、一份泡白萝卜，从此与泡菜结下不解之缘。东坡先生从政后，每到一地都结合当地蔬菜瓜果特点改进泡菜工艺，并把制作方法教给当地百姓。泡菜伴随他的人生轨迹，以及《菜羹赋》《东坡羹赋》《老饕赋》等传世佳作，而名扬天下。为纪念苏东坡，眉州故里乡亲把泡菜统称为“东坡泡菜”。今天，在眉山，传承千年的东坡泡菜，无论是顶级餐厅，还是街头饭馆，随处可见它的身影。

现代科技提升东坡泡菜。要实现产业化，科技必不可少。我们加快推动形成新质生产力，成立了四川东坡中国泡菜产业技术研究院，构建以泡菜研究院为龙头、科研院所为支撑、企业为主体的科研体系，眉山成为全国泡菜科技研发中心。在科研平台的支撑下，全市泡菜行业荣获四川省科技进步一等奖3项、国家级行业科技进步一等奖1项、授权国家发明专利50余项。东坡泡菜首创“稳态发酵”“同形异效”理论，应用现代分子生物、细胞增殖发酵及现代食品机械工程技术，开发泡菜专用“直投式功能菌”和“自控连续式发酵装备”；

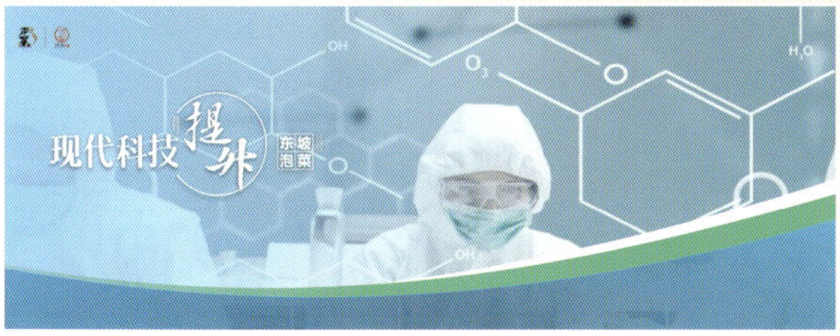

创新研发泡菜生产高效节水技术、发酵泡菜渗香、原料高效预处理、亚硝酸盐降解、MVR泡菜盐渍液处理及综合利用等关键技术研究；建立泡菜微生物菌种资源和基因数据库，收集泡菜菌种资源11000多株；牵头制定ISO24220泡菜国际标准，和《泡菜》行业标准、《四川泡菜》《四川泡菜生产规范》等地方标准，处于行业领先水平。

创新发展成就东坡泡菜。我们秉承生态健康的理念，按“规模化、标准化、质量可追溯”标准建设原料生产基地，建成蔬菜原料基地40万亩，万亩级泡菜原料基地12个，东坡区被评为全国绿色食品蔬菜标准化生产基地、全国调味品原辅料种植基地。创造了“全国第一个泡菜产业园区、第一个国家级泡菜质量监督检验中心、第一个泡菜产业技术研究院、第一个泡菜博物馆、第一个泡菜行业标准、第一个泡菜行业4A级景区”等六个“全国第一”，规

划建设“中国泡菜城”，实现了从传统加工到现代生产的华丽升级，从分散无序向集中集约的快速发展，擦亮了眉山特色农业金字招牌。围绕产业高质量发展，连续举办14届中国泡菜博览会，培育了吉香居、李记、味聚特、川南、川娃子等5家国家级农业产业化龙头企业，“东坡泡菜”成功创建国家地理标志保护产品、产地证明商标，荣登2023年中国区域品牌（地理标志）百强榜第27位，品牌价值110.94亿元。东坡泡菜产品营销遍布全国，市场份额占全国三分之一、全省二分之一，并跨出国门远销欧美、日韩、东南亚等国家和地区，年综合产值达220亿元。

中国辣味休闲食品之都——湖南省平江县

平江美食历经千年，食品文化源远流长。2300年前，屈子行吟江畔，品茗听风，用《楚辞》记录了“椒叶煮茶”的醇香甘润；1200年前，六相归隐平江，融宫廷技艺，入本地食材，创制了惊艳舌尖的“平江十大碗”，平江火焙鱼、平江鱼仔曾列为情席第八碗，素有“鱼来酒止”之说；300多年前，平江酱干成为皇家贡品；平江炒米曾为红军军粮，平江法饼“非遗美食”、平江辣条“国民零食”，这些都记录着古往今来，诉说着悠悠岁月。平江美食代代相传，平江食品传承光大。

全县113万人口，有将近20万人从事休闲食品产业，平江籍休闲食品企业遍布印尼、越南、柬埔寨等东南亚国家、地区和国内河南、沈阳、广西、安徽、云南及省内外，平江人创办的食品企业超千家，年产值过千亿元。

县内共有获证食品生产者证号718个，其中获证食品生产企业354个，辣条企业120家，食品产业在库规模工业企业157家，2023年总产值400.7亿元，同比增长16.8%。

2024年，平江继“全国食品工业强县”“中国辣条之乡”“中国（平江）休闲食品文化节永久主办地”“中国特色风味食品辣条核心产区”“中国特色风味食品鱼仔核心产区”后，获授“中国辣味休闲食品之都”。平江辣条荣入“湖南省中小企业特色产业集群”，入选“湖南省传统优势食品产区”。

李勇书记为平江食品“代言”

5月21日，国家工业和信息化部消费品工业司，工业和信息化部工业文化发展中心“培育特色食品产业，打造中国美食地图”为主题的2024年“吃货节”提质扩需活动在北京举办。平江县委书记李勇参加启动仪式，为平江美食“代言”。麻辣王子、劲仔食品、原本记忆参展全国“吃货节”。

2024年“吃货节”食品文化巡礼暨第三届中国（平江）休闲食品文化节成功举办

10月28–29日，国家和工业信息化部工业文化发展中心、中国食品工业协会、平江县人民政府主办的2024年“吃货节”食品文化巡礼暨“第三届中国（平江）休闲食品文化节”在平江举行。国家工业和信息化部工业文化发展中心主任何映昆，中国食品工业协会副会长、党委副书记王琪，中国食品工业协会秘书长助理、中国贸易促进会食品行业委员会秘书长沈志勇等参加开幕式。

专家、院士组团赋能助力

5月9日–10日，中国食品科学技术学会孟素荷名誉理事长，中国工程院院士、洞庭实验室主任单杨，江苏大学副校长邹小波，北京工商大学食品与健康学院教授曹雁平，国家粮食和物资储备局科学研究院首席研究员谭斌，中国农业大学食品科学与营养工程学院教授沈群等11位专家教授对平江食品产业进行专题调研。

12月20日，中国工程院院士、江南大学教授、博士生导师、校学术委员会主任陈坚，中国工程院院士、湖南省农业科学院学术委员会主任、洞庭实验室主任单杨一行到平江调研，为食品产业赋能助力。

“中国(平江)辣味休闲食品商贸展”举行启动仪式

为推动休闲食品产业发展，加快“中国辣味休闲食品之都”建设，将平江食品打造成全国品牌，12月12日，中国食品工业协会在湖南平江举行了“中国（平江）辣味休闲食品商贸展”活动启动仪式，拉开了“辣味中国·世界共享 中国（平江）辣味休闲食品商贸展”系列活动帷幕。

平江县休闲食品产业联合会、平江县食品行业协会活动花絮

2月4日，平江县休闲食品产业联合会举行一届二次全体会员大会暨2024年新春团拜会。来自河南、安徽、沈阳、广西、云南、湖南、印尼、越南等国内外355家会员单位及相关单位负责人参加会议。

12月12日，平江县食品行业协会五届四次会员大会暨第二届平江县食品产业合作交流年会召开。来自全县食品行业的会员单位、食品产业上下游产业链企业经营者齐聚一堂，共商合作、共谋发展。

佛山水都饮料

一、佛山市三水区简介

佛山市三水区位于广东省中部、佛山市西北部，因西江、北江、绥江三江汇流境内而得名。全区总面积827.69平方公里。现辖西南街道、云东海街道、白坭镇、乐平镇、芦苞镇、大塘镇、南山镇等7个镇（街道），总人口约80万，是著名的“中国饮料之都”，也是广佛肇经济圈绿芯。2023年地区生产总值1540亿元，规模以上工业总产值4861亿元。作为“中国首个富裕型长寿之乡”“中国饮料之都”，全国工业百强区排名第25、全国高质量发展百强区排名第24。

二、三水区西南街道简介

西南街道是三水区的中心城区及区政府所在地，为全区的政治、经济、文化、商业中心。西南辖区面积151平方公里，常住人口约40万。2023年，西南街道实现地区生产总值471.73亿元，规模以上工业总产值1059.79亿元，税收41.1亿元。西南街道紧紧围绕区委区政府的战略目标，结合自身实际，逐渐形成了饮料食品、金属深加工、新型建材（新材料）等主导产业集群。

三、交通优势

得益于天赋的地理位置，西南街道水、陆、空交通便捷。公路方面，广三高速、广肇高速、珠二环高速、佛山一环及规划中的一环西拓、广贺高速、广明高速6条高速纵横链接。铁路方面，已有4条铁路贯通，分别是广三铁路、三茂铁路、贵广高铁、广佛肇城际轻轨，且贵广高铁在辖区范围内设有三水南站。地铁方面，佛山4号线将延长至三水，4号线东起广佛交界的三山新城，从广海大道

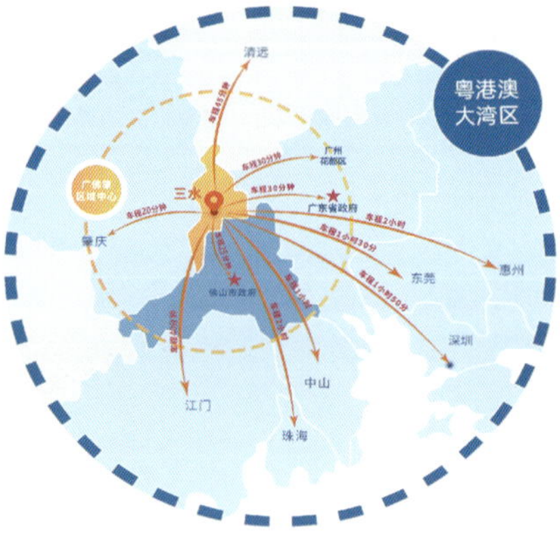

进入三水，经西青大道进入河口北江新区，经过时代城，终点设在河口老城区，全长约57公里，三水区境内长约10.5公里。航空方面，距离佛山机场仅40分钟车程，经珠二环或广三高速40分钟左右可达到广州新白云国际机场。海运方面，辖区范围内拥有5000吨级的三水港和1000吨级的西南港。

四、产业基础、产业发展及未来规划

1、产业基础

早在明朝年间，三水已“酿出”酒业第一联营社，即现时的三水酒厂，后分支出中国魔水“健力宝”和“强力啤酒”。随着“中国魔水”健力宝的诞生，食品饮料行业在西南扎根发展势头不减，涌现出一批知名食品饮料企业及上下游配套企业，如隐雪、强力、波尔、金盛等。历经30多年，西南街道的食品饮料业拥有坚实的市场基础、运营基础及人才基础，食品饮料业已成为西南街道的支柱产业之一。2008年，西南街道更获得中国食品工业协会授予“中国饮料名镇”称号，为西南街道的产业发展提供明确的方向和前进动力。

2、产业发展载体—中国（三水）国际水都饮料食品基地

根据三水区的产业发展布局，凭借优良的产业基础、丰富的水资源优势，西南街道于2008年开始规划打造佛山水都饮料食品产业园（以下简称“水都产业园”）产业载体。

2021年12月，省政府批复同意将佛北战新产业园列入全省七个大型产业集聚区。佛北战新产业园规划总面积518.03平方公里，涵盖三水7个重点园区，其中佛山水

食品产业园

都饮料食品产业园是以食品饮料为主导产业的专业园区，位于三水区南部、西江边上，地处广佛肇核心区域，辐射华南地区和西南地区，规划面积1.2万亩，计划南北扩容1.2万亩。

水都产业园拥有优质水资源、完善的公共配套设施、优质的跟进服务，目前已吸引百威、红牛、益力多、可口可乐、益力多、三全、健力宝、嘉士伯等超200家国内外知名食品饮料及相关企业均集聚于此，其中规上工业企业76家，食品饮料产业聚集效应凸显。

2021年，水都产业园入选“广东省特色产业园（食品饮料产业）”，并以优质营商环境获得“年度最佳经济功能区”称号。2023年5月获得“中国食品饮料产业基地·三水”国家级称号。

水都产业园的快速发展离不开完善的基础设施配套。目前，水都产业园已达到“七通一平”，建成4万吨金本污水处理厂，配套污水管网约20公里、市政道路13.5公里，供水、供电、蒸汽、光纤网络等已覆盖园区。园区内建立有广东省质量监督饮料及食品添加剂产品检验站（佛山），是目前佛山市唯一的省级饮料及食品添加剂检验机构，可提供优质食品检测服务。生活配套方面，园区建有705套人才公寓、湿地公园等，周边配备了2所幼儿园，2所小学，2所中学。

3、进驻企业

百威英博（佛山）啤酒有限公司：百威英博啤酒集团在中国的首家酿酒厂，于2008 年落户水都产业园，也是第一家进驻水都产业园的世界500 强企业。该企业至今经历了4次增资拓产，合计产能达160万吨，是百威啤酒目前全国最大的生产基地。

广东红牛维他命有限公司：该企业是第一家进驻水都产业园的功能性饮料企业，于2010年投产运营，年产能达30 万吨，已经发展成为红牛集团在中国最大的生产基地。

广东健力宝集团公司：2016年8月迁入水都产业园，新建约24万平方米的厂房（含办公、仓储）。目前的健力宝华南生产基地，除保留原有亚洲最大的碳酸产能外，还新增30 万吨的热灌及无菌灌装产能，塑瓶线全部与灌装线连线，最大限度减少生产环节的物流成本。

益力多第三工厂项目：2015年益力多第三工厂项目落户中国（三水）国际水都饮料食品基地，项目投资总额5亿元人民币，投资强度高达764万元/亩，主要生产原味和低糖益力多乳酸菌乳制品。项目计划共投入7条生产线，项目建成后产能可达280万支/日。销售区域包括佛山、广州、深圳、中山、惠州、清远、湛江等地。

安井食品华南生产基地建设项目。项目由福建安井食品股份有限公司投资建设，总投资6亿元，主要建设万吨级全自动立体冷库和速冻火锅料、速冻米面制品等产品的生产车间，预计达产后年产值约15亿元，达产后年创税收约3500万元。目前一期项目建设主要五个单体已完成竣工验收，已于2023年6月正式投产。

嘉士伯（佛山）啤酒生产基地项目。项目位于水都产业园北拓园，由嘉士伯重庆啤酒有限公司投资建设，首期用地面积250亩，总投资25亿元，预计年产值约20亿元，年创税1.5亿元。项目主要生产销售各种啤酒、饮料及周边副产品，设计啤酒年产能50万千升，建成后将成为嘉士伯全国最大生产基地。该项目已于2024年9月投产。

五、企业服务

水都党群服务中心已于2023年7月试运行，“智享水都”信息化平台上线。水都产业园以高质量党建引领3.0园区建设，将全科网格模式率先应用到园区，为水都产业园链接资源、精准服务。水都党群服务中心作是水都产业园的服务主阵地， 体化政务服务大厅整合区一街道一行政村三级政务资源，推动政务服务直达园区，建立起“一窗办+帮代办+点单办+自助办”的政务服务模式，提供常规事项339项、线上申报事项233项、点单式服务事项20项，全面涵盖企业政务服务要求，实现“园区事园区办、园区事高效办”。

浙江工业职业技术学院

浙江工业职业技术学院是浙江省属全日制公办高等院校，始建于1979年。现有梅山、镜湖两个校区，占地面积912亩，当前与新昌县共建新昌校区（约600亩）正在建设。学校拥有全日制在校生15500余人，教职工928人。学校坚持“明德敬业、知行合一”校训，致力于培养具有社会责任、匠心精神、人文情怀、创新创业能力的高素质技术技能型人才。学校为全国职业教育先进单位、浙江省高水平高职院校，为教育部现代学徒制试点单位、浙江省四年制高职本科试点单位，浙江科技学院、浙江理工大学硕士研究生联合培养基地。

教育部部长怀进鹏部长考察黄酒学院

学校开设有全国唯一的黄酒学院等11个二级学院（部）和酿酒技术、食品检验检测技术等48个专业，包括：中央财政支持高等职业学校重点建设专业2个、国家级骨干专业6个、浙江省A类高水平专业群2个、教育部批准中外合作办学专业2个。拥有国家级生产型实训基地2个、国家级虚拟仿真实训中心1个、国家级“双师型”教师培养培训基地（黄酒）1个，与中国绍兴黄酒集团共建全国职业教育教师企业实践基地；建有《黄酒检测技术》等全国职业教育在线精品课程3门，国家级精品课程1门、国家级精品资源共享课1门、教育部课程思政示范项目1项。

近年来，学校大力加强“职普融通、产教融合、科教融汇”，提升技术技能创新与服务能力。黄酒学院拥有教授3人（其中二级教授1人）、博士5人，轻工大国工匠、国家级酿酒大师、国家级技能大师、国家级非遗传承人等特聘产业教授15人；与浙江科技学院等高校合作成立浙江省农业生物资源生化制造协同创新中心（省2011计划）绍兴黄酒与营养健康研究中心、浙江省农产品化学与生物加工技术重点实验室功能食品生物技术研究所等学科平台。

学校入选教育部全国食品工业职业教育教学指导委员会副主任委员单位、中国食品产教融合共同体（全国食品工业职业教育集团）副理事长单位，牵头成立全国黄酒产业产教融合人才培养联盟，入选中国食品工业黄酒产业产教融合示范基地等，面向世界开设全球公益直播《中国黄酒技艺与人文大讲堂》。

近三年来，学校共立项省部级课题17项，制定技术标准31项，获省部级科技成果奖11项；其中：黄酒学院主持浙江省重点项目“黄酒工匠精神研究”、绍兴文化工程重大项目“绍兴黄酒文化研究”项目（政府科研经费224万）、主持完成“黄酒糟菌酶协同高值化利用”科研项目（政府科研经费90万）；获省部级科技进步一等奖等5项；作为唯一高职代表，参与《黄酒酿造工》《酿酒师》《品酒师》等3项国家职业技能标准起草与审定，牵头制订全国高职院校《食品工程技术》职业本科专业系列标准，参与制定黄酒相关国家、行业、团体标准多项。

中国食品工业产教融合发展示范基地

央视二套节目学院成果介绍

2024绍兴人才周学生花雕制作展示

天津现代职业技术学院-生物工程学院

食品药品专业群介绍

一、天津现代职业技术学院介绍

天津现代职业技术学院成立于2001年，首批入驻天津海河教育园区，是一所公办全日制高职院校。学院坚持以习近平新时代中国特色社会主义思想为指导，始终牢记立德树人的根本任务；始终坚持培根铸魂，启智润心的培养路径，恪守“精益求精”校训，依法治校，服务天津，面向全国。我校是教育部、财政部确定的中国特色高水平专业群A档建设单位，是国家优质高职院校、国家示范性骨干高职院校、国家首批现代学徒制试点单位、中国食品产教融合共同体联合发起单位。学院占地800亩，在校生规模12000人。

二、生物工程学院介绍

生物工程学院不断坚持“立德树人、德技并修”育人理念，以“产教融合、科教融汇”为主线，服务“健康中国战略”，生物工程学院现有健康与生物医药、营养与食品安全、环境与安全控制三大专业方向9个专业，学院具备综合性、开放式、国内领先水平的专业实训基地，实训基地面积11000余平米，共有专业实训室40多个，大型仪器约600台套，设备总值3000余万元。自2009年开始至今14年连续招生，目前在校生1039人。学院组建食品药品专业群为核心专业群，全面对接我国生物医药健康产业战略产业集群及天津市12条重点产业链发展，其中药品生产技术、食品检验检测技术等4个专业为国家级专业。

三、食品药品专业群介绍

食品药品专业群被认定为国家示范性骨干高职院校央财重点建设专业、国家提升专业服务产业发展能力项目专业、高等职业教育创新发展行动计划骨干专业，中央财政支持食品生物技术实训基地，职业教育提质培优行动计划（2020—2023年）重点专业，获国家及地方财政投入总计3740万元。专业群与中国食品工业协会共同发起成立我国首个产教融合共同体-中国食品产教融合共同体，整合全国食品行业优质资源，发挥双主体育人积极作用。专业群还联合天津市食品工业协会、北京食品学会、河北省食品工业协会牵头组建京津冀食品行业产教联盟，为京津冀协同发展及乡村振兴做出积极贡献。

近5年，专业群团队荣获“全国巾帼文明岗”称号，天津市教育系统先进集体称号；荣获获职业教育国家级教学成果奖一等奖1项，天津市教学成果奖特等奖2项，一等奖1项，二等奖3项；获评国家精品课程2门、国家规划教材4册；全国职业院校教学能力比赛三等奖1项，天津市教学能力比赛二等奖4项。完成国家自然科学基金等省部级以上项目18项，获得天津市科学技术进步一等奖等省部级及以上科技奖励8项，授权发明专利19件，发表SCI期刊论文17篇。专业学生获得2013-2023年全国职业院校在校生西点创意大赛金奖9项，保送本科6人。

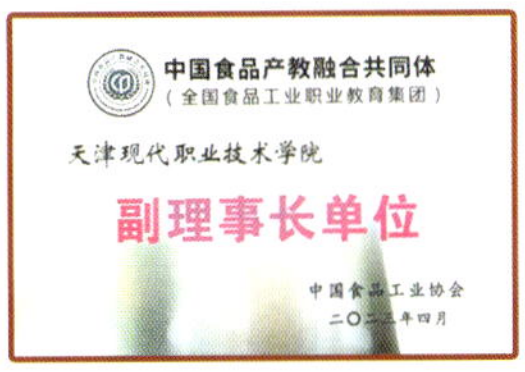

专业群与梅花生物科技集团股份有限公司等10家产业领军企业开展合作，建设示范性产教融合实训基地，基地被认定为国家级GMP制剂生产实训基地和天津-河北食品工业协会校企实训基地。建成中国轻工业生物转化与天然产物开发重点实验室、唐山市大白菜产业技术研究院。教学团队被评为首批国家级职业教育教师教学创新团队，天津市级职业教育教师教学创新团队。主持完成国家职业教育生物技术及应用专业教学资源库及其升级改进项目，主持完成职业教育食品营养与检测专业国际化教学标准及天津市食品检验工等4个职业培训包项目。

铆足干劲 笃定前行

抒写漳州食品产业高质量发展新篇章

食品产业一直是福建省漳州市的支柱产业、优势产业，也是漳州对外出口的主力军，全市食品出口量一直位居全国设区市前列，漳州市历来重视食品产业的发展，特别是近年来漳州市委市政府提出的“千百亿产业培育行动计划”中，将食品加工产业集群作为漳州市着力打造的千亿级产业集群之一，全市上下大力推动产业转型升级，加快项目落地步伐，支持企业做大做强，包括食品产业在内的各行业发展态势良好。截至2024年底，全市食品规模工业企业近700家，占全市规模工业企业数的25.4%，实现规模工业产值超1500亿元，占全市规模工业产值的25.9%，占福建省食品工业的近四分之一。主要特点有：

一是行业影响力强。漳州是南方首个“中国食品名城”，也是“中国罐头之都”、“中国食用菌之都”，辖区龙海区还是全国唯一的“中国休闲食品名城”。食品行业门类齐全，涵盖16个大类、40多个小类，包括农副食品加工业、食品制造业、酒、饮料和精制茶制造业等领域，拥有以水产品加工、果蔬食用菌加工、焙烤食品制造、粮油饲料加工、罐头制造、肉制品加工等为主要内容的食品产业体系。焙烤食品、水产品加工、罐头制造、饲料加工、果蔬食用菌加工等规模位居全省前列，在全国也颇具影响力。

二是骨干企业多。全市食品企业约2500多家，规模工业企业近700家；年产值亿元以上企业近400家，占食品工业规模企业数近六成。一大批食品企业逐步壮大、质量效益快速增长。海新集团（丹夫集团）、天福食品、中纺粮油、新福水产、安邦水产、紫山集团、傲农生物、豪士食品、然利集团、卡尔顿集团等一大批企业年营业收入超过10亿元。

三是知名品牌众多。全市拥有天福、紫山、含羞草、片仔癀等驰名商标超20件；紫山集团、同发食品、海魁水产、立兴等获选中国罐头十大品牌；全市累计已有63家次食品企业通过食品工业企业诚信管理体系（IMS）评价认证/复评评价，约占福建省通过数的50%。

四是产业聚集明显。各县区依托当地资源优势，培育了一批具有典型区域特色的产业集群。比如，水产品加工产业集群，主要集中在环东山湾区域及漳浦、龙海等沿海地区，其中环东山湾区域水产品加工业出口量约占全国七分之一；休闲食品制造产业集群主要集中在龙海、龙文、芗城、南靖、漳州高新区、台商投资区，其中龙海有近400家糕点、饼干生产企业，规模位居全国首位，涌现了泡吧、丹夫、新星、卡尔顿、然利、好运来、乐麦隆、艾德堡、欧业等一大批新兴知名烘焙品牌。

五是产业链条较为完备。目前我市食品产业整体产业链条较为完备，生产企业吸引带动了原料基地、辅料、包装印刷、纸制品、专用机械、空罐、冷链仓储、物流、电商、会展、工业旅游等上下游相关产业链的发展，实现整个产业可持续发展。

漳州食品博览新闻发布会现场

六是装备水平逐步提升。企业自动化、智能化水平逐步提升，如烘焙行业，近年来，我市加强对食品企业提高装备水平的引导和支持，再加上本地金钥匙、然利、安得马富、永创等食品机械企业的发展，全市企业自动化、智能化水平不断提升，许多企业通过建设洁净车间，引进自动化生产线，实现“机器换工”，有效提升产品品质。

七是产业外向度较高。产品销往美国、欧盟、日本、东盟、非洲等近200个国家和地区，享有“世界厨房”美誉，出口规模位居全国地级市前列。

当前漳州市正全力推动包含健康食品在内的大健康产业稳步发展，积极打造“中国食品名城升级版”，将以“食品博览会”为平台，着力提升产品竞争力，引导产业做大做强，中国食品名城漳州诚挚邀请各界朋友来访漳州、投资漳州。

当前漳州市正全力推动包含健康食品在内的大健康产业稳步发展，积极打造“中国食品名城升级版”，将以“食品博览会”为平台，着力提升产品竞争力，引导产业做大做强，中国食品名城漳州诚挚邀请各界朋友来访漳州、投资漳州。

漳州市食品工业协会会长苏斌钢（右一）调研市场

广东官栈营养健康科技有限公司

广东官栈营养健康科技有限公司（下称“公司”）成立于2014年，经过10年的发展，公司从一个电商公司逐步成长为融合“一二三”产业、通过科研指导开发海洋生物资源，构建一条从种业/海洋生物研究、养殖标准建设、精深加工、科研、创新产品开发和生产、线下线上销售为一体的全球化中式功能食品生产制造生态体系。

作为一家高新技术和专精特新企业，研发投入占比近5%，累计投入1.5亿元。公司高度重视科研投入及其成果转化，在花胶等产品的原料溯源、营养成分、结构特性及核心功效等方面已开展了较为丰富的底层研究和科学循证。2024年，公司聘请中国工程院薛长湖院士担任首席科学家，全面指导和参与公司科研体系和项目建设。截至2024年7月，公司与中科院、华南农业大学等建设有3个核心实验室；已注册206个商标，38项保护专利，发表13篇研究论文。

公司旗下的官栈花胶系列产品在天猫、京东、抖音等核心渠道市场占有率超65%，入驻山姆、盒马、Ole、全家等线下会员店及商超，四年来品牌复合增速达300%。2023年度，公司商品交易总额约10亿元，同比增长22%，类目销售额连续四年位居全国第一。

公司于2021年在广州番禺主导投建了一体化综合生产工厂，拥有超过8000平方米的现代化标准生产厂房和技术中心，该工厂获得MSC认证，也是花胶产业中唯一获得该认证的工厂。2024年，公司在越南已建成占地2万平方米的鱼胶精深加工利用工厂并已投产，该工厂位于我国商务部国家级境外经贸合作区。目前，正规划非洲坦桑尼亚及欧洲挪威的鱼胶加工工厂。此外，公司在上海、厦门、佛山有深度战略合作的生产工厂。

截至目前，公司已成功取得“广东省高新技术企业”“广东省‘专精特新’中小企业”“海珠区总部企业”“广州‘未来独角兽’创新企业”等荣誉与资质，正在积极申报国家专精特新小巨人企业。

一、花胶全产业链布局

官栈在品类开创初期便投入大量资源进行供应链深度管理，持续推动包括原料、前处理、深加工等环节的供应链生态建设。公司在上海、厦门、佛山等地均有战略合作的生产工厂，并于2021年在广州番禺主导投建了一间综合生产工厂，厂房面积8000平方米，产能达3.5亿元。目前该工厂为公司全资工厂。

2024年，公司广州市贸促会等部门等支持下，在越南投资1亿元，建成占地2万平方米的鱼胶精深加工利用工厂并已投产，该厂位于我国商务部国家级境外经贸合作区内，该厂的投产极大提升和保障了原料的供应链稳定和质量安全。

为稳步提高产品质量，同时推动行业产业技术和标准发展，近年来，公司先后从捕捞、宰杀、稳定性处理、物理去腥、深加工等环节，实现了花胶产品的34项标准化质量控制，建成了自有产品全链溯源体系。

截至目前，公司在国内潮汕地区、海外北欧、非洲、东南亚分别拥有战略合作养殖基地。2023年，公司联合中国水产科学研究院南海水产研究所在汕尾建立花胶鱼种溯源、加工与综合利用研究基地，进一步开展近海胶肉一体养殖研究，将共同推进花胶鱼种的产业化关键问题的解决。

2023年，官栈完成中国检科院原料全球溯源认证和MSC认证（全球可持续水产品倡议（GSSI）唯一认可的野生捕捞海产品国际认证项目）。

二、科技创新引领发展

作为一家高新技术企业，公司高度重视科研投入及其成果转化，在花胶等产品的原料溯源、营养成分、结构特性及核心功效等方面已开展了较为丰富的底层研究和科学循证。

为进一步提升公司的研发实力和水平，2024年，公司聘请中国工程院薛长湖院士担任首席科学家，全面指导和参与公司科研体系和项目建设，设立院士工作站和“海洋功能食品与科学滋补研究中心”，重点开展花胶、海参等海洋食品开展高价值化研究和利用。

目前，公司已与中国检科院大湾区研究院建立“全球花胶溯源体系建设战略合作”；与中国科学院深圳先进技术研究院联合成立“海洋胶原与活性营养科学联合实验室”；与华南农业大学联合成立“官栈鱼胶营养安全研究中心”，该中心同时也是国内首个鱼胶专业研究机构；联合中国海洋大学、江南大学、大连工业大学、青岛海洋食品营养与健康创新研究院开展科研合作。

凭借多维度产学研合作以及具有食品科学、药学等复合学科背景的独立研发团队，官栈持续对花胶、海参等原料的营养成分、结构特性及核心功效等方面开展基础研究和科学循证，并取得一系列研究成果，如不同种类鱼胶的营养成分、花胶的保湿性、人群功效试吃双盲试验等。截至目前，公司已注册206个商标，有38项保护专利，发表13篇研究论文。

公司成立至今，研发费用投入近1.5亿元，科研投入占比近5%，预计未来保持每年千万级以上的研发投入。

三、引领行业合规标准化建设

标准化工作是推动高质量发展的关键性任务。官栈作为品类领先企业，积极参与并推动所在领域各项标准制定工作。2024年5月14日，官栈与广州市标准化研究院举行了签约仪式，共同推进花胶产业标准化建设。2023年2月21日，由中国食品工业协会携手滋补科技品牌官栈等企业制订的《鲜炖花胶》团体标准正式发布。这是国内首个鲜炖花胶行业内标准，填补了当前该类产品没有统一标准的市场空白，标准的发布将助力中式新滋补企业和行业的有序良性发展。参与制定的《中式滋补类食品质量通则》《药食同源及药膳配方食品生产加工技术规范》团体标准已发布。

目前，官栈参与制定的广东省地方标准《鱼鳔干制操作规程》已由省市场监督管理局、省农业厅组织专家进行了审定，后续将根据审定意见修改后报批、发布。该标准将打破鱼鳔干制无国家标准、行业标准和地方标准的局面，引导和规范企业按标准进行生产，从而促进鱼胶产业的健康和可持续性发展；由《中国消费者》杂志社牵头，联合中国消费者协会、中国标准化协会、中国标协安全健康消费委员会、各省市消委会、官栈、电商平台等单位共同起草的《基于电商销售花胶制品的优质服务规范》团体标准已立项，这是电商销售花胶制品领域的首个标准；同时，还参与了《花胶（干鱼鳔制品）》《进口鱼胶溯源通则》《花胶（鱼胶）分类与名称》《花胶（鱼胶）命名规则》《鱼胶（花胶）及其制品中胶原蛋白的测定》《鱼胶产品良好生产评价实施规则》《鱼胶产品良好生产评价规范》等团体标准的制定工作。未来，官栈将持续发挥行业龙头引领作用，不断推动全产业链标准化工作深入发展。

四、公司及旗下企业近期所获荣誉